Prazos Processuais

Prazos Processuais

2022 • 3ª Edição

Marco Carvalho Gonçalves
Docente da Escola de Direito da Universidade do Minho
Investigador do JusGov – Centro de Investigação em Justiça e Governação

ALMEDINA

PRAZOS PROCESSUAIS

AUTOR

Marco Carvalho Gonçalves

EDITOR

EDIÇÕES ALMEDINA, S.A.

Avenida Emídio Navarro, 81, 3D

3000-151 Coimbra

Tel.: 239 851 904 · Fax: 239 851 901

www.almedina.net · editora@almedina.net

DESIGN DE CAPA

EDIÇÕES ALMEDINA, S.A.

PRÉ-IMPRESSÃO

João Jegundo

IMPRESSÃO E ACABAMENTO

Novembro, 2022

DEPÓSITO LEGAL

ALMEDINA | GRUPOALMEDINA

BIBLIOTECA NACIONAL DE PORTUGAL – CATALOGAÇÃO NA PUBLICAÇÃO

GONÇALVES, Marco Carvalho

Prazos processuais. – 3ª ed. - (Manuais processuais)

ISBN 978-989-40-0893-4

CDU 347

Ao Senhor Professor Doutor
António Cândido de Oliveira

NOTA DA 3ª EDIÇÃO

A edição que ora se dá à estampa constitui, em primeiro lugar, o resultado de um labor de atualização da obra à luz da legislação, da doutrina e da jurisprudência publicadas desde o lançamento, em novembro de 2019, da segunda edição.

Contudo, esta nova edição não se esgota nesse trabalho de atualização.

Outrossim, cuidou-se, igualmente, de se proceder à ampliação da obra, mediante o desenvolvimento dos conteúdos abordados nas anteriores edições e a inclusão de um novo capítulo, atinente à matéria dos prazos em sede de custas processuais, enriquecendo-se, dessa forma, o tratamento da importância e da influência do tempo no processo.

Espera-se, por conseguinte, que esta nova edição possa ser um instrumento útil de estudo e de trabalho para todos aqueles que, diariamente, se confrontam com a matéria, tão complexa e difícil, dos prazos processuais, de que as divergências doutrinais e jurisprudenciais, não raras vezes em manifesta e flagrante contradição, são disso um bom exemplo.

Braga, setembro de 2022

NOTA DA 2ª EDIÇÃO

O esgotamento, em poucos meses, da 1ª edição e da reimpressão que se lhe seguiu é bem revelador da importância teórico prática da matéria dos prazos processuais, não só no plano académico, mas também no domínio da *praxis* forense e judiciária.

Neste contexto, a edição que ora se publica visou, em primeiro lugar, desenvolver, numa perspetiva de revisão e de ampliação, o estudo e o tratamento dos prazos processuais que se inaugurou na edição antecedente.

No prosseguimento desse desiderato, autonomizou-se um capítulo inicial, dedicado à teoria geral dos prazos, no qual se procurou adensar a análise dogmática dos diversos tipos, modalidades e formas de contagem dos prazos.

Paralelamente, aprimorou-se a investigação dos prazos nos processos civil, laboral, insolvencial, penal, administrativo e tributário, e ampliou-se o âmbito da obra, mediante o aditamento de novos capítulos, dedicados à investigação dos prazos no processo tutelar cível, no processo contraordenacional geral e no processo contraordenacional laboral e de segurança social.

Por outro lado, procedeu-se à atualização da doutrina, bem como à incorporação de novas referências bibliográficas e jurisprudenciais.

Foram, igualmente, tomadas em consideração as diversas alterações legislativas verificadas desde a publicação da primeira edição e que, direta ou indiretamente, contendem com a matéria dos prazos processuais, particularmente no domínio dos processos penal (Lei nº 33/2019, de 22 de maio), civil (Decreto-Lei nº 97/2019, de 26 de julho, e Lei nº 117/2019, de 13 de setembro), laboral (Lei nº 107/2019, de 9 de setembro), administrativo e tributário (Lei nº 118/2019, de 17 de setembro, e Lei nº 119/2019, de 18 de setembro).

Neste enquadramento, o trabalho de investigação a que se aludiu *supra* redundou na elaboração da edição, revista e ampliada, que ora se dá à estampa, a qual procura, na medida do possível, prosseguir o propósito que esteve na génese da elaboração da 1ª edição.

Braga, novembro de 2019

NOTA INTRODUTÓRIA

A repercussão do tempo no processo constitui seguramente uma das matérias mais importantes da ciência processual.

Com efeito, sendo o processo caracterizado por uma sequência de atos, logicamente organizados e encadeados, visando a obtenção de uma decisão em prazo razoável, os prazos desempenham uma função fundamental, porquanto permitem regular a prática dos atos, asseguram a igualdade das partes e garantem a estabilidade das relações jurídico-processuais.

Por conseguinte, o conhecimento das regras disciplinadoras dos prazos processuais é absolutamente essencial para o correto exercício dos direitos em juízo, já que, à luz dos princípios da preclusão e da autorresponsabilidade das partes, a inobservância dos prazos, associada aos efeitos irreversíveis da passagem do tempo no processo, é suscetível de acarretar a perda irremediável de direitos processuais e substantivos.

Foi exatamente neste contexto que decidimos empreender a presente obra, a qual, inicialmente, visava tratar apenas a matéria dos prazos no processo civil, ciência a que temos vindo a dedicar a nossa investigação na Escola de Direito da Universidade do Minho.

Contudo, a transversalidade dogmática da matéria dos prazos processuais, associada à aplicação subsidiária do Código de Processo Civil à generalidade das legislações processuais vigentes no nosso ordenamento jurídico, acabou por determinar que o nosso estudo se estendesse, inevitavelmente, aos processos laboral, insolvencial, penal, administrativo e tributário.

Por outro lado, escusado será dizer que as posições assumidas na presente obra, nomeadamente no que diz respeito à natureza dos prazos e à forma da sua contagem, revestem natureza exclusivamente pessoal, razão pela qual não estarão isentas de críticas, reparos ou opiniões discordantes.

De resto, compulsando a jurisprudência nacional, é possível constatar que, não raras vezes, os tribunais superiores têm vindo a perfilhar entendimentos divergentes relativamente à interpretação e aplicação das mesmas normas reguladoras dos prazos processuais, o que é bem revelador da especial dificuldade e complexidade desta matéria, bem como das divisões doutrinárias que a mesma suscita.

Em todo o caso, ainda que a abordagem que ora se faz seja, necessariamente, lacunosa, imperfeita e passível de críticas, julgamos que o mero facto de a presente obra poder constituir um elemento de apoio para os estudantes de Direito e uma ferramenta de trabalho para os profissionais do foro que, diariamente, lidam com o processo e, inevitavelmente, com os prazos processuais, justifica, por si só, o esforço empreendido na sua elaboração.

Por último, impõe-se agradecer publicamente ao Senhor Professor Doutor António Cândido de Oliveira – a quem a presente obra se fica a dever e é dedicada – pela motivação que nos deu ao longo destes dois anos de labor, sem a qual teria sido manifestamente impossível concluir o trabalho que agora se dá à estampa.

Braga, novembro de 2018

ABREVIATURAS, SIGLAS E REFERÊNCIAS SOBRE AS CITAÇÕES

ac. – acórdão
ACT – Autoridade para as Condições do Trabalho
ampl. – ampliada
atual. – atualizada
AUJ – Acórdão Uniformizador de Jurisprudência
BGB – *Bürgerliches Gesetzbuch*
BMJ – *Boletim do Ministério da Justiça*
CC – Código Civil
$CC_{Es.}$ – *Código Civil* (Espanha)
CDP – *Cadernos de Direito Privado*
CEDH – Convenção Europeia dos Direitos Humanos
CExp. – Código das Expropriações
Cfr. – Confronte
CIRE – Código da Insolvência e da Recuperação de Empresas
CJ – *Colectânea de Jurisprudência*
$CJ_{Bel.}$ – *Code Judiciaire* (Bélgica)
CJM – Código de Justiça Militar
CJSTJ – *Colectânea de Jurisprudência do Supremo Tribunal de Justiça*
CP – Código Penal
CPA – Código do Procedimento Administrativo
CPC – Código de Processo Civil
CPC_{1876} – Código de Processo Civil de 1876
CPC_{1939} – Código de Processo Civil de 1939
CPC_{1961} – Código de Processo Civil de 1961
$CPC_{1995/1996}$ – Código de Processo Civil de 1961, com as alterações introduzidas após a reforma processual de 1995/1996
$CPC_{Br.}$ – Código de Processo Civil (Brasil)
$CPC_{Fr.}$ – *Code de Procédure Civile* (França)
$CPC_{It.}$ – *Codice di Procedura Civile* (Itália)
CPP – Código de Processo Penal

$CPP_{It.}$ – *Codice di Procedura Penale* (Itália)
CPPT – Código de Procedimento e de Processo Tributário
CPT – Código de Processo do Trabalho
CPTA – Código de Processo nos Tribunais Administrativos
CRP – Constituição da República Portuguesa
CRPred. – Código do Registo Predial
CT – Código do Trabalho
DG – *Diário do Governo*
DL – Decreto-Lei
DR – *Diário da República*
ed. – edição
EOA – Estatuto da Ordem dos Advogados
et al. – *et alii*
IRS – Imposto sobre o Rendimento das Pessoas Singulares
ISS – Instituto da Segurança Social
LAV – Lei da Arbitragem Voluntária
LCJIMP – Lei da Cooperação Judiciária Internacional em Matéria Penal
LEC – *Ley de Enjuiciamiento Civil* (Espanha)
LGT – Lei Geral Tributária
LOPJ – *Ley Orgánica del Poder Judicial* (Espanha)
LOSJ – Lei da Organização do Sistema Judiciário
LOTC – Lei Orgânica do Tribunal Constitucional
mel. – melhorada
MP – Ministério Público
op. cit. – *opus citatum*
OPC – Órgão de Polícia Criminal
p. – página
proc. – processo
reimp. – reimpressão
rev. – revista
RCP – Regulamento das Custas Processuais
RGCO – Regime Geral das Contraordenações
RGPTC – Regime Geral do Processo Tutelar Cível
RLJ – *Revista de Legislação e de Jurisprudência*
ROA – *Revista da Ordem dos Advogados*
ROFTJ – Regime aplicável à Organização e Funcionamento dos Tribunais Judiciais
RPACLSS – Regime Processual Aplicável às Contraordenações Laborais e de Segurança Social
SASTJ – *Sumários de Acórdãos do Supremo Tribunal de Justiça*
ss. – seguintes
STA – Supremo Tribunal Administrativo
STJ – Supremo Tribunal de Justiça
TC – Tribunal Constitucional
TCAN – Tribunal Central Administrativo Norte

TCAS – Tribunal Central Administrativo Sul
TIR – Termo de Identidade e Residência
trad. – tradução
TRC – Tribunal da Relação de Coimbra
TRE – Tribunal da Relação de Évora
TRG – Tribunal da Relação de Guimarães
TRL – Tribunal da Relação de Lisboa
TRP – Tribunal da Relação do Porto
UC – Unidade de conta
vol. – volume
$ZPO_{Al.}$ – *Zivilprozessordnung* (Alemanha)
$ZPO_{Áus.}$ – *Zivilprozessordnung* (Áustria)

Pertencem ao Código de Processo Civil vigente, aprovado pela Lei nº 41/2013, de 26 de junho, as disposições legais mencionadas sem alusão à respetiva fonte.

Salvo indicação em contrário, os acórdãos citados encontram-se publicados na base de dados disponível no endereço eletrónico *http://www.dgsi.pt.*

No que concerne à referenciação dos prazos, optou-se por se seguir a mesma técnica utilizada pelo legislador, ainda que de modo não uniforme, na generalidade das leis processuais, indicando-se, por extenso, os prazos fixados em horas, meses ou anos, e, numericamente, os prazos fixados em dias.

Capítulo I
Teoria geral dos prazos

1. Âmbito

O tempo desempenha, de modo notório, um papel fundamental nas relações jurídicas, independentemente da natureza que as mesmas revistam[1].

Na verdade, é em função do tempo que, no domínio substantivo, se regula, por exemplo, a declaração de morte presumida do ausente (art. 114º do CC), a aquisição da plena capacidade de exercício de direitos (art. 130º do CC), a prescrição e a caducidade (arts. 300º a 333º do CC), o cumprimento das obrigações (arts. 777º a 782º do CC), a denúncia dos defeitos (art. 916º do CC), a aquisição de direitos por usucapião (arts. 1294º a 1298º do CC) ou mesmo a prevalência de direitos inscritos no registo, por força do princípio *prior in tempore, potior in iure* (art. 6º do CRPred.).

Paralelamente, no âmbito processual, o tempo permite regular, a título meramente exemplificativo, a preclusão de direitos processuais (art. 139º, nº 3), a prática de atos em juízo (arts. 569º, nº 1, 585º, 638º, etc.), o início, o desenvolvimento ou a extinção da instância (arts. 259º a 291º), ou a estabilização das decisões judiciais (cfr., entre outros, os arts. 638º e 697º).

[1] De resto, como bem observa Ennio Russo, dado que a atividade jurídica, tal como qualquer outra atividade humana, se desenvolve no tempo, esta carece de ser regulada por indicações ou referências temporais (RUSSO, Ennio, "Termini (dir. civ.)", *in Enciclopedia Giuridica*, vol. XXXI, Instituto della Enciclopedia Italiana, Milão, 1994, p. 1). Cfr. ainda, a este respeito, ANDRADE, Manuel A. Domingues de, *Teoria Geral da Relação Jurídica*, vol. I, Almedina, Coimbra, 1960, p. 439, CASTRO, Aníbal de, *A Caducidade*, 3ª ed. rev. e mel., Petrony, Lisboa, 1984, p. 21, ALSINA, Hugo, *Tratado Teórico Practico de Derecho Procesal Civil y Comercial, I – Parte General*, 2ª ed., Ediar, Buenos Aires, 1956, pp. 730 e 731, bem como BRISEÑO SIERRA, Humberto, *Derecho Procesal*, vol. III, 1ª ed., Cardenas, México, 1969, pp. 173 e 174.

Resulta, assim, evidente que a previsão de regras que permitam disciplinar a influência do tempo nas relações jurídicas, seja no que diz respeito ao modo como o mesmo deve ser computado, seja no que concerne à regulação da prática de atos e da produção de efeitos, reveste extrema importância, enquanto fator de segurança, de coesão e de estabilidade do ordenamento jurídico.

Neste enquadramento, os conceitos de "tempo" e de "prazo" encontram-se intrinsecamente relacionados, na medida em que o prazo designa uma determinada fração ou período de tempo[2].

O regime jurídico dos prazos e a forma da sua contagem variam em função da sua tipologia ou natureza, razão pela qual importa atentar, a título introdutório, nos diferentes tipos e modalidades de prazos, bem como no modo da sua contagem.

2. Tipos de prazos

2.1. Prazo substantivo

2.1.1. Noção

O prazo substantivo pode ser definido, pela negativa ou a título subsidiário, como sendo aquele que regula a repercussão do tempo em todas as relações jurídicas que não revistam natureza processual. Na verdade, o prazo substantivo não se destina a disciplinar a prática de atos ou a produção de efeitos num determinado processo, razão pela qual este prazo encontra-se previsto, em regra, na lei substantiva[3]. É o que sucede, a título meramente exemplificativo, com os prazos elencados no Código Civil[4], no Código Comercial, no Código das Sociedades Comerciais, no Código do Trabalho, no Código Penal ou no Código dos Contratos Públicos.

2.1.2. Cômputo

À luz do art. 296º do CC, o cômputo do prazo substantivo rege-se, subsidiariamente, pelo disposto no art. 279º do CC, aplicando-se, por conseguinte, as seguintes regras[5,6]:

[2] Cordeiro, António Menezes, *Tratado de Direito Civil Português*, I, tomo IV, Almedina, Coimbra, 2007, p. 121.

[3] Como veremos *infra*, existem prazos que, não obstante revestirem natureza substantiva, estão previstos na lei processual.

[4] *Vide*, a este propósito, Mendes, João de Castro, *Direito Civil: Teoria Geral*, vol. III, Associação Académica da Faculdade de Direito de Lisboa, Lisboa, 1979, pp. 794 e 795.

[5] Conforme ensina Menezes Cordeiro, as regras previstas no art. 279º, als. *a)* e *d)*, do CC destinam-se, essencialmente, à interpretação das declarações de vontade das partes quanto à estipulação do termo, enquanto as regras previstas no art. 279º, als. *b)*, *c)* e *e)*, do CC configuram regras gerais

a) se o termo se referir ao princípio, ao meio ou ao fim do mês, entende-se como tal, respetivamente, o primeiro dia, o dia 15 e o último dia do mês; se for fixado no princípio, meio ou fim do ano, entende-se, respetivamente, o primeiro dia do ano, o dia 30 de junho e o dia 31 de dezembro [art. 279º, al. *a)*, do CC];

b) na contagem de qualquer prazo, não se inclui o dia, nem a hora, se o prazo for de horas, em que ocorrer o evento a partir do qual o prazo começa a correr (*dies a quo non computatur in termino*) [art. 279º, al. *b)*, do CC][7];

c) o prazo fixado em semanas, meses ou anos, a contar de certa data, termina às vinte e quatro horas do dia que corresponda, dentro da última semana, mês ou ano, a essa data; mas, se, no último mês, não existir dia correspondente, o prazo finda no último dia desse mês [art. 279º, al. *c)*, do CC][8];

d) é havido, respetivamente, como prazo de uma ou duas semanas o designado por 8 ou 15 dias, sendo havido como prazo de 1 ou 2 dias o designado por vinte e quatro ou quarenta e oito horas [art. 279º, al. *d)*, do CC];

e) o prazo que termine em domingo ou em dia feriado transfere-se para o primeiro dia útil. Se o ato sujeito a prazo tiver de ser praticado em juízo e se o termo do prazo coincidir com o período de férias judiciais,

sobre o modo como o prazo deve ser contado (Cordeiro, António Menezes, *Tratado de Direito Civil Português, op. cit.*, pp. 128 e 129). Cfr., ainda, Pinto, Carlos Alberto da Mota, *Teoria Geral do Direito Civil*, 4ª ed., 2ª reimp., Coimbra Editora, Coimbra, 2015, pp. 580 e 581, bem como Pinto, Rui, *Notas ao Código de Processo Civil*, vol. I, 2ª ed., Coimbra Editora, Coimbra, 2015, p. 271.

6 A título comparativo, no ordenamento jurídico espanhol, o art. 5º do $CC_{Es.}$ estabelece as seguintes regras: salvo disposição especial em contrário, nos prazos assinalados em dias, a contar de um determinado dia, o prazo começa a correr no dia seguinte; se o prazo estiver fixado em meses ou em anos, são computados de mês em mês ou de ano em ano; se, no mês do vencimento, não houver dia equivalente ao do início do termo, entende-se que o prazo termina no último dia do mês; na contagem civil dos prazos, não são excluídos os dias não úteis.

7 Cfr., a este respeito, Fernandes, Luís A. Carvalho, *Teoria Geral do Direito Civil*, vol. II, 5ª ed. rev. e atua., Universidade Católica Editora, Lisboa, 2014, pp. 682 e 683.

8 Com efeito, como bem elucida Cabral de Moncada, o tempo pode ser contado ou de "dia a dia (de tantos a tantos de tal) com referência ao calendário gregoriano; ou com referência a qualquer das divisões oficiais em que o tempo se distribui nesse mesmo calendário, tais como dias, semanas, meses, anos, etc.. No primeiro, são indicadas datas certas, como 31 de Dezembro, 1 de Janeiro do ano tal. No segundo, não há datas rigorosas fixadas, mas a indicação de um certo número de dias, de semanas, de meses, de anos" (Moncada, L. Cabral de, *Lições de Direito Civil: Parte Geral*, 3ª ed. rev. e atua., Atlântida Editora, Coimbra, 1959, p. 190).

estas são equiparadas aos domingos e dias feriados, razão pela qual o termo do prazo transfere-se para o primeiro dia útil posterior ao fim das férias judiciais [art. 279º, al. *e)*, do CC][9].

Para além destas regras supletivas, importa salientar que, muito embora o art. 279º do CC não o refira expressamente, o prazo substantivo conta-se, salvo convenção ou disposição legal em sentido contrário, de forma contínua[10], ou seja, contam-se todos os dias do prazo, independentemente de os mesmos serem úteis ou não[11] ou de corresponderem a um período de férias judiciais[12]. Na verdade, esta regra infere-se do regime previsto no art. 279º, al. *e)*, do CC, já que, prevendo este preceito a possibilidade de um prazo terminar em domingo ou em dia feriado, tal só é possível desde que o prazo seja contado de forma contínua.

Por outro lado, impõe-se esclarecer que os prazos para a propositura de ações judiciais revestem a natureza de prazos substantivos, mais concretamente de caducidade, razão pela qual a sua contagem é efetuada, em regra, à luz das normas de contagem de prazos previstas na lei substantiva[13].

Pode, no entanto, suceder que a contagem de um prazo substantivo seja feita de acordo com as regras previstas para os prazos adjetivos ou processuais. É o que ocorre, por exemplo, com os prazos para a propositura de ações que se encontrem regulados na lei de processo civil, os quais, não obstante a sua natureza substantiva, são contados de acordo com as regras previstas no art. 138º, nºs 1 a 3, atento o disposto no nº 4 desse preceito legal.

[9] No sentido de a contagem do prazo de prescrição não se achar disciplinada por esta regra, já que "o prazo de prescrição verifica-se pelo simples decurso do prazo, independentemente da prática de qualquer ato ou declaração negocial", *vide* o ac. do STJ de 22.09.2004, proc. 03S2931. Cfr., em sentido contrário, o ac. do TRL de 22.02.1994, proc. 0075091.

[10] Com efeito, a lei pode estabelecer expressamente que a contagem do prazo não é efetuada de forma contínua, isto é, que o prazo, na sua contagem, suspende-se aos sábados, domingos e dias feriados. É o que sucede, a título meramente exemplificativo, com o regime de contagem de prazos previsto no art. 87º do CPA. *Vide*, a este respeito, o ac. do TRP de 17.02.2014, proc. 1695/12.8TJPRT.P1.

[11] *Vide*, no mesmo sentido, FERNANDES, Luís A. Carvalho, *Teoria Geral do Direito Civil*, *op. cit.*, p. 684.

[12] Cfr., a este propósito, o ac. do TRP de 05.02.2004, proc. 0336989.

[13] Cfr., quanto a esta problemática, REIS, Alberto dos, *Comentário ao Código de Processo Civil Anotado*, vol. II, Coimbra Editora, Coimbra, 1945, pp. 54 e 55.

2.2. Prazo processual

2.2.1. Noção

O prazo processual – também denominado de "prazo adjetivo" – é aquele que regula o tempo da prática de um ato dentro de um processo[14,15], a distância temporal entre os diferentes atos ou fases processuais[16], ou a produção de um determinado efeito jurídico-processual por força do decurso do tempo[17].

2.2.2. Funções

Partindo da respetiva noção, é possível afirmar que o prazo processual desempenha quatro funções essenciais.

Em primeiro lugar, o prazo processual permite garantir a tramitação organizada e disciplinada do processo[18].

[14] *Vide*, a este respeito, o ac. do STJ de 05.03.1991, *in BMJ*, nº 305, ano 1981, p. 219, bem como o ac. do TRG de 08.02.2006, proc. 117/06-1. Cfr., na doutrina, COUTURE, Eduardo J., *Fundamentos del Derecho Procesal Civil*, 2ª ed. amp. e atua., Editorial Depalma, Buenos Aires, 1951, p. 111, SATTA, Salvatore / PUNZI, Carmine, *Diritto Processuale Civile*, 13ª ed., Cedam, Milão, 2010, p. 237, ROXIN, Claus, *Derecho Procesal Penal*, trad. da 25ª ed. alemã, Editores del Puerto, Buenos Aires, 2000, p. 177, bem como RUSSO, Ennio, "Termini (dir. civ.)", *op. cit.*, p. 13.

[15] É essa, aliás, a noção que consta do art. 218º do $CPC_{Br.}$, segundo o qual os atos processuais devem ser realizados no prazo previsto na lei. Assim, de acordo com Gaio Júnior, o prazo processual diz respeito ao "período em que o ato processual da parte pode ser validamente praticado" (GAIO JÚNIOR, Antônio Pereira, *Direito Processual Civil: Teoria Geral do Processo, Processo de Conhecimento e Recursos*, vol. I, 2ª ed., Del Rey Editora, Belo Horizonte, 2008, p. 173).

[16] Cfr., nesse sentido, GRINOVER, Ada Pellegrini, *Novas Tendências do Direito Processual: De acordo com a Constituição de 1988*, Forense Universitária, Rio de Janeiro, 1990, p. 39.

[17] Cfr., a este propósito, o ac. do STJ de 12.10.1989, proc. 040063, com o seguinte sumário: "Prazo judicial significa período de tempo fixado para se produzir um determinado efeito processual, pressupondo dois extremos que são precisamente dois pontos, isto é, dois dias: o dia do início ou de partida (*dies a quo*) e o dia de termo ou de vencimento (*dies ad quem*), sendo que a distância entre os dois pontos marca a sua duração".

[18] BUENO, Cassio Scarpinella, *Curso Sistematizado de Direito Processual Civil*, 5ª ed. rev., atua. e ampl., Editora Saraiva, São Paulo, 2011, p. 477. *Vide*, no mesmo sentido, MORENO CATENA, Víctor / CORTÉS DOMÍNGUEZ, Valentín, *Introducción al Derecho Procesal*, 4ª ed., Tirant lo Blanch, Valencia, 2010, p. 250, BLOMEYER, Arwed, *Zivilprozessrecht: Erkenntnisverfahren*, Springer-Verlag, Berlim, 1963, p. 106, BRAUN, Johann, *Lehrbuch des Zivilprozeßrechts*, Mohr Siebeck, Tübingen, 2014, p. 641, SCHELLHAMMER, Kurt, *Zivilprozess*, C. F. Müller, Heidelberg, 2012, p. 225, JOSEF DE GÉRICA, Félix, *Repaso Judicial*, Madrid, 1807, pp. 248 e 249, LUGO, Andrea, *Manuale di Diritto Processuale Civile*, 18ª ed., Giuffrè Editore, Milão, 2012, p. 149, MORTARA, Lodovico, *Istituzioni di Procedura Civile*, G. Barbèra Editore, Florença, 1922, p. 96, LIEBMAN, Enrico Tullio, *Manuale di Diritto Processuale Civile: Principi*, 7ª ed., Giuffrè Editore, Milão, 2007, p. 218, REDENTI, Enrico / VELLANI, Mario, *Diritto Processuale Civile*, vol. III, Giuffrè Editore, Milão, 2011, p. 109, ALSINA, Hugo, *Tratado Teórico Practico de Derecho Procesal Civil y Comercial*, *op. cit.*, p. 736, GROSSI, Dante, "Termine (Diritto Processuale

Com efeito, sendo o processo uma relação jurídica continuada no tempo[19] – ou, por outras palavras, uma "realidade cronológica"[20] –, composta por uma sucessão de atos logicamente encadeados[21], o prazo processual garante que os atos[22] são praticados de forma sequencial e ordenada, enquanto condição essencial para a obtenção de uma decisão em prazo razoável, tal como consagrado nos arts. 6º, nº 1, da CEDH, 20º, nº 4, da CRP, e 2º, nº 1[23].

Em segundo lugar, o prazo processual permite regular o ritmo do processo, tornando-o mais rápido ou mais lento em função das diferentes finalidades ou interesses que se visem proteger ou tutelar[24].

Civile)", *in Enciclopedia del Diritto*, vol. XLIV, Giuffrè Editore, Milão, 1992, p. 235, bem como LIMA, Felice, "Termini (Diritto Processuale Penale)", *in Enciclopedia Giuridica*, vol. XXXI, Instituto della Enciclopedia Italiana, Milão, 1994, p. 1.

[19] COUTURE, Eduardo J., *Fundamentos del Derecho Procesal Civil*, *op. cit.*, p. 101.

[20] SILVA, Lucinda Dias da, *Processo Cautelar Comum*, Coimbra Editora, Coimbra, 2009, p. 99.

[21] *Vide*, a este propósito, RAMOS MÉNDEZ, Francisco, *Sistema Procesal Español*, J. M. Bosch Editor, Barcelona, 1997, p. 315, CHIOVENDA, Jose, *Principios de Derecho Procesal Civil*, tomo I, Instituto Editorial Reus, Madrid, 1922, p. 102, PICARDI, Nicola, *Manuale del Proceso Civile*, 2ª ed., Giuffrè Editore, Milão, 2010, p. 117, CHIARI, Sergio Matteini / MARZIO, Mauro Di, *Notificazioni e Termini nel Processo Civile*, Giuffrè Editore, Milão, 2011, p. 25, SASSANI, Bruno, *Lineamenti del Processo Civile Italiano*, 3ª ed., Giuffrè Editore, Milão, 2012, p. 85, DEVIS ECHANDIA, Hernando, *Nociones Generales de Derecho Procesal Civil*, Aguilar, Madrid, 1966, p. 454, bem como COLOMBO CAMPBELL, Juan, *Los Actos Procesales*, tomo I, Editorial Jurídica de Chile, Santiago do Chile, 1997, pp. 16 e 17.

[22] No sentido de os atos processuais poderem provir do tribunal ou das partes, importando, por isso, distinguir entre *atos judiciais* e *atos processuais das partes*, *vide* JAUERNIG, Othmar, *Direito Processual Civil*, 25ª ed., Almedina, Coimbra, 2002, p. 170.

[23] Cfr., a este respeito, BRITO, Wladimir, *Teoria Geral do Processo*, Almedina, Coimbra, 2019, p. 298, PECCHI CROCE, Carlos, "Algunas consideraciones sobre la preclusión", *in Revista de Derecho Procesal*, nº 7, Editorial Jurídica de Chile, Santiago do Chile, março 1974, p. 12, VITALE, Antonio, "Termini (Diritto Canonico)", *in Enciclopedia Giuridica*, vol. XXXI, Instituto della Enciclopedia Italiana, Milão, 1994, p. 1, SASSANI, Bruno, *Lezioni di Diritto Processuale Civile*, Università "G. D'Annunzio", Nápoles, 2006, pp. 55 e 56, bem como MARINONI, Luiz Guilherme, *et al.*, *Novo Curso de Processo Civil*, vol. II, Editora Revista dos Tribunais, São Paulo, 2015, p. 118. *Vide*, ainda, A. BENABENTOS, Omar, "Tiempo y Proceso", *in Derecho Procesal Civil y Comercial*, Editorial Juris, Rosário, 1996, p. 12, o qual salienta que "o problema do tempo processual é o da duração do processo", razão pela qual "a resolução da *litis* deve acontecer com a maior celeridade possível", já que a demora, na generalidade dos casos, converte-se em injustiça. Cfr., na jurisprudência, o ac. do TCAS de 07.01.2021, proc. 1427/19.0BELSB, no qual se entendeu que "o direito de acesso à justiça em prazo razoável constitui uma garantia inerente ao direito ao acesso aos tribunais e à tutela jurisdicional efetiva", assim como o ac. do TCAS de 04.11.2021, proc. 1048/17.1BELSB.

[24] CARNELUTTI, Francesco, *Instituciones del Proceso Civil*, vol. I, Ediciones Jurídicas Europa--América, Buenos Aires, 1959, p. 521.

Assim, sempre que se torna necessário impedir que a administração da justiça seja "iludida pela má-fé da parte interessada em atrasar o processo"[25], o legislador serve-se de prazos aceleratórios – tal como sucede, por exemplo, com os prazos previstos para o oferecimento da contestação ou para a interposição de recurso –, funcionando, por isso, tais prazos como "garantia do interesse público" na celeridade da resolução dos litígios[26] e como fator adicional de defesa dos interesses das partes[27].

Pelo contrário, sempre que se torne necessário introduzir uma pausa ou um atraso no processo, em ordem a restabelecer ou a assegurar o equilíbrio entre as partes, o legislador pode lançar mão de prazos desaceleratórios. É o que sucede, por exemplo, com a consagração de prazos dilatórios (art. 245º), os quais, em função do lugar ou do modo como o réu foi citado, visam permitir-lhe o exercício do seu direito de defesa com toda a amplitude possível, atrasando o início da contagem do prazo para o oferecimento da sua contestação.

Em terceiro lugar, o prazo processual assegura a igualdade de armas entre as partes, ao permitir-lhes o exercício de direitos ou de faculdades em condições idênticas[28]. Com efeito, essa função é bem visível nas situações em que a lei processual estabelece, por exemplo, um prazo idêntico para as partes se pronunciarem quanto a uma prova produzida por iniciativa do tribunal, para apresentarem alegações orais em sede de audiência de julgamento ou para interporem recurso e responderem às respetivas alegações.

Em quarto lugar, o prazo processual contribui para a segurança e para a estabilidade da relação jurídico-processual[29], seja ao delimitar o período de tempo dentro do qual um determinado ato processual pode ou não ser praticado[30], seja ao regular a estabilização das decisões judiciais dentro do ordena-

25 LASTRES, Francisco, *Procedimientos Civiles y Criminales*, 3ª ed., Madrid, 1873, p. 84.

26 CASTRO, Artur Anselmo de, *Direito Processual Civil Declaratório*, vol. III, Almedina, Coimbra, 1982, p. 49. *Vide*, no mesmo sentido, PICARDI, Nicola / MARTINO, Roberto, "Termini (Diritto Processuale Civile)", *in Enciclopedia Giuridica*, vol. XXXI, Instituto della Enciclopedia Italiana, Milão, 1994, p. 2.

27 ALSINA, Hugo, *Tratado Teórico Practico de Derecho Procesal Civil y Comercial*, *op. cit.*, p. 737. Cfr., no mesmo sentido, LESSONA, Carlo, *Manuale di Procedura Civile*, 3ª ed., Milano Società Editrice Libraria, Milão, 1906, p. 126.

28 *Vide*, a este respeito, COLOMBO CAMPBELL, Juan, *Los Actos Procesales*, *op. cit.*, p. 31, bem como LIMA, Felice, "Termini (Diritto Processuale Penale)", *op. cit.*, p. 1.

29 Cfr., no mesmo sentido, DIANA, Antonio Gerardo, *I Mezzi di Impugnazione dopo la Riforma del Processo Civile*, Giuffrè Editore, Milão, 2010, p. 25, bem como WIECZOREK, Bernhard, *et al.*, *Zivilprozessordnung und Nebengesetze*, De Gruyter Recht, Berlim, 2006, p. 878.

30 *Vide*, a este propósito, MORTARA, Lodovico, *Principii di Procedura Civile*, G. Barberà Editore, Florença, 1890, p. 70. Cfr., na jurisprudência, o ac. do TRL de 05.03.2020, proc. 8452/19.9T8LSB-A.L1-6.

mento jurídico. A título paradigmático, enquadram-se neste âmbito os prazos previstos para a impugnação ou para a revisão das decisões judiciais (cfr. os arts. 638º, nº 1, 689º, nº 1, e 697º, nº 2).

2.2.3. Cômputo

No que diz respeito ao cômputo, o prazo processual é contado de acordo com as regras estabelecidas na lei de processo onde o mesmo se encontre previsto (*vide*, por ex., o art. 104º, nº 2, do CPP).

Subsidiariamente, são aplicáveis as regras elencadas no Código de Processo Civil [cfr., por ex., os arts. 1º, nº 2, al. *a)*, do CPT, 17º do CIRE, 104º, nº 1, do CPP, 20º, nº 2, do CPPT, e 1º do CPTA][31] e, nos casos omissos, as regras de contagem de prazos constantes dos art. 279º do CC, atento o disposto no art. 296º do CC[32].

Acresce que, tal como sucede com os prazos substantivos, a duração dos prazos processuais pode ser fixada em diferentes unidades de tempo, nomeadamente em horas, dias, meses e/ou anos[33,34].

Na verdade, a título meramente exemplificativo, a lei de processo civil prevê diferentes prazos fixados em horas (por ex., o prazo de vinte e quatro horas para o juiz decidir o pedido de prorrogação do prazo para o oferecimento da contestação, de acordo com o art. 569º, nº 6), em dias (por ex., o prazo de 30 dias para o oferecimento da contestação, de acordo com o art. 569º, nº 1), em meses (por ex., o prazo de seis meses para a deserção da instância, à luz do art. 281º, nº 1) ou em anos (por ex., o prazo de cinco anos para a admissibilidade do recurso de revisão, nos termos do art. 697º, nº 2).

Ora, como se verá *infra*, a contagem do prazo processual obedece a regras próprias em função da respetiva unidade de tempo em que o mesmo se encontra fixado.

[31] Cfr., nesse sentido, o ac. do TRP de 20.09.2011, proc. 261/07.4TBETR-B.P1.

[32] *Vide*, a este propósito, GONZÁLEZ, José Alberto, *Código Civil Anotado*, vol. I, Quid Iuris, Lisboa, 2011, p. 397.

[33] Aliás, a título meramente exemplificativo, o art. 172º, nº 1, do $CPP_{It.}$ prevê expressamente que os prazos processuais são estabelecidos em horas, dias, meses ou anos.

[34] Observe-se que um prazo pode ser fixado tomando por referência, simultaneamente, duas unidades de tempo distintas. É o que sucede, por exemplo, com o art. 215º, nº 1, do CP, o qual prevê um prazo de "um ano e dois meses" ou de "um ano e seis meses" para a duração da prisão preventiva. Ainda a título meramente exemplificativo, o ordenamento jurídico francês prevê no art. 641º do $CPC_{Fr.}$ regras de contagem próprias no que concerne aos prazos cuja duração se encontre simultaneamente fixada em meses e em dias, caso em que, primeiro contam-se os meses e, depois, os dias.

3. Prazo processual e termo processual

Os conceitos de *prazo processual* e de *termo processual* não se confundem, ainda que, por vezes, sejam utilizados indevidamente, como se de sinónimos se tratassem[35].

Com efeito, conforme se referiu *supra*, *o prazo processual* corresponde a um período de tempo, "com referência a uma série mais ou menos longa de momentos temporais (dias, meses ou anos)"[36], o qual é fixado para a prática de um ato, para a regulação da distância entre atos ou fases processuais, ou para a produção de um determinado efeito jurídico[37].

Por conseguinte, o prazo é marcado por dois momentos, isto é, por um momento temporal a partir do qual o prazo inicia a sua contagem (termo ou *dies a quo*) e por um outro momento temporal em que a contagem do prazo

[35] De facto, alguma doutrina utiliza estes conceitos em termos sinónimos, definindo o *termo* e o *prazo* como a "distância temporal entre os atos do processo" (Cintra, Antonio Carlos de Araújo, *et al.*, *Teoria Geral do Processo*, 27ª ed., Malheiro Editores, São Paulo, 2011, p. 351).
Criticando a utilização indistinta e indiscriminada dos conceitos de *termo* e de *prazo*, *vide* Goldschmidt, James, *Derecho Procesal Civil*, trad. da 2ª ed., Editorial Labor, Barcelona, 1936, p. 207, Fairen Guillen, Victor, *Doctrina General del Derecho Procesal: Hacia una Teoría y Ley Procesal Generales*, Librería Bosch, Barcelona, 1990, p. 341, Toribios Fuentes, Fernando / Velloso Matta, María José, *Manual Práctico del Proceso Civil*, Lex Nova, Valladolid, 2010, p. 131, bem como Alcalá-Zamora y Castillo, Niceto, *Cuestiones de Terminología Procesal*, Universidad Nacional Autónoma de México, México, 1972, p. 181. Cfr., quanto à distinção entre estes dois conceitos, Briseño Sierra, Humberto, *Compendio de Derecho Procesal*, Humanitas, México, 1989, pp. 290 e 291.
Para um enquadramento histórico concernente ao surgimento, no contexto jurídico, das expressões "termo" e "prazo", *vide* Picardi, Nicola / Martino, Roberto, "Termini (Diritto Processuale Civile)", *op. cit.*, p. 1.

[36] Andrade, Manuel A. Domingues de, *Teoria Geral da Relação Jurídica*, vol. I, *op. cit.*, p. 441.

[37] Baptista, José João, *Processo Civil I: Parte Geral e Processo Declarativo*, 8ª ed., Coimbra Editora, Coimbra, 2006, p. 294. Cfr., no mesmo sentido, Trabucchi, Alberto, *Istituzioni di Diritto Civile*, 23ª ed., Cedam, Pádua, 1978, p. 122, Asencio Mellado, José Mª, *Introducción al Derecho Procesal*, 5ª ed., Tirant lo Blanch, Valencia, 2008, p. 203, Reis, Alberto dos, *Comentário ao Código de Processo Civil Anotado*, *op. cit.*, p. 52, Wieczorek, Bernhard, *Zivilprozessordnung und Gerichtsverfassungsgesetz*, Walter de Gruyter, Berlim, 1960, p. 612, Carré, Guillaume Louis Julien, *Traité et Questions de Procédure Civile*, tomo II, Duchesne, Rennes, 1819, p. 36, bem como Alcalá-Zamora y Castillo, Niceto, *Cuestiones de Terminología Procesal*, *op. cit.*, p. 182. Para Nunzio Santi di Paola, o prazo é o período de tempo a cujo decurso o direito atribui um determinado relevo (Paola, Nunzio Santi di, *Notificazioni e Termini: Questioni Processuali*, Giuffrè Editore, Milão, 2009, p. 193). Por sua vez, Hugo Alsina restringe o conceito de *prazo processual* ao "espaço de tempo dentro do qual deve ser executado um ato processual" (Alsina, Hugo, *Tratado Teórico Practico de Derecho Procesal Civil y Comercial*, *op. cit.*, p. 735).

termina (termo ou *dies ad quem*)[38], sendo que estes dois momentos estão separados entre si por um intervalo de tempo (*distantiae temporis*), correspondente ao período intermédio do prazo, cuja duração pode ser fixa ou variável[39,40].

Diferentemente, o *termo processual* corresponde à "fixação de tempo mediante a referência a uma certa data do calendário"[41], isto é, diz respeito a um momento temporal, concreto e determinado, no qual deve ser praticado um ato ou em que se considera produzido um determinado efeito jurídico[42,43]. É o que sucede, por exemplo, com o dia que marca o início da contagem de um prazo ou com a data fixada para a realização de uma audiência de julgamento[44]. A função do termo consiste, fundamentalmente, em "favorecer ou

[38] É essa, de resto, a definição adotada quanto às expressões *dies a quo* e *dies ad quem* pelo art. 2º da Convenção de Basileia de 16 de maio de 1972 (STE076), destinada a harmonizar as regras de contagem de prazos, quer ao nível interno, quer ao nível internacional.

[39] CARRÉ, Guillaume Louis Julien, *Traité et Questions de Procédure Civile, op. cit.*, p. 37. *Vide*, no mesmo sentido, THEODORO JÚNIOR, Humberto, *Curso de Direito Processual Civil: Teoria Geral do Direito Processual Civil e Processo de Conhecimento*, 50ª ed., Editora Forense, Rio de Janeiro, 2009, p. 243, bem como GONÇALVES, Marcus Vinicius Rios, *Novo Curso de Direito Processual Civil*, vol. I, 7ª ed., Editora Saraiva, São Paulo, 2010, p. 222.

[40] Neste enquadramento, Rodrigo Gallego García assinala que "no que concerne às suas características, o prazo é determinado em relação à sua duração (...) mas indeterminado em relação à sua data de início e de termo, pois estas últimas dependem da data da notificação e do cômputo processual dos prazos" (GALLEGO GARCÍA, Rodrigo, "Plazos y Términos", *in Comentarios a la Ley de Enjuiciamiento Civil*, Lex Nova, Valladolid, 2002, p. 256).

[41] ANDRADE, Manuel A. Domingues de, *Teoria Geral da Relação Jurídica*, vol. I, *op. cit.*, p. 441. Cfr., ainda, COUTURE, Eduardo J., *Fundamentos del Derecho Procesal Civil, op. cit.*, p. 111. Diferentemente, Francisco Ramos Méndez defende que o termo corresponde ao fim de um determinado prazo (RAMOS MÉNDEZ, Francisco, *Sistema Procesal Español, op. cit.*, p. 318).

[42] GUASP, Jaime / ARAGONESES, Pedro, *Derecho Procesal Civil*, tomo I, 7ª ed. rev. e atua., Thomson Civitas, Navarra, 2005, p. 326. *Vide*, no mesmo sentido, GOLDSCHMIDT, James, *Derecho Procesal Civil, op. cit.*, p. 204, ASENCIO MELLADO, José Mª, *Introducción al Derecho Procesal, op. cit.*, p. 204, FAIREN GUILLEN, Victor, *Doctrina General del Derecho Procesal: Hacia una Teoría y Ley Procesal Generales, op. cit.*, p. 341, ABAL OLIÚ, Alejandro, *Derecho Procesal*, tomo III, 2ª ed. rev. e atua., Fundación de Cultura Universitaria, Montevideu, 2004, p. 56, ROXIN, Claus, *Derecho Procesal Penal, op. cit.*, p. 180, bem como ALVARADO VELLOSO, Adolfo, *Introducción al Estudio del Derecho Procesal*, I, Rubinzal-Culzoni Editores, Buenos Aires, 1998, p. 280.

[43] Conforme elucidam Nicola Picardi e de Roberto Martino, o conceito "termo" tem na sua origem etimológica a referência ao limite ou ao extremo de um espaço de tempo (PICARDI, Nicola / MARTINO, Roberto, "Termini (Diritto Processuale Civile)", *op. cit.*, p. 1).

[44] Neste particular, Alvarado Velloso sustenta que os termos são sempre estabelecidos pela própria autoridade, nomeadamente por juízes e por árbitros (ALVARADO VELLOSO, Adolfo, *Introducción al Estudio del Derecho Procesal*, I, *op. cit.*, p. 280).

impedir a coincidência de determinados atos, de modo a que possam ou não possam realizar-se conjuntamente"[45].

Esta distinção entre *prazo processual* e *termo processual* é bem visível em diversas disposições do Código de Processo Civil, ainda que a lei não se refira expressamente a essa diferenciação concetual[46].

Vejamos alguns exemplos:

a) de acordo com o art. 230º, a citação postal, efetuada ao abrigo do art. 228º, considera-se realizada no dia em que se mostre assinado o aviso de receção (*termo*), começando, por isso, a correr no dia seguinte o *prazo* dilatório, se a ele houver lugar (art. 245º), ou o *prazo* perentório de 30 dias para o oferecimento da contestação (art. 569º, nº 1);

b) à luz do art. 242º, o *prazo* dilatório de 30 dias, aplicável na eventualidade de a citação ter sido realizada por via edital (art. 245º, nº 3), começa a correr a partir da data da citação, considerando-se esta efetivada no dia da publicação do anúncio (*termo*);

c) nos termos do art. 248º, nº 1, a notificação realizada por via eletrónica, através do sistema de informação de suporte à atividade dos tribunais, presume-se efetuada no terceiro dia posterior ao do seu envio ou no primeiro dia útil seguinte a esse, quando o não seja (*termo*)[47];

d) de acordo com o art. 457º, nº 2, em caso de impossibilidade de comparência da parte no tribunal a fim de prestar depoimento, este realiza-se no dia, hora e local que o juiz designar (*termo*);

e) nos termos do art. 478º, no próprio despacho em que ordene a realização da perícia e nomeie os peritos, o juiz deve designar a data para o começo da diligência (*termo*), sendo que, se não for possível encerrar a perícia com a imediata apresentação do relatório pericial, o juiz deve fixar o *prazo* dentro do qual a diligência deve ser concluída (art. 483º, nº 1);

[45] CARNELUTTI, Francesco, *Instituciones del Proceso Civil*, *op. cit.*, pp. 520 e 521.

[46] Com efeito, apesar de algumas leis de processo civil distinguirem claramente os conceitos de *termo* e de *prazo* – tal como sucede, por exemplo, com a lei espanhola, a qual alude, no art. 132º da LEC, aos *plazos y términos*, dispondo que os atos processuais devem ser praticados nos termos ou dentro dos prazos designados para esse efeito – outras utilizam uma única expressão para se referirem à mesma realidade – veja-se, a título meramente exemplificativo, a lei italiana, a qual alude, nos arts. 152º e ss. do $CPC_{It.}$, à expressão *termini*.

[47] Em todo o caso, nos termos do nº 2 do art. 248º, aditado pelo DL nº 97/2019, de 26 de julho, se, por motivo de justo impedimento, o mandatário se encontrar impossibilitado de aceder à área reservada do portal eletrónico no qual são disponibilizadas as notificações, a notificação só se considera efetuada quando o justo impedimento for ultrapassado.

f) à luz do art. 638º, nº 3, tratando-se de um despacho ou sentença oral, o *prazo* de 15 ou de 30 dias para a interposição do recurso (art. 638º, nº 1) começa a correr desde o dia em que o despacho ou a sentença foi proferida (*termo*)[48].

4. Modalidades do prazo processual

4.1. Quanto à sua fixação

No que diz respeito ao modo como o prazo processual é fixado, podemos distinguir entre prazo legal, prazo judicial e prazo convencional[49].

Esta distinção não reveste uma importância meramente teórica, assumindo, ao invés, um especial interesse prático, porquanto, apesar de, em alguns casos, o regime aplicável aos prazos legais, judiciais ou convencionais ser absolutamente idêntico, em outros, a lei estabelece regimes distintos consoante o prazo processual decorra da lei ou tenha sido fixado pelo juiz ou por convenção entre as partes.

Assim, a título meramente exemplificativo, o art. 138º, nº 1, preceitua que o prazo processual, quer tenha sido estabelecido pela lei, quer tenha sido fixado pelo juiz, conta-se de forma contínua, pelo que, neste caso, a diferente modalidade do prazo, em função do modo como o mesmo foi fixado, não importa qualquer aplicação diferenciada de regimes ou de regras processuais.

Contudo, já no que diz respeito, por exemplo, à prorrogabilidade dos prazos, o art. 141º, nº 1, estabelece regimes processuais distintos consoante o prazo tenha sido fixado pela lei ou pelo juiz, pois que, enquanto no primeiro caso, o prazo só pode ser prorrogado nas situações em que a lei expressamente o admita, já no segundo caso, inexiste qualquer limitação quanto à prorrogação do prazo.

[48] *Vide*, a este propósito, o ac. do TRL de 11.01.2011, proc. 657/08.TBRGR-A.L1-1. De todo o modo, conforme se decidiu no ac. do TRP de 03.05.2011, proc. 374891/09.4YIPRT.P1, "I – Nos casos em que a sentença seja proferida oralmente (ditada para a acta da audiência de julgamento), mas não fique imediatamente disponível (nem ela nem a respectiva acta) no *Citius*, deve a secção de processos, logo que tal disponibilidade aconteça, notificar as partes do seu teor, só começando a correr o prazo de interposição de recurso após essa notificação. II – Isto porque o estabelecido no nº 3 do art. 685º do CPC só funciona quando a sentença (ou o despacho) oral tenha ficado imediatamente reproduzida na acta (ou no auto, tratando-se de despacho não proferido em julgamento) e esta tenha ficado imediatamente disponível às partes".

[49] Anselmo de Castro, por sua vez, classifica estes prazos em função da sua fonte (Castro, Artur Anselmo de, *Direito Processual Civil Declaratório, op. cit.*, pp. 50 e 51).

4.1.1. Prazo legal

Tal como decorre da própria designação, o prazo legal é aquele que é estabelecido ou fixado pela lei.

Regra geral, os prazos processuais são determinados por disposição legal[50], razão pela qual só, excecionalmente, a lei é omissa quanto a essa fixação[51]. É o que acontece, por exemplo, com o prazo de 30 dias para a apresentação da contestação (art. 569º, nº 1)[52], com o prazo de 30 dias para o oferecimento da réplica (art. 585º) ou com o prazo de 15 ou de 30 dias para a interposição do recurso (art. 638º, nº 1)[53].

Por outro lado, importa salientar que a duração dos prazos legais não pode, em princípio, ser modificada por decisão do juiz ou por acordo das partes, salvo se a lei expressamente autorizar essa modificação, a qual pode traduzir-se na redução ou na ampliação da duração do prazo[54].

Em particular, no que concerne à redução do prazo, a lei de processo civil portuguesa não admite, em princípio, a possibilidade de o juiz reduzir a duração de um prazo legal[55,56] – desde logo porque tal poderá contender com a segurança jurídica, a confiança e as legítimas expetativas das partes –, mas, em outros ordenamentos jurídicos, nomeadamente nos ordenamentos brasileiro, alemão, austríaco, francês, belga e italiano, a lei permite, em determinadas condições, que se proceda à redução da duração do prazo legal[57,58].

[50] É essa, aliás, a solução expressamente consagrada no art. 152º do $CPC_{It.}$. *Vide*, a este respeito, MOLFESE, Giuseppe, *Prescrizione e Decadenza*, 2ª ed., Giuffrè Editore, Milão, 2009, p. 978.

[51] Cfr., no mesmo sentido, WAGNER JÚNIOR, Luiz Guilherme da Costa, *Processo Civil*, 2ª ed. rev., atua. e ampl., Del Rey Editora, Belo Horizonte, 2008, p. 231, bem como ALESSANDRI, Fernando, *Curso de Derecho Procesal: Reglas Comunes a todo Procedimiento y del Juicio Ordinario*, Santiago do Chile, 1934, p. 42.

[52] Cfr., a este respeito, o ac. do TRL de 12.10.1994, proc. 0332903.

[53] *Vide*, a este propósito, o ac. do STJ de 07.11.1991, proc. 080112, o ac. do STJ de 23.04.1998, proc. 210/98, *in SASTJ*, ano 1998, bem como o ac. do TRL de 17.05.2007, proc. 10657/2006-2.

[54] ALSINA, Hugo, *Tratado Teórico Practico de Derecho Procesal Civil y Comercial*, *op. cit.*, pp. 745 e 746.

[55] No sentido de o juiz não poder alterar um prazo processual que se encontre previsto na lei, *vide* o ac. do TRC de 10.07.2013, proc. 430/08.0JACBR.C1. Cfr. na doutrina, BERRIAT-SAINT-PRIX, Jacques, *Cours de Procédure Civile*, 4ª ed., tomo I, Nève, Paris, 1821, p. 151, o qual salienta que o juiz não pode reduzir um prazo que se encontre legalmente previsto, salvo se a própria lei autorizar expressamente o juiz a reduzir esse prazo.

[56] Com efeito, no tocante à lei de processo civil, o art. 165º, nº 3, prevê a possibilidade de redução de um prazo legal, ao dispor que o prazo (legal) para a confiança do suporte físico do processo é de 5 dias, podendo, no entanto, ser reduzido, na eventualidade de a confiança do processo, durante esse período de tempo, "causar embaraço grave ao andamento da causa".

[57] De facto, no ordenamento jurídico brasileiro, o art. 222º, § 1º, do $CPC_{Br.}$ prevê a possibilidade de o juiz reduzir um prazo perentório, desde que tenha a anuência das partes nesse sentido.

4.1.2. Prazo judicial

O prazo processual pode ser fixado oficiosamente pelo juiz, caso em que se denomina de "prazo judicial"[59].

Contudo, o prazo só pode ser estabelecido pelo juiz desde que se encontrem preenchidos dois requisitos cumulativos:

a) por um lado, a lei deve ser omissa quanto ao prazo[60], estando, por isso, vedada ao juiz a possibilidade de fixar um prazo para a prática de um

Do mesmo modo, no ordenamento jurídico alemão, o § 224 (1) da $ZPO_{Al.}$ estabelece que, havendo acordo das partes, o prazo legal ou judicial pode ser encurtado, salvo se estiver em causa um prazo improrrogável. Cfr., a este respeito, SCHELLHAMMER, Kurt, *Zivilprozess, op. cit.*, p. 226, BORCK, Hans-Günther, *Zivilprozessordnung und Nebengesetze*, tomo II: §§ 128-252, Bernhard Wiezcorek (ed.) *et al.*, 3ª ed., De Gruyter Recht, Berlim, 2006, p. 915, bem como WIECZOREK, Bernhard, *Zivilprozessordnung und Gerichtsverfassungsgesetz, op. cit.*, p. 616.
Paralelamente, no ordenamento jurídico austríaco, o § 129 da $ZPO_{Áus.}$ estabelece a regra segundo a qual todos os prazos podem ser reduzidos por acordo das partes, devendo, no entanto, esse acordo ser reduzido a escrito, sob pena de ineficácia perante o tribunal. Acresce que o referido preceito legal prevê igualmente a possibilidade de o tribunal, a pedido de uma das partes, reduzir um prazo legal, quando, por razões de urgência, tal se justifique.
Já nos ordenamentos jurídico francês e belga, os arts. 646º do $CPC_{Fr.}$ e 708º do $CJ_{Bel.}$ preveem a possibilidade de o juiz, em caso de urgência, reduzir o prazo legalmente previsto para a comparência da parte em juízo ou até mesmo de proceder à fixação de um dia certo.
Por sua vez, no ordenamento jurídico italiano, o art. 154º do $CPC_{It.}$ determina que o juiz pode, mesmo oficiosamente, abreviar a duração de um prazo, desde que esse prazo revista uma natureza meramente ordenadora, isto é, desde que não se trate de um prazo perentório.

[58] Sustentando que o juiz pode, por referência a um determinado prazo legal e com o acordo das partes, fixar um prazo menor, *vide* COUTURE, Eduardo J., *Fundamentos del Derecho Procesal Civil, op. cit.*, p. 112, bem como JAUERNIG, Othmar, *Direito Processual Civil, op. cit.*, p. 407. Cfr., ainda, BOOR, Hans Otto de / ERKEL, Günther, *Zivilprozessrecht*, 2ª ed., Springer, Berlim, 1961, p. 82.

[59] Neste particular, os arts. 68º do CPC_{1876}, 144º do CPC_{1939} e 144º, nº 1, do CPC_{1961} estabeleciam que o "prazo judicial" podia ser marcado pela lei ou por despacho do juiz. Entretanto, o DL nº 47.690, de 11 de maio de 1967, modificou a redação do art. 144º, nº 1, o qual passou a dispor que "O prazo judicial é marcado por lei ou fixado por despacho do juiz". Note-se que a lei aludia, erradamente, ao conceito de "prazo judicial", já que incluía nesse conceito quer os prazos legais, quer os prazos judiciais.

[60] Cfr., nesse sentido, o ac. do STJ de 15.12.1992, proc. 083240, bem como o ac. do TRP de 06.03.1995, proc. 9450865. *Vide*, ainda, o ac. do TRG de 29.03.2011, proc. 101/12.2TBBCL.G1, e o ac. do TRP de 31.05.2011, proc. 1877/10.7TBVRL.P1, nos quais se sustentou que o prazo para a parte juntar aos autos um documento que, anteriormente, "protestou juntar", é um prazo judicial, já que o mesmo deve ser fixado pelo juiz e é passível de ser prorrogado, assim como o ac. do TRL de 31.05.2007, proc. 2431/2007-2, no qual se decidiu que reveste a natureza de "prazo judicial" o prazo fixado pelo juiz, em sede de despacho pré-saneador, para que a parte junte aos autos uma procuração forense e ratifique o processado pelo seu mandatário.

ato nos casos em que a lei já preveja expressamente esse prazo, bem como a respetiva duração;

b) por outro lado, o juiz só pode fixar um prazo nos casos em que a lei lhe atribua expressamente essa competência[61,62], ao abrigo dos seus deveres de direção e de gestão processual (art. 6º)[63]. Na verdade, se a lei não conceder ao juiz, de forma expressa, competência para estabelecer o prazo, aplicar-se-á o prazo supletivo legalmente previsto (cfr. os arts. 105º, nº 1, do CPP, 29º, nº 1, do CPTA, e 149º, nº 1), não podendo, por isso, o juiz fixar um prazo diverso. É o que sucede, por exemplo, com o prazo para que a parte ratifique o patrocínio judiciário que tenha sido realizado a título de gestão de negócios (art. 49º, nº 2), com o prazo da suspensão da instância, por determinação do juiz, nos casos em que a suspensão não tenha por fundamento a pendência de causa prejudicial (art. 272º, nº 3), bem como com o prazo para a prestação de caução nos casos em que o recorrente, aquando da interposição do recurso, tenha pedido a atribuição de efeito suspensivo (art. 647º, nº 4).

Se a lei atribuir ao juiz competência para fixar o prazo, este, em princípio, terá total liberdade para determinar a respetiva duração[64,65].

De todo o modo, a duração do prazo deve ser fixada segundo um critério de razoabilidade e tomando por referência, à luz dos arts. 20º da CRP e 6º da

[61] *Vide*, no mesmo sentido, CASTRO, Artur Anselmo de, *Direito Processual Civil Declaratório, op. cit.*, p. 51, DIANA, Antonio Gerardo, *Termini Processuali*, Editore Key, Vicalvi, 2017, p. 20, PAOLA, Nunzio Santi di, *Notificazioni e Termini: Questioni Processuali, op. cit.*, p. 194, GROSSI, Dante, "Termine (Diritto Processuale Civile)", *op. cit.*, p. 237, ALSINA, Hugo, *Tratado Teórico Practico de Derecho Procesal Civil y Comercial, op. cit.*, p. 746, bem como BLOMEYER, Arwed, *Zivilprozessrecht: Erkenntnisverfahren, op. cit.*, p. 106.

[62] Veja-se, em sede de direito comparado, o art. 152º do $CPC_{It.}$, segundo o qual os prazos podem ser estabelecidos pelo juiz desde que a lei assim o permita. Do mesmo modo, o art. 49º do $CJ_{Bel.}$ determina que o juiz só pode fixar prazos se a lei o permitir.

[63] Cfr., a este respeito, ALVARADO VELLOSO, Adolfo, *El Juez: Sus Deberes y Facultades*, Ediciones De Palma, Buenos Aires, 1982, p. 73, e ALVARADO VELLOSO, Adolfo, *Introducción al Estudio del Derecho Procesal*, II, Rubinzal-Culzoni Editores, Buenos Aires, 1998, p. 58, o qual defende que o dever de o juiz fixar o prazo para a prática de um determinado ato processual constitui uma manifestação do dever de direção do processo.

[64] BAPTISTA, José João, *Processo Civil I: Parte Geral e Processo Declarativo, op. cit.*, p. 295.

[65] *Vide*, por exemplo, o art. 48º, nº 2, quanto à fixação judicial do prazo dentro do qual deve ser suprida a falta de mandato ou corrigido o vício da insuficiência ou irregularidade do mandato, bem como o art. 875º, nº 1, quanto à fixação judicial do prazo no âmbito da execução para prestação de facto.

CEDH, o princípio da equidade, razão pela qual o juiz deve atender a diversos critérios orientadores, nomeadamente à complexidade do processo ou do ato a ser praticado em juízo[66,67], à fase processual, à importância da questão para a decisão da causa[68], bem como a qualquer condicionante que possa influir ou ser determinante para a prática atempada do ato.

Assim, por exemplo, se um prazo de 5 dias poderá ser mais do que suficiente para que a parte junte aos autos um documento que se encontre na sua posse, tal prazo poderá, no entanto, ser manifestamente insuficiente para que um terceiro junte aos autos um documento que esteja depositado num arquivo e que careça, por conseguinte, de ser previamente localizado.

Do mesmo modo, a fixação, por exemplo, de um prazo de 10 dias para que um perito preste esclarecimentos em relação a um determinado relatório pericial por si produzido poderá ou não ser razoável em função, nomeadamente, da complexidade do objeto da perícia ou do próprio âmbito dos esclarecimentos que lhe tenham sido solicitados.

Pode, no entanto, suceder que a lei estabeleça limites mínimos, limites máximos ou limites mínimos e limites máximos quanto à duração do prazo a ser fixado pelo juiz[69].

Na verdade, tendo em vista a proteção dos sujeitos processuais, pode ocorrer que a lei fixe um limite mínimo quanto à duração do prazo a ser definido pelo juiz, sendo que, nesse caso, o juiz fica vinculado em relação ao limite mínimo do prazo, mas já não quanto ao seu limite máximo. É o que sucede, por exemplo, com o prazo para a apresentação de contas pelo administrador da insolvência nos casos em que o juiz, em qualquer altura do processo, assim

[66] Cfr., nesse sentido, AMORIM, José Roberto Neves / MARTINS, Sandro Gilbert, *Direito Processual Civil*, Elsevier, Rio de Janeiro, 2009, p. 140, GAIO JÚNIOR, Antônio Pereira, *Direito Processual Civil: Teoria Geral do Processo, Processo de Conhecimento e Recursos, op. cit.*, p. 173, ALVARADO VELLOSO, Adolfo, *El Juez: Sus Deberes y Facultades, op. cit.*, p. 74, bem como BRAUN, Johann, *Lehrbuch des Zivilprozeßrechts, op. cit.*, p. 641.

[67] Em sede de direito comparado, o art. 218º, § 1º, do $CPC_{Br.}$, preceitua expressamente que, sendo a lei omissa, o prazo deve ser determinado pelo juiz "em consideração à complexidade do ato". Por sua vez, no ordenamento jurídico austríaco, o § 123 da $ZPO_{Áus.}$ determina que, se o prazo processual não se encontrar legalmente previsto, cabe ao juiz fixar o prazo em função das circunstâncias e da natureza do caso em concreto.

[68] Ac. do TRP de 10.03.2022, proc. 136/21.4T8PDL-B.L1-8. Assim, conforme se decidiu neste aresto, "O exercício consciencioso do contraditório, sobre a inclusão no processo de factos complementares ou concretizadores que tenham resultado da instrução, não se compadece com o prazo curto de 2 dias fixado pelo juiz, quando não há qualquer urgência ou outro motivo relevante que o justifique".

[69] Cfr., a este respeito, REIS, Alberto dos, *Comentário ao Código de Processo Civil Anotado, op. cit.*, p. 53.

o determine, sendo que esse prazo, a ser fixado pelo juiz, não pode ser inferior a 15 dias (art. 62º, nº 2, do CIRE).

Por sua vez, visando acautelar a celeridade processual, pode dar-se o caso de a lei fixar somente um limite máximo para a duração do prazo a ser determinado pelo juiz, razão pela qual, nessa eventualidade, o juiz fica vinculado em relação à duração máxima do prazo, mas já não quanto à sua duração mínima. É o que sucede, por exemplo, com a fixação do prazo para a apresentação do relatório pericial, o qual, nos termos do art. 483º, nº 1, não pode exceder 30 dias, ou com o prazo, a ser fixado pelo juiz, para o diferimento da desocupação de imóvel, o qual, à luz do art. 865º, nº 4, não pode exceder cinco meses após o trânsito em julgado da decisão que o conceder.

Por último, procurando acautelar quer a proteção dos sujeitos processuais, quer a celeridade do processo, pode suceder que a lei estabeleça, simultaneamente, um limite mínimo e um limite máximo quanto à duração do prazo a ser fixado pelo juiz. Nessa eventualidade, o juiz fica vinculado quanto ao limite mínimo e ao limite máximo do prazo, devendo, por isso, fixar a respetiva duração com respeito por esses dois limites. É o que ocorre, a título meramente exemplificativo, com o regime previsto no art. 23º, nº 1, do CPPT, o qual preceitua que, se a lei atribuir ao juiz competência para fixar o prazo do ato, esse prazo não pode ser inferior a 10 dias, nem superior a 30 dias.

4.1.3. Prazo convencional

O prazo convencional é aquele que, dentro dos limites da lei e ao abrigo do princípio do dispositivo, é livremente fixado por acordo das partes[70]. É o que sucede, por exemplo, com a possibilidade de as partes acordarem na suspensão da instância pelo prazo que entenderem conveniente, o qual, no entanto, não pode, na sua totalidade, exceder o período de três meses (art. 272º, nº 4).

Note-se, contudo, que o prazo convencional pode, igualmente, ser fixado por acordo entre as partes e o juiz, ao abrigo do seu poder/dever de gestão processual. É o que ocorre, por exemplo, com a possibilidade de as partes e o tribunal calendarizarem, por acordo, o prazo em que os atos processuais deverão ser praticados, tal como a apresentação de um articulado ou o oferecimento e a produção de provas[71].

[70] *Vide*, no mesmo sentido, CINTRA, Antonio Carlos de Araújo, *et al.*, *Teoria Geral do Processo*, *op. cit.*, p. 351, bem como GAIO JÚNIOR, Antônio Pereira, *Direito Processual Civil: Teoria Geral do Processo, Processo de Conhecimento e Recursos*, *op. cit.*, p. 173.

[71] Assim, no ordenamento jurídico brasileiro, o art. 191º do $CPC_{Br.}$ dispõe que "De comum acordo, o juiz e as partes podem fixar calendário para a prática dos atos processuais, quando for o caso", sendo

Por outro lado, importa salientar que o prazo só pode ser fixado por acordo das partes quando o mesmo não viole disposições legais de ordem pública[72], não podendo, por isso, as partes estabelecer, por acordo, prazos perentórios que se encontrem legalmente previstos, como seja, por exemplo, o prazo para o oferecimento da contestação ou para a interposição de recurso. Esta regra, sendo válida para o processo judicial, já não o é, no entanto, no domínio do processo arbitral, no qual as partes gozam de maior amplitude e liberdade no que concerne à fixação dos prazos do processo. Assim, por exemplo, à luz do art. 33º da LAV, as partes podem convencionar livremente os prazos para a apresentação da petição inicial e da contestação.

4.2. Quanto à sua natureza

4.2.1. Prazo perentório

Regra geral, os prazos estabelecidos por lei ou fixados pelo juiz para a prática de atos processuais são perentórios[73].

Com efeito, o prazo perentório – também designado por "prazo aceleratório"[74,75], "prazo resolutivo", "prazo extintivo"[76], "prazo preclusivo"[77],

que, de acordo com o § 1º desse preceito legal, o calendário estabelecido por acordo vincula as partes e o juiz e os prazos nele previstos só podem ser modificados em casos excecionais, devidamente justificados.

[72] Cfr., nesse sentido, ALSINA, Hugo, *Tratado Teórico Practico de Derecho Procesal Civil y Comercial, op. cit.*, p. 746.

[73] FREITAS, José Lebre de, *Introdução ao Processo Civil: Conceito e Princípios Gerais*, 4ª ed., Gestlegal, Coimbra, 2017, p. 184. Cfr., no mesmo sentido, RODRIGUES, Fernando Pereira, *O Novo Processo Civil. Os Princípios Estruturantes*, Almedina, Coimbra, 2013, p. 177.

[74] CARNELUTTI, Francesco, *Sistema del Diritto Processuale Civile*, vol. II, Cedam, Pádua, 1938, p. 442, *apud* REIS, Alberto dos, *Comentário ao Código de Processo Civil Anotado, op. cit.*, p. 65. *Vide*, no mesmo sentido, GROSSI, Dante, "Termine (Diritto Processuale Civile)", *op. cit.*, p. 236.

[75] De acordo com Manuel de Andrade, os prazos perentórios formam, juntamente com os prazos cominatórios, a categoria dos "prazos aceleratórios" (ANDRADE, Manuel A. Domingues de, *Noções Elementares de Processo Civil*, I, Coimbra Editora, Coimbra, 1956, p. 48). *Vide*, no mesmo sentido, GROSSI, Dante, "Termine (Diritto Processuale Civile)", *op. cit.*, p. 236.

Diferentemente, Nicola Picardi e Anna Costagliola defendem que o prazo aceleratório subdivide-se no prazo perentório e no prazo ordenador (PICARDI, Nicola, *Manuale del Proceso Civile, op. cit.*, p. 119 e COSTAGLIOLA, Anna, *Compendio di Diritto Processuale Civile*, Maggioli Editore, Santarcangelo di Romagna, 2016, pp. 94 e 95).

Já para Vincenzo Galatro, os prazos perentórios e os prazos aceleratórios não se confundem, sendo que os prazos perentórios são aqueles "cuja inobservância produz a decadência do cumprimento de atos processuais", enquanto os prazos aceleratórios são aqueles "dentro dos quais um ato processual deve ser praticado" (GALATRO, Vincenzo, *La Procedura Civile*, Maggioli Editore, Santarcangelo di Romagna, 2000, p. 207).

"prazo fatal"[78], "prazo próprio"[79], "prazo real"[80] ou "prazo irredutível"[81] – é aquele cujo decurso – ressalvadas as exceções previstas na lei, em que se permite a prática do ato após o termo do prazo (arts. 139º, nº 5, e 140º) – implica a extinção, por caducidade, do direito de praticar o ato[82,83,84]. É o que sucede,

[76] CASTRO, Artur Anselmo de, *Direito Processual Civil Declaratório, op. cit.*, p. 50.

[77] *Vide*, nesse sentido, VARELA, Antunes, *et al.*, *Manual de Processo Civil*, 2ª ed. reimp., Coimbra Editora, Coimbra, 2004, p. 63, SOUSA, Miguel Teixeira de, *Introdução ao Processo Civil*, Lex, Lisboa, 1993, p. 99, bem como SILVA, Germano Marques da, *Curso de Processo Penal*, vol. II, 4ª ed. rev. e atua., Verbo, Lisboa, 2008, p. 59.

[78] Cfr., nesse sentido, COUTURE, Eduardo J., *Fundamentos del Derecho Procesal Civil, op. cit.*, p. 113, ALESSANDRI, Fernando, *Curso de Derecho Procesal: Reglas Comunes a todo Procedimiento y del Juicio Ordinario, op. cit.*, p. 42, LUGO, Andrea, *Manuale di Diritto Processuale Civile, op. cit.*, p. 150, bem como RAMOS PAZOS, René, *De las Obligaciones*, Santiago do Chile, Editorial Jurídica de Chile, 1999, p. 218.

[79] RAMOS MÉNDEZ, Francisco, *Sistema Procesal Español, op. cit.*, 319.

[80] Designação utilizada, por exemplo, no ordenamento jurídico alemão (*eigentliche Frist*).

[81] BRISEÑO SIERRA, Humberto, *Derecho Procesal, op. cit.*, p. 198.

[82] Veja-se, em sede de direito comparado, o art. 136º da LEC, o qual, sob a epígrafe "Preclusão", estabelece expressamente que, uma vez decorrido o prazo ou verificado o termo assinado para a prática de um ato processual da parte, produzir-se-á a preclusão e perder-se-á a oportunidade de se realizar o ato processual em causa.
Do mesmo modo, no ordenamento jurídico austríaco, o § 144 da $ZPO_{Áus.}$ preceitua que a omissão da prática de um ato processual dentro do respetivo prazo implica que a parte fique impedida de praticar o ato em momento posterior.
Analogamente, no ordenamento jurídico alemão, o § 230 da $ZPO_{Al.}$ estabelece que a falta da prática de um ato processual tem como consequência a preclusão da possibilidade de se praticar esse ato num momento posterior.
Por sua vez, no ordenamento jurídico italiano, os arts. 152º do $CPC_{It.}$ e 173º do $CPP_{It.}$ preveem a existência de prazos perentórios (*termini a pena di decadenza*), mas, por forma a garantir a necessária segurança jurídica das partes, atentas as consequências gravosas que decorrem da inobservância desses prazos, a lei estabelece a regra segundo a qual o prazo só reveste natureza perentória nos casos expressamente previstos, ou seja, os prazos perentórios encontram-se sujeitos ao princípio da taxatividade (cfr., a este propósito, GAROFOLI, Vincenzo, *Diritto Processuale Penale*, 2ª ed., Giuffrè Editore, Milão, 2012, p. 177). Em todo o caso, Luca Passanante salienta que, não obstante a letra da lei, a jurisprudência italiana tem vindo a entender que são igualmente prazos perentórios, para além daqueles que, como tal, se encontrem expressamente previstos, os prazos cuja natureza perentória seja inerente à função ou à finalidade do ato cuja prática visem regular (PASSANANTE, Luca, "Art. 152 – Termini legali e termini giudiziari", *in Commentario del Codice di Procedura Civile, a cura di Luigi Paolo Comoglio et al.*, vol. II, UTET Giuridica, Turim, 2012, p. 1021).

[83] O Código de Processo Civil de 1939 dispunha no seu art. 146º que o prazo podia ser dilatório ou perentório, sendo que o decurso do prazo perentório fazia extinguir o direito de praticar o ato respetivo, salvo se se verificasse um justo impedimento, regime este que viria a ser mantido no art. 146º, nº 1, do CPC_{1961}. Criticando esta dicotomia entre "prazo dilatório" e "prazo perentório", já que "Ao prazo dilatório não se opõe o prazo peremptório, mas sim o prazo final ou preclusivo",

nomeadamente, com os prazos para a dedução de oposição ou de contestação, para a apresentação de uma reclamação ou para a interposição de um recurso.

Por conseguinte, a inobservância de um prazo perentório acarreta a produção de um efeito extintivo ou resolutivo em relação à parte que se encontrava vinculada a observar esse prazo[85,86], já que o ato processual deve ser praticado dentro do prazo, sob pena de, não o sendo, ficar precludida, sem necessidade de qualquer declaração judicial ou impulso da parte contrária[87,88], a possibilidade de o ato processual em falta ser praticado em momento posterior[89,90]. Vale

o qual, por sua vez, podia ser "prorrogável, cominatório ou peremptório", *vide* Bastos, Jacinto Rodrigues, *Notas ao Código de Processo Civil*, 2ª ed. rev. e atua., vol. I, Lisboa, 1970, p. 320.

[84] Cfr., a este propósito, o ac. do STA de 22.10.1992, proc. 021847, o ac. do STJ de 15.12.1992, proc. 083240, o ac. do TRL de 13.07.1994, proc. 0334433, o ac. do STA de 30.11.1995, proc. 036632, o ac. do TRE de 25.01.2007, proc. 2651/06-2, bem como o ac. do TRL de 24.06.2010, proc. 1642/08.1TBCLD-A.L1-2. *Vide*, ainda, o ac. do TRC de 06.07.2016, proc. 10/11.2JALRA.C1, no qual se decidiu que "Se não houvesse consequências para a prática de acto processual para além do prazo que a lei estabelece não tinha qualquer sentido definir prazos para a prática dos actos".

[85] Ac. do TRE de 25.01.2007, proc. 2651/06-2. *Vide*, na doutrina, Chiovenda, Jose, *Principios de Derecho Procesal Civil*, tomo II, Instituto Editorial Reus, Madrid, 1978, pp. 120 e 380, Alsina, Hugo, *Tratado Teórico Practico de Derecho Procesal Civil y Comercial*, *op. cit.*, p. 747, bem como Siracusano, Delfino, *Diritto Processuale Penale*, vol. I, Giuffrè Editore, Milão, 2011, p. 297.

[86] Correlativamente, como bem elucida Lodovico Mortara, a inobservância de um prazo perentório pela parte que se encontrava vinculada a cumpri-lo acarreta uma vantagem processual para a parte contrária (Mortara, Lodovico, *Principii di Procedura Civile*, *op. cit.*, p. 71).

[87] *Vide*, no mesmo sentido, Couture, Eduardo J., *Fundamentos del Derecho Procesal Civil*, *op. cit.*, p. 114, bem como Reis, Alberto dos, *Comentário ao Código de Processo Civil Anotado*, *op. cit.*, p. 65.

[88] Aliás, no ordenamento jurídico alemão, o § 231 da $ZPO_{Al.}$ prevê expressamente que a falta da prática de um ato dentro do respetivo prazo não necessita de uma advertência prévia à parte relativamente às consequências legais que decorrerão dessa omissão, já que essas consequências produzem-se por si mesmas, salvo se a lei expressamente exigir um pedido da parte contrária para que essas consequências se produzam.

[89] *Vide*, a este propósito, o ac. do TCAN de 19.12.2014, proc. 00342/11.0BEAVR, no qual se decidiu que "As normas fundamentais que consagram o direito à tutela jurisdicional efectiva e à defesa em processo sancionatório – artigos 20º e 32º da Constituição da República Portuguesa e artigo 6º da Convenção Europeia dos Direitos do Homem –, não obstam ao efeito preclusivo do decurso do prazo para o exercício de determinado direito". Cfr., ainda, o ac. do TRP de 26.09.1995, proc. 9520684, bem como o ac. do TRL de 05.11.2009, proc. 914/08.0TMLSB-B.L1-6. *Vide*, na doutrina, Attardi, Aldo, "Preclusione", *in Enciclopedia del Diritto*, vol. XXXIV, Giuffrè Editore, Milão, 1985, p. 894, Bülow, Oskar, *Gemeines deutsches Zivilprozeßrecht*, Mohr Siebeck, Tübingen, 2003, p. 173, Saredo, Giuseppe, *Istituzioni di Procedura Civile*, Giusepe Pellas Editore, Florença, 1873, p. 205, bem como Pecchi Croce, Carlos, "Algunas consideraciones sobre la preclusión", *op. cit.*, p. 13.

[90] No sentido de o estabelecimento de prazos processuais e de o respetivo efeito preclusivo não violar os princípios constitucionais do Estado de Direito, *vide* Reindl, Dagmar, *Effektivität des vergaberechtlichen Rechtsschutzes in Ungarn*, disserta Verlag, Hamburgo, 2010, p. 91.

isto por dizer que, ressalvadas as exceções previstas na lei, uma vez esgotado um prazo perentório, sem que o respetivo ato processual tenha sido praticado, nem o juiz pode, a título excecional, admitir a parte a praticar o ato, nem as partes podem acordar na renovação ou na repristinação do prazo extinto[91].

Nessa exata medida, o prazo perentório cumpre duas finalidades essenciais, já que, por um lado, permite acelerar a tramitação do processo[92], desencorajando eventuais atuações dilatórias ou de má-fé, através da aplicação de sanções para a parte que deixe de observar o prazo, e, por outro lado, garante a estabilização da relação jurídico-processual, atenta a impossibilidade de a parte praticar o ato após o termo do respetivo prazo[93]. É o que sucede, nomeadamente, com os prazos para a apresentação de contestação (art. 569º, nº 1)[94] ou para a interposição de recurso (art. 638º).

Se o ato processual for praticado depois de já ter terminado o prazo previsto para o efeito, tal acarreta uma nulidade processual, nos termos do art. 195º, nº 1, a qual é de conhecimento oficioso[95], devendo o juiz ordenar que

[91] *Vide*, nesse sentido, ASCENSÃO, José de Oliveira, *Direito Civil: Teoria Geral*, vol. III, Coimbra Editora, Coimbra, 2002, p. 344.

[92] FERREIRA, Manuel Cavaleiro de, *Curso de Processo Penal*, vol. 1, Lisboa, 1955, p. 253. *Vide*, no mesmo sentido, BAPTISTA, José João, *Processo Civil I: Parte Geral e Processo Declarativo, op. cit.*, p. 297, GUASP, Jaime / ARAGONESES, Pedro, *Derecho Procesal Civil, op. cit.*, p. 328, GRAMAGLIA, Dario, *Manuale Breve – Diritto Processuale Civile*, 4ª ed., Giuffrè Editore, Milão, 2012, p. 138, PICARDI, Nicola / MARTINO, Roberto, "Termini (Diritto Processuale Civile)", *op. cit.*, p. 3, bem como POLI, Giorgio Giuseppe, "La riduzione dei termini processuali", *in La Nuova Giustizia del Lavoro, a cura di Domenico Dalfino*, Cacucci Editore, Bari, 2011, p. 159.

[93] *Vide*, a este propósito, o ac. do TRL de 29.05.2019, proc. 4163/14.0T8LRS-C.L1-7. Cfr., na doutrina, PECCHI CROCE, Carlos, "Algunas consideraciones sobre la preclusión", *op. cit.*, p. 12.

[94] *Vide*, a este propósito, o ac. do TRE de 13.02.2020, proc. 1082/18.4T8SLV.E1, no qual se consignou que "Sendo apresentada após o decurso do prazo legal, a contestação não produz qualquer efeito processual, tudo se passando como se aquela apresentação não tivesse ocorrido. Nomeadamente, não tem cabimento a discussão de questões, ainda que de conhecimento oficioso, com base em factos alegados na contestação".

[95] Cfr., nesse sentido, o ac. do STJ de 25.07.1987, proc. 038994, o ac. do TRP de 21.12.1993, proc. 9231057, bem como o ac. do TRL de 19.03.2009, proc. 3835/08-2.
Vide, em sentido contrário, o ac. do TRP de 10.01.2002, proc. 0130869, no qual se decidiu que a prática de um ato fora do prazo não constitui uma nulidade processual, antes tudo se passando como se esse ato não tivesse sido praticado.
Neste particular, Lebre de Freitas e Isabel Alexandre sustentam que esta é uma "nulidade *sui generis*", não enquadrável, portanto, no art. 195º, nº 1, pois que tal implicaria que o conhecimento dessa nulidade ficasse dependente de arguição da parte interessada, o que não é consentâneo com o regime legal (FREITAS, José Lebre de / ALEXANDRE, Isabel, *Código de Processo Civil Anotado*, vol. I, 3ª ed., Coimbra Editora, Coimbra, 2014, pp. 382 e 383).

esse ato seja desentranhado do processo[96]. De resto, ressalvadas as exceções previstas na lei, o juiz não pode derrogar a aplicação do regime previsto no art. 139º, nº 3, que determina a extinção do direito de praticar o ato, em virtude do decurso do prazo perentório[97], nem suspender a contagem do prazo perentório[98].

A natureza preclusiva do prazo perentório coloca dois problemas de especial importância, quais sejam os de saber, por um lado, se a natureza do prazo perentório impede que o ato processual correlativo possa ser praticado antes de o prazo iniciar a sua contagem e, por outro lado, se a parte, depois de ter praticado o ato processual dentro do respetivo prazo perentório, pode praticar um novo ato, corrigindo, complementando ou substituindo o ato anterior, enquanto não se mostrar expirado esse prazo.

No que concerne ao primeiro dos enunciados problemas, afigura-se que a natureza do prazo perentório não obsta a que o ato processual possa ser praticado antes de se ter iniciado a contagem do prazo[99], desde que já se tenha verificado o evento (*v.g.* citação ou notificação) que dá origem a esse prazo. Na verdade, sendo o prazo perentório estabelecido em benefício e no interesse da parte, nada impede que esta renuncie ao prazo[100]. É o que ocorre, por exemplo, com a possibilidade de o réu apresentar a contestação durante o decurso de um prazo dilatório, isto é, antes de se ter iniciado a contagem do prazo perentório legalmente previsto para o oferecimento da contestação (art. 569º, nº 1)[101]. Note-se, no entanto, que o réu não pode apresentar a sua contestação se ainda não tiver sido citado para esse efeito, ou seja, se ainda não se verificou o evento que dará início à contagem do prazo para praticar esse ato processual.

[96] Em contrapartida, se o juiz proferir um despacho de admissão de um ato processual, apesar de este ter sido praticado fora do prazo, a intempestividade da prática do ato não pode ser suscitada após o trânsito em julgado do despacho que o admitiu (*vide*, nesse sentido, o ac. do TRP de 27.11.2013, proc. 5340/08.8TDPRT.P1).

[97] Cfr., no mesmo sentido, Rodrigues, Fernando Pereira, *O Novo Processo Civil. Os Princípios Estruturantes*, *op. cit.*, p. 178.

[98] Chiovenda, Jose, *Principios de Derecho Procesal Civil*, tomo II, *op. cit.*, p. 120.

[99] *Vide*, nesse sentido, o ac. do STJ de 28.07.1987, proc. 074831, o ac. do TRL de 02.07.1992, proc. 0063502, o ac. do TRP de 13.10.1992, proc. 9240013, bem como o ac. do TRG de 10.09.2013, proc. 544/11.9TBFLG-A.G1.

[100] Note-se, aliás, que, em sede de direito comparado, o art. 218º, § 4º, do $CPC_{Br.}$ preceitua expressamente que "Será considerado tempestivo o ato praticado antes do termo inicial do prazo".

[101] *Vide*, no mesmo sentido, Freitas, José Lebre de / Alexandre, Isabel, *Código de Processo Civil Anotado*, vol. I, *op. cit.*, p. 269.

Por sua vez, relativamente ao segundo problema, entendemos que a parte, depois de ter praticado o ato processual, não pode, em princípio, aproveitar-se do facto de o respetivo prazo perentório ainda não ter terminado para praticar um novo ato, visando a correção, o complemento ou a substituição do ato anterior, atenta a necessidade de proteção da segurança da relação jurídico-processual.

Contudo, excecionalmente, a parte poderá praticar um novo ato, em substituição do anterior, se tal não comprometer a estabilidade e a segurança jurídicas, bem como as legítimas expetativas da parte contrária.

Com efeito, se a parte praticou um ato processual e este ainda não foi notificado à parte contrária, nem foi apresentado ao juiz, nada obstará a que a parte substitua esse ato processual por um outro, desde que o faça dentro do respetivo prazo perentório, pois que, nessa eventualidade, não são colocadas em causa a estabilidade e a segurança jurídicas do processo, nem são frustradas as legítimas expetativas da parte contrária[102,103]. Deste modo, se o réu, a título meramente exemplificativo, deduziu contestação antes do termo do

[102] *Vide*, a este respeito, o ac. do TRP de 06.02.2013, proc. 281/11.4GAALJ.P1, no qual se decidiu que "O requerimento de abertura de instrução pode ser substituído por outro conquanto que seja apresentado dentro do prazo de abertura da instrução". Com efeito, conforme se decidiu neste aresto, "se o prazo estava a correr, nenhuma expetativa se podia ter consolidado, junto do arguido, quanto aos termos em que a assistente havia requerido o pedido de abertura da instrução. [...] 10. Se a apresentação é feita enquanto decorre o prazo concedido por lei, não há qualquer razão (legal ou lógica) que impeça a admissão do requerimento. 11. Prazo – é um lapso de tempo dentro do qual deve ser exercido um direito, cumprida uma obrigação, praticado determinado ato ou produzido um efeito jurídico. A lei não estabelece qualquer efeito cominativo que, na sequência da apresentação do requerimento, proíba o apresentante de o corrigir, dentro do prazo processual estipulado. Com efeito, não faria sentido que, estando ainda em curso o prazo, o apresentante se visse impedido de aperfeiçoar ou melhorar o RAI por si apresentado. Por razões lógicas, mas também por razões substantivas: se o prazo ainda não se esgotou, a substituição do RAI apresentado não contende com qualquer direito (ou expetativa) do arguido ou do assistente [consoante a abertura da instrução seja requerida pelo assistente ou pelo arguido]. 12. Não há, portanto, qualquer efeito processual, automático e imediato, que vincule o apresentante ao conteúdo do requerimento, podendo este ser substituído por outro desde que apresentado (ainda) no prazo legal estabelecido". Cfr., no mesmo sentido, o ac. do TRG de 05.11.2018, proc. 749/16.GBGMR.G1, no qual se decidiu que "Nada impede que o requerimento de abertura da instrução venha a ser substituído ou completado por outro, espontaneamente apresentado pelo requerente (ainda) no prazo legal de 20 dias estabelecido para requerer a abertura da instrução". *Vide*, ainda, o ac. do STJ de 05.09.2017, proc. 738/03.0TBSTR.E1.S1, no qual se defendeu o seguinte: "II. Tendo os recorrentes apresentado dentro do prazo legal um requerimento em que pedem a admissão do recurso, mas sem que hajam sido juntas as alegações, pode o recurso ser rejeitado. III. Porém, se os recorrentes, ainda dentro do prazo legal para a interposição, apresentarem segundo requerimento de interposição, desta vez acompanhado

prazo legal, nada impedirá que este ofereça uma nova contestação, em substituição da anteriormente apresentada, desde que o faça dentro do respetivo prazo legal (art. 569º, nº 1) e a contestação precedente ainda não tenha sido notificada ao autor (art. 575º, nº 1)[104].

pelas respetivas alegações, deve este segundo requerimento ser admitido, não havendo qualquer regime de preclusão decorrente da apresentação do referido primeiro e irregular requerimento". Cfr., em sentido contrário, o ac. do TRL de 11.05.2016, proc. 88/10.6JAPDL.L1-3, no qual se consignou que "1 – O princípio da preclusão significa, entre o mais, que uma vez praticado determinado acto ele adquire foros de definitivo naquele processado (preclusão intraprocessual ou efeito intraprocessual da preclusão). 2 – Este princípio tem aplicação no âmbito do direito processual, seja ele civil ou penal – e aplica-se, quer aos actos dos Juízes, quer aos actos petitórios e contestatórios das partes /intervenientes processuais, quer aos actos decisórios dos Magistrados do Ministério Público, os quais, nos termos dos arts. 380º, nº 3, e 97º, nº 3, do CPP, só podem ser corrigidos nos casos e termos previstos no nº 1 daquele primeiro normativo. 3 – Tal significa que, uma vez proferida a acusação (ou qualquer despacho do MP no âmbito do inquérito), seja qual for o tratamento que lhe tenha sido dado (isto é, tenha sido notificado, ou não) está precludida a possibilidade de o MP renovar a prática do acto. O acto praticado tornou-se definitivo e parte integrante do processado", bem como o ac. do TRP de 24.09.2020, proc. 1549/18.4T8AVR-A.P1, no qual se entendeu que "A apresentação da contestação importa a renúncia ao remanescente do prazo de que ainda se dispunha para a apresentação, não podendo depois disso substituir-se a contestação apresentada por outra ainda que o termo daquele prazo não tivesse sido atingido".

[103] Em sede de direito comparado, a lei de processo civil brasileira parece admitir essa possibilidade, já que, nos termos do art. 223º do $CPC_{Br.}$, o decurso do prazo extingue o "direito de praticar ou de emendar o ato processual" (sublinhado nosso).

[104] Cfr., em sentido contrário, o ac. do TRL de 30.05.1995, proc. 0087751, no qual se decidiu que "Apresentada a contestação, não pode o Réu substituí-la por outra, ainda que não tenha decorrido o prazo para contestar", o ac. do TRL de 17.05.2016, proc. 2064/10.0TVLSB.L1-1, no qual se consignou que "Não se provando a existência de lapso material da excelentíssima mandatária da autora ao remeter, via *Citius*, a réplica, esse articulado não poderá ser retirado do processo, para efeitos de ser substituído por outro articulado de réplica, ainda que apresentado dentro do prazo legal", já que "a lei apenas permite a retirada de afirmações expressas nos articulados, que não a retirada do próprio articulado, de molde a substituí-lo por outro ou a considerar-se como não tendo sido apresentado", bem como o ac. do TRP de 27.01.2020, proc. 1075/16.6T8PRT.P1, no qual se consignou que "A substituição de um articulado por outro, por alegado erro no envio da plataforma Citius imputado ao autor desse mesmo envio, não se enquadra nas situações de retificação de lapso de escrita ou cálculo no articulado oferecido a que alude o artigo 146º, nº 1, do CPC. Este para que evidente fosse deveria resultar do próprio articulado e não carecer sequer de prova. Tão pouco se enquadra no vício puramente formal do requerimento apresentado a que alude o artigo 146º, nº 2, do CPC". No mesmo sentido de não ser admissível a apresentação de uma nova contestação reformulada, depois de o réu já ter apresentado uma primeira contestação, atento o facto de, nesse caso, se verificar uma "preclusão consumptiva", *vide* Brito, Wladimir, *Teoria Geral do Processo, op. cit.*, p. 302, bem como Pecchi Croce, Carlos, "Algunas consideraciones sobre la preclusión", *op. cit.*, p. 16, o qual, por sua vez, sustenta que a preclusão quanto à possibilidade de repetição de um

Outrossim, se o ato processual praticado pela parte já foi notificado à parte contrária – resultando, dessa notificação, o início da contagem de um novo prazo – ou foi apresentado ao juiz para o proferimento de despacho, afigura-se que a parte não deve ser admitida a praticar um novo ato, em substituição do anterior, mesmo que o respetivo prazo ainda não tenha terminado, porquanto, se assim não se entendesse, ficaria comprometida a segurança da relação jurídico-processual, bem como as legítimas expetativas da parte contrária. Na verdade, se, por exemplo, o recorrente interpôs recurso e apresentou as respetivas alegações antes do termo do prazo de que dispunha para o efeito, tendo as alegações sido notificadas, de imediato, à parte contrária (art. 221º, nº 1) – começando a correr, a partir desse momento, o prazo para o oferecimento das contra-alegações (art. 638º, nº 5) ou, sendo caso disso, para a interposição de recurso subordinado (art. 633º, nº 2) –, o recorrente não deve ser admitido a apresentar um novo articulado, em complemento ou em substituição do anterior, sob pena de ficar irremediavelmente comprometida a segurança e a estabilidade da relação jurídico-processual[105].

4.2.2. Prazo cominatório

O prazo cominatório é aquele que encerra em si mesmo uma ameaça de sanção, a qual funciona como "estímulo" para que a parte pratique o ato no devido tempo, sob pena de, não o fazendo, sofrer uma penalização, a qual pode traduzir-se, nomeadamente, no pagamento de uma multa ou no desentranhamento de uma peça processual[106,107]. Significa isto que, ao invés do que sucede

ato assenta no "princípio da consumação processual", segundo o qual uma faculdade processual extingue-se com a sua prática ou consuma-se com o seu exercício, razão pela qual, uma vez apresentada a contestação, não pode o réu, com o pretexto de que se esqueceu de apresentar alegações importantes para a sua defesa, apresentar uma nova contestação, em substituição da anterior.

105 *Vide*, no mesmo sentido, o ac. do TRP de 18.05.2020, proc. 4424/18.9T8VFR-A.P1, no qual se consignou que "Fora do âmbito de aplicação do art. 146º, nºs 1 e 2, do Código de Processo Civil, destinado a suprir deficiências formais de atos processuais das partes, não é legalmente admissível a apresentação de duas alegações de recurso, nem a substituição de umas por outras, ainda que dentro do prazo legal. Uma vez praticado o acto, fica esgotada a possibilidade de o voltar a praticar – ainda que dentro do prazo legalmente fixado para o efeito – de modo a garantir a estabilidade da instância, o respeito das expectativas legítimas das partes, bem como a igualdade de oportunidades entre as mesmas".

106 ANDRADE, Manuel A. Domingues de, *Noções Elementares de Processo Civil*, I, *op. cit.*, p. 48. *Vide*, no mesmo sentido, VARELA, Antunes, *et al.*, *Manual de Processo Civil*, *op. cit.*, p. 63, bem como LESSONA, Carlo, *Manuale di Procedura Civile*, *op. cit.*, p. 129.

107 Diferentemente, Lodovico Mortara defende que o prazo cominatório é aquele que é estabelecido pela lei no interesse das partes, tendo em vista a prática de um ato em juízo, tolhendo, assim, a

com o prazo perentório, o decurso do prazo cominatório não acarreta, em princípio, a perda do direito de praticar o ato, mas antes a aplicação de uma sanção, em virtude do oferecimento do ato após o termo do prazo[108]. É o que sucede, nomeadamente, com o prazo para a apresentação de documentos, previsto no art. 423º, nºs 1 e 2, para prova dos factos alegados pelas partes nos seus articulados[109]. Com efeito, conforme decorre do art. 423º, nº 1, os documentos que se destinem a fazer prova dos fundamentos da ação ou da defesa devem ser apresentados pela parte com o articulado no qual sejam alegados os factos correspondentes. Contudo, se não forem juntos nesse articulado, a parte é admitida a apresentar o documento em falta até 20 dias antes da data em que se realize a audiência final, sendo, no entanto, condenada em multa, exceto se provar que não teve a possibilidade de apresentar o documento com o articulado correspondente. Do mesmo modo, constitui exemplo de prazo cominatório o prazo de 10 dias, a contar da data da decisão definitiva que indefira o pedido de apoio judiciário, para que a parte proceda ao pagamento da taxa de justiça, sob pena de desentranhamento da petição inicial ou da contestação (arts. 552º, nº 10, e 570º, nºs 2 e 6), bem como o prazo de 10 dias, previsto no art. 570º, nº 3, para que o réu, que não tenha junto à contestação o documento comprovativo do pagamento da taxa de justiça ou não tenha comprovado essa liquidação, efetue o pagamento omitido, acrescido de multa de igual montante, mas não inferior a 1UC nem superior a 5UC.

4.2.3. Prazo dilatório

O prazo dilatório – também designado por "prazo inicial"[110], "prazo suspensivo"[111] ou "prazo desacelerador"[112] – é aquele que adia para um certo momento a possibilidade de praticar um ato ou o início da contagem de um

incerteza da duração do litígio (Mortara, Lodovico, *Istituzioni di Procedura Civile, op. cit.*, p. 96, e Mortara, Lodovico, *Principii di Procedura Civile, op. cit.*, p. 70).

108 *Vide*, a este propósito, Chiovenda, Jose, *Principios de Derecho Procesal Civil*, tomo II, *op. cit.*, p. 121, o qual salienta que o facto de a inobservância do prazo cominatório não acarretar a caducidade do direito de praticar o ato decorre, fundamentalmente, da circunstância de este prazo se destinar a assegurar a regularidade do procedimento.

109 Cfr., nesse sentido, Andrade, Manuel A. Domingues de, *Noções Elementares de Processo Civil*, I, *op. cit.*, p. 48, Varela, Antunes, *et al.*, *Manual de Processo Civil, op. cit.*, p. 63, bem como Almeida, Francisco Manuel Lucas Ferreira de, *Direito Processual Civil*, vol. I, 2ª ed., Almedina, Coimbra, 2017, pp. 478 e 479.

110 Lugo, Andrea, *Manuale di Diritto Processuale Civile, op. cit.*, p. 149.

111 Castro, Artur Anselmo de, *Direito Processual Civil Declaratório, op. cit.*, p. 49.

112 Picardi, Nicola, *Manuale del Proceso Civile, op. cit.*, p. 255.

outro prazo (art. 139º, n°s 1 e 2)[113,114]. O mesmo é dizer que o prazo dilatório fixa "o lapso de tempo a partir do qual o ato deve ser praticado"[115] ou o momento em que o prazo perentório inicia a sua contagem[116].

A função do prazo dilatório é, pois, a de provocar um atraso ou um "compasso de espera"[117] no processo[118], já que o ato processual não pode ser praticado ou o prazo perentório não começa a correr enquanto o prazo dilatório não terminar[119]. Daí a sua denominação de "dilatório".

Muito embora, aparentemente, essa ideia de atraso ou de "compasso de espera" do processo seja contraditória com o desiderato da celeridade processual e com o direito à obtenção de uma decisão judicial em prazo razoável (art.

113 Note-se que o art. 146º, nº 1, do CPC_{1961} preceituava que o prazo dilatório diferia para certo momento a possibilidade de realização de qualquer ato ou o início ou continuação da contagem de um outro prazo, sendo que, com o DL nº 47.690, de 11 de maio de 1967, o art. 145º, nº 2, do CPC_{1961} passou a dispor que o prazo dilatório diferia para certo momento a possibilidade de realização de um ato ou o início da contagem de um outro prazo. Na verdade, não fazia sentido dizer-se que o prazo dilatório diferia para certo momento a continuação da contagem de um prazo, pois que, nesse caso, não se tratava de qualquer dilação do prazo, mas antes de uma prorrogação do prazo.

114 Cfr., a este respeito, PICARDI, Nicola / MARTINO, Roberto, "Termini (Diritto Processuale Civile)", *op. cit.*, p. 3, os quais salientam que a função do prazo dilatório é a de "inserir um lapso de tempo entre um ato perfeito na sua típica composição estrutural (por ex., citação) e um determinado efeito jurídico.

115 ANDRADE, Manuel A. Domingues de, *Noções Elementares de Processo Civil*, I, *op. cit.*, p. 48. Por sua vez, Miguel Teixeira de Sousa defende que os prazos dilatórios podem fixar o momento a partir do qual o ato processual pode ser praticado ou antes do qual o ato processual não pode ser praticado (SOUSA, Miguel Teixeira de, *Introdução ao Processo Civil*, *op. cit.*, p. 99).

116 *Vide*, a este respeito, FREITAS, José Lebre de / ALEXANDRE, Isabel, *Código de Processo Civil Anotado*, vol. I, *op. cit.*, p. 269, bem como SILVA, Germano Marques da, *Curso de Processo Penal*, *op. cit.*, p. 59.

117 Expressões utilizadas por Alberto dos Reis (REIS, Alberto dos, *Código de Processo Civil Anotado*, vol. I, 3ª ed. reimp., Coimbra Editora, Coimbra, 2012, p. 273, e REIS, Alberto dos, *Comentário ao Código de Processo Civil Anotado*, *op. cit.*, p. 63) e por José João Baptista (BAPTISTA, José João, *Processo Civil I: Parte Geral e Processo Declarativo*, *op. cit.*, p. 297).

118 *Vide*, no mesmo sentido, RODRIGUES, Fernando Pereira, *Noções Fundamentais de Processo Civil*, Almedina, Coimbra, 2015, p. 85, DIANA, Antonio Gerardo, *Termini Processuali*, *op. cit.*, p. 17, GROSSI, Dante, "Termine (Diritto Processuale Civile)", *op. cit.*, pp. 236 e 238, REDENTI, Enrico / VELLANI, Mario, *Diritto Processuale Civile*, *op. cit.*, p. 109, PICARDI, Nicola / MARTINO, Roberto, "Termini (Diritto Processuale Civile)", *op. cit.*, p. 3, BRISEÑO SIERRA, Humberto, *Derecho Procesal*, *op. cit.*, p. 197, bem como BOOR, Hans Otto de / ERKEL, Günther, *Zivilprozessrecht*, *op. cit.*, p. 82.

119 Nessa exata medida, como bem elucida Alberto dos Reis, o decurso do prazo dilatório "faz cessar a pausa e, consequentemente, soltar de novo o movimento do processo que estava suspenso" (REIS, Alberto dos, *Comentário ao Código de Processo Civil Anotado*, *op. cit.*, p. 66).

2º), a verdade é que o prazo dilatório desempenha uma função essencial no processo judicial, na medida em que o atraso por ele provocado no processo destina-se a garantir o equilíbrio e a igualdade de armas entre as partes[120]. De resto, essa função é bem visível quer nos casos em que o prazo dilatório adia para um certo momento a possibilidade da prática de um ato, quer nas situações em que o prazo dilatório difere para um momento posterior o início da contagem de um outro prazo[121].

Assim, a título meramente exemplificativo, quando a lei de processo civil determina que, no caso de substituição de alguma das testemunhas, não é admissível a prestação do depoimento sem que hajam decorrido 5 dias sobre a data em que a substituição foi notificada à parte contrária, salvo se esta prescindir do prazo (art. 510º, nº 1), o objetivo desse prazo dilatório de 5 dias – que adia para um momento posterior a possibilidade da prática do ato de prestação de depoimento – é, precisamente, a de proteger a posição processual da parte contrária. Observe-se, de resto, que o próprio Código de Processo Civil determina no seu art. 510º, nº 1, *in fine*, que, se não for legalmente possível o adiamento da inquirição, de modo a respeitar esse prazo dilatório de 5 dias, a substituição da testemunha fica sem efeito, mediante requerimento da parte contrária.

Analogamente, quando a lei determina que o depoimento de pessoa cuja inquirição tenha sido oficiosamente determinada pelo tribunal só pode ter lugar, na eventualidade de alguma das partes requerer a fixação de prazo para a inquirição, depois de decorridos 5 dias (art. 526º, nº 2), visa-se, fundamentalmente, permitir que as partes se preparem adequadamente para a inquirição dessa testemunha.

Do mesmo modo, o estabelecimento de um prazo dilatório para que o réu apresente a sua contestação, nos casos previstos no art 245º, destina-se, precisamente, a permitir que o réu exerça o seu direito de defesa com toda a amplitude possível[122], ao abrigo do direito constitucional a um processo justo

[120] *Vide*, a este propósito, GUASP, Jaime / ARAGONESES, Pedro, *Derecho Procesal Civil*, *op. cit.*, p. 328, os quais destacam a ideia de que a finalidade do prazo dilatório é a de assegurar que o processo "não vá tão depressa que prejudique o interesse legítimo de algum dos sujeitos processuais", bem como MORTARA, Lodovico, *Istituzioni di Procedura Civile*, *op. cit.*, p. 96.

[121] Cfr., a este propósito, o ac. do TRG de 19.10.2017, proc. 486/16.1T8BCL-A.G1.

[122] Diferentemente, Anselmo de Castro defende que, neste caso, não estamos perante um *prazo dilatório*, mas antes perante um *prazo suplementar* ou *dilação*, traduzido num alargamento do prazo extintivo para que o réu possa oferecer a sua contestação (CASTRO, Artur Anselmo de, *Direito Processual Civil Declaratório*, *op. cit.*, p. 51).

e equitativo[123]. Com efeito, sendo citado o réu ou alguma pessoa interessada na causa (art. 219º, nº 1)[124,125], pode ser necessário, em função do modo como a citação foi concretizada, dilatar o tempo para a prática do ato processual subsequente[126]. Na verdade, a aplicação de um prazo dilatório pode encontrar justificação quer no facto de a citação ter sido realizada em pessoa diversa do citando, quer na circunstância de a citação ter sido concretizada fora da área da comarca onde corre a ação[127,128]. Por conseguinte, havendo lugar, num caso em concreto, à aplicação de um prazo dilatório, a dilação corresponderá ao

[123] *Vide*, a este respeito, GRINOVER, Ada Pellegrini, *Novas Tendências do Direito Processual: De acordo com a Constituição de 1988*, *op. cit.*, p. 38, a qual salienta que o prazo estabelecido na lei deve ser adequado a garantir a efetiva possibilidade de defesa e de tutela do réu, bem como PASSANANTE, Luca, "Art. 152 – Termini legali e termini giudiziari", *op. cit.*, p. 1023, o qual ensina que o prazo dilatório, neste caso, permite conceder ao réu um *spatium temporis* suficiente para que este possa preparar adequadamente a sua defesa. Cfr. ainda, em anotação ao ordenamento jurídico francês, TAHRI, Cédric, *Procédure Civile*, Editions Bréal, Paris, 2007, p. 108, o qual, na mesma linha de raciocínio, salienta que o demandado deve beneficiar de um "*délai minimum de comparution*" em tribunal, a fim de poder organizar a sua defesa.

[124] Com efeito, tal como se decidiu no ac. do STA de 27.03.2001, proc. 047035, a aplicação de um prazo dilatório só pode ter lugar em caso de citação, ficando, por isso, excluída a sua aplicação no caso de ser empregue uma notificação.

[125] Neste particular, como bem se observou no ac. do TRG de 22.01.2009, proc. 2678/08-1, muito embora o art. 245º, nº 1, apenas aluda ao "prazo de defesa de citando" – donde, numa interpretação literal, pareceria resultar a conclusão de que o prazo dilatório apenas se aplicaria relativamente ao prazo para a apresentação da defesa do réu – a verdade é que este regime aplica-se igualmente aos casos em que a pessoa é citada para "ocupar o lado ativo da relação processual, ou para exercer outros direitos no processo", tal como sucede, nomeadamente, com a citação dos credores para reclamarem os seus créditos na ação executiva, à luz do art. 786º.

[126] Ac. do TRL de 12.07.1995, proc. 0005453. *Vide*, no mesmo sentido, o ac. do TRP de 15.07.1991, proc. 9150229, o ac. do TRP de 28.10.1992, proc. 9250519, o ac. do TRL de 18.04.1996, proc. 0073566, bem como o ac. do TRE de 25.01.2007, proc. 2651/06-2.

[127] *Vide*, a este propósito, o ac. do TRL de 04.06.1991, proc. 0013425, no qual se decidiu que a citação destina-se a compensar as eventuais dificuldades que o citando, que se encontre numa comarca diversa, possa ter para se poder defender, em razão da distância ou da eventual dificuldade de comunicação".

[128] O critério de o réu residir dentro ou fora da área da circunscrição onde corre a ação tem vindo a ser tradicionalmente assumido como aquele que, de forma mais clara e objetiva, permite determinar em que casos deve ou não haver lugar a uma dilação. Na verdade, como bem assinalava, no início do século XX (mas ainda com pertinente atualidade), Lodovico Mortara, a adoção, como critério alternativo, da distância quilométrica seria de muito difícil aplicação e perceção, sendo, por isso, preferível adotar como critério o da residência dentro ou fora da circunscrição territorial judiciária (MORTARA, Lodovico, *Manuale della Procedura Civile*, vol. I, Torino Unione Tipografico-Editrice, Milão, 1906, pp. 249 e 250).

período de tempo que medeia entre a data em que o réu ou o terceiro se consideram citados e a data em que começa a correr o prazo para a apresentação do ato processual subsequente à realização da citação[129].

Por outro lado, importa referir que, sendo o prazo dilatório estabelecido em favor das partes, nada impede que estas renunciem ou prescindam desse prazo.

De facto, quando o prazo dilatório difere para um momento posterior a possibilidade de realização de um ato, pode suceder que a própria lei permita que a parte a favor da qual esse prazo foi estabelecido renuncie ao prazo. É o que sucede, por exemplo, com o regime previsto no art. 510º, nº 1, quanto à substituição de testemunhas, já que a lei, apesar de estabelecer um prazo dilatório de 5 dias, sobre a data em que a substituição da testemunha tenha sido notificada à parte contrária, para que se proceda à prestação do depoimento, prevê, no entanto, a possibilidade de a parte contrária renunciar a esse prazo.

Analogamente, o facto de o prazo dilatório diferir para um momento posterior o início da contagem do prazo perentório para o oferecimento da contestação (arts. 139º, nº 2, e 569º, nº 1) não significa que o ato processual – *in casu*, o oferecimento da contestação – não possa ser praticado durante o decurso do prazo dilatório, isto é, mesmo antes de ter começado a correr o prazo perentório legalmente previsto para o efeito. Isto porque o prazo dilatório é estabelecido em benefício do réu, não havendo, por isso, qualquer razão para que este não possa oferecer a sua contestação antes de ter começado a correr o prazo perentório correlativo, tanto mais que, no caso em concreto, o réu pode ter interesse em acelerar o andamento do processo[130].

4.2.4. Prazo suplementar

O prazo suplementar é aquele que, revestindo natureza complementar ou acessória, isto é, carecendo de autonomia ou de independência próprias, prolonga a duração de um prazo perentório. A título meramente exemplificativo, constituem prazos suplementares o prazo de 10 dias para a interposição

[129] Ac. do TRL de 18.04.2007, proc. 1253/2007-4. Cfr., no mesmo sentido, o ac. do TRL de 18.04.1996, proc. 0073566.

[130] *Vide*, no mesmo sentido, FERNANDES, Luís A. Carvalho, *Teoria Geral do Direito Civil*, *op. cit.*, p. 686, o qual defende que, sendo o prazo "estabelecido em benefício do seu autor", "não é, em geral, inválido ou ineficaz o acto praticado antes do termo do prazo". Por sua vez, Castro Mendes sustenta que este prazo, ao não impedir a parte de praticar o ato processual, "não é dilatório no sentido doutrinal rigoroso do termo", pois que a sua finalidade é, tão-só, a de compensar o réu pelas dificuldades que possa vir a ter para apresentar a sua defesa em face das circunstâncias ou das condições em que foi citado (MENDES, João de Castro, *Direito Processual Civil*, vol. III, Associação Académica da Faculdade de Direito de Lisboa, Lisboa, 1979, pp. 84 e 85).

do recurso e para a apresentação da respetiva resposta, nos casos em que o recurso tenha por objeto a reapreciação da prova gravada (arts. 144º, nº 4, do CPTA, 80º, nº 3, do CPT, e 638º, nº 7)[131], bem como com o prazo, a ser fixado pelo juiz, para que a parte, que não se encontre patrocinada, junte ao processo cópia dos requerimentos, alegações ou documentos que tenha apresentado (art. 148º, nº 4).

4.2.5. Prazo de tolerância

O prazo de tolerância – também designado por "prazo de condescendência" ou "prazo de complacência" – é aquele que permite que um ato processual possa ser praticado após o termo de um prazo perentório. É o que ocorre, por exemplo, com o regime previsto nos arts. 107º-A do CPP e 139º, nº 5, em que a lei permite que um ato processual possa ser praticado após o termo do prazo perentório, num dos três primeiros dias úteis subsequentes, mediante o pagamento de uma multa[132].

4.2.6. Prazo meramente ordenador

O prazo meramente ordenador – também denominado de "prazo administrativo", "prazo disciplinador"[133], "prazo impróprio"[134,135], "prazo indicativo" ou "prazo de simples ordenação processual"– é aquele que, tendo por finalidade "regular a actividade processual segundo a necessidade do normal andamento do processo"[136], se limita a estabelecer um limite temporal para a prática de

[131] Cfr., a este respeito, o ac. do TRC de 18.11.2008, proc. 7266/07.3TBLRA.C1.

[132] Cfr., nesse sentido, o ac. do TRG de 08.03.2012, proc. 579/11.1TBFLG:G1, bem como o ac. do TCAN de 25.10.2012, proc. 00214/11.8BEVIS.

Sustentando, diferentemente, que este prazo reveste a natureza de "prazo suplementar", *vide* o ac. do STJ de 15.11.2006, proc. 06S1732.

[133] Cfr., a este respeito, Almeida, Francisco Manuel Lucas Ferreira de, *Direito Processual Civil*, vol. I, *op. cit.*, p. 72.

[134] Cfr., nesse sentido, Amorim, José Roberto Neves / Martins, Sandro Gilbert, *Direito Processual Civil, op. cit.*, p. 141, Ramos Méndez, Francisco, *Sistema Procesal Español, op. cit.*, p. 319, Bueno, Cassio Scarpinella, *Curso Sistematizado de Direito Processual Civil, op. cit.*, p. 479, Moreno Catena, Víctor / Cortés Domínguez, Valentín, *Introducción al Derecho Procesal, op. cit.*, p. 251, Wagner Júnior, Luiz Guilherme da Costa, *Processo Civil, op. cit.*, p. 60, bem como Didier Junior, Fredie, *Curso de Direito Processual Civil*, 21ª ed., vol. I, Editora Jus Podium, Salvador, 2019, p. 498.

[135] É o que sucede, por exemplo, com a denominação utilizada no ordenamento jurídico alemão (*uneigentliche Frist*).

[136] Salvador, Manuel J. G., *Notas Críticas – V*, Lisboa, 1977, p. 15. Cfr., no mesmo sentido, Caianiello, Vincenzo, "Termini (Diritto Processuale Amministrativo)", *in Enciclopedia Giuridica*, vol. XXXI, Instituto della Enciclopedia Italiana, Milão, 1994, p. 2.

um ato processual, *maxime* para o proferimento de uma decisão judicial[137], ou quanto à duração máxima de uma determinada fase processual[138], sem que da violação desse prazo resulte, em regra, qualquer preclusão[139,140], invalidade do ato ou nulidade processual[141,142].

Enquadram-se neste âmbito, nomeadamente, os prazos fixados na lei de processo para a prática de atos pelo juiz[143] ou pela secretaria.

Pode, no entanto, suceder que o decurso de um prazo meramente ordenador acarrete consequências jurídicas de relevo.

[137] Cfr., a este respeito, o ac. do TRP de 10.01.1996, proc. 9510722.

[138] *Vide*, a este propósito, o ac. do TRC de 26.10.2016, proc. 5/13.1IDCTB-B.C1, no qual se decidiu que "Ao permitir a aceleração processual, mesmo após se mostrarem excedidos os prazos de duração de cada uma das fases processuais (cfr. artigo 108º do CPP), o legislador está a atribuir aos prazos fixados no artigo 276º, nºs 1, 2 e 3, do referido diploma, uma natureza meramente ordenatória, funcional e referencial; consequentemente, não detêm tais prazos qualquer natureza preclusiva do poder-dever consagrado no nº 1 daquele normativo".

[139] Cfr., no mesmo sentido, DIANA, Antonio Gerardo, *Termini Processuali*, *op. cit.*, p. 18, SASSANI, Bruno, *Lineamenti del Processo Civile Italiano*, *op. cit.*, p. 85, GIARDA, Angelo, "Termine (Diritto Processuale Penale)", *in Enciclopedia del Diritto*, vol. XLIV, Giuffrè Editore, Milão, 1992, p. 253, PICARDI, Nicola / MARTINO, Roberto, "Termini (Diritto Processuale Civile)", *op. cit.*, p. 5, VITALE, Antonio, "Termini (Diritto Canonico)", *op. cit.*, p. 2, bem como GALATRO, Vincenzo, *La Procedura Civile*, *op. cit.*, p. 207. Ainda a este propósito, Rodrigo Gallego García sustenta que a inexistência de qualquer consequência para a violação dos prazos que são fixados para os atos dos magistrados ou do tribunal encontra justificação no facto de a carga de trabalho que é imposta aos órgãos jurisdicionais tornar praticamente impossível, na generalidade dos casos, o cumprimento escrupuloso desses prazos (GALLEGO GARCÍA, Rodrigo, "Plazos y Términos", *op. cit.*, pp. 256 e 257).

[140] Neste particular, importa chamar à colação o regime constante do art. 152º do $CPC_{It.}$, segundo o qual os prazos estabelecidos pela lei são meramente ordenadores, salvo se a própria lei, de forma expressa, qualificar o prazo como sendo perentório. Cfr., a este respeito, PASSANANTE, Luca, "Art. 152 – Termini legali e termini giudiziari", *op. cit.*, p. 1018.

[141] Criticando a ausência de sanção para o incumprimento dos prazos pelo funcionário ou pelo juiz, *vide* FREITAS, José Lebre de, "Inconstitucionalidades do Código de Processo Civil", *in ROA*, ano 52, Lisboa, abril 1992, p. 40.

[142] Daí que Anselmo de Castro sustente que estes prazos revestem menor relevância prática, atenta a ausência de qualquer preclusão face à sua inobservância (CASTRO, Artur Anselmo de, *Direito Processual Civil Declaratório*, vol. III, p. 48).

[143] *Vide*, a este respeito, o ac. do TRL de 02.05.2017, proc. 26779/13.1T2SNT.L1-1, com o seguinte sumário: "I – Os prazos para a prática de actos pelos magistrados, designadamente a prolação de sentença, são meramente ordenadores, não implicando o seu desrespeito qualquer preclusão ou invalidade do acto. II – A arguição de nulidade da sentença pelo facto de ela ter sido proferida depois de decorrido o prazo processual para o efeito justifica a aplicação de taxa sancionatória excepcional".

Desde logo, a violação de um prazo ordenador pode gerar consequências processuais. É o que sucede, por exemplo, com a deserção da instância ou do recurso, por negligência da parte quanto ao impulsionamento do processo (art. 281º)[144,145], ou com a aceleração de uma fase processual, pelo facto de se mostrar excedido o prazo legalmente previsto para a sua duração (art. 108º do CPP).

Por outro lado, a violação de um prazo meramente ordenador pode acarretar responsabilidade disciplinar e sancionatória, designadamente do juiz, quando não se mostre devidamente justificada a razão pela qual não foi observado um prazo previsto na lei para o proferimento de uma decisão ou para a duração de uma fase processual[146,147].

4.2.7. Prazo prorrogável

O prazo prorrogável é o prazo cuja duração pode ser ampliada por força da lei ou por vontade das partes[148]. Na verdade, pode ocorrer algum motivo pon-

[144] *Vide*, a este propósito, o ac. do TRP de 18.10.2011, proc. 1379/2001.P1, o ac. do TRL de 13.05.2013, proc. 83610/05.2YYLSB.L1-7, o ac. do TRL de 29.10.2015, proc. 1302/13.1TBPDL.L1-2, o ac. do STJ de 14.12.2016, proc. 105/14.0TVLSB.G1.S1, o ac. do TRP de 20.11.2017, proc. 708/11.5TTMTS-A.P1, o ac. do STJ de 05.07.2018, proc. 105415/12.2YIPRT.P1.S1, o ac. do TRG de 09.04.2019, proc. 2813/15.0T8BRG.G1, o ac. do STJ de 14.05.2019, proc. 3422/15.9T8LSB.L1.S2, bem como o ac. do TRE de 30.05.2019, proc. 170/17.9T8SRP.E1. Cfr., na doutrina, JOAQUÍN SALGADO, Alí, *Derecho Procesal Civil*, 1ª reimp., Astrea, Buenos Aires, 1993, pp. 253 e 254.

[145] Concomitantemente, Luca Passanante salienta que a violação de um prazo meramente ordenador pode acarretar, para além de consequências processuais, custos judiciais desnecessários para a parte à qual seja imputável a violação do prazo meramente ordenador (PASSANANTE, Luca, "Art. 152 – Termini legali e termini giudiziari", *op. cit.*, p. 1018).

[146] Cfr., nesse sentido, o ac. do TRC de 27.03.2012, proc. 60/09.9T2SVV.C1. *Vide*, na doutrina, GUASP, Jaime / ARAGONESES, Pedro, *Derecho Procesal Civil*, *op. cit.*, p. 331, SATTA, Salvatore / PUNZI, Carmine, *Diritto Processuale Civile*, *op. cit.*, p. 238, GAROFOLI, Vincenzo, *Diritto Processuale Penale*, *op. cit.*, p. 178, bem como GONÇALVES, Marcus Vinicius Rios, *Novo Curso de Direito Processual Civil*, *op. cit.*, p. 223.

[147] Não concordamos, por isso, salvo o devido respeito, com a jurisprudência firmada no ac. do TRP de 15.04.1996, proc. 9650119, no qual se decidiu que "O prazo de cinco dias consignado no artigo 153º do Código de Processo Civil não é um prazo peremptório, mas um prazo de simples ordenamento processual".

[148] Cfr., a este respeito, CHIOVENDA, Jose, *Principios de Derecho Procesal Civil*, tomo II, *op. cit.*, p. 120, PICARDI, Nicola / MARTINO, Roberto, "Termini (Diritto Processuale Civile)", *op. cit.*, p. 7, bem como J. PUPPIO, Vicente, *Teoría General del Proceso*, 8ª ed., Universidad Católica Andrés Bello, Caracas, 2008, p. 408. Definindo-os pela negativa, Francisco Lastres defende que os prazos prorrogáveis são aqueles "cuja prorrogação não está expressamente proibida" (LASTRES, Francisco, *Procedimientos Civiles y Criminales*, *op. cit.*, p. 84).

deroso, nomeadamente em função do número dos sujeitos processuais[149], da complexidade do litígio ou da verificação de algum facto que, de forma anormal, impeça ou dificulte o exercício de direitos processuais, que justifique o prolongamento do prazo para a prática de um ato processual dentro de um determinado prazo.

Neste particular, importa salientar que, no nosso ordenamento jurídico, vigora a regra segundo a qual os prazos processuais são improrrogáveis. Com efeito, nos termos do art. 141º, nº 1, o prazo processual marcado pela lei só pode ser prorrogado nos casos nela previstos[150].

Assim, do citado preceito legal, é possível extrair três conclusões:

a) em primeiro lugar, a regra estabelecida no art. 141º, nº 1, só se aplica aos "prazos processuais marcados pela lei", ou seja, aos prazos legais, ficando, por isso, dela excluídos os prazos judiciais[151] e os prazos convencionais. O mesmo é dizer que, no que concerne aos prazos judiciais e aos prazos convencionais, não existe qualquer impedimento quanto à sua prorrogação;

b) em segundo lugar, o prazo legal só pode ser prorrogado quando a lei, de forma expressa, admita tal possibilidade. É o que sucede, por exemplo, com a prorrogabilidade do prazo para a apresentação do relatório pericial (art. 483º, nº 3), para a prestação de contas pelo tutor ou acompanhante (art. 949º, nºs 1 e 2) ou para a apresentação de parecer sobre a regulação de avarias marítimas (art. 953º, nº 3);

c) em terceiro lugar, o prazo só pode ser prorrogado enquanto o mesmo não se mostrar expirado, porquanto a prorrogação pressupõe um prolongamento da duração de um prazo que se encontra a correr no momento em que se verifica essa prorrogação[152].

A regra geral da improrrogabilidade dos prazos legais sofre, no entanto, uma importante exceção. Na verdade, à luz do art. 141º, nº 2, mesmo que a lei não preveja expressamente essa possibilidade, o prazo pode ser prorrogado,

[149] Assim, por exemplo, no ordenamento jurídico brasileiro, o art. 229º do $CPC_{Br.}$ consagra a regra segundo a qual "Os litisconsortes que tiverem diferentes procuradores, de escritórios de advocacia distintos, terão prazos contados em dobro para todas as suas manifestações, em qualquer juízo ou tribunal, independentemente de requerimento".

[150] *Vide*, no mesmo sentido, ainda que em comentário ao ordenamento jurídico alemão, Borck, Hans-Günther, *Zivilprozessordnung und Nebengesetze, op. cit.*, p. 914.

[151] *Vide*, a este propósito, o ac. do TRE de 10.05.2018, proc. 8214/16.5T8STB-A.E1.

[152] *Vide*, a este propósito, Mortara, Lodovico, *Principii di Procedura Civile, op. cit.*, p. 70.

por uma única vez e por igual período[153], desde que exista acordo das partes nesse sentido. Assim, por exemplo, se as partes, após a citação do réu, encetarem negociações tendo em vista a possível celebração de uma transação judicial, por via da qual seja possível resolver amigavelmente o litígio, estas podem, por sua iniciativa, acordar na prorrogação do prazo legal de 30 dias para a apresentação da contestação (art. 569º, nº 1)[154].

4.3. Quanto à parte a quem o prazo aproveita

4.3.1. Prazo individual

O prazo diz-se individual quando o mesmo diz respeito a um ato que só pode ser praticado por uma das partes num determinado período de tempo[155]. Por via disso, o prazo corre apenas em relação à parte em relação à qual o prazo aproveita. É o que ocorre, por exemplo, com o prazo para que o requerente da tutela cautelar intente a ação principal da qual a providência cautelar depende [art. 373º, nº 1, al. *a)*], com o prazo para a apresentação da contestação pelo réu (art. 569º, nº 1) ou com o prazo para o oferecimento da réplica pelo autor (art. 585º).

Por outro lado, importa salientar que o facto de, no processo, existir uma pluralidade de sujeitos ativos ou passivos não retira a natureza individual ao prazo que diga respeito a um ato que deva ser praticado apenas por uma das partes. Assim, a título exemplificativo, mesmo que se verifique um litisconsórcio ou uma coligação de réus, o prazo para o oferecimento da contestação não deixa de ser um prazo privativo ou individual de cada um deles[156], sem

[153] Com efeito, como bem salienta Lodovico Mortara, a fixação de limites quanto à possibilidade de prorrogação do prazo, *maxime* a consagração da regra segundo a qual o prazo só pode ser prorrogado por uma única vez, visa impedir a verificação de eventuais abusos no processo, nomeadamente por força da negligência ou da incúria do mandatário da parte (MORTARA, Lodovico, *Principii di Procedura Civile, op. cit.*, p. 71).

[154] Cfr., a este respeito, o ac. do TRP de 20.12.2004, proc. 0455970, com o seguinte sumário: "I – São diferentes os campos de aplicação dos artigos 147º, nº 2, e 486º, nº 5, do Código de Processo Civil. II – Aquele aplica-se, genericamente, à prorrogabilidade de prazos processuais legais, postulando o consenso das partes; o prazo do art. 486º, nº 5, refere-se, estritamente, à prorrogação do prazo para contestar. III – Se ambas as partes invocam o art. 147º, nº 2, do Código de Processo Civil para requererem ao juiz a prorrogação do prazo de 30 dias para o Réu contestar, e tal prorrogação é deferida ao abrigo do invocado normativo, sendo tal despacho notificado às partes 30 dias após o requerimento, viola o princípio da confiança o despacho que, invocando-se, agora, o disposto no art. 486º, nº 6, do Código de Processo Civil, se considere extemporânea a contestação oferecida no prazo concedido pelo despacho e notificação referidos".

[155] Denominando este prazo de "prazo particular", *vide* MARINONI, Luiz Guilherme, *et al.*, *Novo Curso de Processo Civil, op. cit.*, p. 119.

[156] ALSINA, Hugo, *Tratado Teórico Practico de Derecho Procesal Civil y Comercial, op. cit.*, p. 48.

prejuízo da faculdade que a lei lhes concede de apresentarem a sua contestação, de forma individualizada ou em conjunto, dentro do termo do prazo que tenha começado a correr em último lugar (art. 569º, nº 2).

A prática de um ato dentro de um prazo individual pode dar lugar a um outro prazo individual. Assim, se o réu, por exemplo, deduzir uma reconvenção em sede contestação (arts. 266º e 583º), o autor terá o direito de, dentro do prazo da réplica, apresentar toda a sua defesa quanto à matéria da reconvenção (arts. 584º e 585º).

4.3.2. Prazo comum

O prazo comum – também denominado de "prazo simultâneo"[157] – é aquele que se destina a regular a prática de um ato, num determinado período de tempo, por qualquer uma das partes, correndo, por isso, em simultâneo para ambas[158]. A lei prevê diversos prazos comuns ou simultâneos, destacando-se, entre outros, os seguintes:

a) o prazo de 10 dias para as partes invocarem causas de impedimento, suspeição e dispensa legal do exercício da função de perito (art. 471º, nº 1);
b) o prazo supletivo de 10 dias para as partes apresentarem reclamações contra o relatório pericial (art. 485º, nº 2);
c) o prazo de 10 dias para as partes requererem a realização de segunda perícia (art. 487º, nº 1);
d) o prazo supletivo de 10 dias para as partes reclamarem do despacho de identificação do objeto do litígio e de enunciação dos temas da prova (art. 596º, nº 2);
e) o prazo de, até 20 dias antes da data em que se realize a audiência final, para as partes aditarem ou alterarem o rol de testemunhas (art. 598º, nº 2);
f) o prazo de 30 dias para a interposição de recurso quando ambas as partes tenham decaído na causa e reúnam as condições necessárias para interpor recurso de forma independente (art. 638º, nº 1);
g) o prazo de 20 dias para a apresentação de alegações, de facto e de direito, por escrito, nas hipóteses previstas nos arts. 91º, nº 5, e 91º-A do CPTA;

[157] *Vide*, a este propósito, os arts. 91º, nº 5, 91º-A e 120º do CPTA.

[158] Cfr., no mesmo sentido, MORTARA, Lodovico, *Principii di Procedura Civile*, *op. cit.*, p. 72, bem como THEODORO JÚNIOR, Humberto, *Curso de Direito Processual Civil: Teoria Geral do Direito Processual Civil e Processo de Conhecimento*, *op. cit.*, p. 243.

h) o prazo de 10 dias para a apresentação de alegações complementares quando o juiz, no âmbito de um processo impugnatório, identifique a existência de causas de invalidade diversas das que tenham sido alegadas (art. 95º, nº 3, do CPTA); ou

i) o prazo, a ser fixado pelo juiz, entre 10 a 30 dias, para que as partes apresentem alegações escritas no processo de impugnação judicial, nos casos em que tenha sido produzida prova que não conste do processo administrativo ou quando o tribunal o entenda necessário (art. 120º, nº 1, do CPPT).

Para além dos casos *supra* enunciados, sempre que o juiz profere um despacho, dirigido a ambas as partes, em relação ao qual seja admissível o exercício do direito ao contraditório, o prazo supletivo de 10 dias (art. 149º, nº 1), de resposta a esse despacho, reveste, igualmente, a natureza de prazo comum.

Tal como sucede com o prazo individual, a prática de um ato dentro de um prazo comum pode dar lugar a um prazo individual, mas já não a um outro prazo comum.

Com efeito, se, por exemplo, uma das partes requerer o aditamento ou a alteração do rol de testemunhas até 20 dias (prazo comum) antes da data em que se realize a audiência final, a outra parte pode, no prazo de 5 dias (prazo individual), a contar da notificação para esse efeito, usar, querendo de igual faculdade (art. 598º, nº 2).

Do mesmo modo, se, tendo ambas as partes decaído na ação, uma delas interpuser recurso independente no prazo de 30 dias (prazo comum), a parte contrária pode, em igual prazo de 30 dias (prazo individual), interpor recurso subordinado, à luz do art. 633º, nºs 1 e 2.

4.4. Quanto ao início da contagem do prazo

4.4.1. Prazo subjetivo

O prazo diz-se subjetivo quando o mesmo só começa a correr a partir do conhecimento, pela pessoa a quem o prazo aproveita, do facto ou do evento que é suscetível de dar início à contagem do prazo. É o que sucede, por exemplo, com o prazo para o oferecimento da contestação, o qual, sem prejuízo da eventual dilação a que haja lugar, começa a correr a partir do momento em que o réu é citado (art. 569º), com o prazo para a interposição de recurso de uma decisão, o qual começa a correr a partir do momento em que o interessado é notificado da decisão objeto de impugnação (art. 638º, nº 1), bem como com o prazo para o embargo judicial de uma obra nova, o qual começa a correr a partir do conhecimento do facto que constitua o fundamento do embargo (art. 397º, nº 1).

4.4.2. Prazo objetivo

O prazo diz-se objetivo quando o mesmo começa a correr a partir da ocorrência de um determinado facto ou evento, ainda que a parte a quem o prazo aproveite não tenha tido conhecimento desse facto ou evento. É o que ocorre, a título meramente exemplificativo, com o prazo de 30 dias para a interposição de recurso extraordinário para uniformização de jurisprudência, o qual começa a correr a partir do trânsito em julgado do acórdão recorrido (art. 689º, nº 1); com o prazo de 60 dias para a interposição de recurso extraordinário de revisão, com fundamento na existência de outra sentença, transitada em julgado, que tenha dado como provado que a decisão resulta de crime praticado pelo juiz no exercício das suas funções, caso em que esse prazo começa a correr a partir da data do trânsito em julgado da sentença em que se funda a revisão [arts. 696º, al. *a)*, e 697º, nº 2, al. *a)*]; ou com o prazo de 5 dias, subsequente à publicação de aviso no portal *Citius*, para que qualquer credor possa alegar o que tiver por conveniente quanto ao plano de recuperação que tiver sido depositado pela empresa (art. 17º-F, nº 2, do CIRE).

4.4.3. Prazo simultaneamente objetivo e subjetivo

Pode suceder que um prazo revista, simultaneamente, natureza objetiva e subjetiva, isto é, que o prazo comece a correr depois da verificação de um determinado facto ou após o conhecimento desse facto pela parte.

Nessa eventualidade, quando o prazo apresenta natureza objetiva e subjetiva, a regra que tem vindo a ser perfilhada no nosso ordenamento jurídico é a da prevalência da natureza subjetiva sobre a natureza objetiva do prazo. Exemplo disso mesmo é o prazo de 30 dias para a dedução de embargos de terceiro, sendo que a lei de processo civil preceitua que esse prazo começa a correr após o dia da diligência de penhora ou de apreensão ou entrega de bens, ou, se posterior, após o dia em que o embargante tenha tido conhecimento dessa diligência (art. 344º, nº 2), bem como o prazo de 10 dias para se requerer o decretamento de uma providência cautelar de suspensão de deliberações sociais, o qual começa a correr após a data da assembleia em que a deliberações foram tomadas ou, se o requerente não tiver sido regularmente convocado, a partir da data em que ele tenha tomado conhecimento das deliberações que pretenda impugnar (art. 380º, nºs 1 e 3).

4.5. Quanto à determinação da duração do prazo

4.5.1. Prazo de duração variável

O prazo diz-se de "duração variável" quando a respetiva duração é fixada por referência a um determinado termo futuro, certo ou incerto. Por essa exata razão, a duração do prazo varia, para mais ou para menos, em função da verificação desse termo, ou seja, desse limite temporal. A título meramente exemplificativo, revestem a natureza de prazos de duração variável o prazo para a arguição da nulidade por falta de citação (art. 187º) ou por falta de vista ou exame ao Ministério Público como parte acessória (art. 194º), pois que, nos termos do art. 198º, nº 2, essas nulidades podem ser arguidas em qualquer estado do processo, enquanto não devam considerar-se sanadas; o prazo para a dedução de embargos de terceiro com função preventiva, já que, nos termos do art. 350º, nº 1, os embargos podem ser deduzidos até que seja realizada a penhora ou o ato judicialmente ordenado de apreensão ou entrega de bens, mas nunca depois de estes terem sido judicialmente vendidos ou adjudicados (arts. 342º, nº 1, 344º, nº 2, e 350º, nº 1); o prazo para o oferecimento da contestação no procedimento cautelar de alimentos provisórios ou no processo especial de tutela da personalidade, já que, à luz, respetivamente, dos arts. 385º, nº 2, e 879º, nº 2, a contestação é apresentada na própria audiência, o que significa que o tempo de que a parte demandada dispõe para preparar e organizar a sua defesa varia em função do dia da concretização da citação e da data aprazada para a realização da audiência; o prazo, até 20 dias antes da data em que se realize a audiência final, para que as partes juntem aos autos os documentos que não tenham sido apresentados com os respetivos articulados (art. 423º, nº 2), donde resulta que, perante dois processos de declaração, sob a mesma forma de processo comum, as partes de cada um desses processos poderão dispor de prazos diversos para a prática do mesmo ato processual, isto é, para juntarem documentos aos autos; bem como o prazo, até ao dia de abertura de propostas, para que o depositário dos bens penhorados mostre esses bens a quem pretenda examiná-los, o que significa que a duração do prazo para exame dos bens penhorados varia, de processo para processo, em função da data designada para a abertura das propostas (art. 818º).

4.5.2. Prazo de duração fixa

O prazo diz-se de "duração fixa" quando a sua duração é determinada ou balizada tomando por referência unidades temporais concretas (*v.g.* horas, dias, semanas, meses ou anos). A generalidade dos prazos previstos no nosso ordenamento jurídico apresenta uma duração fixa, tal como sucede, por exemplo, com o prazo de 30 dias para o oferecimento da contestação, começando tal prazo a contar após a realização da citação ou do termo do prazo dilatório (art. 569º, nº 1), ou com o prazo, de 30 ou de 15 dias, para a interposição do recurso, começando tal prazo a contar após a notificação da decisão que se pretenda impugnar (art. 638º, nº 1).

5. Modos de contagem dos prazos

5.1. Âmbito

O prazo processual compreende, pela sua própria natureza, um período de tempo. Por conseguinte, o prazo tem um início (*dies a quo*) e um fim (*dies ad quem*), estando a duração do prazo compreendida entre o seu início e o seu fim[159].

Ora, no que diz respeito ao modo de realização da sua contagem, o prazo pode contar-se de forma progressiva ou de forma regressiva.

5.2. Contagem progressiva do prazo

Regra geral, a contagem do prazo é realizada de forma progressiva, isto é, o prazo inicia a sua contagem a partir da verificação de um determinado evento presente – o qual pode consistir num ato judicial (*v.g.* citação ou notificação) ou no conhecimento de um facto – e conta-se para o futuro. É o que sucede, a título meramente exemplificativo, com a contagem do prazo de 30 dias para o oferecimento da contestação, a partir da data em que o réu foi ou se considera citado (art. 569º, nº 1).

5.3. Contagem regressiva do prazo

A contagem de um prazo pode, no entanto, ser realizada de forma regressiva. Neste caso, o ato processual tem de ser praticado com uma determinada antecedência temporal em relação a um evento futuro e certo, razão pela qual o prazo é contado "da frente para trás", ou seja, a partir de um termo futuro para um termo presente.

Na lei de processo civil, podemos encontrar alguns exemplos de prazos que devem ser contados de forma regressiva. É o caso, nomeadamente, dos seguintes prazos:

a) o prazo de até 10 dias, antes da data designada para a realização da audiência final, para que o advogado que pretenda fazer assistir-se, durante a produção de prova e a discussão da causa, por pessoa dotada de competência especial para se ocupar de questões de natureza téc-

[159] *Vide*, a este respeito, Ferreira, Manuel Cavaleiro de, *Curso de Processo Penal*, *op. cit.*, p. 252.

nica para as quais não tenha a necessária preparação, indicar no processo a pessoa que escolheu e as questões em relação às quais reputa conveniente a sua assistência (art. 50º, nº 2);

b) o prazo de até 20 dias, antes da data em que se realize a audiência final, para serem apresentados nos autos os documentos que não tenham sido juntos com o respetivo articulado (art. 423º, nº 2); ou

c) o prazo de até 20 dias, antes da data em que se realize a audiência final, para as partes aditarem ou alterarem o rol de testemunhas (art. 598º, nº 2).

6. Renúncia ao prazo

Regra geral, sendo o prazo estabelecido em benefício de alguma das partes, nada obsta a que a parte a quem o prazo aproveita renuncie expressamente a esse prazo. Nessa eventualidade, verifica-se uma antecipação temporal do efeito processual que apenas seria produzido aquando do termo final do prazo[160].

Assim, por exemplo, se as partes decidirem celebrar uma transação judicial e declarar expressamente que renunciam ao prazo de reclamação ou de recurso referente à respetiva sentença homologatória da transação (art. 632º, nº 1), tal declaração de renúncia acarreta a antecipação temporal do trânsito em julgado da sentença homologatória da transação judicial, isto é, a sentença torna-se imediatamente definitiva por força da renúncia do prazo.

[160] Ainda que a lei de processo civil portuguesa não regule expressamente o regime da renúncia do prazo, existem, no entanto, alguns preceitos que preveem a possibilidade de renúncia a um direito processual e disciplinam, nesse caso, o respetivo efeito. É o que sucede, nomeadamente, com o art. 953º, referente ao processo especial de regulação e repartição de avarias marítimas, o qual estabelece que, se as partes tiverem expressamente renunciado a qualquer oposição, logo que seja apresentado o parecer dos repartidores quanto à regulação e repartição de avarias grossas, o juiz procede à imediata homologação desse parecer dos repartidores.
Já em sede de direito comparado, por exemplo, no ordenamento jurídico brasileiro, o art. 225º do $CPC_{Br.}$ dispõe expressamente que "A parte pode renunciar ao prazo estabelecido exclusivamente em seu favor, desde que o faça de maneira expressa".

Capítulo II
Aplicação da lei no tempo quanto aos prazos processuais

1. Âmbito

Pode suceder que, estando pendente um determinado processo judicial, se verifique uma alteração legislativa que passe a prever uma duração mais longa ou mais curta para um prazo referente a um ato que deva ser praticado nesse processo (*v.g.* interposição de um recurso). Nessa eventualidade, coloca-se o problema de saber se o processo, tendo sido iniciado ao abrigo da lei antiga, que previa um determinado prazo para a prática desse ato, continua a reger-se por essa lei, ou se, pelo contrário, a lei nova, que estabelece agora um prazo diferente, passa a aplicar-se de imediato a esse processo, apesar de este já se encontrar pendente aquando da entrada em vigor dessa lei.

2. Princípio geral

O princípio geral vigente na nossa ordem jurídica é o de que a lei nova tem aplicação imediata, mas não retroativa (art. 12º do CC), razão pela qual a lei nova aplica-se imediatamente às ações pendentes, no tocante aos prazos que, nessas ações, ainda não tenham iniciado a sua contagem[161,162]. Na ver-

[161] É esse, de resto, o princípio geral que consta do art. 12º do CC, segundo o qual a lei só dispõe para o futuro, não possuindo, portanto, qualquer eficácia retroativa. Se a lei dispuser sobre as condições de validade substancial ou formal de quaisquer factos ou sobre os seus efeitos, entende-se, em caso de dúvida, que só visa os factos futuros. *Vide*, a este propósito, Moreno, T., *et al.*, *Lições de Processo Civil (De harmonia com as preleções do Prof. Doutor Manuel A. D. de Andrade feitas ao curso do 3º ano jurídico)*, Casa do Castelo Editora, Coimbra, 1945, p. 67, Sousa, Miguel Teixeira de, "Aplicação da lei no tempo", *in CDP*, nº 18, abril/junho 2007, p. 4, bem como Pereira, António Pinto, *Princípios Gerais de Direito*, Coimbra Editora, Coimbra, 2013, p. 76. Cfr., na jurisprudência, o ac. do TRL de 09.10.1992, proc. 0052852, o ac. do TRC de 08.09.2009, proc. 101/08.7TBFIG-A.C1, o ac. do TRG de 02.05.2013, proc. 2256/10.1TBFLG-E.G1, o ac. do TRG de 06.11.2014, proc. 1339/12.8TBVRL.G1, bem como o ac. do TRC de 16.12.2015, proc. 1395/08.3TBLRA-B.C1.

dade, sendo o processo civil "um ramo do direito público de índole adjectiva ou instrumental do direito substantivo, quando se publica uma nova lei, isso significa que o Estado considera a lei anterior imperfeita e defeituosa para a administração da justiça ou para o regular funcionamento do poder judicial"[163]. Por essa exata razão, sendo de presumir que a lei nova estabelece um regime mais perfeito, colhe plena justificação a aplicação imediata dessa lei aos processos pendentes.

Tal, no entanto, não invalida que, por força de uma disposição especial – normalmente constante do articulado da lei nova –, se estabeleça um regime de aplicação da lei no tempo diferente daquele que resulta desse princípio geral[164].

3. Exceções

Não obstante a consagração desse princípio geral, existem diversas exceções respeitantes à aplicação da lei no tempo.

Na verdade, para se determinar o regime da aplicação da lei no tempo, é necessário distinguir se o prazo já iniciou ou não a sua contagem aquando da entrada em vigor da lei nova que estabelece um prazo ou um modo de contagem distintos, bem como se a lei nova fixa um prazo mais longo ou um prazo mais curto comparativamente com a lei antiga.

3.1. O prazo estabelecido pela lei antiga ainda não iniciou a sua contagem

Se o prazo fixado pela lei antiga ainda não iniciou a sua contagem, a lei nova aplica-se de imediato, razão pela qual o ato deve ser praticado à luz da dura-

[162] Trata-se, com efeito, de uma decorrência da teoria do "isolamento dos atos processuais" – por contraposição à teoria da "unidade processual" e à teoria das "fases processuais" – segundo a qual, "a lei nova não atinge os atos processuais já praticados, nem seus efeitos, mas se aplica aos atos processuais a praticar, sem limitações relativas às chamadas fases processuais" (Cintra, Antonio Carlos de Araújo, *et al.*, *Teoria Geral do Processo, op. cit.*, p. 105).

[163] Ac. do TRL de 09.10.1997, proc. 0039522. Cfr., no mesmo sentido, o ac. do STJ de 23.06.2016, proc. 359/07.9TBOPR.P1.S1, no qual se consignou que "A natureza própria da relação processual como relação jurídica unitária, complexa, dinâmica, progressiva e faseada convoca a regra da aplicação imediata da nova lei processual às ações pendentes quanto aos atos posteriores à data da entrada em vigor desta lei, à luz do disposto no artigo 12º do CC com as necessárias adaptações". *Vide*, na doutrina, Moreno Catena, Víctor / Cortés Domínguez, Valentín, *Introducción al Derecho Procesal, op. cit.*, p. 24, bem como Fairen Guillen, Victor, *Doctrina General del Derecho Procesal: Hacia una Teoría y Ley Procesal Generales, op. cit.*, p. 67.

[164] Cfr., nesse sentido, Mendes, João de Castro, *Manual de Processo Civil*, Coimbra Editora, Coimbra, 1963, p. 97, bem como Marques, J. P. Remédio, *Acção Declarativa à Luz do Código Revisto*, 3ª ed., Coimbra Editora, Coimbra, 2011, p. 190.

ção e/ou do modo de contagem estabelecidos pela lei nova[165,166]. Com efeito, semelhante solução decorre da regra prevista no art. 297º do CC, já que, apesar de esta regra respeitar aos prazos substantivos, nenhuma razão existe para que a mesma não possa igualmente ser aplicada aos prazos processuais, tal como, aliás, resulta expressamente do art. 297º, nº 3, do CC, quanto aos prazos fixados pelos tribunais[167].

Assim, se, por exemplo, a lei nova aumenta ou diminui a duração de um prazo perentório, esta lei aplica-se de imediato aos atos processuais a serem praticados no futuro, ainda que digam respeito a um processo que já se encontre pendente aquando da entrada em vigor da lei nova[168].

Do mesmo modo, se a lei nova aumenta ou diminui um prazo dilatório, a lei nova aplica-se de imediato, mesmo aos processos que já se encontrem pendentes no momento da sua entrada em vigor[169].

3.2. O prazo estabelecido pela lei antiga já iniciou a sua contagem

Diferentemente, se o prazo estabelecido pela lei antiga já iniciou a sua contagem ao tempo da entrada em vigor da lei nova, torna-se necessário distinguir consoante a lei nova estabeleça um prazo mais curto ou um prazo mais longo comparativamente com o prazo que se encontra fixado pela lei antiga.

3.2.1. A lei nova estabelece um prazo mais curto

Se a lei nova estabelecer, para qualquer efeito, um prazo mais curto do que o fixado na lei antiga, a lei nova aplica-se imediatamente aos prazos que já estiverem em curso aquando da sua entrada em vigor.

Contudo, nesse caso, o prazo estabelecido pela lei nova só se conta a partir da entrada em vigor dessa lei, a não ser que, segundo a lei antiga, falte menos

[165] *Vide*, nesse sentido, o ac. do STA de 12.02.1987, proc. 19955A, o ac. do TRP de 17.12.1998, proc. 0065242, o ac. do TRL de 06.03.2014, proc. 1617/05.2TCSNT.L1-8, bem como o ac. do STJ de 23.06.2016, proc. 359/07.9TBOPR.P1.S1. Cfr., no mesmo sentido, AMORIM, José Roberto Neves / MARTINS, Sandro Gilbert, *Direito Processual Civil*, *op. cit.*, p. 10.

[166] É essa, de resto, a regra igualmente vigente na lei de processo civil brasileira (art. 14º do CPC_{Br}).

[167] *Vide*, a este propósito, LIMA, Pires de / VARELA, Antunes, *Código Civil Anotado*, vol. I, 4ª ed. rev. e atua., Almedina, Coimbra, 2014, p. 271, bem como ALMEIDA, Francisco Manuel Lucas Ferreira de, *Direito Processual Civil*, vol. I, *op. cit.*, p. 72.

[168] Ac. do TRE de 11.01.2018, proc. 168/11.0TBVRS-B.E1. *Vide*, no mesmo sentido, VARELA, Antunes, *et al.*, *Manual de Processo Civil*, *op. cit.*, p. 61.

[169] *Vide*, nesse sentido, ANDRADE, Manuel A. Domingues de, *Noções Elementares de Processo Civil*, I, *op. cit.*, p. 48.

tempo para o prazo se completar (art. 297º, nº 1, do CC)[170,171]. Garante-se, dessa forma, a necessária segurança jurídica da relação processual[172].

Assim, por exemplo, se a lei antiga estabelecia um prazo de 20 dias e a lei nova passa a prever um prazo de 10 dias, tendo já decorrido, aquando da entrada em vigor da lei nova, 5 dias ao abrigo do prazo fixado pela lei antiga, o prazo para praticar o ato processual em causa passa a ser de 10 dias e começa a correr a partir da entrada em vigor da lei nova, já que, segundo a lei antiga, falta mais tempo para o prazo se completar (15 dias) comparativamente com o prazo fixado pela lei nova (10 dias). Vale isto por dizer que, neste caso, o prazo será, na prática, de 15 dias, isto é, 5 dias de prazo já decorrido ao abrigo da lei antiga, acrescido de 10 dias do prazo fixado pela lei nova.

Ainda a título meramente exemplificativo, se a lei antiga estabelecia um prazo de 20 dias e a lei nova passa a fixar um prazo de 10 dias, tendo já decorrido, aquando da entrada em vigor da lei nova, 15 dias, o prazo continuará a contar-se pela lei antiga, já que, aquando da entrada em vigor da lei nova (que veio estabelecer um prazo de 10 dias), faltava menos tempo (5 dias) para se completar o prazo antigo. De contrário, se o prazo passasse a ser contado de acordo com a lei nova e após a sua entrada em vigor, a parte beneficiaria, na prática, de um prazo global de 25 dias, correspondente à soma dos 15 dias do prazo já decorrido ao abrigo da lei antiga, com os 10 dias do prazo fixado pela lei nova[173].

[170] Cfr., a este propósito, o ac. do TRG de 15.11.2012, proc. 123/11.0TBPCR-I.G1, bem como o ac. do TRG de 23.10.2014, proc. 2204/06.3TBFLG-B.G1, no qual se decidiu que "Estabelecendo a nova lei um prazo mais curto para a deserção da instância (art. 281º, nº 5, do Código de Processo Civil actual e arts. 285º e 291º, nº 1, do anterior Código de Processo Civil) deve, nos termos do art. 297º, nº 1, do Código Civil, aplicar-se a nova lei quando, à data da sua entrada em vigor, se encontrava ainda a decorrer o prazo de interrupção da instância (figura que foi afastada no novo Código de Processo Civil), iniciando-se a contagem do prazo em 1/9/2013". Cfr., ainda, o ac. do TRL de 21.06.2014, proc. 756/11.5 TVLSB.L1, assim como o ac. do TRG de 30.04.2015, proc. 100/96.0TBAVV-D.G1. *Vide*, na doutrina, Andrade, Manuel A. Domingues de, *Noções Elementares de Processo Civil*, I, *op. cit.*, p. 156, bem como Lima, Pires de / Varela, Antunes, *Código Civil Anotado*, *op. cit.*, p. 271.

[171] Neste particular, Antunes Varela *et al.* defendem que "Se, de acordo com a nova lei, o prazo dilatório já estiver consumado (ao invés do que ocorria sob o império da lei anterior), a dilação deve considerar-se finda no dia em que a nova lei entrar em vigor", já que só este entendimento é suscetível de proteger as "legítimas expectativas dos interessados" (Varela, Antunes, *et al.*, *Manual de Processo Civil*, *op. cit.*, p. 64).

[172] *Vide*, a este propósito, Machado, J. Baptista, *Introdução ao Direito e ao Discurso Legitimador*, Almedina, Coimbra, 1990, p. 243, Sousa, Miguel Teixeira de, *Introdução ao Estudo do Direito*, 4ª reimp., Almedina, Coimbra, 2017, p. 297, bem como Brito, Miguel Nogueira de, *Introdução ao Estudo do Direito*, AAFDL Editora, Lisboa, 2017, p. 381.

[173] Na verdade, como bem referem Moreno, T., *et al.*, *Lições de Processo Civil (De harmonia com as preleções do Prof. Doutor Manuel A. D. de Andrade feitas ao curso do 3º ano jurídico)*, *op. cit.*, p. 68,

3.2.2. A lei nova estabelece um prazo mais longo

Se a lei nova fixar um prazo, perentório ou dilatório, mais longo comparativamente com o prazo previsto na lei antiga, a lei nova aplica-se imediatamente aos prazos que já estiverem em curso.

No entanto, nesse caso, conta-se todo o tempo do prazo que, entretanto, já tiver corrido desde o seu momento inicial até à entrada em vigor da lei nova. O mesmo é dizer que, na contagem do "novo" prazo, inclui-se todo o tempo já decorrido (art. 297º, nº 2, do CC)[174].

Deste modo, se, por exemplo, a lei antiga estabelecia um prazo perentório de 10 dias e a lei nova passa a estabelecer um prazo de 20 dias, tendo já decorrido 5 dias de prazo aquando da entrada em vigor da lei nova, esta lei aplica-se imediatamente, faltando, nesse caso, correr 15 dias de prazo.

4. Particularidades no processo penal

A lei de processo penal estabelece regras próprias no que concerne à aplicação da lei no tempo.

Assim, o art. 5º, nº 1, do CPP, consagra o princípio geral, segundo o qual a lei processual penal nova é de aplicação imediata, ou seja, aplica-se aos processos iniciados mesmo antes da entrada em vigor da lei nova, sem prejuízo da validade dos atos realizados na vigência da lei anterior[175]. Trata-se, com efeito, do princípio *tempus regit actum*[176], o qual colhe justificação no facto de, à luz do interesse público subjacente ao direito processual penal, se entender que a lei nova é a que, de forma atualizada e aperfeiçoada, melhor regula, prossegue e protege esse interesse público[177].

"Repugnaria certamente ao espírito duma nova lei que encurtou o prazo para certo acto do processo, o aplicá-lo aos prazos decorrentes por maneira a esses prazos serem ampliados".

[174] Cfr., nesse sentido, o ac. do TRP de 27.11.2013, proc. 1728/12.8JAPRT-D.P1. *Vide*, na doutrina, Andrade, Manuel A. Domingues de, *Noções Elementares de Processo Civil*, I, *op. cit.*, p. 48, Varela, Antunes, *et al.*, *Manual de Processo Civil*, *op. cit.*, p. 64, Sousa, Miguel Teixeira de, "Aplicação da lei no tempo", *op. cit.*, p. 14, Moreno, T., *et al.*, *Lições de Processo Civil (De harmonia com as preleções do Prof. Doutor Manuel A. D. de Andrade feitas ao curso do 3º ano jurídico)*, *op. cit.*, p. 67, Gonçalves, Luís Couto, "A aplicação da lei no tempo", *in Instituições de Direito*, vol. I, Almedina, Coimbra, 1998, p. 403, bem como Silva, Germano Marques da, *Introdução ao Estudo do Direito*, 5ª ed., Universidade Católica Editora, Lisboa, 2015, p. 173.

[175] Cfr., a este respeito, Santos, Manuel Simas, *et al.*, *Noções de Processo Penal*, 2ª ed., Rei dos Livros, Lisboa, 2011, p. 66. *Vide*, na jurisprudência, o ac. do STJ de 11.01.2012, proc. 1704/07.2TBBCC.P1.S1.

[176] *Vide*, a este propósito, o ac. do TRP de 13.11.1996, proc. 9540702, o ac. do TRC de 24.02.2010, proc. 380/08.0JAAVR-A.C1, bem como o ac. do TRL de 08.05.2013, proc. 2207/10.3TDLSB.L1-3. Cfr., na doutrina, Ferreira, Manuel Cavaleiro de, *Curso de Processo Penal*, *op. cit.*, p. 63.

[177] Gaspar, António da Silva Henriques, *et al.*, *Código de Processo Penal Comentado*, 2ª ed. rev., Almedina, Coimbra, 2016, p. 29.

Assim, por exemplo, se a lei nova vem encurtar um prazo de prisão preventiva, sendo a mesma mais favorável a um determinado arguido que já se encontre detido preventivamente, essa lei nova é de aplicação imediata, isto é, na contagem do prazo da prisão preventiva desse arguido, deve passar a considerar-se o prazo mais curto fixado pela lei nova[178].

Do mesmo modo, se a lei nova, por exemplo, vem ampliar o prazo para se requerer a abertura de instrução, esta lei aplica-se de imediato aos processos pendentes, ainda que já se encontre em curso um prazo mais curto, fixado ao abrigo da lei antiga, para se requerer a abertura de instrução[179].

Contudo, nos termos do art. 5º, nº 2, do CPP, a lei processual penal nova não se aplica aos processos iniciados anteriormente à sua vigência quando, da sua aplicação imediata, possa resultar:

a) agravamento sensível e ainda evitável da situação processual do arguido, nomeadamente uma limitação do seu direito de defesa[180,181]. É o que sucede, por exemplo, se a lei nova amplia o prazo máximo da prisão preventiva em relação a um determinado tipo legal de crime cuja prática é imputada a um arguido que já se encontra detido preventivamente[182]; ou

b) quebra da harmonia e unidade dos vários atos do processo[183].

[178] Cfr., nesse sentido, o ac. do TRL de 20.02.2008, proc. 3/2008-3.

[179] *Vide*, a este propósito, o ac. do TRL de 28.02.1996, proc. 0010293.

[180] Cfr., a este respeito, o ac. do TRP de 10.04.1996, proc. 9640117, no qual se decidiu que "As leis processuais penais, quando favoráveis, só têm aplicação retroactiva quando se tratar de normas materiais como a queixa, a prescrição, as espécies de prova, a prisão preventiva e a liberdade condicional". *Vide*, ainda, quanto a esta problemática, o ac. do STJ de 20.09.2007, proc. 07P3474, o ac. do TRL de 30.06.2010, proc. 18/10.5TTCLD.L1-4, bem como o ac. do STJ de 31.10.2012, proc. 61/10.4TAACN-B.S2.

[181] Assim, de acordo com Maria João Antunes, a lei processual penal nova não deve ser aplicada de imediato a um processo pendente quando, da sua aplicação, possam resultar "prejuízos para a defesa do arguido" (ANTUNES, Maria João, *Direito Processual Penal*, Almedina, Coimbra, 2016, p. 26). *Vide*, no mesmo sentido, SANTOS, Manuel Simas, *et al.*, *Noções de Processo Penal*, *op. cit.*, p. 66, segundo os quais a lei nova não pode ser aplicada de forma imediata quando dessa aplicação resulte um "agravamento palpável, importante, que se repercuta na esfera jurídica processual do arguido" ou ainda quando "a situação processual do arguido sofra prejuízo com a aplicação da lei nova".

[182] Cfr., nesse sentido, o ac. do TRC de 30.04.2008, proc. 269/05.4PBVIS-C.C1.

[183] *Vide*, a este propósito, o ac. do TRC de 27.10.1999, proc. 2466/99, com o seguinte sumário: "Estando, na vigência dum regime processual, a correr um prazo reportado a um determinado acto (no caso a notificação de despacho de pronúncia ao arguido), não pode esse prazo passar a reportar-se a um outro acto ocorrido anteriormente (no caso notificação da acusação ao arguido), sob pena de quebra da harmonia processual estabelecida na al. *b)* do nº 2 do art. 5º do CPP".

Capítulo III
Prazos no processo civil

I. Modalidades do prazo

1. Prazos para os atos dos magistrados

Regra geral, os despachos judiciais devem ser proferidos no prazo de 10 dias, aplicando-se igual prazo às promoções do Ministério Público (art. 156º, nº 1)[184,185].

[184] No âmbito do Código de Processo Civil de 1939, estabelecia-se no seu art. 159º que, na falta de disposição especial, todos os despachos que não fossem de mero expediente deviam ser proferidos dentro do prazo de 5 dias, o qual, no entanto, não corria durante as férias do Natal, do Carnaval e da Páscoa. Já no que concerne às promoções do Ministério Público, estas, de acordo com o art. 160º do CPC_{1939}, deviam ser dadas dentro do prazo de 3 dias, salvo se outro prazo fosse fixado pela lei ou pelo juiz. Por sua vez, o art. 658º, § único, do CPC_{1939} preceituava que o prazo para o proferimento da sentença era de 15 dias, sendo que este prazo só podia ser ultrapassado em caso de justo impedimento "devidamente comprovado".
O Código de Processo Civil de 1961 viria a manter este regime legal nos seus arts. 159º e 160º. No entanto, no que diz respeito ao prazo para o proferimento da sentença, o art. 658º do CPC_{1961}, apesar de ter mantido o prazo de 15 dias para esse efeito, deixou de prever a impossibilidade de o mesmo ser ultrapassado em caso de justo impedimento.
Posteriormente, o DL nº 224/82, de 8 de junho, alterado, por ratificação, pela Lei nº 3/83, de 26 de fevereiro, modificou a redação do nº 1 do art. 159º do CPC_{1961}, passando nela a dispor-se que "Sem prejuízo do disposto no artigo 143º, os prazos para as sentenças, despachos e vistos dos juízes não correm nas férias judiciais".
Com o DL nº 329-A/95, de 12 de dezembro, fixou-se no art. 160º, nº 1, do CPC_{1961} a regra segundo a qual, na falta de disposição especial, o prazo para o proferimento dos despachos judiciais e as promoções do Ministério Público era de 10 dias. Por sua vez, o nº 2 do citado preceito legal passou a prever que os despachos ou promoções de mero expediente, bem como os considerados urgentes, deviam ser proferidos no prazo máximo de 2 dias. No que concerne ao prazo para o proferimento da sentença, o DL nº 329-A/95, de 12 de dezembro, alterou o art. 658º do CPC_{1961}, passando a prever-

Contudo, se estiver em causa o proferimento de um despacho ou uma promoção de mero expediente[186] ou de natureza urgente, o prazo máximo para a prática desse ato é de 2 dias, atento o disposto no art. 156º, nº 3[187].

Nos termos do art. 156º, nº 4, mostrando-se decorridos três meses sobre o termo do prazo fixado para a prática de ato próprio do juiz sem que o mesmo tenha sido praticado, o juiz deve consignar no processo a concreta razão da inobservância do prazo. Com efeito, esta regra encontra justificação nos princípios da celeridade processual e da cooperação, razão pela qual, se se mostrarem excedidos os prazos legalmente definidos, o juiz deve explicar às partes o motivo pelo qual o prazo não foi observado[188].

Paralelamente, a secretaria deve remeter mensalmente ao presidente do tribunal informação discriminada dos casos em que se mostrem decorridos três meses sobre o termo do prazo fixado para a prática de ato próprio do juiz, ainda que o ato tenha, entretanto, sido praticado, incumbindo ao presidente do tribunal, no prazo de 10 dias, contado da data da receção dessa informação, remeter o expediente à entidade com competência disciplinar, isto é, ao Conselho Superior da Magistratura[189,190].

Este regime legal, previsto para os casos em que o prazo se mostre excedido, demonstra que o ordenamento jurídico português adotou, quanto aos prazos para a prática de atos pelos magistrados, a orientação de que tais prazos

se neste preceito legal que, uma vez concluída a discussão do aspeto jurídico da causa, o processo devia ser concluso ao juiz, o qual devia proferir sentença no prazo de 30 dias.

[185] Já no ordenamento jurídico brasileiro, por exemplo, o prazo supletivo para o juiz proferir despachos é de 5 dias. Tratando-se, no entanto, de uma decisão interlocutória, esta deve ser proferida no prazo de 10 dias, e, se estiver em causa uma sentença, o prazo para o seu proferimento é de 30 dias (art. 226º do $CPC_{Br.}$).

[186] À luz do art. 152º, nº 4, os despachos de mero expediente são aqueles que se destinam a "prover ao andamento regular do processo, sem interferir no conflito de interesses entre as partes".

[187] Diferentemente, o art. 159º do CPC_{1939} preceituava que os despachos de mero expediente deviam ser proferidos imediatamente.

[188] *Vide*, a este propósito, Faria, Paulo Ramos de / Loureiro, Ana Luísa, *Primeiras Notas ao Novo Código de Processo Civil*, vol. I, 2ª ed., Almedina, Coimbra, 2014, p. 178.

[189] Tal não invalida, no entanto, a possibilidade de responsabilização civil do Estado por violação do direito constitucional à obtenção de uma decisão em prazo razoável. *Vide*, a este propósito, entre outros, o ac. do TCAN de 15.10.2009, proc. 02334/06.1BEPRT, o ac. do TCAS de 20.03.2014, proc. 09034/12, o ac. do TCAN de 02.07.2015, proc. 02089/09.8BEPRT, o ac. do TCAS de 30.06.2016, proc. 11930/15, o ac. do TCAS de 02.02.2017, proc. 38/09.2BELSB, e o ac. do TCAN de 07.07.2017, proc. 01684/13.5BEPRT.

[190] Criticando a eficiência deste regime, *vide* Faria, Paulo Ramos de / Loureiro, Ana Luísa, *Primeiras Notas ao Novo Código de Processo Civil*, *op. cit.*, p. 179.

revestem natureza meramente ordenadora[191,192], já que "da sua inobservância não resulta qualquer consequência de carácter processual, nomeadamente nulidade"[193], deferimento tácito[194] ou preclusão. É o que sucede, por exemplo, com o prazo de dois meses ou de 15 dias, previsto no art. 363º, nº 2, para que o procedimento cautelar instaurado perante o tribunal competente seja decidido, consoante o requerido tenha ou não sido citado previamente ao decretamento da providência cautelar[195], bem como com o prazo de 30 dias, após o encerramento da audiência final, para que o juiz profira a sentença (art. 607º, nº 1).

2. Prazos para o expediente da secretaria

2.1. Atos em geral

Ressalvados os casos de urgência, a secretaria deve, em regra, fazer os processos conclusos ao juiz no prazo de 5 dias[196,197,198], dispondo de igual prazo

[191] Cfr., nesse sentido, o ac. do STJ de 28.05.2002, proc. 02B1434, no qual se decidiu que revestem natureza meramente ordenadora os prazos judiciais, fixados na lei, para serem proferidos despachos ou sentenças, bem como para serem praticados atos pelo juiz.

[192] O mesmo já não parece suceder, por exemplo, no ordenamento jurídico brasileiro, porquanto o art. 227º do $CPC_{Br.}$ estabelece expressamente que, em qualquer grau de jurisdição, se existir um motivo justificado, o juiz pode exceder, por igual tempo, o prazo a cujo cumprimento se encontre legalmente vinculado. Com efeito, para além de a lei impor ao juiz o dever de demonstrar e de fundamentar a verificação de um "motivo justificado" que o tenha impedido de praticar o ato dentro do prazo legalmente previsto para o efeito, a verdade é que, nesse caso, o juiz só pode exceder o prazo por igual período de tempo, ou seja, a lei fixa expressamente o limite até ao qual o juiz deve praticar o ato. Acresce que o art. 235º do $CPC_{Br.}$ disciplina o procedimento a observar na eventualidade de o juiz exceder, de forma injustificada, os prazos previstos na lei, destacando-se quer a eventual instauração de procedimento para o apuramento da responsabilidade do magistrado, quer a possibilidade de este ser intimado para, no prazo de 10 dias, praticar o ato omitido.

[193] Ac. do STJ de 28.05.2002, proc. 1434/02, *in SASTJ*, ano 2002. *Vide*, no mesmo sentido, o ac. do TRG de 11.07.2005, proc. 450/05-2, bem como o ac. do TRL de 10.05.2006, proc. 877/2006-4.

[194] Cfr., nesse sentido, o ac. do TRE de 09.10.2008, proc. 922/08-3, no qual se decidiu que a falta de proferimento de um despacho dentro do prazo previsto na lei não acarreta "qualquer hipótese de «trânsito em julgado tácito» no sentido da admissão do acto em causa".

[195] *Vide*, nesse sentido, o ac. do TRL de 04.10.2001, proc. 0081138.

[196] Note-se que, na redação do art. 166º, nº 1, do CPC_{1961}, o prazo para a secretaria "fazer os processos conclusos, continuá-los com vista ou facultá-los para exame, passar os mandados e praticar os outros actos de expediente" era, salvo os casos de urgência, de dois dias.

[197] Nos termos do art. 162º, nº 3, o prazo para conclusão do processo a que se junte qualquer requerimento conta-se da apresentação deste ou da ordem de junção.

[198] Diferentemente, no ordenamento jurídico brasileiro, por exemplo, o art. 228º do $CPC_{Br.}$ estabelece que a secretaria deve remeter os autos conclusos ao juiz no prazo de um dia, o que permite uma maior celeridade da tramitação processual.

para continuá-los com vista ou facultá-los para exame, passar os mandados e praticar os demais atos de expediente (art. 162º, nº 1).

No entanto, à luz do art. 162º, nº 2, a secretaria deve, sendo possível, no próprio dia:

a) submeter a despacho do juiz os requerimentos avulsos que não digam respeito ao andamento de processos pendentes;
b) juntar aos processos pendentes os requerimentos, respostas, articulados e alegações que lhes digam respeito; e
c) submeter a despacho do juiz, para que este ordene ou recuse a sua junção aos autos, os requerimentos, respostas, articulados e alegações que digam respeito a processos pendentes e que tenham sido apresentados fora do prazo ou quando existam dúvidas quanto à legalidade da sua junção.

Por forma a se garantir o cumprimento dos prazos para o expediente da secretaria, importa salientar que, à luz do art. 162º, nº 4, logo que se mostre decorrido o prazo de 10 dias sobre o termo do prazo fixado para a prática de ato próprio da secretaria sem que o mesmo tenha sido realizado, deve ser aberta conclusão ao juiz, com a indicação da concreta razão da inobservância do prazo[199].

Para além disso, a secretaria deve remeter mensalmente ao presidente do tribunal informação discriminada dos casos em que se mostrem decorridos 10 dias sobre o termo do prazo fixado para a prática de ato próprio da secretaria – ainda que o ato tenha, entretanto, sido praticado –, incumbindo ao presidente do tribunal, no prazo de 10 dias, contado da data de receção dessa informação, remeter o expediente à entidade com competência disciplinar.

2.2. Passagem de certidões

Nos termos do art. 171º, nº 1, as certidões devem ser passadas no prazo de 5 dias após a apresentação do respetivo pedido[200], salvo nos casos de urgência ou de manifesta impossibilidade, situação em que se deve consignar o dia em que as certidões devem ser levantadas. Com efeito, de acordo com o art. 170º, nº 1, as partes no processo e as pessoas que possam exercer o mandato judicial ou que revelem interesse atendível na sua obtenção podem requerer

[199] Criticando este regime, pelo facto de o mesmo contribuir para um maior atraso do processo, *vide* FARIA, Paulo Ramos de / LOUREIRO, Ana Luísa, *Primeiras Notas ao Novo Código de Processo Civil, op. cit.*, p. 187.

[200] Igual prazo constava dos arts. 175º do CPC_{1939} e 175º do CPC_{1961}.

na secretaria, oralmente ou por escrito, a passagem de certidão de termos ou de atos processuais.

Se a secretaria recusar a passagem da certidão, esta, sem prejuízo das providências disciplinares a que a falta possa dar lugar, deve remeter o processo, de imediato, ao juiz, com a informação que tiver por conveniente, a fim de ser proferida decisão.

Pelo contrário, se a secretaria retardar a passagem da certidão, deixando passar o prazo de 5 dias previsto no art. 171º, nº 1, o requerente pode pedir ao juiz que mande a secretaria passar a certidão ou que fixe um prazo para que a mesma seja passada, sendo o requerimento submetido a despacho com informação escrita do funcionário (art. 171º, nº 3).

Por outro lado, relativamente aos recursos de apelação que subam de forma separada, as partes devem indicar, após as conclusões das alegações, as peças do processo de que pretendem certidão para instruir o recurso, caso em que a secretaria deve facultar aos mandatários, durante o prazo de 5 dias, as peças processuais, documentos e demais elementos que, pelo facto de terem sido apresentados em suporte físico e não tendo sido digitalizados, apenas constem do suporte físico do processo (art. 646º, nºs 1 e 2).

2.3. Cumprimento das cartas

As cartas precatórias devem ser cumpridas pelo tribunal deprecado no prazo máximo de dois ou de três meses a contar da respetiva expedição, consoante esteja em causa, respetivamente, uma diligência a ser realizada em Portugal ou no estrangeiro (art. 176º, nºs 1 e 2)[201,202].

Contudo, o juiz deprecante pode, sempre que tal se mostre justificado, isto é, em função das particularidades do caso em concreto, estabelecer um prazo mais curto ou mais longo para o cumprimento das cartas.

Para além disso, o juiz pode, mediante audição prévia das partes, prorrogar, pelo tempo necessário, o prazo para o cumprimento da carta precatória, se estiver em causa uma diligência a ser realizada no estrangeiro, devendo,

[201] Conforme salienta Álvaro Lopes-Cardoso, a reforma processual civil de 1995/1996 eliminou a dilação que, até então, se estabelecia para o regime das cartas precatórias, estabelecendo, em sua substituição, um prazo de dois ou de três meses (Lopes-Cardoso, Álvaro, *Citações e Notificações em Processo Civil do Trabalho e Penal*, 3ª ed., Almedina, Coimbra, 2001, p. 24).

[202] Nos termos do art. 172º, nº 1, a prática de atos processuais que exijam a intervenção dos serviços judiciários pode ser solicitada a outros tribunais ou autoridades por carta precatória ou rogatória, sendo que a carta precatória é utilizada quando a realização do ato é solicitada a um tribunal ou a um cônsul português e a carta rogatória quando a realização do ato é pedida a uma autoridade estrangeira.

para o efeito, pedir, mesmo oficiosamente, informação sobre os motivos da demora no cumprimento da carta[203].

Mostrando-se decorridos 15 dias sobre o termo do prazo fixado para o cumprimento da carta, sem que tal se tenha verificado, deve ser comunicada ao tribunal deprecante a concreta razão da inobservância do prazo[204].

Se a carta não for tempestivamente cumprida, o juiz pode determinar a comparência na audiência final de quem devia prestar depoimento, quando

[203] Neste particular, o art. 181º do CPC_{1939} estabelecia que, nas cartas para outras diligências, o tribunal devia declarar o prazo dentro do qual as diligências deviam apresentar-se cumpridas, sendo que esse prazo corria desde a entrega ou expedição, não se contando nele os dias em que não pudessem ser praticados atos judiciais. Acresce que, "atendendo à distância, à facilidade das comunicações e à natureza da diligência", o prazo para o cumprimento das diligências era fixado dentro dos seguintes limites:

a) "Entre dez e quarenta dias quando o tribunal deprecante e o deprecado tiverem as sedes no continente ou na mesma ilha;

b) Entre trinta e noventa dias quando um dêles tiver a sede no continente e o outro numa das ilhas, ou quando as sedes forem em ilhas diferentes, ou quando a diligência tiver de efectuar-se em país estrangeiro da Europa;

c) Entre sessenta dias e quatro meses quando a diligência houver de efectuar-se nalguma das colónias da África Ocidental;

d) Entre sessenta dias e seis meses quando a diligência houver de efectuar-se noutra colónia ou noutro país estrangeiro".

O Código de Processo Civil de 1961 viria, no seu art. 181º, a manter o mesmo regime quanto às alíneas *a)* e *b)*, condensando, no entanto, numa única alínea *c)*, o que anteriormente se dispunha nas alíneas *c)* e *d)*, com a seguinte redação:

c) "Entre sessenta e cento e oitenta dias, quando a diligência haja de efectuar-se em qualquer outro país estrangeiro ou em qualquer das províncias ultramarinas".

Entretanto, devido à necessidade de se suprimir a referência às "províncias ultramarinas", o DL nº 368/77, de 3 de setembro, viria a alterar a alínea *c)* do nº 2 do art. 181º do CPC_{1961}, a qual passou a ter a seguinte redação:

c) "Entre sessenta e cento e oitenta dias, quando a diligência haja de efectuar-se no território de Macau ou em qualquer país estrangeiro situado fora da Europa".

Posteriormente, o DL nº 329-A/95, de 12 de dezembro, alterou o art. 181º do CPC_{1961}, o qual passou a dispor no seu nº 1 que as cartas deviam ser cumpridas pelo tribunal deprecado no prazo máximo de dois meses a contar da expedição, sendo que, de acordo com o nº 2 desse preceito legal, quando a diligência devesse realizar-se no território de Macau ou no estrangeiro, o prazo para o cumprimento da carta era de três meses.

Com o DL nº 183/2000, de 10 de agosto, o art. 143º, nº 2, do $CPC_{1995/1996}$, suprimiu a referência ao território de Macau, passando, por conseguinte, a dispor que, quando a diligência devesse realizar-se no estrangeiro, o prazo para o cumprimento da carta era de três meses.

[204] Criticando este regime, pelo facto de o mesmo ser suscetível de conduzir à "prática de atos processualmente inúteis", *vide* Faria, Paulo Ramos de / Loureiro, Ana Luísa, *Primeiras Notas ao Novo Código de Processo Civil, op. cit.*, p. 196.

o repute essencial à descoberta da verdade e tal não represente sacrifício incomportável.

3. Prazos para os atos das partes

3.1. Prazo supletivo

O prazo supletivo para as partes requererem qualquer ato ou diligência, arguirem nulidades, deduzirem incidentes, exercerem qualquer outro poder processual ou responderem ao que for deduzido pela parte contrária[205] é de 10 dias, atento o disposto no art. 149º, nº 1[206,207,208].

Deste modo, sempre que a lei seja omissa ou o juiz não tenha fixado um prazo para a prática de um determinado ato processual, o prazo perentório de que a parte dispõe para praticar esse ato é de 10 dias. É o que sucede, a título meramente exemplificativo, quanto ao prazo para as partes oporem suspeição ao juiz (arts. 120º e 121º), reclamarem do despacho destinado a identificar o objeto do litígio e a enunciar os temas da prova (art. 596º, nº 2), arguirem a nulidade da sentença que não admita recurso ordinário (art. 615º, nº 4)[209], reclamarem para o Presidente do Supremo Tribunal de Justiça da decisão proferida sobre a competência relativa do tribunal da Relação [art. 652º, nº 5, al. *a)*] ou reclamarem para a conferência da decisão liminar tomada pelo relator no âmbito do recurso para uniformização de jurisprudência (art. 692º, nº 2).

3.2. Prazos perentórios

3.2.1. Prazos para a propositura de ações

No âmbito dos procedimentos cautelares, se o contencioso tiver sido invertido, o requerido deve intentar a ação principal, destinada a impugnar a existência do direito acautelado, no prazo de 30 dias, a contar da notificação do trânsito

[205] Nos termos do art. 149º, nº 2, o prazo para qualquer resposta conta-se sempre da notificação do ato a que se responde.

[206] Note-se que, antes da reforma processual civil de 1995/1996, o prazo supletivo era de 5 dias, à luz do art. 153º do CPC_{1961}. Aliás, o art. 154º do CPC_{1939} estabelecia igualmente, na falta de disposição especial, o prazo de 5 dias para que as partes requeressem qualquer ato ou diligência, arguissem nulidades, deduzissem incidentes ou exercessem qualquer outro poder processual, sendo, igualmente, de 5 dias o prazo para que a parte respondesse ao que fosse deduzido pela parte contrária.

[207] *Vide*, a este respeito, o ac. do TRL de 10.05.2018, proc. 1905/13.4TYLSB-F.L1-6, bem como o ac. do TRP de 07.03.2022, proc. 3163/19.8T8OAZ.P2.

[208] Em sede de direito comparado, no ordenamento jurídico brasileiro, o art. 218º, § 3º, do $CPC_{Br.}$ estabelece que, na falta de estipulação da lei ou de determinação do juiz, o prazo para que a parte pratique o ato processual é de 5 dias.

[209] *Vide*, a este respeito, o ac. do TRE de 10.02.2004, proc. 355/04-2.

em julgado da decisão que haja decretado a providência cautelar e invertido o contencioso (art. 371º, nº 1).

Por sua vez, nos termos do art. 373º, nº 1, al. *a)*, exceto se tiver sido decretada a inversão do contencioso, o requerente da tutela cautelar deve propor a ação principal, da qual a providência cautelar depende, no prazo de 30 dias, contados da data em que lhe tiver sido notificado o trânsito em julgado da decisão que a haja ordenado[210,211]. Neste caso, a inobservância desse prazo de 30 dias tem como consequência a caducidade da providência cautelar anteriormente decretada – e, subsequentemente, a responsabilidade do requerente (art. 374º, nº 1) –, mas já não a extinção do direito substantivo que o requerente pretende fazer valer[212,213].

3.2.2. Contestação

3.2.2.1. Processo comum

No processo comum de declaração, o prazo perentório para a apresentação de contestação é de 30 dias, a contar da citação, nos termos do art. 569º, nº 1, começando tal prazo a correr desde o dia da citação ou, no caso de haver lugar a uma dilação (art. 245º), a partir do termo dessa dilação[214]. Com efeito, tendo o novo Código de Processo Civil eliminado, no tocante ao processo comum de

[210] No sentido de ser aplicável a este prazo o regime previsto no art. 139º, nº 5, referente à prática do ato nos três dias úteis subsequentes ao termo do prazo, mediante o pagamento de uma multa, *vide* o ac. do TRP de 26.11.2019, proc. 2620/18.8T8PNF.P1.

[211] Sustentando que este prazo não começa a correr enquanto não for efetuada essa notificação, *vide* o ac. do TRP de 08.06.2022, proc. 9566/20.8T8PRT-B.P1, bem como o ac. do TRE de 09.06.2022, proc. 1446/20.3T8STR-A.E1.

[212] Cfr., a este propósito, o ac. do TRP de 31.10.1995, proc. 9520957, no qual se decidiu que o decurso do prazo de 30 dias para a propositura da ação de alimentos definitivos, após o decretamento da providência cautelar de alimentos provisórios, apenas tem como consequência a caducidade dessa providência cautelar, mas já não a extinção do direito de se propor essa ação de alimentos definitivos. Quanto ao facto de o estabelecimento legal de um prazo de caducidade para a propositura de uma ação judicial não violar o direito constitucional de acesso aos tribunais, *vide* MIRANDA, Jorge / MEDEIROS, Rui, *Constituição Portuguesa Anotada*, vol. I, 2ª ed. rev., Universidade Católica Editora, Lisboa, 2010, p. 317.

[213] No sentido de o requerente se encontrar obrigado a propor a ação principal mesmo que, no âmbito do procedimento cautelar, tenha sido celebrada transação judicial, homologada por sentença, que não tenha posto termo definitivo ao litígio, *vide* o ac. do TRP de 02.05.2000, proc. 0020299.

[214] No Código de Processo Civil de 1939, o prazo perentório para a apresentação da contestação era, no processo ordinário, de 20 dias, sendo que esse prazo começava a correr desde o termo da dilação quando o réu tivesse sido citado por carta ou por éditos (art. 490º). Por sua vez, no processo sumário, o prazo perentório para o réu apresentar a sua contestação era de 10 dias

declaração, as antigas formas de processo ordinário, sumário e sumaríssimo, estabelecendo, em alternativa, a forma única (art. 548º), o legislador optou por adotar o prazo "mais amplo" de contestação, de 30 dias, que, anteriormente, se achava previsto para a forma de processo ordinário.

3.2.2.2. Processos especiais

No âmbito dos processos especiais, a lei de processo civil prevê diversos prazos específicos para a dedução de oposição ou de contestação.

Assim, a título meramente exemplificativo, destacam-se os seguintes prazos:

a) o prazo de 20 dias para o réu apresentar contestação no processo especial de tutela da personalidade, na eventualidade de este não ter sido ouvido antes do proferimento de uma decisão provisória (art. 879º, nº 6);

b) o prazo de 30 dias para os citados deduzirem oposição no processo especial de justificação da ausência (art. 882º, nº 1);

c) o prazo de 15 dias para o requerido deduzir oposição no processo especial de prestação de caução (art. 907º, nº 1);

d) o prazo de 30 dias para o credor apresentar contestação no processo especial de consignação em depósito (art. 917º, nº 1);

e) o prazo de 30 dias para os requeridos deduzirem contestação no processo especial de divisão de coisa comum (art. 926º, nº 1);

f) o prazo de 30 dias para o réu contestar o processo especial de prestação de contas, bem como para o autor contestar as contas apresentadas (arts. 942º, nº 1, e 945º, nº 1);

g) o prazo de 10 dias para qualquer um dos citados contestar o pedido deduzido no processo especial de reforma dos autos (art. 961º);

(art. 783º). Já no processo sumaríssimo, o prazo para o oferecimento da contestação era de 8 dias (art. 798º do CPC_{1939}).

O Código de Processo Civil de 1961 viria a manter os mesmos prazos, respetivamente, nos seus arts. 486º, 783º e 794º.

Com o DL nº 224/82, de 8 de junho, alterado, por ratificação, pela Lei nº 3/83, de 26 de fevereiro, o prazo para a apresentação da contestação no processo sumário passou a ser de 21 dias (art. 783º do CPC_{1961}) e, no processo sumaríssimo, de 14 dias (art. 794º, nº 1, do CPC_{1961}).

Posteriormente, o DL nº 329-A/95, de 12 de dezembro, alterou a redação do art. 486º do CPC_{1961}, passando a dispor-se no seu nº 1 que, no processo ordinário, o prazo para o réu contestar era de 30 dias, a contar da citação, começando o prazo a correr desde o termo da dilação, quando a ela houvesse lugar. No âmbito do processo sumário, o prazo era de 20 dias (art. 783º do $CPC_{1995/1996}$) e, no processo sumaríssimo, o prazo era de 15 dias (art. 794º, nº 1, do $CPC_{1995/1996}$).

h) o prazo de 15 dias para o réu contestar o pedido deduzido no processo especial de revisão de sentença estrangeira (art. 981º);

i) o prazo de 15 dias para o réu contestar o pedido deduzido no processo especial de apresentação de coisas ou documentos (art. 1046º, nº 1); e

j) o prazo de 20 dias para a apresentação de pronúncia no processo especial de atribuição de bens de pessoa coletiva extinta (art. 1080º, nº 1).

3.2.3. Réplica

Nos termos do art. 585º, a réplica deve ser oferecida no prazo de 30 dias, a contar da data em que for ou se considerar notificada a apresentação da contestação, se tiver sido deduzido um pedido reconvencional ou se estiver em causa uma ação de simples apreciação negativa[215].

[215] No âmbito do Código de Processo Civil de 1939, no processo ordinário, o prazo para o autor apresentar réplica, quer para responder à contestação, quer para deduzir toda a defesa quanto à matéria da reconvenção, era de 8 dias "*a contar do têrmo do prazo facultado à última contestação*" (arts. 507º e 508º do CPC_{1939}). À réplica podia o réu responder através de tréplica, a ser apresentada no prazo de 8 dias depois de terminado o prazo para o oferecimento da réplica (art. 509º do CPC_{1939}), sendo que, se o réu tivesse deduzido algum pedido contra o autor, este podia responder à tréplica, "na parte relativa à matéria da reconvenção", no prazo de 8 dias (art. 510º do CPC_{1939}). No processo sumário, o autor podia responder à contestação, se tivesse sido deduzida alguma exceção ou incidente, ou à reconvenção, no prazo de 5 dias (art. 785º do CPC_{1939}).

Por sua vez, o Código de Processo Civil de 1961 passou a dispor no seu art. 502º que o autor podia responder à contestação através da réplica, no prazo de 8 dias, a contar daquele em que fosse ou se considerasse notificada a contestação, sendo, no entanto, esse prazo elevado para 20 dias quando o autor pretendesse, através da réplica, deduzir toda a defesa quanto à matéria da reconvenção. Se fosse apresentada a réplica, o réu podia responder através de tréplica, a ser apresentada no prazo de 8 dias, a contar do termo do prazo para o oferecimento da réplica (art. 503º, nº 2, do CPC_{1961}), sendo que, se o réu tivesse deduzido algum pedido contra o autor na tréplica, este podia responder à réplica no prazo de 8 dias (art. 504º do CPC_{1961}).

Com o DL nº 47.690, de 11 de maio de 1967, o legislador manteve, quanto à réplica, os mesmos prazos que já constavam do Código de Processo Civil de 1961, acrescentando, no entanto, ao art. 502º, nº 3, do CPC_{1961} a possibilidade de o autor apresentar réplica, no prazo de 20 dias, nas ações de simples apreciação negativa e, concomitantemente, no art. 504º do CPC_{1961}, a possibilidade de o autor, no prazo de 8 dias, responder à tréplica do réu, estando em causa uma ação de simples apreciação negativa.

Posteriormente, o DL nº 457/80, de 10 de outubro, viria a alterar o art. 503º, nº 2, do CPC_{1961}, o qual passou a dispor que "A tréplica será apresentada dentro de oito dias, a contar daquele em que for ou se considerar notificada a apresentação da réplica". Quanto à resposta à tréplica, o citado diploma legal introduziu alterações no art. 504º do CPC_{1961}, cujo nº 1 passou a ter a seguinte redação: "Tendo o réu deduzido algum pedido contra o autor ou tratando-se de acção de simples apreciação negativa, o autor pode responder à tréplica, dentro de oito dias, a contar daquele em que for ou se considerar notificada a apresentação da réplica".

3.2.4. Resposta às exceções deduzidas no último articulado admissível

O Código de Processo Civil consagra, em regra, a existência de apenas dois articulados, concretamente a petição inicial (arts. 552º e ss.) e a contestação (arts. 569º e ss.).

No entanto, pode haver lugar a um articulado de réplica, se o autor tiver proposto uma ação de simples apreciação negativa ou se o réu tiver deduzido uma reconvenção (arts. 584º a 587º).

Consequentemente, se tiver sido invocada uma exceção, dilatória ou perentória, no último articulado legalmente admissível – o qual será, por regra, a contestação ou, excecionalmente, a réplica – a parte contrária poderá responder, na audiência prévia (art. 591º) ou, se a ela não houver lugar, no início da audiência final (art. 604º), às exceções deduzidas nesse último articulado, atento o disposto no art. 3º, nº 4[216].

Em todo o caso, pode suceder que o juiz, ao abrigo do seu poder de direção do processo e dos seus deveres de gestão processual (art. 6º) e de adequação formal (art. 547º), profira um despacho, convidando a parte a responder às exceções deduzidas pela parte contrária no último articulado legalmente admissível[217]. Nessa eventualidade, se o juiz não tiver fixado qualquer prazo, a parte poderá responder às exceções deduzidas no último articulado legalmente admissível dentro do prazo supletivo de 10 dias, atento o disposto no art. 149º.

3.2.5. Apresentação de articulados supervenientes

Após a fase dos articulados, a parte pode apresentar, até ao encerramento da discussão, um articulado superveniente, visando o carreamento para os

Entretanto, a resposta à tréplica viria a ser eliminada na sequência do DL nº 242/85, de 9 de julho. Com o DL nº 329-A/95, de 12 de dezembro, o art. 502º do CPC_{1961} passou a prever um prazo de 15 dias para a apresentação da réplica – sendo, no entanto, esse prazo elevado para 30 dias nos casos em que tivesse sido deduzida reconvenção – estipulando-se, por sua vez, no art. 503º do CPC_{1961} um prazo de 15 dias para o oferecimento da tréplica.

[216] *Vide*, a este respeito, o ac. do TRP de 23.02.2015, proc. 95961/13.8YIPRT.P1, o ac. do TRL de 26.03.2015, proc. 152847-12.2YIPRT.L1-8, bem como o ac. do TRL de 27.10.2016, proc. 121958-15.3YIPRT-A.L1-8. Sustentando que o art. 3º, nº 4, "não prevê um dever ou um ónus, mas uma faculdade, pelo que, a falta de resposta às excepções, não tem o efeito de levar à prova dos factos base dessas excepções", *vide* o ac. do TRL de 22.03.2018, proc. 207/14.3TVLSB-2.

[217] Admitindo a possibilidade de a parte apresentar, por sua iniciativa, articulado de resposta às exceções deduzidas pela parte contrária no último articulado legalmente admissível, *vide* o ac. do TRL de 26.10.2017, proc. 807/16.7T8CSC-A.L1-2. Cfr., em sentido contrário, o ac. do TRE de 11.06.2015, proc. 1406/14.3TBPTM-B.E1.

autos de factos constitutivos, modificativos ou extintivos do direito. Neste particular, importa referir que o facto poderá ser objetiva ou subjetivamente superveniente, consoante, respetivamente, só tenha ocorrido após o encerramento da fase dos articulados ou, apesar de se ter verificado nessa fase ou num momento anterior, a parte só tenha dele tomado conhecimento em momento posterior (art. 588º, nºs 1 e 2).

Ora, no que concerne ao prazo para o oferecimento do articulado superveniente, a lei de processo civil estabelece diferentes prazos, em função do momento em que o facto superveniente tenha ocorrido ou a parte dele tenha tomado conhecimento. Assim, à luz do art. 588º, nº 3, o articulado superveniente deve ser apresentado nos seguintes prazos:

a) na audiência prévia (art. 591º), quando os factos supervenientes tenham ocorrido ou sido conhecidos pela parte a quem os mesmos aproveitam até ao encerramento dessa audiência;
b) no prazo de 10 dias, a contar da notificação da data designada para a realização da audiência final, caso, nos termos dos arts. 593º e 594º, não tenha havido lugar à realização da audiência prévia; ou
c) na audiência final, na eventualidade de os factos terem ocorrido, ou a parte deles ter tido conhecimento, após a realização da audiência prévia ou, caso esta não se tenha realizado, depois de decorrido o prazo de 10 dias após a notificação da data designada para a realização da audiência final.

Por outro lado, importa referir que, se uma das partes apresentar um articulado superveniente, o mesmo deve ser remetido pela secretaria ao juiz, tendo em vista o proferimento de um despacho liminar. Nessa eventualidade, cabe ao juiz decidir se admite ou não o articulado superveniente, sendo que, se esse articulado for admitido, a parte contrária deve ser notificada para, querendo, responder ao articulado, no prazo de 10 dias (art. 588º, nº 4). Significa isto que, mesmo que a parte tenha notificado à parte contrária, ao abrigo do art. 255º, a junção aos autos do articulado superveniente, a verdade é que o prazo de resposta, de 10 dias, só começa a correr após a notificação do despacho liminar de admissão desse articulado[218].

[218] *Vide*, a este respeito, o ac. do TRL de 08.10.2015, proc. 767/11.0TVLSB.L1-8, no qual se considerou, inclusive, que o facto de o prazo de resposta só começar a correr após a notificação do articulado superveniente e do correspondente despacho de admissão dispensa, nesse caso, a aplicação do regime da notificação entre mandatários, constante do art. 255º.

3.2.6. Apresentação ou alteração dos requerimentos probatórios

De acordo com os arts. 552º, nº 6, e 572º, al. *d)*, os requerimentos probatórios devem ser oferecidos, respetivamente, na petição inicial e na contestação. Paralelamente, o art. 423º, nº 1, estabelece que os documentos destinados a fazer prova dos fundamentos da ação ou da defesa devem, em regra, ser apresentados com o articulado em que se aleguem os factos correspondentes. Assim, se o requerimento probatório não for oferecido no articulado respetivo, a parte fica impedida de o apresentar em momento posterior.

Por outro lado, se a parte tiver apresentado o requerimento probatório no articulado correspondente, a lei de processo civil prevê diversas possibilidades de esse requerimento ser alterado[219]. Em concreto, o requerimento probatório pode ser modificado nos seguintes casos:

a) se o réu tiver contestado a ação, o autor pode, no prazo de 10 dias, a contar da notificação da contestação, alterar o requerimento probatório inicialmente oferecido, quando a causa não admita a apresentação de articulado de réplica (art. 552º, nº 6, 2ª parte);

b) se o réu tiver deduzido uma reconvenção e se o autor, em sede de réplica, contestar essa reconvenção, o réu pode, no prazo de 10 dias, a contar da notificação da réplica, alterar o requerimento probatório inicialmente apresentado [art. 572º, al. *d)*];

c) se houver lugar a audiência prévia, nos termos dos arts. 591º ou 593º, nº 3, as partes podem alterar os seus requerimentos probatórios (art. 598º, nº 1);

d) o rol de testemunhas pode ser aditado ou alterado até 20 dias antes da data em que se realize a audiência final[220,221], sendo a parte contrária

[219] Como bem se decidiu no ac. do TRE de 14.10.2021, proc. 34153/19.0YIPRT-B.E1, o requerimento probatório só pode ser alterado ou aditado desde que o mesmo tenha sido apresentado no momento devido. Assim, se a parte, por exemplo, não apresentou qualquer rol de testemunhas juntamente com a petição inicial ou com a contestação, não pode, mais tarde, pretender alterar ou aditar testemunhas a um rol que não existe.

[220] Conforme se decidiu no ac. do TRP de 20.03.2000, proc. 9951480, este prazo deve ser contado tendo por referência a realização da audiência final e não a simples abertura, seguida logo de adiamento. *Vide*, no mesmo sentido, o ac. do TRE de 28.06.2018, proc. 922/15.4T8PTM-A.E1, com o seguinte sumário: "I – O prazo de 20 dias previsto no nº 2 do artigo 598º do CPC, para aditamento ou alteração do rol de testemunhas, deve ser contado tendo como referência a realização efetiva da audiência final e não a simples abertura desta. II – Tendo os réus requerido o aditamento ao rol de testemunha no próprio dia em que se iniciou a audiência final, não sofre a mínima discussão que o fizeram fora de prazo, não relevando aqui o facto da audiência se ter prolongado por mais sessões, nem podendo invocar-se a este propósito, como fazem os recorridos, o princípio da adequação

notificada para usar, querendo, de igual faculdade, no prazo de 5 dias (art. 598º, nº 2)[222].

Por último, no que concerne à prova documental, o art. 423º, nº 2, estabelece que, se não tiverem sido juntos com o articulado respetivo, os documentos podem ser apresentados até 20 dias antes da data em que se realize a audiência final, sendo, no entanto, a parte condenada em multa, exceto se provar que os não pôde oferecer com o seu articulado[223,224].

Ademais, de acordo com o nº 3 do citado preceito legal, é ainda admissível a apresentação de documentos após esse limite temporal, quando a sua apresentação não tenha sido possível até àquele momento[225], bem como quando a

formal para permitir um aditamento ao rol de testemunhas apresentado claramente fora do prazo legal. [...]", bem como o ac. do TRP de 15.11.2018, proc. 11465/17.1T8PRT-B.P1.

[221] *Vide*, a este respeito, o ac. do TRP de 21.02.2019, proc. 464/17.3T8ESP-A.P1, no qual se entendeu que "O prazo de 20 dias a que alude o art. 598º, nº 2, do CPC refere-se à data da efectiva realização da audiência de discussão e julgamento. Desde que cumpridos esses 20 dias, considerados pela lei como necessários ao exercício do contraditório, sem que isso implique adiamento da realização do julgamento por esse motivo, a possibilidade de alteração ou aditamento do rol de testemunhas como que se "renova" relativamente a cada uma das novas marcações que venham a ter lugar".

[222] *Vide*, a este propósito, o ac. do TRP de 07.01.2019, proc. 3741/17.0T8MTS-A.P1, no qual se consignou o seguinte: "Com a inovação do nº 2 do artigo 423º, nº 2, do CPC, decorrente da última reforma do processo civil, que impõe como limite para a junção de documentos o prazo de «20 dias antes da data em que se realize a audiência final», o legislador visou evitar surpresas no julgamento, decorrentes da junção inesperada de um qualquer documento, com consequências negativas traduzidas, nomeadamente, no arrastamento e no adiamento das audiências, obrigando as partes a uma maior lisura e cooperação processual na definição das suas estratégias probatórias".

[223] *Vide*, a este respeito, o ac. do TRL de 20.01.2022, proc. 1664/16.9 T8OER-C.L1-8, no qual se entendeu que deve ser admitida a junção de documentos na véspera da audiência final quando essa junção resulte do cumprimento, ainda que tardio – a ser sancionado com a aplicação de multa – de um despacho que determinou, por solicitação da parte contrária, a entrega desses documentos.

[224] No sentido de este regime ser aplicável aos procedimentos cautelares, *vide* o ac. do STJ de 12.01.2022, proc. 172/20.8T8CCH.E.E1.S1.

[225] É o que sucede, por exemplo, quando se verifique uma superveniência objetiva ou subjetiva, isto é, quando, respetivamente, o documento só foi criado a parte só dele teve conhecimento num momento posterior ao prazo de 20 dias antes da data da realização da audiência final. *Vide*, a este propósito, o ac. do TRE de 22.10.2020, proc. 2341/19.4T8FAR-E1. De todo o modo, conforme se consignou neste aresto, "Na superveniência subjectiva, só são atendíveis razões das quais resulte a impossibilidade da parte, num quadro de normal diligência referida aos seus interesses, ter tido conhecimento anterior da situação ou ter tido anteriormente conhecimento da existência do documento".

apresentação dos documentos só se tenha tornado necessária em virtude de uma ocorrência posterior[226].

À luz do art. 425º, após o encerramento da discussão, só são admitidos, no caso de recurso, os documentos cuja apresentação não tenha sido possível até àquele momento. Este preceito deve ser conjugado com o art. 651º, nº 1, segundo o qual as partes só podem juntar documentos às alegações nas situações excecionais previstas no art. 425º ou no caso de a junção se ter tornado necessária em virtude do julgamento proferido na 1ª instância[227].

3.2.7. Recursos

3.2.7.1. Recursos ordinários

1) Recurso de apelação

O recurso de apelação deve ser interposto no prazo de 30 dias[228], quando o mesmo tenha por objeto uma decisão, proferida em primeira instância, que ponha termo à causa ou a procedimento cautelar ou incidente processado autonomamente, ou um despacho saneador que, sem pôr termo ao processo, decida do mérito da causa ou absolva da instância o réu ou algum dos réus quanto a algum ou a alguns dos pedidos (arts. 638º, nº 1, e 644º, nº 1)[229,230].

[226] Observe-se que, nos termos do art. 424º, a apresentação de documentos nesta fase do processo "não obsta à realização das diligências de produção de prova, salvo se, não podendo a parte contrária examiná-los no próprio ato, mesmo com suspensão dos trabalhos pelo tempo necessário, o tribunal considerar o documento relevante e declarar que existe grave inconveniente no prosseguimento da audiência".

[227] Cfr., a este respeito, o ac. do TRL de 08.02.2018, proc. 207/14.3TVLSB-B.L1-6, bem como o ac. do STJ de 12.09.2019, proc. 1238/14.9TVLSB.L1.S2. Tal como bem se decidiu no ac. do TRE de 22.10.2020, proc. 2341/19.4T8FAR-E1, a parte não pode invocar a "surpresa quanto ao resultado" do desfecho da causa para, por essa via, pretender juntar ao processo um documento que, "num quadro normal de diligência", poderia ter sido junto num momento anterior do processo.

[228] Como bem observa Abrantes Geraldes, a razão de ser da fixação de um prazo de 30 dias para a interposição do recurso encontra justificação na necessidade de o recorrente apresentar, juntamente com o requerimento de interposição do recurso, as respetivas alegações (Geraldes, António Santos Abrantes, *Recursos em Processo Civil*, 6ª ed. atual., Almedina, Coimbra, 2020, p. 164).

[229] No âmbito do Código de Processo Civil de 1939, o prazo para a interposição do recurso era de 8 dias, o qual começava a contar desde a notificação do despacho ou da sentença (art. 686º). Esse regime viria a ser mantido no art. 685º do CPC_{1961}.
Com o DL nº 329-A/95, de 12 de dezembro, o art. 685º, nº 1, do CPC_{1961} passou a dispor que o prazo para a interposição do recurso era de 10 dias, contando-se o mesmo desde a notificação da decisão. Posteriormente, com o DL nº 324/2003, de 27 de dezembro, o art. 685º, nº 1, do $CPC_{1995/1996}$ passou a prever, salvo nos processos urgentes e nos demais casos previstos na lei, um prazo de 30 dias para a interposição do recurso.

No entanto, à luz do art. 638º, nº 1, 2ª parte, o prazo para interposição do recurso de apelação é reduzido para 15 dias nos seguintes casos:

- nos processos urgentes, tal como sucede, por exemplo, com os procedimentos cautelares (art. 363º), com o processo especial de tutela da personalidade (art. 880º, nº 1), com o processo de acompanhamento de maiores (arts. 891º e ss.)[231], com o procedimento especial de despejo (art. 15º-S da Lei nº 6/2006, de 27 de fevereiro)[232], com os processos tutelares cíveis cuja demora possa causar prejuízo aos interesses da criança (art. 13º do RGPTC), com os processos de insolvência ou com os processos de expropriação aos quais, nos termos do art. 15º do CExp., tenha sido atribuído caráter de urgência;
- da decisão que aprecie o impedimento do juiz (arts. 115º a 118º);
- da decisão sobre a competência absoluta do tribunal (arts. 96º a 101º)[233];

[230] *Vide*, a este propósito, o ac. do TRC de 20.03.2012, proc. 592/09.9TBTND-A.C1. No sentido de o prazo para a interposição do recurso não se interromper na eventualidade de o recorrente, lançando mão de um meio processual errado, decidir apresentar uma reclamação, quando, diversamente, deveria ter interposto recurso, *vide* o ac. do STJ de 06.12.1979, proc. 068387.

[231] *Vide*, a este respeito, o ac. do TRL de 11.12.2019, proc. 25373/17.2T8.2T8LSB-2.

[232] Cfr., a este propósito, o ac. do STJ de 07.03.2017, proc. 2732/15.0YLPRT.L1-A.S1, o ac. do TRE de 16.05.2019, proc. 3613/17.8T8STB-A.E1, bem como o ac. do STJ de 04.11.2021, proc. 427/19.4YLPRT.L1.S1.

[233] A jurisprudência tem vindo a dividir-se quanto à questão de saber se o prazo de interposição do recurso que declare a incompetência absoluta do tribunal é sempre de 15 dias, independentemente de se tratar de uma decisão interlocutória ou de uma decisão final que ponha termo ao processo. Sustentando que o prazo de interposição do recurso é sempre de 15 dias, independentemente de a decisão pôr termo ao processo, *vide* o ac. do TRP de 30.05.2018, proc. 19903/16.4T8PRT-A.P1, no qual se decidiu que "O prazo para interposição de recurso de decisão que aprecie a competência do tribunal é reduzido para 15 dias, independentemente dessa decisão pôr fim ao processo, de harmonia com as disposições conjugadas dos artigos 638º, nº 1, e 644º, nº 2, alínea *b)*, do Código de Processo Civil", bem como o ac. do TRP de 04.04.2022, proc. 20371/19.4T8PRT-A.P1.
Em sentido contrário, *vide* o ac. do STJ de 22.11.2016, proc. 200/14.6T8LRA-A.C1.S1, no qual se decidiu que "É de 30 dias o prazo para interpor recurso da decisão de 1ª instância que, tendo julgado procedente a excepção da incompetência absoluta do tribunal, pôs termo ao processo, com absolvição total dos réus da instância" [com efeito, o Supremo Tribunal de Justiça entendeu que o prazo de 15 dias para a interposição do recurso de apelação só se aplica nos casos em estejam em causa decisões interlocutórias – tal como sucederia se a decisão sobre a competência do tribunal não pusesse termo à causa – razão pela qual, tendo a decisão objeto de recurso posto termo à causa, o prazo para a interposição de recurso é de 30 dias, ao abrigo do disposto nos arts. 638º, nº 1, e 644º, nº 1, al. *a)*], o ac. do STJ de 23.03.2018, proc. 2834/16.5T8GMR-A.G1.S1, no qual se consignou que "I. A determinação do prazo (de 30 ou de 15 dias), nos termos do artigo 638º, nº 1, do CPC, para interpor recurso de apelação de decisões que apreciem a incompetência absoluta depende da interpretação conjugada do disposto nos nºs 1 e 2, alínea *b)*, do artigo 644º do mesmo Código.

- da decisão que decrete a suspensão da instância (arts. 269º a 276º)[234];
- do despacho de admissão ou rejeição de algum articulado[235] ou meio de prova[236];

II. A locução cabe ainda inserta no proémio do nº 2 do referido artigo 644º do CPC aponta no sentido de que as hipóteses de apelação autónoma previstas nas suas diversas alíneas se traduzem em extensões para além dos casos contemplados no nº 1 daquele artigo e não em hipóteses especiais que se sobreponham aos casos ali compreendidos. III. Assim, a decisão de procedência da exceção de incompetência absoluta que, conduzindo ao indeferimento liminar total da petição inicial ou à absolvição de réu da instância, seja em que momento processual for, ponha, por essa via, termo ao processo cai no âmbito de previsão do artigo 644º, nº 1, alínea *a)*, do CPC. IV. Por sua vez, a decisão de procedência de exceção da referida categoria no despacho saneador que, absolvendo o réu ou alguns dos réus da instância, não ponha termo ao processo inscreve-se no âmbito da alínea *b)* do nº 1 do indicado artigo 644º. V. Fora do âmbito daquele nº 1 ficam os demais casos, mormente os casos de decisão de improcedência daquela exceção em sede do despacho saneador que não ponha termo ao processo; serão estes os casos contemplados no nº 2, alínea *b)*, do artigo 644º. VI. Nessa conformidade, é de 30 dias o prazo para interpor recurso de apelação das decisões que, seja em que momento processual for, apreciem a incompetência absoluta e, desse modo, ponham termo ao processo, nos termos conjugados dos artigos 638º, nº 1, 1ª parte, e 644º, nº 1, alínea *a)*, do CPC", o ac. do TRP de 22.03.2021, proc. 17258/19.4T8PRT.P1, no qual se entendeu, com um voto de vencido, que "I – Estando em causa uma decisão que julga procedente a exceção de competência material e põe termo ao processo e não se tratando de processo urgente, o prazo para interpor recurso é de 30 dias, nos termos das disposições conjugadas dos arts. 638º, nº 1, e 644º, nº 1, al. *a)*, CPC. II – O art. 644º, nº 2, al. *b)*, conjugado com o art. 638º, nº 1, CPC, devido à sua inserção sistemática e natureza da decisão, apenas se aplica às decisões interlocutórias que julgam improcedente a exceção de incompetência absoluta do tribunal", bem como o ac. do TRP de 14.07.2020, proc. 436/11.1TYVNG-L.P1.

[234] Cfr., a este propósito, o ac. do TRE de 28.02.2019, proc. 616/18.9T8PTM.E1.

[235] Sustentando que, da rejeição de um pedido reconvencional constante de um articulado, cabe recurso de apelação, a ser interposto, não no prazo de 15 dias, mas antes de 30 dias, *vide* o ac. do TRE de 22.09.2016, proc. 752/14.0TBSSB-A.E1. Com efeito, conforme se decidiu neste aresto, "Para efeitos da sua recorribilidade – e designadamente do prazo para tal – uma coisa é rejeitar-se um articulado da acção (passível de recurso num prazo reduzido de 15 dias), e outra é rejeitar-se um pedido reconvencional constante desse articulado (passível de recurso no prazo normal de 30 dias)". Cfr., ainda, o ac. do TRG de 23.09.2021, proc. 1459/18.5T8VRL-C.G1, com o seguinte sumário: "I – Tendo o tribunal recorrido rejeitado o articulado de contestação, sem analisar a causa, isto é, o conteúdo do articulado sobre a relação material controvertida, ou seja, por razões que nada tiveram a ver com os seus fundamentos substanciais, a situação subsume-se à al. *d)* do nº 2 do art. 644º do CPC. II – E assim sendo, essa decisão, nos termos do nº 3 do art. 644º do CPC, não pode ser impugnada no recurso que venha a ser interposto das decisões previstas no nº 1, onde se insere a sentença final, mas sim no prazo de quinze dias (art. 638º, nº 1, do CPC), para que impeça a formação de caso julgado".

[236] Cfr., a este respeito, o ac. do TRC de 12.03.2019, proc. 141/16.2T8PBL-A.C1, bem como o ac. do TCAN de 08.10.2020, proc. 00495/19.9BEMDL-R1.

- da decisão que condene em multa ou comine outra sanção processual[237];
- da decisão que ordene o cancelamento de qualquer registo;
- da decisão proferida depois da decisão final[238];
- das decisões cuja impugnação com o recurso da decisão final seria absolutamente inútil;
- nos demais casos especialmente previstos na lei. Enquadram-se neste âmbito, nomeadamente, o recurso da decisão adotada pelo magistrado quanto à manutenção da ordem nos atos processuais, salvo se estiver em causa uma decisão de advertência (art. 150º, nºs 1 e 5); o recurso da decisão do magistrado que retire a palavra ao mandatário judicial ou que lhe ordene a saída do local onde o ato esteja a ser realizado (art. 150º, nº 6); o recurso do despacho de indeferimento da notificação judicial avulsa (art. 257º, nº 2); o recurso do despacho que confirme o ato de recusa de recebimento da petição inicial (art. 559º, nº 2); o recurso da decisão do juiz de direito ou da Relação que admita ou não admita a ação de indemnização contra magistrados (art. 971º); o recurso da decisão de condenação da parte em multa, penalidade ou taxa sancionatória excecional, fora dos casos legalmente admissíveis (art. 27º, nº 5, do RCP).

Se o recurso tiver por objeto, nos termos do art. 640º, a reapreciação da prova gravada, ao prazo perentório para a interposição do recurso, de 30 ou de 15 dias, consoante os casos (art. 638º, nº 1), acresce um prazo suplementar

[237] *Vide*, neste particular, o ac. do TRC de 07.04.2016, proc. 9/11.9TBTCS-D.C1.

[238] *Vide*, a este propósito, o ac. do TRE de 08.06.2017, proc. 652/15.7TBABF-A.E1, no qual se decidiu que "As decisões que colocam termo à causa são aquelas que provocam a extinção da instância, entre as quais se contam o despacho de indeferimento liminar total, o despacho de absolvição da instância ou que declare qualquer outra forma de extinção da mesma, o saneador que coloque termo ao processo e a sentença". Por conseguinte, conforme se decidiu nesse aresto, é de 15 dias o prazo para a interposição de recurso de apelação contra a decisão que, proferida depois da absolvição do réu da instância por incompetência absoluta do tribunal, indefere o pedido de remessa dos autos ao tribunal competente. Cfr., ainda, o ac. do TRE de 24.11.2020, proc. 3145/15.9T8PTM-A.E1, onde se decidiu que "O prazo para recorrer do despacho que indeferiu a reclamação da conta de custas é o de 15 dias, previsto pela conjugação dos artigos 638º, nº 1, *in fine*, e 644º, nº 2, al. *g)*, do CPC", bem como o ac. do TRL de 14.07.2021, proc. 196/12.9TTBRR.2.L1-4, no qual se entendeu que "O prazo para recorrer da sentença num incidente de liquidação que não depende de simples cálculo aritmético e que segue os termos dos art. 358º e ss. do CPC é de 30 e não de 15 dias, não se tratando de um recurso interposto de despacho proferido depois da sentença final".

de 10 dias (art. 638º, nº 7), somando-se estes dois prazos entre si e contando--se como se fossem um só[239].

Com efeito, a concessão de um prazo suplementar de 10 dias para a interposição de recurso que tenha por objeto a reapreciação da prova gravada encontra justificação na necessidade de o recorrente observar os ónus previstos no art. 640º, nº 1, quanto à impugnação da decisão sobre a matéria de facto, isto é, especificar os concretos pontos de facto que considera incorretamente julgados, os meios probatórios, constantes do processo ou de registo ou gravação nele realizada, que impunham decisão sobre os pontos da matéria de facto impugnados diversa da recorrida – o que implica, necessariamente, que o recorrente tenha de proceder à audição da prova gravada –, bem como a decisão que, no seu entender, deve ser proferida sobre as questões de facto impugnadas[240,241].

Por conseguinte, se o recorrente pretender beneficiar do prazo suplementar de 10 dias para a interposição do recurso, não lhe basta invocar no seu recurso, sem mais, que pretende impugnar a decisão sobre a matéria de facto[242]. Outrossim, o recorrente deve demonstrar, de forma séria e inequívoca, nas respetivas alegações e conclusões, que tenciona efetivamente impugnar a decisão que recaiu sobre a matéria de facto, devendo, para o efeito, observar

[239] Cfr., nesse sentido, o ac. do TRC de 24.05.2005, proc. 1488/05, bem como o ac. do TRC de 18.11.2008, proc. 7266/07.3TBLRA.C1. Como bem observa Rui Pinto, este prazo suplementar de 10 dias só se aplica nos casos em que esteja em causa a reapreciação da prova gravada, não bastando, por isso, que o recurso tenha por objeto a matéria de facto, já que pode suceder que o mérito do recurso dependa, por exemplo, da mera análise de documentos (PINTO, Rui, *Código de Processo Civil Anotado*, vol. II, Almedina, Coimbra, 2018, p. 277).

[240] Cfr., nesse sentido, o ac. do STJ de 29.10.2002, proc. 02A2070, bem como o ac. do TRP de 19.05.2010, proc. 179/04.2IDAVR.P1. Deste modo, conforme se decidiu neste aresto, não se justifica a concessão de um prazo suplementar de 10 dias para a interposição de recurso de revista para o Supremo Tribunal de Justiça, já que este tribunal superior só conhece matéria de direito.

[241] Assim, tal como se decidiu no ac. do STJ de 15.11.2017, proc. 461/14.0T8VFR.P1.S1, este benefício do alargamento do prazo para a interposição do recurso de apelação, pelas razões subjacentes à sua consagração legal, "não se estende à impugnação da matéria de facto baseada apenas na reapreciação da prova documental", sendo que essa interpretação não viola os princípios constitucionais da igualdade e da tutela jurisdicional efetiva. Do mesmo modo, conforme se decidiu no ac. do TCAS de 25.09.2014, proc. 11435/14, não há lugar à aplicação do regime previsto no art. 638º, nº 7, "se o recurso interposto não tem a natureza impugnatória da matéria de facto decorrente da prova testemunhal produzida e gravada em audiência de julgamento", ainda que o recorrente, de forma tabelar e genérica, refira no recurso que "o tribunal apreciou mal a prova". Cfr., igualmente, o ac. do TRE de 14.05.2015, proc. 250/12.7TBRMR.E1, bem como o ac. do STJ de 30.03.2022, proc. 23234/18.7T8LSB.L1.S1.

[242] Cfr., a este respeito, o ac. do TRP de 18.01.2021, proc. 16209/18.8T8PRT.P1.

os requisitos processuais, consagrados no art. 640º, nº 1[243,244]. De contrário, poder-se-ia correr o risco de o recorrente, com o único propósito de benefi-

[243] *Vide*, quanto a esta problemática, o ac. do TRL de 26.06.2012, proc. 2095/08.0TVLSB.L1-7, no qual se decidiu que "A legitimidade do uso do prazo suplementar de 10 dias para interposição de recurso, impõe ao recorrente o ónus de enunciar e fundamentar, com propriedade, o seu propósito em ver alterada a decisão sobre a matéria provada fundada em prova gravada", o ac. do TRE de 10.03.2016, proc. 114/13.7TBTMR-B.E1, onde se considerou que "Se a autora, aqui recorrente, pretende impugnar a matéria de facto, mas não cumpre o ónus que lhe é imposto pelo art. 640º, nº 1, alínea *a)*, do CPC, não indicando, sequer, quais os concretos pontos de facto que considera incorrectamente julgados, o prazo para a interposição do recurso é de 30 dias, face ao disposto no art. 638º, nº 1, do CPC, não podendo ela beneficiar do acréscimo de 10 dias a tal prazo (30+10), a que se refere o nº 7 do citado preceito legal", bem como o ac. do STJ de 28.04.2016, proc. 1006/12.2TBPRD.P1.S1, com o seguinte sumário: "A extensão do prazo de 10 dias previsto no art. 638º, nº 7, do CPC, para apresentação do recurso de apelação quando tenha por objecto a reapreciação de prova gravada depende unicamente da apresentação de alegações em que a impugnação da decisão da matéria de facto seja sustentada, no todo ou em parte, em prova gravada, não ficando dependente da apreciação do modo como foi exercido o ónus de alegação. Tendo o recorrente demonstrado a vontade de impugnar a decisão da matéria de facto com base na reapreciação de prova gravada, a verificação da tempestividade do recurso de apelação não é prejudicada ainda que houvesse motivos para rejeitar a impugnação da decisão da matéria de facto com fundamento na insatisfação de algum dos ónus previstos no art. 640º, nº 1, do CPC". Cfr. ainda, quanto a esta questão, o ac. do TRL de 18.04.2002, proc. 00127247, o ac. do TRL de 20.10.2005, proc. 9170/2005-6, o ac. do TRL de 02.02.2006, proc. 2970/2005-8, o ac. do TRG de 30.11.2006, proc. 1993/06-1, o ac. do TRL de 12.04.2011, proc. 1182/09.1TVLSB.L1-7, o ac. do TRE de 26.10.2011, proc. 1472/10.0TBLGS-A.E1, o ac. do TRL de 27.10.2011, proc. 190/09.7TCFUN.L1-6, o ac. do TRL de 19.02.2013, proc. 1907/11.5TVLSB.L1-7, o ac. do TRP de 26.06.2014, proc. 1040/12.2TBLSD-C.P1, o ac. do STJ de 22.10.2015, proc. 2394/11.3TBVCT.G1.S1, o ac. do STJ de 26.11.2015, proc. 291/12.4TTLRA.C1.S1, o ac. do STJ de 31.05.2016, proc. 1184/10.5TTMTS.P1.S1, o ac. do STJ de 22.02.2017, proc. 638/13.6TBLRA.C1.S1, o ac. do STJ de 08.02.2018, proc. 8440/14.1T8PRT.P1.S1, o ac. do STJ de 06.06.2018, proc. 4691/16.2T8LSB.L1.S1, o ac. do TRE de 11.04.2019, proc. 3150/13.0TBPTM.E1, o ac. do TRL de 30.06.2020, proc. 1870/13.8TYLSB-C.L1-1, bem como o ac. do TRP de 26.04.2021, proc. 18853/17.1T8PRT.P1. *Vide*, na doutrina, Geraldes, António Santos Abrantes, *Recursos no Novo Código de Processo Civil*, 5ª ed., Almedina, Coimbra, 2018, pp. 147 a 150, bem como Ferreira, J. O. Cardona, *Guia de Recursos em Processo Civil*, 6ª ed., Coimbra Editora, Coimbra, 2014, p. 135.

[244] Note-se que alguma jurisprudência tem vindo a fazer a uma interpretação restritiva desta imposição legal. É o que sucede, por exemplo, com o ac. do TRP de 11.02.2021, proc. 1924/18.4T8AMT.P1, no qual se entendeu que "O acréscimo de 10 dias ao prazo de recurso só depende de o recorrente impugnar a decisão da matéria de facto com fundamento em meios de prova que se encontrem gravados, não depende do cumprimento integral dos requisitos específicos da impugnação daquela decisão", posição essa secundada pelo ac. do TRL de 26.05.2021, proc. 22882/19.2T8LSB.L1-4, e pelo ac. do TCAN de 25.03.2022, proc. 00616/13.5BEPRT, nos quais se entendeu que, para que o recorrente beneficie do prazo suplementar de 10 dias, basta que, das suas alegações de recurso, resulte que o mesmo pretende a reapreciação da prova gravada.

ciar de um prazo adicional de 10 dias para a interposição do recurso, manifestar o propósito de impugnar a decisão referente à matéria de facto, acabando, depois, por não fazê-lo[245].

Tal, no entanto, não se confunde com os casos em que as alegações e/ou as conclusões de recurso revelem que o recorrente pretendeu, efetivamente, de forma séria e honesta, impugnar a decisão que recaiu sobre a matéria de facto, acabando, todavia, por incúria ou por negligência, por não observar a totalidade ou parte dos requisitos processuais constantes do art. 640º, nº 1[246]. Deverá, por isso, atender-se às alegações e às conclusões de recurso para se perceber, caso a caso, qual terá sido a vontade real e efetiva do recorrente, determinando-se, assim, se o mesmo está ou não em condições de beneficiar do prazo suplementar de 10 dias, previsto no art. 638º, nº 7, para efeitos de avaliação da tempestividade do recurso[247].

Por outro lado, importa salientar que o prazo de 30 ou de 15 dias para a interposição do recurso de apelação conta-se a partir da notificação da decisão objeto de impugnação (art. 638º, nº 1)[248], razão pela qual, na contagem do

[245] *Vide*, no mesmo sentido, o ac. do TRG de 19.05.2022, proc. 4223/19.0T8VNF.G1.

[246] Registe-se, a este respeito, que a inobservância dos ónus previstos no arts. 640º não é passível de ser sanada mediante o proferimento de um despacho de convite ao aperfeiçoamento do recurso (cfr., nesse sentido, o ac. do STJ de 08.09.2021, proc. 5404/11.0TBVFX.L1.S1).

[247] Cfr., a este propósito, o ac. do STJ de 06.06.2019, proc. 2215/12.0TMLSB-B.L1.S1, no qual se consignou que "Resultando das alegações do recurso de apelação que a recorrente pretendia a modificação do acervo factual com base, mormente, na reapreciação da prova testemunhal gravada, é de considerar que lhe aproveitava o prazo suplementar concedido pelo nº 7 do art. 638º do CPC, independentemente de, no julgamento do recurso, a Relação ter considerado que não haviam sido cumpridos os ónus de alegação vertidos no art. 640º do CPC", o ac. do TRP de 10.07.2013, proc. 391/11.8TBCHV.P1, no qual se decidiu que "I – Impugnando a decisão sobre a matéria de facto e socorrendo-se para tanto de prova que tenha sido gravada, o recorrente dispõe de um prazo suplementar de dez dias para interpor o recurso e apresentar as suas alegações II – Todavia se o recorrente, apesar de ter usado aquele prazo e de manifestar o inequívoco propósito de impugnar a decisão proferida sobre os factos, não o faz, porém, em moldes que permitam apreciar o seu mérito, por não ter dado cumprimento às exigências de natureza formal impostas por lei, não se estará perante uma interposição fora de prazo geradora da inadmissibilidade do recurso, mas perante uma impugnação que, na parte atinente à matéria de facto, será objecto de rejeição", e, no mesmo sentido, o ac. do TRP de 13.07.2022, proc. 25666/19.4T8PRT-B.P1, no qual se consignou que "A existência, eventualmente, de motivos para rejeitar a impugnação da decisão da matéria de facto com fundamento na insatisfação de algum dos ónus previstos no art. 640º, nº 1, do CPC, a apreciar pelo Tribunal "ad quem", é coisa diversa e não acarreta a declaração de extemporaneidade do recurso apresentado, no Tribunal recorrido, dentro do prazo que a lei prescreve para os casos em que é suscitada a análise de prova gravada".

[248] Observe-se que, como bem se decidiu no ac. do STJ de 25.10.2018, proc. 492/07.7TTCSC-A.L1.S1, havendo pluralidade de vencidos, o prazo para a interposição do recurso da apelação começa a

prazo para a interposição do recurso, importa atentar ao modo como a decisão foi notificada às partes. Contudo, se a parte se encontrar em situação de revelia e se não carecer de ser notificada nos termos do art. 249º, o prazo de interposição do recurso começa a correr desde a publicação da decisão, exceto se a revelia da parte cessar antes de decorrido esse prazo, situação em que a sentença ou o despacho têm de ser notificados à parte, começando o prazo a correr desde a data da notificação.

Estando em causa despachos ou sentenças orais, reproduzidos no processo, o prazo para a interposição do recurso começa a correr a partir do dia em que os mesmos tenham sido proferidos, desde que a parte tenha estado presente ou tenha sido notificada para assistir à diligência correlativa (art. 638º, nº 3).

Se a parte não carecer de ser notificada do despacho ou da sentença, o prazo para a interposição do recurso começa a correr desde o dia em que o interessado teve conhecimento da decisão (art. 638º, nº 4)[249]. Consequentemente, neste caso, o recorrente tem o ónus de alegar a data em que teve conhecimento do despacho ou da sentença, já que essa data é relevante para efeitos de determinação da tempestividade do recurso, nos termos do art. 638º, nº 1[250].

Por sua vez, no que concerne ao prazo para a apresentação de resposta ao recurso, isto é, para o oferecimento de contra-alegações, o art. 638º, nº 5, determina que o recorrido pode responder à alegação do recorrente no mesmo prazo que este dispôs para interpor o recurso. Esse prazo será, por isso, conforme os casos, de 30 ou de 40 (30 + 10) dias, nas situações previstas no art. 638º, nº 1, 1ª parte, e nº 7, ou de 15 ou de 25 (15 + 10) dias, nas hipóteses previstas no art. 638º, nº 1, 2ª parte, e nº 7. Trata-se, com efeito, de uma decorrência do princípio da igualdade de armas entre as partes, enquanto manifestação do direito a um processo justo e equitativo[251].

correr, para cada um deles, a partir da respetiva notificação da decisão, sendo, por isso, irrelevantes as datas em que ocorram as notificações dos demais vencidos. Vale isto por dizer que, neste caso, não se aplica o princípio do benefício do prazo, por aplicação analógica da regra prevista no art. 569º, nº 2.

[249] Cfr., a este respeito, o ac. do STJ de 17.11.2020, proc. 1193/07.1TBBNV.E1.S1, no qual se entendeu que, se a sentença prejudica diretamente alguém que não é parte na causa, o qual, consequentemente, não foi notificado da sentença, "não lhe pode ser aplicável, como momento de início para a contagem do prazo de interposição de recurso de apelação, a notificação feita às partes, nem lhe podia ser exigido que recorresse até ao limite de um prazo que não podia saber que se havia iniciado". Consequentemente, o prazo para interpor recurso só começa a correr a partir do momento em que o terceiro teve conhecimento da decisão.

[250] Cfr., nesse sentido, o ac. do STJ de 26.01.2021, proc. 2101/16.4T8VNG-J.P1.S1.

[251] *Vide*, a este propósito, o ac. do TRE de 22.11.2018, proc. 576/14.5GEALR-AB.E1.

Se o recorrido, na sua resposta à alegação do recorrente, requerer a ampliação do objeto do recurso, nos termos do art. 636º, o recorrente poderá, nesse caso, responder à matéria objeto de ampliação, no prazo de 15 dias, a contar da notificação desse requerimento, atento o disposto no art. 638º, nº 8.

Pretendendo a parte arguir uma nulidade da sentença, importa ter em atenção o regime previsto no art. 615º, nº 4. Com efeito, de acordo com este preceito legal, as nulidades previstas nas als. *b)* a *e)* do nº 1 só podem ser arguidas perante o tribunal que proferiu a sentença, isto é, perante o tribunal *a quo*, se esta não admitir recurso ordinário. Caso contrário, se a sentença for passível de recurso, as nulidades devem ser suscitadas no próprio recurso, a não ser que a parte vencida não pretenda interpor recurso dessa sentença[252].

Concomitantemente, se a sentença for passível de recurso, mas a parte, mesmo assim, decidir apresentar uma reclamação junto o tribunal que proferiu a sentença, arguindo a nulidade da mesma, tal não acarreta a suspensão ou a interrupção do prazo para a interposição do recurso, já que a parte devia ter invocado a nulidade da sentença no próprio recurso, atento o disposto no art. 615º, nº 4[253]. Por conseguinte, se esse prazo, entretanto, se extinguir, precludirá a possibilidade de a parte interpor recurso da sentença.

De igual modo, se a sentença não for passível de recurso, mas a parte, mesmo assim, tiver interposto indevidamente recurso, tal não suspende o prazo de 10 dias para a arguição da nulidade da sentença, razão pela qual o decurso desse prazo extingue o direito de a parte arguir a nulidade da sentença[254].

[252] Cfr., a este propósito, o ac. do TRP de 20.09.2021, proc. 6465/19.0T8MTS-A.P1, bem como o ac. do STJ de 02.06.2022, proc. 3952/20.0T8AVR.P1.S1.

[253] *Vide*, nesse sentido, o ac. do TRL de 20.02.2009, proc. 428/08.8GBSXL-5, o ac. do TRL de 26.10.2011, proc. 275/08.7PDVFX-A.L1-5, o ac. do TRE de 26.01.2012, proc. 1325/09.5-A, o ac. do STJ de 04.07.2019, proc. 1440/17.1T8PTM.E1-A.S1, o ac. do STA de 06.05.2020, proc. 0157/19.7BESNT, o ac. do STJ de 11.11.2020, proc. 6854/18.7T8PRT-F.P1.S1, bem como o ac. do STJ de 21.04.2022, proc. 241/10.2TVLSB-D.L1.S1.

[254] Cfr., a este respeito, o ac. do TRG de 20.05.2021, proc. 2003/18.0T8BCL.G1, com o seguinte sumário: "1. Sendo pacífico que, por força do art. 149º, nº 1 do Código de Processo Civil, as nulidades de acórdão da Relação devem ser arguidas perante esta no prazo geral de 10 dias, na situação a que se referem os arts. 615º, nº 4, primeira parte, e 617º, nº 6 do mesmo Código, isto é, de não ser interposto recurso de revista por o mesmo não ser admissível, o mesmo prazo deve ter sido observado no caso de o mesmo ter sido indevidamente interposto, na situação prevista na segunda parte do nº 5 daquele art. 617º. 2. Com efeito, ainda que seja perfeitamente razoável que se arrede uma injustificada prevalência da forma, já seria totalmente desrazoável que se premiasse o causador duma tramitação processual legalmente inadmissível com o aproveitamento desta para a prática

Por último, importa salientar que, no domínio da ação executiva, o art. 853º, nº 1, estatui que é aplicável o regime estabelecido para os recursos no processo de declaração aos recursos de apelação interpostos de decisões proferidas em procedimentos ou incidentes de natureza declaratória, inseridos na tramitação da ação executiva.

Acresce que, nos termos do nº 2 do citado preceito legal, cabe ainda recurso de apelação, nos termos gerais:

a) das decisões previstas no nº 2 do art. 644º, quando aplicável à ação executiva[255];
b) da decisão que determine a suspensão, a extinção ou a anulação da execução;
c) da decisão que se pronuncie sobre a anulação da venda;
d) da decisão que se pronuncie sobre o exercício do direito de preferência ou de remição[256].

Assim, no caso previsto na al. *a)*, o prazo para a interposição de recurso será de 15 dias, nos termos do art. 638º, nº 1, *in fine*. Por sua vez, nas hipóteses previstas nas als. *b)* a *d)*, o prazo para a interposição de recurso será de 30 dias.

Nos termos do art. 853º, nº 3, é sempre admissível recurso do despacho de indeferimento liminar, ainda que parcial, do requerimento executivo, bem como do despacho de rejeição do requerimento executivo que tenha sido proferido ao abrigo do disposto no art. 734º. Dado que se trata de um despacho que não admite ou rejeita, no todo ou em parte, um articulado, o prazo para a interposição de recurso será de 15 dias, atento o disposto no art. 644º, nº 2, al. *d)*.

dum acto cujo direito, nos termos da regular tramitação, está extinto pelo decurso do prazo estabelecido para o seu exercício (art. 139º, nº 3, do Código de Processo Civil)".

[255] *Vide*, a este propósito, o ac. do TRL de 05.03.2020, proc. 275/14.8T8PDL-B.L1-2.

[256] Cfr., a este respeito, o ac. do TRE de 02.09.2019, proc. 963/13.6TBVRS-B.E1, com o seguinte sumário: "I. O encurtamento do prazo de recurso para 15 dias só pode ocorrer nos casos previstos nos arts. 638º, nº 1, do CPC, segunda parte, e nos casos especialmente previstos na lei, não sendo possível uma interpretação analógica ou extensiva que implique uma restrição de direitos, por violadora do princípio constitucional de acesso ao direito e à justiça, na modalidade de direito ao recurso, ínsito no art. 20º da CRP. II. O prazo para interposição de recurso contra o despacho que indeferiu o direito de remissão, previsto no art. 853º, nº 2, al. *d)* do CPC, é de 30 dias, por não previsto expressamente o prazo mais curto de 15 dias, na conjugação dos artigos 638º, nº 1, segunda parte, 644º, nº 2, e 853º, nº 2, al. *d)*, do CPC".

2) Recurso de revista

O recurso de revista deve ser interposto no prazo de 30 dias, a contar da notificação do acórdão da Relação, proferido sobre decisão da 1ª instância, que conheça do mérito da causa ou que ponha termo ao processo, absolvendo da instância o réu ou algum dos réus quanto ao pedido ou à reconvenção que tiverem sido deduzidos (arts. 638º, nº 1, e 671º, nº 1)[257].

No entanto, à luz do art. 677º, o prazo para a interposição do recurso de revista é reduzido para 15 dias nos seguintes casos[258]:

a) nos processos urgentes;
b) quando seja proferido acórdão, na pendência do processo no tribunal da Relação, cuja impugnação com o recurso de revista seria absolutamente inútil [art. 673º, al. *a)*][259];
c) nos demais casos em que a lei expressamente preveja a possibilidade de ser interposto recurso de revista de um acórdão proferido na pendência do processo no tribunal da Relação [art. 673º, al. *b)*]; e
d) quando não haja lugar ou não seja admissível a interposição de recurso de revista nos termos gerais, previstos no art. 671º, nº 1, e esteja em causa um acórdão proferido na pendência do processo no tribunal da Relação, cuja impugnação tenha interesse para o recorrente, ainda que não seja interposto recurso da decisão final (art. 671º, nº 4)[260].

Em sede executiva, o art. 854º preceitua que, sem prejuízo dos casos em que é sempre admissível recurso para o Supremo Tribunal de Justiça, só é possível interpor recurso de revista, nos termos gerais, dos acórdãos da Relação que tenham sido proferidos em recurso nos procedimentos de liquidação

[257] No sentido de ser de 30 dias o prazo do recurso de revista contra o acórdão do tribunal da Relação que, "julgando totalmente o recurso de apelação, aprecia a competência internacional dos tribunais portugueses", *vide* o ac. do STJ de 14.12.2017, proc. 143378/15.0YIPRT.G1.S1. *Vide*, ainda, o ac. o STJ de 08.09.2021, proc. 4054/20.5T8VNF-A.G1-A.S1, no qual se decidiu que "O prazo para interposição de recurso de revista inicia-se após a notificação do acórdão da Relação que decide a apelação e não do acórdão posterior que, em conferência, decide as nulidades e a reforma arguidas e pedida após essa notificação, nos termos dos arts. 615º, nº 4, 616º, nº 2, *a contrario*, 617º, nº 6, e 666º, nº 2, do CPC, sob pena de extemporaneidade e não admissão do recurso".

[258] *Vide*, a este propósito, o ac. do STJ de 13.10.2016, proc. 2567/07.3TTLSB.L1.S1.

[259] Cfr., a este respeito, o ac. do STJ de 02.02.2022, proc. 9452/18.1T8PRT.P1-F.S1.

[260] Observe-se que, neste caso, o art. 671º, nº 4, preceitua que esse acórdão intercalar pode ser impugnado num recurso único, a interpor no prazo de 15 dias após o trânsito em julgado da decisão final do tribunal da Relação, proferida sobre a decisão do tribunal de primeira instância que conheça do mérito da causa ou que ponha termo ao processo, absolvendo da instância o réu ou algum dos réus quanto ao pedido ou à reconvenção que tenham sido deduzidos.

não dependente de simples cálculo aritmético (art. 716º, nº 4), de verificação e graduação de créditos (arts. 788º e ss.) e de oposição deduzida contra a execução (arts. 728º e ss. e 856º a 858º).

3.2.7.2. Recursos extraordinários

1) Recurso para uniformização de jurisprudência

No que concerne ao recurso extraordinário para uniformização de jurisprudência, o mesmo deve ser interposto no prazo de 30 dias. O prazo só começa a correr após o trânsito em julgado do acórdão recorrido (art. 689º, nº 1)[261], isto é, quando este já não seja passível de recurso ordinário ou de reclamação, atento o disposto no art. 628º, razão pela qual o recurso não pode ser interposto antes desse momento[262].

Sendo interposto um recuso extraordinário para uniformização de jurisprudência, o recorrido dispõe de igual prazo de 30 dias para responder à alegação do recorrente, contando-se esse prazo desde a data da notificação da interposição do recurso.

2) Recurso de revisão

À luz do art. 696º, uma decisão, já transitada em julgado, pode, mesmo assim, ser objeto de recurso extraordinário de revisão quando:

a) outra sentença, já transitada em julgado, tenha dado como provado que a decisão resulta de crime praticado pelo juiz no exercício das suas funções;

b) se verifique a falsidade de documento ou ato judicial, de depoimento ou das declarações de peritos ou árbitros, que possam, em qualquer dos casos, ter determinado a decisão a rever, não tendo a matéria sido objeto de discussão no processo em que foi proferida[263];

[261] Cfr., a este respeito, o ac. do STJ de 27.05.2014, proc. 129/13.5TBBRG.G1.S1, o ac. do STJ de 10.11.2016, proc. 405/09.1TMCBR.C1.S1-A, o ac. do STJ de 23.11.2017, proc. 2015/13.0TVLSB-D.L1.S1-A, o ac. do STJ de 12.12.2018, proc. 1001/16.2T8OLH.PE1-A.S1, o ac. do STJ de 22.04.2021, proc. 1046/15.0T8PNF.P1.S1-B, o ac. do STJ de 09.12.2021, proc. 15017/14.0T2SNT.L1.S1-A, bem como o ac. do STJ de 24.03.2022, proc. 307/20.0KRLSB.L1-A.S1.

[262] *Vide*, no mesmo sentido, o ac. do STJ de 27.01.2021, proc. 1319/10.8TXCBR-U.S1, bem como o ac. do STJ de 10.02.2021, proc. 536/12.0TXCBR-O.S1.

[263] Cfr., a este respeito, o ac. do TRP de 27.01.2022, proc. 6358/20.8T8VNG-B.P1, no qual se entendeu que "Não é admissível recurso extraordinário de revisão, por falta do fundamento legal a que se refere o art. 696º, al. *b)*, do Código de Processo Civil – por falsidade de ato judicial – quando a matéria-fundamento corresponde à invocação da extemporaneidade do recurso ordinário interposto da sentença revidenda e à desconsideração pelo tribunal do requerimento de contra-

c) seja apresentado um documento de que a parte não tivesse conhecimento, ou de que não tivesse podido fazer uso, no processo em que foi proferida a decisão a rever e que, por si só, seja suficiente para modificar a decisão em sentido mais favorável à parte vencida[264];
d) se verifique a nulidade ou a anulabilidade da confissão, desistência ou transação em que a decisão se fundou;
e) tendo corrido o processo à revelia, por falta absoluta de intervenção do réu, se mostre que[265]:
   1) faltou a citação ou que é nula a citação que foi efetuada;
   2) o réu não teve conhecimento da citação, por facto que não lhe seja imputável; ou
   3) o réu não pôde apresentar a contestação, por motivo de força maior;
f) seja inconciliável com uma decisão definitiva de uma instância internacional de recurso vinculativa para o Estado Português;
g) o litígio assente sobre um ato simulado das partes e o tribunal não tenha feito uso do poder que lhe era conferido pelo art. 612º, por não se ter apercebido dessa fraude; ou
h) seja suscetível de originar a responsabilidade civil do Estado por danos emergentes do exercício da função jurisdicional, verificando-se o disposto no art. 696º-A[266,267].

Atentos os fundamentos previstos na lei, percebe-se que o recurso extraordinário de revisão "tem como razão de ser exigências de justiça material que se sobrepõem às razões de segurança ou de certeza inerentes ao caso julgado"[268].

alegações apresentado (pelo recorrido) naquele recurso, não só por não se tratar atos judiciais falsos, mas também porque, no caso, aquela matéria já fora anteriormente suscitada pelo aqui recorrente na ação, antes do respetivo trânsito em julgado".

[264] Conforme se decidiu no ac. do TCAS de 21.05.2020, proc. 484/16.5BESNT-A, "No caso de o recurso de revisão ser apresentado ao abrigo da al. *c)* do art. 696º do CPC, ao documento em causa são-lhe exigidas duas caraterísticas: a novidade e a suficiência".

[265] Na redação dada pela Lei nº 117/2019, de 13 de setembro, com entrada em vigor no dia 1 de janeiro de 2020.

[266] Na redação dada pela Lei nº 117/2019, de 13 de setembro, com entrada em vigor no dia 1 de janeiro de 2020.

[267] Nos termos do art. 696º-A, aditado ao Código de Processo Civil pela Lei nº 117/2019, de 13 de setembro, com entrada em vigor no dia 1 de janeiro de 2020, neste caso, a revisão da sentença só é admissível desde que o recorrente não tenha contribuído, por ação ou omissão, para o vício que imputa à decisão, e desde que tenha esgotado todos os meios de impugnação da decisão quanto à matéria suscetível de originar a responsabilidade civil do Estado.

[268] Ac. do TRG de 29.10.2020, proc. 279/13.8TBEPS-A.G1.

No que concerne ao prazo para a interposição do recurso extraordinário de revisão, o art. 697º, nº 2, estabelece que este recurso deve ser interposto[269]:

a) no prazo de 60 dias, a contar[270]:
- do trânsito em julgado da sentença que tenha dado como provado que a decisão objeto de revisão resulta de um crime praticado pelo juiz, no exercício das suas funções [arts. 696º, al. *a)*, e 697º, nº 2, al. *a)*];
- da definitividade ou do trânsito em julgado de uma decisão de uma instância internacional de recurso, vinculativa para o Estado Português, que seja inconciliável com a decisão objeto de recurso de revisão [arts. 696º, al. *f)*, e 697º, nº 2, al. *b)*];
- da definitividade ou do trânsito em julgado de uma decisão que seja suscetível de originar a responsabilidade civil do Estado por danos emergentes do exercício da função jurisdicional [arts. 696º, al. *h)*, e 697º, nº 2, al. *b)*][271];
- nos demais casos previstos no art. 696º, als. *b)*, *c)*, *d)* e *e)*, desde que o recorrente obteve o documento ou teve conhecimento do facto que serve de fundamento ao recurso extraordinário de revisão[272,273].

[269] *Vide*, a este propósito, o ac. do STJ de 05.11.2013, proc. 338-A/2002.P1.S1.

[270] Cfr., a este propósito, o ac. do TRL de 26.02.2015, proc. 2759/07.5TVLSB-A.L1.-2, no qual se decidiu que o prazo de 60 dias para a interposição do recurso de revisão, apesar de revestir a natureza de prazo substantivo, segue as regras da contagem de prazos previstas na lei de processo civil, por força do disposto no art. 138º, nº 4, suspendendo-se, por conseguinte, durante o período de férias judiciais. *Vide*, no mesmo sentido, o ac. do STJ de 27.04.2017, proc. 978/06.0TBPTL-G.G1.S1. Diferentemente, sustentando que este prazo, por revestir natureza substantiva, deve ser contado à luz das regras previstas no Código Civil, *vide* o ac. do TRP de 30.01.1995, proc. 9420380.

[271] Neste caso, se o recurso de revisão for julgado procedente, o recorrente deve ser notificado para, no prazo de 30 dias, formular o pedido de indemnização contra o Estado, atento o disposto no art. 701º, nº 1, al. *e)*, assistindo ao Estado, por sua vez, o direito de exercer o seu contraditório no prazo de 30 dias, à luz do art. 701º-A, nº 1.

[272] No sentido de o prazo de 60 dias para a interposição do recurso de revisão começar a correr com o conhecimento, pelo recorrente, do facto que fundamenta a revisão, *vide* o ac. do STJ de 15.03.2005, proc. 05A099, o ac. do STJ de 15.12.2011, proc. 1065/08.2TVPRT-A.P1.S1, o ac. do STJ de 08.05.2013, proc. 10993/05.2TVPRT-A.P1.S1, bem como o ac. do TRG de 04.10.2018, proc. 1105/08.5TJVNF-A.G2. Assim, conforme se decidiu no ac. do TRC de 03.07.2002, proc. 877/A/01, "É extemporâneo o recurso de revisão interposto com fundamento numa certidão emitida há mais de um ano".

[273] Sustentando que cabe ao recorrido e não ao recorrente o ónus da prova quanto ao facto de o prazo para a interposição do recurso de revisão já ter decorrido, *vide* o ac. do STJ de 13.07.2021, proc. 694/19.3T8VCT-A.G1.S1.

b) no prazo de dois anos a contar do conhecimento da sentença pelo recorrente, quando o litígio assente sobre ato simulado das partes e o tribunal não tenha feito uso do poder que lhe era conferido pelo art. 612º[274], por se não ter apercebido da fraude [arts. 696º, al. *g)*, e 697º, nº 3]. Neste caso, à luz do art. 631º, nº 3, o recurso pode ser interposto por qualquer terceiro que tenha sido prejudicado com a sentença, considerando-se como terceiro o incapaz que interveio no processo como parte, mas por intermédio de representante legal. Sendo o recurso interposto pelo terceiro que interveio como parte no processo, por intermédio de representante legal, os prazos de caducidade para a interposição do recurso de revisão não findam antes de decorrido um ano sobre a aquisição da capacidade por parte do incapaz ou sobre a mudança do seu representante legal (art. 697º, nº 4).

Note-se, no entanto, que o art. 697º, nº 5, prevê a possibilidade de o recurso ser interposto mesmo antes de ser proferida a decisão em que se funde o pedido de revisão, quando, em consequência da demora anormal na tramitação dessa causa, exista o risco de caducidade. Nessa eventualidade, o recorrente deve requerer a suspensão da instância no recurso, até que essa decisão transite em julgado.

Por outro lado, importa salientar que o recurso de revisão nunca pode ser interposto depois de terem decorrido mais de cinco anos após o trânsito em julgado da decisão, salvo se estiverem causa direitos de personalidade (art. 697º, nºs 2 e 3)[275,276]. Este prazo de cinco anos não se soma aos prazos de 60

[274] Com efeito, de acordo com o art. 612º, se a conduta das partes ou alguma circunstância da causa produzirem junto do juiz a convicção segura de que "o autor e o réu se serviram do processo para praticar um ato simulado ou para conseguir um fim proibido por lei, a decisão deve obstar ao objetivo anormal prosseguido pelas partes".

[275] *Vide*, a este respeito, o ac. do TRC de 14.07.2010, proc. 169/06.0TBAGN-A.C1, o ac. do TRL de 06.12.2012, proc. 1588/05.5TBTVD-B.L1-8, assim como o ac. do STJ de 19.01.2017, proc. 39/16.4YFLSB. Na verdade, como bem se decidiu no ac. do STJ de 22.03.2018, proc. 3236/11.5TBMAI-A.P1.S1, o recurso extraordinário de revisão visa, em circunstâncias muito excecionais e por razões de justiça, "destruir" a força de caso julgado da sentença objeto de recurso, razão pela qual, por forma a conciliar a segurança e a certeza das decisões judiciais com as "particulares exigências da justiça material", a lei estabelece prazos para a interposição do recurso extraordinário de revisão, sem prejuízo da tutela especial dos direitos de personalidade.

[276] Como bem se decidiu no ac. do TRE de 10.02.2022, proc. 865/19.2T8LLE-A.E1, estando em causa direitos de personalidade, não se aplica o limite do prazo de cinco anos após o trânsito em julgado da decisão, mas, em todo o caso, o recurso carece sempre de ser interposto no prazo de 60 dias previsto no nº 2 do art. 697º.

dias ou de dois anos para a interposição do recurso de revisão, tratando-se, ao invés, de prazos autónomos e independentes, que correm em paralelo e em simultâneo[277]. Vale isto por dizer que o prazo de cinco anos funciona como um "obstáculo intransponível à interposição do recurso de revisão", razão pela qual, uma vez expirado esse prazo de cinco anos, extingue-se o direito de ser interposto o recurso de revisão, ainda que, posteriormente, venha a ser conhecido ou venha a ocorrer um facto que pudesse servir de fundamento à interposição de um recurso de revisão[278].

Sendo admitido o recurso extraordinário de revisão, o recorrido deve ser notificado pessoalmente para responder, dispondo, para esse efeito, do prazo de 20 dias (art. 699º, nº 2).

3.2.8. Outros prazos perentórios

3.2.8.1. No processo em geral

1) Renúncia do mandato

Verificando-se a renúncia do mandato e se for obrigatória a constituição de advogado, a parte deve constituir novo mandatário no prazo de 20 dias, a contar da notificação da renúncia (art. 47º, nº 3)[279], sob pena de, não o fazendo, a instância ficar suspensa (sendo a falta do autor ou do exequente), o processo seguir os seus termos, aproveitando-se os atos anteriormente praticados (sendo a falta do réu, do executado ou do requerido), ou extinguir-se o procedimento ou o incidente inserido na tramitação de qualquer ação (sendo a falta do requerente, opoente ou embargante)[280]. A jurisprudência tem vindo a entender que a renúncia ao mandato só produz efeitos após o decurso desse prazo de 20 dias, razão pela qual o mandato se mantém durante esse período de tempo[281].

[277] *Vide*, no mesmo sentido, o ac. do TRG de 24.09.2020, proc. 2859/15.8T8VCT.G2-A.

[278] Ac. do STJ de 29.10.2013, proc. 625/12.1YRLSB.S1.

[279] No sentido de a renúncia ao mandato não interromper, nem suspender, a contagem de um prazo processual que se encontre em curso, tanto mais que o mandatário renunciante se encontra deontologicamente obrigado a assumir o patrocínio da parte enquanto o prazo estiver a correr e este não constituir novo mandatário (cfr. o art. 100º, nº 2, do EOA), *vide* o ac. do TRC de 29.11.2011, proc. 2191/03.0TBACB-A.C1, o ac. do TRC de 11.12.2008, proc. 637/05.1ITAACB.C1., bem como o ac. do TRP de 23.03.2020, proc. 25561/15.6T8PRT-C.P1.
Cfr., em sentido contrário, o ac. do TRE de 27.11.2006, proc. 2660/06-1, no qual se decidiu que "Notificada à parte a renúncia do mandatário deve considerar-se suspenso o prazo de interposição do recurso, que voltará a correr logo que seja constituído novo mandatário no prazo a que alude o nº 3 do artigo 39º do CPC, ou quando ocorrer nomeação oficiosa nos termos do nº 4 do mesmo preceito".

[280] *Vide*, a este propósito, o ac. do TRE de 04.10.2007, proc. 2167/07-2.

[281] Cfr., entre outros, o ac. do TRC de 23.02.2021, proc. 5403/18.1T8VIS.C1.

2) Exame do processo por advogado oficioso

Se o patrocínio judiciário for obrigatório e se não for possível notificar o réu, o reconvindo, o executado ou o requerido da revogação do mandato, deve ser-lhe nomeado um mandatário oficioso, nos termos do art. 51º, nº 3, o qual, nesse caso, pode examinar o processo durante o prazo de 10 dias (art. 47º, nº 5).

3) Remessa do processo para o tribunal competente em caso de incompetência absoluta

Verificando-se a incompetência absoluta do tribunal e se esta for decretada depois da fase dos articulados, estes podem aproveitar-se, à luz do princípio da economia processual, desde que o autor, no prazo de 10 dias, a contar do trânsito em julgado da decisão que tenha declarado a incompetência absoluta do tribunal, requeira a remessa do processo ao tribunal competente e o réu não ofereça oposição justificada contra essa remessa (art. 99º, nº 2).

4) Arguição da incompetência relativa

A incompetência relativa deve ser arguida pelo réu dentro do prazo fixado para o oferecimento da contestação, oposição, resposta ou qualquer outro meio de defesa que possa ser deduzido por ele. Nessa eventualidade, sendo arguida a incompetência relativa, o autor pode responder a essa exceção, em articulado próprio, no prazo de 10 dias, se não houver lugar a um articulado subsequente da ação, atento o disposto no art. 103º, nºs 1 e 2.

Por sua vez, verificando-se a incompetência relativa do tribunal de recurso, esta deve ser arguida no prazo de 10 dias, a contar da primeira notificação que for feita ao recorrido ou da primeira intervenção que ele tiver no processo, à luz do art. 108º, nº 1.

5) Apresentação de duplicados ou de cópias

Se os articulados forem apresentados mediante entrega em mão na secretaria judicial ou através de remessa pelo correio, sob registo, nos termos do art. 144º, nº 7, als. *a)* e *b)*, estes devem ser apresentados em duplicado, devendo a parte oferecer tantos duplicados quantos os que sejam necessários para a realização, pela secretaria, de citações ou de notificações por uma via que não seja eletrónica (art. 148º, nº 1).

Do mesmo modo, à luz do art. 148º, nº 2, os requerimentos, as alegações e os documentos que sejam apresentados por qualquer das partes, seja através de entrega em mão na secretaria judicial, seja mediante a remessa pelo correio, sob registo, nos termos do art. 144º, nº 7, als. *a)* e *b)*, devem ser acompanhados de tantas cópias, em papel comum, quantos os duplicados previstos no art. 148º, nº 1.

Ora, se a parte não entregar os duplicados ou as cópias legalmente exigidas, deve ser notificada oficiosamente pela secretaria para, no prazo de 2 dias, proceder à apresentação dos duplicados ou das cópias em falta, bem como para pagar, a título de multa, a quantia prevista no art. 139º, nº 5, al. *a)*, podendo, no entanto, requerer ao juiz, se se verificarem razões especiais que o justifiquem, a dispensa da apresentação das cópias ou a concessão de um prazo suplementar para efeitos de apresentação das cópias (art. 148º, nºs 3 e 4).

6) Comunicação de impedimento de mandatário

No que concerne à marcação das diligências judiciais, o mandatário judicial que não tenha disponibilidade de agenda para comparecer numa determinada diligência, em virtude de um outro serviço judicial previamente marcado, deve comunicar esse facto ao tribunal através de requerimento, a ser apresentado no prazo de 5 dias, nele indicando a diligência previamente marcada e o respetivo número de processo, bem como as datas alternativas que propõe (art. 151º, nº 2).

Outrossim, se o mandatário se encontrar impedido de comparecer a uma diligência judicial que já se encontrava previamente agendada, este deve comunicar imediatamente esse seu impedimento ao tribunal, atento o disposto no art. 151º, nº 5.

7) Falta ou insuficiência da gravação

Em caso de falta ou de insuficiência da gravação, em sistema vídeo ou sonoro, ou em outros meios audiovisuais ou processos técnicos semelhantes de que o tribunal disponha, da audiência final de ações, incidentes e procedimentos cautelares, a parte deve invocar essa falta ou insuficiência no prazo de 10 dias, a contar da data da disponibilização da gravação (art. 155º, nº 4)[282], sendo que, nos termos do art. 155º, nº 3, a gravação deve ser disponibilizada, de forma oficiosa, às partes no prazo de 2 dias, a contar da realização do respetivo ato[283]. Significa isto que o prazo de 10 dias para a arguição da falta ou

[282] Cfr., nesse sentido, o ac. do TRG de 28.03.2019, proc. 3268/17.0T8BRG.G1.

[283] *Vide*, a este propósito, o ac. do TRC de 25.09.2018, proc. 7839/15.0TBLSB-A.C1, no qual se consignou o seguinte: "II – A disponibilização, às partes, da gravação da audiência final de ações, incidentes e procedimentos cautelares, nos termos do artigo 155º, nº 3, do CPC, consiste na simples colocação, pela secretaria judicial, da referida gravação à disposição das partes para que estas possam obter cópia da mesma. III – Tal disponibilização não envolve a realização de qualquer notificação às partes, de que a gravação se encontra disponível na secretaria judicial, nem se con-

da insuficiência da gravação começa a correr a partir do momento em que a parte, dentro do prazo de 2 dias para a disponibilização da gravação, procede ao seu levantamento efetivo[284,285].

Por outro lado, importa referir que, se a audiência final se desdobrar por várias sessões, a secretaria deve disponibilizar às partes a respetiva gravação no prazo de 2 dias após a realização de cada uma dessas sessões, razão pela qual, nessa eventualidade, o prazo de 10 dias para a arguição da nulidade da gravação começa a correr após a disponibilização, pela secretaria, da gravação de cada uma das sessões[286].

Não sendo arguido o vício da falta ou da insuficiência da gravação dentro do prazo legalmente previsto para o efeito, o vício fica sanado, razão pela qual o mesmo não pode ser suscitado dentro do prazo de interposição do recurso (art. 638º, nº 1)[287].

8) Confiança do suporte físico do processo

Nos termos do art. 165º, os mandatários judiciais que tenham sido constituídos pelas partes, os magistrados do Ministério Público e os que exerçam o patrocínio por nomeação oficiosa podem solicitar, por escrito ou verbalmente, que os suportes físicos de processos pendentes, que contenham atos e documentos que não tenham representação eletrónica, lhes sejam confiados para exame

funde com a efetiva entrega de suporte digital da mesma gravação às partes. IV – Foi intenção do legislador que o procedimento tendente à obtenção de cópia da gravação pelas partes seja o mais simples possível, sem necessidade de realização de qualquer notificação pela secretaria e tendo em vista garantir que algum problema que se verifique com a gravação seja resolvido, com rapidez, no tribunal de primeira instância". Cfr., no mesmo sentido, o ac. do TRE de 13.01.2022, proc. 265/19.4T8CTX.E1-A.

284 Cfr., a este respeito, o ac. do TRL de 05.02.2015, proc. 8/13.6TCFUN.L1-2, no qual se sustentou que "Devendo a gravação ser disponibilizada às partes no prazo de dois dias após a realização do ato alvo de gravação, e estando as partes sujeitas ao prazo de 10 dias para invocarem a deficiência da gravação, contado da disponibilização desta, segue-se que o prazo de arguição da deficiência conta-se a partir do termo do prazo de disponibilização da gravação imposto ao tribunal, ou antes, se a gravação foi entregue à parte antes desse prazo, devendo descontar-se eventual atraso do tribunal na disponibilização efetiva da gravação à parte", o ac. do TRC de 10.07.2014, proc. 64/13.7T6AVR-A.C1, o ac. do TRL de 19.05.2016, proc. 941/08.7TBMFR-H.L1-2, o ac. do TRG de 21.01.2021, proc. 1373/17.1T8CHV-E.G1, bem como o ac. do STJ de 30.03.2022, proc. 330/14.4TTCLD.C1.S1.

285 Quanto à natureza perentória desse prazo de 10 dias, *vide* o ac. do TRG de 14.02.2019, proc. 17579/15.5T8PRT.G1. Sustentando que este prazo respeita adequadamente "o princípio da proporcionalidade dos ónus, cominações e preclusões impostos pela lei processual, não sendo inconstitucional", *vide* o ac. do TRE de 13.01.2022, proc. 265/19.4T8CTX.E1-A.

286 Cfr., nesse sentido, o ac. do TRG de 30.11.2017, proc. 229/17.2T8VVD.G1.

287 *Vide*, nesse sentido, o ac. do TRG de 12.03.2020, proc. 5253/18.5T8BRG.G1.

fora da secretaria do tribunal, beneficiando, para o efeito, de um prazo de 5 dias. Em todo o caso, o juiz pode decidir reduzir esse prazo, se considerar que o mesmo é suscetível de causar um "embaraço grave ao andamento da causa".

Nessa eventualidade, se, uma vez findo o prazo de confiança do processo, o mandatário judicial não proceder à sua restituição, este dispõe do prazo de 2 dias, a contar da notificação que, para o efeito, lhe for dirigida, para justificar a sua atuação (art. 166º, nº 1), sendo o mesmo condenado no máximo de multa, na eventualidade de não apresentar qualquer justificação ou de esta não constituir facto do conhecimento pessoal do juiz ou justo impedimento (art. 166º, nº 2, 1ª parte). Sendo o mandatário judicial condenado em multa e se, uma vez notificado da sua aplicação, não proceder à entrega do suporte físico do processo dentro do prazo de 5 dias, o montante da multa aplicada é elevado ao dobro (art. 166º, nº 2, 2ª parte), sem prejuízo da instauração do competente procedimento criminal, pelo crime de desobediência, da apreensão coerciva do suporte físico do processo, e da participação dessa conduta, para efeitos disciplinares, à respetiva ordem profissional (art. 166º, nºs 3 e 4).

9) Arguição de nulidades

O art. 199º, nº 1, estabelece a regra geral quanto ao prazo para a arguição de nulidades.

Com efeito, de acordo com o citado preceito legal, se a parte estiver presente, por si ou por mandatário, no momento em que a nulidade for cometida, esta deve ser arguida enquanto o ato processual em causa não cessar.

Outrossim, se a parte, por si ou pelo seu mandatário, não esteve presente no ato processual no qual a nulidade foi cometida, a nulidade deve ser arguida dentro do prazo geral de 10 dias (art. 149º, nº 1), começando tal prazo a correr a partir do dia em que, uma vez cometida a nulidade, a parte tenha tido alguma intervenção em algum ato praticado no processo[288] ou tenha sido

[288] *Vide*, a este propósito, o ac. do TRL de 04.06.2019, proc. 500/04.3YYLSB-C.L1-7, no qual se decidiu que "A junção de procuração forense aos autos constitui uma intervenção relevante que faz pressupor o conhecimento do processo e que se tem de ter como válida para início da contagem do prazo previsto no art. 199º do CPC e para arguição de nulidades relacionadas com a tramitação processual". Cfr., ainda, o ac. do TRL de 12.03.2019, proc. 24790/12.9YYLSB-B.L1-7, no qual se consignou o seguinte: "I – Se a parte não estiver presente quando a nulidade processual foi cometida, dispõe a mesma de 10 dias para a invocar contados da sua intervenção em ato processual subsequente ou da notificação para qualquer termo do processo, mas, neste caso, apenas quando for de presumir que então tomou conhecimento dessa nulidade ou que dela pôde aperceber-se. II – Na primeira situação, o prazo conta-se, sem mais, desde a intervenção da parte no processo: [...]", bem como o ac. do TRP de 08.01.2018, proc. 80/12.6TBMAI-C.P1.

notificada para algum termo dele. Contudo, neste último caso, o prazo para a arguição da nulidade só começa a correr desde que se possa presumir que a parte tomou conhecimento da nulidade ou que, agindo com a devida diligência, dela pudesse conhecer[289].

Porém, o Código de Processo Civil prevê regimes especiais para a arguição de certas nulidades processuais.

Assim, estando em causa a nulidade da citação, pelo facto de não terem sido observadas, na sua realização, as formalidades previstas na lei (art. 227º)[290], essa nulidade deve ser arguida dentro do prazo que tiver sido indicado ao réu para deduzir contestação. Em todo o caso, se a citação tiver sido edital ou se não tiver sido indicado ao réu o prazo para deduzir contestação, a nulidade da citação pode ser arguida aquando da primeira intervenção do citando no processo (art. 191º).

Por sua vez, no que respeita às nulidades da ineptidão da petição inicial (art. 186º) e do erro na forma de processo (art. 193º), estas devem ser invocadas até à contestação ou, se o mesmo for oferecido, nesse articulado, atento o disposto no art. 198º, nº 1.

Já no que concerne às nulidades por falta de citação do réu ou do Ministério Público (arts. 187º e 188º) ou por falta de vista ou exame ao Ministério Público como parte acessória (art. 194º), estas devem ser arguidas em qualquer estado do processo, enquanto não deverem considerar-se sanadas, atento o disposto no art. 198º, nº 2.

Não sendo a nulidade arguida dentro do prazo legalmente previsto para o efeito, tal acarreta a sanação da nulidade, salvo se estiver em causa uma nulidade que possa ser invocada a todo o tempo[291] ou que seja do conhecimento oficioso do tribunal.

10) Alteração ou ampliação da causa de pedir

Verificando-se uma confissão feita pelo réu no seu articulado de contestação, a qual tenha sido aceite pelo autor, este pode requerer a alteração ou a ampliação da causa de pedir em consequência dessa confissão, no prazo de 10 dias, contando-se esse prazo desde a data em que o autor tenha aceite a confissão (art. 265º, nº 1).

[289] Cfr., a este respeito, SOUSA, Miguel Teixeira de, "Arguição de nulidades processuais e diligência das partes: Anotação ao Acórdão nº 678/98 do Tribunal Constitucional", *in ROA*, ano 61, vol. III, Lisboa, dezembro 2001, p. 1473.

[290] Cfr., a este respeito, o ac. do TRE de 08.09.2006, proc. 1083/05-2, bem como o ac. do TRE de 04.10.2007, proc. 966/07-3.

[291] *Vide*, nesse sentido, o ac. do TRE de 14.01.2021, proc. 767/18.0T8TMR-A.E1.

11) Oposição nos incidentes

Nos incidentes que sejam deduzidos na pendência de uma causa, a oposição deve ser oferecida no prazo de 10 dias, à luz dos arts. 292º e 293º, nº 2[292], salvo se, por força de disposição especial, for fixado um prazo diferente.

12) Impugnação de documentos

Nos termos do art. 444º, nº 1, a parte deve, no prazo de 10 dias, a contar da data da respetiva apresentação ou da notificação da sua junção, impugnar a letra ou a assinatura do documento particular ou da exatidão da reprodução mecânica, negar as instruções a que se refere o art. 381º, nº 1, do CC, ou declarar que não se sabe se a letra ou a assinatura do documento particular é verdadeira.

Para além disso, nesse mesmo prazo de 10 dias, a parte deve arguir a falta de autenticidade do documento que seja presumido por lei como autêntico, a falsidade do documento, a subscrição de documento particular por pessoa que não sabia ou não podia ler sem a intervenção notarial a que se refere o art. 373º do CC, bem como a subtração de documento particular assinado em branco e a inserção nele de declarações divergentes do ajustado com o signatário. De todo o modo, se a parte apenas tiver conhecimento do facto que fundamenta a arguição depois de já terem decorrido 10 dias após a apresentação ou a notificação da junção do documento, a parte pode apresentar a sua arguição no prazo de 10 dias, a contar do conhecimento desse facto, atento o preceituado no art. 446º, nºs 1 e 2.

13) Arguição da falsidade da citação ou de ato judicial

A falsidade da citação judicial deve ser arguida no prazo de 10 dias, contando-se esse prazo a partir da citação do réu no processo, à luz do art. 451º, nº 1.

Do mesmo modo, nos termos do art. 451º, nº 2, deve ser arguida no prazo de 10 dias a falsidade de qualquer outro ato judicial, contando-se esse prazo desde o dia em que deva entender-se que a parte teve conhecimento do ato objeto de impugnação.

14) Obstáculos à nomeação de perito

De acordo com o art. 471º, nº 1, as causas de impedimento, suspeição e dispensa legal do exercício da função de perito devem ser invocadas pelas partes ou pelo próprio perito designado, consoante as circunstâncias, no prazo

[292] Cfr., a este propósito, Costa, Salvador da, *Os Incidentes da Instância*, 9ª ed., Almedina, Coimbra, 2017, p. 14.

de 10 dias, a contar da data do conhecimento da nomeação. No entanto, se o conhecimento for superveniente, essas causas devem ser invocadas no prazo de 10 dias após esse conhecimento.

Por sua vez, verificando-se um motivo de escusa, esta pode ser invocada pelo próprio perito, no prazo de 5 dias após o conhecimento da nomeação, à luz do art. 471º, nº 2.

15) Realização de segunda perícia

Se tiver sido realizada uma diligência pericial, qualquer uma das partes pode requerer, no prazo de 10 dias, a contar da notificação do relatório pericial (arts. 484º e 485º)[293], que se proceda à realização de uma segunda perícia, devendo, para o efeito, alegar, de forma fundamentada, quais as razões para a sua discordância em relação ao relatório pericial (art. 487º, nº 1)[294].

3.2.8.2. No processo de declaração

1) Pagamento da taxa de justiça por indeferimento do pedido de apoio judiciário

Nos termos dos arts. 552º, nº 10, e 570º, nº 2, sendo indeferido o pedido de apoio judiciário, a parte deve comprovar, no processo, o pagamento da taxa de justiça devida, no prazo de 10 dias a contar da notificação dessa decisão[295].

Não sendo junto ao processo, dentro do referido prazo de 10 dias, o documento comprovativo do pagamento da taxa de justiça, a lei de processo civil estabelece um regime distinto consoante a falta seja do autor ou do réu: assim, se a falta for do autor, a petição inicial deve ser desentranhada, salvo se o indeferimento do pedido de apoio judiciário só for notificado depois de efetuada a

[293] No sentido de consubstanciar uma nulidade, a ser arguida no prazo de 10 dias a contar do dia em que, depois de cometida a nulidade, a parte interveio em algum ato praticado no processo ou foi notificada para qualquer termo dele (ex. notificação da sentença), atento o disposto no art. 199º, nº 1, *vide* o ac. do TRC de 03.03.2020, proc. 5412/17.8T8VNF.C1.

[294] *Vide*, a este respeito, o ac. do TRL de 26.09.2019, proc. 2091/16.3T8TVD.L1-8, no qual se consignou que "Nos casos em que são pedidos esclarecimentos à perícia realizada, o prazo de 10 dias facultado às partes, no artigo 487º, nº 1, do CPC, para requerer segunda perícia, inicia-se com a notificação das respostas dadas pelos peritos, independentemente de a parte que requer a segunda perícia ser ou não a parte que reclamou".

[295] Cfr., no mesmo sentido, o ac. do TRE de 23.04.2020, proc. 9396/17.4T8STB-E.E1. *Vide*, ainda, o ac. do TRL de 28.04.2022, proc. 71848/20.7YIPRT.L1-2, no qual se entendeu que "Não se mostrando devidamente comprovado nos autos que o requerente do apoio judiciário tenha sido notificado do projecto de indeferimento, ou mesmo do indeferimento, desse seu pedido, por parte da Segurança Social, a contagem do prazo para efectuar o pagamento da taxa de justiça devida terá início com a notificação que o tribunal lhe faça desse indeferimento".

citação do réu (art. 552º, nº 10); se a falta for do réu, a secretaria deve notificá-lo para, no prazo de 10 dias, efetuar o pagamento omitido, com acréscimo de multa de igual montante, mas não inferior a 1 UC nem superior a 5 UC (art. 570º, nº 3). Neste caso, após a fase dos articulados, se não tiver sido junto pelo réu o documento comprovativo do pagamento da taxa de justiça devida e da multa, ou se não tiver sido efetuada a comprovação desse pagamento, o juiz deve proferir um despacho, convidando o réu a proceder, no prazo de 10 dias, ao pagamento da taxa de justiça e da multa em falta, acrescida de multa de valor igual ao da taxa de justiça inicial, com o limite mínimo de 5 UC e máximo de 15 UC[296]. Se, no termo desse prazo, o réu persistir na omissão, o tribunal deve determinar o desentranhamento da contestação (art. 570º, nºs 5 e 6).

2) Alegação e exame do processo em caso de revelia
Estando o réu em situação de revelia, tendo sido ou devendo considerar-se regularmente citado ou tendo juntado procuração a favor de mandatário judicial dentro do prazo da contestação, é concedido o prazo de 10 dias, primeiro ao mandatário do autor e, depois, ao mandatário do réu, para alegarem por escrito, com exame, se necessário, do suporte físico do processo (art. 567º, nº 2).

3) Aperfeiçoamento das conclusões de recurso
Se as conclusões de recurso foram deficientes, obscuras ou complexas, ou se o recorrente não tiver observado os ónus previstos no art. 639º, nº 2, o relator deve convidar o recorrente a, no prazo de 5 dias, aperfeiçoar as conclusões de recurso, completando-as, esclarecendo-as ou sintetizando-as, sob pena de não conhecer do recurso, na parte afetada. Nessa eventualidade, uma vez notificado do aperfeiçoamento das conclusões de recurso, o recorrido pode responder ao aditamento ou ao esclarecimento, em igual prazo de 5 dias (art. 639º, nºs 3 e 4).

4) Reclamação do despacho de não admissão do recurso ou que retenha a subida do recurso
Se o recurso não for admitido pelo tribunal *a quo*, o recorrente pode reclamar, no prazo de 10 dias, para o tribunal que seria competente para o conhecer,

[296] *Vide*, a este propósito, o ac. do TRP de 23.03.2020, proc. 5326/19.0YIPRT-A.P1, no qual se decidiu que "A multa aplicada, com fundamento no art. 570º, nº 5, do CPC, constitui uma consequência da omissão do pagamento atempado da taxa de justiça e por isso, o prazo para o seu pagamento deve obedecer ao mesmo regime previsto para a mera omissão do pagamento da taxa de justiça, por se tratar, ainda, de ato conexo com ato processual de natureza tributária e por isso, não beneficia do regime do art. 139º, nº 5, do CPC".

começando esse prazo a correr desde a notificação do despacho de não admissão do recurso. Nessa eventualidade, o recorrido pode responder a essa reclamação no prazo de 10 dias, a contar da respetiva notificação (art. 643º, nºs 1 e 2).

Por sua vez, do despacho que retenha a subida do recurso cabe igualmente reclamação, a ser apresentada no prazo de 10 dias, junto do tribunal *a quo*, mas dirigida ao tribunal superior que seria competente para o conhecimento do recurso (tribunal *ad quem*), beneficiando também aqui o recorrido de igual prazo de 10 dias para oferecer a sua resposta quanto ao mérito da reclamação apresentada, atento o disposto nos arts. 641º, nº 6, e 643º[297].

3.2.8.3. No processo de execução

1) Pagamento de quantias devidas ao agente de execução

À luz do art. 721º, nº 1, os honorários que sejam devidos ao agente de execução, o reembolso das despesas por ele efetuadas, bem como os débitos a terceiros resultantes da venda executiva, devem ser liquidados pelo exequente no prazo de 30 dias, a contar da respetiva notificação, sob pena de, não o fazendo, a instância executiva se extinguir (art. 721º, nºs 1 a 3).

2) Oposição à execução e contestação à oposição

Na ação executiva para pagamento de quantia certa, a oposição à execução pode ser deduzida no prazo de 20 dias, contando-se tal prazo a partir da citação do executado[298].

Pode, no entanto, suceder que o facto que serve de fundamento à oposição à execução seja objetiva ou subjetivamente superveniente, isto é, tenha ocorrido ou sido conhecido após o termo do prazo de 20 dias legalmente previsto para a dedução de oposição à execução. Nessa eventualidade, a oposição à execução pode ser deduzida no prazo de 20 dias a contar da data da ocorrência (superveniência objetiva) ou da data do conhecimento (superveniência subjetiva) do facto que serve de fundamento a essa oposição (art. 728º, nºs 1 e 2)[299].

[297] Cfr., a este propósito, FURTADO, J. Pinto, *Recursos em Processo Civil*, Quid Iuris, Lisboa, 2013, p. 18.

[298] Trata-se, com efeito, de um prazo perentório, razão pela qual a falta de dedução da oposição dentro desse prazo preclude o direito de praticar esse ato processual em momento posterior. Em todo o caso, como bem se decidiu no ac. do TRE de 11.07.2019, proc. 647/18.9T8PTM.E1, ainda que o executado não tenha deduzido embargos de executado dentro do prazo legalmente previsto para o efeito, tal não o impede de propor uma ação declarativa, nela peticionando a repetição do indevido.

[299] Assim, conforme se decidiu no ac. do TRL de 30.05.2019, proc. 847/15.3T8OER-A.L1-8, "a contagem do prazo de 20 dias, inicia-se a partir da data em que tiver ocorrido o facto objectivo superveniente fundamento da oposição e a partir da data em que o executado/opoente teve conhecimento (superveniente) desse mesmo facto fundamento da oposição". Cfr., ainda, o

Se a oposição à execução for recebida, o exequente pode, à luz do princípio da igualdade de armas, contestar em igual prazo de 20 dias, contando-se tal prazo a partir da notificação da oposição à execução, atento o disposto no art. 732º, nº 2.

Do mesmo modo, na ação executiva para entrega de coisa certa e na ação executiva para prestação de facto, o executado dispõe do prazo de 20 dias para deduzir oposição, nos termos dos arts. 859º, 868º, nº 2, e 876º, nº 2, podendo o exequente contestar em igual prazo de 20 dias.

3) Separação de bens em caso de penhora de bens comuns do casal

Verificando-se a penhora de bens comuns do casal, em execução movida apenas contra um dos cônjuges, o agente de execução deve citar o cônjuge do executado para que este, no prazo de 20 dias, requeira a separação de bens ou junte ao processo a certidão comprovativa da pendência da ação em que essa separação já tenha sido requerida, sob pena de, não o fazendo, a execução prosseguir sobre os bens comuns que tenham sido penhorados (art. 740º, nº 1).

4) Comunicabilidade da dívida

Se for invocada a comunicabilidade da dívida pelo exequente ou pelo executado, nos termos dos arts. 741º e 742º, o cônjuge do executado deve ser citado para, no prazo de 20 dias, declarar se aceita a comunicabilidade da dívida, baseada no fundamento alegado, sob pena de, nada dizendo, a dívida ser considerada comum, sem prejuízo da oposição que, contra ela, seja deduzida.

5) Penhora de créditos

Sendo efetuada a penhora de créditos, o devedor do executado deve "declarar se o crédito existe, quais as garantias que o acompanham, em que data se vence e quaisquer outras circunstâncias que possam interessar à execução". No entanto, se essa declaração não puder ser feita no ato da penhora, a mesma pode ser prestada por escrito, ao agente de execução, no prazo de 10 dias, a contar da notificação da penhora, atento o disposto no art. 773º, nºs 2 e 3.

ac. do TRL de 11.01.2018, proc. 1723/05.3TBTVD-A.L1-2, o ac. do TRG de 28.06.2018, proc. 6952/10.5TBBRG-A.G1, bem como o ac. do TRE de 09.06.2022, proc. 1588/19.8 T8BJA-E.E1, este último com o seguinte sumário: "A superveniência que importa é aquela que respeita aos factos que integram a previsão dos fundamentos da oposição, e não à prova dessa matéria factual. Importa não confundir superveniência com a tempestividade da arguição: o facto superveniente tem, ainda assim, que ser invocado pelo executado nos prazos prescritos no nº 2 do artigo 728º, sob pena de não poder ser considerado".

6) Oposição à penhora

Tratando-se de um processo executivo para pagamento de quantia certa, tramitado sob a forma ordinária, o executado pode deduzir oposição à penhora, no prazo de 10 dias, a contar da notificação do ato da penhora, nos termos do art. 785º, nº 1.

Diferentemente, estando em causa um processo executivo para pagamento de quantia certa sob a forma sumária, ou um processo executivo para pagamento de quantia certa sob a forma ordinária, no qual tenha sido requerida, à luz do art. 727º, a dispensa de citação prévia, o executado pode deduzir oposição à penhora no prazo de 20 dias (art. 856º, nº 1), independentemente de a oposição à penhora ser ou não cumulada com os embargos de executado[300]. Com efeito, se a oposição à penhora não for cumulada com os embargos de executado, o art. 856º, nº 4, estatui que é aplicável ao incidente de oposição à penhora o disposto nos nºs 2 a 6 do art. 785º, sendo que o legislador excluiu expressamente a aplicação do nº 1 deste preceito legal, o qual prevê um prazo de 10 dias para a dedução de oposição.

Do mesmo modo, à luz do art. 787º, nº 1, o cônjuge do executado que tenha sido citado nos termos do art. 786º, nº 1, al. *a)*, 1ª parte, pelo facto de a penhora ter recaído sobre bens imóveis ou estabelecimento comercial que o executado não possa alienar livremente, pode deduzir oposição à penhora no prazo de 20 dias.

7) Reclamação de créditos

O credor que goze de garantia real sobre os bens penhorados pode reclamar que o seu crédito seja pago pelo produto da venda desses bens, dispondo, para o efeito, de um prazo de 15 dias, a contar da respetiva citação, atento o disposto no art. 788º, nº 2.

Sendo deduzida uma reclamação de créditos, o exequente, o executado e os demais credores reclamantes que sejam titulares de direitos reais de garantia sobre os mesmos bens objeto de reclamação podem impugnar essa reclamação, no prazo de 15 dias, a contar da respetiva notificação, à luz do art. 789º, nºs 2 e 3.

Por sua vez, nos termos do art. 794º, nº 2, verificando-se uma pluralidade de penhoras sobre os mesmos bens, o exequente pode reclamar o seu crédito no processo executivo em que a penhora seja mais antiga, dispondo, para o efeito, de um prazo de 15 dias, a contar da notificação da sustação da execução.

300 Cfr., no mesmo sentido, o ac. do TRG de 19.11.2019, proc. 1336/15.1T8VRL-C.G1.

8) Depósito do preço na venda executiva

Se, no âmbito da ação executiva para pagamento de quantia certa, for aceite alguma proposta quanto à aquisição de bens e/ou de direitos penhorados, o proponente ou o preferente devem, no prazo de 15 dias, a contar da respetiva notificação[301], depositar numa instituição de crédito, à ordem do agente de execução ou, no caso de as diligências de execução serem realizadas por oficial de justiça, da secretaria, a totalidade ou a parte do preço que se encontre em falta (art. 824º, nº 2)[302].

Este prazo reveste natureza perentória, razão pela qual a inobservância do mesmo acarreta a aplicação das cominações previstas no art. 825º para a falta de depósito do preço[303].

3.2.8.4. No processo de inventário

1) Bens que não se encontrem em poder do requerente do inventário

No âmbito do processo de inventário, se o requerente alegar que está impossibilitado de relacionar determinados bens, pelo facto de estes se encontrarem em poder de outra pessoa, e esta, uma vez notificada, alegar que os bens não existem ou que não têm de ser relacionados, os restantes interessados devem ser notificados do teor dessa resposta, dispondo do prazo de 20 dias para, querendo, se pronunciarem (art. 1101º[304]).

[301] *Vide*, a este respeito, o ac. do TRL de 02.12.2021, proc. 1642/16.8T8OER-D.L1-6, com o seguinte sumário: "O artigo 824º, nº 2, do CPC não estabelece um prazo dentro do qual o agente de execução tem de cumprir a notificação ali prevista ao proponente, pelo que o facto da notificação ao proponente ser posterior, por dias, à realizada ao exequente e ao executado sobre o resultado do leilão, não constitui qualquer irregularidade nem nulidade que deva determinar a anulação do leilão, nem determina, só por si, qualquer violação do direito de acesso à justiça e a um processo equitativo, nem violação do princípio da igualdade face a outros eventuais proponentes".

[302] No sentido de este prazo revestir natureza processual, estando, por isso, a sua contagem sujeita às regras previstas na lei processual civil, *vide* o ac. do TRE de 09.07.2015, proc. 382/13.4TBPSR-A.E1.

[303] Sustentando que este prazo não é suscetível de ser prorrogado, razão pela qual o depósito do preço, fora do prazo, só pode ter lugar em caso de justo impedimento, *vide* o ac. do TRP de 14.06.2005, proc. 0522595, bem como o ac. do TRP de 01.07.2019, proc. 2725/16.0T8VFR-A.P1. Defendendo, pelo contrário, que a violação deste prazo, pese embora a sua natureza processual, não importa qualquer efeito preclusivo, isto é, não preclude a possibilidade de o proponente depositar o preço em falta num momento posterior, atento o regime jurídico constante do art. 825º, *vide* o ac. do TRG de 31.01.2019, proc. 216/14.2TBVPA.G2.

[304] Na redação dada pela Lei nº 117/2019, de 13 de setembro, com entrada em vigor no dia 1 de janeiro de 2020.

2) Citação do cabeça-de-casal no inventário

Se o requerimento inicial do processo de inventário não tiver sido apresentado pelo cabeça-de-casal, este deve ser advertido, no ato da sua citação, para, no prazo de 30 dias – sem prejuízo da possibilidade de prorrogação desse prazo, mediante pedido do cabeça-de-casal –, confirmar, corrigir ou completar, de acordo com o estabelecido no art. 1097º, o que consta do requerimento inicial e juntar os documentos que se mostrem necessários, apresentar ou completar a relação de bens nos termos dos arts. 1097º, nº 2, al. *c)*, e 1098º, e apresentar o compromisso de honra do fiel exercício das suas funções, à luz do art. 1097º, nº 2, al. *e)*, e nº 3 (art. 1102º).

3) Oposição, impugnação e reclamação

Nos termos do art. 1104º, nº 1[305], quer os interessados diretos na partilha, quer o Ministério Público, quando tenha intervenção principal no processo de inventário, podem, no prazo de 30 dias, a contar da sua citação:

- *a)* deduzir oposição ao inventário;
- *b)* impugnar a legitimidade dos interessados citados ou alegar a existência de outros interessados que não tenham sido citados;
- *c)* impugnar a competência do cabeça de casal ou as indicações constantes das suas declarações;
- *d)* apresentar reclamação à relação de bens; ou
- *e)* impugnar os créditos e as dívidas da herança.

Acresce que, nos termos do nº 2 do citado preceito legal, esses direitos processuais podem igualmente ser exercidos, com as necessárias adaptações, pelo requerente do inventário ou pelo cabeça de casal, contando-se o referido prazo de 30 dias, quanto ao requerente, da notificação prevista no art. 1100º, nº 3, e, quanto ao cabeça de casal, da citação efetuada nos termos do art. 1100º, nº 2, al. *b)*.

Ademais, atento o disposto no art. 1104º, nº 3, os herdeiros legitimários, os legatários e os donatários podem deduzir impugnações, em igual prazo de 30 dias, relativamente às questões que sejam suscetíveis de afetar os seus direitos.

À luz do art. 1105º[306], sendo deduzida alguma oposição, impugnação ou reclamação, procede-se à notificação dos interessados, sendo que, aqueles

[305] Na redação dada pela Lei nº 117/2019, de 13 de setembro, com entrada em vigor no dia 1 de janeiro de 2020.

[306] Na redação dada pela Lei nº 117/2019, de 13 de setembro, com entrada em vigor no dia 1 de janeiro de 2020.

que tenham legitimidade para se pronunciar sobre a questão concretamente suscitada, podem responder no prazo de 30 dias.

4) Pronúncia sobre a forma da partilha
De acordo com o art. 1110º, nº 1, al. *b)*[307], uma vez realizadas as diligências instrutórias que considere necessárias, o juiz deve proferir despacho saneador, ordenando a notificação dos interessados e do Ministério Público para que estes, no prazo de 20 dias, proponham a forma da partilha.

5) Proposta de mapa da partilha
Os interessados e o Ministério Público – nos casos em que este tenha intervenção principal na causa – dispõem do prazo de 20 dias, a contar da respetiva notificação, para apresentarem proposta de mapa da partilha, da qual constem os direitos de cada interessado e o preenchimento dos seus quinhões, de acordo com o despacho determinativo da partilha e os elementos resultantes da conferência de interessados (art. 1120º, nº 1[308]).

6) Reclamações contra o mapa da partilha
Uma vez elaborado o mapa da partilha, os interessados são dele notificados, podendo apresentar reclamações, atento o disposto no art. 1120º, nº 5[309]. Uma vez que a lei não estabelece qualquer prazo para esse efeito, as reclamações devem ser apresentadas dentro do prazo supletivo de 10 dias.

7) Composição de quinhões e tornas
Nos termos do art. 1121º, nº 1, os interessados aos quais caibam tornas, em resultado do mapa da partilha, devem ser notificados para requerer a composição dos seus quinhões por bens que não se mostrem adjudicados ou para reclamar o pagamento de tornas, dispondo, para o efeito, do prazo supletivo de 10 dias.

Nesse caso, se for reclamado o pagamento de tornas, o interessado que as deva pagar deve, em igual prazo supletivo de 10 dias, a contar da respetiva notificação, proceder ao pagamento das tornas (art. 1121º, nº 2)[310].

[307] Na redação dada pela Lei nº 117/2019, de 13 de setembro, com entrada em vigor no dia 1 de janeiro de 2020.

[308] Na redação dada pela Lei nº 117/2019, de 13 de setembro, com entrada em vigor no dia 1 de janeiro de 2020.

[309] Na redação dada pela Lei nº 117/2019, de 13 de setembro, com entrada em vigor no dia 1 de janeiro de 2020.

[310] Na redação dada pela Lei nº 117/2019, de 13 de setembro, com entrada em vigor no dia 1 de janeiro de 2020.

8) Justificação de ausência
À luz do art. 1131º, nº 1, em caso de ausência do interessado, para que seja deferida a curadoria e se proceda à entrega dos bens do ausente, devem ser citadas e podem intervir as pessoas referidas no art. 100º do CC. Nessa eventualidade, no prazo de 30 dias, a contar da realização da citação, qualquer um dos citados pode deduzir oposição quanto à data da ausência ou das últimas notícias do ausente constante do processo, indicando a que considera exata (art. 1131º, nº 2)[311].

9) Remessa do inventário notarial ao tribunal
Sendo requerida, nos termos do art. 12º da Lei nº 117/2019, de 13 de setembro, a remessa do inventário notarial ao tribunal competente, e se o notário, uma vez ouvidos os demais interessados, deferir esse pedido, os interessados dispõem do prazo de 15 dias, a contar da notificação do despacho de deferimento do pedido, para deduzir as impugnações contra decisões proferidas pelo notário, que pretendessem impugnar nos termos do art. 76º, nº 2, do regime jurídico do processo de inventário.

3.3. Prazos dilatórios

3.3.1. Breve enquadramento histórico

Nas Ordenações Afonsinas, Manuelinas e Filipinas, o Livro III, Título I, preceituava que, sendo passada por um julgador uma carta precatória a outro julgador, para que fosse citada uma pessoa "*fora de seu territorio*", devia declarar-se na carta de citação o dia em que o citando teria de comparecer em juízo.

Por sua vez, na Reforma Judiciária, constante do Decreto nº 24, de 16 de maio de 1832, estabelecia-se no seu art. 69º que os ausentes em parte certa e segura só podiam ser citados através de carta precatória dirigida ao juiz do lugar onde se encontrassem, sendo que o réu seria citado para comparecer no prazo que lhe fosse designado para o efeito, o qual nunca poderia "exceder o de quinze dias até dois meses, dentro do Reino, ou do Arquipélago", observando-se o disposto na lei existente se o réu carecesse de vir de fora do reino ou do arquipélago.

Posteriormente, na Nova Reforma Judiciária, materializada pelos Decretos de 29 de novembro de 1836 e de 13 de janeiro de 1837[312], preceituava-se

[311] Na redação dada pela Lei nº 117/2019, de 13 de setembro, com entrada em vigor no dia 1 de janeiro de 2020.

[312] *Vide*, a este propósito, CARLOS, Adelino da Palma, *Linhas Gerais do Processo Civil Português*, Edições Cosmos, Lisboa, 1991, p. 22.

no art. 23º, § 1º, deste último decreto que, se a citação fosse efetuada através de carta precatória, devia ser fixado ao citando um prazo razoável, "*segundo a distancia dos logares*", para que este comparecesse na audiência.

Entretanto, a Novíssima Reforma Judiciária, aprovada pelo Decreto de 21 de maio de 1841, viria a estabelecer no seu art. 205º, § único, que, em regra, o prazo para que o citando se apresentasse em juízo era improrrogável, mas, se a citação fosse realizada através de carta precatória, devia ser declarado na carta de citação um prazo razoável para que o citando comparecesse em juízo[313]. Paralelamente, o art. 269º desse diploma legal dispunha que as testemunhas que morassem fora do julgado só podiam ser inquiridas por carta precatória dirigida ao juiz do julgado onde estivessem e houvessem de ser inquiridas, cabendo ao juiz fixar um prazo de dilação para o cumprimento da carta, o qual, se a carta devesse ser cumprida dentro do reino, não podia exceder dois meses[314].

No Código de Processo Civil de 1876[315], resultava do seu art. 75º que, nas cartas para citação ou intimação, devia ser declarado o prazo dentro do qual o citando devia comparecer em juízo ou desde quando se deviam contar as audiências ou o termo que lhe fora designado, sendo que esse prazo corria de forma contínua desde a citação, não podendo ser prorrogado, e os efeitos da citação só começavam no dia em que o prazo terminasse. Acresce que, de acordo com o art. 77º, o prazo era designado pelo juiz "*segundo a distancia, a facilidade de communicações e a natureza da diligencia, nos termos seguintes:*

1º Nas cartas para citação ou intimação não poderá o praso ser inferior a cinco dias nem superior a vinte, quando o local da citação ou intimação e o do comparecimento forem no continente do reino ou em alguma das ilhas adjacentes; não poderá ser inferior a trinta dias nem superior a noventa, quando um d'estes locaes for no continente do reino e o outro em qualquer das ilhas adjacentes, ou quando algum d'elles for em uma das ilhas e o outro em outra ilha; e não poderá

[313] Neste particular, Pereira e Souza ensinava que a dilação era o "espaço de tempo concedido pela lei ou pelo juiz para dentro dele se tratarem os autos judiciais" e podia dividir-se em três categorias: citatória, deliberatória e probatória. Assim, a *dilação citatória* era aquela que continha o termo designado ao réu para que ele comparecesse em juízo; por sua vez, a *dilação deliberatória* era aquela que se concedia "a qualquer das partes para deliberar sobre os meios do seu direito ou da sua defesa; quanto à *dilação probatória*, era a que se concedia para a produção das provas (Souza, Joaquim José Caetano Pereira e, *Primeiras Linhas sobre o Processo Civil*, tomo I, Imprensa Literária, Coimbra, 1872, pp. 132 e 133).

[314] *Vide*, a este propósito, Telles, J. H. Corrêa, *Manual do Processo Civil*, 2ª ed., Imprensa da Universidade, Coimbra, 1844, p. 86.

[315] Aprovado pela Carta de Lei de 8 de novembro de 1876.

ser inferior a um mez nem superior a um anno quando o local da citação for em alguma das provincias ultramarinas ou em paiz estrangeiro;

2º *Nas cartas para qualquer outra diligencia, que não seja citação ou intimação, o praso não poderá ser inferior a vinte dias nem superior a quarenta, quando o juizo ou tribunal que expedir a carta e aquelle que houver de cumpril-a tiverem as suas sédes no continente do reino ou na mesma ilha; não poderá ser inferior a sessenta dias nem superior a noventa, quando um d'elles a tiver em uma das ilhas e o outro em outra ilha; e não poderá ser inferior a sessenta dias nem superior a um anno, quando a diligencia tiver de effectuar-se em alguma das províncias ultramarinas ou em paiz estrangeiro.*

§ unico. A prorogação, quando tiver logar, não poderá exceder um praso igual áquelle que estava designado"[316].

No Código de Processo Civil de 1939[317], os prazos dilatórios achavam-se regulados no art. 180º, o qual estabelecia a regra segundo a qual o prazo dilatório devia ser expressamente indicado na carta de citação, não podendo tal prazo ser objeto de prorrogação. O prazo dilatório era marcado pelo juiz, "tendo-se em conta a distância e a facilidade das comunicações", podendo ser fixado dentro dos seguintes limites:

"*a) Entre três e oito dias quando o processo correr no continente e a citação tenha de efectuar-se também no continente;*

b) Entre três e dez dias quando o tribunal da acção fôr numa ilha adjacente e a citação tenha de fazer-se na mesma ilha;

[316] Nos estudos que antecederam a aprovação do Código de Processo Civil de 1876, Manuel d'Oliveira Chaves e Castro defendia o seguinte: "*e o juiz mandará proceder á citação do réo ou réos, para que, sendo moradores no julgado, venham na quarta audiência posterior á citação offerecer a sua defesa, e seguir todos os termos da causa até final, sob pena de revelia. Mas se morarem fóra do julgado, ser-lhe-ão concedidos, alem das quatro audiências, tantos dias, quantos o juiz entender precisos, para se fazer a citação e para a vinda do réo ou réos; com tanto que a cada dia não caibam nem menos de vinte, nem mais de trinta kilometros. Achando-se os réos a distancias deseguaes, assignar-se-á a todos o mesmo praso de tempo regulado pela distancia maior. Se o réo ou réos morarem dentro do reino, mas fóra do continente, o juiz, a quem for enviada a copia do libello para mandar proceder á sua citação, conceder-lhes-á para a apresentação de sua defesa prasos maiores ou menores conforme a distancia a que se acharem e a facilidade de comunicações. Achando-se o réo ou réos em paizes estrangeiros, os prasos para a apresentação de sua defesa serão regulados pelos tractados internacionais, e em sua falta pelas disposições geraes do Governo*" (Castro, Manuel d'Oliveira Chaves e, *Estudos sobre a Reforma do Processo Civil Ordinario Portuguez: Desde a Proposição da Acção até á Sentença de Primeira Instancia*, Imprensa da Universidade, Coimbra, 1866, pp. 93 e 94).

[317] Aprovado pelo DL nº 29.637, de 28 de maio.

> *c) Entre oito e trinta dias quando um dos locais seja no continente e o outro numa das ilhas, ou quando os dois locais sejam em ilhas diferentes, ou quando a citação tenha de efectuar-se em país estrangeiro, dentro da Europa, ou nas colónias da Guiné, Cabo Verde e S. Tomé;*
> *d) Entre trinta e sessenta dias quando a citação tenha de efectuar-se em Angola;*
> *e) Entre trinta dias e quatro meses quando a citação tenha de efectuar-se nalguma outra colónia ou nalgum outro país estrangeiro".*

Estas regras deviam ser igualmente observadas para a fixação do dia do comparecimento do citando.

Nos termos do art. 249º, § único, do CPC_{1939}, em caso de citação por via edital, a dilação era fixada pelo juiz entre 30 dias a seis meses. No entanto, se a citação edital fosse determinada pela incerteza da pessoa a citar, a dilação só podia ser fixada entre 30 a 60 dias (art. 250º, 3ª, do CPC_{1939}).

Entretanto, por força da Segunda Guerra Mundial, o Decreto nº 33.219, de 13 de novembro de 1943, veio dispor no seu art. 2º o seguinte:

> *"Excecionalmente, quando por motivos de guerra ou outros idênticos se dê grave perturbação nos meios de comunicação com países estrangeiros, colónias e Arquipélagos dos Açôres e da Madeira, pode ser prorrogado pelo tempo que as circunstâncias exigirem o prazo da dilação a que se refere o artigo 180º do Código de Processo Civil".*

Por sua vez, o Código de Processo Civil de 1961[318] regulava igualmente os prazos dilatórios no seu art. 180º, sendo que o seu regime era, no essencial, semelhante ao anteriormente previsto na lei de processo civil de 1939, apresentando, no entanto, algumas alterações.

Assim, de acordo com o art. 180º, nºs 1 e 4, do CPC_{1961}, passou a admitir-se a possibilidade de o prazo dilatório ser ampliado ou prorrogado, "na medida em que fundadamente se julgue necessário", nos casos em que, "por motivo de força maior", se registasse "grave perturbação" nos meios de comunicação com o lugar onde a diligência devesse ser efetuada.

Para além disso, nos termos do art. 180º, nº 2, do CPC_{1961}, tendo em conta "a distância e a facilidade das comunicações", a dilação devia ser marcada dentro dos seguintes limites:

> *"a) Entre três e dez dias, quando o processo correr no continente e a citação tenha de efectuar-se também no continente ou quando, correndo o processo numa ilha adjacente, a citação tenha de fazer-se na mesma ilha;*

[318] Aprovado pelo DL nº 44 129, de 28 de dezembro.

b) *Entre oito e trinta dias, quando um dos locais seja no continente e outro numa das ilhas, ou os dois locais sejam em ilhas diferentes, ou a citação tenha de efectuar-se em país estrangeiro, dentro da Europa, ou nas províncias da Guiné, S. Tomé e Príncipe, Macau ou no Estado da Índia;*

c) *Entre quinze e sessenta dias, quando a citação tenha de efectuar-se nalguma outra província ultramarina;*

d) *Entre quinze e cento e vinte dias, quando a citação tenha de efectuar-se em país estrangeiro fora da Europa".*

Sendo a citação realizada por via edital, o art. 249º, nº 3, do CPC_{1961} estabelecia que a dilação devia ser fixada entre 30 e 180 dias, mas, se a citação edital fosse motivada pela incerteza das pessoas a citar, o prazo dilatório não podia ser superior a 60 dias (art. 251º, 3ª, do CPC_{1961}).

Entretanto, devido à necessidade de se suprimir as referências às províncias ultramarinas, na sequência do reconhecimento e da proclamação da sua independência, o DL nº 368/77, de 3 de setembro, viria a alterar as als. *b)* e *c)* do nº 2 do art. 180º do CPC_{1961}, as quais passaram a ter a seguinte redação:

"*b)* *Entre oito e trinta dias, quando um dos locais seja no continente e outro numa das ilhas, ou os dois locais sejam em ilhas diferentes, ou a citação tenha de efectuar-se no território de Macau ou em país estrangeiro;*

c) *Entre quinze e cento e vinte dias, quando a citação tenha de efectuar-se em país estrangeiro fora da Europa".*

3.3.2. Regime geral

3.3.2.1. Âmbito

Na atual lei de processo civil, o art. 245º preceitua que podem existir os seguintes prazos dilatórios[319]:

a) prazo de 5 dias

[319] Em sede de direito comparado, no ordenamento belga, o art. 707º do $CJ_{Bel.}$ prevê um prazo dilatório ordinário de 8 dias para as pessoas que tenham o seu domicílio ou residência na Bélgica, sendo que, nos termos dos arts. 55º e 709º do citado diploma legal, esse prazo é aumentado, respetivamente, para 15, 30 ou 80 dias, na eventualidade de o citando residir, respetivamente, num país vizinho ou no Reino Unido, em outro país europeu ou em outra parte do mundo. No entanto, tratando-se de um procedimento cautelar, o prazo dilatório é, apenas, de 2 dias (art. 1035º do $CJ_{Bel.}$). Para além disso, em situações de especial urgência, a parte pode requerer ao tribunal a redução dos prazos dilatórios.
Por sua vez, no ordenamento jurídico francês, os arts. 643º e 644º do $CPC_{Fr.}$ estabelecem um prazo dilatório de um mês relativamente às pessoas que residam num departamento, território ou coletividade ultramarinos ou não residam na coletividade onde o tribunal tem a sua sede, e

Este prazo dilatório é aplicável nos seguintes casos:

1) quando a citação tenha sido realizada em pessoa diversa do réu, nos termos dos arts. 225º, nº 4, 228º, nº 2, e 232º, nºs 2 e 4.
Com efeito, de acordo com o art. 228º, nº 1, a citação de pessoa singular por via postal é efetuada através de carta registada com aviso de receção, de modelo oficialmente aprovado, dirigida ao citando e endereçada para a sua residência ou local de trabalho[320]. Nessa eventualidade, sendo a carta de citação recebida pelo próprio destinatário, fica assegurado que o citando tomou conhecimento efetivo do ato no próprio dia em que recebeu a citação, isto é, que essa comunicação judicial "entrou efetivamente na esfera de cognição do destinatário" nessa data[321].
Contudo, nos termos dos arts. 225º, nº 4, e 228º, nº 2, a carta pode ser entregue, após assinatura do aviso de receção, ao citando ou a qualquer pessoa que se encontre na sua residência ou local de trabalho[322]

um prazo dilatório de dois meses para as pessoas que residam no estrangeiro. De todo o modo, de acordo com o art. 46º do $CPC_{Fr.}$, o juiz pode reduzir o prazo dilatório por razões de urgência.

[320] Conforme se decidiu no ac. do TRE de 04.10.2007, proc. 966/07-3, "Se a carta registada com aviso de recepção, para citação, não foi recebida pelo destinatário réu, mas sim por um terceiro e depois, a carta registada enviada nos termos do artigo 241º CPC foi expedida para uma morada inexistente, não poderá ser havida como cumprida a formalidade legal e, consequentemente, depara-se a falta de citação".

[321] Demarchi, Paolo Giovanni, *Notificazioni e Termini*, Giuffrè Editore, Milão, 2009, p. 23.

[322] Observe-se que, conforme se decidiu no ac. do STJ de 06.06.2019, proc. 1202/15.0T8BJA-A.E1.S1, a presunção de que o terceiro entregou a carta ao destinatário e de que este dela teve oportuno conhecimento só é aplicável desde que a carta tenha sido efetivamente remetida para a residência ou para o local de trabalho do citando, não sendo, por isso, aplicável essa presunção na eventualidade de a carta de citação ter sido remetida para um outro endereço. *Vide*, ainda, o ac. do TRE de 07.11.2019, proc. 446/14.7TBABF-B.E1, com o seguinte sumário: "I. Na citação por via postal, feita na pessoa de terceiro é factor decisivo que este se encontre na residência ou no local de trabalho do citando. II. É que, só nessa hipótese, é aceitável crer que, com toda a probabilidade, aquele terceiro está em condições de, como se compromete, prontamente entregar a carta ao citando, sendo essa suposição razoável o que está na base das presunções legais de que essa entrega teve lugar e de que o citando teve oportuno conhecimento do acto. III. Residência é, no dizer de Castro Mendes, "um sítio preparado para servir de base de vida a uma pessoa singular". É a "sede" da sua vida familiar e social e da sua economia doméstica, donde deriva que tem que envolver um certo carácter de habitualidade e estabilidade. IV. Na citação em pessoa diversa do citando, a lei estabelece duas presunções *juris tantum* – presunção de que a carta de citação foi oportunamente entregue ao destinatário e de que este dela teve oportuno conhecimento. V. No entanto, a carta para citação deverá ser endereçada para a residência ou local de trabalho do citando, e se for recebida por um terceiro que não se encontre num dos referidos locais, a lei já não retira a ilação da sua

e que declare encontrar-se em condições de a entregar prontamente ao citando, caso em que, à luz do art. 228º, nº 4, o distribuidor do serviço postal deve advertir expressamente o terceiro do dever de proceder à pronta entrega da carta ao citando. Nessa eventualidade, sendo a carta de citação entregue ao terceiro, a lei de processo civil determina, no seu art. 230º, que a citação considera-se realizada no dia em que se mostre assinado o aviso de receção[323] e tem-se por efetuada na própria pessoa do citando, mesmo quando o aviso de receção tenha sido assinado por terceiro, presumindo-se, salvo demonstração em contrário, que a carta foi oportunamente entregue ao destinatário[324]. Ora, é exatamente por esse motivo que a lei estabelece um prazo dilatório de 5 dias quando a citação seja realizada em pessoa diversa do réu, já que o legislador presume que, em condições normais e de razoabilidade, o terceiro que recebeu a carta de citação demorará, no máximo, 5 dias a entregar essa carta ao réu[325]. Vale isto por dizer que, caso o terceiro não entregue ao réu a carta de citação ou não o faça de forma

verosímil entrega e o consequente recebimento pelo destinatário, não havendo lugar à aplicação das presunções. VI. No caso, a carta não foi enviada para a residência ou local de trabalho do citando, pelo que não se verificam as premissas que possibilitariam, com recurso à presunção, concluir que o mesmo se considerava citado e que impunham ao citando a sua ilisão, estando o acto de citação está viciado de nulidade. VII. Sendo a citação o acto receptício pelo qual se dá conhecimento ao réu de que contra si foi proposta uma determinada acção e se insta o mesmo a vir ao processo assumir a sua defesa, a falta desse acto de chamamento impede que o mesmo exerça o seu direito de defesa e, por isso, quando verificada, acarreta, de harmonia com o preceituado no artigo 187º, alínea *a)*, do CPC, mercê de tão grave violação do princípio do contraditório, a anulação de tudo o que for processado posteriormente à petição, salvando-se apenas esta".

[323] *Vide*, a este respeito, o ac. do TRE de 11.10.2007, proc. 1234/07-3, no qual se decidiu que "O prazo para deduzir oposição conta-se a partir da data constante no aviso de recepção como aquela em que a parte foi citada e não da data constante no carimbo dos correios como aquela em que a carta enviada para citação foi depositada nos CTT".

[324] Neste caso, a citação diz-se *quase-pessoal*. *Vide*, na jurisprudência, o ac. do STJ de 06.06.2019, proc. 1202/15.0T8BJA-A.E1.S1, o ac. do TRE de 27.02.2020, proc. 669/19.2T8FAR.E1, bem como o ac. do TRE de 04.06.2020, proc. 542/19.5T8STB.E1.

[325] *Vide*, a este propósito, o ac. do STJ de 06.06.2019, proc. 2008/17.8T8BRG-B.G1.S2, com o seguinte sumário: "I. Realizando-se a citação em pessoa diversa do citando, ao prazo para a contestação de trinta dias previsto no artigo 569º, nº 1, do CPC acrescem cinco dias de dilação, por força do artigo 245º, nº 1, al. *a)*, do CPC. II. Tendo sido formulado pedido de apoio judiciário na modalidade de nomeação de patrono, o prazo em curso interrompe-se, reiniciando-se a sua contagem a partir da notificação ao patrono nomeado da sua designação ou a partir da notificação ao requerente da decisão de indeferimento do pedido de nomeação de patrono [cfr. artigo 24º, nºs 4 e 5, als. *a)* e *b)*, da Lei nº 34/2004 de 29 de julho]. III. Sendo estes os dois prazos distintos e autónomos, no caso

oportuna, caberá ao réu ilidir essa presunção, demonstrando que, sem culpa sua, a carta de citação não lhe foi entregue pelo terceiro ou que, apesar de essa carta lhe ter sido entregue, não o foi de forma oportuna, atento o facto de só dela ter tido conhecimento após o decurso do prazo de dilação de 5 dias[326,327].

Por sua vez, o art. 232º, nº 2, al. *b)*, estabelece que, se a citação for realizada por agente de execução ou por oficial de justiça e se não for encontrada a pessoa do citando, a citação pode ser efetuada em pessoa capaz, que esteja em melhores condições de a transmitir ao citando, incumbindo-a o agente de execução ou o funcionário judicial de transmitir o ato ao destinatário, caso em que a certidão de citação deve ser assinada por quem recebeu a citação. Também nesta hipótese, o estabelecimento de um prazo dilatório de 5 dias, a acrescer ao prazo perentório de 30 dias para o oferecimento da contestação, encontra justificação no facto de o legislador presumir que esse prazo de 5 dias se mostra perfeitamente razoável para que o terceiro transmita ao destinatário a carta de citação que aquele recebeu[328].

Por outro lado, importa salientar que esta dilação só se aplica quando esteja em causa a citação de pessoas singulares[329]. De facto, nos termos do art. 223º, nº 3, as pessoas coletivas e as sociedades consideram-se pessoalmente citadas ou notificadas na pessoa de qualquer empregado[330] que se encontre na sede ou no local onde funciona nor-

de o prazo dilatório estar já decorrido, o prazo em curso, para efeitos de interrupção e de reinício de contagem, é unicamente o prazo peremptório previsto no artigo 569º, nº 1, do CPC".

[326] Cfr., a este respeito, o ac. do TRL de 29.03.2007, proc. 2136/2007-8, ac. do TRG de 05.04.2011, proc. 172/10.6TBC-C.G1, o ac. do TRC de 09.01.2018, proc. 808/09.1TBFIG-B.C1, bem como o ac. do TRL de 08.01.2019, proc. 20541/15.4T8SNT-A.L1-7.

[327] No sentido de o réu se considerar perfeita e validamente citado na eventualidade de ter recebido a carta de advertência, prevista no art. 233º, ainda que o terceiro não lhe tenha entregue a carta de citação, *vide* o ac. do TRE de 11.10.2007, proc. 1640/07-3.

[328] *Vide*, a este propósito, o ac. do TRC de 02.06.2009, proc. 1448/08.8TBCTB.C1.

[329] Cfr., nesse sentido, o ac. do TRP de 18.10.1999, proc. 9950964, o ac. do STJ de 24.04.2003, proc. 704/03, *in SASTJ*, ano 2003, bem como o ac. do TRE de 03.05.2007, proc. 2646/06-3.
Sustentando, no entanto, a possibilidade de esta dilação ser igualmente aplicável às pessoas coletivas, na eventualidade de a carta de citação ser dirigida a uma delegação da ré, que se encontre situada em localidade diversa daquela onde a ré tenha a sua sede, *vide* o ac. do TRP de 15.04.1999, proc. 9830676.

[330] Como bem salientam Lebre de Freitas e Isabel Alexandre, o conceito de "empregado" não se esgota na ideia de "subordinado com vinculação formal em termos de contrato de trabalho", abrangendo igualmente qualquer outra pessoa que se encontre ligada à pessoa coletiva por

malmente a administração, não havendo, por isso, nesse caso, lugar à aplicação de qualquer prazo dilatório[331,332].

um vínculo de natureza civil – como, por exemplo, um contrato de prestação de serviços – "que a constitua no dever de lhe comunicar a ocorrência de atos praticados por terceiro que a tenham por destinatário ou lhe digam respeito" (Freitas, José Lebre de / Alexandre, Isabel, *Código de Processo Civil Anotado*, vol. I, *op. cit.*, p. 421). *Vide*, no mesmo sentido, o ac. do TRE de 23.04.2020, proc. 3073/16.0T8STB-A.S1.E1, bem como o ac. do TRG de 27.01.2022, proc. 5630/19.4T8GMR.G1, este último com o seguinte sumário: "A citação pelo correio de uma sociedade comercial considera-se regularmente efectuada se a carta foi entregue no endereço respectivo, desde que este local seja, efectivamente, o da sede da sociedade comercial, e entregue a uma pessoa que se encontra no local, por presunção natural, de que se encontra ligado ao titular desse espaço, como empregado, funcionário ou a um qualquer outro título". Cfr., ainda, o ac. do TRE de 16.12.2021, proc. 1000/20.0T8FAR-A.E1, no qual se decidiu que "O porteiro do prédio onde se situam as instalações da Apelante, a quem foi expressamente dadas instruções e autorização pela Apelante, apesar de não ser seu funcionário, para receber toda a sua correspondência e assinar os respetivos avisos de receção, indo posteriormente depositá-la no interior das suas instalações, deve ser considerado "empregado", nos termos do artigo 223º, nº 3, do Código de Processo Civil".

331 A este respeito, estabelecia-se no art. 234º do CPC_{1939} que os representantes dos corpos coletivos deviam ser citados na casa ou lugar da sua própria residência, quando se situassem dentro da circunscrição em que a causa corresse ou quando pertencessem à mesma circunscrição a que pertencesse a sede da administração do corpo coletivo, sendo que, nos demais casos, bem como nas situações em que não fossem encontrados na sua residência ou nela não fosse permitida a entrada do funcionário, seriam citados na sede do corpo coletivo, na sua própria pessoa, se aí se encontrassem, ou na pessoa de qualquer empregado, caso em que a citação feita na pessoa de um empregado tinha "o mesmo valor que a citação feita na própria pessoa do representante".
Este regime viria a ser mantido, com ligeiras alterações, no art. 234º do CPC_{1961}.
Posteriormente, o DL nº 242/85, de 9 de julho, viria a alterar a redação do art. 234º do CPC_{1961}, passando a dispor-se nos seus números 3 e 4 o seguinte:
"3 – Os representantes das pessoas colectivas, ou das sociedades, podem ser citados na sede da pessoa colectiva ou da sociedade, em sua própria pessoa, se aí se encontrarem, ou na pessoa de qualquer empregado; não se encontrando nenhum deles, o representante será citado nos termos do nº 1;
4 – A citação feita na pessoa de um empregado nas condições previstas no número anterior tem o mesmo valor que a citação feita na própria pessoa do representante".
Com o DL nº 329-A/95, de 12 de dezembro, o art. 231º, nº 3, do CPC_{1961} passou a dispor que as pessoas coletivas e as sociedades se consideravam ainda pessoalmente citadas ou notificadas na pessoa de qualquer empregado que se encontrasse na sede ou local onde funcionasse normalmente a administração.

332 *Vide*, a este propósito, o ac. do TC nº 518/00, de 29.11.2000, proc. 362/00, *in www.tribunalconstitucional.pt*, no qual se decidiu que "A norma contida no artigo 252º-A, nº 1, alínea *a*), do CPC, entendida como não aplicável às pessoas colectivas citadas por via postal na pessoa de um empregado ou funcionário, não ofende o princípio da igualdade nem o direito

2) quando o réu tenha sido citado fora da área da comarca sede do tribunal onde pende a ação;
A razão de ser da previsão desta dilação de 5 dias prende-se com a necessidade de se garantir a igualdade de condições de defesa entre um réu que resida fora da área da comarca e um réu que resida dentro da área da comarca sede do tribunal onde a ação se encontra a correr os seus termos[333]. Na verdade, dado que o réu que reside fora da área da comarca pode precisar de mais tempo para organizar a sua defesa – nomeadamente, pelo facto de carecer de se deslocar ao tribunal, a fim de consultar o respetivo processo –, a lei de processo civil procura equilibrar essa desvantagem, mediante a concessão de uma dilação de 5 dias até que comece a correr o prazo perentório de 30 dias (art. 569º, nº 1) para o oferecimento da contestação[334].
Por outro lado, importa sublinhar que o critério relevante para efeitos de aplicação desta dilação de 5 dias é o de que o réu resida fora da área da comarca sede do tribunal onde a ação se encontra pendente. Ora, tendo a Lei nº 62/2013, de 26 de agosto, procedido à reforma da organização judiciária portuguesa, estabelecendo, quanto às comarcas, uma maior área de abrangência territorial[335], haverá lugar a essa

a um processo justo e equitativo, pois o benefício concedido aos entes singulares tem um fundamento racional, não arbitrário, assente na situação materialmente distinta que regula". *Vide*, no entanto, o ac. do TRL de 10.02.2022, proc. 5716/21.5T8LRS-A-L1-2, no qual se entendeu que, não se podendo dizer que "a pessoa colectiva/sociedade foi citada na pessoa dos seus representantes legais ou na pessoa de qualquer empregado que se encontre na sede ou local onde funciona normalmente a administração (caso em que se verifica a citação pessoal delas), tem que se considerar que a sociedade foi citada em pessoa diversa da ré, pelo que, ao prazo de defesa acresce uma dilação de 5 dias [artigos 246º, nº 2, 223º, nºs 1 e 3, 225º e 245º, nº 1, al. *a)*, todos do CPC]".

333 Nos termos do art. 33º, nºs 2 e 3, da LOSJ, e 3º do ROFTJ, o território nacional divide-se em 23 comarcas, sendo que, em cada uma dessas comarcas, existe um tribunal judicial de primeira instância. Por sua vez, à luz do art. 81º, nº 1, da LOSJ, os tribunais de comarca desdobram-se em juízos, a criar por decreto-lei, que podem ser de competência especializada, de competência genérica e de proximidade.

334 Cfr., a este respeito, o ac. do TRP de 09.03.1999, proc. 9820342.

335 Neste particular, decorre da Proposta de Lei nº 114/XII que o legislador teve a intenção de proceder a uma nova "conformação territorial" das comarcas, propondo-se o "estabelecimento de uma nova matriz territorial das circunscrições judiciais que permita agregar as atuais comarcas em áreas territoriais de âmbito mais alargado, fazendo coincidir, em regra, os distritos administrativos com as novas comarcas, por se considerar constituírem as suas capitais centralidades objeto de uma identificação clara e imediata por parte das populações, que dispõem de acessibilidades fáceis e garantidas".

dilação de 5 dias desde que o réu resida fora da área da comarca, tal como se encontra considerada à luz da nova realidade instituída pelo referido diploma legal[336].

b) prazo de 15 dias
Este prazo dilatório é aplicável nos casos em que o réu tenha sido citado para a causa no território das Regiões Autónomas, estando a ação a correr os seus termos no continente ou em outra ilha, bem como nas situações em que o réu tenha sido citado no continente, estando a ação a correr os seus termos no território das Regiões Autónomas.
Tal como na hipótese anterior, a consagração deste prazo dilatório de 15 dias encontra justificação na necessidade de se garantir que o réu, por razões de natureza geográfica, não seja prejudicado na preparação e organização da sua defesa.

[336] *Vide*, quanto a esta problemática, o ac. do TRE de 29.01.2018, proc. 760/16.7T8LLE-A.E1, cujo sumário integral, pela sua relevância, aqui se reproduz: "I. A recorrente pretende significar que residindo a embargante em Alvor, concelho de Portimão, a criação da Comarca de Faro não obsta à aplicação da dilação processual a que se refere a al. *b)* do nº 1 do art. 245º do CPC, e que, portanto, lhe assistiria jus a apresentar os embargos de executado no prazo de defesa acrescido de 5 dias. II. O elemento objectivo que espoleta o acrescento desses 5 dias ao prazo de defesa do citando é a circunstância de este ter sido citado fora da área da comarca sede do tribunal onde está em curso a causa. III. O citado preceito reproduz o art. 252º do CPC previgente, não tendo sofrido qualquer alteração por efeito da entrada em vigor da reorganização do mapa judiciário instituída pela LOSJ (Lei nº 62/2013, de 26 de Agosto) e respectivo regulamento (Dec.-Lei nº 49/2014, de 27 de Março). Todavia, tal não implica que exista qualquer disfuncionalidade no sistema. IV. As comarcas instituídas pela reorganização do mapa judiciário, que entrou em vigor em 1 de Setembro de 2014, possuem, comparativamente àquelas que foram então extintas (nº 3 do art. 117º do DL nº 49/2014), uma maior abrangência territorial; a interpretação da norma contida na al. *b)* do nº 1 do art. 245º do CPC e a referenciação geográfica que por ela é requerida, deverá ser feita tendo em conta essa realidade, a qual, volvidos, mais de 3 anos sobre a sua implementação já nem sequer se pode considerar como um dado novo para a generalidade dos operadores judiciários. V. O facto de o art. 245º do CPC não ter sofrido qualquer alteração na reforma do CPC operada pela Lei nº 41/2013, de 26 de Junho, evidencia a intenção legislativa de que a dilação em causa teria de ser concatenada com a repartição judicial do território cujos contornos já então eram, a traços largos, conhecidos. VI. Para efeitos de aplicação dessa dilação, o que releva é a repartição judicial do território nacional e não a sua compartimentação para efeitos meramente administrativos".

c) prazo de 30 dias

Este prazo dilatório é aplicável nos seguintes casos:

1) se o réu tiver sido citado para a causa no estrangeiro, de acordo com o disposto no art. 239º[337];
2) se a citação tiver sido realizada através de via edital, nos termos dos arts. 225º, nºs 1 e 6, 239º, nº 4, e 240º a 244º; ou
3) se a citação tiver sido efetuada através de depósito da própria carta, em caso de domicílio convencionado, à luz do art. 229º, nº 5.

3.3.2.2. Cumulação de prazos dilatórios

Nos termos do art. 245º, nº 4, o prazo dilatório de 5 dias, aplicável às situações em que o réu tenha sido citado em pessoa diversa [art. 245º, nº 1, al. *a)*], é cumulável, consoante os casos, com o prazo dilatório de 5 dias, quando o réu tenha sido citado fora da área da comarca sede do tribunal onde pende a ação[338], com o prazo dilatório de 15 dias, quando o réu tenha sido citado para a causa no território das Regiões Autónomas, correndo a ação no continente ou em outra ilha, ou vice-versa, ou com o prazo dilatório de 30 dias, quando o réu tenha sido citado no estrangeiro[339].

Assim, por exemplo:

- se a carta de citação foi entregue ao cônjuge do réu e se este reside fora da área da comarca sede do tribunal onde pende a ação, ao prazo perentório de contestação, de 30 dias (art. 569º, nº 1), acrescerá um prazo dilatório de 5 dias, pelo facto de a citação ter sido efetuada em pessoa diversa do réu [art. 245º, nº 1, al. *a)*], bem como um prazo dilatório de 5 dias, pela circunstância de o réu ter sido citado fora da área da comarca sede do tribunal onde pende a ação [art. 245º, nº 1, al. *b)*]. Verificar-se-á, por isso, um prazo dilatório global de 10 dias (art. 245, nº 4);
- se o processo corre termos em Portugal e o réu reside em França, tendo a citação sido efetuada nesse país e em pessoa diversa, ao prazo perentório de contestação, de 30 dias (art. 569º, nº 1), acrescerá um prazo dilatório de 5 dias, pelo facto de o réu ter sido citado em pessoa diversa

[337] *Vide*, a este propósito, o ac. do TRL de 27.09.1990, proc. 0020366, o ac. do TRP de 05.06.1997, proc. 9730535, o ac. do TRP de 08.11.1999, proc. 9951011, bem como o ac. do TRC de 06.03.2007, proc. 1846/05.9TBVIS.C1.

[338] Cfr., a este respeito, o ac. do STJ de 07.10.2004, proc. 04B796.

[339] Este regime viria a ser introduzido na lei de processo civil pelo DL nº 199/2003, de 10 de setembro.

[art. 245º, nº 1, al. *a)*], bem como um prazo dilatório de 30 dias, pelo facto de o réu ter sido citado para a causa no estrangeiro (art. 245º, nº 3). Consequentemente, na situação em análise, existirá um prazo dilatório global de 35 dias (art. 245º, nº 4)[340].

3.3.2.3. Inaplicabilidade de prazos dilatórios

Se a citação for dirigida a uma pessoa coletiva e se tiver sido realizada por via eletrónica, nos termos do art. 219º, nº 5, não se aplica qualquer um dos prazos dilatórios previstos no art. 245º, atento o disposto no art. 246º, nº 6.

3.3.3. Regimes especiais

3.3.3.1. Procedimentos cautelares

Estando em causa um procedimento cautelar, a dilação, quando a ela haja lugar, nunca pode exceder a duração de 10 dias, ainda que, à luz das regras gerais, previstas no art. 245º, fosse aplicável um prazo dilatório de duração superior (art. 366º, nº 3). Com efeito, a redução da duração dos prazos dilatórios no âmbito dos procedimentos cautelares encontra justificação no facto de estes procedimentos revestirem natureza urgente (art. 363º), a qual é incompatível com a fixação de prazos dilatórios alargados.

3.3.3.2. Ação especial para o cumprimento de obrigações pecuniárias emergentes de contratos e procedimento de injunção

De acordo com o art. 4º do DL nº 269/98, de 1 de setembro, na contagem dos prazos respeitantes à ação especial para o cumprimento de obrigações pecuniárias emergentes de contratos e ao procedimento de injunção, aplicam-se as regras previstas no Código de Processo Civil, não havendo, no entanto, lugar a qualquer dilação.

Consequentemente, nestes processos especiais, não se aplicam os prazos dilatórios previstos no art. 245º[341,342], visando-se, dessa forma, garantir a tramitação célere desses processos.

[340] *Vide*, a este propósito, o ac. do TRC de 06.03.2007, proc. 1846/05.9TBVIS.C1.

[341] Cfr., a este respeito, o ac. do TRL de 23.04.2009, proc. 2541/08.2YXLSB, bem como o ac. do TRG de 07.02.2012, proc. 58974/11.2YIPRT.G1. *Vide*, na doutrina, Costa, Salvador da, *A Injunção e as Conexas Acção e Execução*, 6ª ed., Almedina, Coimbra, 2008, p. 62.

[342] Existe, no entanto, jurisprudência que entende que este preceito é inconstitucional. É o caso do ac. do TRL de 17.06.2008, proc. 1839/2008-1, no qual se decidiu que "O art. 4º do DL nº 269/98, de 1 de setembro, na parte em que determina a não aplicação da dilação prevista no art. 252º-A, nº 1, al. *a)*, do CPC no caso de citação feita em pessoa diversa do réu nos termos do art. 236º, nº 2, do

3.3.3.3. Procedimento especial de despejo

No procedimento especial de despejo, o art. 15º-S, nº 5, 1ª parte, da Lei nº 6/2006, de 27 de fevereiro, estabelece o princípio geral, segundo o qual são aplicáveis aos prazos desse procedimento as regras previstas no Código de Processo Civil.

Contudo, a 2ª parte do citado preceito legal estatui que, no procedimento especial de despejo, não há lugar a qualquer dilação. Trata-se, com efeito, de uma solução legal que, à semelhança do que sucede com a ação especial para o cumprimento de obrigações pecuniárias emergentes de contratos e com o procedimento de injunção, visa imprimir a este procedimento uma tramitação célere.

Por conseguinte, independentemente do modo como o requerido seja notificado, ao prazo perentório de 15 dias para a apresentação de oposição (art. 15º-D da Lei nº 6/2006, de 27 de fevereiro) não acresce qualquer prazo dilatório, começando, por isso, o prazo para o oferecimento da oposição a correr no primeiro dia subsequente ao da realização da notificação.

II. Regras de contagem dos prazos

1. Âmbito

A contagem dos prazos processuais rege-se, em princípio, de acordo com as regras previstas no Código de Processo Civil.

No entanto, à luz do art. 296º do CC, se não existir uma disposição especial relativa ao modo como o prazo deve ser contado, aplicam-se, subsidiariamente, à contagem dos prazos e termos fixados por lei, pelos tribunais ou por qualquer outra autoridade, as regras constantes do art. 279º do CC.

2. Início da contagem do prazo

2.1. Regra geral

Nos termos do art. 279º, al. *b)*, do CC, na contagem de qualquer prazo, não se inclui o dia, nem a hora, se o prazo for de horas, em que ocorrer o evento a partir do qual o prazo começa a correr. Trata-se, com efeito, do princípio *dies a quo non computatur in termino*[343].

mesmo código é inconstitucional, por violação do disposto no art. 20º, nº 4 (processo equitativo), 18º (proporcionalidade) e 13º (igualdade) da Constituição da República".

[343] Chiovenda, Jose, *Principios de Derecho Procesal Civil*, tomo II, *op. cit.*, p. 121. Cfr., no mesmo sentido, Mattirolo, Luigi, *Elementi di Diritto Giudiziario Civile Italiano*, vol. III, Fratelli Bocca, Turim, 1877, p. 519, bem como Berriat-Saint-Prix, Jacques, *Cours de Procédure Civile*, *op. cit.*, p. 146.

Por conseguinte, ao contar-se um prazo fixado em dias, não se considera o dia em que ocorreu a citação ou a notificação que deram origem ao início da contagem do prazo, razão pela qual o prazo começa a correr às zero horas do dia seguinte[344,345]. Assim, por exemplo, se o réu foi citado no dia 10, o prazo começa a correr no dia 11, já que o dia 10 não se inclui na contagem do prazo.

Na verdade, conforme elucida Karl Larenz, esta regra visa evitar que, na contagem de um prazo – o qual, geralmente, é medido por dias, sem prejuízo do estabelecimento de períodos de tempo mais latos – se contabilizem frações de dias[346]. De facto, se assim não fosse, não só a contagem do prazo podia ser extremamente difícil – pense-se, por exemplo, na contagem de um prazo para o oferecimento de uma contestação, no qual teria de se considerar a hora exata da citação do réu – como, por outro lado, poderia conduzir a tratamentos discricionários perante situações idênticas – pense-se, por exemplo, no caso de dois réus, demandados na mesma ação, serem citados em horas diferentes do mesmo dia.

Neste enquadramento, a consagração desta regra exerce uma importante função de segurança da relação jurídico processual, já que a contagem do prazo é realizada de modo a que dela nunca resulte para as partes uma redução efetiva do prazo para a prática de um determinado ato processual[347].

Por outro lado, se o prazo for fixado em horas, no início da contagem do prazo, não se conta a hora em que ocorreu o evento que deu início à contagem do prazo, começando, por isso, o prazo a correr na hora imediatamente seguinte[348,349]. Assim, por exemplo, se o juiz, às dez horas de um determi-

344 Neste particular, o art. 68º, § 3º, do CPC_{1876} estabelecia que *"Não se conta no praso o dia em que elle começar, mas conta-se aquelle em que findar"*. De resto, já assim resultava do Livro III, Título XIII, das Ordenações Filipinas, no qual se dispunha que *"Em todo o termo, que por qualquer maneira fôr assinado, não se entenderá nelle o dia"*.

345 A mesma regra está prevista, entre outros, nos ordenamentos jurídicos espanhol (art. 133º, nº 1, da LEC), belga (art. 52º do $CJ_{Bel.}$), alemão [§ 187 (1) do BGB], austríaco [§ 125 (1) da $ZPO_{Áus.}$], francês (art. 641º do $CPC_{Fr.}$) e brasileiro (art. 224º do $CPC_{Br.}$).

346 LARENZ, Karl, *Derecho Civil – Parte General*, Editorial Revista de Derecho Privado, Madrid, 1978, p. 844.

347 GRINOVER, Ada Pellegrini, *Novas Tendências do Direito Processual: De acordo com a Constituição de 1988*, *op. cit.*, p. 40. Com efeito, como bem elucida Ada Pellegrini Grinover, "nenhuma forma de contagem pode abreviar os prazos fixados pelo legislador, que devem conservar a sua inteireza, de sorte a assegurar a integralidade da fruição do termo, para o pleno exercício dos direitos processuais ligados à ação e à defesa".

348 *Vido*, a este propósito, MORTARA, Lodovico, *Principii di Procedura Civile*, *op. cit.*, p. 71.

349 A mesma regra decorre, aliás, do art. 3º, nº 1, do Regulamento (CEE) nº 1182/71, do Conselho, de 3 de Junho de 1971, relativo à determinação das regras aplicáveis aos prazos, às datas e aos termos, o qual preceitua que "Quando um prazo fixado em horas deva ser contado a partir do momento

nado dia, fixar, em audiência de julgamento, um prazo de vinte e quatro horas para que uma das partes apresente um determinado documento em juízo, na contagem desse prazo, não se conta a hora em que ocorreu essa notificação, começando, por isso, o prazo a correr às onze horas desse dia[350].

2.2. Regras na citação

2.2.1. Modalidades da citação

Para se saber qual o dia em que se inicia a contagem de um prazo para a prática de um ato processual subsequente à citação, importa, previamente, determinar a data em que a citação se considera efetuada, o que depende da modalidade de realização da citação.

2.2.1.1. Citação de pessoas singulares

Nos termos do art. 225º, nº 1, a citação de pessoas singulares pode ser pessoal ou edital.

2.2.1.1.1. Citação pessoal

1) Citação por via eletrónica

À luz do art. 225º, nº 2, al. *a)*, a citação pessoal pode ser feita mediante via eletrónica, nos termos definidos na portaria prevista no art. 132º, nº 2. Nesse caso, a citação pode ser efetuada através do envio de informação estruturada respeitante à identificação do processo e da interoperabilidade entre o sistema de informação de suporte à atividade dos tribunais e o sistema de informação do citando, sendo que os elementos e as cópias legíveis dos documentos e peças do processo, que sejam necessárias à plena compreensão do seu objeto, podem constar de outro suporte eletrónico que se encontre acessível ao citando (art. 219º, nº 4)[351].

em que ocorra um evento ou se pratique um acto, a hora no decurso da qual o evento ocorreu ou o acto foi praticado não será incluída na contagem do prazo". Acresce que, nos termos do art. 3º, nº 2, al. *a)*, do referido Regulamento, sendo o prazo fixado em horas, o prazo começa a correr "no início da primeira hora e termina com o decurso da última hora do prazo".

[350] Diferentemente, Alberto dos Reis, em comentário ao Código de Processo Civil de 1939, sustentava que, sendo o prazo fixado em horas, o mesmo equivalia a um prazo de dias, razão pela qual, na contagem do prazo, não se contava o dia em que o prazo começava a correr (Reis, Alberto dos, *Comentário ao Código de Processo Civil Anotado*, *op. cit.*, pp. 81 e 82). Com efeito, o art. 148º, § 1º, do CPC_{1939} dispunha que, na contagem do prazo, ainda que fosse de horas, não se contava o dia em que o prazo começava, mas contava-se o dia em que ele findava.

[351] *Vide*, a este respeito, o ac. do STA de 08.11.2017, proc. 01117/17, no qual se entendeu que "A citação por transmissão electrónica de dados sendo uma modalidade de citação pessoal, porque contém todos os elementos necessários à compreensão do ato que comunica e indica também os meios e

2) Citação por via postal

α) Regime geral

Se a citação for feita através de carta registada com aviso de receção [arts. 225º, nº 2, al. *b)*, e 228º, nº 1], esta considera-se realizada no dia em que se mostre assinado o aviso de receção[352] e tem-se por efetuada na própria pessoa do citando, ainda que o aviso de receção tenha sido assinado por um terceiro (arts. 228º, nºs 2 a 4, e 230º, nº 1)[353,354].

Pelo contrário, se não for possível entregar a carta de citação, o distribuidor do serviço postal deve deixar um aviso ao destinatário, no qual é identificado o tribunal de onde provém a citação e o processo a que a mesma respeita, averbando, simultaneamente, os motivos da impossibilidade da entrega[355]. Nesse caso, a carta de citação fica à disposição do citando, pelo período de 8 dias, em estabelecimento postal devidamente identificado (art. 228º, nº 5), considerando-se a citação realizada no dia em que o citando proceda ao levantamento efetivo da carta. Pelo contrário, se o citando não proceder ao levantamento da carta, a citação não se considera realizada, caso em que o expediente deve ser devolvido ao tribunal.

o prazo para o citado poder contra ele reagir não viola os princípios constitucionais de igualdade, proporcionalidade e do processo devido já que este ato de comunicação não contende com as garantias de defesa do citado que a CRP assegura, sendo antes o meio adequado de as assegurar".

352 Por conseguinte, o distribuidor do serviço postal deve apor no aviso de receção a data em que o mesmo foi assinado pelo destinatário da carta ou pelo terceiro. Em todo o caso, conforme se decidiu no ac. do TRG de 25.01.2018, proc. 526/16.4T8FAF-A.G1, a possibilidade de se consultar na página da *internet* dos correios a data em que a carta foi entregue, através do número de registo da carta, permite facilmente suprir essa eventual omissão.

353 Cfr., nesse sentido, o ac. do TRC de 04.06.2019, proc. 1514/18.1T8LRA.C1.

354 *Vide*, a este propósito, o ac. do TRP de 10.11.2003, proc. 0240847, no qual se decidiu que a citação postal é nula se, no aviso de receção, não tiver sido anotada a identificação da pessoa a quem a carta tiver sido entregue.

355 Nos termos do art. 228º, nº 7, se não for possível deixar ficar um aviso ao destinatário, o distribuidor do serviço postal deve lavrar nota dessa ocorrência e proceder à devolução do expediente ao tribunal.
Pode, no entanto, suceder que essa impossibilidade se fique a dever ao facto de o citando se encontrar ausente. Assim, se o citando se encontrar ausente em parte certa, uma vez devolvido o expediente, a secretaria deve repetir a citação, enviando nova carta registada com aviso de receção para o novo endereço do citando (art. 228º, nº 8). Pelo contrário, se essa impossibilidade decorrer do facto de o citando se encontrar ausente em parte incerta, uma vez devolvido o expediente, a secretaria deve procurar obter informação sobre o último paradeiro conhecido do citando junto de quaisquer entidades ou serviços (art. 236º, nº 1) e, se apurar a existência de um novo endereço, deve repetir a citação, procedendo ao envio de carta registada com aviso de receção para esse endereço (art. 228º, nº 9).

Diferentemente, se o citando ou qualquer outra pessoa que se encontre na sua residência ou local de trabalho, que declare encontrar-se em condições de entregar prontamente ao citando a carta de citação, se recusar a assinar o aviso de receção, o distribuidor do serviço postal, antes de proceder à devolução da carta de citação, deve lavrar nota desse incidente (art. 228º, nº 6). Nessa eventualidade, a citação não se considera realizada, atento o disposto no art. 225º, nº 2, al. *b), a contrario,* porquanto, à luz deste preceito legal, no âmbito da citação de pessoas singulares, a recusa do recebimento da carta e a subsequente certificação desse incidente pelo distribuidor do serviço postal só vale como concretização da citação nos casos em que exista um domicílio convencionado para efeitos de recebimento da citação[356].

β) Domicílio convencionado

Pode suceder que, estando em causa uma ação que tenha por finalidade o cumprimento de uma obrigação pecuniária emergente de um contrato reduzido a escrito, as partes tenham previsto uma cláusula de convenção de domicílio, isto é, tenham acordado o lugar onde se consideram domiciliadas, para efeitos de realização da citação em caso de litígio. Nessa eventualidade, se a ação tiver um valor igual ou inferior à alçada do tribunal da Relação ou se a obrigação, independentemente do seu valor, respeitar ao fornecimento continuado de bens ou de serviços, a citação é igualmente realizada através do envio de carta registada com aviso de receção para o domicílio que tiver sido convencionado entre as partes (art. 229º, nº 1)[357,358].

Contudo, havendo convenção de domicílio, a realização da citação através de via postal encontra algumas particularidades.

[356] Já assim não sucede no âmbito da citação de pessoas coletivas, porquanto, à luz do art. 246º, nº 3, se for recusada a assinatura do aviso de receção ou o recebimento da carta de citação pelo representante legal ou por um funcionário da citanda, o distribuidor postal deve lavrar uma nota desse incidente, antes de devolver a carta, considerando-se efetuada a citação face à certificação dessa ocorrência de recusa de recebimento da carta.

[357] Note-se que, à luz do art. 229º, nº 2, enquanto não se extinguirem as relações emergentes do contrato, é inoponível a quem na causa figure como autor qualquer alteração do domicílio convencionado, salvo se a contraparte o tiver notificado dessa alteração, mediante carta registada com aviso de receção, em data anterior à propositura da ação ou nos 30 dias subsequentes à respetiva ocorrência, não produzindo efeito a citação que, apesar da notificação feita, tenha sido realizada no domicílio anterior em pessoa diversa do citando ou mediante o depósito da própria carta.

[358] No sentido de este regime não se aplicar às ações executivas, já que o seu âmbito de aplicação restringe-se às ações declarativas de condenação que tenham por finalidade o cumprimento de uma obrigação pecuniária emergente de um contrato reduzido a escrito, *vide* o ac. do TRP de 23.03.2021, proc. 4644/17.3T8OAZ-B.P1.

Assim, se o citando recusar assinar o aviso de receção ou o recebimento da carta, o distribuidor do serviço postal deve lavrar nota desse incidente, antes de a devolver, sendo que, nesse caso, a citação considera-se efetuada face à certificação da recusa (art. 229º, nº 3).

Por outro lado, se o expediente for devolvido pelo facto de o destinatário não ter procedido, dentro do prazo legal, ao levantamento da carta no estabelecimento postal ou por ter sido recusada a assinatura do aviso de receção ou o recebimento da carta por pessoa diversa do citando, a secretaria deve proceder à repetição da citação, mediante o envio ao citando de nova carta registada com aviso de receção. Todavia, nessa hipótese, se não for possível encontrar o citando, o distribuidor do serviço postal deve proceder ao depósito da própria carta, contendo cópia de todos os elementos previstos no art. 227º, devendo o distribuidor do serviço postal certificar a data e o local exato em que depositou o expediente e remeter, de imediato, a certidão ao tribunal, caso em que a citação se considera efetuada na data que foi certificada pelo distribuidor do serviço postal (art. 230º, nº 2, 1ª parte). Se não tiver sido possível proceder ao depósito da própria carta na caixa de correio do citando, o distribuidor do serviço postal deve deixar um aviso, nos termos do art. 228º, nº 5, situação em que a citação se presume realizada no oitavo dia posterior à data em que o distribuidor do serviço postal certificou ter deixado o aviso (art. 230º, nº 2, 2ª parte)[359].

3) Citação por agente de execução, funcionário judicial ou mandatário judicial

Se se tiver frustrado a citação por via postal ou se o autor assim tiver declarado pretender na petição inicial, a citação é realizada mediante contacto pessoal do agente de execução ou de funcionário judicial [arts. 225º, nº 2, al. *c)*, e 231º, nºs 1 a 8], caso em que a citação se considera realizada na data desse contacto pessoal, a qual é certificada através de uma certidão de citação, que deve ser assinada pelo citando (art. 231º, nº 3). Trata-se, com efeito, da forma mais

[359] Observe-se que, neste caso, muito embora não exista a garantia de que o citando tomou conhecimento efetivo do ato de citação, a verdade é que a segurança da citação fica assegurada pelo facto de as partes terem expressamente convencionado o local onde se têm por domiciliadas para efeitos de citação. Deste modo, se o citando não chegar a ter conhecimento efetivo do ato, tal facto não pode deixar de lhe ser imputável. Não tem, por isso, aqui aplicação a jurisprudência que defende a inconstitucionalidade da citação por via postal simples, pelo facto de a mesma não assegurar o direito de defesa, isto é, não garantir que o réu teve conhecimento efetivo da citação (cfr., entre outros, o ac. do TRC de 21.03.2006, proc. 404/06).

segura da citação, na medida em que o contacto pessoal com o destinatário da citação permite certificar que este tomou conhecimento efetivo desse ato[360].

Nessa eventualidade, se o citando recusar assinar a certidão ou receber o duplicado, o agente de execução deve dar-lhe conhecimento de que o mesmo fica à sua disposição na secretaria judicial, mencionando tais ocorrências na certidão do ato, caso em que a secretaria deve, posteriormente, notificar o citando, enviando-lhe carta registada com a indicação de que o duplicado nela se encontra à sua disposição (art. 231º, nºs 4 e 5)[361]. Significa isto que, nesta hipótese, o citando considera-se citado na data em que recusou assinar a certidão de citação ou receber o duplicado da petição inicial[362].

Nos termos do art. 232º, o agente de execução ou o funcionário judicial podem proceder à realização de citação com hora certa. Com efeito, se for apurado que o citando reside ou trabalha efetivamente no local indicado, não podendo, contudo, proceder-se à sua citação por não ter sido possível encontrá-lo, o agente de execução ou o funcionário judicial devem deixar uma nota, com indicação de hora certa para a diligência de citação na pessoa encontrada que estiver em melhores condições de a transmitir ao citando ou, quando tal for impossível, afixar o respetivo aviso no local mais indicado. Nessa hipótese, no dia e hora que tiverem sido designados para o efeito, o agente de execução ou o funcionário devem fazer a citação na pessoa do citando, se este for encontrado, ou, não o encontrando, na pessoa capaz que esteja em melhores condições de a transmitir ao citando, caso em que a certidão deve ser assinada por quem recebeu a citação (art. 232º, nº 2).

Se não for possível obter a colaboração de terceiros, a citação é realizada mediante afixação, no local mais adequado e na presença de duas testemunhas, da nota de citação, com indicação dos elementos referidos no art. 227º, nela se declarando que o duplicado e os documentos anexos ficam à disposição do citando na secretaria judicial (art. 232º, nº 4).

[360] *Vide*, no mesmo sentido, Demarchi, Paolo Giovanni, *Notificazioni e Termini*, *op. cit.*, p. 23.

[361] *Vide*, a este respeito, o ac. do TRE de 13.02.2020, proc. 41615/17.1YIPRT-A.E1, no qual se entendeu que "Se o destinatário da citação se recusa a assiná-la ou a receber o duplicado do agente de execução, observado que seja o disposto no artigo 231º, nº 4, do CPC, impõe-se o subsequente envio, pela secretaria, de carta registada com indicação de que o duplicado nela se encontra à disposição do citando, sob pena de o ato de citação não se ter regularmente efetivado".

[362] Cfr., nesse sentido, o ac. do TRP de 22.11.2007, proc. 0735757, com o seguinte sumário: "I – Na situação contemplada no art. 239º, nº 4, do CPC – redacção introduzida pelo DL nº 38/03, de 08.03 –, o início do prazo para a contestação ocorre a partir da data em que o citando foi abordado pelo solicitador da execução e recusa a assinatura, aí, prevista. II – Tal entendimento não atenta contra as garantias de defesa do citado nem comporta inconstitucionalidade de interpretação dos nºs 4 e 5 do sobredito artigo".

O regime da citação por agente de execução ou funcionário judicial é aplicável, com as devidas adaptações, à citação promovida por mandatário judicial, atento o disposto no art. 237º, nº 1.

4) Citação do residente no estrangeiro

Se o citando residir no estrangeiro, deve observar-se, quanto à realização da citação, o que estiver estipulado nos tratados e convenções internacionais (art. 239º, nº 1)[363].

Na falta de tratado ou de convenção, a citação deve ser realizada através de via postal, mediante carta registada com aviso de receção, considerando-se feita a citação no dia em que esse aviso se mostre assinado, atento o disposto no art. 239º, nº 2.

Diferentemente, nos termos do art. 239º, nº 3, se não for possível a realização da citação por via postal ou se esta se frustrar, deve proceder-se à citação por intermédio do consulado português mais próximo, se o réu for português. Sendo o réu estrangeiro, ou não sendo viável o recurso ao consulado, a citação, uma vez ouvido o autor, deve ser realizada através de carta rogatória[364].

2.2.1.1.2. Citação edital

A citação pode ser realizada por via edital quando o citando se encontre ausente em parte incerta, nos termos dos arts. 236º e 240º – isto é, quando se tenha frustrado quer a citação por via postal, quer, posteriormente, a citação por contacto pessoal de agente de execução ou de funcionário judicial (art. 231º)[365] – ou quando, à luz dos arts. 22º, 243º e 355º, nº 1, sejam incertas as pessoas a citar (art. 225º, nºs 1 e 6). Ao invés do que sucede com a citação pessoal, a qual permite garantir, com maior segurança, que o citando tomou efetivo conhecimento do ato que lhe foi dirigido, a citação edital constitui

[363] *Vide*, a este respeito, o Regulamento (CE) nº 1393/2007 do Parlamento Europeu e do Conselho, de 13 de novembro de 2007, relativo à citação e à notificação dos atos judiciais e extrajudiciais em matérias civil e comercial nos Estados-Membros.

[364] *Vide*, a este propósito, o ac. do TRC de 30.06.2021, proc. 343/15.9JALRA-A.C1.

[365] Cfr., a este respeito, o ac. do TRP de 29.04.2019, proc. 18180/16.1T8PRT-B.P1, no qual se defendeu que "Apesar de o nº 4 do artigo 239º do Código de Processo Civil estar vocacionado para a citação edital de réus portugueses residentes no estrangeiro, não deverá ser excluída a sua aplicação a réus estrangeiros residentes fora de Portugal quando não seja possível a sua citação por outra via". Com efeito, esta disposição legal estatui que, se o citando estiver ausente em parte incerta, no estrangeiro, procede-se à sua citação edital, nos termos do art. 236º, devendo averiguar-se previamente qual foi a sua última residência em território português. *Vide*, no mesmo sentido da jurisprudência *supra* citada, o ac. do STJ de 08.03.2022, proc. 1801/19.1YRLSB-A.S1.

uma forma mais precária de comunicação do ato processual ao réu – justificada pela necessidade de se evitar que os processos judiciais fiquem paralisados[366] – razão pela qual só deve ter lugar quando a citação pessoal seja manifestamente inviável[367].

Atento o disposto no art. 240º, a citação edital, determinada pela incerteza do lugar em que o citando se encontre, é efetuada através da afixação de edital, na porta da casa da última residência ou sede que o citando teve no País, seguida da publicação de anúncio em página informática de acesso público, em termos a regulamentar por portaria do membro do Governo responsável pela área da justiça.

Do edital, devem constar as menções previstas no art. 241º, nº 1, destacando-se, nomeadamente, a indicação do prazo para a defesa, da dilação e da cominação em que o réu incorre na eventualidade de não deduzir contestação, explicando-se que o prazo para a defesa só começa a correr depois de finda a dilação e que esta se conta da data de publicação do anúncio[368].

A citação considera-se realizada no dia da publicação do anúncio (art. 242º, nº 1), razão pela qual, a partir desse dia, começa a correr o prazo dilatório de 30 dias, previsto no art. 245º, nº 3, e, finda a dilação, o prazo para o oferecimento da defesa (art. 242º, nº 2)[369].

[366] *Vide*, a este propósito, o ac. do STJ de 15.02.2022, proc. 8692/19.0T8SNT-A.L1.S1.

[367] Cfr., a este respeito, o ac. do TRC de 09.11.2021, proc. 350/09.0TBMBR-C.C2. *Vide*, ainda, o ac. do TRL de 15.02.2018, proc. 23245/15.4T8LSB.L1-6, no qual se sustentou que "Perante a informação trazida ao processo através da solicitadora de que os réus não residiam naquela morada há muitos anos, e frustrando-se as demais diligências para a citação postal, bem como para a localização do paradeiro dos citandos, nos termos do artigo 244º, nº 1, do CPC, não se impõe ao tribunal o dever processual de recorrer às autoridades policiais, pelo que a citação edital foi validamente determinada, ao abrigo do disposto nos artigos 248º e 249º do CPC".

[368] A omissão dessas formalidades acarreta a nulidade da citação, atento o facto de as mesmas prejudicarem a defesa do citando (art. 191º, nºs 1 e 4). Cfr., a este respeito, o ac. do TCAN de 23.04.2020, proc. 01116/19.5BEBRG.

[369] *Vide*, no entanto, o ac. do TRL de 01.10.2019, proc. 21032/16.1T8LSB-A.L1-1, com o seguinte sumário: "Encetada a citação edital – nunca tendo o executado questionado que as circunstâncias o justificavam – constata-se que a publicação do edital surtiu o seu efeito útil, pois que, por essa via, o executado teve conhecimento da pendência do processo executivo instaurado contra si e apresentou-se perante o agente de execução com vista a que lhe fossem fornecidos os elementos pertinentes; a partir do momento em que o executado se apresenta, recebe os respetivos documentos e é citado pessoalmente, é dessa data que o prazo para a defesa se começa a contar, sem qualquer prazo de dilação, que só tinha cabimento no âmbito da citação edital".

2.2.1.2. Citação de pessoas coletivas

Regra geral, isto é, em tudo o que não estiver especialmente regulado, aplica-se à citação das pessoas coletivas, com as devidas adaptações, o mesmo regime que se encontra previsto para a citação das pessoas singulares, atento o disposto no art. 246º, nº 1.

A lei de processo civil prevê, no entanto, algumas particularidades, no que concerne à citação pessoal por via eletrónica e por via postal.

1) Citação por via eletrónica

Nos termos do art. 219º, nº 5, as citações dirigidas a pessoas coletivas podem ser realizadas por via eletrónica nos seguintes casos:

a) se, sendo citada uma entidade pública da Administração direta ou indireta do Estado, tal se encontre previsto em portaria dos membros do Governo responsáveis pela área da justiça e pela entidade pública em causa; ou

b) se, tratando-se de uma outra pessoa coletiva, tal se encontre previsto em protocolo celebrado entre a pessoa coletiva e o Instituto de Gestão Financeira e Equipamentos da Justiça, I. P., e homologado pelo membro do Governo responsável pela área da justiça.

Por outro lado, importa referir que, sendo a citação realizada por via eletrónica, esta presume-se efetuada no terceiro dia posterior ao do seu envio para o sistema informático do citando ou notificando, atento o disposto no art. 219º, nº 6[370]. Nessa eventualidade, conforme se consignou *supra*, não acresce ao prazo perentório para a apresentação da contestação qualquer um dos prazos dilatórios previstos no art. 245º, atento o disposto no art. 246º, nº 6.

2) Citação por via postal

Sendo a citação realizada por via postal, mediante o envio de carta registada com aviso de receção, a carta de citação deve ser endereçada para a sede da citanda, que se encontra inscrita no ficheiro central de pessoas coletivas do

[370] *Vide*, a este propósito, o ac. do TRL de 27.10.2020, proc. 2459/19.3YRLSB-7, referente a uma ação de anulação de sentença arbitral, com o seguinte sumário: "I. Viola o princípio constitucional da proibição de indefesa, consagrado no artigo 20º da Constituição, a citação que não ofereça as garantias mínimas de segurança e fiabilidade e/ou que torne impossível ou excessivamente difícil a ilisão da presunção de recebimento da citação. II. É o caso de uma citação feita por correio eletrónico simples provido de assinatura eletrónica simples, no âmbito de processo do CC, dirigida a uma sociedade comercial que vende veículos automóveis".

Registo Nacional de Pessoas Coletivas (art. 246º, nº 2), considerando-se a pessoa coletiva citada na data da assinatura do respetivo aviso de receção (art. 230º, nº 1, *ex vi* do art. 246º, nº 1)[371].

Regra geral, à luz do art. 223º, nº 1, as pessoas coletivas devem ser citadas na pessoa dos seus legais representantes[372].

Contudo, de acordo com o nº 3 do referido preceito legal, as pessoas coletivas e as sociedades "consideram-se ainda pessoalmente citadas ou notificadas na pessoa de qualquer empregado que se encontre na sede ou local onde funciona normalmente a administração".

Salvo se se tratar de citanda cuja inscrição no ficheiro central de pessoas coletivas do Registo Nacional de Pessoas Coletivas não seja obrigatória, se a assinatura do aviso de receção ou o recebimento da carta forem recusados pelo representante legal ou por um funcionário da citanda, o distribuidor postal deve lavrar nota desse incidente antes de a devolver, considerando-se a citação efetuada face à certificação dessa ocorrência (art. 246º, nº 3).

Pelo contrário, nos restantes casos de devolução do expediente, a citação deve ser repetida, enviando-se nova carta registada com aviso de receção à citanda, sendo que, nos termos do art. 229º, nº 5, *ex vi* do art. 246º, nº 4, se não for possível entregar a carta de citação, o distribuidor do serviço postal deve deixar a própria carta na caixa de correio da citanda e certificar a data e o local exato do depósito, remetendo, de imediato, a certidão ao tribunal[373]. Se não for viável o depósito da carta na caixa do correio, o distribuidor deve deixar um aviso para levantamento da carta. Nessa eventualidade, a citação considera-se realizada, respetivamente, na data da certificação do depósito da carta ou no oitavo dia posterior à data constante do aviso, atento o disposto no art. 230º, nº 2, *ex vi* do art. 246º, nº 4[374].

371 Cfr., a este respeito, o ac. do TRE de 09.06.2022, proc. 164/21.0T8RMZ.E1, bem como o ac. do TRP de 22.06.2022, proc. 268/21.9T8AVR.P1.

372 Com efeito, conforme se decidiu no ac. do TRE de 27.10.2010, proc. 565/09.1TBEVR-B.E1, este regime "visa garantir esse efectivo conhecimento por parte da sociedade demandada, de que foi proposta contra si um dada demanda e a forma mais eficaz de o fazer é dar conhecimento directo desse facto à pessoa dos seus representantes legais, que são pessoas singulares, têm residência (e tais elementos estão à disposição do Tribunal por consulta do registo comercial) podendo por isso tomar conhecimento pessoal da citação".

373 Cfr., a este respeito, o ac. do TRC de 29.06.2021, proc. 334/20.8T8SRE-A.C1.

374 *Vide*, a este propósito, o ac. do TRC de 12.12.2017, proc. 565/12.4TBSRT-A.C1, com o seguinte sumário: "1. Para a citação postal de sociedades obrigadas a inscrição no ficheiro central de pessoas coletivas do Registo Nacional de Pessoas Coletivas existe norma processual especial, a do art. 246º do NCPCiv., segundo a qual a carta para citação é endereçada para a sede da citanda

2.2.2. Contagem do prazo para a defesa

2.2.2.1. Início da contagem

Se o réu for citado para contestar e se houver lugar a um prazo dilatório, este prazo começa a correr no dia imediatamente seguinte ao da realização da citação, ainda que esta tenha sido feita na pessoa de um terceiro (art. 230º, nº 1). Significa isto que a advertência feita pela secretaria ao citando, nos casos em que a citação tenha sido realizada em pessoa diversa, à luz do art. 233º, não tem qualquer influência no que diz respeito à contagem do prazo para a prática do ato processual subsequente à citação, ou seja, não marca o início do prazo para o oferecimento da contestação, nem tão-pouco suspende o prazo de contestação que já se encontre em curso[375].

No entanto, se o juiz tiver indeferido liminarmente a petição inicial, nos termos dos arts. 226º, nº 4, e 590º, nº 1, e se esse despacho vier a ser revogado pelo tribunal superior, o prazo para a apresentação da contestação só se inicia com a notificação, em primeira instância, daquela decisão.

2.2.2.2. Prazo dilatório seguido de prazo perentório

Nos termos do art. 142º, se um prazo perentório for seguido de um prazo dilatório, os dois prazos contam-se como se fossem um só prazo[376].

inscrita naquele ficheiro central (cfr. nºs 2 a 4). 2. Considerou o legislador que a constituição e manutenção de determinadas pessoas coletivas, como as sociedades, comporta ónus e deveres, a que está sujeito o ente coletivo, o que explica a relevância conferida ao registo obrigatório da sede societária para efeitos de citação em processo civil. 3. Observadas as formalidades a que aludem os nºs 2 e 4 daquele normativo legal (em conjugação com o nº 5 do art. 229º e o nº 2 do art. 230º), a citação postal considera-se efetuada, ainda que a correspondência, depois de depositada no recetáculo postal, venha a ser devolvida, operando a presunção legal – não ilidida – de que a destinatária teve oportuno conhecimento dos elementos que lhe foram deixados".

[375] Cfr., a este respeito, o ac. do TRP de 07.10.2003, proc. 0323169, o ac. do TRP de 08.11.2004, proc. 0454469, o ac. do TRP de 23.11.2010, proc. 19230/04.0TJPRT-B.P1, o ac. do TRG de 25.01.2018, proc. 526/16.4T8FAF-A.G1, o ac. do TRE de 22.03.2018, proc. 302/11.0TBALR.E1, bem como o ac. do TRC de 04.06.2019, proc. 1514/18.1T8LRA.C1. *Vide*, no mesmo sentido, o ac. do TRE de 21.01.2016, proc. 4744/14.1T8ENT-B.E1, com o seguinte sumário: "1. No art. 233º do CPC prevê-se uma mera formalidade complementar, traduzida no envio de uma carta registada ao citando, comunicando-lhe que a citação se considera realizada na data em que o terceiro a recebeu. 2. A contagem do prazo para contestar inicia-se a partir da entrega da carta à pessoa que se encontre nas condições previstas no nº 2 do art. 228º, e não com a receção da carta a que se alude em 1". Cfr., na doutrina, Pinto, Rui, *Notas ao Código de Processo Civil, op. cit.*, pp. 224 e 225.

[376] Cfr., a este propósito, o ac. do TRP de 15.07.1991, proc. 9150229, o ac. do TRL de 20.09.1994, proc. 0083511, bem como o ac. do TRC de 15.11.2007, proc. 1948/07-2. *Vide*, ainda, o ac. do STJ de 06.06.2019, proc. 2008/17.8T8BRG-B.G1.S2, bem como o ac. do TRC de 03.11.2020, proc. 1097/19.5T8PBL-A.C1, nos quais se consignou que "O fim do artigo 142º do CPC, determinando

Por conseguinte, o prazo perentório começa a correr logo após o termo do prazo dilatório (art. 569º, nº 1)[377], sendo irrelevante que o prazo dilatório termine num dia não útil, já que os dois prazos contam-se como se fossem um só prazo[378,379].

Acresce, por outro lado, que o início da contagem do prazo perentório é automático, não havendo, por isso, necessidade de um despacho judicial nesse sentido[380].

2.3. Regras na notificação

2.3.1. Notificação à parte que tenha constituído mandatário

2.3.1.1. Notificação por via eletrónica

1) Presunção da realização da notificação

Se a parte tiver constituído mandatário judicial, nos termos dos arts. 40º e 43º, esta deve ser notificada na pessoa do seu mandatário, salvo se se achar simultaneamente representada por advogado ou advogado estagiário e por solicitador, situação em que a notificação deve ser realizada na pessoa do solicitador (art. 247º, nºs 1 e 3)[381,382].

A notificação do mandatário é efetuada por via eletrónica, através do sistema de informação de suporte à atividade dos tribunais (*Citius*), devendo

que quando um prazo peremptório se segue a um prazo dilatório os dois prazos se contam como – como se fossem – um só, é apenas o de esclarecer que ao termo de um prazo deve seguir-se de imediato a contagem do outro, não significando, de todo, que os dois prazos se convertem num só".

377 Do mesmo modo, o art. 250º do CPC_{1939} preceituava que, a partir da citação, contava-se o prazo da dilação e, finda esta, começava a correr o prazo perentório para o oferecimento da defesa.

378 *Vide*, no mesmo sentido, o ac. do TRP de 09.11.2004, proc. 0423231, bem como o ac. do TRE de 25.10.2007, proc. 1952/07-3.

379 A este respeito, estabelecia-se no art. 148º, § 1º, do CPC_{1939} que, quando um prazo perentório se seguisse a um prazo dilatório, os dois prazos consideravam-se um só para o efeito da aplicação desse artigo. Este regime viria a ser reproduzido no art. 148º, nº 2, do CPC_{1961}. A redação do atual art. 142º viria a ser introduzida no nosso ordenamento jurídico pelo DL nº 47.690, de 11 de maio de 1967, com a alteração do art. 148º do CPC_{1961}.

380 Em sede de direito comparado, o art. 133º, nº 1, da LEC prevê expressamente que, quando a lei assinale um prazo que comece a correr desde o termo de um outro prazo, esse prazo começa a correr desde o dia seguinte ao do vencimento daquele, sem necessidade de nova notificação.

381 *Vide*, a este propósito, o ac. do TRL de 24.06.2010, proc. 119831/09.3YIPRT.L1-2, o ac. do TRL de 18.12.2015, proc. 2425/15.8TBLSB.L1-7, e o ac. do TRE de 08.10.2020, proc. 736/15.1T8PTG-B.E1.

382 Neste particular, conforme se decidiu no ac. do TRL de 24.03.2015, proc. 315/14.0TVLSB.L1-7, se a parte tiver constituído mais do que um mandatário através de procuração conjunta, a secretaria só deve proceder à notificação do mandatário que, através da subscrição de peças processuais no *Citius*, se encontrar, efetivamente, a acompanhar a causa.

esse sistema certificar a data da elaboração da notificação, atento o disposto nos arts. 25º, nº 1, da Portaria nº 280/2013, de 26 de agosto, e 248º, nº 1[383,384].

Nessa eventualidade, a notificação presume-se realizada no terceiro dia posterior ao do seu envio (art. 248º, nº 1)[385,386], independentemente da data em que o mandatário proceda à consulta e à leitura efetiva da notificação[387].

[383] Cfr., a este respeito, o ac. do TRE de 08.02.2018, proc. 2002/15.3T8LLE-A.E1, no qual se decidiu que o que releva para efeitos de contagem do prazo de presunção da notificação é a data da certificação, pelo *Citius*, da elaboração da notificação. *Vide*, ainda, o ac. do STJ de 24.01.2018, proc. 28602/15.3T8LSB.L1-A.S2, com o seguinte sumário: "1 – A interpretação do artigo 248º do Código de Processo Civil relativo à certificação da data da elaboração de notificações a mandatários, deve respeitar o princípio do processo justo e equitativo, consagrado no artigo 20º, nº 4, da Constituição da República, quando a forma como a notificação se processa seja suscetível de induzir em erro o destinatário sobre a data de início dos prazos dela derivados. 2 – Em caso de desconformidade entre a data de notificação eletrónica efetuada nos termos do artigo 25º da Portaria nº 280/213, de 26 de agosto, inserta na comunicação dirigida ao mandatário e a data da elaboração daquela notificação certificada pelo sistema *Citius*, nos termos do artigo 248º do Código de Processo Civil, releva para cômputo de prazos processuais a data inserta na notificação".

[384] Por conseguinte, conforme se decidiu no ac. do TRE de 19.12.2013, proc. 184/13.8TBSRP-A.E1, não constitui uma forma válida de notificação ao mandatário judicial o envio de uma telecópia, porquanto essa via não equivale à notificação por via eletrónica através do sistema informático *Citius*.

[385] *Vide*, a este propósito, o ac. do TRL de 06.04.2011, proc. 4261/07.6TTLSB.L1-4, com o seguinte sumário: "Não pode haver discrepância entre data da elaboração da notificação e a data da sua expedição, dado que a certificação do *Citius* se destina precisamente a certificar a data de expedição da notificação. Mas se existir essa discrepância entre a data da certificação do *Citius* (data da elaboração) e a data da expedição deve ser esta a ter em conta para efeitos da presunção da notificação". Cfr., ainda, o ac. do TRL de 23.02.2010, proc. 1479/09.0TJLSB-A.L1-1, bem como o ac. do TRE de 13.09.2012, proc. 404/06.5TBTVR-A.E1.

[386] Trata-se, com efeito, como se decidiu no ac. do TRL de 02.12.2015, proc. 4748/11.6TTLSB.L1-4, de uma garantia processual a favor do notificando. Daí que, conforme se decidiu no ac. do TRE de 02.07.2003, proc. 2825/02-2, "Se a lei prevê que a notificação postal se considera feita no 3º dia útil posterior à data do registo, não pode realizar-se um acto judicial marcado para um dia anterior a tal prazo e na ausência do notificando".

[387] Cfr., nesse sentido, o ac. do TRL de 19.10.2010, proc. 277/08.3TBSRQ-F.L1-7, o ac. do TRL de 22.06.2011, proc. 79-B/1994.L1-4, o ac. do TRL de 04.10.2012, proc. 1515/11.0TVLSB-B.L1-2, o ac. do TRE de 11.09.2014, proc. 3449/13.5TBPTM-B.E1, o ac. do TRG de 22.06.2017, proc. 1308/15.6T8CHV-B. G1, bem como o ac. do TRC de 19.09.2017, proc. 196/15.7T8VLF.C1. *Vide*, ainda, o ac. do TRE de 23.05.2016, proc. 571/11.6TBSSB-C.E1, no qual se decidiu que o facto de o mandatário ter procedido à leitura da notificação após o termo do prazo de presunção não constitui fundamento válido ou atendível para que este procure demonstrar que a notificação não se concretizou dentro do prazo legalmente previsto. Criticando este regime, pelo facto de entenderem que não faz sentido o estabelecimento de uma presunção legal quanto à notificação do mandatário, já que, para além de a mensagem eletrónica ser transmitida instantaneamente,

Contudo, se o terceiro dia posterior ao do envio da notificação não for útil – isto é, se esse terceiro dia coincidir com um sábado[388], domingo ou dia feriado[389] –, a notificação presume-se realizada no primeiro dia útil subsequente (art. 248º, nº 1)[390].

Assim, se, por exemplo, a secretaria do tribunal enviar uma notificação eletrónica numa segunda-feira, o mandatário da parte presumir-se-á notificado no terceiro dia posterior ao do envio da notificação, ou seja, na quinta-feira seguinte, salvo se este dia, por ser feriado, não for útil.

Diferentemente, se, a título meramente exemplificativo, a secretaria do tribunal enviar uma notificação eletrónica numa quarta-feira, o mandatário da parte presumir-se-á notificado no terceiro dia posterior ao do envio da notificação, ou seja, no sábado seguinte. Todavia, como este dia não é útil, o mandatário judicial presume-se notificado no primeiro dia útil subsequente, ou seja, na segunda-feira seguinte, salvo se este dia, por ser feriado, também não for útil, caso em que a notificação considerar-se-á realizada na terça-feira, desde que se trate de um dia útil.

2) Ilisão da presunção

A lei presume que o prazo de três dias, contado após o envio da notificação através do sistema de informação de suporte à atividade dos tribunais (*Citius*), configura um lapso de tempo razoável e suficiente para que a notificação chegue ao destinatário e este dela tome conhecimento efetivo[391].

Pode, no entanto, suceder que o notificando não tenha recebido a notificação que lhe tenha sido remetida ou que a notificação só tenha ficado disponível após o terceiro dia subsequente à data do seu envio.

Ora, dado que a presunção da realização da notificação reveste natureza ilidível (presunção *iuris tantum*), o notificando beneficia da possibilidade de

o próprio sistema informático consegue certificar a data e hora da leitura da mensagem pelo destinatário, *vide* FARIA, Paulo Ramos de / LOUREIRO, Ana Luísa, *Primeiras Notas ao Novo Código de Processo Civil*, *op. cit.*, pp. 244 e 245.

[388] Cfr., a este propósito, o ac. do STJ de 07.03.1987, proc. 067190.

[389] *Vide*, a este propósito, o art. 2º, nº 2, do Regulamento (CEE) nº 1182/71, do Conselho, de 3 de junho de 1971, relativo à determinação das regras aplicáveis aos prazos, às datas e aos termos, o qual preceitua que, para efeitos de aplicação desse regulamento, são considerados como dias úteis todos aqueles que não sejam dias feriados, domingos ou sábados.

[390] *Vide*, a este respeito, o ac. do TRL de 06.04.2011, proc. 4261/07.6TTLSB.L1-4, no qual se decidiu que, havendo uma "discrepância entre a data da certificação do *Citius* (data da elaboração) e a data da expedição deve ser esta a ter em conta para efeitos da presunção da notificação". Cfr., ainda, o ac. do TRG de 13.03.2014, proc. 130/08.0TBCMN.G1.

[391] *Vide*, a este respeito, o ac. do STJ de 28.03.2017, proc. 4274/09.3TBPTM.E3.S1.

afastar essa presunção, demonstrando, através da alegação de factos concretos e objetivos ou da apresentação de provas[392], que, na verdade, não recebeu qualquer notificação ou que a notificação só ficou disponível após o terceiro dia subsequente à data do envio da notificação[393,394], sendo essa a razão pela qual, respetivamente, não praticou o ato processual ou só o praticou depois de já ter terminado o prazo legalmente previsto para o efeito[395].

[392] Cfr., a este propósito, o ac. do TRC de 20.06.2012, proc. 4054/07.0TBLRA.C1, com o seguinte sumário: "1. As notificações de mandatários por transmissão eletrónica de dados provenientes do tribunal têm-se por presumidamente feitas na data de expedição (art. 254º, nº 5, do CPC), presumindo-se, por sua vez, esta feita no terceiro dia após a elaboração ou no primeiro dia útil seguinte (art. 21º-A, nº 5, da Portaria nº 114/2008, de 6 de Fevereiro), certificando o *Citius* quanto aos restantes atos processuais a data e hora de expedição, nos termos do art. 13º, al. *a)*, da dita Portaria, e estas presunções também são ilidíveis (como se colhe do nº 6 do art. 254º do CPC e da 2ª parte do nº 5 do art. 21º-A da Portaria mencionada). 2. Só que uma tal ilisão não pode naturalmente ser levada a cabo por qualquer tipo de prova. 3. Nomeadamente não pode ser um mero documento particular interno que pode destruir a força probatória que deve ser ligada a um documento oficial – que tem a força de um documento autêntico, nos moldes do art. 371º, nº 1, do CPC – como é o emanado do *Citius*. 4. Principalmente quando esse sistema confirma ou atesta que a notificação não só foi disponibilizada como lida em determinado momento. 5. Só a demonstração de que tal atestação é material ou ideologicamente falsa, ou eventualmente decorre de um erro do próprio *Citius*, parece poder ter impacto bastante para destruir o seu efeito, que é o de se ter a notificação por efetuada". No sentido de essa presunção poder ser ilidida mediante a prestação de informações ou de esclarecimentos pelos próprios serviços informáticos que asseguram a gestão do *Citius*, *vide* o ac. do TRL de 10.12.2009, proc. 986/09.0TBBNV-A.L1-2.

[393] Cfr., a este propósito, o ac. do TRP de 04.03.2013, proc. 257/09.0TVPRT.P1, bem como o ac. do TRE de 24.04.2014, proc. 3306/12.2TBPTM-B.E1.

[394] No sentido de a presunção da notificação poder ser ilidida, sempre para alargamento do prazo e nunca para redução ou encurtamento do mesmo, *vide* o ac. do STJ de 19.01.2012, proc. 86/05.1TBRSD.P1.S1. Assim, conforme se decidiu neste aresto, é indiferente, para efeitos de contagem do prazo da presunção, a data em que ocorreu a leitura efetiva da notificação, não podendo, por conseguinte, procurar ilidir-se a presunção da notificação, demonstrando-se que o destinatário do ato tomou conhecimento efetivo do mesmo antes do terceiro dia posterior ao da elaboração da notificação. Cfr., no mesmo sentido, o ac. do TRC de 30.04.2012, proc. 420/11.5TBSRT-A.C1.

[395] *Vide*, a este respeito, o ac. do TRC de 21.01.2013, proc. 26/12.1TTGRD-A.C1, no qual se decidiu que "Para que esta presunção seja ilidida é necessário que o interessado o faça no momento em que se pratica o acto, caso este tenha sido praticado fora do prazo fixado em função da data da notificação presumida", o ac. do TRL de 09.06.2014, proc. 2085/13.3 TBBRR-A.L1-6, no qual se consignou que "A parte que pretenda ilidir a presunção de que a notificação postal se efetuou no terceiro dia posterior ao do registo, deve fazê-lo no momento em que pratica o ato fora do prazo fixado em função da data da notificação presumida", bem como o ac. do TRL de 21.03.2019, proc. 347/13.6TBBRR-A.L1-2, no qual se decidiu que "Não é num recurso de uma decisão que a parte deve tentar a ilidir a presunção de uma notificação num dado dia, mas sim quando pratica o acto fora do prazo em que o devia ter praticado contado tendo em conta aquela data e aquela

3) Justo impedimento

Se, por motivo de justo impedimento, o mandatário se encontrar impossibilitado de aceder à área reservada do portal eletrónico no qual são disponibilizadas as notificações, isto é, ao *Citius*, a notificação só se considera efetuada quando o justo impedimento for ultrapassado (art. 248º, nº 2).

2.3.1.2. Notificação por via postal registada

Pode suceder que a notificação não possa ser realizada através de transmissão eletrónica de dados. Com efeito, nos termos do art. 25º, nº 2, da Portaria nº 280/2013, de 26 de agosto, se o ato processual a notificar contiver documentos que apenas existam no processo em suporte físico, o mandatário deve ser notificado desses documentos através do envio de carta registada, dirigida ao seu escritório ou ao domicílio por ele escolhido[396].

Nessa eventualidade, a notificação presume-se realizada no terceiro dia posterior ao do registo ou no primeiro dia útil seguinte, quando esse não o seja, independentemente da existência de um comprovativo de recebimento efetivo da notificação[397] ou de a carta de notificação ser devolvida[398].

Em todo o caso, tal como sucede na notificação realizada através do sistema de informação de suporte à atividade dos tribunais (*Citius*), o mandatário pode ilidir essa presunção, demonstrando que não recebeu a notificação na data legalmente presumida[399,400].

presunção". Cfr., ainda, o ac. do TRE de 12.04.2018, proc. 607/13.6TBVNO-A.E1, o ac. do TRG de 13.11.2008, proc. 2319/08-1, bem como o ac. do TRL de 05.02.2019, proc. 24869/17.0T8LSB.L1-7.

[396] Cfr., a este propósito, o ac. do STJ de 23.09.1997, proc. 97B450, no qual se decidiu que "A notificação do mandatário forense é feita para o seu escritório, se outro local não tiver sido escolhido; caso o tenha sido, pode ser feita neste local ou no primeiro, indiferentemente".

[397] Ac. do STJ de 22.02.1994, proc. 085061.

[398] Ac. do STJ de 19.12.1991, proc. 081636. Cfr., no mesmo sentido, o ac. do STJ de 13.05.1993, proc. 083540, onde se decidiu que, se o mandatário não comunica aos autos a mudança do seu domicílio profissional, incorre num comportamento culposo pelo facto de a carta de notificação não ter sido recebida, o ac. do STJ de 14.05.1996, proc. 96A308, no qual se decidiu que "O mandatário forense que escolheu domicílio para receber quaisquer notificações, mas que não tomou as providências necessárias para que uma notificação por carta registada possa efectivamente ser recebida no local indicado e em devido tempo, torna-se culposamente responsável pelo não recebimento da notificação", bem como o ac. do TCAS de 20.11.2001, proc. 5562/01.

[399] Cfr., nesse sentido, o ac. do TCAS de 02.10.2012, proc. 03287/09, bem como o ac. do STJ de 22.06.2017, proc. 1925/11.3TBVNO.E1-A.S1.

[400] No sentido de o mandatário se encontrar obrigado a ilidir essa presunção no momento da prática do ato processual subsequente à realização da notificação, *vide* o ac. do STJ de 22.02.2006, proc. 05B4290.

2.3.1.3. Notificação feita em ato judicial

Pode ocorrer que o mandatário da parte seja notificado em pleno ato judicial, por determinação da entidade que preside a esse ato, ficando a notificação documentada na respetiva ata. É o que sucede, por exemplo, se o mandatário é notificado verbalmente, em plena audiência prévia ou final, de um determinado despacho.

Nesse caso, o mandatário considera-se notificado nesse mesmo ato[401].

2.3.1.4. Notificação de decisões judiciais

Estando em causa a notificação de despachos, sentenças ou acórdãos, deve enviar-se, entregar-se ou disponibilizar-se ao notificando uma cópia ou uma fotocópia legível da decisão e dos respetivos fundamentos (art. 253º).

Nessa eventualidade, se não for recebida cópia ou fotocópia legível, a contagem do prazo para a prática do ato subsequente ao recebimento da notificação só se inicia após o envio, entrega ou disponibilização ao notificado de cópia legível da decisão e dos fundamentos, já que, até esse momento, a parte está impedida de exercer os direitos processuais que a lei lhe confere[402].

2.3.1.5. Notificação do mandatário e da própria parte

Nos termos do art. 247º, nº 2, se a notificação se destinar a chamar a parte para a prática de um ato pessoal – como, por exemplo, a prestação de um depoimento de parte (arts. 452º a 465º) –, além da notificação do mandatário, deve igualmente ser notificada a própria parte, através da expedição, pelo correio, de um aviso registado, contendo a indicação da data, do local e do fim da comparência.

2.3.1.6. Notificação através do envio do código de acesso a endereço eletrónico

De acordo com o art. 247º, nº 4 – o qual foi aditado ao Código de Processo Civil pelo DL nº 97/2019, de 26 de julho – o tribunal pode, em função do número elevado de partes, da dimensão do despacho ou da decisão a notificar ou do volume dos documentos a transmitir, realizar a notificação através do envio, por carta registada, de um código de acesso a endereço eletrónico onde os elementos a notificar ou a transmitir se encontrem disponíveis.

Nessa eventualidade, nos termos do art. 247º, nº 6, a notificação presume-se realizada no décimo dia posterior ao do registo ou no primeiro dia útil

401 *Vide*, a este propósito, o ac. do TRG de 17.12.2013, proc. 156200/12.0YIPRT.G1.

402 Ac. do TRL de 02.06.1992, proc. 0056301.

seguinte a esse, quando o não seja. Com efeito, neste caso em concreto, a fixação de um prazo amplo de presunção, correspondente ao décimo dia após o dia do registo ou ao primeiro dia útil seguinte a esse, quando não o seja, encontra justificação nas circunstâncias excecionais que justificam o recurso a esta modalidade de notificação, *maxime* o número elevado de partes, a dimensão do despacho ou da decisão a notificar ou o volume dos documentos a transmitir.

2.3.1.7. Notificação por força da consulta eletrónica do processo

À luz do art. 247º, nº 7, a notificação à parte considera-se efetuada, em qualquer circunstância, quando o notificando proceda à consulta eletrónica do processo, nos termos previstos na portaria prevista no art. 132º, nº 2.

2.3.2. Notificação à parte que não tenha constituído mandatário

2.3.2.1. Presunção da realização da notificação

Se a parte não tiver constituído mandatário, esta deve ser notificada, quando tal seja aplicável, através de via eletrónica, nos termos do art. 219º, nº 5[403], ou mediante o envio de carta registada, dirigida para a sua residência ou sede ou para o domicílio escolhido para o efeito de as receber, presumindo-se, neste caso, a notificação realizada no terceiro dia posterior ao do registo da carta ou no primeiro dia útil seguinte a esse, quando o não seja (art. 249º, nº 1)[404,405].

[403] Com efeito, nos termos do nº 5 do art. 219º, aditado pelo DL nº 97/2019, de 26 de julho, as notificações que sejam dirigidas a uma pessoa coletiva podem ser realizadas através de via eletrónica quando, tratando-se de uma entidade pública da Administração direta ou indireta do Estado, tal se encontre previsto em portaria dos membros do Governo responsáveis pela área da justiça e pela entidade pública em causa, ou, tratando-se de outras pessoas coletivas, tal se encontre previsto em protocolo celebrado entre a pessoa coletiva e o Instituto de Gestão Financeira e Equipamentos da Justiça, I. P., e homologado pelo membro do Governo responsável pela área da justiça.

[404] Este regime tem a sua origem no DL nº 121/76, de 11 de fevereiro, cujo art. 1º, nº 1, aboliu "a exigência de avisos de recepção para as notificações em quaisquer processos, sendo, contudo, obrigatório o registo postal em todos os avisos e notificações, incluindo os relativos a preparos, multas e custas". Com efeito, conforme se extrai do respetivo preâmbulo, o legislador entendeu que "O recente encarecimento da via postal, numa época em que há necessidade de compressão das despesas públicas, aliado às exigências de simplificação dos actos burocráticos e à acumulação de serviço nos tribunais do País", aconselhava a adoção de "providências que tornem menos dispendiosos e mais fáceis os actos processuais", afigurando-se, por isso, viável a supressão dos avisos de receção na comunicação dos atos processuais, já que o simples registo postal era, por si só, suscetível de garantir a segurança dessas comunicações. Assim, nos termos do art. 1º, nº 3, do citado diploma legal, as notificações efetuadas por via postal registada presumem-se feitas no terceiro dia posterior ao do registo ou no primeiro dia útil seguinte a esse, quando o não seja, não produzindo efeitos anteriores.

Com efeito, esta presunção legal de que a notificação se considera efetuada no terceiro dia posterior ao do registo ou no primeiro dia útil seguinte a esse, quando o terceiro dia não seja útil, encontra justificação quer no facto de o legislador considerar que o prazo de três dias constitui "uma margem de segurança suficiente para um eventual atraso nos serviços dos correios"[406], quer na circunstância de não existir distribuição postal nos dias não úteis, ou seja, nos sábados, domingos e dias feriados, razão pela qual, se o prazo terminar em algum desses dias, deve presumir-se que a notificação só se concretizou no primeiro dia útil seguinte, isto é, quando a distribuição do correio foi retomada[407].

Por outro lado, importa referir que, nos termos do art. 249º, nº 2, a notificação que tenha sido realizada através do envio de carta registada não deixa de produzir efeitos pelo facto de o expediente ser devolvido, desde que a remessa tenha sido efetuada para a residência ou a sede da parte ou para o domicílio por ela escolhido para o efeito de a receber. Nesse caso ou se a carta não tiver sido entregue, por ausência do destinatário, a notificação presume-se igualmente feita no terceiro dia posterior ao do registo ou no primeiro dia útil subsequente, quando não o seja, sendo o respetivo subscrito junto ao processo[408].

405 Diferentemente, no ordenamento jurídico belga, por exemplo, se a notificação for efetuada por correio registado ou por correio simples, o prazo subsequente começa a correr no terceiro dia útil seguinte ao dia em que a carta tenha sido entregue nos serviços postais. Já se a notificação tiver sido realizada através de carta registada com aviso de receção, o prazo começa a correr no primeiro dia seguinte ao da assinatura do aviso (cfr. o art. 53º *bis* do $CJ_{Bel.}$).

406 Ac. do TRC de 09.04.2008, proc. 206/06.9TACDN. *Vide*, no mesmo sentido, o ac. do TRP de 26.11.2014, proc. 232/12.9GCSTS-A.P1, bem como o ac. do TRL de 02.12.2015, proc. 4748/11.6TTLSB.L1-4.

407 *Vide*, a este propósito, o ac. do STJ de 30.06.1993, proc. 003665.

408 Cfr., a este respeito, o ac. do TRP de 09.01.1992, proc. 9130735, o ac. do TRP de 23.02.1999, proc. 9920762, o ac. do TCAS de 23.03.2011, proc. 04577/11, bem como o ac. do TRP de 13.07.2016, proc. 1369/13.2TTVNG.P1. *Vide*, a este propósito, o ac. do TRL de 31.10.2007, proc. 7033/2007-4, com o seguinte sumário: "1. A notificação por carta registada presume-se feita no terceiro dia posterior ao do registo, ou no primeiro dia útil seguinte a esse, quando o não seja, salvo se o notificando provar que a notificação não foi efectuada ou ocorreu em data posterior à presumida, por razões que lhe não sejam imputáveis. 2. Quem é parte num processo judicial e sabe que vai receber notificações por carta registada para a prática de determinados actos deve providenciar no sentido de haver alguém presente no seu domicílio, ou pelo menos, abrir ou mandar abrir a caixa do correio para se inteirar dos avisos de registos que o carteiro ali depositou e proceder, diligentemente, ao levantamento das cartas. 3. Quem assim não proceder, quem pelo seu desinteresse ou negligência deixar que as cartas registadas que lhe são enviadas pelos tribunais sejam devolvidas, ou quem conscientemente ou por negligência deixar que essas cartas aguardem na estação dos CTT, durante vários dias, quando podiam perfeitamente ser levantadas no dia em que foi deixado o aviso na caixa do correio, presume-se notificado no terceiro dia posterior ao do registo ou no primeiro dia útil

2.3.2.2. Ilisão da presunção

O notificado pode ilidir a presunção quanto à data da realização da notificação, ou seja, pode demonstrar que a notificação não teve lugar no dia legalmente presumido, já que essa presunção reveste natureza *iuris tantum*[409].

Com efeito, à luz do art. 1º, nº 4, do DL nº 121/76, de 11 de fevereiro, essa presunção pode ser ilidida pelo avisado ou pelo notificado[410] quando a receção da notificação ocorra em data posterior à presumida, por razões que não lhe sejam imputáveis[411], devendo, para o efeito, requerer no processo que seja requisitada aos correios informação sobre a data efetiva dessa receção[412,413]. É o que sucede, por exemplo, quando tenha havido uma greve dos funcionários dos correios, daí resultando um atraso na realização do serviço postal, ou quando o funcionário dos correios não tenha encontrado o citando, deixando, por isso, um aviso para levantamento da carta registada no serviço postal competente, situação em que caberá ao notificando comprovar a data em que procedeu ao levantamento efetivo dessa carta[414].

seguinte, quando o não seja. 4. É muito menos grave a atitude daquele que, por simples descuido, não esteve atento à distribuição do correio e deixou devolver a carta, do que a atitude daquele que, conscientemente, utilizou o expediente atrás referido no intuito de protelar o andamento normal do processo e prorrogar para o dobro os prazos perentórios previstos na lei. 5. Se o disposto no art. 254º, nºs 3, 4 e 6, do CPC consentisse a utilização deste tipo de expedientes, estaria claramente a prejudicar o destinatário diligente e a beneficiar o negligente e aquele que protela o andamento normal do processo, premiando-os com um prazo superior ao dobro do concedido àqueles que não procederam dessa forma".

[409] Cfr., a este propósito, o ac. do TRP de 25.02.1999, proc. 9930238, o ac. do TRE de 14.07.2005, proc. 1505/05-2, assim como o ac. do STJ de 25.01.2012, proc. 1432/05.3TTPRT.S2.

[410] No sentido de estar vedada ao tribunal a possibilidade de ilidir oficiosamente essa presunção, *vide* o ac. do TRC de 12.07.2006, proc. 496/01.3TACBR-A.C1, bem como o ac. do STJ de 11.10.2007, proc. 07B3024.

[411] Sustentando ser imputável ao notificando a falta de recebimento da notificação pelo facto de este ter alterado o seu domicílio, sem, contudo, ter comunicado essa alteração ao processo, *vide* o ac. do TRC de 08.09.2020, proc. 2710/13.3TBVIS-D.C1.

[412] Contudo, afigura-se que esta disposição deve ser objeto de uma interpretação atualista, sendo suficiente, para a ilisão dessa presunção, a junção aos autos de um *print* da informação recolhida no endereço eletrónico *https://www.ctt.pt/feapl_2/app/open/objectSearch/objectSearch.jspx.* Defendendo a possibilidade de o notificando ilidir, por qualquer meio de prova, essa presunção, *vide* o ac. do TRL de 23.05.1996, proc. 0088412.

[413] No sentido de o tribunal não se encontrar vinculado a proferir um despacho de convite ao aperfeiçoamento, pelo facto de o citando não ter elucidado as concretas razões pelas quais procedeu ao levantamento tardio da carta ou de não ser possível ilidir a presunção da realização da notificação com base na informação disponibilizada no endereço eletrónico dos CTT, *vide* o ac. do TRL de 26.10.2008, proc. 3868/2008-6, e o ac. do TRL de 26.09.2013, proc. 4275/12.4TJLSB.L1-2.

[414] Cfr., a este propósito, o ac. do TRL de 23.11.2010, proc. 3132/08.3TVLSB.L1-1.

Note-se, ainda, que a lei exige que não seja imputável ao notificando o facto de a receção da notificação ter ocorrido em data posterior à presumida. Com efeito, pode suceder que o funcionário do serviço postal, por não encontrar o notificando, deixe ficar na caixa de correio um aviso para que o notificando proceda ao levantamento da carta junto dos serviços postais dentro de um determinado prazo. Nessa eventualidade, o notificando deve levantar a carta nesse prazo, sob pena de, não o fazendo, se presumir que teve conhecimento efetivo da notificação no terceiro dia posterior ao do registo ou no primeiro dia útil seguinte a esse, quando não o seja. Outrossim, se o notificando proceder ao levantamento da carta, o mesmo presume-se notificado dentro do prazo legal, isto é, no terceiro dia posterior ao do registo ou no primeiro dia útil seguinte, quando esse não o seja, mas tal não impede o notificando de demonstrar que, por facto que não lhe seja imputável (por ex. ausência por motivos profissionais), só teve conhecimento efetivo do ato em data posterior à legalmente presumida[415].

2.3.2.3. Notificação por força da consulta eletrónica do processo

À luz do art. 249º, nº 6[416], a notificação à parte que não tenha constituído mandatário considera-se igualmente efetuada, em qualquer circunstância, nos casos em que o notificando proceda à consulta eletrónica do processo, nos termos definidos na portaria prevista no art. 132º, nº 2.

2.3.3. Notificação ao Ministério Público

A secretaria deve notificar ao Ministério Público as decisões finais proferidas em qualquer causa, bem como quaisquer decisões, ainda que interlocutórias, que possam suscitar a interposição de recursos obrigatórios por força da lei (art. 252º, nº 1).

Nesses casos, a notificação deve ser realizada por via eletrónica, através do sistema de informação de suporte à atividade dos tribunais, e presume-se efetuada no terceiro dia posterior ao do envio da notificação, ou no primeiro dia útil seguinte a esse, quando o não seja, atento o disposto no art. 252º, nº 2.

2.3.4. Notificação entre mandatários

Dispõe o art. 221º que, nos processos em que as partes tenham constituído mandatário judicial, os atos processuais que devam ser praticados por escrito pelas partes após a notificação ao autor da contestação apresentada pelo réu

[415] *Vide*, nesse sentido, o ac. do TRC de 19.06.2007, proc. 271-C/1998.C1.

[416] Aditado pelo DL nº 97/2019, de 26 de julho.

são notificados pelo mandatário judicial do apresentante ao mandatário judicial da contraparte, através do sistema de informação de suporte à atividade dos tribunais, nos termos do art. 255º.

Por sua vez, à luz do art. 255º, as notificações entre os mandatários das partes são realizadas por via eletrónica, através do sistema de informação de suporte à atividade dos tribunais (*Citius*), devendo esse sistema certificar a data da elaboração da notificação[417]. Nesse caso, a notificação presume-se feita no terceiro dia posterior ao do seu envio ou, se este dia não for útil, no primeiro dia útil seguinte a esse.

2.3.5. Notificação em férias judiciais

Por aplicação das regras previstas nos arts. 248º, nº 1, e 249º, pode suceder que o prazo da presunção da notificação termine em férias judiciais. É o que ocorre, por exemplo, se a secretaria judicial proceder à elaboração da notificação via *Citius* ou ao registo postal da notificação na véspera do início das férias judiciais.

Neste caso, coloca-se o problema de saber em que dia a parte se presume notificada e, bem assim, em que dia começa a correr o prazo processual cuja contagem tenha sido despoletada em virtude da realização dessa notificação.

Sobre esta concreta questão, afigura-se que, se o prazo de presunção da realização da notificação, isto é, se o terceiro dia posterior ao do envio da notificação via *Citius* ou ao do registo postal terminar no período das férias judiciais, o notificando deve presumir-se notificado nesse dia, isto é, mesmo em férias judiciais[418]. Na verdade, estabelecendo a lei uma presunção de que o sistema informático *Citius* ou o serviço postal demoram, no máximo, 3 dias

[417] Cfr., a este propósito, o ac. do TRE de 12.07.2012, proc. 720/10.1TJLSB-M.E1.

[418] *Vide*, no mesmo sentido, o ac. do TRL de 30.03.1989, proc. 0001639, o ac. do TRL de 31.01.1991, proc. 0142712, o ac. do TCAS de 04.04.2000, proc. 3182/00, o ac. do TCAS de 11.04.2000, proc. 3233/00, bem como o ac. do TCAS de 04.07.2000, proc. 3183/00. Cfr. ainda o ac. do TRL de 19.03.2003, proc. 0096944, no qual se decidiu que o prazo de presunção de 3 dias, a que se alude nos arts. 248º, nº 1, e 249º, nº 1, não reveste natureza processual, não estando, por isso, a sua contagem sujeita às regras da contagem de prazos previstas no art. 138º.
Diferente é o entendimento vertido no ac. do TRP de 02.04.2001, proc. 0051646, no qual se decidiu que, se a notificação for realizada em férias judiciais, a notificação só se considera concretizada no primeiro dia útil subsequente ao termo das férias judiciais, razão pela qual o prazo para praticar o ato subsequente apenas começa a correr no dia seguinte, ou seja, "o primeiro dia após as férias não conta para o início do prazo". *Vide*, ainda, o ac. do TRP de 25.03.2010, proc. 65/09.0TBMTS-A.P1, no qual se decidiu que, se a notificação foi remetida na véspera de férias judiciais, o notificando só se presume notificado no primeiro dia útil subsequente ao termo das férias judiciais.

para concretizar a realização da notificação, não faz sentido presumir que, sendo a notificação elaborada ou registada na véspera de férias judiciais, o sistema informático *Citius* ou o serviço postal só consigam concretizar a realização da notificação no primeiro dia útil subsequente ao termo das férias judiciais. Daí que, salvo melhor opinião, a notificação deva presumir-se realizada no terceiro dia subsequente ao do envio ou do registo da notificação, mesmo que esse dia termine em período de férias judiciais.

Já no que concerne ao início da contagem do prazo para a prática do ato processual subsequente à realização da notificação, afigura-se que esse prazo começa a correr no primeiro dia útil subsequente ao termo das férias judiciais[419]. Na verdade, presumindo-se a parte notificada em férias judiciais, seria injusto considerar que o prazo começasse a correr no primeiro dia seguinte ao termo das férias judiciais – mesmo que esse dia não fosse útil – já que, nessa eventualidade, a parte seria duplamente penalizada:

- por um lado, fora notificada em férias judiciais, sendo que, em abstrato, poderia só ter tido conhecimento da ocorrência dessa notificação no primeiro dia útil subsequente ao termo das férias judiciais;
- por outro lado, sendo o prazo contado de forma contínua e se a parte apenas tivesse conhecimento da notificação no primeiro dia útil subsequente ao termo das férias judiciais, decorreria daí que, nesse dia, já estaria em curso o prazo para praticar o ato processual subsequente à realização da notificação[420].

Observe-se, de resto, que o Código de Processo Civil revogado continha uma norma, cuja aplicação analógica ao regime em estudo se mostra perfeitamente adequada e ajustada.

Assim, de acordo com o art. 260º-A, nº 4, do $CPC_{1995/1996}$, se a notificação entre mandatários ocorresse no dia anterior a feriado, sábado, domingo ou férias judiciais, o prazo de resposta a essa notificação iniciava-se no primeiro dia útil seguinte ou no primeiro dia posterior ao termo das férias judiciais, salvo se estivessem em causa processos judiciais que corressem termos durante as férias judiciais.

[419] Cfr., no mesmo sentido, o ac. do TRL de 30.03.1989, proc. 0001639.

[420] Na verdade, basta pensar, por exemplo, na possibilidade de a notificação ter sido realizada em férias judiciais e de as férias terem terminado numa sexta-feira, caso em que, se o prazo fosse contínuo e se a parte apenas tomasse conhecimento da notificação no primeiro dia útil subsequente, ou seja, na segunda-feira, já teriam decorrido dois dias de prazo (sábado e domingo).

Ora, se, ocorrendo a notificação no dia anterior ao início das férias judiciais, o prazo processual para a prática do ato subsequente começava a correr no primeiro dia após o termo das férias judiciais, parece-nos, do mesmo modo, que, se a notificação ocorrer, não no dia anterior ao início das férias judiciais, mas já durante o período de férias judiciais, o prazo processual para a prática do ato subsequente à notificação deve começar a correr apenas no primeiro dia útil após o termo das férias judiciais.

3. Continuidade da contagem do prazo

3.1. Breve enquadramento histórico

A forma como o prazo processual é contado tem vindo a conhecer alterações significativas ao longo das diversas codificações processuais civis.

Assim, nas Ordenações Afonsinas, o Livro III, Título XVIIII, preceituava que, na contagem de um prazo, incluía-se o dia em que o prazo terminava, salvo se esse dia correspondesse a um Domingo ou a um dia feriado, caso em que o termo do prazo passava para o dia seguinte[421].

Do mesmo modo, nas Ordenações Manuelinas e nas Ordenações Filipinas, dispunha-se, respetivamente, no Livro III, Título XII, e no Livro III, Título XIII, que, se o julgador fixasse um termo a alguma parte para que esta comparecesse em juízo ou praticasse algum ato judicial, o último dia do termo considerava-se nele incluído, salvo se esse dia fosse feriado, caso em que a parte devia comparecer em juízo ou praticar o ato judicial no primeiro dia subsequente[422].

[421] Assim, resultava do referido preceito, sob a epígrafe, "*Se o dia, em que se acaba alguu termo assinado, se se comcludirá no dito termo*", o seguinte: "*Acontece alguuas vezes, que he assignado termo ao Reo, que ata certo dia aja de aparecer em Juizo, ou fazer alguu outro auto Judicial, e bem assi a ho Autor, e recrece duvida ao Julgador, se aquelle dia, em que se acaba o dito termo, se entenderá inclusive, ou exclusive, que quer tanto dizer como se se compremderá em o dito termo, ou naõ, em tal guisa, que esse, a que tal termo for assignado, naõ seja theudo a aparecer em Juizo em o dito dia. E nós por tolher tal duvida, dizemos, que o dito dia se deve entender inclusive, e ser compreendido no dito termo: salvo se a razaõ o naõ padecer, assi como se dissessemos, que fosse assinado termo a alguua parte pera aparecer, ou fazer alguua cousa em Juizo ate certo dia, e aquelle termo se acabasse em Domingo, ou em outro alguu dia feriado, ca em tal caso o dia, em que se acabasse o dito termo, se deve entender exclusive, e naõ inclusive, em tanto que essa parte, a que tal termo for assinado, naõ será theuda áparecer em Juizo, ou fazer essa cousa, que lhe for mandada no dito postumeiro dia, em que se acabou o termo, que lhe assy foi assinado, como dito he, mas aparecerá em outro dia seguinte, se feriado não for; porque a razaõ naõ padece, que tal dia feriado se entenda inclusive no dito termo, pois que em tal dia o Auto, pera que foi citado, ou lhe foi termo assinado, nom se poderia tratar, nem fazer* [...]".

[422] Com efeito, dispunha o Livro III, Título XII, o seguinte: "[...] *E assinando alguu Julguador termo a algua parte, que atee certos dias ou meses pareça em Juizo, ou faça alguu outro acto judicial, o dia derradeiro em que se acabar o termo será compreendido em elle: salvo se o dito dia for feriado, em que tal acto se nom possa*

Resulta, por conseguinte, destas regras, que os prazos processuais eram contados de forma contínua, já que, só dessa forma, seria possível que o prazo terminasse num domingo.

No âmbito da Novíssima Reforma Judiciária, prescrevia-se no art. 683º do Decreto de 21 de maio de 1841, a propósito dos recursos, que os prazos marcados na lei para a interposição ou apresentação de recursos eram contínuos e perentórios. De todo o modo, nos casos em que se alegasse e provasse a verificação de um "legítimo impedimento" ou que, "segundo o Direito", tivesse lugar o "benefício da restituição", o tribunal de recurso devida decidir sumariamente esse "legítimo impedimento", ouvindo a parte.

Entretanto, a Lei de 16 de junho de 1855 viria a estabelecer no seu art. 30º o seguinte: *"A disposição da Ordenação do livro 3º, título 13º, é extensiva a todos os termos judiciaes, ou sejam fixados pelas Leis, ou assignados pelos Juizes, compreendidos os fataes para a apresentação dos embargos ás sentenças e accordãos, nos casos em que pelas mesmas Leis são permitidos, e para interposição dos recursos, e apresentação dos respectivos processos nos Juizos ou Tribunaes para que se tiver recorrido"*[423].

Já no âmbito do Código de Processo Civil de 1876, o art. 68º preceituava que, em regra, o prazo ou o termo judicial era contínuo, perentório e improrrogável (§ 1º), sendo que, na contagem do prazo, não se computava o dia em que ele começava a correr, mas contava-se o dia em que ele findasse (§ 2º)[424]. Acresce que o prazo corria durante as férias e em dias feriados ou santificados, mas quando o último dia do prazo fosse um dia feriado ou santificado, ou estivesse compreendido no período de férias, e o ato não pudesse, pela

fazer, porque em tal caso nom será o dito derradeiro dia contado no dito termo, mas será obriguado aquelle a que tal termo foi assinado, fazer o que foi mandado no primeiro dia loguo seguinte nom feriado, em que o dito acto se possa fazer".

423 Neste particular, Eduardo Alves de Sá explica que esta solução legislativa ficou a dever-se ao facto de o art. 683º da Novíssima Reforma Judiciária apenas aludir aos prazos para os recursos, pela circunstância de, na prática, serem estes os que mais frequentemente eram preteridos, não se referindo, por isso, à forma como os demais prazos deviam ser contados. Por esse motivo, o legislador viria a reconhecer a necessidade de "declarar que as Ordenações estavam em vigor para todos os casos" (SÁ, Eduardo Alves de, *Commentario ao Codigo do Processo Civil Portuguez*, vol. II, Lisboa, 1878, p. 206).

424 *Vide*, a este propósito, SÁ, Eduardo Alves de, *Commentario ao Codigo do Processo Civil Portuguez*, *op. cit.*, p. 221. De todo o modo, conforme elucida Eduardo Alves de Sá, o Código de Processo Civil de 1876 estabelecia algumas exceções a esta regra, como seja a existência de prazos que não se contavam de forma contínua ou de prazos que podiam ser prorrogados. Cfr., ainda, GONÇALVES, Luiz da Cunha, *Tratado de Direito Civil*, vol. III, tomo II, 2ª ed. atua. e aum., Max Limonad, São Paulo, 1930, p. 787.

sua natureza, ser praticado nesse dia[425], o prazo só terminava no primeiro dia útil seguinte (§ 4º).

Do mesmo modo, o Código de Processo Civil de 1939 estabelecia no seu art. 145º que o prazo judicial era contínuo, começava a correr "*independentemente de assinação ou de qualquer outra formalidade*" e contava-se de forma seguida, "*mesmo durante as férias e nos domingos e dias feriados, salvo as disposições especiais dêste Código*"[426]. Por sua vez, de acordo com o art. 146º, § 1º, do CPC_{1939}, se o prazo perentório terminasse nas férias, em domingo ou em dia feriado e o ato, pela sua natureza, não pudesse ser praticado nesse dia, o termo do prazo transferia-se para o primeiro dia útil seguinte. Ademais, o Código de Processo Civil de 1939 determinava no seu art. 148º que, na contagem do prazo, não se contava o dia em que o prazo começasse, mas contava-se o dia em que o prazo terminasse.

O Código de Processo Civil de 1961 viria a reproduzir nos seus arts. 145º, 146º, nº 2, e 148º, nº 1, as mesmas soluções legislativas que constavam da lei de processo civil de 1939 a que se aludiu *supra* no tocante ao princípio da continuidade do prazo, à transferência do termo do prazo que terminasse nas férias, em domingo ou em dia feriado, e ao modo de contagem do prazo.

Entretanto, o DL nº 47 690, de 11 de maio de 1967, manteve o princípio da continuidade do prazo, isto é, a regra de que o prazo corria de forma seguida, "mesmo durante as férias e nos domingos e dias feriados, salvas as disposições especiais da lei[427]", passando tal regra a constar do art. 144º, nº 2, do CPC_{1961}[428].

Posteriormente, o DL nº 323/70, de 11 de julho, introduziu um nº 3 no art. 144º do CPC_{1961}, o qual estabelecia o seguinte: "Quando o prazo para a prá-

[425] Seguindo de perto Eduardo Alves de Sá, o ato judicial que, pela sua natureza, podia ser praticado em férias só podia ser aquele que a lei permitisse que fosse praticado nesse período de tempo. Fora disso, a natureza do ato, enquanto "ato jurídico", não permitia que o mesmo pudesse ser praticado durante as férias (SÁ, Eduardo Alves de, *Commentario ao Codigo do Processo Civil Portuguez, op. cit.*, pp. 227 e 228). Do mesmo modo, Francisco Augusto das Neves e Castro salientava que, pela sua natureza, só podiam ser praticados durante o período de férias judiciais os atos expressamente declarados na lei (CASTRO, Francisco Augusto das Neves e, *Manual do Processo Civil Ordinário*, 2ª ed., Imprensa Académica, Coimbra, 1901, p. 147).

[426] *Vide*, a este respeito, REIS, Alberto dos, *Código de Processo Civil Anotado, op. cit.*, p. 272.

[427] Era o que sucedia, por exemplo, com o disposto no art. 159º, nº 1, o qual preceituava que "Sem prejuízo do disposto no artigo 143º, os prazos para as sentenças, despachos e vistos dos juízes não correm nas férias do Natal, do Carnaval e da Páscoa", ou ainda com o preceituado no art. 181º, quanto ao prazo para o cumprimento das cartas precatórias.

[428] Criticando este regime da continuidade dos prazos, pelo facto de poder conduzir a situações injustas, nomeadamente quando o prazo judicial tivesse o seu início no dia anterior ao das férias de verão, *vide* BASTOS, Jacinto Rodrigues, *Notas ao Código de Processo Civil*, 2ª ed., *op. cit.*, p. 319.

tica de determinado acto termine ao sábado, transfere-se o seu termo para o primeiro dia útil seguinte". Com efeito, conforme se extrai do preâmbulo deste diploma legal, essa alteração legislativa encontrou a sua justificação "no horário das repartições públicas instituído pelo artigo 8º do Decreto-Lei nº 42 800, de 11 de Janeiro de 1960, e que passou, quanto às secretarias judiciais, para o artigo 260º do Estatuto Judiciário. Tendo sido eliminado o segundo período de trabalho ao sábado, todos os prazos que terminavam nesse dia ficaram, com efeito, reduzidos de algumas horas. A solução, agora adoptada, de transferir para o primeiro dia útil seguinte o termo de tais prazos acaba com essa anomalia"[429].

A regra da continuidade dos prazos, vigente na nossa ordem jurídica desde as Ordenações Afonsinas, viria a conhecer uma profunda alteração por força do DL nº 457/80, de 10 de outubro, o qual modificou, entre outros, a redação do art. 144º, nºs 2 e 3, do CPC_{1961}.

Assim, é um facto que, na sequência desse diploma legal, o nº 2 do art. 144º do CPC_{1961} continuava a consagrar a regra segundo a qual o prazo judicial era contínuo, começando a contar-se independentemente de assinação ou outra formalidade, e correndo de forma seguida.

Contudo, no nº 3 do citado preceito, passou a dispor-se que o prazo judicial suspendia-se "durante as férias, domingos, sábados e dias feriados"[430,431,432].

[429] Com efeito, o art. 8º do DL nº 42 800, de 11 de janeiro de 1960 – diploma que inseriu na ordem jurídica portuguesa "disposições destinadas a simplificar os métodos do trabalho burocrático e melhorar a eficiência dos serviços públicos" – dispunha o seguinte: "O segundo período de trabalho nas direcções-gerais dos Ministérios e nos serviços destes dependentes a que se refere o artigo 1º do Decreto-Lei nº 37118, de 27 de Outubro de 1948, decorrerá das 14 horas às 17 horas e 30 minutos. Ao sábado o horário de trabalho restringir-se-á ao primeiro período, acrescido de meia hora".

[430] Veja-se, a este propósito, a Declaração de Retificação de 22 de outubro de 1980.

[431] Neste particular, decorre do preâmbulo do DL nº 457/80, de 10 de outubro, o seguinte: "O alargamento de alguns prazos judiciais não colide com o objectivo, que será tomado em conta na próxima reformulação do Código de Processo Civil, da celeridade processual. Primeiro, porque não é significativo face à moldura temporal da lide. Depois, porque as causas do arrastamento dos processos são outras e terão de ser enfrentadas por via de uma reforma de estrutura de todo o sistema".

[432] Criticando este modelo de contagem de prazos, atento o facto de o mesmo constituir um "método *tortuoso e artificial* do *pinga-pinga*, da *contagem interpolada* (de especial agrado dos *preguiçosos e desleixados*)", *vide* VARELA, Antunes, "Anotação ao Acórdão do S.T.J. de 11 de Julho de 1989 (Termo do prazo de caducidade que caia em férias judiciais)", *in RLJ*, ano 128º, nº 3855, 1995, p. 176. *Vide*, no mesmo sentido, VARELA, Antunes, "Do anteprojecto ao projecto do Código de Processo Civil", *in RLJ*, ano 122º, nº 3584, 1989, p. 194. Do mesmo modo, Alberto dos Reis defendia que não havia nenhum motivo ou "razão plausível" para que o decurso do prazo se interrompesse nos

Paralelamente, o DL nº 457/80, de 10 de outubro, acrescentou um nº 4 ao art. 144º do CPC_{1961}, com a seguinte redação: "O disposto no número anterior não se aplica aos prazos de propositura das acções, com excepção dos embargos de terceiros, nem aos prazos de interposição dos recursos extraordinários".

Entretanto, o DL nº 224/82, de 8 de junho, alterado, por ratificação, pela Lei nº 3/83, de 26 de fevereiro, reverteu a solução legislativa que, dois anos antes, havia sido introduzida pelo DL nº 457/80, de 10 de outubro, eliminando, para o efeito, o nº 4 do art. 144º do CPC_{1961} (que havia sido aditado pelo DL nº 457/80, de 10 de outubro) e alterando a redação dos seus nºs 2 e 3, nos quais passou a dispor-se o seguinte:

> "2 – O prazo judicial é contínuo; começa a correr independentemente de assinação ou outra formalidade, <u>e corre seguidamente, mesmo durante as férias e nos dias em que, por disposição legal, os tribunais estejam encerrados</u>, salvo o estabelecido em preceito especial. (sublinhado nosso)
>
> 3 – Quando o prazo para a prática de determinado acto em juízo termine nas férias ou em qualquer dos dias referidos no número anterior, o seu termo transfere-se para o primeiro dia útil"[433].

Contudo, o DL nº 224/82, de 8 de junho, introduziu, paralelamente, um nº 1 no art. 153º do CPC_{1961}, sob a nova epígrafe "Prazos para os actos das partes", no qual se dispunha o seguinte:

> "1 – Não correm nas férias judiciais os prazos para a prática em juízo de actos das partes de duração inferior a 30 dias, sendo havido como um só, para este fim, o prazo peremptório que se seguir a um prazo dilatório".

Três anos depois, com o DL nº 242/85, de 9 de julho, o art. 144º voltou a sofrer nova alteração, modificando-se a redação dos seus nºs 2 e 3 e aditando-se um novo nº 4, nos seguintes termos:

dias de descanso, pois que, se o que importava era que "entre dois determinados pontos ou actos do processo" decorresse um determinado lapso de tempo, nada importava que "alguns dos dias abrangidos por esse período temporal" fossem dias em que os tribunais se encontravam encerrados (REIS, Alberto dos, *Comentário ao Código de Processo Civil Anotado, op. cit.*, p. 61).

433 Na verdade, tal como resulta do preâmbulo do DL nº 224/82, de 8 de junho, alterado, por ratificação, pela Lei nº 3/83, de 26 de fevereiro, o "primeiro e fundamental objectivo" do legislador foi o de "assegurar uma maior e efectiva celeridade no andamento das acções cíveis sem coarctar de modo algum os legítimos direitos das partes".

"2 – O prazo judicial é contínuo, correndo seguidamente, mesmo durante os sábados, domingos e dias feriados.

3 – O prazo judicial suspende-se, no entanto, durante as férias.

4 – Quando o prazo para a prática de determinado acto termine em qualquer dos dias referidos no nº 2, o seu termo transfere-se para o primeiro dia útil".

Porém, volvidos que foram apenas três meses, o legislador sentiu a necessidade de alterar a redação do art. 144º, repristinando a solução perfilhada pelo DL nº 457/80, de 10 de outubro.

Assim, através do DL nº 381-A/85, de 28 de setembro[434], o art. 144º do CPC_{1961}, agora sob a epígrafe "Designação e natureza do prazo", passou a ter a seguinte redação:

[434] Pela sua importância e pertinência para a compreensão da discussão então vivida e da razão pela qual o legislador decidiu, em tão-pouco tempo, alterar novamente a redação do art. 144º do CPC_{1961}, vale a pena aqui reproduzir o texto do preâmbulo desse diploma legal: "O Decreto-Lei nº 457/80, de 10 de Outubro, não teve, declaradamente, a intencionalidade de produzir uma reforma no âmbito do Código de Processo Civil; limitou-se a introduzir alterações pontuais a alguns preceitos, no sentido de melhor os adequar a justos interesses perfilados no processo.
Consistiu uma dessas alterações numa certa mitigação da regra da continuidade dos prazos judiciais: estes suspender-se-iam durante as férias, domingos e dias feriados. Logo se advertiu que se tinha em conta que o alargamento dos prazos judiciais não colidiria com o essencial propósito de se alcançar uma maior celeridade processual. Isto «porque as causas do arrastamento dos processos são outras e terão de ser enfrentadas por via de uma reforma de estrutura de todo o sistema».
Aconteceu, porém, que ao ser elaborada, já com maior apuro dogmático, a reforma intercalar do aludido Código, depois formalizada no Decreto-Lei nº 242/85, de 9 de Julho, preconizou a respectiva comissão o regresso ao regime anterior ao Decreto-Lei nº 457/80.
Com a disponibilidade que lhe advinha da circunstância de ter sido ele mesmo a imaginar, em 1980, a solução assim derrogada, não quis o Ministro da Justiça deduzir objecção a tal proposta, até porque ela se firmava no generalizado objectivo de tornar mais expedita a marcha do processo. E, assim, apenas se manteve na regra de o prazo se suspender durante as férias.
Foi neste contexto que o Governo aprovou a actual redacção do artigo 144º.
Deu-se, no entanto, o caso de, logo depois, se suscitar, por parte da generalidade dos profissionais do foro, uma marcada reacção contra o novo sistema, nesta sua específica vertente. E o certo é que não deixam de ser motivadas as razões que apontam para uma retoma do regime do Decreto-Lei nº 457/80.
Acresce que, numa reflexão de conjunto, parece que as considerações feitas na parte final do preâmbulo do diploma de 1980 são dotadas de alguma pertinência.
Ora, representando o Decreto-Lei nº 242/85 um notável e decisivo passo para uma reformulação global dos esquemas do processo civil e tendo havido em relação a ele um clima generalizadamente favorável, mal seria que uma só das suas inovações – com a supressão da qual

> "1 – O prazo judicial é marcado por lei ou fixado por despacho do juiz.
>
> 2 – O prazo judicial é contínuo, começando a correr independentemente de assinação ou outra formalidade e correndo seguidamente.
>
> 3 – O prazo judicial suspende-se, no entanto, durante as férias, sábados, domingos e dias feriados.
>
> 4 – O disposto no número anterior não se aplica aos prazos de propositura das acções, com excepção dos embargos de terceiro, nem aos prazos de interposição dos recursos extraordinários".

Com o DL nº 329-A/95, de 12 de dezembro, o art. 144º foi novamente alterado, passando a dispor, sob a epígrafe "Regra da continuidade dos prazos", o seguinte:

> "1 – O prazo processual, estabelecido por lei ou fixado por despacho do juiz, é contínuo, suspendendo-se, no entanto, durante as férias judiciais, salvo se a sua duração for igual ou superior a seis meses ou se tratar de actos a praticar em processos que a lei considere urgentes.
>
> 2 – Quando o prazo para a prática do acto processual terminar em dia em que os tribunais estiverem encerrados, transfere-se o seu termo para o primeiro dia útil seguinte.
>
> 3 – Para efeitos do disposto no número anterior, consideram-se encerrados os tribunais quando for concedida tolerância de ponto.
>
> 4 – Os prazos para a propositura de acções previstos neste Código seguem o regime dos números anteriores"[435,436].

o sistema não perde coerência – pudesse inquinar essa boa receptividade. Não se poderá, de resto, perder de vista que qualquer reforma do direito adjectivo deve concitar, tanto quanto possível, uma alargada adesão dos protagonistas da actividade judiciária.
Por tudo isto, pensa-se que o que agora se dispõe não pode ser imputado a uma volubilidade do legislador; exactamente o que se pretende é que ela não surja depois de o novo sistema entrar em vigor".

[435] Neste particular, pode ler-se no preâmbulo do DL nº 329-A/95, de 12 de dezembro, o seguinte: "O capítulo referente aos actos processuais – um dos mais marcados pela erosão do tempo e pela aplicação das novas tecnologias à actividade forense – mereceu alterações de relevo, procedendo-se à reformulação de numerosas soluções do Código vigente, no sentido de obstar à manutenção de formalismos inúteis ou desproporcionados, operando uma real simplificação e desburocratização no andamento das causas. Assim, restabelece-se a regra da continuidade dos prazos processuais, na sua forma mitigada (os prazos suspendem-se durante as férias judiciais) e temperada pela ampliação de 5 para 10 dias do prazo regra para a prática dos actos processuais das partes".

[436] Criticando o restabelecimento da regra da continuidade dos prazos, por entender que o regime anterior era "respeitador de todos os dias oficiais de descanso, fossem eles de férias, feriado ou

Posteriormente, o DL nº 35/2010, de 15 de abril, introduziu nova alteração ao art. 144º do $CPC_{1995/1996}$, cujo nº 1 passou a ter a seguinte redação:

> "1 – O prazo processual, estabelecido por lei ou fixado por despacho do juiz, é contínuo, suspendendo-se, no entanto, durante os períodos previstos nas alíneas b) e c) do nº 1 do artigo anterior"[437].

Paralelamente, o citado diploma legal aditou um nº 5 ao art. 144º do $CPC_{1995/1996}$, com a seguinte redação:

> "5 – A suspensão do prazo processual prevista no nº 1 não é aplicável:
> *a)* Se o prazo processual for igual ou superior a seis meses; ou
> *b)* Quando se tratar de actos a praticar em processos que a lei considere urgentes, salvo se por despacho fundamentado, ouvidas as partes, o juiz a determine".

Ocorre que, pouco mais de quatro meses depois, a Lei nº 43/2010, de 3 de setembro, voltou a alterar o período de férias judiciais – o qual passou a decorrer de 22 de dezembro a 3 de janeiro, do domingo de Ramos à segunda-feira de Páscoa e de 16 de julho a 31 de agosto – revogando, por consequência, "com efeitos retroactivos à data da sua entrada em vigor e com ressalva dos efeitos já produzidos, o Decreto-Lei nº 35/2010, de 15 de Abril".

3.2. Âmbito

À luz da lei de processo civil vigente, o prazo processual, quer se encontre estabelecido por lei, quer tenha sido fixado pelo juiz, conta-se de forma contínua (art. 138º, nº 1). Significa isto que, na contagem de um prazo, contam-se todos os dias, independentemente de os mesmos serem úteis ou não (*tempus continuum*), aqui se incluindo, portanto, os sábados, domingos, dias feriados e dias em que tenha sido concedida tolerância de ponto[438,439,440]. Nessa exata

descanso semanal, *vide* FREITAS, José Lebre de, "Revisão do Processo Civil", *in ROA*, ano 55, Lisboa, julho 1995, p. 445.

437 Recorde-se que, por força da alteração introduzida pelo DL nº 35/2010, de 15 de abril, a al. *b)* do nº 1 do art. 143º do $CPC_{1995/1996}$ passou a aludir ao "período de férias judiciais" e a al. *c)* do mesmo preceito legal ao "período compreendido entre 15 e 31 de Julho".

438 Cfr., no mesmo sentido, a regra constante do art. 5º da Convenção de Basileia de 16 de maio de 1972 (STE076).

439 *Vide*, neste sentido, o ac. do TRL de 20.02.1992, proc. 0048412, bem como o ac. do STJ de 16.02.1993, proc. 083450, *in BMJ*, nº 424, ano 1993, p. 564.

440 Em sede de direito comparado, podemos encontrar três modelos diferentes de contagem de prazos.

medida, a regra da continuidade do prazo encontra fundamento no princípio da celeridade processual[441], porquanto o objetivo do legislador terá sido o de garantir que o processo seja tramitado de forma rápida, sem interrupções na contagem dos prazos.

Em todo o caso, a consagração da regra da continuidade dos prazos constitui um fator de perturbação da vida pessoal e familiar dos diferentes sujeitos processuais, na medida em que, para efeitos de contagem dos prazos, o legislador equipara um dia que seria, teoricamente, de descanso (sábado, domingo ou dia feriado) a um dia útil, isto é, a um dia de trabalho. Aliás, tal pode conduzir a situações absolutamente injustas, como seja, por exemplo, a necessidade

Para um primeiro modelo – vigente, por exemplo, em Portugal (art. 138º), na Itália (art. 155º do $CPC_{It.}$), na Bélgica (arts. 52º e 53º do $CJ_{Bel.}$), na França (art. 642º do $CPC_{Fr.}$), na Áustria [§ 126º (1) da $ZPO_{Áus.}$] e na Grécia – o prazo conta-se de forma contínua, razão pela qual o início ou o termo do prazo podem coincidir com um dia não útil.
Para um segundo modelo – vigente, por exemplo, no Brasil e na Espanha – na contagem do prazo, não se contam os dias não úteis, isto é, os sábados, domingos e dias feriados.
Assim, no Brasil, o art. 219º do $CPC_{Br.}$, estabelece que, na contagem do prazo processual fixado em dias, estabelecido por lei ou pelo juiz, só são computados os dias úteis.
Em Espanha, o art. 185º da LOPJ determina que os prazos processuais contam-se de acordo com as regras previstas no Código Civil, sendo que, nos prazos assinalados em dias, não se contam os dias não úteis. Por sua vez, nos termos do art. 182º da LOPJ, não são dias úteis, para efeitos processuais, os sábados e domingos, os dias 24 e 31 de dezembro, os feriados nacionais e os dias feriados, para efeitos laborais, nas respetivas comunidades autónomas ou localidades. Para além disso, de acordo com o art. 183º da LOPJ, salvo quando estejam em causa atos ou processos judiciais urgentes, os dias do mês de agosto são dias não úteis. Paralelamente, o art. 133º, nº 2, da LEC estabelece que, na contagem de um prazo fixado em dias, não se contam os dias não úteis. Já no que concerne aos prazos fixados em meses ou em anos, os mesmos são contados de data a data. Nesse caso, se no mês do vencimento do prazo não existir um dia correspondente ao do mês do início do prazo, entende-se que o prazo termina no último dia desse mês. *Vide*, a este respeito, ORMAZABAL SÁNCHEZ, Guillermo, *Introducción al Derecho Procesal*, Marcial Pons, Barcelona, 2002, p. 154.
Para um terceiro modelo – vigente, por exemplo, na Alemanha – a contagem do prazo difere consoante o mesmo seja estabelecido em horas ou em dias. Assim, nos termos do § 222 (3) da $ZPO_{Al.}$, no cálculo de um prazo que é fixado em horas, não se contam os domingos, feriados e sábados. Por sua vez, sendo o prazo fixado em dias, o prazo conta-se de forma contínua, sendo que, se terminar num sábado, domingo ou em dia feriado, o termo do prazo transfere-se para o primeiro dia útil seguinte [§ 222 (2) da $ZPO_{Al.}$]. Cfr., a este respeito, ZEISS, Walter / SCHREIBER, Klaus *Zivilprozessrecht*, 10ª ed., Mohr Siebeck, Tübingen, 2003, p. 100.
Por sua vez, à luz do art. 3º, nº 3, do Regulamento (CEE) nº 1182/71, do Conselho, de 3 de junho de 1971, relativo à determinação das regras aplicáveis aos prazos, às datas e aos termos, "Os prazos compreendem os dias feriados, os domingos e os sábados, salvo se estes forem expressamente excluídos ou se os prazos forem fixados em dias úteis".

[441] CASTRO, Artur Anselmo de, *Direito Processual Civil Declaratório*, *op. cit.*, p. 53.

de praticar um ato processual num prazo de dois dias, começando tal prazo a correr num sábado. Nessa eventualidade, o prazo corre inteiramente durante dois dias não úteis – isto é, no sábado e no domingo –, sendo que, pelo facto de o prazo terminar num dia não útil (domingo), o sujeito processual apenas beneficiará da prorrogação legal do termo do prazo para o primeiro dia útil seguinte (art. 138º, nº 2)[442].

Por outro lado, importa salientar que, não obstante a consagração do princípio da continuidade do prazo, pode ocorrer que o juiz fixe, em dias úteis, um prazo para a parte praticar um determinado ato processual. Nessa eventualidade, a parte deve ser admitida a praticar o ato em conformidade com o prazo e com o modo da sua contagem que tiver sido fixado pelo juiz, porquanto, se assim não se entendesse, violar-se-ia o princípio da confiança, bem como o direito a um processo justo e equitativo, tal como recebido pelo art. 6º da CEDH[443].

Por outro lado, importa referir que a contagem do prazo independe de qualquer formalidade. Vale isto por dizer que não é necessário um despacho do juiz para que se inicie ou para que termine a contagem do prazo, sendo, antes, essa contagem realizada de forma automática.

4. Suspensão, interrupção, renovação e aproveitamento do prazo

4.1. Suspensão do prazo

4.1.1. Âmbito

A lei prevê, em determinados casos, a suspensão do prazo processual. Assim, se se verificar um motivo ou fundamento que determine a suspensão do prazo, este não corre durante a suspensão, ou seja, o prazo fica "paralisado"

[442] Neste particular, é interessante observar que o Regulamento (CEE) nº 1182/71, do Conselho, de 3 de junho de 1971, relativo à determinação das regras aplicáveis aos prazos, às datas e aos termos, procura assegurar o equilíbrio entre a regra da continuidade dos prazos e as situações em que o prazo tenha uma duração muito curta. Com efeito, muito embora o art. 3º, nº 3, do Regulamento estabeleça a regra geral segundo a qual os prazos são contados de forma contínua, isto é, na contagem do prazo, são considerados todos os dias, sejam eles úteis ou não, a verdade é que, à luz do nº 5 do citado preceito legal, todos os prazos cuja duração seja igual ou superior a dois dias devem incluir, pelo menos, dois dias úteis.

[443] Ac. do TRL de 19.05.2009, proc. 2741/07.2TDLSB-H.L1-5. *Vide*, em sentido análogo, o ac. do TRP de 29.09.2010, proc. 7/08.0NJPRT.P1, no qual se decidiu que "Não é legítimo surpreender o arguido com uma regra de contagem do prazo restritiva em relação àquela que lhe foi estabelecida na notificação: não é só o princípio do Estado de direito que impõe a vinculação dos tribunais às indicações que forneceu e às expectativas que criou, quanto também o princípio do processo penal como um processo justo e leal impede que o tribunal restrinja o direito de defesa contrariando uma indicação sua, anterior".

ou “congelado” durante esse período de tempo. Deste modo, uma vez cessado o motivo ou o fundamento que tenha dado causa à suspensão, o prazo retoma a sua contagem desde o momento em que ficou suspenso, computando-se, portanto, apenas a parte do prazo que ainda estiver em falta[444].

4.1.2. Suspensão em férias judiciais

Nos termos do art. 138º, nº 1, o prazo processual conta-se de forma contínua, mas suspende-se em férias judiciais[445,446].

Contudo, o prazo processual não se suspende em férias judiciais em dois casos:

a) se se tratar de um prazo referente à prática de um ato num processo que a lei qualifique como sendo urgente

É o que sucede, por exemplo, se estiver em causa um prazo referente à prática de um ato num procedimento cautelar (art. 363º), situação em que a contagem do prazo não se suspende, independentemente da fase em que o processo

[444] Cfr., a este respeito, o ac. do TRL de 06.03.1997, proc. 0008222, no qual se decidiu que “Suspenso um prazo judicial, uma vez terminada a suspensão recomeça a correr o mesmo prazo, não se contando, portanto, por inteiro a partir de então, mas apenas a parte do prazo que faltava”. *Vide*, na doutrina, BUENO, Cassio Scarpinella, *Curso Sistematizado de Direito Processual Civil, op. cit.*, p. 480, bem como CARNELUTTI, Francesco, *Instituciones del Proceso Civil, op. cit.*, p. 524.

[445] À luz do art. 28º da LOSJ, as férias judiciais decorrem de 22 de dezembro a 3 de janeiro, do domingo de Ramos à segunda-feira de Páscoa e de 16 de julho a 31 de agosto. Cfr., a este propósito, o ac. do TRE de 08.03.2018, proc. 6862/16.2T8STB-A.E1.

[446] Em sede de direito comparado, no ordenamento jurídico brasileiro, o art. 220º do $CPC_{Br.}$ estabelece que a contagem do prazo processual suspende-se entre os dias 20 de dezembro e 20 de janeiro, inclusive, sendo que, durante esse período de tempo, não podem ser realizadas audiências, nem sessões de julgamento.
No ordenamento jurídico espanhol, o art. 182º da LOPJ estabelece que não são dias úteis, para efeitos processuais, os sábados e domingos, os dias 24 e 31 de dezembro, os dias de festa nacional e os dias festivos, para efeitos laborais, nas respetivas comunidades autonómicas ou localidades. Para além disso, de acordo com o art. 183º da LOPJ, salvo quando estejam em causa atos ou processos judiciais urgentes, os dias do mês de agosto são dias não úteis.
No ordenamento italiano, a Lei nº 742, de 7 de outubro de 1969, dispõe no seu art. 1º que a contagem dos prazos processuais referentes à jurisdição ordinária ou administrativa suspende-se entre os dias 1 e 31 de agosto de cada ano, retomando a sua contagem no final do período da suspensão.
No ordenamento jurídico austríaco, o § 222 da $ZPO_{Áus.}$ estabelece que os prazos de recurso e nos processos de recurso suspendem-se entre os dias 15 de julho e 17 de agosto e 24 de dezembro a 6 de janeiro.

se encontre, isto é, mesmo que o processo esteja em fase de recurso[447,448]. Por conseguinte, se terminar em período de férias judiciais um prazo para a prática de um ato num processo que a lei qualifique como sendo urgente, o ato em causa deve ser praticado em férias judiciais (art. 137º, nº 2), já que o termo do prazo não se transfere para o primeiro dia útil subsequente ao termo das férias judiciais. Vale isto por dizer que os regimes previstos nos arts. 138º, nº 1, 2ª parte, e 137º, nº 2, devem ser interpretados de forma conjunta, isto é, se o prazo, dizendo respeito a um processo urgente, terminar em férias judiciais, o ato processual correlativo deve igualmente ser praticado em férias, porquanto, se assim não se entendesse, não faria sentido que o prazo processual, por dizer respeito a um processo urgente, não se suspendesse em férias judiciais[449].

[447] *Vide*, nesse sentido, o ac. do TRL de 30.04.1998, proc. 0001692, o ac. do TRP de 08.02.1999, proc. 9851488, o ac. do TRL de 09.02.1999, proc. 0075811, o ac. do TRP de 01.03.1999, proc. 9950112, o ac. do TRP de 01.03.2001, proc. 0130070, o ac. do TRP de 14.05.2001, proc. 0051691, o ac. do TRP de 30.01.2003, proc. 0330142, o ac. do TRE de 16.12.2003, proc. 2108/03-3, o ac. do TRC de 30.03.2004, proc. 4014/03, o ac. do TRL de 04.08.2004, proc. 7000/2004-7, o ac. do TRL de 07.12.2004, proc. 7691/2004-7, o ac. do TRP de 21.02.2005, proc. 0452887, o ac. do TRP de 28.11.2005, proc. 0555803, o ac. do STJ de 21.12.2005, proc. 3441/05, *in SASTJ*, ano 2005, o ac. do TRP de 19.01.2006, proc. 0536940, o ac. do STJ de 28.09.2006, proc. 06A1701, o ac. do TRE de 10.04.2008, proc. 3083/07-2, o ac. do STJ de 03.06.2008, proc. 08A1873, bem como o ac. do STJ de 31.03.2009, proc. 07B4716. Admitindo, no entanto, a possibilidade de apresentação das alegações de recurso no primeiro dia útil após o termo das férias judiciais quando o prazo termine em férias, por se entender que, neste caso, a apresentação desse ato não se destina a evitar dano irreparável, *vide* o ac. do STJ de 18.10.2007, proc. 2683/07, *in SASTJ*, ano 2007.
Cfr., em sentido contrário, o ac. do TRC de 16.01.2001, proc. 2897/2000, o ac. do TRP de 27.05.2003, proc. 0321815, o ac. do TRE de 10.07.2003, proc. 802/03-3, o ac. do TRL de 10.02.2005, proc. 890/2005-6, o ac. do TRP de 07.02.2006, proc. 0520200, o ac. do TRE de 22.03.2007, proc. 176/07-3, o ac. do STJ de 03.06.2008, proc. 1873/09, *in SASTJ*, ano 2008, nº 126, p. 4, e o ac. do TRL de 05.06.2008, proc. 4236/2008-8, nos quais se sustentou que a urgência dos procedimentos cautelares termina com a decisão judicial proferida em primeira instância e sua subsequente execução, razão pela qual o prazo para a interposição do recurso e apresentação das respetivas alegações não corre em férias judiciais.

[448] Cfr., a este respeito, o ac. do TRL de 28.10.2004, proc. 6927/2004-6, no qual se decidiu que o prazo de 10 dias para a propositura de um procedimento cautelar de suspensão de deliberações sociais (art. 380º), atento o facto de se tratar de um prazo regulador da prática de um ato num processo que a lei qualifica de urgente, não se suspende durante o período de férias judiciais. *Vide*, igualmente, o ac. do TRE de 11.04.2019, proc. 2251/18.2T8PTM-A.E1.

[449] *Vide*, no mesmo sentido, o ac. do TRC de 24.01.2012, proc. 74/11.9TBFCR-A.C1, com o seguinte sumário: "Os arts. 144º, nº 1 e 143º, nº 2 do CPC (redacção do DL nº 35/2010 de 15/4) devem ser interpretados, não de forma autónoma, mas segundo o critério da complementaridade das normas, em função do mesmo fim (prevenção do dano). Num processo urgente, a prática de um

Diferentemente, o prazo de 30 dias para a propositura da ação de que o procedimento cautelar depende [art. 373º, nº 1, al. *a)*] não respeita à prática de um ato em processo que a lei qualifique como urgente, razão pela qual, na contagem desse prazo, o qual reveste natureza processual[450], aplica-se o regime geral previsto no art. 138º[451,452]. Assim, este prazo conta-se de forma contínua, mas suspende-se em férias judiciais[453], sendo que, se o mesmo terminar em dia em que os tribunais se encontrem encerrados, o termo do prazo transfere-se para o primeiro dia útil seguinte (art. 138º, nº 2, *ex vi* do art. 138º, nº 4).

acto processual das partes (por ex., contestação), cujo prazo termine em férias judiais ou período equiparado (15 a 31 de Julho), não pode ser diferida para o primeiro dia útil após férias", o ac. do STJ de 30.04.2003, proc. 03P788, o ac. do TRE de 15.12.2009, proc. 11/08.8TBRDD.E1, bem como o ac. do TRC de 10.09.2019, proc. 42/15.1T8FCR-B.C1.

Cfr., em sentido contrário, o ac. do STJ de 24.11.2004, proc. 04S2851, o ac. do STJ de 28.09.2006, proc. 06S2453, o ac. do STJ de 07.02.2007, proc. 06S4478, e o ac. do STJ de 01.03.2007, proc. 06S3783, tendo-se decidido neste último aresto que "As regras contidas nos arts. 143º-2 e 144º-1 do CPC contemplam realidades diferentes; estando em causa o acto de interposição de um recurso em processo urgente, mas não incluído na parte final do nº 2 do art. 143º (que contempla as citações, notificações e actos que se destinem a evitar dano irreparável), o termo do prazo, caindo em férias, será transferido para o primeiro dia útil seguinte".

Face a esta divergência jurisprudencial, o Supremo Tribunal de Justiça fixou jurisprudência no seu ac. de 15.04.2021, proc. 1855/13.4TBVRL-B.GL-B.SL-A, nos seguintes termos: "Os actos inseridos na tramitação dos processos qualificados como urgentes, cujos prazos terminem em férias judiciais, são praticados no dia do termo do prazo, não se transferindo a sua prática para o primeiro dia útil subsequente ao termo das férias judiciais".

[450] Cfr., a este respeito, o ac. do STJ de 17.05.1990, proc. 079261, o ac. do TRL de 11.10.1990, proc. 0038202, o ac. do TRL de 21.02.1991, proc. 0045682, o ac. do TRL de 01.10.1992, proc. 0047496, e o ac. do TRL de 11.11.1993, proc. 0062656.

[451] *Vide*, nesse sentido, o ac. do TRL de 26.06.1990, proc. 0008136, o ac. do TRP de 25.02.1992, proc. 9120740, o ac. do TRP de 16.10.1998, proc. 9930427, o ac. do TRP de 25.02.2002, proc. 9120740, bem como o ac. do TRE de 18.11.2009, proc. 7/09.2TBODM-A.E1.

[452] Contudo, conforme se decidiu no ac. do STJ de 23.05.1996, proc. 203/96, *in SASTJ*, ano 1996, p. 53, não se aplica a este prazo o regime da possibilidade de prática de um ato nos 3 dias úteis de multa, previsto no art. 139º, nº 5.

[453] *Vide*, a este propósito, o ac. do TRP de 29.06.1998, proc. 9850724, o ac. do TRP de 03.11.1998, proc. 9821032, o ac. do STJ de 19.10.1999, proc. 99A649, o ac. do TRC de 27.06.2000, proc. 1990/2000, o ac. do TRE de 18.11.2009, proc. 7/09.2TBODM-A.E1, o ac. do TRE de 21.02.2013, proc. 817/12.3TBLGS.E1, bem como o ac. do TRG de 16.02.2017, proc. 1464/16.6T8BCL-E.G1.

Cfr., em sentido contrário, o ac. do TRL de 26.04.2006, proc. 417/2006-6, bem como o ac. do TRE de 27.09.2007, proc. 1225/07-2.

Sustentando que esse prazo só se suspende durante as férias judiciais se o mesmo for inferior a seis meses, *vide* o ac. do TRP de 29.06.1998, proc. 9850724.

b) se o prazo tiver uma duração igual ou superior a seis meses

É o que ocorre, nomeadamente, com os prazos de seis meses previstos para a deserção da instância ou do recurso (art. 281º)[454,455], para o levantamento da penhora (art. 763º, nº 1) ou para a citação do ausente através de éditos (art. 881º, nº 2), bem como com o prazo de cinco anos, a contar do trânsito em julgado da decisão, para a interposição do recurso extraordinário de revisão (art. 697º, nº 2).

4.1.3. Suspensão da instância

De acordo com o art. 275º, nº 2, os prazos processuais não correm durante a suspensão da instância (art. 269º).

Acresce que, se a instância tiver ficado suspensa por falecimento ou extinção de alguma das partes ou, estando em causa um processo em que seja obrigatória a constituição de advogado, devido ao falecimento deste ou por impossibilidade absoluta de exercício do mandato [art. 269º, nº 1, als. *a)* e *b)*], a verificação dessa causa de suspensão acarreta a inutilização da parte do prazo que, entretanto, tiver decorrido.

Durante a suspensão da instância, só podem praticar-se validamente os atos urgentes que se destinem a evitar dano irreparável[456], sendo que, se a parte estiver impedida de assistir a esses atos, a mesma deve ser representada pelo Ministério Público ou por um advogado nomeado pelo juiz (art. 275º, nº 1).

Por outro lado, nos termos do art. 272º, nº 4, as partes podem requerer a suspensão da instância por períodos que não excedam, na sua totalidade, três meses. Nesse caso, essa suspensão não prejudica os atos de instrução e as demais diligências preparatórias da audiência final (art. 275º, nº 4) e a mesma cessa logo que tiver decorrido o prazo acordado entre as partes [art. 276º, nº 1, al. *c)*][457], independentemente de o termo do prazo corresponder ou não a

[454] Cfr., a este respeito, o ac. do STJ de 30.04.1996, proc. 96A132, *in BMJ*, nº 456, ano 1996, p. 384, bem como o ac. do TRP de 28.10.2015, proc. 2248/05.2TBSJM.P2.

[455] De todo o modo, conforme se decidiu no ac. do TRC de 16.03.2016, proc. 131/04.8TBCNT.C2, "Terminando o prazo de 6 meses, que a lei fixa no art. 281º, nº 1, do NCPC para que se considere deserta a instância, no período de férias judiciais, o seu termo transfere-se para o 1º dia útil seguinte, por efeito do nº 2 do artigo 138º do NCPC". No sentido de a contagem do prazo de deserção da instância obedecer ao regime previsto no art. 279º, als. *b)* e *c)*, do CC, *vide* o ac. do TRL de 09.07.2014, proc. 769/12.0TVLSB.L1-2.

[456] Cfr., a este respeito, o ac. do TCAS de 25.09.2014, proc. 08718/12.

[457] *Vide*, a este propósito, o ac. do TRG de 23.10.2014, proc. 369/13.7TBPTL-A.G1, no qual se decidiu que "Decretada a suspensão da instância, por um determinado prazo, a requerimento

um dia útil[458]. Para além disso, sendo requerida, por acordo das partes, a suspensão da instância, o prazo de suspensão começa a correr no dia seguinte ao da apresentação desse requerimento, já que o despacho proferido pelo juiz, referente ao pedido de suspensão da instância, é meramente homologatório desse pedido[459].

4.2. Interrupção do prazo

4.2.1. Âmbito

Diferentemente do que sucede no regime da suspensão do prazo, a interrupção do prazo acarreta a inutilização de todo o prazo entretanto decorrido até à verificação da causa da interrupção[460]. Vale isto por dizer que, uma vez verificada uma causa de interrupção do prazo, este começa a contar novamente "a partir do zero"[461], ou seja, por inteiro[462].

das partes, a suspensão cessa quando esse prazo tiver decorrido, sem necessidade de despacho determinando o prosseguimento dos autos". Cfr., no mesmo sentido, o ac. do TRG de 16.04.2015, proc. 2476/12.4TBBCL-A.G1.

[458] No sentido de o art. 138º, nº 2, não se aplicar ao termo da suspensão da instância que tenha sido determinada pelo juiz, mediante acordo das partes, *vide* o ac. do TRL de 07.11.2012, proc. 3576/11.1TTLSB.L1-4.

[459] Cfr., nesse sentido, o ac. do TRE de 23.02.2011, proc. 26/05.8TBLLE. Por conseguinte, conforme se decidiu neste aresto, assim como o prazo de suspensão da instância começa a correr no dia imediatamente seguinte ao da apresentação do respetivo requerimento, do mesmo modo esse prazo cessa uma vez decorrido o período de tempo acordado entre as partes, não sendo, por isso, necessário o proferimento de qualquer despacho judicial determinando o termo da suspensão da instância.

Vide, em sentido contrário, o ac. do TRC de 19.02.2013, proc. 4013/10.6T2AGD.C1, no qual se decidiu que, sendo requerida a suspensão da instância pelas partes, o prazo da suspensão só se inicia após a notificação às partes do despacho que tenha deferido o pedido de suspensão da instância, reconhecendo-se, no entanto, que a instância fica igualmente suspensa desde o momento da entrada em juízo do pedido de suspensão da instância, o que acarreta a suspensão da contagem dos prazos processuais, bem como o ac. do TRP de 01.07.2013, proc. 153/12.5TTBRG.P1, onde se decidiu que "[...] em caso de deferimento do pedido de suspensão da instância requerida por acordo das partes, essa suspensão retroage os seus efeitos à data daquele pedido, inutilizando, se for caso disso, a parte do prazo entretanto decorrido, mas o prazo de suspensão só se conta a partir do conhecimento pelas partes daquele deferimento".

[460] Cfr., a este respeito, o ac. do TRL de 09.10.1997, proc. 0039522. Numa interessante expressão de Alvarado Velloso, a interrupção do prazo importa a "fulminação" do período de tempo entretanto decorrido (Alvarado Velloso, Adolfo, *Introducción al Estudio del Derecho Procesal*, II, *op. cit.*, p. 58). Cfr., ainda, Puig Brutau, José, *Caducidad y Prescripción Extintiva*, Barcelona, 1986, p. 117.

[461] Wagner Júnior, Luiz Guilherme da Costa, *Processo Civil*, *op. cit.*, p. 232.

[462] Cfr., no mesmo sentido, o ac. do TRC de 14.11.2018, proc. 1495/17.9PBCBR.C1.

4.2.2. Pedido de proteção jurídica na pendência de ação judicial

Um dos casos paradigmáticos concernentes à interrupção do prazo prende-se com a apresentação de um pedido de proteção jurídica na pendência de uma ação judicial. Com efeito, nos termos do art. 24º, nº 4, da Lei nº 34/2004, de 29 de julho, se for apresentado, na pendência de uma ação judicial, um pedido de proteção jurídica, o prazo que estiver em curso interrompe-se com a junção aos autos, pelo requerente, do documento comprovativo da apresentação do requerimento com que é promovido o correspondente procedimento administrativo[463,464]. Saliente-se, no entanto, que, neste caso, a interrupção do prazo só ocorre se estiverem preenchidos três requisitos cumulativos:

a) o pedido de proteção jurídica deve revestir a modalidade de nomeação de patrono[465];

b) o pedido deve ser apresentado dentro do prazo para a prática do ato[466]; e

c) o requerente deve juntar aos autos o documento comprovativo da apresentação do pedido de proteção jurídica antes de o prazo terminar[467,468].

[463] *Vide*, a este propósito, o ac. do STJ de 15.06.1994, proc. 085238, o ac. do TRP de 15.05.1995, proc. 9440381, o ac. do TRP de 20.01.2004, proc. 0326073, o ac. do TRP de 19.12.2005, proc. 0556202, o ac. do TRC de 09.05.2006, proc. 988/06, o ac. do TRC de 09.10.2007, proc. 483/05.2TBILH.C1, o ac. do TRE de 28.09.2017, proc. 2123/16.5T8STB.E1, bem como o ac. do TRG de 07.05.2018, proc. 954/17.8GBBCL-A.G1.

[464] No sentido de este regime ser igualmente aplicável aos casos em que o pedido de proteção jurídica é apresentado por uma pessoa coletiva, *vide* o ac. do TRP de 20.10.2014, proc. 568/10.3TTVRL.P1.

[465] Assim, conforme se decidiu no ac. do TRL de 15.12.1994, proc. 0086431, e no ac. do TRL de 21.04.2015, proc. 208/14.1JELSB-A.L1-5, o prazo em curso não se interrompe se o pedido de proteção jurídica que, entretanto, tiver sido apresentado, revestir a modalidade de dispensa de pagamento da taxa de justiça e demais encargos com o processo. Cfr., ainda, o ac. do TRL de 05.05.2017, proc. 3683/12.5TTLSB.L1-4, no qual se decidiu que "Por violar a teleologia inerente à norma ínsita no art. 24º da Lei 34/2004 de 29/07, a interrupção do prazo decorrente do pedido de nomeação de patrono não é aplicável ao requerente que, tendo advogado constituído na ação, o formula sem que ponha termo ao mandato".

[466] *Vide*, a este respeito, o ac. do TRL de 21.02.2019, proc. 5560/18.7T8FNC.L1-2, com o seguinte sumário: "[...] O prazo interrompido por aplicação da norma contido no art. 24º, nº 4, da Lei nº 34/2004 é o que no momento da apresentação em tribunal do comprovativo do requerimento de concessão do apoio judiciário. Se o comprovativo em causa for apresentado num dos três dias seguintes ao termo do prazo para praticar determinado acto é esse prazo de três dias previsto no art. 139º, nº 6, do Código de Processo Civil, que se reinicia".

[467] No sentido de o requerente da proteção jurídica ter o ónus de juntar ao processo o comprovativo da apresentação desse pedido, não se interrompendo o prazo em curso se esse comprovativo não for apresentado de forma tempestiva, isto é, antes que o prazo cesse, *vide* o ac. do TRP de 30.09.2002,

proc. 0250888, o ac. do TRL de 29.05.2006, proc. 4965/2006-7, o ac. do TRC de 08.04.2008, proc. 3556/06.0TBLRA-A.C1, o ac. do TRE de 19.03.2009, proc. 68/07.9TBETZ-C.E1, o ac. do TRL de 26.03.2009, proc. 10517/2008-6, o ac. do TRL de 10.12.2009, proc. 33050/07.6YYLSB-A.L1-7, o ac. do TRG de 06.10.2011, proc. 2426/10.2TBBCL-A.G1, o ac. do TRC de 20.11.2012, proc. 1038/07.2TBGRD-A.C1, o ac. do TRL de 12.03.2013, proc. 729/12.0TYLSB-A.L1-1, o ac. do TRG de 04.04.2013, proc. 875/10.5TBBCL.G1, o ac. do TRE de 28.05.2013, proc. 1026/11.4GBLLE-A.E1, o ac. do TRE de 26.06.2013, proc. 400/11.0TTSTR.E1, o ac. do TRC de 10.03.2015, proc. 20/14.8T8PNH-C.C1, o ac. do TRL de 17.06.2014, proc. 5181/12.8TCLRS.L1-1, o ac. do TCAN de 18.12.2014, proc. 1650/13.0BEPRT, o ac. do TRP de 28.09.2015, proc. 659/13.9TVPRT.P1, o ac. do TRC de 24.01.2017, proc. 465/16.9T8LRA.C1, o ac. do STJ de 02.11.2017, proc. 6638/16.7T8PRT-A.P1.S2, o ac. do TRE de 12.04.2018, proc. 1811/13.1TBPTM-A.E1, o ac. do TRL de 04.12.2008, proc. 10058/2008-6, o ac. do TRL de 22.09.2015, proc. 4076/14.5YLPRT.L1-7, o ac. do TRG de 17.12.2018, proc. 849/18.8T8BRG-A.G1, o ac. do TRG de 21.03.2019, proc. 3674/14.1T8VNF-A.G1, o ac. do TRC de 21.05.2019, proc. 713/18.0T8CBR-A.C1, o ac. do TRG de 10.10.2019, proc. 4995/18.0T8BRG-A.G1, o ac. do TRP de 12.10.2020, proc. 6969/19.4T8PRT-C.P1, o ac. do TRE de 20.10.2020, proc. 644/19.7GCFAR-A.E1, o ac. do TRE de 13.05.2021, proc. 574/14.9TBVNO-C.E1, o ac. do TRE de 30.06.2021, proc. 1458/19.0T8ENT-A.E1, o ac. do TRP de 28.10.2021, proc. 823/21.7T8STS-A.P1, bem como o ac. do TRE de 27.01.2022, proc. 186/21.0T8SSB.E1. Cfr., igualmente, o ac. do TRE de 14.07.2011, proc. 481/10.4TBOLH-A.E1, no qual se decidiu que "Encontrando-se a correr prazo para oposição à execução, mesmo que o executado não tenha vindo ao processo informar que requereu o benefício do apoio judiciário na modalidade de nomeação de patrono, impõe-se a interrupção de tal prazo, no caso de ainda não se ter extinguido, perante a informação carreada para os autos pela Segurança Social de que foi, efectivamente deferida tal pretensão".
Sustentando que a obrigação que impende sobre o requerente, de juntar aos autos o documento comprovativo do pedido de proteção jurídica, como condição necessária para a interrupção da contagem do prazo que se encontre em curso, não viola o direito constitucional de acesso ao Direito e aos Tribunais, *vide* o ac. do TRC de 06.11.2013, proc. 40/13.0GBAGD-A.C1, o ac. do TRL de 11.12.2018, proc. 851/17.7T8SNT.L1-1, bem como o ac. do TRL de 24.09.2019, proc. 8309/16.5T8LRS-B.L1-7.
Defendendo que a exigência de informar os autos relativamente à apresentação do pedido de proteção jurídica, tendo em vista a interrupção da contagem do prazo processual que se encontre em curso, não é excessivamente onerosa, nem dificulta o acesso efetivo ao Direito e aos Tribunais, já que esse comportamento processual "não exige quaisquer conhecimentos jurídicos", *vide* o ac. do TC nº 98/04, de 11.02.2004, proc. 634/03.
Cfr., em todo o caso, o ac. do TRP de 27.09.2018, proc. 438/17.4T8ESP-A.P1, no qual se consignou que "A exigência do nº 4 do artigo 24º da Lei nº 34/2004, de 29 de Julho, da junção aos autos do documento comprovativo da apresentação do requerimento com que é promovido o procedimento administrativo de nomeação de patrono, como condição de interrupção do prazo em curso, deixa de colher sentido, por irrelevante, se tal informação já para eles tiver sido carreada pela entidade a quem foi dirigido esse requerimento", assim como o ac. do TRC de 05.05.2015, proc. 50/14.0T8CNT.C1, e o ac. do TRC de 20.04.2022, proc. 198/21.4GCCTB-A.C1.

[468] Sustentando que a apresentação do pedido de proteção jurídica dentro do prazo dos 3 dias de multa (art. 139º, nº 5) não tem a virtualidade de interromper o prazo de contestação,

Verificando-se a interrupção do prazo em consequência da apresentação do pedido de proteção jurídica, o art. 2º, nº 5, da Lei nº 34/2004, de 29 de julho, preceitua que o prazo interrompido[469] volta a iniciar a sua contagem:

a) com a notificação ao patrono da sua nomeação[470,471]. Sucede que, no seu ac. nº 515/2020[472], o Tribunal Constitucional declarou "com força obrigatória geral, a inconstitucionalidade da norma da alínea *a)* do nº 5 do artigo 24º da Lei nº 34/2004, de 29 de julho, com o sentido de que o prazo interrompido por aplicação do nº 4 do mesmo artigo se inicia com a notificação ao patrono nomeado da sua designação, quando o requerente do apoio judiciário desconheça essa nomeação, por dela ainda não ter sido notificado"[473]. Consequentemente, por

porquanto, nessa altura, esse prazo já se esgotou, *vide* o ac. do TRP de 07.01.1999, proc. 9831415, o ac. do TRG de 03.12.2009, proc. 1017/08.2TBEPS.G1, bem como o ac. do STJ de 02.11.2017, proc. 6638/16.7T8PRT-A.P1.S2.

Cfr., em sentido contrário, o ac. do TRP de 15.11.2011, proc. 222/10.6TBVRL.P1.

[469] No sentido de o prazo que ao caso couber compreender quer o prazo perentório, quer o prazo dilatório, já que estes dois prazos somam-se entre si, contando-se como se se tratassem de um só prazo, *vide* o ac. do TRG de 15.11.2007, proc. 1948/07-2.

[470] Cfr., a este respeito, o ac. do TRP de 17.05.1994, proc. 9321298, o ac. do TRP de 08.10.2001, proc. 0150350, o ac. do TRP de 03.03.2004, proc. 0420312, o ac. do TRP de 24.01.2011, proc. 629/08.9TBMTS-D.P1, o ac. do TRL de 06.12.2011, proc. 496/10.2PARGR-A.L1-5, o ac. do TRE de 22.03.2012, proc. 1179/10.9TBLLE.E1, bem como o ac. do TRP de 10.01.2018, proc. 186/13.4PTPRT.P1.

[471] Nos termos do art. 2º, nº 1, da Portaria nº 10/2008, de 3 de janeiro, "a nomeação de patrono ou de defensor é efectuada pela Ordem dos Advogados, podendo ser realizada de forma totalmente automática, através de sistema electrónico gerido por esta entidade". Por sua vez, dispõe o art. 29º do citado diploma legal que "Todas as notificações, pedidos de nomeações e outras comunicações entre a Ordem dos Advogados e os tribunais, as secretarias ou serviços do Ministério Público, os órgãos de polícia criminal, os profissionais forenses participantes no sistema de acesso ao direito, os serviços da segurança social e o IGFIJ, I. P., devem realizar-se por via electrónica, através de sistema gerido pela Ordem dos Advogados.". No sentido de "À notificação ao patrono do acto da sua nomeação, prevista no artigo 31º, nº 1, da Lei nº 34/2004, de 29/07, na expressão escrita dada pela Lei nº 47/2007, de 28/08, efectuada por via electrónica, [ser] aplicável a dilação de três dias referenciada no artigo 113º, nº 12, do CP", *vide* o ac. do TRC de 12.07.2022, proc. 179/21.8GASBG.C1.

[472] Proc. 1095/2018, *in DR, 1ª série*, nº 225, de 18.11.2020.

[473] Anteriormente, no seu o ac. nº 461/2016, de 14.07.2016, proc. 507/15, *in DR, 2ª série*, nº 197, de 13.10.2016, o Tribunal Constitucional já tinha decidido "Julga[r] inconstitucional a interpretação normativa, extraída do artigo 24º, nº 5, alínea *a)*, da Lei nº 34/2004, com o sentido de que o prazo interrompido por aplicação do nº 4 do mesmo artigo se inicia com a notificação ao patrono nomeado da sua designação, quando o requerente do apoio judiciário desconheça essa nomeação, por dela ainda não ter sido notificado". Secundando esse juízo de inconstitucionalidade, *vide* o ac. do TRE de 19.12.2019, proc. 1691/19.4YLPRT.E1.

força desse juízo, com força obrigatória geral, de inconstitucionalidade, deve entender-se que o prazo que estiver interrompido volta a iniciar a sua contagem somente após a notificação da nomeação do patrono ao requerente do apoio judiciário[474], salvo se a notificação dessa nomeação ao patrono só ocorrer em momento posterior[475]. O mesmo é dizer que o prazo começará a contar a partir da notificação realizada em último lugar, garantindo-se, dessa forma, a desejável segurança jurídica;

b) no caso de indeferimento do pedido de nomeação de patrono, com a notificação ao requerente da decisão administrativa de indeferimento do pedido de proteção jurídica (art. 24º, nº 5, da Lei nº 34/2004, de 29 de julho)[476,477]. Nessa situação, se não houver impugnação judicial dessa decisão, o prazo interrompido iniciará a sua contagem após o termo do prazo de que o requerente dispunha para impugnar a decisão de indeferimento do pedido de proteção jurídica[478]. Havendo, pelo contrário, impugnação judicial dessa decisão, o prazo que estava interrompido iniciará a sua contagem com a notificação ao requerente da decisão dessa impugnação[479].

[474] No sentido de essa notificação carecer de ser realizada através de carta registada, sob pena de não produzir qualquer efeito, *vide* o ac. do TRE de 11.05.2021, proc. 451/20.4PALGS.E1.

[475] *Vide*, no mesmo sentido, o ac. do TRP de 18.05.2022, proc. 123/21.2GBBAO-A.P1.

[476] Cfr., nesse sentido, o ac. do TRP de 22.05.2000, proc. 0050366, o ac. do TRC de 08.07.2008, proc. 4801/07.0TBVIS.C1, o ac. do TRE de 17.01.2012, proc. 751/07.9TBLGS-A.E1, bem como o ac. do TRL de 02.05.2019, proc. 19460/17.4T8LSB-A.L1-8.

Em sentido contrário, sustentando que o prazo só começa a correr após o termo do prazo de que o requerente dispõe para impugnar judicialmente a decisão de indeferimento do pedido de proteção jurídica, *vide* o ac. do TRP de 23.09.2019, proc. 7801/18.1T8VNG-B.P1.

[477] *Vide*, a este propósito, o ac. do TRL de 14.05.2009, proc. 1078/07.1TBCLD, no qual se decidiu que, se a notificação da decisão administrativa de indeferimento do pedido de proteção jurídica tiver lugar em férias judiciais, o prazo para a apresentação da contestação começa a correr no primeiro dia subsequente ao termo das férias judiciais. Cfr., ainda, o ac. do TRP de 01.07.2002, proc. 0230930.

[478] Cfr., no mesmo sentido, o ac. do TRP de 10.12.2019, proc. 5879/18.7T8MTS.P1, o ac. do TRP de 17.06.2021, proc. 1621/20.0T8VLG-A.P1, bem como o ac. do TRE de 10.03.2022, proc. 2278/20.4T8LLE-A.E1.

Em sentido contrário, *vide* o ac. do TRP de 25.02.2021, proc. 84203/19.2YIPRT.P1, no qual se entendeu que "Se não for apresentado pedido de reforma da decisão ou não for arguida qualquer nulidade, o prazo inicia-se com aquela notificação, não havendo que aguardar pelo decurso de dez dias".

[479] *Vide*, nesse sentido, o ac. do TRP de 25.02.2021, proc. 84203/19.2YIPRT.P1.

Em sentido contrário, *vide* o ac. do TRP de 23.09.2019, proc. 7801/18.1T8VNG-B.P1, no qual se entendeu que o prazo interrompido só começa a sua contagem após o termo do prazo de 10 dias para que o requerente apresente eventual reclamação dessa decisão. Com efeito, decidiu-se nesse

É controversa a questão de saber se o requerente de proteção jurídica, ao qual tenha sido deferido o pedido de nomeação de patrono, pode beneficiar do direito à interrupção do prazo na eventualidade de, entretanto, ter praticado o ato através de mandatário constituído. Com efeito, se, para uma corrente jurisprudencial, tal é suscetível de configurar abuso do direito ou fraude à lei, razão pela qual, nesse caso, o requerente da proteção jurídica não pode beneficiar da interrupção o prazo[480], já para uma segunda corrente, a parte pode beneficiar da interrupção do prazo ainda que, apesar de o pedido de proteção jurídica ter sido deferido, venha a abdicar desse benefício e apresente a sua defesa através de mandatário constituído, já que a lei não estabelece qualquer condição resolutiva quanto à interrupção do prazo, por via da qual o prazo só se considera interrompido desde que o ato seja praticado pelo patrono entretanto nomeado[481].

Por outro lado, o art. 34º do citado diploma legal preceitua que a apresentação de um pedido de escusa, na pendência de um processo, pelo patrono que tenha sido nomeado oficiosamente, tem como consequência a interrupção do

acórdão que "Havendo impugnação judicial, com decisão de indeferimento, aplica-se a regra do artigo 628º do Código de Processo Civil, por respeito ao princípio do critério uniforme no tratamento de todas as decisões judiciais, mormente, as regras atinentes ao regime do caso julgado, um regime estruturante no direito processual civil. Só assim é garantida a igualdade de tratamento no sistema jurídico/processual civil e salvaguardados os princípios da certeza e segurança jurídicas".

[480] *Vide*, nesse sentido, o ac. do TRP de 10.03.2003, proc. 0252849, o ac. do TRP de 13.09.2011, proc. 5665/09.5TBVNG.P1, o ac. do TRC de 01.10.2013, proc. 4550/11.5T2AGD.C1, o ac. do TRL de 09.07.2014, proc. 97/12.0TBVPV.L1-2, bem como o ac. do TRC de 25.06.2019, proc. 156/18.6T8NZR-A.C1.

[481] Cfr., nesse sentido, o ac. do TRP de 18.02.2014, proc. 3252/11.7TBGDM-B.P1, o ac. do TRL de 30.04.2015, proc. 393-11.4TBVPV-A.L1-8, o ac. do TRP de 14.12.2017, proc. 4502/16.9T8LOU-A.P1, o ac. do TRP de 25.09.2018, proc. 5027/17.0T8MAI-A.P1, ac. do TRE de 05.12.2019, proc. 399/19.5T8SLV-A.E1, o ac. do TRG de 13.02.2020, proc. 278/19.6T8FAF-A.G1, o ac. do TRP de 08.10.2020, proc. 1217/19.0T8STS-A.P1, o ac. do TRL de 23.02.2021, proc. 2/96.0TBSXL-F.L1-7, bem como o ac. do TRP de 07.06.2021, proc. 282/20.1T8OAZ-C.P1.
Vide, em todo o caso, o ac. do TRP de 09.04.2014, proc. 321/12.0GCVNF-A.P1, no qual se entendeu que "I – Se do processo resulta evidente que se usou a lei como expediente para, de modo ínvio, conseguir uma vantagem indevida, é dever do juiz impedir a obtenção desse resultado. II – Estando o arguido representado no processo por Advogado constituído no momento em que requer a concessão de apoio judiciário na modalidade de nomeação de patrono, apesar da renúncia daquele que, após a nomeação de patrono, foi novamente constituído mandatário, não beneficia da suspensão do prazo em curso na medida em que se trata de expediente usado para obter, de modo engenhoso, o alargamento do prazo em curso, o que a lei proíbe", bem como o ac. do TRP de 08.06.2021, proc. 4837/05.6TBMAI-A.P1, no qual se entendeu que o requerente da proteção jurídica não pode beneficiar da interrupção do prazo se se demonstrar que o mesmo atuou com fraude à lei.

prazo que estiver em curso, devendo, para o efeito, o patrono comunicar aos autos o facto de ter apresentado um pedido de escusa. Nessa eventualidade, o prazo interrompe-se com a junção aos autos do documento comprovativo da apresentação do pedido de escusa e começa, de novo, a sua contagem após a notificação ao novo patrono da sua nomeação[482,483].

Já se o beneficiário da proteção jurídica requerer à Ordem dos Advogados a substituição do patrono nomeado, nos termos do art. 32º da Lei nº 34/2004, de 29 de julho, a apresentação desse pedido não importa a interrupção do prazo que se encontre em curso. Outrossim, esse prazo só se interrompe com o deferimento do pedido de substituição do patrono anteriormente nomeado[484].

4.2.3. Interposição de recurso para o Tribunal Constitucional

Ainda a título meramente exemplificativo, o art. 75º, nº 1, da LOTC determina que o prazo de interposição de recurso para o Tribunal Constitucional é de 10 dias e interrompe os prazos para a interposição de outros que porventura caibam da decisão, os quais só podem ser interpostos depois de cessada a interrupção[485].

[482] Ac. do TRL de 21.11.2017, proc. 143/14.3TTLRS. L1-4. Cfr., no mesmo sentido, o ac. do TRP de 11.02.1999, proc. 9930015, com o seguinte sumário: "Não sendo permitido ao juiz saber os motivos de escusa invocados por patrono nomeado no âmbito do apoio judiciário, tem de admitir serem eles impeditivos de desempenhar aceitavelmente as funções para que foi nomeado. Consequentemente, tem de admitir não estar o beneficiado, ao longo da pendência do incidente de escusa, devidamente assistido. É de considerar, por isso, não estar a ser assegurado o direito constitucional ao patrocínio judiciário, previsto no nº 2 do artigo 20º da Constituição. Assim, a partir do requerimento de escusa, deverá considerar interrompido o prazo, que vinha correndo, para o mencionado beneficiário do apoio judiciário contestar". *Vide*, ainda, o ac. do TRC de 07.02.2017, proc. 6726/15.7T8CBR-A.C1, no qual se decidiu que "Tendo o tribunal tomado conhecimento (ainda que implicitamente) de que tinha havido um pedido de substituição do patrono nomeado, deverá entender-se que, com a junção aos autos do deferimento da substituição, ocorreu também a junção de documento comprovativo do pedido de substituição, que é susceptível de, nos termos do art. 34º, nºs 2 e 3, da Lei nº 34/2004, de 29 de Julho, aplicável com as devidas adaptações, por força do art. 32º, nº 2, da mesma lei, fazer interromper o prazo já iniciado e de o fazer voltar a correr daí em diante", bem como o ac. do TRG de 23.05.2019, proc. 7976/16.4T8VNF-A.G1.

[483] Diferentemente, o pedido de dispensa de patrocínio, apresentado à luz do art. 42º da Lei nº 34/2004, de 29 de julho, não tem como consequência a interrupção de um prazo processual que se encontre em curso. Na verdade, de acordo com o art. 42º, nº 3, do citado diploma legal, enquanto não for substituído, o defensor nomeado para um ato mantém-se para os atos subsequentes do processo (*vide*, a este propósito, o ac. do TRC de 07.11.2007, proc. 3280/05.1TALRA-A.C1, bem como o ac. do TRG de 24.09.2018, proc. 521/16.3T9GMR.G1).

[484] *Vide*, nesse sentido, o ac. do TRG de 26.05.2022, proc. 659/21.5T8VRL-A.G1.

[485] Cfr., a este propósito, o ac. do STJ de 15.07.1987, proc. 039115.

4.3. Renovação do prazo

A lei de processo civil prevê determinadas situações em que é possível renovar-se um prazo que, entretanto, se encontrava extinto.

Na verdade, nos termos do art. 21º, nº 1, se o ausente ou o incapaz, ou os seus representantes, não deduzirem oposição, ou se o ausente não comparecer a tempo de a deduzir, incumbe ao Ministério Público a defesa deles. Nesse caso, o Ministério Público deve ser citado através do sistema de informação de suporte à atividade dos tribunais, presumindo-se a citação efetuada no terceiro dia posterior ao do seu envio, correndo novamente a seu favor o prazo para a apresentação da contestação.

Paralelamente, à luz do art. 27º, verificando-se uma incapacidade judiciária ou uma irregularidade de representação, estes vícios podem ser sanados mediante a intervenção ou a citação do representante legítimo do incapaz. Nessa eventualidade, se o representante do incapaz não ratificar os atos anteriormente praticados, fica sem efeito todo o processado posterior ao momento em que a falta se deu ou a irregularidade foi cometida, correndo novamente os prazos para a prática dos atos não ratificados, que podem ser renovados. Nos termos do art. 27º, nº 4, sendo o incapaz autor e tendo o processo sido anulado desde o início, se o prazo de prescrição ou caducidade tiver, entretanto, terminado ou se terminar nos dois meses imediatos à anulação, não se considera completada a prescrição ou a caducidade antes de findarem estes dois meses.

4.4. Aproveitamento do prazo

Nos termos do art. 279º, nº 2, sem prejuízo do que se acha expressamente regulado na lei civil em relação à prescrição e à caducidade dos direitos, caso o réu seja absolvido da instância, os efeitos civis decorrentes da propositura da primeira ação e da citação do réu mantêm-se, quando seja possível, se a nova ação for intentada (aproveitamento do prazo de caducidade) ou o réu for citado para ela (aproveitamento do prazo de prescrição) no prazo de 30 dias a contar do trânsito em julgado da sentença de absolvição da instância.

5. Termo do prazo

5.1. Regras previstas no Código de Processo Civil

Dado que o prazo se conta de forma contínua, pode suceder que o mesmo termine num dia em que os tribunais se encontrem encerrados. Para os devidos efeitos legais, os tribunais encontram-se encerrados nos sábados, domingos, dias feriados, dias em que tenha sido concedida tolerância de ponto (art. 138º, nº 3)[486,487] ou dias de greve dos funcionários judiciais que impeçam o funcionamento da secretaria judicial[488].

Ora, se o termo do prazo para a prática do ato processual coincidir com um dia em que os tribunais se encontrem encerrados, o termo, em regra, transfere-se para o primeiro dia útil seguinte (art. 138º, nº 2)[489,490,491]. Na verdade, como bem elucida Alberto dos Reis, terminando o prazo em dia em que os tribunais se encontrem encerrados, o legislador teve que optar entre forçar a parte a praticar o ato processual mais cedo, cerceando, por isso, o prazo, ou

[486] Cfr., a este respeito, o ac. do STJ de 09.01.2003, proc. 3983/02, *in SASTJ*, ano 2003. *Vide*, ainda, BASTOS, Jacinto Rodrigues, *Notas ao Código de Processo Civil*, 3ª ed. rev. e atua., vol. I, Lisboa, 1999, p. 212, o qual esclarece que, pese embora a jurisprudência viesse entendendo que os dias em que fosse concedida tolerância de ponto não deviam ser considerados como dias de encerramento dos tribunais judiciais – apesar de defender que, se o termo do prazo coincidisse com um dia de tolerância de ponto, tal seria considerado como justo impedimento para o efeito de se permitir que o ato processual pudesse ser praticado no primeiro dia útil subsequente – a verdade é que o legislador veio consagrar a tese oposta, isto é, a de que os tribunais se consideravam encerrados nos dias em que fosse concedida tolerância de ponto.

[487] *Vide*, no domínio da legislação processual civil revogada, o ac. do STJ nº 8/96, *in DR, 1ª série-A*, nº 254, de 02.11.1996, o qual uniformizou jurisprudência no seguinte sentido: "A tolerância de ponto não se integra no conceito de feriado. A tolerância de ponto não reúne, pois, os pressupostos para, por integração analógica, poder ser subsumida na previsão do artigo 144º, nºs 1 e 3, do Código de Processo Civil. Porém, se o dia de tolerância de ponto coincidir com o último dia do prazo para a prática do acto, considera-se existir justo impedimento, nos termos do artigo 146º, nº 2, do Código de Processo Civil, para que o acto possa ser praticado no dia imediato". Cfr., no mesmo sentido, o ac. do TRL de 07.11.1995, proc. 0008521, bem como o ac. do STJ de 21.05.1998, proc. 504/98, *in SASTJ*, ano 1998.

[488] Cfr., a este respeito, o ac. do TRL de 21.12.1990, proc. 0033342.

[489] *Vide*, a este propósito, o ac. do TRP de 25.02.1999, proc. 9930180.

[490] Conforme elucida Rodrigues Bastos, a consagração desta regra na lei de processo civil veio pôr termo à dúvida que, até então, se levantava, no sentido de se saber se o regime constante do art. 279º, al. *e)*, do CC era apenas aplicável aos prazos substantivos ou se também se aplicava aos prazos processuais (BASTOS, Jacinto Rodrigues, *Notas ao Código de Processo Civil*, 3ª ed., *op. cit.*, p. 212).

[491] Do mesmo modo, em sede de direito comparado, os ordenamentos jurídicos espanhol (arts. 185º, nº 2, da LOPJ e 133º, nº 4, da LEC), italiano (art. 155º do $CPC_{It.}$), belga (arts. 52º e 53º do $CJ_{Bel.}$), francês (art. 642º do $CPC_{Fr.}$), alemão [§ 222 (2) da $ZPO_{Al.}$] e austríaco [§ 126 (2) da $ZPO_{Áus.}$] estabelecem que, se o prazo terminar num sábado, domingo ou em outro dia não útil, o prazo considera-se prorrogado até ao primeiro dia útil seguinte.

Vide, ainda, o art. 3º, nº 4, do Regulamento (CEE) nº 1182/71, do Conselho, de 3 de junho de 1971, relativo à determinação das regras aplicáveis aos prazos, às datas e aos termos, o qual estabelece a regra segundo a qual "Se o último dia de um prazo fixado por outra forma que não em horas for um dia feriado, um domingo ou um sábado, o prazo termina com o decurso da última hora do dia útil seguinte".

a permitir que esta pratique o ato processual mais tarde, com a consequente ampliação do prazo, sendo que, "entre cercear e ampliar o prazo, a lei optou, e bem, pela ampliação"[492].

Note-se que, muito embora a lei não o refira expressamente, esta regra só se aplica aos prazos perentórios[493], pois que, no que concerne aos prazos dilatórios, o art. 142º estabelece que, sendo o prazo dilatório seguido de um prazo perentório, os dois prazos contam-se como um só. Por conseguinte, se o prazo dilatório terminar num dia não útil e se for seguido de um prazo perentório, o termo do prazo dilatório não se transfere para o primeiro dia útil seguinte.

Contudo, se estiver em causa a prática de um ato no âmbito de um processo que a lei qualifique como urgente, se o termo do prazo coincidir com um período de férias judiciais, o ato tem de ser praticado mesmo em férias judiciais, já que o termo do prazo não se transfere para o primeiro dia útil subsequente ao termo do prazo. Com efeito, estando em causa um processo urgente – o qual, por esse facto, é tramitado em férias judiciais – o art. 137º, nº 2, permite expressamente a prática de atos durante esse período de tempo, já que se tratam de atos que se destinam a evitar um dano irreparável[494].

5.2. Regras previstas no Código Civil

O art. 279º do CC estabelece diversas regras supletivas quanto à fixação do termo do prazo, as quais são aplicáveis quer aos prazos substantivos[495], quer, subsidiariamente, aos prazos processuais ou adjetivos (art. 296º do CC)[496].

Com relevo para o cômputo do termo no âmbito do processo judicial, devem ter-se em atenção as seguintes regras:

a) o prazo fixado em semanas, meses ou anos, a contar de certa data, termina às vinte e quatro horas do dia que corresponda, dentro da última

[492] Reis, Alberto dos, *Comentário ao Código de Processo Civil Anotado*, *op. cit.*, p. 67.

[493] Cfr., no mesmo sentido, Reis, Alberto dos, *Código de Processo Civil Anotado*, *op. cit.*, p. 273.

[494] *Vide*, a este respeito, o AUJ do STJ nº 1/2021, de 15.04.2021, proc. 1855/13.4TBVRL-B.G1-B.S1-A, *in DR*, *1ª Série*, nº 112, o qual fixou jurisprudência no sentido de que "Os actos inscridos na tramitação dos processos qualificados como urgentes, cujos prazos terminem em férias judiciais, são praticados no dia do termo do prazo, não se transferindo a sua prática para o primeiro dia útil subsequente ao termo das férias judiciais".

[495] No sentido de estas regras serem aplicáveis ao prazo de caducidade, *vide* o ac. do STJ de 30.04.1991, proc. 080176, bem como o ac. do TRE de 12.01.2021, proc. 768/17.5T9LLE.E1.

[496] Cfr., a este respeito, Hörster, Heinrich Ewald, *A Parte Geral do Código Civil Português*, Almedina, Coimbra, 1992, p. 496, bem como Ascensão, José de Oliveira, *Direito Civil: Teoria Geral*, vol. II, 2ª ed., Coimbra Editora, Coimbra, 2003, p. 358.

semana, mês ou ano, a essa data[497]; mas, se no último mês não existir dia correspondente, o prazo finda no último dia desse mês;

Muito embora o Código de Processo Civil estabeleça, em regra, prazos com uma duração fixada em determinado número de dias, existem, no entanto, prazos fixados com a duração de horas ou de meses. É o que sucede, por exemplo, com o prazo de vinte e quatro horas para o juiz decidir o pedido de prorrogação do prazo de contestação (art. 569º, nº 6) ou com o prazo de seis meses para a deserção da instância ou do recurso (art. 281º).

Por outro lado, importa referir que, por analogia com esta regra, sendo um prazo fixado em dias, este termina às vinte e quatro horas do último dia do prazo, independentemente de a secretaria do tribunal se encontrar encerrada[498]. De todo o modo, pretendendo a parte praticar um ato processual em juízo no último dia do prazo, deverá ter em atenção as diferentes formas possíveis para praticar o ato, previstas no art. 144º, nº 7, com as necessárias limitações temporais que decorrem da modalidade de prática do ato que venha a ser escolhida pela parte.

b) o prazo que termine em domingo ou em dia feriado transfere-se para o primeiro dia útil; aos domingos e dias feriados são equiparadas as férias judiciais, se o ato sujeito a prazo tiver de ser praticado em juízo[499].

Como vimos *supra*, na contagem de um prazo, não se inclui o dia em que ocorreu o evento que deu início à contagem do prazo (*dies a quo non computatur in termino*).

[497] Neste particular, o art. 3º, nº 1, da Convenção de Basileia de 16 de maio de 1972 (STE076), estabelece que "Os prazos expressos em dias, semanas, meses ou anos correm do *dies a quo* à meia-noite até ao *dies ad quem* à meia-noite".

[498] Em todo o caso, como bem observa CARRÉ, Guillaume Louis Julien, *Traité et Questions de Procédure Civile*, *op. cit.*, p. 38, sendo o prazo fixado em dias, esse prazo conta-se de dia em dia e não de hora em hora, atento o princípio *dies a quo non computatur in termino.*

[499] Salvo melhor opinião, este preceito deve ser interpretado de forma atualista, no sentido de abranger igualmente o sábado. Com efeito, se um prazo substantivo, referente ao exercício de um direito em sede judicial, terminar a um sábado, dado que, neste dia, os tribunais se encontram encerrados, o termo do prazo transfere-se, necessariamente, para o primeiro dia útil subsequente. É essa, aliás, a regra que decorre do art. 5º, 2ª parte, da Convenção de Basileia de 16 de maio de 1972 (STE076) – a qual foi ratificada por Portugal em 20 de novembro de 1979 –, onde se estabelece que, se o termo do prazo corresponder a um sábado, domingo, feriado oficial ou dia que deva ser considerado feriado oficial, o termo do prazo será estendido para incluir o primeiro dia útil seguinte.

Contudo, no cômputo de um prazo, contabiliza-se o dia em que o prazo termina (*dies ad quem computatur in termino*)[500].

Deste modo, se, por exemplo, um prazo de caducidade terminar em férias judiciais[501], o termo do prazo transfere-se para o primeiro dia útil subsequente ao termo das férias judiciais[502,503]. Isto porque a propositura da ação judicial impede a caducidade, independentemente do dia em que o réu for citado[504,505].

[500] Cfr., a este propósito, TRABUCCHI, Alberto, *Istituzioni di Diritto Civile, op. cit.*, p. 123, GIARDA, Angelo, "Termine (Diritto Processuale Penale)", *op. cit.*, p. 255, assim como BERRIAT-SAINT-PRIX, Jacques, *Cours de Procédure Civile, op. cit.*, p. 147, o qual esclarece que a contabilização do dia em que o prazo termina encontra justificação no facto de, no início da contagem do prazo, não se contar o dia em que ocorre o evento que dá início ao cômputo do prazo, por força do princípio *dies a quo non computatur in termino.*

[501] Com efeito, o prazo substantivo de caducidade corre em férias judiciais, salvo se estiver em causa um prazo para a propositura de uma ação que se encontre previsto no Código de Processo Civil, pois que, nesse caso, o prazo passa a contar-se de acordo com as regras de contagem de prazos consignadas na lei processual civil (art. 138º, nº 4). *Vide*, a este propósito, VARELA, Antunes, "Do anteprojecto ao projecto do Código de Processo Civil", *op. cit.*, p. 195.

[502] *Vide*, nesse sentido, o ac. do TRP de 10.02.1992, proc. 9140461, o ac. do TRL de 22.02.1994, proc. 0075091, *in BMJ*, nº 434, ano 1994, p. 675, o ac. do TRP de 15.09.1994, proc. 9340324, o ac. do TRL de 19.10.1995, proc. 0006316, o ac. do TRP de 13.11.1997, proc. 9720833, o ac. do STA de 10.11.1999, proc. 024113, bem como o ac. do STJ de 22.10.2015, proc. 273/13.9YHLSB.L1.S1. Cfr., na doutrina, VARELA, Antunes, "Anotação ao Acórdão do S.T.J. de 11 de Julho de 1989 (Termo do prazo de caducidade que caia em férias judiciais)", *op. cit.*, p. 178, bem como SERRA, Adriano Vaz, "Prescrição Extintiva e Caducidade", *Separata do Boletim do Ministério da Justiça*, Lisboa, 1961, p. 574. Cfr., em sentido contrário, o ac. do TRP de 08.05.1995, proc. 9410853, no qual se decidiu que "Se um prazo de caducidade terminar durante as férias judiciais, a acção terá de ser proposta cinco dias antes do primeiro dia útil após férias", ou ainda o ac. do TRP de 14.10.1996, proc. 9551355, onde se sustentou que, se um prazo de caducidade terminar em férias judiciais, a ação respetiva deve ser intentada em férias judiciais, até ao termo desse prazo.

[503] Cfr., quanto a esta problemática, SERRA, Adriano Vaz, "Prescrição Extintiva e Caducidade", *op. cit.*, p. 573.

[504] *Vide*, a este propósito, o ac. do STJ de 21.06.2007, proc. 07B1815, o ac. do STJ de 08.01.2015, proc. 164/09.8TCLRS.L1.S1, o ac. do TRP de 08.03.2021, proc. 405/19.3T8VLG.P1, bem como o ac. do TRG de 03.02.2022, proc. 3870/20.2T8BRG.G1. Cfr., na doutrina, MAGALHÃES, Barbosa de, *Prazos de Caducidade, de Prescrição e de Propositura de Acções, Jornal do Fôro*, Lisboa, 1950, p. 36.

[505] Quanto à problemática de saber se o prazo de propositura de uma ação é um prazo de caducidade ou um prazo de prescrição, *vide* SOARES, Fernando Luso, *Processo Civil de Declaração*, Almedina, Coimbra, 1985, pp. 514 e 515, bem como CASTRO, Aníbal de, *A Caducidade, op. cit.*, pp. 22 a 24. Neste particular, a título de mera curiosidade, o assento do STJ de 18.04.1933, *in DG*, I Série, de 04.05.1933, firmou, quanto a este problema, a seguinte doutrina: "É de prescrição, e não de caducidade, o prazo marcado nas leis para propositura de acções".

6. Contagem de prazos previstos no Código de Processo Civil para a propositura de ações

O regime da contagem de prazos constante do art. 138º – nomeadamente a regra de que o prazo se conta de forma contínua, mas suspende-se durante as férias judiciais – aplica-se igualmente aos prazos para a propositura de ações que se encontrem previstos no Código de Processo Civil, atento o disposto no art. 138º, nº 4[506,507]. É o que sucede, por exemplo, com:

a) o prazo de 30 dias para a propositura das novas ações que não tenham sido admitidas em sede de coligação (art. 37º, nº 5);

b) o prazo de 30 dias para a dedução de embargos de terceiro (art. 344º, nº 2)[508,509];

c) o prazo de 30 dias para o requerido propor a ação destinada a impugnar a existência do direito acautelado quando o tribunal tenha decretado a inversão do contencioso (art. 371º, nº 1);

[506] Note-se que, anteriormente à consagração deste regime jurídico, a jurisprudência vinha entendendo que aos prazos judiciais para a propositura de ações não lhes eram aplicáveis as regras de contagem de prazos, previstas para os demais prazos processuais, consignadas na lei de processo civil (*vide*, a este propósito, o ac. do TRP de 14.06.1993, proc. 9350148).

[507] Diferentemente, os prazos para a propositura de ações judiciais, previstos na lei substantiva, revestem natureza substantiva, razão pela qual, na contagem desses prazos, devem observar-se as regras previstas no art. 279º do CC (*vide*, a este propósito, o ac. do TRP de 12.07.1990, proc. 0224845).

[508] Defendendo a natureza judicial deste prazo, *vide* o ac. do TRP de 04.05.1992, proc. 9240163, o ac. do TRL de 01.10.1992, proc. 0040766, o ac. do TRP de 03.10.1994, proc. 9450450, o ac. do TRP de 17.05.2001, proc. 0130693, o ac. do TRL de 22.04.2008, proc. 1156/2008-7, bem como o ac. do TRE de 11.06.2015, proc. 5809/13.2TBSTB-A.E1.
No sentido de este prazo revestir a natureza de prazo de caducidade, *vide* o ac. do TRL de 17.12.1998, proc. 0055641, o ac. do TRL de 26.11.2009, proc. 11372-F/1993.L1-8, o ac. do TRL de 23.10.2012, proc. 29808/97.0TVLSB-D.L1-1, bem como o ac. do TRE de 11.04.2019, proc. 924/14.8TLLE-G.E1. Cfr., na doutrina, Costa, Salvador da, *Os Incidentes da Instância, op. cit.*, p. 174.
Sustentando, em sentido contrário, que este prazo reveste natureza substantiva, razão pela qual a sua contagem deve ser efetuada segundo as regras de contagem de prazos previstas no Código Civil, *vide* Pinto, Rui, *Notas ao Código de Processo Civil, op. cit.*, p. 155.

[509] Cfr., a este respeito, o ac. do TRG de 16.02.2017, proc. 1464/16.6T8BCL-E.G1, onde se decidiu que "O prazo de 30 dias previsto no art. 344º, nº 2, do CPC (para a dedução de embargos de terceiro) suspende-se durante as férias judiciais, nos termos do art. 138º, nº 1 e nº 4, do CPC, não consubstanciando os mesmos qualquer processo urgente, ainda que deduzidos por apenso a uma providência cautelar". Cfr., no mesmo sentido, o ac. do TRL de 20.05.2000, proc. 0024326, bem como o ac. do TRE de 11.06.2015, proc. 5809/13.2TBSTB-A.E1.

d) o prazo de 10 dias para a propositura do procedimento cautelar de suspensão de deliberações sociais (art. 380º, nº 1)[510];

e) o prazo de 30 dias para a propositura do procedimento cautelar de embargo judicial de obra nova (art. 397º, nº 1)[511,512];

f) o prazo de 5 dias para a propositura da ação de ratificação judicial de embargo de obra nova que tenha sido realizado por via extrajudicial (art. 397º, nº 3)[513];

[510] Nos termos do art. 380º, nº 3, o prazo de 10 dias para a propositura do procedimento cautelar de suspensão de deliberações sociais conta-se da data da assembleia em que as deliberações tenham sido tomadas ou, se o requerente não tiver sido regularmente convocado para a assembleia, da data em que tenha tomado conhecimento das deliberações. *Vide*, a este respeito, o ac. do TRC de 20.02.2019, proc. 3635/18.1T8VIS-A.C1, no qual se decidiu que "A irregularidade da convocatória que releva para efeitos de contagem do prazo previsto no artigo 380º do CPC (prazo para requerer a suspensão das deliberações sociais) é apenas a irregularidade que tem idoneidade para impedir o sócio/accionista de tomar efectivo conhecimento da realização da assembleia e das deliberações que nela foram tomadas; se o sócio toma efectivo conhecimento da realização da assembleia e da respectiva ordem de trabalhos e se nela comparece, a mera circunstância de a abandonar não lhe permitirá invocar o desconhecimento da deliberação que aí venha a ser tomada sobre assunto que constava da ordem de trabalhos e, portanto, ainda que a convocatória padecesse de alguma irregularidade, o prazo para requerer a suspensão da deliberação deverá ser contado a partir da data da assembleia nos termos previstos na 1ª parte do nº 3 do citado artigo 380º". Cfr., ainda, o ac. do TRL de 28.10.2004, proc. 6927/2004-6, com o seguinte sumário: "É de caducidade o prazo de 10 dias para a instauração do procedimento cautelar de suspensão de deliberações sociais. Tal prazo conta-se a partir da data em que a deliberação foi tomada ou, se o requerente não foi notificado, da data em que teve conhecimento da deliberação. A tal não obsta o facto de o requerente ter sido impedido de entrar no local onde se realizou a assembleia. Tratando-se de prazo a praticar em processo urgente, a sua contagem não se suspende em período de férias judiciais".

[511] Sustentando que este prazo começa a correr após o conhecimento do facto, *vide* o ac. do TRL de 11.07.1996, proc. 0006121, o ac. do TRG de 25.09.2002, proc. 594/02-1, bem como o ac. do TRL de 27.10.2016, proc. 3616/16.0T8LSB.L1-6. No sentido de o facto relevante ser o início da obra, trabalho ou serviço e não o mero conhecimento do projeto que está na base dessa obra, trabalho ou serviço, *vide* o ac. do TRE de 04.06.2020, proc. 51/20.9T8VRS.E1.

[512] Defendendo que este prazo reveste a natureza de prazo de caducidade, razão pela qual o interessado não pode requerer o decretamento do embargo de obra nova se tiver deixado passar esse prazo, *vide* o ac. do TRC de 22.09.2009, proc. 555/09.4TBCBR-A.C1.

Sustentando, pelo contrário, que este prazo reveste a natureza de prazo processual, e não de prazo substantivo de caducidade, *vide* o ac. do TRL de 06.07.2006, proc. 4666/2006-8.

[513] No sentido de este prazo revestir natureza substantiva, *vide* o ac. do TRP de 14.01.1997, proc. 9621022.

Diversamente, sustentando que este prazo tem natureza processual, *vide* o ac. do TRC de 09.11.2004, proc. 3070/04.

g) o prazo de 20 dias para o cônjuge do executado requerer a separação de bens (arts. 740º, nº 1, e 741º, nº 6);
h) o prazo de 15 dias para o credor apresentar reclamação de créditos na execução (art. 788º, nº 2);
i) o prazo de 20 dias para o credor, que não disponha de título executivo contra o executado, propor a ação de reconhecimento do seu crédito, quando o executado tenha negado a sua existência [art. 792º, nºs 4 e 7, al. *a)*];
j) o prazo de 30 dias para o comprador, que tenha pedido na execução a anulação da venda e que tenha sido remetido para os meios comuns, propor a ação respetiva, sob pena de levantamento da caução (art. 838º, nº 3); ou
k) o prazo de 30 dias para o autor do protesto pela reivindicação da coisa penhorada propor a ação respetiva (art. 840º).

Importa, no entanto, salientar que, conforme tem vindo a ser decidido pela jurisprudência, o art. 138º, nº 4, apenas determina a aplicação do regime constante dos números 1 a 3 desse preceito legal aos prazos para a propositura de ações previstos no Código de Processo Civil. Nessa exata medida, não se aplica a esses prazos a regra consagrada no art. 139º, nº 5, quanto à possibilidade de prática do ato num dos três primeiros dias úteis subsequentes ao termo do prazo, mediante o pagamento de uma multa[514], nem tão-pouco o regime previsto no art. 140º, concernente à possibilidade de prática do ato, após o termo do prazo legalmente previsto para o efeito, em caso de justo impedimento.

7. Contagem de prazos na deserção da instância e dos recursos

A lei de processo civil regula no seu art. 281º o regime da deserção da instância e dos recursos.

Assim, no que concerne ao processo de declaração, a instância extingue-se por deserção [art. 277º, al. *c)*] quando, por negligência das partes, o processo se encontre a aguardar por impulso processual há mais de seis meses (art. 281º, nº 1). É o que sucede, por exemplo, quando o processo se encontre parado, há mais de seis meses, por negligência da parte interessada em pro-

[514] Cfr., nesse sentido, o ac. do STJ de 15.11.2006, proc. 06S1732, bem como o ac. do TRE de 11.04.2019, proc. 2251/18.2T8PTM-A.E1.
Vide, em sentido contrário, COSTA, Salvador da, *Os Incidentes da Instância*, *op. cit.*, p. 174, bem como o ac. do TRE de 08.03.2007, proc. 1417/06-2.

mover o seu andamento, a aguardar a habilitação de herdeiros por morte de uma das partes[515], a constituição de novo mandatário, por força do falecimento do anterior mandatário[516], o registo da ação[517] ou a junção de documentos que sejam imprescindíveis para a realização de uma diligência pericial[518]. Com efeito, este instituto tem na sua base "uma ideia de presunção de abandono da instância pela parte onerada com o impulso processual e como fundamento o interesse público de não duração indefinida dos processos judiciais, tendo uma natureza de sanção legal para a parte que, devendo impulsionar o processo, não o faz"[519].

A este respeito, importa salientar que o novo Código de Processo Civil veio alterar substancialmente o regime que resultava do código revogado, já que neste se previa que a instância se considerava deserta quando, independentemente de qualquer decisão judicial, estivesse interrompida durante dois anos. Por sua vez, o art. 285º desse diploma legal preceituava que a instância se considerava interrompida nos casos em que o processo estivesse parado durante mais de um ano por negligência das partes em promover os seus termos ou os de algum incidente do qual dependesse o seu andamento, sendo que, à luz do art. 286º, a interrupção da instância só cessava se o autor requeresse algum ato do processo ou do incidente de que dependesse o andamento dele, sem prejuízo do disposto na lei civil quanto à caducidade dos direitos. Vale isto por dizer que a deserção da instância era antecedida por um período prévio ou intermédio, sendo que o prazo da deserção só começava a correr após a interrupção da instância.

Relativamente aos requisitos de que depende a extinção da instância do processo de declaração por negligência das partes, a jurisprudência tem vindo a entender que devem verificar-se dois requisitos cumulativos: um, de natureza objetiva, consubstanciada na falta de impulso processual, durante mais de seis meses, para que o processo possa avançar; outro, de natureza subjetiva, consubstanciado no facto de essa falta de impulso processual carecer

[515] *Vide*, nesse sentido, o ac. do TRL de 24.10.2019, proc. 2165/17.3T8CSC.L1.L1-2, o ac. do STJ de 12.01.2021, proc. 3820/17.3T8SNT.L1.S1, o ac. do TRL de 21.10.2021, proc. 4127/17.1T8LSB.L2-6, bem como o ac. do STJ de 05.05.2022, proc. 1652/16.5T8PNF.P1.S1.

[516] Ac. do TRP de 14.07.2020, proc. 15002/17.0T8PRT-A.P1.

[517] *Vide*, a este respeito, o ac. do TRP de 21.02.2022, proc. 879/21.2T8STS.P1.

[518] Ac. do TRG de 03.02.2022, proc. 115/17.6T8TMC.G1.

[519] Ac. do TRP de 14.07.2020, proc. 15002/17.0T8PRT-A.P1. Cfr., no mesmo sentido, o ac. do TRE de 11.02.2021, proc. 573/16.6T8STC.E1, bem como o ac. do TRP de 13.07.2022, proc. 1243/20.6T8OAZ. P1. *Vide*, na doutrina, MONTERO AROCA, Juan, *et al.*, *Derecho Jurisdiccional*, vol. II, 10ª ed., Tirant lo Blanch, Valencia, 2001, p. 366.

de ser imputável, a título de negligência, à parte que se encontrava legalmente onerada com o dever de impulsionar o processo, mediante a prática de um determinado ato que era absolutamente essencial para que o processo pudesse avançar[520,521].

Por conseguinte, verificando-se o preenchimento cumulativo desses requisitos, o juiz deve proferir um despacho de extinção da instância, por deserção, já que a mesma não opera de forma automática e imediata[522]. Destarte, enquanto esse despacho não for proferido, nada obsta a que a parte interessada impulsione o processo, mediante a prática do ato em falta, fazendo, desse modo, cessar a causa que conduziria à extinção da instância por deserção[523].

Acresce que, ao abrigo dos princípios da audiência contraditória (art. 3º, nº 3), da gestão processual (art. 6º) e da cooperação (art. 7º), o proferimento do despacho de extinção da instância por deserção encontra-se condicionado à audição prévia das partes, sob pena de nulidade, por proferimento de

[520] Cfr., nesse sentido, o ac. do TRP de 11.04.2019, proc. 10135/05.8TBMAI.P1, o ac. do STJ de 03.10.2019, proc. 1980/14.4TBVDL.L1.S1, o ac. do TRP de 08.09.2020, proc. 541/14.2TVPRT.P1, o ac. do TRP de 26.10.2020, proc. 1730/14.5T2OVR.P2, o ac. do TRG de 28.01.2021, proc. 43/18.8T8GMR.G1, o ac. do TRP de 11.02.2021, proc. 1442/12.4TBVNG.P1, o ac. do TRL de 20.05.2021, proc. 542/16.6T8ALM-A.L1-8, o ac. do TRP de 28.10.2021, proc. 17373/19.4T8PRT.P1, o ac. do TRP de 07.03.2022, proc. 3334/19.7T8GDM.P1, ac. do TRL de 28.04.2022, proc. 7571/13.0TBCSC.L1-6, bem como o ac. do TRG de 26.05.2022, proc. 1524/20.9T8BCL.G1. *Vide*, ainda, o ac. do TRC de 15.06.2020, proc. 99/12.7TBAMM-B.C1, com o seguinte sumário: "[...] A falta de impulso processual pressupõe, desde logo, que as partes (ou alguma delas) não praticaram, durante aquele período de tempo, acto (processual) que condicionava ou do qual dependia o andamento do processo, isto é, na aceção de que sem ele o processo não poderia prosseguir os seus ulteriores trâmites legais. Por sua vez, a negligência pressupõe um juízo subjetivo de censura/culpa, no sentido de responsabilizar as partes (ou alguma delas), devido à sua incúria/imprevidência, pelo não andamento do processo".
Sustentando que, para além desses requisitos, a extinção da instância por deserção só pode ter lugar desde que o juiz profira, a título prévio, um despacho de advertência à parte interessada para que esta pratique o ato em falta, sob pena de a instância se extinguir por deserção, *vide* o ac. do TRP de 10.12.2019, proc. 21927/15.0T8PRT.P1, bem como o ac. do TRP de 09.03.2020, proc. 2259/14.7YYPRT.P1.

[521] Assim, conforme se decidiu no ac. do TRG de 03.02.2022, proc. 73/14.9T8GMR.1-A.G1, "o não acatamento pela parte de convite de aperfeiçoamento do articulado que provocou o retardamento dos autos não tem como consequência a deserção da instância, mas a sua continuação com prolação de despacho saneador julgando de mérito ou prosseguindo para julgamento".

[522] Sustentando, portanto, que esse despacho tem efeitos constitutivos, *vide* o ac. do TRP de 07.11.2019, proc. 3958/15.1T8VNG.P1.

[523] *Vide*, nesse sentido, o ac. do TRL de 07.05.2020, proc. 3820/17.3T8SNT.L1-6, o ac. do TRP de 28.10.2021, proc. 17373/19.4T8PRT.P1, bem como o ac. do TRC de 08.03.2022, proc. 11/19.2T8ALD.C1.

uma "decisão-surpresa"[524]. Isto a não ser que o tribunal tenha, previamente ao decurso do prazo dos seis meses, alertado as partes de que o processo se encontrava a aguardar pelo necessário impulso processual, bem como para as consequências que decorreriam da omissão desse impulso[525].

Relativamente à contagem do prazo de seis meses para a deserção da instância, entendemos que o mesmo começa a contar a partir do momento em que a parte seja notificada para praticar um determinado ato ou de algum facto que determine a necessidade de prática desse ato no processo[526].

[524] Cfr., nesse sentido, o ac. do TRP de 21.02.2022, proc. 879/21.2T8STS.P1.
Em sentido contrário, *vide* o ac. do TRP de 11.04.2019, proc. 10135/05.8TBMAI.P1, no qual se defendeu que "A decisão judicial, que culmine com o decretamento da deserção da instância, importa em si mesma um juízo acerca da existência de negligência da parte em termos de impulso processual, em função do que se mostra retratado ou espelhado objectivamente no processo. Assim, essa decisão não impõe uma prévia audição das partes, designadamente para funcionamento do "princípio do contraditório" ou para evitamento de uma pretensa decisão surpresa.", o ac. do TRE de 11.02.2021, proc. 573/16.6T8STC.E1, bem como o ac. do STJ de 05.05.2022, proc. 1652/16.5T8PNF.P1.S1. *Vide*, ainda, o ac. do STJ de 20.04.2021, proc. 27911/18.4T8LSB.L1.S1, no qual se entendeu que "A não intervenção do Tribunal desde o despacho que suspende a instância por óbito de um interessado até à decisão que julga extinta a instância por deserção, não viola o princípio da cooperação previsto no artigo 7º do Código de Processo Civil ou o dever de gestão processual previsto no artigo 6º deste diploma legal, porquanto não cabe ao Tribunal terminar com a inércia das partes, impondo-lhes a prática de atos que as mesmas não pretendam praticar (devendo sofrer as consequências legais da sua omissão), pois a maior intervenção que o Código de Processo Civil confere ao Juiz para providenciar pelo andamento célere do processo e com vista à prevalência da justiça material em detrimento da justiça adjetiva, não afasta o princípio da autorresponsabilização das partes".
Adotando uma posição intermédia, *vide* o ac. do TRG de 12.11.2020, proc. 93/14.3TBVNC.G1, no qual se entendeu que, apesar de a lei de processo civil não prever no seu art. 285º "que a decisão de extinguir a instância deva ser precedida de prévio despacho a notificar a parte da necessidade de dar impulso processual aos autos, pelo que se tem tal obrigação por inexistente", o certo é que tal não obsta a que "face aos elementos circunstanciais de cada caso, se [possa] vir a revelar necessário, ou adequado, quer proceder à notificação da necessidade da parte de impulsionar os autos, quer, ao abrigo do Princípio do Contraditório, nos termos do art. 3º, nº 3, do Código de Processo Civil, proceder à audição das partes, no âmbito ou esclarecimento da deserção da instância, com vista a aquilatar da negligência da parte a quem cabe o ónus do impulso processual, designadamente nos casos em que «não se revelem evidentes quer a necessidade de impulso processual a cargo da parte, quer o efeito extintivo decorrente da inércia prolongada»".

[525] Cfr., nesse sentido, o ac. do TRL de 24.10.2019, proc. 2165/17.3T8CSC.L1.L1-2, bem como o ac. do TRC de 15.02.2022, proc. 641/19.T8FIG.C2. *Vide*, na doutrina, FREITAS, José Lebre de, "Da Nulidade da Declaração de Deserção da Instância sem Precedência de Advertência à Parte", *in ROA*, ano 78, vols. I/II, Lisboa, janeiro/junho 2018, pp. 198-199.

[526] Sustentando, pelo contrário, que o prazo de seis meses só começa a correr após a notificação de um despacho prévio de advertência à parte para a prática de um determinado ato, sob pena de

Já no que diz respeito aos recursos, dispõe o art. 281º, nº 2, que estes consideram-se desertos quando, por negligência do recorrente, estejam a aguardar por impulso processual há mais de seis meses.

Na eventualidade de ter surgido algum incidente, com efeito suspensivo, a instância ou o recurso, consoante os casos, extinguem-se por deserção nas situações em que, por negligência das partes, o incidente se encontre a aguardar por impulso processual há mais de seis meses (art. 281º, nº 3).

No processo de execução, a instância considera-se deserta quando, independentemente de qualquer decisão judicial, o processo, por negligência das partes, esteja a aguardar por impulso processual há mais de seis meses (art. 281º, nº 5). Observe-se, portanto, que, no processo executivo, ao invés do que sucede no processo declarativo, a deserção da instância opera de forma automática, por determinação legal, não sendo necessário o proferimento de qualquer despacho que determine a extinção da instância por deserção[527]. Em todo o caso, essa deserção da instância carece sempre de um juízo de censura em relação ao comportamento do exequente, já que a falta de impulso processual carece de ser imputável ao exequente e não ao agente de execução[528]. Por essa exata razão, não obstante decorrer da letra da lei que a extinção da instância executiva opera de forma automática, a jurisprudência tem vindo a entender que o tribunal deve, previamente, ouvir as partes, já que só assim se poderá apurar se existiu ou não negligência no impulso do processo[529].

8. Prazos contados de forma regressiva: especificidades

Sendo o prazo contado de forma regressiva – tal como sucede, por exemplo, com o prazo, até 20 dias antes da data em que se realize a audiência final, para a parte poder aditar ou alterar o rol de testemunhas (art. 598º, nº 2) –, aplicam-se as mesmas regras da contagem progressiva de prazos a que se aludiu *supra*, verificando-se, no entanto, as seguintes especificidades:

a) o dia que marca o início da contagem do prazo não se conta. Assim, se, por exemplo, a audiência final está marcada para o dia 22 de um

extinção da instância por deserção, *vide* o ac. do TRP de 04.11.2019, proc. 38792/01.7TJPRT.P1, o ac. do TRP de 10.12.2019, proc. 21927/15.0T8PRT.P1, assim como o ac. do TRP de 09.03.2020, proc. 2259/14.7YYPRT.P1.

[527] *Vide*, nesse sentido, o ac. do TRE de 26.03.2020, proc. 2095/16.6T8SLV.E1.

[528] Cfr., a este propósito, o ac. do TRP de 23.09.2021, proc. 1199/05.5TBVNG-I.P1, o ac. do TRP de 09.11.2021, proc. 3647/14.4T8PRT-A.P1, bem como o ac. do TRC de 15.02.2022, proc. 1979/15.3T8CBR.C1.

[529] Cfr., nesse sentido, o ac. do TRE de 26.03.2020, proc. 2095/16.6T8SLV.E1.

determinado mês, o prazo começa a correr no dia anterior, ou seja, no dia 21 desse mês;

b) o prazo conta-se de forma contínua, mas regressiva, suspendendo-se durante as férias judiciais, salvo se estiver em causa um processo de natureza urgente ou um prazo superior a seis meses[530];

c) o dia do vencimento do prazo inclui-se na sua contagem. Assim, por exemplo, se estiver em causa a contagem de um prazo de 20 dias antes da data designada para a realização da audiência final, marcada para o dia 24 de um determinado mês, o prazo começa a correr no dia anterior, ou seja, no dia 23, e termina no dia 4 desse mesmo mês.

Questão problemática é a de saber como contar o prazo na eventualidade de este terminar num dia em que os tribunais se encontrem encerrados.

Com efeito, à luz do art. 138º, nº 2, quando o prazo para a prática do ato processual terminar em dia em que os tribunais estiverem encerrados, transfere-se o seu termo para o primeiro dia útil seguinte.

Neste enquadramento, o problema pode ser colocado, de forma exemplificativa, nos seguintes moldes: a audiência final encontra-se aprazada para o dia 24 de um determinado mês e as partes têm até 20 dias antes dessa data para requererem o aditamento ou a alteração do rol de testemunhas, sendo que esse vigésimo dia termina, por hipótese, num domingo, dia 4 desse mês.

Ora, sendo o prazo contado de forma regressiva, importa saber quando se verifica o termo do prazo, isto é, até quando podem as partes, no exemplo *supra* referido, requerer o aditamento ou a alteração do rol de testemunhas[531], sendo que, em tese, podem ser conjeturadas duas soluções possíveis:

- uma primeira solução passa por considerar que o termo do prazo, na lógica da contagem regressiva, transfere-se para o primeiro dia útil "posterior", ou seja, terminando o prazo num domingo, dia 4, o seu termo passa para a 6ª feira, dia 2. Assim, as partes ficariam com menos tempo para requererem o aditamento ou a alteração do rol de testemunhas, já que, nessa eventualidade, só poderiam fazê-lo até 22 dias antes da data da audiência final, quando, à luz da lei, poderiam fazê-lo até 20 dias antes dessa data. Em termos esquemáticos, teríamos o seguinte cenário:

[530] *Vide*, no mesmo sentido, o ac. do TRL de 21.01.2010, proc. 565/1999.L1-6, bem como o ac. do TRP de 26.04.2021, proc. 903/18.6T8PNF-A.P1.

[531] Sustentando que a regra prevista no art. 138º, nº 2, não se aplica aos prazos regressivos, *vide* o ac. do TRP de 26.04.2021, proc. 903/18.6T8PNF-A.P1.

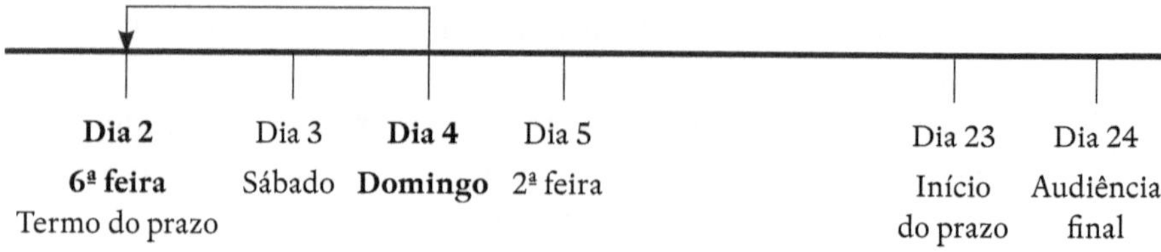

- uma segunda solução consiste em considerar que o termo do prazo se transfere para o primeiro dia útil "anterior", isto é, terminando o prazo num domingo, dia 4, passa para a 2ª feira, dia 5, ficando, assim, as partes com mais tempo para requererem o aditamento ou a alteração do rol de testemunhas, pois que passam a poder fazê-lo até 19 dias antes da data da audiência final, quando, de acordo com a lei, só poderiam requerer esse aditamento ou alteração até 20 dias antes dessa data. Deste modo, em termos esquemáticos, teríamos o seguinte cenário:

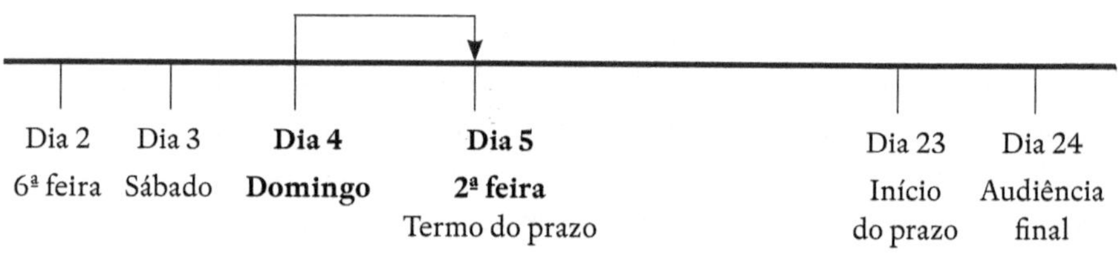

Na nossa perspetiva, sendo o prazo processual contado de forma regressiva, o termo do prazo que coincida com um dia não útil deve transferir-se para o primeiro dia útil "anterior" (na lógica da contagem regressiva), fundamentalmente por duas ordens de razões:

a) por um lado, por razões de igualdade e de segurança jurídica. Na verdade, dispondo a lei que as partes podem, por exemplo, requerer o aditamento ou a alteração do rol de testemunhas até 20 dias antes da data da audiência final, entre encurtar o prazo da antecedência ou ampliá-lo, pelo facto de o seu termo coincidir com um dia não útil, é preferível encurtá-lo, já que só assim se garante a proteção das legítimas expetativas das partes quanto à possibilidade de praticarem o ato dentro do prazo legalmente previsto. De resto, a parte não pode ser prejudicada pelo facto de o termo do prazo coincidir com um dia não útil;

b) por outro lado, prevendo o art. 137º, nº 3, a possibilidade de as partes praticarem os atos processuais por via eletrónica ou através de telecópia em qualquer dia e independentemente da hora da abertura e do encerramento dos tribunais – o que significa que a parte pode praticar um ato processual, por exemplo, num sábado ou num domingo – não se justifica que, terminando o prazo, contado de forma regressiva, num domingo, o termo do prazo se transfira para a sexta-feira anterior, ficando, por conseguinte, a parte privada de poder praticar o ato processual dentro do prazo de 20 dias de antecedência em relação à data da audiência final, ou seja, no sábado ou no domingo.

Consequentemente, retomando o exemplo inicial, se o prazo de 20 dias, antes da data marcada para a audiência final, terminar num domingo, as partes, na nossa perspetiva, podem praticar o ato na segunda-feira "anterior" ao domingo (na lógica da contagem regressiva), já que o termo do prazo se transfere para esse dia. Dito de outro modo, reduzindo-se o prazo da antecedência, as partes ficam, proporcionalmente, com um prazo mais alargado para poderem praticar o ato processual.

III. Momento da prática dos atos processuais

1. Breve enquadramento histórico

Nas Ordenações Afonsinas, o seu Livro III, Título XXXVI, determinava, quanto ao momento da prática dos atos, que as demandas não podiam ser propostas em juízo nos dias de férias[532].

Para além disso, nas Ordenações Afonsinas, Manuelinas e Filipinas, estabelecia-se, respetivamente, no Livro III, Título XXXVI, no Livro III, Título XXVIII, e no Livro III, Título XVIII, que as férias eram ordenadas de três maneiras[533]:

- a primeira maneira, e maior, era por "*louvor e honra de Deos e dos Santos*", razão pela qual constituíam dias de férias todos os Domingos, Festas e dias que a Igreja mandasse guardar[534]. Por conseguinte, nesses dias,

[532] Com efeito, o citado normativo legal dispunha o seguinte: "*Avisado deve ser todo aquelle, que demandar quer outro, em tal guisa que nam mova essa demanda nos dias defesos, que se chamaõ em Direito Férias, pera se naõ poder em eles mover demanda em Juizo*".

[533] Como bem salienta Niceto Alcalá-Zamora y Castillo, historicamente, as férias correspondiam ao conjunto de dias em que estava vedado propor uma demanda ou praticar um ato processual e tinham na sua origem razões de natureza religiosa ou agrícola (Alcalá-Zamora y Castillo, Niceto, *Estudios de Teoría General e Historia del Proceso (1945-1972)*, Universidad Nacional Autónoma de México, México, 1992, p. 358).

[534] As Ordenações Afonsinas densificavam este regime, determinando o seguinte: "*Natal, Pasquoa, Pimticoste, sam tres Festas, que todos Christaõs ham de guardar, pera naõ fazerem em ellas demandas em Juizo. E os Santos Padres estabeleceraõ, e hordenaram, e teveram por bem, que guardassem estes dias taõ fortemente, e mais ainda sete dias depois do Natal, e sete depois da Pasquoa, e sete amte, e tres dias depois do Pimticoste. Outro*

nenhuma pessoa podia ser ouvida em juízo, e se alguma ação fosse proposta ou julgada nesses dias, tanto o procedimento, como a sentença, eram nulos, salvo se houvesse expresso consentimento de ambas as partes nesse sentido;

- a segunda maneira, era quando, por decisão régia e "*por alguns respeitos*", fosse ordenado que não se realizassem audiências "*em nossos Reinos e Senhorios, ou em certo lugar*"[535]. Tais férias, sendo ordenadas por determinação régia, eram obrigatórias, razão pela qual, se fosse praticado algum ato em juízo, o mesmo era nulo;
- a terceira maneira, era das férias que se deviam dar "*para colhimento do pão e vinho*", as quais eram outorgadas em prol comum do povo e tinham uma duração de dois meses[536]. Estes dois meses eram fixados pelos Julgadores, "*segundo a disposição e necessidade das terras*", podendo repartir esse tempo em função das necessidades de colheita desses frutos, desde que não ultrapassassem dois meses inteiros, ou por partes, em cada ano. Qualquer ato judicial que fosse praticado nesses dias de

sy Mandarom guardar o dia da Festa d'Aparicio, e d'Acemçaõ, e todallas outras Festas de JESUS CHRISTO, e de Santa MARIA, e dos Apostollos, e de Sam Joham Batista. Outro-sy os dias dos Domingos. E todos estes dias devem ser guardados em honra de DEOS, e de todolos Santos de maneira, que nenhuum homem nam deve em eles fazer demandas a outro, pera o trazer a Juizo: e se em estes dias fosse alguma cousa demandada, ou livrada, ou cada hum deles, nom valeria o que fosse feito, peroo fosse feito a prazer d'ambas as partes. E Nós emademos em os ditos dias feriados estes, que se adiante seguem. Primeiramente a Invemção da Cruz, que vem em Mayo. Item. O dia de Santa Maria Madanella; e de Santa Catharina; e de Sam Louremço; e de Sam Vicente; e de Sam Jorge; e de Santo Antonio, por ser nosso natural; e de Santo Antaõ; e de Sam Braz: os quaes dias avemos por feriados em todolos autos judiciaes, e Mandamos que hajaõ aquella perrogativa, que per Direito, e Hordenação dos Padres Santos foi outorguada aos aqui primeiramente declarados".

535 No âmbito das Ordenações Afonsinas, especificava-se o seguinte: "*A segunda maneira de Ferias he a que os Direitos estabeleceram por honra dos Imperadores, e Reys, e Principes, que naõ reconhecem superiores, por cousa, que lhes aqueceo. E dizemos, que chamam aos ditos dias feriados os dias, que, segundo avemos dito, sam estabelecidos aas honras dos Reys, e Principes, que na terra naõ conhecem superior, por cauza, que lhes acaeça, de bem, e proveito; e isto se pode dizer, assy como dia de sua nacemça; ou no dia, em que ouve alguma grande amdamça contra seus imiguos; ou quando fez seu filho Cavalleiro; ou este filho fizesse alguma grande, e notavel Cavallaria; ou este Principe casasse alguuns de seus filhos, ou filhas; ou lhe aveesse alguma grande honra semelhante a cada huuma destas* [...]".

536 As Ordenações Afonsinas estabeleciam, de forma mais desenvolvida, o seguinte: "*E dizemos, que o pam, e vinho sam fruitos da terra, de que se os homens mais aproveitam; e porem foram antiguamente outorguados pera colhimento deles outros duas feriados, em que os colhecem, estes sam dous mezes. E porque os fruitos da terra nom vem em cada hum luguar a huuma sazam, porque alguumas terras ha hy que som mais frias, e outras mais quentes de natura, por esto nom assinaram certamente os Direitos quaees sam os mezes, que devem ser guardados pera esto, peroo tiveram por bem, e mandaraõ, que os Juizes de cada huum luguar assinassem estes dous mezes segundo seu custume, e as sazoens, que o pam, e vinho he pera colher* [...]".

férias, sem o consentimento de ambas as partes, era nulo, salvo se estivesse em causa uma demanda que tivesse por objeto, nomeadamente, a colheita de frutos, o estado das pessoas, a publicação, a abertura do testamento e os bens da herança, ou a execução de sentenças, bem como se o autor e o réu acordassem no prosseguimento da sua ação, mesmo durante o período de férias, ou se existisse especial urgência na propositura da ação em férias, sob pena de prejuízo irremediável para o Direito que se pretendia fazer valer. Para além disso, mesmo que o autor ou o réu não tivessem herdeiros nem vinhas, "*de que houvessem de colher pão ou vinho*", ainda assim poderiam beneficiar das férias, desde que o pedissem[537]. Nas ações que corressem termos na Corte e Casa da Suplicação, bem como na Casa do Porto, os Julgadores não fixavam as férias para colhimento de pão e vinho, já que, em substituição destas, eram férias os meses de setembro e outubro.

Entretanto, o assento de 22 de dezembro de 1639 viria a consignar que "*por se haver intendido que, na Casa da Supplicação, se não dava despacho senão passado o Dia de Reis, e esta Casa se haver de regular pelos estilos da Casa da Supplicação* [...] *se assentou por todos os Desembargadores abaixo assinados, que os mesmos dias guardasse esta Casa, e se viesse ao despacho no outro dia depois dos Reis*".

Posteriormente, o Decreto Régio de 7 de janeiro de 1641 viria a determinar que "*Para que nos Tribunaes se possa dar melhor e mais breve expediente aos negócios*", daí em diante passavam a ser "*somente guardados neles*" os "*Domingos e Dias Santos de preceito da Igreja; ajuntando-se, e fazendo negocio em todos os outros que, por devoção e costume, se guardaram até agora*".

Mais tarde, por forma a se acelerar a tramitação dos processos judiciais, o Decreto Régio de 20 de maio de 1654 viria a determinar o seguinte: "*Ordene o Regedor da Casa da Supplicação aos Ministros e Justiça, que tem cargo de fazer audiência, nos logares para esse effeito destinados, a não deixem de fazer, quando fôr estilo, excepto os dias, que forem Santos de Guarda, por quanto nos feriados, posto que nelles se não abram os Tribunaes, quero que haja audiências, e se dê expediente aos processos, e despachem as partes; porque tenho por maior inconveniente para ellas, dilatar-lhes o requerimento, que faltar na observancia dos dias, a que o respeito da Igreja não obriga a abster do trabalho*".

[537] Como bem salienta Jacinto Rodrigues Bastos, estas férias eram estabelecidas "em benefício dos povos, para lhes permitir cuidar sem embaraços dos seus trabalhos agrícolas", sendo, por isso, errónea a conceção presente na atualidade de que as "férias grandes" ou "férias de verão" teriam sido estabelecidas "em benefício dos magistrados e outros profissionais do foro" (BASTOS, Jacinto Rodrigues, *Notas ao Código de Processo Civil*, 2ª ed., *op. cit.*, p. 316).

Na Reforma Judiciária, materializada pelo Decreto nº 24, de 16 de maio de 1832, estabelecia-se nos seus arts. 55º e 60º que os juízes ordinários e os juízes de direito fariam duas audiências por semana, nas segundas e quintas feiras, sendo que, se algum desses dias fosse Santo, a audiência teria lugar no dia subsequente. De acordo com o art. 55º, § 1º, desse diploma legal, a Semana Santa e a do Natal eram feriados em todos os juízos, em "*Honra Divina*".

No âmbito da Nova Reforma Judiciária, dispunha-se no art. 22º, § único, do Decreto de 13 de janeiro de 1837, que, em "*dia Consagrado ao culto Divino*", não podia ser feita a citação, exceto se a mesma tivesse por finalidade evitar a prescrição ou a ocorrência de um dano irreparável. Para além disso, de acordo com os arts. 513º a 515º desse diploma, eram dias feriados "*os dias Sanctificados pela Igreja, e os que forem de grande Gala, designados por Decreto*"[538], os dias desde a véspera de Natal até ao dia de Reis, os três dias do Carnaval, os dias que decorriam desde o Domingo de Ramos até ao Domingo de Pascoela, bem como o mês de setembro.

Entretanto, a Portaria de 14 de outubro de 1837 veio esclarecer que, por força da instituição do regime das férias judiciais nos arts. 513º a 515º da Nova Reforma Judiciária, "*Todas as outras excepções que tinham logar nas ferias para colhimento de pao e vinho estão derrogadas*". Para além disso, essa portaria veio determinar que, durante o mês de setembro, isto é, durante as férias judiciais, não podiam ser praticados atos judiciais, salvo se estivessem em causa os do processo preparatório crime, os que tivessem por fim evitar a prescrição ou dano irreparável[539], bem como os atos de jurisdição voluntária.

Na Novíssima Reforma Judiciária, manteve-se, no essencial, nos seus arts. 851º e 852º, o mesmo regime de feriados constante da Nova Reforma Judiciária. Neste particular, seguindo de perto Francisco Nazareth[540], a lei estabelecia, então, quatro categorias de férias, isto é, de "*dias de suspensão dos negócios forenses*"[541]:

[538] Pelo Decreto de 9 de novembro de 1844, viriam a ser designados, "*d'ora em diante*", como "*sendo de Grande Gala na Côrte*" os dias 1 de janeiro, 4 de abril, 29 de abril, 31 de julho, 16 de setembro e 29 de outubro.

[539] De acordo com Francisco Augusto das Neves e Castro, tal seria o caso, nomeadamente, do arresto ou dos embargos de terceiro (Castro, Francisco Augusto das Neves e, *Manual do Processo Civil Ordinário, op. cit.*, p. 141).

[540] Nazareth, Francisco José Duarte, *Elementos do Processo Civil*, Primeira Parte, 3ª ed. rev. e aum., vol. I, Coimbra, 1863, pp. 186 e 187. *Vide*, no mesmo sentido, Souza, Joaquim José Caetano Pereira e, *Primeiras Linhas sobre o Processo Civil, op. cit.*, p. 138.

[541] Conforme elucida Pereira e Sousa, as férias constituíam uma "espécie de dilação", já que os atos judiciais suspendiam-se dentro das férias divinas e das extraordinárias, sob pena de nulidade (Souza, Joaquim José Caetano Pereira e, *Primeiras Linhas sobre o Processo Civil, op. cit.*, p. 138).

- as "férias divinas", as quais eram estabelecidas "para honra da divindade" e correspondiam às férias que decorriam desde a véspera de Natal até ao dia de Reis e desde o Domingo de Páscoa até ao Domingo de Pascoela, sendo que eram igualmente consideradas como férias divinas os três dias de Carnaval, bem como os dias santificados pela Igreja;
- as "férias humanas", que eram fixadas "para utilidade dos homens", tal como sucedia com as férias durante o mês de setembro, as quais vieram substituir as férias para as colheitas, pelo período mínimo de dois meses, então constantes das Ordenações;
- as "férias ordinárias", que eram as que tinham lugar todos os anos, sendo chamadas de "colheitas" e "vindimas"; e
- as "férias extraordinárias ou repentinas", as quais eram determinadas por lei em virtude de algum "sucesso feliz", luto ou calamidade pública, sendo equiparadas às férias divinas.

Posteriormente, o Código de Processo Civil de 1876 estipulava no seu art. 59º que os atos judiciais, praticados em audiência ou fora dos escritórios dos escrivães, eram públicos e deviam celebrar-se "*desde o nascer até ao pôr do sol*". De acordo com o § 1º do citado preceito legal, as audiências e sessões do tribunal durariam seis horas por dia, sendo necessário para o expediente dos negócios que houvesse a tratar, podendo, no entanto, extraordinariamente, prolongar-se por mais tempo, quando ao juiz ou ao presidente do tribunal assim parecesse necessário.

O art. 66º do CPC_{1876} estabelecia a regra segundo a qual os atos judiciais não podiam ser praticados em dias santificados ou em feriados, nem durante as férias. Para o efeito, eram considerados como dias *feriados* "*os dias de Entrudo e a quarta feira de Cinza, os dias de grande gala e os que forem declarados feriados por decreto especial*" (§ 1º)[542] e, como dias de *férias*, "*os dias que decorrem desde domingo*

[542] Assim, por exemplo, o Decreto de 12 de outubro de 1910, publicado no *DG*, nº 7, de 13 de outubro, viria a determinar no seu art. 1º que passavam a ser "*considerados feriados, para todos os effeitos, os seguintes dias: 1 de janeiro – consagrado à fraternidade universal. 31 de janeiro – consagrado aos percursores e aos martyres da Republica. 5 de outubro – consagrado aos heroes da Republica. 1 de dezembro – consagrado à autonomia da Patria portuguesa. 25 de dezembro – consagrado à familia*". Por outro lado, nos termos do art. 2º deste decreto, as municipalidades podiam "*dentro da área dos respectivos concelhos, considerar feriado um dia por anno, escolhendo-o de entre os que representam as festas tradicionais e características do município*". Entretanto, o Decreto de 30 de dezembro de 1910, publicado no *DG*, nº 74, de 31 de dezembro, viria a estipular no seu art. 1º o seguinte: "*Quando qualquer dos dias feriados estabelecidos no artigo 1º do decreto com força de lei de 12 de outubro do corrente anno recair num domingo, o dia seguinte*

de Ramos até domingo da Paschoela, desde a vespera de Natal até dia de Reis, e o mez de setembro" (§ 2º).

Contudo, a título excecional, o § 3º do art. 66º do CPC_{1876} preceituava que, durante as férias e nos dias santificados ou feriados, podiam praticar-se arrematações, bem como atos indispensáveis para interromper a prescrição ou evitar algum dano irreparável. Ademais, nos termos do art. 66º, § 4º, do CPC_{1876}, durante as férias e nos dias feriados, que não fossem santificados, podiam instaurar-se e prosseguir os processos que tivessem distribuição orfanológica ou especial, bem como quaisquer outros processos excetuados por leis especiais, podendo igualmente proceder-se a vistorias ou a avaliações nas ações de expropriação por utilidade pública.

Por sua vez, o Código de Processo Civil de 1939 dispunha no seu art. 143º que os atos judiciais não podiam ser praticados nos domingos, em dias feriados[543] ou durante as férias[544], salvo quando estivessem em causa citações, notificações, arrematações ou atos que se destinassem a evitar um dano irreparável[545].

O Código de Processo Civil de 1961 viria a manter, no seu art. 143º, a mesma formulação que já resultava do art. 143º do CPC_{1939}[546].

será de descanso, para o efeito de suspender todo o movimento nos tribunaes, repartições, escolas e demais estabelecimentos mencionados no artigo 1º do decreto com força de lei de 26 do mesmo mês".
Posteriormente, o art. 1º da Lei nº 1.845, *in DG*, I série, nº 42, de 1 de março de 1926, viria a revogar o Decreto de 30 de dezembro de 1910.

543 À luz do art. 48º do Estatuto Judiciário, aprovado pelo Decreto nº 33.547, de 23 de fevereiro de 1944, consideravam-se feriados os domingos e os dias que assim fossem declarados por diploma especial.
De acordo com o art. 1º do Decreto nº 17.171, de 1 de agosto de 1929, eram considerados "feriados gerais da República, para todos os efeitos" os dias 1 e 31 de janeiro, 3 de maio, 10 de junho, 5 de outubro e 1 e 25 de dezembro. Para além disso, à luz do nº 2 do citado diploma legal, as municipalidades tinham o direito de, "dentro da área dos respectivos concelhos, considerar feriado um dia por ano, escolhendo-o de entre os que representam as festas tradicionais e características do município".

544 O art. 48º do Estatuto Judiciário, aprovado pelo Decreto nº 33.547, de 23 de fevereiro de 1944, preceituava que constituíam férias judiciais os dias que decorriam desde 23 de dezembro a 2 de janeiro, inclusive, a segunda e a terça-feira de Carnaval, de domingo de Ramos à segunda-feira de Páscoa, inclusive, e de 1 de agosto a 30 de setembro, inclusive.

545 *Vide*, a este propósito, Reis, Alberto dos, *Comentário ao Código de Processo Civil Anotado, op. cit.*, p. 45.

546 À luz do art. 105º do Estatuto Judiciário, aprovado pelo Decreto nº 44.278, de 14 de abril de 1962, eram férias nos tribunais os dias que decorriam de 23 de dezembro a 2 de janeiro, a segunda e a terça-feira de Carnaval, bem como os dias que iam desde o domingo de Ramos até à segunda-feira de Páscoa e de 1 de agosto a 30 de setembro.

Posteriormente, o DL nº 224/82, de 8 de junho, alterado, por ratificação, pela Lei nº 3/83, de 26 de fevereiro, veio modificar a redação do art. 143º, nº 1, do CPC_{1961}, o qual passou a dispor o seguinte:

> "Os actos judiciais não podem ser praticados nos dias em que, por disposição legal, os tribunais estejam encerrados, nem durante as férias[547]. Exceptuam-se as citações, notificações e arrematações e os actos que se destinem a evitar dano irreparável"[548,549].

Entretanto, o DL nº 329-A/95, de 12 de dezembro, alterou a redação do art. 143º do CPC_{1961}, o qual, sob a epígrafe "Quando se praticam os atos", passou a estatuir o seguinte:

> "1 – Não se praticam actos processuais nos dias em que os tribunais estiverem encerrados, nem durante o período de férias judiciais[550].
> 2 – Exceptuam-se do disposto no número anterior as citações, notificações e os actos que se destinem a evitar dano irreparável.
> 3 – Os actos das partes que impliquem a recepção pelas secretarias judiciais de quaisquer articulados, requerimentos ou documentos devem ser praticados durante as horas de expediente dos serviços".

Mais tarde, por força da modificação do regime das férias judiciais, introduzida pela Lei nº 42/2005, de 29 de agosto – a qual alterou a Lei de Organização e Funcionamento dos Tribunais Judiciais então vigente, passando a

Posteriormente, o Estatuto Judiciário aprovado pela Lei nº 82/77, de 6 de dezembro, viria a estabelecer no seu art. 9º, nº 2, que as férias judiciais decorriam desde 22 de dezembro a 3 de janeiro, do domingo de Ramos a segunda-feira de Páscoa e de 1 de agosto a 30 de setembro.

[547] Nos termos do art. 10º da Lei nº 38/87, de 23 de dezembro, as férias judiciais decorriam de 22 de dezembro a 3 de janeiro, do domingo de Ramos à segunda-feira de Páscoa e de 16 de julho a 14 de setembro.

[548] Por força do art. 3º do DL nº 385/82, de 16 de setembro – diploma que procedeu à reorganização das secretarias judiciais –, os tribunais encontravam-se encerrados nos sábados (sem prejuízo da prática dos atos previstos no art. 76º, § 3º, do Código de Processo Penal), domingos e dias feriados. Por sua vez, os dias feriados achavam-se, então, regulados no DL nº 335/77, de 13 de agosto.

[549] No que concerne às férias judiciais, o art. 10º da Lei nº 38/87, de 23 de dezembro – diploma que procedeu à aprovação da Lei Orgânica dos Tribunais Judiciais – estabelecia que as férias judiciais decorriam desde 22 de dezembro a 3 de janeiro, do domingo de Ramos à segunda-feira de Páscoa e de 16 de julho a 14 de setembro.

[550] De acordo com o art. 12º da Lei nº 3/99, de 13 de janeiro, as férias judiciais decorriam desde 22 de dezembro a 3 de janeiro, do domingo de Ramos à segunda-feira de Páscoa e de 16 de julho a 14 de setembro.

dispor-se que as férias judiciais decorriam de 22 de dezembro a 3 de janeiro, do Domingo de Ramos à segunda-feira de Páscoa, e de 1 a 31 de agosto – o legislador sentiu necessidade de "harmonizar as férias funcionais dos diversos intervenientes processuais", adotando, para o efeito, soluções que "[conciliassem] as especificidades do exercício das profissões forenses em todas as suas dimensões e [removessem] dificuldades de aplicação prática das medidas legislativas". Por via disso, o legislador criou "um novo período de tempo, compreendido entre 15 e 31 de Julho de cada ano, no qual não [havia] lugar à prática de actos processuais", concedendo, paralelamente, às partes "o benefício de nova excepção à regra da continuidade dos prazos, aplicável a todo o território nacional"[551]. Assim, o DL nº 35/2010, de 15 de abril, alterou a redação do nº 1 do art. 143º do $CPC_{1995/1996}$, nele se passando a prever o seguinte:

> "1 – Sem prejuízo dos actos realizados de forma automática, não se praticam actos processuais:
> *a)* Nos dias em que os tribunais estiverem encerrados;
> *b)* Durante o período de férias judiciais;
> *c)* Durante o período compreendido entre 15 e 31 de Julho".

Sucede que, volvidos pouco mais de quatro meses, a Lei nº 43/2010, de 3 de setembro, voltou a alterar o período de férias judiciais – o qual passou a decorrer de 22 de dezembro a 3 de janeiro, do domingo de Ramos à segunda-feira de Páscoa e de 16 de julho a 31 de agosto – revogando, por consequência, "com efeitos retroactivos à data da sua entrada em vigor e com ressalva dos efeitos já produzidos, o Decreto-Lei nº 35/2010, de 15 de Abril".

2. Regime vigente

2.1. Regra geral

A regra geral vigente no nosso ordenamento jurídico é a de que, sem prejuízo da possibilidade de realização de atos de forma automática, não se praticam atos processuais nos dias em que os tribunais estiverem encerrados[552], nem

[551] Preâmbulo do DL nº 35/2010, de 15 de abril.

[552] Os tribunais encontram-se encerrados aos sábados, domingos e dias feriados, salvo quando seja necessário assegurar serviço urgente. Nos termos do art. 234º, nº 1, do CT, "São feriados obrigatórios os dias 1 de janeiro, de Sexta-Feira Santa, de Domingo de Páscoa, 25 de abril, 1 de maio, de Corpo de Deus, 10 de junho, 15 de agosto, 5 de outubro, 1 de novembro, 1, 8 e 25 de dezembro". Relativamente aos feriados facultativos, dispõe o art. 235º, nº 1, do CT que "Além dos feriados obrigatórios, podem ser observados a título de feriado, mediante instrumento de regulamentação colectiva de trabalho ou contrato de trabalho, a terça-feira de Carnaval e o feriado municipal da localidade".

durante o período de férias judiciais (art. 137º, nº 1)[553,554,555]. Por conseguinte, sendo praticado um ato processual num dia em que o tribunal se encontre encerrado ou durante o período de férias judiciais, quando a lei não o admita, tal gera um vício processual, consubstanciado, em princípio, numa mera irregularidade processual[556].

Contudo, se o vício for suscetível de influir no exame ou na decisão da causa, o mesmo traduzir-se-á numa nulidade processual, dependente de arguição, atento o disposto nos arts. 195º, nº 1, e 196º.

Assim, se a parte, por exemplo, remeter para o tribunal um articulado durante o período de férias judiciais, em processo que a lei não qualifique como sendo urgente, tal traduzir-se-á numa mera irregularidade, já que a prática desse ato não é suscetível de influir no exame ou na decisão da causa.

Outrossim, se, a título exemplificativo, for realizada uma audiência prévia ou uma audiência final durante o período de férias judiciais, em processo que não revista natureza urgente, tal ato será nulo, já que a sua realização é passível de ter influência no exame ou na decisão da causa, carecendo, no entanto, tal nulidade de ser arguida pela parte interessada[557].

Por sua vez, no que diz respeito ao horário de funcionamento das secretarias, o art. 45º do ROFTJ estabelece que "O horário de funcionamento das secretarias é fixado por portaria dos membros do Governo responsáveis pelas áreas das finanças e da justiça, ouvido o Conselho Superior da Magistratura e o Conselho Superior do Ministério Público". Ora, de acordo com o art. 2º, nº 1, da Portaria nº 307/2018, de 29 de novembro, "As secretarias dos tribunais funcionam, nos dias úteis, das 9 horas às 12 horas e 30 minutos e das 13 horas e 30 minutos às 17 horas", sendo que, nos termos do nº 2 do referido preceito legal, "O atendimento ao público encerra às 16 horas".

553 De acordo com o art. 28º da LOSJ, "As férias judiciais decorrem de 22 de dezembro a 3 de janeiro, do domingo de Ramos à segunda-feira de Páscoa e de 16 de julho a 31 de agosto".

554 Cfr., a este respeito, o ac. do STJ de 11.03.1999, proc. 98B1147.

555 O mesmo princípio decorre, em sede de direito comparado, do ordenamento jurídico espanhol, cujo art. 130º da LEC preceitua que os atos judiciais devem ser praticados em dias e horas úteis, entendendo-se por horas úteis, em regra, o período de tempo que medeia entre as oito e as vinte horas, podendo, no entanto, os atos de comunicação ou de execução ser praticados entre as oito e as vinte e duas horas. Por sua vez, não se consideram dias úteis, para efeitos processuais, os sábados e domingos, os dias 24 e 31 de dezembro, os feriados nacionais e os dias feriados, para efeitos laborais, nas respetivas comunidades autónomas ou localidades, bem como o mês de agosto.

556 *Vide*, nesse sentido, o ac. do STJ de 06.01.1976, proc. 066014.

557 No sentido de o interessado não poder arguir a nulidade processual quando o mesmo tenha, de forma expressa ou tácita, consentido na prática desse ato em circunstâncias temporais que não eram permitidas por lei, *vide* ALSINA, Hugo, *Tratado Teórico Practico de Derecho Procesal Civil y Comercial, op. cit.*, pp. 741 e 742.

2.2. Exceções

Excecionalmente, mesmo nos dias em que os tribunais se encontrem encerrados ou durante o período de férias judiciais, é possível a prática de alguns atos processuais[558]. Vejamos, de seguida, quais são esses atos.

2.2.1. Citações

Desde logo, o tribunal pode realizar citações (arts. 219º e ss.) mesmo durante o período de férias judiciais.

Enquadram-se, por conseguinte, neste âmbito, quer as citações urgentes [arts. 226º, nº 4, al. *f)*, e 561º], quer as citações ordinárias, isto é, que não digam respeito a processos urgentes ou que não revistam natureza urgente[559].

Neste particular, assumem especial relevância os casos em que um prazo de prescrição termine durante o período de férias judiciais.

Com efeito, nos termos do art. 323º, nº 1, do CC, a prescrição interrompe-se com a citação do réu[560,561], não bastando, por isso, para que se verifique esse efeito interruptivo, a simples propositura da ação judicial[562].

[558] Em sede de direito comparado, no Brasil, o art. 212º do $CPC_{Br.}$ estabelece que os atos processuais devem ser realizados nos dias úteis, entre as seis e as vinte horas. Contudo, esta regra comporta duas exceções: por um lado, podem ser realizados depois das vinte horas os atos processuais que se tenham iniciado antes, na eventualidade de o seu adiamento prejudicar a diligência ou causar um dano grave; por outro lado, independentemente de autorização judicial, as citações, intimações e penhoras podem ser realizadas no período de férias forenses, onde as houver, e nos feriados ou dias úteis fora do horário *supra* referido, observado o disposto no art. 5º, inciso XI, da Constituição Federal. Para além disso, nos termos do art. 214º do $CPC_{Br.}$, durante as férias forenses e nos feriados, não se praticam atos processuais, exceto quando estejam em causa citações, intimações, penhoras ou atos referentes à tutela de urgência, sendo que, nos termos do art. 216º do $CPC_{Br.}$, são feriados, para efeito forense, para além dos declarados na lei, os sábados, os domingos e os dias em que não haja expediente forense. No entanto, à luz do art. 215º do $CPC_{Br.}$, "Processam-se durante as férias forenses, onde as houver, e não se suspendem pela superveniência delas: I – os procedimentos de jurisdição voluntária e os necessários à conservação de direitos, quando puderem ser prejudicados pelo adiamento; II – a ação de alimentos e os processos de nomeação ou remoção de tutor e curador; III – os processos que a lei determinar".

[559] *Vide*, nesse sentido, REIS, Alberto dos, *Comentário ao Código de Processo Civil Anotado*, *op. cit.*, p. 48.

[560] Cfr., a este propósito, SERRA, Adriano Vaz, "Prescrição Extintiva e Caducidade", *op. cit.*, pp. 394 e 395, MARQUES, José Dias, *Prescrição Extintiva*, Coimbra Editora, Coimbra, 1953, p. 137, bem como MARQUES, J. Dias, *Noções Elementares de Direito Civil*, 7ª ed., Lisboa, 1992, p. 115. *Vide*, na jurisprudência, o ac. do STJ de 08.04.2021, proc. 25307/17.4T8PRT.P2.S1.

[561] No sentido de o prazo de prescrição ser insuscetível de interrupção, por nova citação, quando já tenha sido interrompido uma vez, atento o disposto no art. 326º do CC, *vide* o ac. do TRG de 04.05.2017, proc. 4420/15.8T8VCT.G1. Sustentando que o efeito da interrupção da prescrição não se produz na eventualidade de a nulidade da citação vir a ser declarada por decisão judicial, entretanto transitada em julgado, *vide* o ac. do STJ de 24.03.2021, proc. 771/19.0T8CTB.C1.S1.

Por conseguinte, se estiver próximo o termo do prazo de prescrição, a citação pode ser efetuada mesmo em dia em que os tribunais se encontrem encerrados ou durante o período de férias judiciais, considerando-se, nesse caso, a citação realizada na data em que a mesma tenha ocorrido[563]. Vale isto por dizer que, se o prazo de prescrição terminar em férias judiciais ou nos primeiros dias após o termo das férias, a ação deve ser intentada em férias judiciais e com a antecedência necessária para que o réu seja citado antes da verificação do termo do prazo prescricional[564]. Na verdade, o art. 323º, nº 2, do CC estabelece que, se a citação não se fizer dentro de 5 dias depois de ter sido requerida, por causa não imputável ao requerente, a prescrição tem-se por interrompida logo que decorram os 5 dias[565]. Significa isto que a lei ficciona a interrupção da prescrição quando tiverem decorrido 5 dias após ter sido requerida a citação do réu, independentemente da data em que essa citação venha a ser efetivamente concretizada, mantendo-se a interrupção da prescrição até ao trânsito em julgado da decisão que puser termo ao processo no qual o réu foi citado (art. 327º, nº 1, do CC)[566], sem prejuízo do disposto no

[562] *Vide*, a este respeito, SERRA, Adriano Vaz, "Prescrição Extintiva e Caducidade", *op. cit.*, pp. 553 e 554.

[563] Ac. do TRL de 17.12.1998, proc. 0068726.

[564] Cfr., em sentido contrário, o ac. do TRP de 09.11.1993, proc. 9340241, o ac. do TRP de 17.06.1997, proc. 9720265, bem como o ac. do STJ de 21.01.2003, proc. 02A4235, nos quais se decidiu que, terminando em férias judiciais um prazo de prescrição para o exercício de um direito indemnizatório, a ação respetiva pode ser intentada até ao primeiro dia útil subsequente ao termo das férias judiciais. Defendendo igualmente essa tese, *vide* CORDEIRO, António Menezes, *Tratado de Direito Civil Português, op. cit.*, p. 198, bem como SERRA, Adriano Vaz, "Prescrição Extintiva e Caducidade", *op. cit.*, p. 574. Com efeito, Vaz Serra sustenta o seguinte: "[...] se o titular do direito tiver de recorrer aos meios judiciais para interromper a prescrição, o termo do prazo desta deve passar para o primeiro dia útil seguinte às férias, pois, embora, valendo-se do disposto no art. 143º do Código de Processo Civil, pudesse o titular do direito obter a citação da outra parte durante as férias (nas quais as secretarias judiciais estão abertas), pode ser-lhe muito incómodo o recurso a esses meios. Com isto, pode vir a prolongar-se muito o prazo da prescrição, o que pode parecer chocante, sobretudo quanto se trate de prescrição de curto prazo. Mas a solução contrária colocaria o titular do direito em embaraços quanto ao exercício deste".
Admitindo a possibilidade de a ação ser intentada durante o período de férias judiciais ou mesmo no primeiro dia útil posterior ao termo das férias judiciais, *vide* o ac. do TRP de 17.05.2001, proc. 0130380.

[565] Cfr., a este respeito, o ac. do TRP de 18.10.2004, proc. 0410795, o ac. do TRE de 27.03.2014, proc. 2452/11.4TBSTR-B.E1, bem como o ac. do TRL de 19.12.2018, proc. 2125/18.7T8LSB.L1-4. *Vide*, na doutrina, VASCONCELOS, Pedro Pais de, *Teoria Geral do Direito Civil*, 8ª ed., Almedina, Lisboa, 2015, p. 346.

[566] *Vide*, a este propósito, o ac. do TRP de 16.03.1992, proc. 9120724, o ac. do STJ de 18.11.1997, proc. 97S116, o ac. do TRP de 25.03.2010, proc. 576/06.9TBARC.P1, o ac. do TRP de 16.05.2011, proc. 1332/09.8TTVNG.P1, bem como o ac. do TRE de 16.01.2014, proc. 1911/09.3TBSTR-A.E1.

art. 327º, nºs 2 e 3, do CC. O estabelecimento desse prazo de 5 dias decorre do facto de o legislador considerar que, em termos normais e razoáveis, esse prazo será adequado e suficiente para que a secretaria consiga proceder à citação do réu[567].

Deste modo, para que o prazo de prescrição se tenha por interrompido por ficção legal, é necessário que se encontrem preenchidos os seguintes requisitos cumulativos[568]:

1) o prazo de prescrição tem de estar em curso no momento em que a ação é intentada e a citação é requerida;

Com efeito, só é possível a interrupção do prazo de prescrição desde que o mesmo, naturalmente, ainda se encontre em curso, razão pela qual este regime não pode ser aplicado nos casos em que o prazo de prescrição já tenha terminado[569].

2) a ação tem de ser intentada com uma antecedência mínima de 5 dias em relação à data em que o prazo prescricional vai terminar;

Uma vez que o réu tem de ser citado antes do termo do prazo de prescrição, a ação correlativa deve ser intentada, no mínimo, com 5 dias de antecedência relativamente ao termo do prazo de prescrição.

Contudo, como neste prazo de 5 dias de antecedência não se conta o dia em que a ação é proposta, atento o disposto no art. 279º, al. *b)*, do CC, a ação tem de ser intentada, na prática, até ao final do sexto dia anterior ao termo do prazo de prescrição[570,571].

[567] *Vide*, no mesmo sentido, o ac. do TRL de 23.03.2022, proc. 4627/18.6T8LRS.L1-4.

[568] Cfr., a este respeito, o ac. do STJ de 11.03.1997, proc. 96A832, bem como o ac. do TRE de 08.03.2018, proc. 1187/17.7T8PTM.E1.

[569] *Vide*, a este propósito, o ac. do TRE de 24.10.2019, proc. 3627/17.8T8STR-A.E1, o ac. do TRL de 22.04.2021, proc. 414/19.5T8MDL.L1-8, assim como o ac. do TRC de 18.01.2022, proc. 3078/19.0T8LRA-C1.

[570] *Vide*, a este propósito, o ac. do STJ de 10.12.1997, proc. 97A758, o ac. do TRP de 19.06.2006, proc. 0640017, o ac. do STJ de 12.07.2007, proc. 07S357, o ac. do TRE de 10.01.2013, proc. 742/10.2TTPTM.E1, o ac. do TRE de 27.03.2014, proc. 2452/11.4TBSTR-B.E1, o ac. do TRE de 15.01.2015, proc. 5901/13.3TBSTB.E1, o ac. do TRC de 25.05.2018, proc. 2448/16.0T8LRA.C1, o ac. do TRL de 07.11.2018, proc. 1481/16.6T8CSC.L1-4, bem como o ac. do TRE de 13.01.2022, proc. 16/21.3T8ORM.E1.

[571] Assim, tal como se decidiu no ac. do STJ de 10.04.2002, proc. 01S4423, se o autor só intentou a ação e requereu a citação urgente do réu 3 dias antes do termo do prazo prescricional, o autor não pode beneficiar do regime da interrupção da prescrição, previsto no art. 323º, nº 2, do CC.

Assim, se o prazo de prescrição terminar, por exemplo, no dia 16 de um determinado mês, a ação judicial tem de ser intentada até ao dia 11 desse mesmo mês, sendo que, na contagem do prazo de 5 dias de interrupção da prescrição, não se conta o dia 11, por ter sido o dia da propositura da ação, começando, por isso, esse prazo de 5 dias a correr no dia 12.

Por sua vez, se esse período de 5 dias de antecedência em relação ao termo do prazo de prescrição coincidir com as férias judiciais, a ação deve ser intentada em férias judiciais[572]. Isto porque, para além de não ser aplicável à contagem do prazo de prescrição o disposto no art. 279º, al. *e)*, do CC[573], o facto interruptivo da prescrição é a citação do réu e não a propositura da ação. É essa, aliás, a razão pela qual a lei de processo civil permite a realização de citações durante o período de férias judiciais (art. 137º, nº 2).

Não concordamos, por isso, salvo o devido respeito, com as teses segundo as quais, terminando o prazo de prescrição em férias judiciais, basta que a ação seja intentada no primeiro dia útil após o termo das férias judiciais[574] – tese essa que apenas seria válida se se tratasse de um prazo de caducidade – ou que o réu seja citado nesse dia[575]. De facto, para além de estas teses não se harmonizarem com o disposto no art. 323º, nº 1, do CC, a verdade é que a

[572] Cfr., no mesmo sentido, o ac. do TRL de 26.03.2003, proc. 0085854, o ac. do STJ de 22.09.2004, proc. 03S2931, o ac. do STJ de 24.01.2007, proc. 06S3757, bem como o ac. do TRL de 21.03.2007, proc. 10682/2006-4.

[573] Cfr., em sentido contrário, o ac. do STJ de 02.10.2002, proc. 02S699.

[574] *Vide*, nesse sentido, o ac. do TRP de 17.05.2001, proc. 0130380, no qual se consignou que "Se o termo do prazo de prescrição ocorrer em férias judiciais, é suficiente, para aquele efeito de interrupção da prescrição, que a acção seja intentada durante o período de férias ou mesmo no primeiro dia útil posterior". Veja-se, no mesmo sentido, confundindo os regimes da "prescrição" e da "caducidade", o ac. do STJ de 16.05.2002, proc. 02B1315, no qual se decidiu que "Expirado, no decurso das férias judiciais de verão, o prazo prescricional de propositura de uma acção tendente à efectivação da responsabilidade civil para acidente de viação, esse prazo diferir-se-á para o primeiro dia útil seguinte a essas férias".

[575] Cfr., nesse sentido, o ac. do STJ de 11.03.1999, proc. 98B1147, no qual se decidiu que "Em acção de indemnização por acidente de viação, recaindo o termo do prazo prescricional em férias judiciais, a citação das rés efectuada no primeiro dia útil subsequente àquelas, tem eficácia interruptiva daquele independentemente da data em que a respectiva acção tiver sido proposta. Não é aplicável o nº 2 do art. 323º do CC quando a citação ocorreu no primeiro dia útil subsequente às férias judiciais". *Vide*, ainda, o ac. do STA de 08.10.2002, proc. 0804/02, com o seguinte sumário: "I – A interrupção da prescrição, nos termos do art. 323º, nº 1, do CC, verifica-se ou pela citação para a acção ou, então, pela notificação judicial avulsa. II – Terminando o prazo prescricional de 5 anos em férias judiciais, o mesmo transfere-se para o primeiro dia útil após férias. III – Na hipótese referida em II, para que ocorra a interrupção da prescrição terá que naquele primeiro dia útil ocorrer a citação do réu para a correspondente acção".

sua admissão tornaria inútil o regime constante do art. 137º, nº 2, quanto à possibilidade de a citação ser realizada em férias judiciais, precisamente para permitir a interrupção da prescrição na eventualidade de esta vir a ocorrer nesse período de tempo.

Por outro lado, importa salientar que, se tiver sido requerida a concessão de proteção jurídica, na modalidade de nomeação de patrono, a ação considera-se proposta na data da apresentação desse pedido de proteção jurídica (art. 33º, nº 4, da Lei nº 34/2004, de 29 de julho)[576]. Nessa eventualidade, estando próximo um prazo de prescrição, esse prazo interrompe-se logo que decorram 5 dias sobre a apresentação desse requerimento de proteção jurídica, desde que a falta de citação do réu, dentro desse período de tempo, não seja imputável ao autor[577].

3) não pode ser imputável ao requerente o facto de a citação não ter sido realizada dentro dos 5 dias subsequentes ao dia em que a mesma foi requerida[578].

Conforme decorre da lei, se a citação não for realizada dentro do prazo de 5 dias após ter sido requerida, essa impossibilidade não pode ser imputável ao requerente, sob pena de o direito ter-se por prescrito[579]. O preenchimento deste requisito implica, portanto, que se verifique se existe ou não algum nexo

576 *Vide*, a este propósito, o ac. do TRG de 12.07.2016, proc. 1708/15.4T8VRL.G1, no qual se decidiu que "Em presença de pedido de apoio judiciário com nomeação de patrono a ação considera-se proposta na data de apresentação deste pedido, devendo, em consequência, considerar-se que na mesma data foi requerida a citação do réu e, assim, verificada a interrupção da prescrição nos termos do disposto no art. 323º, nº 2, do CC". Com efeito, neste aresto, consignou-se o seguinte: "Na verdade, considerando a lei que, requerendo-se nomeação de patrono a ação se considera proposta na data de entrada daquele pedido, esta ação – há que ficcioná-lo – é exatamente a mesma que vem a ser interposta subsequentemente, pelo que se ficciona igualmente que o pedido de citação inerente à ação se considera efetuado".

577 Ac. do TRL de 17.01.2007, proc. 9401/2006-4. *Vide*, no mesmo sentido, o ac. do STJ de 09.05.2018, proc. 31/14.3TTCBR.C3.S1.

578 *Vide*, a este propósito, o ac. do STJ de 26.11.2008, proc. 08S2568, o ac. do TRP de 29.09.2009, proc. 520-C/1998.P1, o ac. do TRP de 24.05.2010, proc. 14/09.5TTVLG.P1, o ac. do STJ de 29.01.2016, proc. 448/11.5TBSSB-A.E1.S1, o ac. do TRG de 15.02.2018, proc. 312/16.1T8VRL.G1, bem como o ac. do TRC de 25.05.2018, proc. 2448/16.0T8LRA.C1.

579 Conforme se decidiu no ac. do TRP de 23.11.2020, proc. 3630/06.3YYPRT-C.P1, "A expressão legal – "causa não imputável ao requerente" – contida no citado art. 323º, nº 2, deve ser interpretada em termos de causalidade objectiva, ou seja, a conduta do requerente só exclui a interrupção da prescrição quando tenha infringido objectivamente a lei, em qualquer termo processual, até à verificação da citação". *Vide*, no mesmo sentido, o ac. do TRP de 25.01.2021,

de causalidade entre a conduta do requerente e a circunstância de não ter sido possível citar-se o réu dentro do prazo de 5 dias após a propositura da ação[580].

A este respeito, a jurisprudência tem vindo a entender que não é imputável ao requerente o facto de a citação não ser realizada dentro do prazo de 5 dias depois de ter sido requerida quando esse atraso se fique a dever, nomeadamente, a dificuldades de organização ou de gestão dos serviços da secretaria[581], à complexidade do processo, a motivos de natureza tributária[582], ao facto de a primeira citação ter sido anulada[583], a erros ou omissões imputáveis à secretaria judicial[584], à própria atuação culposa do citando[585] ou ainda pelo facto de a petição inicial ter sido apresentada junto de um tribunal territorialmente incompetente para o conhecimento do mérito da causa[586].

Diferentemente, a imputação ao requerente da responsabilidade pelo facto de a citação não ter sido realizada dentro dos 5 dias depois de ter sido requerida tem de decorrer de um facto objetivo[587] – como seja, por exemplo, a cir-

proc. 2564/18.3T8AVR-A.P1, o ac. do TRP de 25.03.2021, proc. 13057/16.3T8PRT-A.P1, assim como o ac. do TRG de 30.06.2022, proc. 33816/04.9YYLSB-A.G1.

580 *Vide*, no mesmo sentido, o ac. do TRL de 09.03.2022, proc. 19195/18.0T8SNT.L2-4.

581 É o que sucede, por exemplo, nos casos em que a secretaria disponha de poucos funcionários, por motivo de férias judiciais ou por acumulação ou organização de serviço. Cfr., a este respeito, o ac. do TRL de 02.05.1990, proc. 0052204, o ac. do TRL de 06.10.2005, proc. 6710/2005-8, o ac. do STJ de 14.01.2009, proc. 08S2060, o ac. do STJ de 19.12.2012, proc. 3134/07.7TTLSB.L1.S1, o ac. do TCAN de 12.09.2014, proc. 01843/12.8BEPRT, o ac. do TCAS de 29.10.2015, proc. 11077/14, o ac. do STJ de 24.01.2019, proc. 524/13.0TBTND-A.C1.S1, bem como o ac. do TRG de 08.04.2021, proc. 2371/19.6T8VRL.G1.

582 Cfr., a este respeito, o ac. do TRL de 13.12.1990, proc. 0024216, e o ac. do TRL de 21.11.1991, proc. 0051182.

583 Ac. do TRP de 27.05.2013, proc. 716/10.3TJVNF-A.P1. De resto, nos termos do art. 323º, nº 2, do CC, a anulação da citação não impede o efeito interruptivo da prescrição.

584 Ac. do TCAS de 15.10.2015, proc. 05487/09.

585 *Vide*, a este propósito, o ac. do TRP de 17.06.1997, proc. 9720265, bem como o ac. do TRL 20.04.2016, proc. 25551/15.9T8LSB-A.L1-4.

586 Ac. do TRE de 15.02.2018, proc. 2048/16.4T8STR.E1.

587 *Vide*, nesse sentido, o ac. do STJ de 07.02.1991, proc. 080010, o ac. do STJ de 03.10.2007, proc. 07S359, o ac. do STJ de 03.02.2011, proc. 1228/07.8TBAGH.L1.S1, o ac. do STJ de 20.06.2012, proc. 347/10.8TTVNG.P1.S1, o ac. do STJ de 12.01.2017, proc. 14143/14.0T8LSB.L1.S1, bem como o ac. do STJ de 19.06.2019, proc. 3173/17.0T8LOU-A.P1.S1. Cfr., ainda, o ac. do STJ de 12.09.2018, proc. 5282/07.4TTLSB.L1.S1, no qual se consignou que "A cláusula geral que consta no art. 323º, nº 2, do Código Civil, «por causa não imputável ao requerente» tem sido densificada em diversos arestos do Supremo Tribunal de Justiça no sentido de que a conduta do requerente só exclui a interrupção da prescrição quando tenha infringido objetivamente a lei em qualquer termo processual e até à verificação da citação, devendo a referida expressão legal ser interpretada em termos de causalidade objetiva".

cunstância de o requerente, apesar de dispor dos elementos necessários para indicar a morada certa, ter indicado uma morada incorreta do citando[588], ou não ter procedido ao pagamento atempado da taxa de justiça[589], salvo, neste caso, o disposto no art. 552º, nº 9[590] – exigindo-se, igualmente, que exista um nexo de causalidade entre esse facto objetivo e o atraso na citação do réu[591].

Se a ação for intentada com uma antecedência inferior a 5 dias em relação ao termo do prazo de prescrição – não podendo, por isso, aproveitar-se o regime previsto no art. 323º, nº 2, do CC[592] – o autor deve requerer a citação urgente do réu, isto é, que a citação tenha lugar antes da distribuição do processo[593,594]. Com efeito, dispõe o art. 561º que o juiz pode, a requerimento do autor, devidamente fundamentado[595], e se o considerar justificado, deter-

[588] Cfr., nesse sentido, o ac. do TRE de 30.01.2020, proc. 1725/15.1T8STB.E3.

[589] Cfr., a este respeito, o ac. do STJ de 23.03.1999, *in BMJ*, nº 485, ano 1999, p. 381. No sentido de não constituir infração procedimental imputável ao requerente, causal do retardamento da citação, o facto de o requerente não ter procedido ao pagamento imediato dos honorários do agente de execução para que este procedesse à realização da citação, *vide* o ac. do TRG de 14.02.2013, proc. 394/12.5TBFAF-C.G1.

[590] Assim, de acordo com este preceito, se, à data da apresentação da petição em juízo, faltar menos de 5 dias para o termo do prazo de caducidade ou se ocorrer outra razão de urgência, o autor deve apresentar o documento comprovativo do pedido de apoio judiciário que tenha sido requerido, mas que ainda não tenha sido concedido. *Vide*, a este respeito, o ac. do TCAN de 30.03.2006, proc. 00287/05.2BEPNF, o ac. do STA de 24.05.2006, proc. 0173/06, o ac. do TCAN de 24.05.2007, proc. 00579/06.3BEBRG, bem como o ac. do TRL de 19.06.2013, proc. 186/11.9TTBRR.L1-4.

[591] Ac. do TRL de 05.04.1990, proc. 0031412.

[592] Como bem se decidiu no ac. do TRL de 26.11.2020, proc. 3325/19.8T8LSB-A.L1-8, se o autor estiver em condições de se aproveitar do regime previsto no art. 323º, nº 2, do CC, o mesmo não carece de requerer a citação urgente do réu.

[593] Cfr., nesse sentido, o ac. do TRL de 05.04.1990, proc. 0031412, o ac. do TRE de 02.12.2003, proc. 2161/03-2, o ac. do TRE de 18.09.2007, proc. 1785/07-2, o ac. do STJ de 06.11.2007, proc. 07A2328, o ac. do TCAN de 06.05.2016, proc. 03315/11.9BEPRT, bem como o ac. do TRE de 15.02.2018, proc. 2048/16.4T8STR.E1.

De todo o modo, conforme bem se decidiu no ac. do TRP de 21.06.2022, proc. 1025/20.5T8LOU-A.P1, a regra segundo a qual o autor deve requerer a citação urgente do réu não se aplica nas situações em que esteja em causa uma ação executiva para pagamento de quantia certa que siga a forma sumária. Com efeito, neste caso, dado que a citação do executado só é efetuada após a penhora dos seus bens, "tem-se a prescrição por interrompida logo que decorram cinco dias da data de instauração da execução, nos termos do preceituado no art. 323º, nº 2, do CCivil (citação *ficta*), ainda que o exequente não solicite expressamente a citação prévia do executado".

[594] Observe-se, contudo, que este regime perdeu alguma importância, atento o facto de, atualmente, a distribuição ser realizada duas vezes por dia e de forma automática (art. 208º).

[595] *Vide*, a este propósito, o ac. do TCAN de 05.11.2010, proc. 00072/09.2BEPNF-A, bem como o ac. do TRP de 13.10.2015, proc. 493/15.1T8FLG.P1, nos quais se decidiu que o juiz só deve deferir o pedido de citação urgente do réu quando exista motivo bastante ou razão atendível que o justifique.

minar que a citação seja urgente, caso em que a mesma tem prioridade sobre as restantes, nomeadamente no que diz respeito às diligências realizadas pela secretaria tendo em vista a concretização da citação[596]. De facto, a circunstância de a citação ser requerida quanto já faltem menos de 5 dias para a ocorrência do prazo prescricional não impede que a citação seja concretizada antes do termo do prazo da prescrição[597].

Note-se, contudo, que a apresentação do pedido de citação prévia do réu não tem a virtualidade de interromper o prazo de prescrição[598].

Diferentemente, este pedido apenas permite que a citação seja efetuada antes da distribuição, agilizando, por isso, a realização da citação do réu e a consequente interrupção da prescrição. Daí que, se o tribunal não lograr proceder à citação do réu antes do termo do prazo prescricional, seja inteiramente imputável ao autor a ocorrência da prescrição – pois que não cuidou de intentar a ação judicial com a antecedência necessária para impedir a ocorrência da prescrição[599] –, salvo se a não concretização da citação dentro do prazo de prescrição tiver ficado a dever-se a um erro ou omissão da secretaria judicial (art. 157º, nº 6)[600].

Tal não invalida, no entanto, que o autor lance mão de outros mecanismos processuais que lhe permitam lograr obter a interrupção da prescrição,

[596] Sendo requerida a citação urgente, esta depende de despacho judicial prévio, nos termos do art. 226º, nº 4, al. *f)*. Cfr., a este propósito, o ac. do TRP de 23.02.2012, proc. 1183/11.0TJPRT.P1. Este despacho judicial prévio deve, no entanto, restringir-se à apreciação das razões de urgência que foram apresentadas para se justificar a citação urgente do réu, não podendo, por isso, o juiz indeferir essa pretensão com base na ocorrência de outras questões de natureza processual, sem qualquer relevância para o caso (*vide*, nesse sentido, o ac. do STJ de 27.10.2004, proc. 04S1742).

[597] Cfr., a este propósito, o ac. do TRL de 16.03.2016, proc. 117/14.4 TTLRS.L1-4, bem como o ac. do TRL de 11.04.2018, proc. 1994/17.2T8BRR.L1-4.

[598] *Vide*, nesse sentido, o ac. do STA de 09.07.1991, proc. 028944, o ac. do TRL de 26.09.2007, proc. 5525/2007-4, bem como o ac. do TRE de 10.01.2013, proc. 742/10.2TTPTM.E1.

[599] Cfr., a este propósito, o ac. do TRL de 07.05.1991, proc. 0039161, o ac. do TRL de 23.04.1997, proc. 0006574, o ac. do TRC de 01.04.2003, proc. 637/03, bem como o ac. do TRP de 21.11.2005, proc. 0554795.

[600] *Vide*, a este propósito, o ac. do TRL de 18.11.2015, proc. 1361/14.0T8LSB.L1-4, no qual se decidiu ser imputável ao tribunal a circunstância de a citação ter sido realizada depois da prescrição, atento o facto de o autor ter requerido a citação urgente e que a mesma fosse realizada por oficial de justiça, tendo, no entanto, a secretaria judicial optado por proceder à citação do réu através de via postal registada com aviso de receção. Cfr., ainda, o ac. do TRL de 02.11.2011, proc. 541/10.1TTBRR.L1-4. No sentido de este regime não se aplicar "por analogia ao erro em que incorreram os C.T.T. ao registarem a data da entrega da carta de citação no serviço online de acompanhamento dos envios", *vide* o ac. do TRC de 15.06.2021, proc. 2434/18.5TVIS-A.C1.

como sejam, por exemplo, a notificação judicial avulsa (art. 256º)[601] ou a citação promovida por agente de execução, funcionário judicial ou pelo próprio mandatário judicial (arts. 231º e 237º).

2.2.2. Notificações

O tribunal pode, igualmente, realizar notificações (arts. 219º e ss.) durante o período de férias judiciais. É o que sucede, por exemplo, com a notificação de despachos de mero expediente ou com a notificação de sentenças[602].

Para além disso, o tribunal pode realizar em férias judiciais notificações que revistam natureza urgente. Enquadram-se neste âmbito, por exemplo, as notificações que visem interromper um prazo prescricional, tal como sucede com a notificação judicial avulsa (arts. 256º a 258º)[603], bem como a notificação do requerido/lesante, no âmbito de um incidente de produção antecipada de prova, instaurado pelo lesado, onde este aluda expressamente à responsabilidade indemnizatória do requerido e à intenção de o demandar judicialmente[604].

2.2.3. Registos de penhora

Para além das citações e das notificações, podem igualmente ser realizados registos de penhora nos dias em que os tribunais se encontrem encerrados ou durante o período de férias judiciais. É o caso, nomeadamente, do registo da penhora de bens imóveis (art. 755º, nº 1), de bens móveis sujeitos a registo (art. 768º, nº 1), de créditos garantidos por hipoteca (art. 773º, nº 7), de quotas de sociedades (art. 781º, nº 6) e de bens ou direitos compreendidos em estabelecimento comercial cuja oneração a lei sujeite a registo (art. 782º, nº 6).

[601] Defendendo que a notificação judicial avulsa constitui meio processual adequado para interromper a prescrição, *vide* o ac. do TRP de 16.12.1993, proc. 9330374, bem como o ac. do TRP de 08.01.2002, proc. 0121824.

[602] *Vide*, nesse sentido, o ac. do TRP de 30.03.1992, proc. 9130849, bem como o ac. do TRL de 19.03.2003, proc. 0096944, no qual se decidiu que a sentença pode ser notificada em período de férias judiciais, não resultando, por isso, da prática desse ato qualquer nulidade ou irregularidade processual.

[603] Com efeito, nos termos do art. 323º, nº 1, do CC, a prescrição interrompe-se pela notificação judicial de qualquer ato que exprima, direta ou indiretamente, a intenção de exercer o direito, seja qual for o processo a que o ato pertença e ainda que o tribunal seja incompetente. Cfr., nesse sentido, o ac. do TRP de 16.12.1993, proc. 933037, o ac. do STJ de 20.04.1994, proc. 003890, *in BMJ*, nº 436, ano 1994, p. 299, o ac. do TRL de 18.05.1995, proc. 0079296, o ac. do STJ de 31.05.2000, proc. 00A389, bem como o ac. do STJ de 23.02.2010, proc. 3165/08.0TBPRD.P1.S1.

[604] *Vide*, nesse sentido, o ac. do TRG de 11.01.2018, proc. 1934/16.6T8VCT-B.G1.

2.2.4. Atos que se destinem a evitar dano irreparável

Nos dias em que os tribunais se encontrem encerrados ou durante o período de férias judiciais, podem igualmente praticar-se atos que se destinem a evitar um dano irreparável[605]. Com efeito, no confronto entre a proteção da regra segundo a qual não podem ser praticados atos processuais nos dias em que os tribunais se encontrem encerrados ou durante o período de férias judiciais e a possibilidade de ocorrer um dano irreparável para o titular do direito em virtude da proibição de praticar o ato processual durante esse período de tempo, o legislador optou por sacrificar o primeiro desses interesses[606].

Enquadram-se neste âmbito, nomeadamente:

a) os atos processuais que devam ser praticados num processo urgente[607], tal como sucede, por exemplo, com o arresto (art. 391º, nº 2), com o arrolamento de bens (art. 406º), com o embargo de uma obra nova (art. 400º), com a restituição provisória da posse de uma coisa (art. 387º) ou com a citação da sociedade ou da associação, visando impedi-la de executar a deliberação que tiver sido objeto de impugnação (art. 381º, nº 3);

b) a penhora de depósitos bancários (art. 780º), já que, atenta a facilidade de disposição ou de movimentação da conta bancária, a não realização da penhora poderia causar um dano irreparável ao exequente[608];

c) a venda antecipada de bens penhorados (art. 814º)[609]; ou

d) a realização de diligências de produção antecipada de prova, nos termos do art. 419º[610].

[605] Analogamente, em sede de direito comparado, no ordenamento jurídico espanhol, o art. 131º da LEC prevê a possibilidade de serem praticados atos urgentes em dias ou horas não úteis ou mesmo durante o mês de agosto, nomeadamente quando a demora na prática desses atos seja suscetível de causar um grave prejuízo aos interessados ou à boa administração da justiça, ou ainda de provocar a ineficácia de uma resolução judicial.

[606] *Vide*, a este propósito, Amorim, José Roberto Neves / Martins, Sandro Gilbert, *Direito Processual Civil, op. cit.*, p. 137.

[607] Cfr., neste sentido, o ac. do STJ de 14.05.1986, proc. 038352, *in BMJ*, nº 357, ano 1986, p. 304, o ac. do TRP de 08.02.1999, proc. 9851488, bem como o ac. do STJ de 03.06.2008, proc. 08A1873, este último com o seguinte sumário: "O carácter de urgência atribuído por lei aos procedimentos cautelares implica a não suspensão dos prazos para a prática de actos durante as férias judiciais. A apresentação das alegações de recurso num procedimento cautelar é um acto praticado em processo que a lei define como urgente, logo tramita em férias, não valendo aí a regra geral de suspensão dos prazos".

[608] Ac. do TRE de 23.11.2017, proc. 113/06.5TBORQ-B.E1.

[609] Ac. do TRG de 17.09.2013, proc. 1548/10.4TBBCL-E.G1.

[610] Cfr., no mesmo sentido, Baptista, José João, *Processo Civil I: Parte Geral e Processo Declarativo, op. cit.*, p. 294, bem como Reis, Alberto dos, *Comentário ao Código de Processo Civil Anotado, op. cit.*, p. 49.

Outrossim, não se enquadram neste âmbito as citações que se destinem a evitar a prescrição, já que as citações estão expressamente previstas no art. 137º, nº 2, como podendo realizar-se nos dias em que os tribunais se encontrem encerrados ou durante o período de férias judiciais[611].

Do mesmo modo, não se inserem no âmbito de "atos que se destinem a evitar dano irreparável" as notificações e os registos de penhora, porquanto estes atos, tal como as citações, podem ser praticados nos dias em que os tribunais se encontrem encerrados ou durante o período de férias judiciais, por força do disposto no art. 137º, nº 2[612].

2.2.5. Atos praticados por transmissão eletrónica de dados

Muito embora o art. 137º, nº 1, estabeleça a regra segundo a qual não se praticam atos processuais nos dias em que os tribunais estiverem encerrados, nem durante o período de férias judiciais, a verdade é que, nos termos do art. 137º, nº 3, se a parte pretender praticar o ato por via eletrónica ou através de telecópia, pode fazê-lo em qualquer dia – isto é, quer nos dias úteis, quer nos dias em que os tribunais estiverem encerrados, quer ainda durante o período de férias judiciais – e independentemente do horário de abertura ou de encerramento dos tribunais[613].

2.3. Tempo da prática dos atos

Os atos processuais que sejam praticados de forma presencial junto da secretaria do tribunal, designadamente a entrega de articulados, requerimentos ou documentos, devem ser levados a efeito durante as horas de expediente dos serviços (art. 137º, nº 4), ou seja, das 09h00 às 12h30 e das 13h30 às 16h00[614].

[611] Veja-se, aliás, que, historicamente, o art. 204º, § único, da Novíssima Reforma Judiciária, de 1841, dispunha que, em regra, a citação não podia ser realizada "em dia consagrado ao Culto Divino", exceto se tivesse por finalidade evitar a prescrição ou dano irreparável. Daí resulta que o legislador excluía do âmbito dos atos destinados a evitar dano irreparável a realização da citação visando evitar a prescrição.

[612] Cfr., no mesmo sentido, REIS, Alberto dos, *Comentário ao Código de Processo Civil Anotado*, *op. cit.*, p. 48.

[613] Em sede de direito comparado, a mesma regra decorre, por exemplo, do art. 135º, nº 1, da LEC, no qual se dispõe que podem ser apresentados escritos e documentos em formato eletrónico durante todos os dias do ano e durante as vinte e quatro horas. Nessa eventualidade, se forem utilizados meios telemáticos, é emitido um recibo pelo mesmo meio, com a indicação do dia e da hora da transmissão do ato, considerando-se o mesmo praticado nesse dia e hora. Caso, pelo contrário, o ato tenha praticado num dia ou numa hora não útil para efeitos processuais legalmente previstos, o ato considera-se praticado no primeiro dia e hora útil seguintes.

[614] *Vide*, a este respeito, o ac. do TRP de 17.05.1994, proc. 9420341.

Diferentemente, se a parte pretender praticar o ato processual através de via eletrónica (isto é, por intermédio do *Citius*) ou mediante o envio de telecópia (fax), pode, nesse caso, praticar o ato em qualquer dia, seja ele útil ou não, e independentemente da hora da abertura e do encerramento dos tribunais, ou seja, pode praticar o ato mesmo fora do horário de expediente do tribunal, já que a prática do ato não implica a sua receção física pela secretaria[615,616].

3. Apresentação a juízo dos atos processuais

A forma de apresentação dos atos processuais a juízo tem implicações diretas no que concerne à data em que o ato se considera praticado.

3.1. Prática do ato através de via eletrónica

Estando a parte representada por mandatário, os atos processuais devem, em regra, ser apresentados a juízo por via eletrónica, ou seja, através do sistema de informação de suporte à atividade dos tribunais (*Citius*), cujo regime jurídico se encontra regulado na Portaria nº 280/2013, de 26 de agosto[617].

Em todo o caso, se o patrocínio judiciário não for obrigatório e se a parte não se encontrar patrocinada, esta pode, mesmo assim, apresentar a juízo atos processuais por via eletrónica, nos termos definidos na portaria prevista no art. 132º, nº 2, atento o disposto no art. 144º, nº 7, al. *d)*.

Ora, sendo utilizada a via eletrónica, o ato considera-se efetivamente praticado na data da respetiva expedição[618], a qual deve ser comprovada mediante a

[615] Neste particular, o DL nº 183/2000, de 10 de agosto, por força da alteração que introduziu no art. 143º, nº 4, do $CPC_{1995/1996}$, veio permitir que as partes praticassem atos processuais através de telecópia ou de correio eletrónico, em qualquer dia e independentemente da hora de abertura e de encerramento dos tribunais.

[616] Do mesmo modo, em sede de direito comparado, o art. 213º do $CPC_{Br.}$ preceitua que a prática eletrónica de um ato processual pode ter lugar em qualquer horário, até às vinte e quatro horas do último dia do prazo.

[617] Note-se que, neste caso, à luz do art. 144º, nº 2, a parte que pratique o ato processual através de via eletrónica fica apenas obrigada a entregar a peça processual e os documentos que a devam acompanhar, estando dispensada de remeter os respetivos originais para o tribunal – exceto se a dimensão ou o formato dos ficheiros não permitirem o seu envio eletrónico –, sem prejuízo da possibilidade de o juiz determinar a exibição das peças processuais em suporte de papel e/ou dos originais dos documentos, nomeadamente quando duvide da autenticidade ou genuinidade das peças ou dos documentos, bem como quando se torne necessário realizar perícia à letra ou à assinatura dos documentos, nos termos do art. 144º, nº 5. Do mesmo modo, dispõe o art. 4º, nº 1, da Portaria nº 280/2013, de 26 de agosto, que "A apresentação de peças processuais e documentos por transmissão eletrónica de dados dispensa a remessa dos respetivos originais, duplicados e cópias, nos termos da lei".

[618] Cfr., nesse sentido, o ac. do TRE de 10.04.2014, proc. 4690/13.6TBSTB-A.E1.

emissão, de forma automática e pelo próprio sistema de informação de suporte à atividade dos tribunais, do respetivo documento comprovativo de entrega do ato processual (art. 144º, nº 1)[619].

Assim, se o prazo processual terminar num determinado dia e se a parte pretender praticar o ato através de transmissão eletrónica de dados, o ato processual deve ser praticado até às vinte e quatro horas desse dia [cfr., com as devidas adaptações, o art. 279º, al. *c)*, do CC[620]], sendo que a hora exata do envio é certificada através do sistema informático *Citius*, mediante a geração de um documento comprovativo de entrega do ato processual[621,622].

Excecionalmente, se o sistema informático *Citius* estiver indisponível – o que, nos termos do art. 144º, nº 8, configura um justo impedimento para a prática do ato processual através de transmissão eletrónica de dados, devendo esse justo impedimento ser alegado e comprovado imediatamente, isto é, aquando da prática do próprio ato[623] – ou se a dimensão da peça processual ou a dimensão ou o formato dos documentos não permitir a prática do ato através de via eletrónica (cfr. os arts. 10º, nºs 2, 5 e 9 da Portaria nº 280/2013,

619 Assim, dispõe o art. 13º, al. *a)*, da Portaria nº 280/2013, de 26 de agosto, que o sistema de informação de suporte à atividade dos tribunais deve assegurar a certificação da data e hora de expedição da peça processual.

620 Veja-se, no ordenamento jurídico francês, o art. 642º do $CPC_{Fr.}$, o qual estabelece a regra segundo a qual qualquer prazo expira no último dia, às vinte e quatro horas.

621 Note-se que, muito embora o prazo termine às vinte e quatro horas de um determinado dia, o certo é que o ato processual só se considera praticado dentro do respetivo prazo se, do comprovativo de entrega da peça processual, constar que essa entrega ocorreu até às 23h59m59s desse dia, o que, na prática, obriga a parte a enviar mais cedo a peça processual por via informática, atento o compasso de espera que, normalmente, existe entre a submissão informática da peça processual e a concretização da sua entrega.

622 Diferentemente, no ordenamento jurídico espanhol, o art. 135º, nº 5, da LEC preceitua que, se a apresentação de escritos (*v.g.* articulados ou requerimentos) ou de documentos, qualquer que seja a respetiva forma utilizada na prática desse ato, estiver sujeita a um prazo, pode ser realizada até às quinze horas do dia útil seguinte ao do vencimento do prazo.

623 *Vide*, a este propósito, o ac. do TRL de 30.06.2011, proc. 1960/10.9TTLSB.L1-4, no qual se decidiu que "Se ao pretender praticar um acto processual sujeito a prazo, por exemplo contestação, através do *Citius*, a parte se depara com qualquer obstáculo à anexação dos ficheiros com o conteúdo material da peça processual, deve, por interpretação extensiva do disposto no art. 10º, nºs 2 a 5, da P. 114/2008, de 6/2, na redacção da P. 1538/2008 de 30/12, proceder à entrega através dos restantes meios previstos no nº 2 do art. 150º do CPC". Cfr., ainda, o ac. do TRL de 15.01.2014, proc. 471/12.2TTBRR.L1-4, o ac. do TRP de 17.12.2014, proc. 78/14.0TTPRT.P1, o ac. do TRG de 07.05.2015, proc. 110/03.2TBMDL-D.G1, o ac. do TRC de 13.09.2015, proc. 270/12.1TBFIG-A.C1, bem como o ac. do TRE de 08.03.2018, proc. 360/17.4T8FAR-A.E1.

de 26 de agosto, e 144º, nº 2), a parte pode praticar o ato processual através dos demais meios legalmente admissíveis.

Consequentemente, se a parte, estando representada por mandatário judicial, praticar um ato processual sem ser por via eletrónica e sem que, no caso em concreto, se verifique um justo impedimento, tal acarreta uma nulidade processual atípica, por violação do disposto no art. 144º, nº 1[624].

3.2. Prática do ato através de entrega em mão na secretaria judicial

Se a parte praticar o ato através de entrega em mão na secretaria judicial, o ato processual considera-se praticado aquando da entrega, a qual é certificada mediante a aposição de um carimbo, com a indicação da respetiva data, pela secretaria [art. 144º, nº 7, al. *a)*].

Ora, nos termos do art. 137º, nº 4, os atos das partes que sejam praticados por forma presencial junto do tribunal, nomeadamente a entrega de quaisquer articulados, requerimentos ou documentos, devem ser realizados durante as horas de expediente dos serviços. Nessa exata medida, se o prazo processual

[624] Cfr., a este respeito, o ac. do TRP de 02.05.2016, proc. 1083/15.4T8MTS.P1, no qual se consignou o seguinte: "I – Tendo em conta o disposto no nº 1 do artigo 144º do CPC a apresentação a juízo dos atos processuais por parte dos mandatários é feita, obrigatoriamente, através do sistema *Citius*, por transmissão eletrónica de dados nos termos definidos na Portaria nº 280/2013 de 26/08, com exceção da situação de justo impedimento prevista no nº 8 ou da prevista no nº 7, ambas do mesmo normativo, não consentindo a lei qualquer correção do ato desconforme. II – A apresentação a juízo através de um meio não permitido consubstancia a prática de um ato processual contrário à lei que define a forma da prática do mesmo e, por isso, nulo, pese embora a lei não o declare expressamente, nulidade intrínseca ou "substancial" e não uma típica nulidade processual, pelo que, não estamos perante o regime previsto no artigo 195º do CPC, ou seja, a previsão contida neste normativo é a de desvios do formalismo processual (audição irregular de uma parte, falta de notificação de um despacho, audição de uma testemunha sem ser ajuramentada, etc.) passíveis de originar nulidades processuais típicas e não a do ato processual em si mesmo praticado contra a forma prevista na lei (artigo 144º, nº 1) e que, por isso, se encontra ferido de nulidade por violação desta norma, nulidade atípica, um misto de nulidade processual e substantiva. [...]".
Em todo o caso, no âmbito processual penal, a jurisprudência tem vindo a adotar um entendimento menos formalista no que concerne à prática de atos processuais através de um meio não admissível. *Vide*, a título exemplificativo, o ac. do TRP de 15.11.2018, proc. 9585/11.5TDPRT.P2, com o seguinte sumário: "I – Apesar da imposição da apresentação de peças processuais por via eletrónica, decorrente das Portarias nºs 280/2013, de 26 de agosto, e 170/2017, de 25 de maio, não deve ser cominada com o desentranhamento (sem concessão de qualquer possibilidade de suprimento da omissão) a apresentação de uma peça processual assinada por advogado que haja sido expedida, sem invocação de justo impedimento, através da remessa pelo correio, sob registo. II – É o que impõe o princípio do respeito pela plenitude das garantias de defesa do arguido consagrado no artigo 32º, nº 1, da Constituição".

para a prática do ato terminar num determinado dia, o ato deve, nesse caso, ser praticado junto da secretaria judicial até ao termo do horário de atendimento ao público desse dia[625].

3.3. Prática do ato através de remessa pelo correio

Se a parte praticar o ato através de remessa pelo correio, sob registo, o ato processual considera-se praticado aquando da efetivação do respetivo registo postal [art. 144º, nº 7, al. *b)*]. Vale isto por dizer que, nesse caso, o ato considera-se praticado aquando da sua entrega no serviço postal – independentemente do dia em que o ato processual for recebido no tribunal –, valendo como comprovativo da entrega o respetivo registo postal, devidamente carimbado e datado por esse serviço[626,627].

Assim, se o prazo processual para a prática do ato terminar num determinado dia, o ato processual deve, nesse caso, ser praticado até ao termo do horário de atendimento ao público, desse dia, do respetivo serviço postal.

3.4. Prática do ato através de telecópia

Se a parte praticar o ato processual através de telecópia, isto é, mediante o envio por fax[628], o ato considera-se praticado na data da respetiva expedição, a

[625] Observe-se que, nos termos do nº 3 do art. 158º, aditado pelo DL nº 97/2019, de 26 de julho, "A obtenção de informações, o pedido e obtenção de certidões, a entrega de peças processuais ou de documentos em suporte físico, quando admissível, e a consulta de processos podem ser efetuados em qualquer tribunal judicial, independentemente do tribunal onde corre o processo".

[626] A este propósito, extrai-se do preâmbulo do DL nº 329-A/95, de 12 de dezembro, o seguinte: "Revê-se o regime vigente relativo ao direito de praticar o acto processual nos três dias subsequentes ao termo de um prazo peremptório, no sentido de assegurar plenamente os princípios da proporcionalidade e da igualdade substancial das partes, facultando ao juiz a concreta adequação da sanção patrimonial correspondente ao grau de negligência da parte ou à eventual situação de carência económica do beneficiário do exercício de tal direito".

[627] Cfr., a este respeito, o ac. do TRP de 18.11.1998, proc. 9840717, o ac. do TRL de 06.07.1999, proc. 0010005, o ac. do STA de 01.06.2000, proc. 045964, o ac. do STJ de 23.01.2003, proc. 4283/02, *in SASTJ*, ano 2003, bem como o ac. do STJ de 29.10.2015, proc. 492/03.6TYLSB.L1.S1.

[628] À luz do art. 1º do DL nº 28/92, de 27 de fevereiro, "Pode efectuar-se por telecópia a transmissão de documentos, cartas precatórias e quaisquer solicitações, informações ou mensagens entre os serviços judiciais ou entre estes e outros serviços ou organismos dotados de equipamento de telecópia, aplicando-se, com as necessárias adaptações, o preceituado no artigo 3º do Decreto-Lei nº 54/90, de 13 de Fevereiro". Contudo, nos termos do art. 2º do citado diploma legal, as partes ou os intervenientes no processo e os respetivos mandatários só podem utilizar, para a prática de atos processuais, o serviço público de telecópia ou o equipamento de telecópia do advogado ou do solicitador, desde que esse equipamento conste da lista oficial organizada pela Ordem dos Advogados ou pela Ordem dos Solicitadores e dos Agentes de Execução. Cfr., a este propósito, o ac. do TRP de 24.04.1996,

qual deve ser comprovada mediante a emissão do respetivo documento comprovativo de entrega [art. 144º, nº 7, al. *c)*][629].

Assim, se o prazo processual para a prática do ato terminar num determinado dia, o ato processual deve ser praticado até às vinte e quatro horas desse dia, sendo que a hora exata do envio é comprovada através da telecópia recebida no tribunal[630,631]. Com efeito, nos termos do art. 4º, nº 6, do DL nº 28/92, de 27 de fevereiro, a data que figura na telecópia recebida no tribunal fixa, até prova em contrário, o dia e hora exatos em que a mensagem foi efetivamente recebida na secretaria judicial. Por conseguinte, para que o ato processual se considere praticado dentro do prazo, torna-se necessário atentar na data e hora constantes da telecópia recebida no tribunal.

3.5. Prática do ato através de correio eletrónico

A lei de processo civil vigente não prevê a possibilidade de a parte praticar um ato processual através de correio eletrónico[632].

proc. 9540663, o ac. do STJ de 30.09.1997, proc. 97A445, bem como o ac. do TRP de 03.04.2013, proc. 154/12.3TPPRT.P1, no qual se decidiu que "A carência de autenticação do equipamento de telecópia (alegadamente) utilizado na prática de ato processual implica a nulidade do ato".

629 *Vide*, a este propósito, o ac. do TRP de 04.06.1997, proc. 9740468, e o ac. do TRP de 26.01.1999, proc. 9821402.

630 Cfr., a este respeito, o ac. do STJ de 11.12.2003, proc. 3647/03, *in SASTJ*, ano 2003, no qual se decidiu que "Tendo a recorrente iniciado a expedição das alegações, através de telecópia, dentro do prazo legal, mas só concluído essa expedição dias depois do termo desse prazo, foi a sua apresentação extemporânea". *Vide*, no mesmo sentido, o ac. do TRP de 22.05.2003, proc. 0332487, com o seguinte sumário: "Os actos processuais praticados através de telecópia ou por correio electrónico, para serem praticados atempadamente, têm de dar entrada na secretaria judicial até às zero horas do último dia do prazo. Assim, é intempestiva a prática de acto processual – remessa por telecópia, das alegações de recurso – que se iniciou às 23:58 horas do último dia do prazo, mas que só veio a terminar pelas 00:10 horas do dia imediato".

631 Note-se que, à luz dos arts. 3º, nº 3, e 17º do DL nº 376/87, de 11 de dezembro, a jurisprudência vinha entendendo que, sendo o ato processual praticado através de telecópia, o mesmo tinha de ser recebido na secretaria judicial dentro do respetivo horário de expediente, ou seja, até às 16h00 (*vide*, entre outros, o ac. do TRP de 17.05.1994, proc. 9420341). Atualmente, é pacífico o entendimento de que a prática do ato processual através de telecópia não tem de se restringir ao horário de funcionamento da secretaria (cfr., entre outros, o ac. do TRC de 31.03.2004, proc. 58/04).

632 Note-se que o DL nº 183/2000, de 10 de agosto, por força da alteração que introduziu no art. 143º, nº 4, do $CPC_{1995/1996}$, veio permitir que as partes praticassem atos processuais através de telecópia ou de correio eletrónico, em qualquer dia e independentemente da hora de abertura e de encerramento dos tribunais.

Posteriormente, o DL nº 324/2003, de 27 de dezembro, alterou o art. 150º do $CPC_{1995/1996}$, passando a dispor-se no seu nº 1, al. *d)*, a possibilidade de o ato processual que devesse ser praticado por

Na verdade, para além da prática de atos processuais por via eletrónica, através do sistema de informação de suporte à atividade dos tribunais (*Citius*) – sendo esse o regime regra, nos termos dos arts. 5º da Portaria nº 280/2013, de 26 de agosto, e 144º, nº 1 –, a lei apenas permite que a parte pratique um ato processual através de entrega na secretaria judicial, remessa pelo correio, sob registo, ou envio por telecópia (art. 144º, nº 7).

Vale isto por dizer que, ao invés do que sucedia na lei de processo civil revogada, cujo art. 150º, nº 1, al. *d)* – na redação anterior à que lhe foi dada pelo DL nº 303/2007, de 24 de agosto – expressamente previa a possibilidade de o ato ser praticado por envio através de correio eletrónico, com aposição de assinatura electrónica avançada, valendo como data da prática do acto processual a da expedição, devidamente certificada[633], no regime atual, a parte não pode praticar validamente atos processuais através de envio por correio eletrónico[634].

Com efeito, ainda que essa opção legislativa seja discutível – pois que a lei permite a prática de atos processuais por telecópia (fax), sendo essa uma tecnologia muito mais obsoleta e ultrapassada quando comparada com o uso do correio eletrónico – a verdade é que o legislador não consagrou na lei de processo civil vigente a possibilidade de a parte utilizar o correio eletrónico para a prática de atos processuais, o que se terá ficado a dever ao desejo de implementação efetiva da transmissão eletrónica de dados, através do sistema

escrito ser apresentado a juízo mediante o envio através de correio eletrónico, com aposição de assinatura eletrónica avançada, valendo como data da prática do ato processual a da expedição, devidamente certificada. Sem prejuízo, a al. *e)* do nº 1 do art. 150º do $CPC_{1995/1996}$ passou igualmente a prever a possibilidade de o ato processual ser praticado mediante o envio através de outro meio de transmissão eletrónica de dados.

Com o DL nº 303/2007, de 24 de agosto, o Código de Processo Civil deixou de aludir à possibilidade de os atos processuais serem praticados através de correio eletrónico, passando, ao invés, a prever-se nos arts. 143º, nº 4, e 150º, nº 1, do $CPC_{1995/1996}$, a prática (preferencial) de atos processuais através de "transmissão eletrónica de dados".

[633] Veja-se, a este propósito, o AUJ do STJ nº 3/2014, *in DR, Série I*, nº 74, de 17.04.2014, o qual fixou jurisprudência no sentido de que "Em processo penal, é admissível a remessa a juízo de peças processuais através de correio electrónico, nos termos do disposto no artigo 150º, nº 1, alínea *d)*, e nº 2, do Código de Processo Civil de 1961, na redacção do Decreto-Lei nº 324/2003, de 27.12, e na Portaria nº 642/2004, de 16.06, aplicáveis conforme o disposto no artigo 4º do Código de Processo Penal".

[634] Discordamos, por isso, salvo o devido respeito, do decidido no ac. do TRC de 20.10.2015, proc. 3389/13.8TBVIS.C1, bem como no ac. do TRG de 29.09.2016, proc. 250/06.6TBBCL-D.G2, ainda que tais arestos se reportem ao regime processual anterior ao Código de Processo Civil de 2013.

Citius, como único meio informático possível para a prática de atos processuais por via eletrónica[635].

Outrossim, a admitir-se a prática de atos processuais através de correio eletrónico, poder-se-ia questionar a imposição, como regra, do uso do sistema de informação de suporte à atividade dos tribunais (*Citius*) como meio exclusivo e obrigatório para a prática de atos processuais através de transmissão eletrónica de dados.

Acresce que, muito embora o sistema informático *Citius* não tenha sido imediatamente implementado nos tribunais superiores após a publicação do DL nº 303/2007, de 24 de agosto[636] – o que levou a que, nos tribunais superiores, se continuasse a admitir o correio eletrónico como meio adequado para a apresentação de atos processais, entendendo-se, por conseguinte, que a Portaria nº 624/2004, de 16 de junho, se mantinha em vigor nessa parte[637] –, a verdade é que, neste momento, o sistema informático *Citius* já se encontra em pleno funcionamento nos tribunais superiores[638].

Por conseguinte, se a parte praticar um ato processual através do envio de correio eletrónico, deve considerar-se que o ato não foi validamente praticado[639] – determinando-se, consequentemente, o desentranhamento da peça processual –, não havendo, por isso, lugar ao proferimento de qualquer despacho judicial no sentido de se convidar a parte a praticar o ato em causa através de outro meio processual legalmente admissível[640].

[635] Com efeito, nos termos do art. 3º, nº 1, da Portaria nº 280/2013, de 26 de agosto, a tramitação eletrónica dos processos judiciais é efetuada no sistema de informação de suporte à atividade dos tribunais. Significa isto que essa portaria não admite a possibilidade de tramitação eletrónica dos processos judiciais através do envio de peças processuais por correio eletrónico.

[636] O qual, como se referiu *supra*, eliminou o correio eletrónico como meio legalmente admissível para a prática de atos processuais em juízo.

[637] *Vide*, a este propósito, o ac. do TC nº 152/17, de 22.03.2017, proc. 57/2017, no qual se consignou que "o correio eletrónico constitui ainda uma forma admissível de prática de atos processuais em todos aqueles processos excluídos do âmbito de aplicação da Portaria nº 280/2013, de 26 de agosto e em Tribunais onde o sistema *Citius* não esteja em execução, como é o caso do Supremo Tribunal de Justiça".

[638] Com efeito, por via da Portaria nº 267/2018, de 20 de setembro, o regime da tramitação eletrónica dos processos judiciais passou a ser igualmente aplicado nos tribunais da Relação e no Supremo Tribunal de Justiça

[639] Cfr., no mesmo sentido, o ac. do TRE de 30.04.2015, proc. 438/12.0TBFAR.E1.

[640] Cfr., em sentido contrário, o ac. do STJ de 05.03.2015, proc. 891/08.7TBILH.C1.S1, no qual se sustentou que a prática, pela parte, de um ato processual através de correio eletrónico origina uma mera irregularidade processual, a qual, sendo passível de ser sanada, implica que o juiz profira um despacho de convite à parte, no sentido de esta praticar o ato processual em causa através de

4. Prática do ato após o termo do prazo
4.1. Prorrogação do prazo
4.1.1. Prorrogação do prazo legal

Nos termos do art. 141º, nº 1, o prazo processual marcado pela lei pode ser prorrogado nos casos nela previstos. Com efeito, o Código de Processo Civil limita a possibilidade de o prazo legal ser prorrogado, já que essa prorrogação só pode ter lugar nos casos em que a lei assim o determine[641,642]. Vale isto

uma das formas legalmente previstas para a prática de atos processuais, sob pena de violação do princípio constitucional de garantia de acesso ao Direito, bem como o ac. do TRE de 17.01.2019, proc. 1674/17.9T8STR-B.E1.

Entretanto, o ac. do TC nº 174/2020, de 11.03.2020, proc. 564/18, *in DR*, *2ª Série*, nº 131, de 08.07.2020, julgou "inconstitucional a interpretação normativa extraída da conjugação do artigo 4º da Lei nº 41/2013, de 26 de junho, do artigo 144º, nºs 1, 7 e 8, do Código de Processo Civil, aprovado pela Lei nº 41/2013, de 26 de junho, e da Portaria nº 280/2013, de 26 de agosto, com o disposto nos artigos 286º, 294º e 295º do Código Civil, e artigo 195º do Código de Processo Civil, aprovado pela Lei nº 41/2013, de 26 de junho, segundo a qual é nulo o recurso apresentado pelo arguido a juízo, por correio eletrónico, dentro do prazo, no âmbito do processo penal, sem prévio convite à apresentação daquela peça processual pela via considerada exigível".

[641] No que concerne à improrrogabilidade dos prazos, as Ordenações Manuelinas e as Ordenações Filipinas previam, respetivamente, no Livro III, Título XV, § 15, e no Livro III, Título XX, § 44, que os prazos que os julgadores fixassem às partes ou aos seus procuradores em juízo eram havidos por perentórios, não podendo o julgador reformar o prazo que tivesse dado, nem perdoar ou dar "*graça alguma*". Em todo o caso, as Ordenações previam a possibilidade de a parte poder praticar o ato processual para além do prazo se alegasse e provasse a ocorrência de um impedimento que, "*por remédio do Direito*", por cláusula geral ou especial, justificasse a concessão de um outro prazo.

Por sua vez, no Código de Processo Civil de 1939, estabelecia-se no seu art. 147º que o "prazo judicial" era improrrogável, salvo nos casos previstos na lei, sendo que este regime viria a ser mantido, na sua essência, no art. 147º do CPC_{1961}. Contudo, enquanto o art. 147º do CPC_{1939} não distinguia entre prazo judicial marcado pela lei e prazo judicial fixado pelo juiz, o art. 147º do CPC_{1961} aludia expressamente ao "prazo judicial marcado pela lei", donde, *a contrario*, nenhuma limitação existia quanto à possibilidade de prorrogação do prazo que tivesse sido marcado pelo juiz.

[642] Em sede de direito comparado, podemos encontrar, em linhas gerais, dois regimes distintos. Para um primeiro regime, vigente, entre outros, nos ordenamentos jurídicos espanhol (art. 134º, nº 1, da LEC) e italiano (art. 153º do $CPC_{It.}$), os prazos perentórios não podem, em regra, ser reduzidos ou prorrogados, nem mesmo com o acordo das partes.

Por sua vez, para um segundo regime, vigente, entre outros, nos ordenamentos jurídicos belga, alemão, austríaco e brasileiro, os prazos podem ser prorrogados, mediante decisão do juiz, quando se verifique um motivo ponderoso que justifique essa prorrogação.

Assim, no ordenamento jurídico belga, o art. 50º do $CJ_{Bel.}$ dispõe que, em regra, os prazos perentórios não podem ser encurtados ou prorrogados, mesmo com o acordo das partes. No entanto, nos termos do art. 51º do $CJ_{Bel.}$, o juiz pode, antes do seu termo, abreviar ou prorrogar um prazo que não revista natureza perentória, sendo que essa prorrogação só pode ser concedida por motivos sérios e através de decisão fundamentada, não podendo durar mais do que o período original.

por dizer que o juiz não pode prorrogar um prazo legal se a própria lei não o autorizar expressamente a fazê-lo[643].

Por outro lado, importa referir que a prorrogação do prazo legal pode ter lugar de forma automática (prorrogação por previsão legal) – a qual, portanto, não depende de qualquer intervenção do juiz – ou, pelo contrário, pode carecer de uma decisão judicial, devidamente autorizada por lei.

4.1.1.1. Prorrogação por previsão legal

1) Prorrogação em caso de pluralidade de réus

Sendo a ação judicial proposta contra vários réus, em regime de litisconsórcio ou de coligação, e terminando os respetivos prazos de contestação em dias diferentes, qualquer um dos réus ou todos eles podem oferecer a sua contestação até ao termo do prazo que começou a correr em último lugar (art. 569º, nº 2)[644,645,646]. Na verdade, este regime visa conceder aos réus a possibilidade de apresentarem uma defesa conjunta, sem que daí resulte qualquer prejuízo para o autor ou para a celeridade processual, tanto mais que o autor apenas será notificado das contestações depois de ter sido oferecida a última con-

No ordenamento jurídico alemão, o § 224 (2) da $ZPO_{Al.}$ estabelece que o prazo, legal ou judicial, pode ser reduzido ou prorrogado desde que se verifiquem razões significativas ou relevantes que o justifiquem.

No ordenamento jurídico austríaco, o § 128 (1) da $ZPO_{Áus.}$ preceitua que os prazos processuais podem ser prorrogados pelo tribunal, salvo quando a lei expressamente o proíba.

Por sua vez, o art. 222º do $CPC_{Br.}$ prevê a possibilidade de o juiz prorrogar o prazo até dois meses quando for difícil o transporte na comarca, secção ou subsecção judiciária, podendo esse limite para a prorrogação do prazo ser excedido, na eventualidade de ocorrer uma calamidade pública.

[643] *Vide*, a este propósito, RODRIGUES, Fernando Pereira, *O Novo Processo Civil. Os Princípios Estruturantes*, *op. cit.*, p. 62.

[644] No sentido de este regime apenas ser aplicável aos prazos para a apresentação da contestação no processo civil, *vide* o ac. do STJ de 12.10.1988, proc. 039610. Quanto à aplicação deste regime ao prazo para a apresentação da contestação contra embargos de terceiro, *vide* o ac. do STJ de 16.12.1999, proc. 99B1047.

[645] Nos termos do art. 728º, nº 3, esta prorrogação legal do prazo não é aplicável ao processo executivo. No sentido de esta norma revestir natureza interpretativa, *vide* o ac. do STJ de 30.10.2001, proc. 2618/01, *in SASTJ*, ano 2001, bem como o ac. do STJ de 27.03.2007, proc. 4668/06, *in SASTJ*, ano 2007.

[646] Sustentando que este regime não pode ser aplicado, por analogia, aos casos em que as partes se encontrem em regime de coligação, já que, nessa eventualidade, o prazo para a interposição de recurso, por cada uma das partes coligadas, é independente em relação às demais, *vide* o ac. do STJ de 21.01.1998, proc. 97S057.

testação ou logo que se mostre decorrido o prazo legalmente previsto para o seu oferecimento (art. 575º, nº 2)[647].

Note-se, no entanto, que, para efeitos de aplicação deste regime, o prazo de referência não é o prazo que terminou em último lugar, mas antes o prazo que começou a correr em último lugar – ainda que, como é óbvio e em condições normais, seja este o prazo que vá terminar em último lugar, porquanto começou a correr mais tarde –, sendo que, à luz do art. 569º, nº 1, o prazo perentório da contestação começa a correr desde o termo da dilação, se a ela houver lugar[648].

Assim, a título meramente exemplificativo, se a ação tiver sido intentada contra dois réus (R1 e R2), tendo o R1 sido citado no dia 1 e o R2 no dia 5, beneficiando o R1 de uma dilação de 10 dias e o R2 de uma dilação de 5 dias, o prazo de contestação que começará a correr em último lugar será o do R1, pois que o prazo de contestação do R1 começará a correr no dia 12, enquanto o prazo de contestação do R2 começará a correr no dia 11. Significa isto que os dois réus poderão apresentar a sua contestação até ao termo do prazo de contestação do R1, apesar de o R2 ter sido citado posteriormente ao R1.

Por outro lado, nos termos do art. 569º, nº 3, se o autor desistir da instância ou do pedido (arts. 283º e ss.) relativamente a algum dos réus que ainda não tenham sido citados, os demais réus que já tenham sido citados e que ainda não tenham contestado devem ser notificados dessa desistência, contando-se, a partir dessa notificação, o prazo para a apresentação da contestação[649,650].

[647] MACHADO, António Montalvão / PIMENTA, Paulo, *O Novo Processo Civil*, 12ª ed. reimp., Almedina, Coimbra, 2011, p. 191. *Vide*, no mesmo sentido, PIMENTA, Paulo, *Processo Civil Declarativo*, 2ª ed., Almedina, Coimbra, 2017, p. 213, SOUSA, Miguel Teixeira de, *Estudos sobre o Novo Processo Civil*, Lex, Lisboa, 1997, p. 285, FREITAS, José Lebre de, *A Ação Declarativa Comum: À Luz do Código de Processo Civil de 2013*, 4ª ed., Gestlegal, Coimbra, 2017, p. 101, bem como AMARAL, Jorge Augusto Pais de, *Direito Processual Civil*, 13ª ed., Almedina, Coimbra, 2017, p. 254.

[648] *Vide*, a este respeito, FREITAS, José Lebre de / ALEXANDRE, Isabel, *Código de Processo Civil Anotado*, vol. II, 3ª ed. reimp., Almedina, Coimbra, 2018, p. 548.

[649] A este propósito, o art. 486º, nº 2, 2ª parte, do CPC_{1961} dispunha o seguinte: "[...] mas se o autor desistir da instância ou do pedido relativamente a algum dos réus ainda não citado, podem os outros oferecer as suas contestações como se ele houvesse sido citado no dia em que foi apresentado o pedido de desistência".

[650] Conforme se extrai do preâmbulo do DL nº 329-A/95, de 12 de dezembro, o legislador entendeu que "no caso de desistência do pedido ou da instância em relação a alguns réus, antes de citados todos eles, por razões de certeza, estatuiu-se que os prazos para contestação dos restantes só se considerem iniciados a partir da notificação de uma tal desistência".

2) Prorrogação em caso de pluralidade de recorrentes ou de recorridos
Se houver vários recorrentes ou recorridos, ainda que se encontrem representados por advogados diferentes, o prazo para apresentarem as respetivas alegações é único, incumbindo à secretaria providenciar para que todos possam proceder ao exame do processo dentro do prazo de que beneficiam (art. 638º, nº 9)[651].

3) Prorrogação do prazo que termine em dia não útil
Se o prazo para a prática de um ato processual terminar, por força do princípio da continuidade da contagem do prazo, em dia em que os tribunais estiverem encerrados, o termo do prazo transfere-se para o primeiro dia útil seguinte (art. 138º, nº 2). Vale isto por dizer que a lei prorroga automaticamente o termo do prazo – sem necessidade, portanto, de qualquer despacho judicial –, até ao primeiro dia útil seguinte.

4.1.1.2. Prorrogação dependente de decisão judicial

1) Prorrogação a favor do Ministério Público
A lei prevê a possibilidade de ser concedida ao Ministério Público, mediante a apresentação de pedido nesse sentido, a prorrogação do prazo para o oferecimento da contestação, pelo máximo de 30 dias, quando este, para poder preparar e organizar a defesa, careça de informações que não possa obter dentro do prazo ou quando tenha de aguardar por uma resposta a uma consulta feita a uma instância superior (art. 569º, nº 4)[652,653].

[651] *Vide*, a este respeito, o ac. do TRP de 01.07.2021, proc. 98/14.4T8VRL-C.P1, no qual se consignou que "A norma do nº 9 do art. 638º do Código de Processo Civil não é uma norma relativa a contagem de prazo, iniciando-se, em qualquer caso, o prazo de interposição de recurso de cada recorrente segundo os critérios previstos nos nºs 1, 2, 3 e 4 do mesmo artigo".

[652] A jurisprudência tem vindo a entender que a concessão ao Ministério Público da prorrogação do prazo não ofende o princípio da igualdade, consagrado nos arts. 6º da CEDH e 13º da CRP. Cfr., nesse sentido, o ac. do TRP de 07.06.1983, proc. 0001830, bem como o ac. do TRL de 26.04.1995, proc. 0087971.

[653] Do mesmo modo, o art. 490º, § 2º, do CPC_{1939} previa a possibilidade de ser concedida ao Ministério Público a prorrogação do prazo quando este carecesse de informações que não pudesse obter dentro do prazo da contestação ou quando tivesse de aguardar por uma resposta a uma consulta feita a uma instância superior.
O art. 486º, nº 3, do CPC_{1961} viria a manter o regime da prorrogação do prazo de contestação a favor do Ministério Público com base nos mesmos fundamentos já previstos no Código de Processo Civil de 1939, mas o legislador acrescentou à parte final do nº 3 do art. 486º a regra de que a prorrogação não podia, "salvo em casos excepcionais devidamente justificados, ir além de seis meses". *Vide*, a este propósito, o ac. do TRL de 19.01.1988, proc. 0024309, no qual se decidiu não julgar inconstitucional

Acresce, por outro lado, que esta prorrogação é igualmente aplicável à réplica, atento o disposto no art. 586º.

Para que o prazo para o oferecimento da contestação possa ser prorrogado, o Ministério Público deve requerer essa prorrogação, de forma fundamentada e antes que se verifique o termo do prazo que pretende ver prorrogado[654].

Sendo concedida ao Ministério Público a prorrogação do prazo para a apresentação da contestação e na eventualidade de existirem outros corréus, importa salientar que estes não beneficiam dessa prorrogação, pois que, face

"o nº 3 do artigo 486º do Código de Processo Civil (redacção anterior ao Dec-Lei 242/85) que concedia ao M.P. a prorrogação, até 6 meses, do prazo para contestar".

Com o DL nº 242/85, de 9 de julho, foi introduzida uma alteração na redação do art. 486º, nº 3, do CPC_{1961}, impondo-se a obrigação de o Ministério Público fundamentar o pedido de prorrogação e limitando-se o prazo da prorrogação, o qual não podia, em caso algum, exceder três meses. A este respeito, o Tribunal Constitucional, no seu ac. nº 266/97, de 19.03.1997, proc. 618/95, decidiu julgar "inconstitucional, por violação dos artigos 20º, nº 1, e 13º, da Constituição, a norma do artigo 486º, nº 3, do Código de Processo Civil, na versão anterior à revisão de 1995 e 1996". Com efeito, decidiu-se neste aresto que "o «privilégio processual» do Ministério Público de dispor de um prazo tão dilatado para contestar uma acção cível vem quebrar a paridade das partes no processo, que implica uma igualdade de armas para os sujeitos processuais. Na verdade, embora a posição processual do Ministério Público, quando representante do Estado, não deva «ser visualizada em termos exactamente idênticos ao do representante processual – máxime mandatário judicial – de outra qualquer *parte*», o certo é que, para certos efeitos processuais (aqueles sobre que se pronunciaram os citados acórdãos do Tribunal Constitucional), já o Ministério Público goza da dispensa do ónus de impugnação especificada na contestação e beneficia da excepção da cominação da confissão dos factos alegados pelo autor na acção cível, não tendo, pois, justificação razoável o direito a ver prorrogado até ao limite máximo de três meses um prazo processual, aqui o prazo para apresentar uma contestação, quando qualquer parte processual não dispõe da possibilidade de requerer tal prorrogação (cfr., aliás, a solução do actual Código revisto, que no artigo 486º prevê uma prorrogação até ao limite máximo de 30 dias – e não são já os três meses –, a requerimento do Ministério Público (nº 4) ou de outra parte no processo (nº 5))". Do mesmo modo, na doutrina, Lebre de Freitas criticava o "privilégio", concedido ao Ministério Público, "de contestar em prazo muito superior ao da parte privada, com isenção dos ónus da contestação e da impugnação especificada", o que contrariava, de forma flagrante, o princípio da igualdade de armas (Freitas, José Lebre de, *Estudos sobre Direito Civil e Processo Civil*, vol. I, 2ª ed., Coimbra Editora, Coimbra, 2009, pp. 22, 23 e 34. *Vide*, no mesmo sentido, Freitas, José Lebre de, "Inconstitucionalidades do Código de Processo Civil", *op. cit.*, p. 39, bem como Freitas, José Lebre de, "Em torno da revisão do direito processual civil", *in ROA*, ano 55, vol. I, Lisboa, janeiro 1995, pp. 11 e 12).

Posteriormente, o DL nº 329-A/95, de 12 de dezembro, alterou novamente a redação do art. 486º do CPC_{1961}, passando a dispor-se no seu nº 4 que a prorrogação a favor do Ministério Público não podia, em circunstância alguma, ir além de 30 dias.

[654] *Vide*, nesse sentido, o ac. do TRL de 23.01.1992, proc. 0052922, bem como o ac. do TRL de 26.04.1995, proc. 0087971.

às concretas razões que determinaram a sua concessão, essa prorrogação apenas aproveita ao Ministério Público[655].

2) Prorrogação por verificação de motivo ponderoso

Se considerar que ocorre um motivo ponderoso, que seja suscetível de impedir ou de dificultar anormalmente ao réu ou ao seu mandatário judicial a organização da sua defesa – como seja, por exemplo, a extensão considerável da petição inicial e da matéria de facto nela vertida, o volume assinável dos documentos que foram juntos com esse articulado ou a especial complexidade técnica do objeto do litígio –, o juiz pode, a requerimento do réu e sem prévia audição da parte contrária, prorrogar o prazo da contestação, até ao limite máximo de 30 dias[656,657].

Com a consagração deste regime, o legislador procurou, fundamentalmente, assegurar, dentro do possível, a igualdade processual entre as partes, já que, assim como o autor teve, em princípio, a possibilidade de preparar a petição inicial sem estar sujeito a qualquer prazo, do mesmo modo o réu deve ter a possibilidade de organizar a sua defesa num prazo superior, quando o prazo legal de 30 dias se mostre manifestamente exíguo para esse efeito[658]. Nessa exata medida, este regime aplica-se apenas ao prazo para a apresentação da contestação e da réplica (arts. 569º, nº 5, e 586º), não admitindo, por conseguinte, qualquer aplicação analógica a outros prazos, nomeadamente ao prazo para a interposição do recurso[659,660].

655 *Vide*, em sentido contrário, Lopes-Cardoso, Álvaro, *Citações e Notificações em Processo Civil do Trabalho e Penal*, *op. cit.*, p. 35, o qual defende que, sendo concedida ao Ministério Público a prorrogação do prazo para a apresentação da sua defesa, os demais réus devem ser notificados dessa prorrogação, por forma a poderem beneficiar do regime previsto no art. 569º, nº 2.

656 Com efeito, extrai-se do preâmbulo do DL nº 329-A/95, de 12 de dezembro, o seguinte: "Aproxima-se decididamente o regime adjectivo da intervenção principal do Ministério Público do normal estatuto atribuído à parte principal, pondo termo aos «privilégios processuais» do Estado nos litígios de direito privado em que esteja envolvido: faculta-se a qualquer das partes a possibilidade de requerer e obter prorrogação do prazo para contestar (ou apresentar os articulados subsequentes à contestação) em termos paralelos e por período idêntico ao que se prevê para o Ministério Público".

657 Na génese desta solução legislativa estará o facto de o DL nº 47.690, de 11 de maio de 1967, ter, então, acrescentado um nº 4 ao art. 486º do CPC_{1961}, no qual se dispunha o seguinte: "Pode também ser concedido prazo mais longo para a contestação das acções de simples apreciação negativa, quando o réu justifique a necessidade da prorrogação".

658 *Vide*, no mesmo sentido, Machado, António Montalvão / Pimenta, Paulo, *O Novo Processo Civil*, *op. cit.*, p. 192.

659 Ac. do TRL de 21.09.2006, proc. 6127/06-2. *Vide*, no mesmo sentido, o ac. do TRE de 23.11.2006, proc. 2099/06-2, bem como o ac. do TRE de 27.09.2007, proc. 1808/07-3.

Em todo o caso, conforme decorre da lei, o juiz só pode prorrogar o prazo da contestação até ao limite máximo de 30 dias. Com efeito, a fixação de um limite máximo para a prorrogação do prazo visa, fundamentalmente, evitar a prática de comportamentos abusivos, em resultado da negligência ou da incúria dos mandatários forenses ou das próprias partes[661].

Por outro lado, importa salientar que o requerimento de prorrogação do prazo da contestação deve ser apresentado antes que esse prazo termine[662].

Acresce que a apresentação do requerimento de prorrogação do prazo não suspende o prazo de contestação que se encontre em curso[663,664], sendo que a lei impõe ao juiz a obrigação de decidir esse pedido no prazo de vinte e quatro horas.

Vale isto por dizer que a decisão sobre a prorrogação do prazo de contestação só produz efeito útil desde que a mesma seja tomada antes do termo

[660] Sustentando a possibilidade de aplicação deste regime aos processos especiais, ainda que revistam natureza urgente, *vide* o ac. do TRP de 10.07.2019, proc. 453/18.0T8PRT.P1.

[661] MORTARA, Lodovico, *Istituzioni di Procedura Civile*, *op. cit.*, p. 97.

[662] Na verdade, como bem elucida Lodovico Mortara, se a "prorrogação" pudesse ser concedida depois do termo do prazo, deixaríamos, em rigor, de estar perante uma prorrogação, verificando--se, ao invés, uma renovação do prazo (MORTARA, Lodovico, *Istituzioni di Procedura Civile*, *op. cit.*, p. 97). *Vide*, no mesmo sentido, o ac. do TRE de 24.06.2014, proc. 201/07.0GALGS.E1, no qual se decidiu que "Prorrogar significa prolongar (o tempo) para além do prazo estabelecido, pressupondo que o prazo ainda não esteja findo pois, de outro modo, não haveria lugar à sua prorrogação, mas sim a um novo prazo ou um prazo sucessivo, que, assim, se iniciaria depois de esgotado o anterior e independentemente da existência de intervalos temporais entre ambos". Cfr., ainda, o ac. do TRC de 16.05.2001, proc. 1131/2001, bem como o ac. do TRL de 23.03.2010, proc. 351/2000.L1-7.

[663] Daí que, tal como se decidiu no ac. do TRG de 20.03.2014, proc. 310/13.7TCGMR-A.G1, sendo deferido o pedido de prorrogação do prazo, "o prazo objeto de prorrogação conta-se desde o termo final do prazo normal para a contestação". *Vide*, no mesmo sentido, o ac. do TRL de 13.05.2009, proc. 988/08.3TTLSB-L1-4, no qual se decidiu que "Requerida e deferida a prorrogação de um prazo processual (para contestar) que terminava num domingo, o prazo a considerar é unicamente o alargado, que é contínuo, não se aplicando ao prazo inicial a transferência para o primeiro dia útil seguinte (artigo 144º, nº 2, do Código de Processo Civil), a não ser que o próprio requerimento de prorrogação seja apresentado justamente no primeiro dia útil seguinte ao prazo inicial".

[664] Com efeito, como bem referem Lebre de Freitas e Isabel Alexandre, se a apresentação do requerimento de prorrogação do prazo tivesse a virtualidade de suspender o prazo em curso, bastaria ao réu apresentar o requerimento no último dia do prazo perentório da contestação para, dessa forma, lograr beneficiar da extensão do prazo para contestar, ainda que, mais tarde, o pedido de prorrogação do prazo viesse a ser indeferido (FREITAS, José Lebre de / ALEXANDRE, Isabel, *Código de Processo Civil Anotado*, vol. II, *op. cit.*, p. 553). Do mesmo modo, Miguel Teixeira de Sousa salienta que o facto de a apresentação desse requerimento não suspender o prazo de contestação que se encontre em curso constitui um desincentivo à apresentação de pedidos manifestamente infundados (SOUSA, Miguel Teixeira de, *Estudos sobre o Novo Processo Civil*, *op. cit.*, p. 286).

desse prazo, razão pela qual, se o juiz decidir prorrogar o prazo depois de o mesmo já se ter esgotado, tal não acarreta a renovação do prazo entretanto extinto[665]. Do mesmo modo, se o juiz indeferir o pedido de prorrogação do prazo já depois de se ter extinguido o prazo normal para o oferecimento da contestação, o réu não pode oferecer validamente a sua contestação, atenta a preclusão decorrente da extinção do prazo[666].

Nessa exata medida, o requerimento de prorrogação do prazo deve ser apresentado com uma antecedência superior a vinte e quatro horas em relação ao termo do prazo, não podendo, em qualquer caso, ser apresentado quando já esteja em curso o prazo de 3 dias úteis de multa a que alude o art. 139º, nº 5[667].

A decisão sobre o pedido de prorrogação do prazo é irrecorrível[668] e deve ser notificada imediatamente pela secretaria ao requerente, através de telegrama, comunicação telefónica[669] ou outro meio análogo de telecomunicações que se revele igualmente expedito (art. 172º, nºs 5 e 6, *ex vi* art. 569º, nº 6).

Atenta a natureza urgente do procedimento de prorrogação do prazo para a apresentação da contestação, este procedimento é incompatível com o contraditório prévio da parte contrária, tanto mais que a decisão do juiz é irrecorrível[670].

Questão controvertida é a de saber se, tendo sido concedida a um dos réus a prorrogação do prazo para apresentar a sua contestação, em virtude da ocorrência de um motivo ponderoso que impeça ou dificulte anormalmente a esse réu ou ao seu mandatário judicial a organização da defesa, à luz do 569º, nº 5,

[665] *Vide*, nesse sentido, o ac. do STJ de 24.01.2002, proc. 3621/01, *in SASTJ*, ano 2002. Cfr., ainda, o ac. do TRP de 10.04.2000, proc. 0050109, no qual se decidiu que, se a secretaria, de forma indevida, não apresenta conclusão urgente ao juiz relativamente a um requerimento de prorrogação do prazo da contestação e, do mesmo modo, não notifica imediatamente ao requerente o despacho que deferiu o pedido de prorrogação do prazo, ao ponto de se mostrar, entretanto, esgotado o prazo para a apresentação da contestação, verifica-se uma nulidade secundária, razão pela qual a mesma deve ser arguida perante o tribunal que a cometeu, sob pena de ficar sanada.

[666] AMARAL, Jorge Augusto Pais de, *Direito Processual Civil, op. cit.*, p. 256.

[667] Cfr., nesse sentido, o ac. do TRP de 21.05.2001, proc. 0051217, o ac. do TRL de 19.10.2006, proc. 6681/2006-2, bem como o ac. do TRE de 26.05.2011, proc. 2574/09.1TBLLE.E1.

[668] Cfr., a este respeito, o ac. do TRG de 20.03.2014, proc. 310/13.7TCGMR-A.G1, no qual se decidiu que "A irrecorribilidade do despacho que prorroga o prazo para a contestação, nos termos do nº 6 do art. 569º do CPC, reporta-se tão-somente ao juízo acerca das razões (o motivo ponderoso que impede ou dificulta anormalmente a organização da defesa) que alicerçam o pedido de prorrogação, e não já ao juízo acerca da legalidade processual do requerimento".

[669] Observe-se que, nos termos do art. 172º, nº 6, a comunicação telefónica deve ser sempre documentada nos autos e seguida de confirmação através de qualquer meio escrito.

[670] *Vide*, nesse sentido, o ac. do TRP de 10.07.2006, proc. 0653035.

o prazo de contestação desse réu, que, em virtude dessa prorrogação, passará a terminar em último lugar, aproveita igualmente aos demais corréus que não tenham requerido a prorrogação do prazo.

Para uma primeira tese, se o prazo de contestação de um dos réus for prorrogado, terminando, por conseguinte, em data posterior relativamente aos demais prazos de contestação que se encontrem em curso, os restantes réus beneficiam dessa prorrogação, ou seja, todos eles podem apresentar a sua contestação até ao termo do prazo que foi prorrogado e que, por conseguinte, termina em último lugar, assegurando-se, dessa forma, a possibilidade de todos os réus apresentarem uma defesa conjunta, por aplicação analógica do disposto no art. 569º, nº 2[671].

Diferentemente, para uma segunda tese, o princípio do benefício do prazo, consagrado no art. 569º, nº 2, apenas permite a qualquer um dos réus apresentar a sua defesa dentro do prazo de contestação que tiver começado a correr em último lugar. Ora, quando um prazo de contestação é prorrogado, nos termos do art. 569º, nº 5, daí não resulta que esse prazo "comece a correr em último lugar", mas antes que esse prazo termine em momento posterior. Acresce que a prorrogação do prazo, prevista no art. 569º, nº 5, só pode ser deferida de forma excecional e quando ocorra um motivo ponderoso, não sendo, por isso, este benefício extensível aos demais réus. Assim, de acordo com esta tese, a prorrogação do prazo, nos termos do art. 569º, nº 5, reveste natureza *intuitu personae*, razão pela qual não se estende aos demais corréus[672].

[671] Cfr., nesse sentido, o ac. do TRC de 12.09.2017, proc. 4632/16.7T8VIS-A.C1, no qual se decidiu que "Em caso de pluralidade de réus, se a prorrogação do prazo de defesa for concedida apenas a um deles, tal benefício deve considerar-se extensivo aos restantes demandados, por aplicação adaptada do regime do artigo 569º, nº 2, do CPC". Com efeito, conforme se decidiu neste aresto, "sendo também aqui aplicável o apelo à necessidade de facultar aos vários réus a possibilidade de concertação das suas defesas, não se descortina qualquer razão para, uma vez concedido àquele que o requeira, o mesmo não se estenda aos restantes que dele se queiram aproveitar". Cfr., igualmente, o ac. do TRP de 28.11.2017, proc. 11403/16.9T8PRT-A.P1, com o seguinte sumário: "I – Em caso de pluralidade de réus, se a prorrogação do prazo de defesa for concedida a um deles, ainda que por motivos que só a este digam respeito, tal benefício deve igualmente abranger todos os restantes demandados, nos termos do artigo 569º, nº 2, do CPC. II – Esta imposição de que o prazo de contestação deva terminar na mesma data para todos os réus assenta no princípio da igualdade de armas, o qual deve ser considerado estruturante do nosso ordenamento jurídico, de valor *supra* legislativo, atento o disposto no artigo 6º da Convenção Europeia dos Direitos do Homem, com a decorrente influência na interpretação das normas processuais". *Vide*, na doutrina, PIMENTA, Paulo, *Processo Civil Declarativo*, *op. cit.*, p. 213.

[672] Cfr., nesse sentido, o ac. do TRL de 15.05.2013, proc. 293/13.3TVLSB.L1-6. *Vide*, na doutrina, FREITAS, José Lebre de / ALEXANDRE, Isabel, *Código de Processo Civil Anotado*, vol. II, *op. cit.*, p. 549.

Na nossa perspetiva, entendemos, salvo melhor opinião, que esta segunda tese é a mais acertada. Na verdade, sendo concedida a um réu, por questões particulares e específicas que dificultem a apresentação da sua defesa, a prorrogação do prazo para a apresentação da sua contestação, nenhuma razão ou fundamento existe para que os demais réus, apesar de não se acharem confrontados com igual dificuldade, beneficiem também eles de uma prorrogação para a apresentação da sua defesa. Acresce que não é legalmente admissível a aplicação, nesse caso, do disposto no art. 569º, nº 2, pois que esta disposição legal apenas alude à possibilidade de, havendo vários réus, todos eles poderem apresentar a sua contestação no termo do prazo que começou a correr em último lugar, o que não se confunde com a possibilidade de se aproveitarem do prazo que vai terminar em último lugar, por força da concessão, a um dos réus, de uma prorrogação do prazo de defesa.

3) Prorrogação na prestação forçada de contas

Se o tutor ou acompanhante não prestar espontaneamente as contas, este é citado para as apresentar no prazo de 30 dias, a requerimento do Ministério Público, do acompanhado, do novo acompanhante, quando o haja, ou de qualquer parente sucessível do incapaz (art. 949º, nº 1), sendo que esse prazo, nos termos do nº 2 do citado preceito legal, pode ser prorrogado, quando a prorrogação se justifique "de acordo com critérios de equidade".

4.1.2. Prorrogação do prazo judicial

Sendo o prazo processual fixado por despacho do juiz, esse prazo pode ser prorrogado, a requerimento da parte interessada, quando exista fundamento bastante para tal[673].

Na verdade, no que diz respeito à prorrogação do prazo, a lei de processo civil apenas estabelece restrições quanto ao prazo processual que tenha sido marcado pela lei (art. 141º, nº 1), motivo pelo qual não existe qualquer razão para que o prazo processual que tenha sido fixado pelo juiz não possa ser prorrogado quando se verifique algum motivo que o justifique.

É o que sucede, por exemplo, com o prazo, a ser fixado pelo juiz, dentro do qual deve ser suprida a falta ou corrigido o vício e ratificado o processado em caso de falta, insuficiência ou irregularidade do mandato, podendo tal prazo ser prorrogado, mediante requerimento fundamentado (art. 48º, nº 2)[674],

[673] *Vide*, a este propósito, o ac. do TRL de 14.01.1992, proc. 0054161. Cfr., na doutrina, VITALE, Antonio, "Termini (Diritto Canonico)", *op. cit.*, p. 1.

[674] Cfr., nesse sentido, o ac. do TRL de 25.03.1992, proc. 0036291.

com o prazo, fixado pelo juiz, para a apresentação do relatório, o qual pode ser prorrogado, por uma única vez, quando ocorra motivo justificado (art. 483º, nºs 1 e 3)[675], ou ainda com a possibilidade de prorrogação do prazo, fixado no compromisso ou designado pelo juiz, para a apresentação de parecer, pelos repartidores, sobre a regulação das avarias, no processo especial de regulação e repartição de avarias marítimas (art. 953º, nº 3).

Por outro lado, importa salientar que o requerimento de prorrogação de um prazo judicial não suspende, nem interrompe, o prazo que se encontre em curso. O mesmo é dizer que "o prazo prorrogado é um único prazo cuja duração corresponde ao prazo inicial acrescido do da prorrogação"[676].

4.1.3. Prorrogação voluntária do prazo

O prazo perentório marcado pela lei, fixado pelo juiz ou convencionado entre as partes pode igualmente ser prorrogado por acordo das partes, mesmo que a lei não preveja expressamente a possibilidade de prorrogação desse prazo[677,678,679].

É o que sucede, por exemplo, com a prorrogação voluntária do prazo legal para a apresentação da contestação, quando as partes tenham, entretanto, estabelecido negociações, tendo em vista a formalização de uma transação que permita pôr termo ao processo por composição amigável do litígio[680,681], com a prorrogação voluntária do prazo legal para a interposição de

[675] *Vide*, a este propósito, o ac. do TRL de 02.07.1992, proc. 0044386.

[676] Ac. do TRC de 15.02.2022, proc. 627/20.4T8PBL-A.C1.

[677] Ac. do TRP de 22.06.1997, proc. 9721113.

[678] No sentido de o prazo dos 3 dias de multa, previsto no art. 139º, nº 5, não ser suscetível de prorrogação, já que esse prazo não está na disponibilidade das partes, *vide* o ac. do TRP de 30.11.2010, proc. 322/08.2TBVCD-A.P1.

[679] Já assim não sucede, a título meramente comparativo, no ordenamento jurídico austríaco, pois que o § 128 da $ZPO_{Áus.}$ proíbe expressamente a prorrogação de um prazo processual por acordo entre as partes. Outrossim, o § 129 da $ZPO_{Áus.}$ permite às partes reduzirem o prazo por acordo, o qual deve ser documentado para produzir efeitos no processo.

[680] No sentido de as partes poderem prorrogar voluntariamente o prazo para a apresentação da contestação, *vide* o ac. do TRL de 10.12.1998, proc. 0068946, bem como o ac. do TRC de 15.07.2008, proc. 964/07.3TBMGR.C1.

Cfr., em sentido contrário, o ac. do TRL de 18.10.1994, proc. 0079751, bem como o ac. do TRC de 22.02.2000, proc. 3397/99.

[681] Note-se, em todo o caso, que, sendo requerida a prorrogação voluntária do prazo para a apresentação da contestação, essa prorrogação só abrange o prazo perentório da contestação, ficando, por isso, dela excluída, o eventual prazo dilatório a que haja lugar (cfr., a este propósito, o ac. do TRC de 15.07.2008, proc. 964/07.3TBMGR.C1).

recurso[682], com a prorrogação do prazo que tenha sido fixado pelo juiz para a prática de um determinado ato ou ainda com a prorrogação do prazo de suspensão da instância que, nos termos do art. 272º, nº 4, tenha sido convencionado entre as partes[683].

Assim, havendo acordo das partes, o prazo pode ser prorrogado por igual período de tempo – isto é, se, por exemplo, o prazo é de 10 dias, as partes podem prorrogá-lo por mais 10 dias[684,685] – e por uma única vez (art. 141º, nº 2)[686].

Contudo, muito embora a prorrogação do prazo decorra, neste caso, da livre vontade das partes, a verdade é que essa prorrogação não deixa, ainda assim, de estar sujeita a um controlo judicial[687]. Cabe, por isso, ao juiz analisar a validade do acordo de prorrogação do prazo e, em conformidade, deferir ou não o pedido de prorrogação[688], razão pela qual as partes devem, no seu requerimento, fundamentar o seu pedido de prorrogação do prazo.

Sendo requerida a prorrogação do prazo, a apresentação desse pedido não tem a virtualidade de suspender ou de interromper a contagem do prazo que se encontre em curso[689,690]. Significa isto que o pedido de prorrogação

[682] *Vide*, nesse sentido, o ac. do TRP de 30.11.2010, proc. 322/08.2TBVCD-A.P1.

[683] Cfr., a este propósito, BORCK, Hans-Günther, *Zivilprozessordnung und Nebengesetze*, *op. cit.*, p. 915, o qual salienta que a prorrogação voluntária do prazo pode encontrar várias justificações, nomeadamente a existência de negociações promissoras tendo em vista a formalização de um acordo, a sobrecarga de trabalho de um dos advogados, a ocorrência de uma doença ou a morte de um familiar da parte ou do advogado.

[684] De todo o modo, parece-nos inexistir qualquer impedimento no sentido de as partes prorrogarem o prazo por um período inferior ao da sua duração.

[685] *Vide*, a este respeito, o ac. do TRG de 07.02.2019, proc. 7153/15.1T8GMR-C.G1, no qual se decidiu o seguinte: "A prorrogação prevista no art. 141º, nº 2, do Código de Processo Civil só permite duplicar o prazo original. [...] Prorrogado o prazo legal, fica a haver um único prazo, com a duração da soma desses dois períodos, que corre de acordo com a regra da continuidade, prevista no art. 138º, nº 1, do Código de Processo Civil".

[686] Cfr., a este propósito, o preâmbulo do DL nº 329-A/95, de 12 de dezembro, onde se consignou o seguinte: "Faculta-se a possibilidade de prorrogação de qualquer prazo, havendo acordo das partes, desde que esta não conduza a exceder o dobro do prazo legalmente previsto, sem prejuízo do regime especial que se estatui quanto à prorrogabilidade do prazo para apresentação da contestação e dos articulados a ela subsequentes".

[687] Ac. do TRL de 06.06.2002, proc. 0062726.

[688] *Vide*, a este respeito, o ac. do TRL de 23.04.2001, proc. 0051912.

[689] Cfr., em sentido contrário, o ac. do TRC de 12.06.2012, proc. 671/08.0TBSCD-A.C1.

[690] Observe-se, de resto, que o art. 138º, nº 1, é inequívoco ao determinar que o prazo processual conta-se de forma contínua, apenas se suspendendo durante o período de férias judiciais, não fazendo, por isso, o legislador qualquer ressalva quanto ao facto de o pedido de prorrogação voluntária do prazo suspender, também ele, a contagem do prazo processual.

do prazo deve ser apresentado antes que termine o prazo que se pretende prorrogar[691].

Por conseguinte, se o tribunal deferir o pedido de prorrogação do prazo, é irrelevante, para efeitos de contagem do prazo, a data da notificação do despacho que defira tal pedido[692], apenas se verificando um prolongamento do prazo para a parte praticar o ato em falta[693]. Vale isto por dizer que, sendo deferido o pedido de prorrogação voluntária do prazo, "o prazo primitivo e o prazo adicionado [...] devem contar-se a partir do primitivo prazo e por forma contínua"[694], ou seja, o novo período de prazo começa a correr desde o termo do prazo objeto de prorrogação[695] e não desde a dedução do pedido ou da notificação do despacho judicial que tenha deferido esse pedido. Assinale-se, portanto, que o prazo "primitivo" e o prazo "adicional" somam-se entre si e contam-se como um só, como se tratando de um único prazo[696].

Pelo contrário, se o tribunal indeferir o pedido de prorrogação, a parte tem de praticar o ato processual dentro do prazo inicial, cuja contagem não sofreu qualquer suspensão ou interrupção em virtude da apresentação do pedido de prorrogação desse prazo. Vale isto por dizer que, se a parte interessada na prorrogação voluntária do prazo não for notificada da decisão do juiz antes do termo desse prazo, deve, por cautela, praticar o ato processual

[691] *Vide*, no mesmo sentido, o ac. do TRG de 07.02.2019, proc. 7153/15.1T8GMR-C.G1.

[692] Cfr., nesse sentido, o ac. do TRP de 08.02.2010, proc. 3361/08.0TJVNF.P1, bem como o ac. do TRP de 15.03.2010, proc. 1368/08.6TBMCN-A.P1. *Vide*, igualmente, o ac. do STJ de 28.11.2017, proc. 1050/09.7TBBGC.G1.S1, com o seguinte sumário: "A prorrogação do prazo inicial por acordo das partes – art. 141º, nº 2, do CPC – deve ser comunicada ao tribunal no seu decurso e inicia-se desde o termo daquele prazo inicial, e não do despacho que a considera verificada. [...] Prorrogado o prazo legal para a interposição do recurso de apelação, fica a haver um único prazo com a duração do tempo do prazo legal acrescido do tempo da prorrogação".

[693] Nessa exata medida, conforme se decidiu no ac. do TRP de 08.02.2010, proc. 3361/08.0TJVNF.P1, "quando as partes requerem que seja dado uso ao nº 2 do art. 147º do CPC, não devem esperar que o juiz defira ou não o seu requerimento para, a partir daí, esperarem a notificação desse despacho e prolongarem assim o prazo para contestar, antes devem contar, dado que o requerimento tem de ser apresentado antes do fim do primeiro prazo, um prazo por igual período àquele que beneficiava".

[694] Ac. do TRG de 23.11.2010, proc. 315/10.0TBBRG.G1.

[695] É essa, aliás, a regra que, no ordenamento jurídico alemão, se encontra expressamente prevista no § 190 do BGB, bem como no § 224 (3) da $ZPO_{Al.}$.

[696] *Vide*, no mesmo sentido, o ac. do TRE de 05.11.2020, proc. 1884/19.4T8EVR-A.E1, com o seguinte sumário: "Ainda que o prazo para o réu contestar seja prorrogado nos termos dos artigos 141º, nº 1 e 569º, nº 5, do CPC, continua a existir um único prazo, que deve ser contado nos termos estabelecidos no artigo 138º, nº 1, do mesmo Código. O regime previsto no artigo 138º, nº 2, do CPC apenas poderá aplicar-se no final desse prazo".

em falta dentro do prazo inicial, pois que, se não o fizer, corre o risco de perder o direito de praticar o ato, na eventualidade de o juiz indeferir o pedido de prorrogação voluntária do prazo.

4.2. Prática do ato com multa

4.2.1. Âmbito

Conforme se referiu *supra*, o prazo perentório é aquele cujo decurso extingue o direito de praticar o ato (art. 139º, nº 3).

No entanto, independentemente da ocorrência de um justo impedimento, o art. 139º, nº 5, prevê a possibilidade de a parte praticar o ato, dentro dos três primeiros dias úteis subsequentes ao termo do prazo processual[697], desde que, com a prática do ato, pague, de imediato, uma multa[698,699], salvo se a parte se

[697] No sentido de este regime não ser aplicável aos prazos substantivos para a propositura de ações, ainda que os mesmos se encontrem previstos no Código de Processo Civil, *vide* o ac. do TRE de 11.04.2019, proc. 2251/18.2T8PTM-A.E1.

[698] A possibilidade de a parte praticar um ato processual após o termo do prazo, mediante o pagamento de uma multa, foi consagrada no nosso ordenamento jurídico através do DL nº 323/70, de 11 de julho, o qual introduziu um nº 5 no art. 145º do CPC_{1961}, com a seguinte redação: "Independentemente de justo impedimento, pode o acto ser praticado no primeiro dia útil seguinte ao termo do prazo, ficando, porém, a sua validade dependente do pagamento imediato de uma multa de montante igual a 25 por cento do imposto de justiça que seria devido a final pelo processo, ou parte do processo, mas nunca inferior a 500$00". Com efeito, conforme resulta do respetivo preâmbulo, o legislador procurou tornar possível a prática de atos processuais no primeiro dia útil seguinte ao termo do respetivo prazo, sem necessidade de a parte provar – o que nem sempre era fácil – a ocorrência de um justo impedimento.
Posteriormente, o DL nº 242/85, de 9 de julho, introduziu nova alteração no nº 5 do art. 145º do CPC_{1961}, nele se passando a dispor o seguinte: "Independentemente de justo impedimento, pode o acto ser praticado no primeiro dia útil seguinte ao termo do prazo, ficando, porém, a sua validade dependente do pagamento imediato de uma multa de montante igual a um quarto do imposto de justiça que seria devido a final pelo processo, ou parte do processo, mas nunca inferior a 500$00, e pode o acto ser praticado ainda no segundo ou terceiro dias úteis seguintes ao termo do prazo, sendo neste caso a multa de montante igual a metade do imposto de justiça, mas nunca inferior a 5.000$00"
Mais tarde, o DL nº 92/88, de 17 de março, alterou novamente art. 145º do CPC_{1961}, passando a dispor-se no seu nº 5 o seguinte: "Independentemente de justo impedimento, pode o acto ser praticado dentro dos três primeiros dias úteis subsequentes ao termo do prazo, ficando a validade do acto dependente do pagamento imediato de uma multa de montante igual a um quarto da taxa de justiça que seria devida a final pelo processo, se o acto for praticado no primeiro dia, ou de uma multa de montante igual a metade da taxa de justiça, se o acto for praticado nos dois restantes dias, não podendo, em qualquer dos casos, a multa exceder 5UCs".
Com o DL nº 329-A/95, de 12 de dezembro, a redação do art. 145º, nº 5, do CPC_{1961} passou a ser a seguinte: "Independentemente de justo impedimento, pode o acto ser praticado dentro dos três

encontrar dispensada desse pagamento[700,701,702]. Com efeito, a possibilidade de a parte praticar o ato para além do termo do prazo, dentro dos três dias úteis subsequentes, mediante o pagamento de uma multa, visa, essencialmente,

primeiros dias úteis subsequentes ao termo do prazo, ficando a sua validade dependente do pagamento imediato de uma multa de montante igual a um oitavo da taxa de justiça que seria devida a final pelo processo, ou parte do processo, se o acto for praticado no primeiro dia, de um quarto da taxa de justiça, se o acto for praticado no segundo dia, ou de metade da taxa de justiça, se o acto for praticado no terceiro dia, não podendo, em qualquer dos casos, a multa exceder 5 UC".
Mais tarde, com o DL nº 324/2003, de 27 de dezembro, o art. 145º, nº 5, do $CPC_{1995/1996}$, passou a ter a seguinte redação: "Independentemente de justo impedimento, pode o acto ser praticado dentro dos três primeiros dias úteis subsequentes ao termo do prazo, ficando a sua validade dependente do pagamento, até ao termo do 1º dia útil posterior ao da prática do acto, de uma multa de montante igual a um quarto da taxa de justiça inicial por cada dia de atraso, não podendo a multa exceder 3 UC".

699 Por conseguinte, o pagamento da multa reveste uma natureza sancionatória. *Vide*, nesse sentido, o ac. do TRL de 16.06.1998, proc. 0050701.

700 No sentido de o Estado, sendo parte num processo judicial, se encontrar dispensado de proceder ao pagamento da multa quando pratique um ato processual dentro de um dos três primeiros dias úteis subsequentes ao termo do prazo, já que a multa é estabelecida em próprio proveito do Estado, *vide* o ac. do TRL de 17.12.1998, proc. 0066381.
Sustentando que a Fazenda Pública, quando seja parte num processo tributário, está sujeita ao pagamento da multa prevista no art 139º, nº 5, *vide* o ac. do TCAS de 23.03.2017, proc. 09761/16. Cfr., em sentido contrário, o ac. do STA de 30.11.2005, proc. 0212/05.

701 Defendendo a aplicação do regime do art. 139º, nº 5, aos casos em que o Ministério Público pratique algum ato no processo, não se encontrando, no entanto, o mesmo sujeito ao pagamento de uma multa, ainda que não invoque qualquer justo impedimento, *vide* o ac. do STJ de 15.05.1979, proc. 068032, o ac. do TRL de 02.07.1991, proc. 0004005, *in BMJ*, nº 409, ano 1991, p. 863, o ac. do TRL de 23.09.1993, proc. 0060536, *in BMJ*, nº 429, ano 1993, p. 536, o ac. do STJ de 11.05.1994, proc. 085307, o ac. do TRL de 03.12.1998, proc. 0062432, o ac. do STJ de 09.02.1999, proc. 98A1099, o ac. do TRE de 06.02.2007, proc. 260/07-1, bem como o ac. do TRE de 13.02.2007, proc. 387/07-1. *Vide*, em sentido contrário, o ac. do TRL de 10.04.1996, proc. 0004143, no qual se decidiu que o Ministério Público não está isento do pagamento da multa.
Sustentando, numa posição intermédia, que o Ministério Público está dispensado de proceder ao pagamento da multa, mas que, se pretender fazer uso dessa prerrogativa, deverá declará-lo expressamente no processo, *vide* o ac. do TRG de 21.02.2005, proc. 5/05-1, o ac. do TRP de 16.11.2005, proc. 0514289, o ac. do TRP de 25.01.2006, proc. 0416298, o ac. do TRP de 22.03.2006, proc. 0640457, o ac. do TRP de 14.06.2006, proc. 0517031, o ac. do TRP de 10.01.2007, proc. 0612759, bem como o ac. do TRL de 16.05.2007, proc. 1533/2007-6.
Criticando o privilégio concedido ao Ministério Público de poder praticar o ato processual num dos três dias úteis subsequentes ao termo do prazo sem que o mesmo esteja sujeito ao pagamento de qualquer multa, por tal violar o princípio da igualdade das partes, *vide* FREITAS, José Lebre de, *Estudos sobre Direito Civil e Processo Civil*, *op. cit.*, p. 39.

702 No sentido de a parte não se encontrar dispensada de proceder ao pagamento da multa, ainda que beneficie de proteção jurídica, na modalidade de dispensa de pagamento da taxa de justiça e dos demais encargos do processo, *vide* o ac. do TCAS de 11.04.2000, proc. 3233/00, o ac. do TCAS

proteger a parte contra a preclusão de um direito, em virtude de um eventual descuido ou desleixo do seu mandatário[703].

Por outro lado, importa salientar que a prática de um ato com multa reporta-se aos três primeiros dias úteis subsequentes ao termo do prazo, sendo que este prazo não é suscetível de ser prorrogado[704]. Assim, na contagem dos três dias úteis de multa, não se contabilizam os sábados, domingos, dias feriados – sejam eles obrigatórios ou facultativos[705] – ou dias em que tenha sido concedida tolerância de ponto[706].

Do mesmo modo, os três dias de multa não se contam durante o período de férias judiciais[707], salvo se estiver em causa um processo urgente[708], já que a sua contagem obedece, com as devidas adaptações, ao disposto no art. 138º, nº 1.

de 04.07.2000, proc. 3183/20, bem como o ac. do TRP de 20.06.2001, proc. 0140621. Cfr., ainda, o ac. do TC nº 265/2021, de 29.04.2021, proc. 1065/19, o qual decidiu "não julgar inconstitucional a interpretação, extraída do artigo 139º, nºs 5 e 6, do CPC, no sentido de que a parte assistida por patrono nomeado, por lhe ter sido concedida pela Segurança Social proteção jurídica na vertente de apoio judiciário na modalidade de nomeação de patrono e pagamento de compensação a patrono, não está isenta da multa pela prática de ato no prazo adicional dos três dias úteis ali previsto".

[703] Varela, Antunes, "Do anteprojecto ao projecto do Código de Processo Civil", *op. cit.*, p. 195. Na verdade, como bem elucida Antunes Varela, "A maior parte das vezes, a falta de entrega do documento ou a falta de realização do acto, dentro do prazo estabelecido, deve-se a descuido do mandatário. Seria, por isso, injusto penalizar a parte com a perda do respectivo direito. Mas seria o caos do processo, se a falta não fosse reprimida". Nessa exata medida, conforme se decidiu no ac. do TRC de 10.11.2021, proc. 776/19.1GCLRA.C1, este regime não viola o direito a um processo justo e equitativo, já que o mesmo assegura, de forma adequada, a igualdade entre as partes.

[704] Cfr., nesse sentido, o ac. do TCAS de 27.04.2004, proc. 07534/02.

[705] *Vide*, nesse sentido, o ac. do TRP de 24.05.2021, proc. 2374/20.8T8PRT-A.P1.

[706] *Vide*, a este propósito, o ac. do TRG de 31.10.2019, proc. 4778/15.9T8VNF-B.G1, no qual se consignou que "Na contagem dos três dias úteis de multa estabelecidos no art. 139º, nºs 5 e 6 do CPC não se contabilizam os sábados, domingos, dias feriados ou o dia em que tenha sido concedida tolerância de ponto, desde que, neste último caso, este coincida com o último desses três dias úteis, pois só nessa situação se justifica que o termo do prazo adicional ou suplementar se suspenda e se transfira para o primeiro dia útil seguinte". Com efeito, conforme se extrai desse aresto, "Por força da expressa remissão feita na 1ª parte do nº 3 do art. 138º do CPC, os Tribunais consideram-se encerrados quando for concedida tolerância de ponto, mas só e apenas quando o prazo para a prática do acto processual terminar em dia em que os Tribunais estiveram encerrados, caso em que se transfere o seu termo para o primeiro dia útil seguinte – nº 2 do mesmo artigo".

[707] Cfr., nesse sentido, o ac. do TRP de 10.05.1994, proc. 9230444, bem como o ac. do STJ de 06.05.2011, proc. 566/09.0TBBJA.E1-A.S1, nos quais se decidiu que as férias judiciais não são dias úteis, para efeitos do disposto no art. 139º, nº 5.

[708] Cfr., a este respeito, o ac. do TRE de 15.12.2009, proc. 11/08.8TBRDD.E1, onde se consignou que, estando em causa um processo urgente, o prazo dos três dias úteis de multa corre igualmente durante o período de férias judiciais.

Por conseguinte, se, a título meramente exemplificativo, um prazo processual terminar na véspera de férias judiciais, o ato processual correlativo pode ser praticado, com multa, num dos três primeiros dias úteis subsequentes ao termo das férias judiciais.

Ademais, este período adicional ou suplementar de três dias úteis para a prática do ato não reveste a natureza de um prazo perentório ou dilatório, razão pela qual, mesmo que a parte formule um pedido de proteção jurídica nesse período de tempo, esse pedido não tem a virtualidade de interromper o prazo processual entretanto já decorrido[709].

Estando a parte representada por mandatário, a validade da prática do ato fora de prazo depende do pagamento imediato de uma multa, nos seguintes termos[710]:

a) se o ato for praticado no primeiro dia útil posterior ao termo do prazo, a multa é fixada em 10% da taxa de justiça correspondente ao processo ou ato, tendo a multa como limite máximo 1/2 UC, ou seja, € 51,00;
b) se o ato for praticado no segundo dia útil posterior ao termo do prazo, a multa é fixada em 25% da taxa de justiça correspondente ao processo ou ato, com o limite máximo de 3 UC, ou seja, € 306,00;
c) se o ato for praticado no terceiro dia útil posterior ao termo do prazo, a multa é fixada em 40% da taxa de justiça correspondente ao processo ou ato, com o limite máximo de 7 UC, ou seja, € 714,00.

Havendo pluralidade de partes e sendo vários os sujeitos processuais a praticar o ato fora do prazo, cada um deles deve proceder ao pagamento da multa devida[711].

Observe-se, por outro lado, que, se estiver em causa um ato praticado diretamente pela parte, num dos três primeiros dias úteis após o termo do prazo, em ação que não importe a constituição de mandatário, o pagamento da multa só é devido após a notificação efetuada pela secretaria, devendo o mesmo ser efetuado no prazo de 10 dias, a contar dessa notificação (art. 139º, nº 7).

4.2.2. Omissão do pagamento da multa

Mesmo que o ato seja praticado num dos três primeiros dias de multa, sem que a parte proceda, de imediato, ao pagamento da multa correspondente,

[709] Ac. do TRP de 07.01.1999, proc. 9831415.

[710] Este regime viria a ser instituído na lei de processo civil pelo DL nº 34/2008, de 26 de fevereiro.

[711] Ac. do TRP de 21.06.2006, proc. 0612059.

tal não implica que o ato deva ser liminarmente rejeitado ou desentranhado[712].

Na verdade, se o ato for praticado num dos três primeiros dias úteis subsequentes ao termo do prazo, sem que a parte pague, de imediato, a multa correspondente, a secretaria, logo que se aperceba essa omissão, deve, sem necessidade de despacho judicial ou de requerimento de alguma das partes[713], notificar o interessado para pagar a multa devida, acrescida de uma penalização de 25% do valor da multa, quando esteja em causa um ato praticado por um mandatário (art. 139º, nº 6)[714,715].

Se a secretaria não se aperceber dessa omissão e/ou não proceder à notificação da parte para efetuar o pagamento da multa e da penalização, o juiz, logo que constate esse facto, deve ordenar à secretaria que notifique a parte em falta para que esta liquide a multa e a penalização[716]. Vale isto por dizer que, mesmo que a parte não tenha liquidado a multa devida e a secretaria não a tenha notificado para proceder ao pagamento da multa e da penalização, nem por isso fica prejudicado o direito de a parte praticar validamente o ato processual em causa, desde que, para o efeito, liquide a multa legalmente devida[717].

[712] *Vide*, nesse sentido, o ac. do STJ de 10.12.1998, proc. 98B951, o ac. do TCAS de 31.03.2009, proc. 02455/08, o ac. do TRP de 19.12.2007, proc. 0725463, bem como o ac. do TRE de 02.10.2018, proc. 387/16.3T8TVR-B.E1.

[713] Cfr., nesse sentido, o ac. do STJ de 18.03.2004, proc. 295/04, *in SASTJ*, ano 2004.

[714] Este regime foi introduzido na lei de processo civil pelo DL nº 242/85, de 9 de julho, que aditou um nº 6 ao art. 145º do CPC_{1961}, no qual se dispunha o seguinte: "Praticado o acto em qualquer dos 3 dias úteis seguintes sem ter sido paga imediatamente a multa referida no número anterior, logo que a falta seja verificada, a secretaria, independentemente de despacho, notificará o interessado para pagar uma multa de montante igual ao dobro da prevista no número anterior, sob pena de se considerar perdido o direito de praticar o acto". Entretanto, com o DL nº 92/88, de 17 de março, viria a ser alterada a redação do art. 145º, nº 6, do CPC_{1961}, estabelecendo-se que essa multa não podia exceder 10UCs".

[715] Cfr., a este respeito, o ac. do STA de 02.05.1990, proc. 027200, o ac. do STJ de 02.10.1992, proc. 042979, o ac. do STJ de 17.06.1998, proc. 98B435, o ac. do STJ de 09.12.1999, proc. 99A952, o ac. do TRC de 21.12.1999, proc. 2252/99, o ac. do STJ de 07.09.2000, proc. 00S122, o ac. do TRP de 29.01.2001, proc. 0051573, o ac. do TRP de 21.12.2004, proc. 0424323, o ac. do TRC de 21.02.2006, proc. 3927/05, bem como o ac. do TRE de 10.04.2014, proc. 4690/13.6TBSTB-A.E1. *Vide*, ainda, o ac. do STJ de 10.12.2020, proc. 3175/07.4TBVCT.G3.S2, no qual se consignou que "O pagamento da multa, para a validação da reclamação do acórdão proferido, nos termos do artigo 139º, nº 6, do Código de Processo Civil, deve ser efetuado dentro do prazo fixado".
No sentido de esta norma não ser inconstitucional, por não vedar o acesso à justiça, *vide* o ac. do STJ de 21.01.1999, proc. 99B502.

[716] *Vide*, nesse sentido, o ac. do STJ de 18.01.2000, proc. 99A956.

[717] Cfr., a este respeito, o ac. do STJ de 24.01.2002, proc. 3621/01, *in SASTJ*, ano 2002, bem como o ac. do TRC de 22.01.2013, proc. 958/12.7TBCBR-B.C1.

Se a multa e/ou a penalização não forem liquidadas dentro do prazo fixado para o efeito, o tribunal deve ordenar o desentranhamento do ato que foi praticado fora de prazo, perdendo, por conseguinte, a parte o direito de praticar o ato[718].

4.2.3. Redução ou dispensa da multa

Nos termos do art. 139º, nº 8, quando estejam em causa, nomeadamente, ações que não importem a constituição de mandatário e o ato tenha sido praticado diretamente pela parte, o juiz pode, a título excecional e a requerimento da parte interessada, decidir pela redução ou pela dispensa da multa, prevista no art. 139º, nºs 5 a 7[719,720], em dois casos (art. 139º, nº 8)[721]:

a) quando a parte que praticou o ato apresente manifesta carência económica;
Neste caso, a parte que pretenda beneficiar da redução ou da dispensa da multa deve alegar factos concretos e objetivos que demonstrem essa carência económica[722]. Não basta, por isso, que a parte beneficie de pro-

[718] *Vide*, a este propósito, o ac. do STJ de 02.05.1991, proc. 041655, bem como o ac. do TRE de 09.02.2011, proc. 2963/08.9TBEVR.E1.

[719] Cfr., nesse sentido, o ac. do TRE de 08.11.2012, proc. 2938/05.0-E.

[720] Sustentando que o tribunal não pode, oficiosamente, determinar a redução ou a dispensa da multa, *vide* o ac. do TRL de 29.05.2014, proc. 223/12.0TBVFC-A.L1-6, bem como o ac. do TRE de 12.04.2018, proc. 2952/17.2T8STB-A.E1. Defendendo que a aplicação deste regime deve ser reservada às situações "extraordinárias, invulgares ou incomuns", *vide* o ac. do TRG de 07.10.2013, proc. 702/11.6JABRG-E.G1.

[721] Este regime viria a ser introduzido pelo DL nº 329-A/95, de 12 de dezembro. Com efeito, extrai-se do preâmbulo do citado diploma legal o seguinte: "Revê-se o regime vigente relativo ao direito de praticar o acto processual nos três dias subsequentes ao termo de um prazo peremptório, no sentido de assegurar plenamente os princípios da proporcionalidade e da igualdade substancial das partes, facultando ao juiz a concreta adequação da sanção patrimonial correspondente ao grau de negligência da parte ou à eventual situação de carência económica do beneficiário do exercício de tal direito".

[722] Cfr., a este respeito, o ac. do TRC de 12.07.1999, proc. 2753/99, com o seguinte sumário: "Conquanto os textos legais não o refiram expressamente, a verdade é que, face à forma como os mesmos se encontram redigidos, a determinação judicial de dispensa ou de redução da multa devida pela prática de acto fora de prazo, em princípio, não prescinde de prévia alegação e prova dos respectivos pressupostos, isto é, da invocação e demonstração por parte do interessado na prática do acto, da ocorrência de manifesta carência económica ou de manifesta desproporção do montante da multa, desproporção que poderá ocorrer, não só perante situações não consubstanciadoras mas próximas do justo impedimento, mas também face a situações em que se revele flagrante desconformidade entre o montante da multa e o valor ou relevo do acto concretamente praticado. Com efeito, o tribunal, por via de regra, não se encontra em condições de aferir, sem mais, quer

teção jurídica ou que tenha sido declarada insolvente[723]. Na verdade, conforme se decidiu no ac. do TC nº 197/2006[724], "A circunstância de a parte beneficiar de apoio judiciário – que já vimos não abranger a multa – não dispensa do ónus de alegação precisa dos factos pertinentes ao deferimento dessa outra pretensão. Basta ver – além do aspecto posto em destaque no despacho reclamado, de que a apreciação tem de ser referida à situação económica actual do interessado e que esta pode ter melhorado – que o conceito de insuficiência económica é sempre um conceito relativo (de determinada capacidade ou disponibilidade, para determinados encargos) e que a concessão de um e outro benefício depende do preenchimento de conceitos jurídicos com diferente recorte. Para obter apoio judiciário basta a "insuficiência de meios económicos" (nº 1 do artigo 1º), a prova da "insuficiência económica" provada ou presumida (artigos 19º e 20º da Lei nº 30 E/2000). Para que o pagamento da multa seja dispensado ou esta seja reduzida é necessário que o interessado esteja em situação de "manifesta carência económica" para suportá-la. Há aqui a exigência de uma situação de mais acentuada incapacidade económica. O que bem se compreende porque no primeiro caso se trata de viabilizar o acesso aos tribunais e no segundo de corrigir a desproporção de um obstáculo às condições desse acesso que tem a sua causa imediata no incumprimento do prazo, (processualmente) imputável ao requerente"[725].

b) quando o respetivo montante se revele manifestamente desproporcionado.

Para além da verificação de uma situação de manifesta carência económica, uma outra possibilidade de o tribunal determinar a redução ou a dispensa da multa prende-se com as situações em que o respetivo montante se revele manifestamente desproporcionado.

da concreta situação económica do interessado, quer das razões que conduziram a que aquele não tivesse praticado o acto no prazo estabelecido por lei, sendo certo que a multa tem de ser paga imediatamente, isto é, logo após a prática do acto, sob pena de invalidade do mesmo". *Vide*, no mesmo sentido, o ac. do TRG de 30.11.2015, proc. 87/13.6GAMGD.G1.

[723] Ac. do TRL de 07.04.2011, proc. 174-L/2000.L1-2.

[724] Proc. 725/05, de 16.03.2006.

[725] Cfr., no mesmo sentido, o ac. do TRL de 28.04.2010, proc. 2287/06.6TTLSB.L1-4, bem como o ac. do TRG de 07.10.2013, proc. 702/11.6JABRG-E.G1, no qual se decidiu que a situação de insuficiência económica do requerente da redução ou da dispensa da multa tem de ser "mais rigorosa, evidente ou inequívoca do que a que normalmente justifica a concessão do benefício de proteção jurídica".

> Nessa eventualidade, para que o tribunal determine a dispensa ou a redução da multa, deve ter-se em atenção "a relevância do acto e a culpa da parte", podendo o juiz, para o efeito, basear-se nos "factos revelados pela marcha processual e pelo regime legal de cálculo da multa"[726]. Na verdade, a decisão de dispensa ou não de pagamento da multa deve estribar-se, não na situação económica do requerente, mas antes na "razão de ser [da multa] enquanto incentivo ao cumprimento dos prazos legalmente consignados"[727]. De facto, dado que a obrigação de pagamento de uma multa, em consequência da prática do ato fora do prazo, reveste natureza sancionatória, o tribunal só deve dispensar ou reduzir o pagamento da multa quando, de forma excecional, se encontre objetivamente justificada essa possibilidade de dispensa ou de redução[728].

Se a parte requerer a redução ou a dispensa do pagamento da multa, deve, simultaneamente, proceder ao depósito condicional da multa[729]. Na verdade, se o juiz indeferir o pedido de redução ou de dispensa de pagamento da multa, não pode resultar desse indeferimento um prazo adicional de 10 dias para que a parte proceda ao pagamento da multa, já que, à luz da lei de processo civil vigente, o pagamento da multa reveste uma natureza sancionatória, devendo, por isso, ser liquidada em simultâneo com a prática do ato após o termo legal do prazo[730].

4.2.4. Aplicação supletiva

O regime processual da prática do ato, dentro dos três primeiros dias úteis subsequentes ao termo do prazo, mediante o pagamento de multa, previsto no art. 139º, nº 5, é aplicável quer ao processo comum e aos processos especiais previstos no Código de Processo Civil, quer aos procedimentos destinados a exigir o cumprimento de obrigações pecuniárias emergentes de contratos,

[726] Ac. do TRL de 07.04.2011, proc. 174-L/2000.L1-2.

[727] Ac. do TRP de 14.09.2011, proc. 50/10.9SFPRT-A.P1. Com efeito, neste aresto, decidiu-se que, estando o requerente patrocinado por mandatário, "este conhece bem os prazos legalmente impostos e o ónus de os respeitar e, portanto, a sanção legalmente prevista para o seu incumprimento não é, em regra, desproporcionada".

[728] *Vide*, a este propósito, o ac. do TRC de 10.03.2005, proc. 4171/04.

[729] Com efeito, tal como se decidiu no ac. do TRE de 03.05.2007, proc. 2646/06-3, o requerimento formulado pela parte, no sentido de ser reduzido ou dispensado o pagamento da multa, não suspende o prazo legal para o pagamento da multa, razão pela qual, não sendo a multa liquidada, deve o ato processual correlativo ser desentranhado do processo.

[730] Cfr., nesse sentido, o ac. do TRL de 12.11.2008, proc. 3699/08.6TBBRR-A.L1-6.

previstos no DL nº 269/98, de 1 de setembro, isto é, à ação especial para o cumprimento de obrigações pecuniárias emergentes de contratos e ao procedimento de injunção[731].

4.3. Justo impedimento

4.3.1. Requisitos substantivos

4.3.1.1. Regime anterior ao DL nº 329-A/95, de 12 de dezembro

No âmbito do Código de Processo Civil de 1961 e até à reforma processual de 1995/1996, o art. 146º, nº 4, preceituava que só se considerava justo impedimento "o evento normalmente imprevisível e estranho à vontade da parte" e que a colocasse na "impossibilidade de praticar o acto por si ou por mandatário"[732]. Significa isto que, na vigência daquele diploma, o conceito de "justo impedimento" era muito restritivo, já que a lei exigia que o evento fosse "normalmente imprevisível"[733], isto é, que não fosse possível antecipar ou prevenir a ocorrência desse evento tomando em consideração o cuidado e a diligência normais[734]. Para além da imprevisibilidade do evento, só se considerava existir justo impedimento se o evento fosse estranho à vontade da parte e, simultaneamente, a colocasse na impossibilidade de praticar o ato, por si ou por intermédio de mandatário.

Assim, tomando por referência esse conceito legal mais restritivo, a jurisprudência vinha admitindo, a título meramente exemplificativo, a ocorrência de um justo impedimento nos seguintes casos, verdadeiramente excecionais:

a) o facto de uma carta, expedida pelo correio, sob registo, contendo um articulado de oposição a uma execução, só ter sido entregue ao advogado passados quatro dias após a expedição da carta[735];

[731] *Vide*, nesse sentido, o ac. do TRL de 20.09.1994, proc. 0083511, o ac. do TRP de 03.03.2005, proc. 0530694, bem como o ac. do TRL de 23.04.2009, proc. 2541/08.2YXLSB.

[732] Por sua vez, o Código de Processo Civil de 1939 estabelecia no seu art. 146º, § 2º, que só se considerava justo impedimento "o evento imprevisto e estranho à vontade da parte e que a coloque na impossibilidade de praticar o acto por si ou por mandatário". Já com o DL nº 47.690, de 11 de maio de 1967, o art. 146º, nº 1, do CPC_{1961} passou a dispor que se considerava justo impedimento "o evento normalmente imprevisível, estranho à vontade da parte, que a impossibilite de praticar o acto, por si ou por mandatário" (sublinhado nosso).

[733] Cfr., a este propósito, o ac. do TRL de 14.11.1991, proc. 0032426, bem como o ac. do STJ de 14.05.1992, proc. 042771.

[734] *Vide*, a este respeito, Reis, Alberto dos, *Comentário ao Código de Processo Civil Anotado*, *op. cit.*, p. 72, o qual elucida que o justo impedimento não podia ser legalmente invocado se a parte tivesse, de alguma forma, contribuído para que o evento se produzisse, ou seja, se tivesse havido culpa da própria parte.

[735] Ac. do STJ de 25.04.1967, proc. 061765.

b) a doença de mandatário que fosse de tal forma súbita e grave que o impedisse, em absoluto, de praticar o ato, avisar a parte e substabelecer o mandato[736];

c) o facto de, em virtude da concessão de uma tolerância de ponto aos funcionários da Administração Pública, a secretaria do tribunal se encontrar encerrada[737];

d) a circunstância de os serviços do Ministério Público terem recebido um requerimento, sem terem avisado a parte de que não eram competentes para receber essa peça processual, nem terem assumido o encargo de o remeter à secção central do tribunal, antes retendo essa peça processual, em violação dos "deveres primários de proteção e de informação"[738];

e) a circunstância de as alegações de recurso terem sido apresentadas fora de prazo devido a um erro contido na agenda do advogado[739];

f) o facto de a ré ter mandatado o seu único advogado para contestar uma ação, tendo este adoecido sete dias depois disso e falecido dois dias após o termo do prazo para contestar[740];

g) o facto de o mandatário, durante o prazo legalmente previsto para a prática do ato, não ter podido ir ao seu escritório "devido ao seu estado psíquico (depressão reactiva)", não estando igualmente em condições de substabelecer em outro colega[741];

h) a circunstância de o mandatário ter sido acometido de um ataque asmático nos últimos dias do prazo, o que o obrigara a permanecer acamado, já que, apesar de o ataque asmático ser um evento previsível, era, no entanto, imprevisível o momento da sua ocorrência, sendo que o facto de o mandatário ter permanecido acamado impedira-o de informar o tribunal dessa sua impossibilidade ou de substabelecer a prática do ato em outro mandatário[742];

i) a ocorrência de uma crise cardíaca súbita do mandatário, que o obrigara a pedir assistência médica imediata, impedindo-o de praticar o ato processual dentro do prazo[743];

[736] Ac. do STJ de 26.02.1980, proc. 068199, *in BMJ*, nº 294, ano 1980, p. 271. Cfr., no mesmo sentido, o ac. do TRL de 12.11.1991, proc. 0051401, o ac. do TRL de 14.11.1991, proc. 0031546, bem como o ac. do TRL de 27.03.1996, proc. 0001493.

[737] Ac. do STJ de 28.11.1982, proc. 000411.

[738] Ac. do TRL de 06.11.1990, proc. 0034641, *in BMJ*, nº 401, ano 1990, p. 623.

[739] Ac. do STJ de 24.01.1989, proc. 077273.

[740] Ac. do TRP de 05.03.1991, proc. 0409160.

[741] Ac. do TRP de 05.05.1992, proc. 9150849.

[742] Ac. do TRP de 03.05.1993, proc. 9250265.

[743] Ac. do TRL de 15.11.1994, proc. 0079115.

j) a verificação de um extravio de uma carta remetida pelo patrono da autora à representante legal desta, pedindo-lhe a indicação de testemunhas para proceder à elaboração do respetivo rol[744]; ou

k) a ocorrência do extravio de um aviso para notificação do advogado, o que o impedira de apresentar as alegações de recurso dentro do respetivo prazo legal[745].

Por sua vez, a jurisprudência entendia que não se verificava um justo impedimento, mormente com fundamento na natureza não imprevisível do facto invocado como impeditivo da prática atempada do ato[746], nas seguintes situações:

a) o atraso, por vinte e quatro horas, na receção de uma alegação de recurso, expedida através dos correios num sábado, quando o prazo expirava na segunda-feira seguinte[747];

b) o facto de ter havido um atraso de vinte e quatro horas na distribuição de uma carta registada num sábado[748];

c) a doença grave do filho de um mandatário que era conhecida há mais de quatro meses antes do termo do prazo[749];

d) o facto de o mandatário ter estado doente, constando do respetivo atestado médico a indicação de que aquele tinha estado doente e impossibilitado de sair de casa[750];

e) a circunstância de o mandatário e a parte terem comparecido, por erro, num tribunal diverso daquele onde corria a ação, já que esse erro era imputável ao mandatário e à parte[751];

[744] Ac. do STJ de 04.04.1995, proc. 085914.

[745] Ac. do STJ de 07.10.1993, proc. 083420.

[746] Quanto à especial dificuldade no reconhecimento de uma situação de *justo impedimento*, atenta a interpretação restritiva desse regime que era, então, feita pela jurisprudência, *vide* FREITAS, José Lebre de, "Inconstitucionalidades do Código de Processo Civil", *op. cit.*, p. 34.

[747] Ac. do STJ de 25.07.1975, *in BMJ*, nº 249, p. 466. Criticando a orientação vertida neste aresto, *vide* SERRA, Adriano Vaz, "Anotação ao Acórdão de 25 de Julho de 1975", *in RLJ*, ano 109º, nº 3578, 1977, p. 268.

[748] Ac. do STJ de 02.04.1976, proc. 066084.

[749] Ac. do TRE de 27.09.2007, proc. 1808/07-3.

[750] Ac. do STJ de 22.03.1979, proc. 067902, *in BMJ*, nº 285, ano 1979, p. 254. Com efeito, conforme se decidiu neste aresto, o facto de o atestado médico referir que o mandatário esteve impedido de sair de casa não comprova que o mesmo estivesse impossibilitado de assinar uma peça processual e de a fazer chegar ao tribunal, ainda que por interposta pessoa.

[751] Ac. do STJ de 12.10.1979, proc. 000031, *in BMJ*, nº 290, ano 1979, p. 251.

f) o facto de a parte, alguns dias antes do termo do prazo, ter adoecido e ficado impossibilitada de sair de casa, já que tal não era impeditivo de esta contactar com o seu mandatário[752];

g) a circunstância de ter havido uma greve nos correios que impedira o mandatário de praticar o ato processual, já que a greve não era um evento imprevisível[753];

h) o atraso verificado no transporte em veículo automóvel devido ao tráfego na cidade de Lisboa, tendo em conta o facto de se tratar de um evento previsível à luz das regras de experiência comum[754];

i) a circunstância de um colega de escritório do mandatário ter recebido uma notificação, não lhe dando conhecimento atempado desse facto[755];

j) o lapso ou erro verificado na transmissão ou receção telefónica quanto à data efetiva em que ocorrera uma citação[756];

k) o erro de um empregado de um mandatário, que não cuidara de proceder ao pagamento da taxa de justiça devida pela prática de um ato processual[757];

l) o facto de o mandatário ter alegado que esteve doente, não cuidando sequer de identificar essa doença ou de comprovar que praticara o ato logo que o impedimento cessou[758];

m) a ocorrência de um furo num pneu de um veículo automóvel no qual se fazia transportar o mandatário, pois que tal era um evento "normalmente previsível e vulgar"[759];

n) o facto de o mandatário ter faltado a uma audiência final, por se encontrar impedido em outra audiência final no mesmo dia e hora, quando havia sido convocado para aquela diligência com três meses de antecedência e não lançara mão dos mecanismos processuais tendentes a evitar a sobreposição de diligências judiciais[760];

o) a invocação de que a falta de pagamento da taxa de justiça devida decorrera da ignorância, pelo empregado de escritório do mandatário, da imposição legal que obrigava a tal pagamento[761];

[752] Ac. do STJ de 21.04.1980, proc. 068678, *in BMJ*, nº 296, ano 1980, p. 244.

[753] Ac. do STJ de 08.07.1980, proc. 068840, *in BMJ*, nº 299, ano 1980, p. 248.

[754] Ac. do STJ de 14.01.1982, proc. 069899, *in BMJ*, nº 313, ano 1982, p. 292.

[755] Ac. do STJ de 05.02.1986, proc. 038047.

[756] Ac. do STJ de 27.05.1986, proc. 073865.

[757] Ac. do STJ de 16.07.1986, proc. 038497.

[758] Ac. do STJ de 28.07.1987, proc. 075272.

[759] Ac. do STJ de 17.11.1987, proc. 001656, bem como ac. do TRP de 07.07.1993, proc. 9340515.

[760] Ac. do STJ de 31.10.1989, proc. 000045.

[761] Ac. do STJ de 07.03.1990, proc. 040394.

p) o facto de o empregado de escritório ter anotado o prazo para a prática de um ato processual em dia e/ou mês errados[762];

q) a doença do mandatário de uma das partes que não fosse impeditiva de este ser substituído por outro mandatário[763];

r) o facto de o mandatário "ter sido atacado de reumatismo articular agudo sem que se prove que tal doença iniba o paciente de estar atento ao que o rodeia"[764];

s) a circunstância de ter havido um furto de uma carta enviada a um advogado, contendo o rol de testemunhas para ser junto a um processo, praticado num veículo automóvel de um advogado, aparcado numa rua de Lisboa, aliado ao facto de o advogado ter, entretanto, estado doente[765];

t) o facto de o mandatário ter sido acometido de um síndroma gripal[766];

u) a circunstância de ter ocorrido um incêndio no prédio onde o mandatário tinha o seu domicílio profissional, meses antes de uma notificação judicial que o mandatário alegou não ter recebido[767];

v) o facto de o mandatário, por não ter empregado de escritório, ter encarregue o porteiro de um prédio de lhe entregar a sua correspondência profissional, tendo este entregue essa correspondência de forma tardia e em circunstâncias de não ser imediatamente detetada pelo mandatário[768];

w) a circunstância de o advogado ter abandonado o patrocínio da parte na pendência da causa[769];

x) o facto de o funcionário da secretaria judicial ter prestado ao mandatário uma informação errada relativamente ao termo de um prazo que se encontrava a correr, já que nada impedia o mandatário de proceder à contagem correta desse prazo[770];

y) o facto de o empregado de escritório do mandatário ter estado doente, não tendo o mandatário tido o cuidado de apurar se, durante esse período de tempo, havia sido recebida correspondência judicial[771];

[762] Ac. do STJ de 18.04.1990, proc. 040616.
[763] Ac. do STJ de 02.05.1990, proc. 040561.
[764] Ac. do TRP de 06.06.1990, proc. 0124128.
[765] Ac. do STJ de 08.06.1989, proc. 076095.
[766] Ac. do STJ de 25.10.1990, proc. 078698.
[767] Ac. do STJ de 22.11.1990, proc. 078850.
[768] Ac. do TRL de 24.01.1991, proc. 0024786.
[769] Ac. do STJ de 09.05.1991, proc. 079981.
[770] Ac. do TRL de 27.06.1991, proc. 0027676.
[771] Cfr. o ac. do TRL de 09.07.1991, proc. 0050392, bem como o ac. do TRL de 11.02.1993, proc. 0067942.

z) a circunstância de o mandatário ter mudado de escritório, não tendo, contudo, comunicado esse facto ao tribunal[772];

aa) o facto de o mandatário se ter esquecido de entregar uma peça processual no tribunal[773];

bb) a circunstância de o empregado de escritório ter extraviado uma notificação que era dirigida ao mandatário[774];

cc) o facto de o empregado de escritório ter remetido as alegações de recurso em carta registada endereçada para o Supremo Tribunal de Justiça quando, na verdade, tais alegações eram dirigidas ao tribunal da Relação do Porto[775];

dd) o facto de o mandatário ter invocado que tinha estado doente, juntando atestado médico que "apenas revela que este sofria de flebite que o impossibilitava de se movimentar"[776];

ee) a circunstância de o mandatário ter alegado que tinha estado doente, concretamente com "graves problemas de saúde", sem que daí resultasse qualquer impossibilidade de diligenciar para que outrem praticasse, em sua substituição, o ato processual omitido[777];

ff) o facto de o mandatário ter invocado a ocorrência de "graves problemas familiares", não concretizando, contudo, que problemas familiares tinham sido esses[778];

gg) o facto de o sócio-gerente da sociedade mandante ter estado doente, não se apurando, no entanto, que tal doença o tivesse impedido de tomar decisões e/ou de comunicar atempadamente com o seu mandatário[779];

hh) a circunstância de ter sido realizada uma greve, cujo pré-aviso já havia sido anunciado[780];

ii) o facto de a peça processual ter sido entregue, por erro de escrita, num tribunal diverso daquele onde corria a ação[781];

[772] Ac. do TRL de 31.10.1991, proc. 0031876.

[773] Cfr. o ac. do TRP de 19.12.1991, proc. 9120364, bem como o ac. do STJ de 09.02.1995, proc. 086353.

[774] Ac. do TRL de 18.03.1992, proc. 0075584.

[775] Ac. do TRP de 17.11.1992, proc. 0221518.

[776] Ac. do STJ de 15.12.1992, proc. 083178.

[777] Ac. do STJ de 21.01.1993, proc. 082646.

[778] Ac. do STJ de 22.09.1993, proc. 045404.

[779] Ac. do TRP de 23.09.1993, proc. 9310245.

[780] Ac. do STJ de 28.11.1993, proc. 044923.

[781] Ac. do STJ de 17.02.1994, proc. 084931.

jj) a destruição ou o descaminho de um documento judicial ocorrido no escritório do mandatário[782];

kk) a ausência de um mandatário a uma audiência de julgamento, "com pedido de adiamento assinado apenas por quem se afirmou sua empregada e sob a invocação de ele ter sido operado de urgência a uma apendicite aguda", quando esse mandatário gozava de um substabelecimento com reserva outorgado por outro mandatário, o qual poderia ter comparecido nessa audiência[783];

ll) a ocorrência de uma doença do mandatário, decorrendo do respetivo atestado médico que este beneficiou de oito dias, antes do termo do prazo, para substabelecer os seus poderes forenses em outro advogado[784];

mm) o facto de o mandatário ter incumbido o seu empregado de entregar uma peça processual no tribunal, tendo este sofrido um "ataque de amnésia resultante de uma doença contraída em África"[785];

nn) a circunstância de um dos três advogados de uma procuração forense ter sido acometido de doença, não estando, no entanto, impedido de contactar com os demais colegas, por forma a que qualquer um deles praticasse o ato processual devido[786]; ou

oo) a avaria do computador onde se encontravam guardadas as datas de termos de prazos processuais e judiciais, já que tal constituía um facto possível e previsível, impondo-se uma manutenção regular e constante do computador[787].

4.3.1.2. Regime posterior ao DL nº 329-A/95, de 12 de dezembro

O DL nº 329-A/95, de 12 de dezembro – o qual, conjuntamente com o DL nº 180/96, de 25 de setembro, introduziu uma revisão profunda na lei processual civil – decidiu "flexibilizar" o conceito de *justo impedimento*, "em termos de permitir a uma jurisprudência criativa uma elaboração, densificação e concretização, centradas essencialmente na ideia de culpa, que se afastem da excessiva rigidificação que muitas decisões, proferidas com base na definição constante da lei em vigor, inquestionavelmente revelam"[788].

[782] Ac. do TRL de 03.03.1994, proc. 0065096.
[783] Ac. do STJ de 01.06.1994, proc. 084490.
[784] Ac. do STJ de 12.01.1995, proc. 043090.
[785] Ac. do STJ de 07.03.1995, proc. 086784.
[786] Ac. do STJ de 14.03.1995, proc. 085717.
[787] Ac. do TRL de 02.05.1996, proc. 0014582.
[788] Preâmbulo do DL nº 329-A/95, de 12 de dezembro. Cfr., a este propósito, o ac. do TCAS de 29.05.2014, proc. 07209/13.

No prosseguimento desse desiderato, o DL nº 329-A/95, de 12 de dezembro, introduziu no art. 146º, nº 1, do CPC_{1961} a redação correspondente à do atual art. 140º, segundo a qual "considera-se «justo impedimento» o evento não imputável à parte nem aos seus representantes ou mandatários e que obste à prática atempada do ato"[789]. Deste modo, o legislador deixou de exigir, como requisito para a verificação de um justo impedimento, a natureza "normalmente imprevisível" do evento e "estranha à vontade da parte", centrando, antes, a aplicação do regime do justo impedimento na análise, caso a caso, da censurabilidade da atuação da parte subjacente à omissão da prática do ato dentro do respetivo prazo[790]. Por conseguinte, à luz do novo regime, para que se verifique um justo impedimento, é suficiente "que a omissão do acto resulte de um erro desculpável da parte"[791].

Assim, para que, atualmente, se verifique um justo impedimento, é necessário que se encontrem preenchidos dois requisitos cumulativos:

[789] Em sede de direito comparado, no ordenamento jurídico brasileiro, o art. 223º, § 1º, do $CPC_{Br.}$ preceitua que se considera *justa causa* o "evento alheio à vontade da parte e que a impediu de praticar o ato por si ou por mandatário".
Por seu turno, no ordenamento jurídico alemão, o § 233 da $ZPO_{Al.}$ regula o regime do "restabelecimento do estado anterior" (*Wiedereinsetzung in den vorigen Stand*), segundo o qual, se uma parte tiver sido impedida, sem culpa, de observar, em determinados casos, um prazo perentório, poderá ser-lhe concedido o restabelecimento ao estado anterior, mediante prévio pedido da parte, sendo que o prazo para deduzir esse pedido é, em regra, de duas semanas, e começa a correr a partir do dia em que tiver cessado o impedimento. É o que sucede, por exemplo, conforme elucida Irmgard Gleußner, se tiver ocorrido um acidente de viação grave (Gleussner, Irmgard, *Zivilprozessrecht*, 4ª ed., C.F. Müller, Heidelberg, 2018, p. 71).

[790] *Vide*, a este respeito, o ac. do TRC de 06.02.2001, proc. 3172-2000, o ac. do TRC de 30.03.2004, proc. 212/04, o ac. do TRC de 16.06.2005, proc. 1544/05, o ac. do TRL de 13.12.2007, proc. 2502/2007-4, o ac. do TRE de 17.04.2008, proc. 800/07-3, o ac. do TRG de 12.02.2009, proc. 2461/08-1, o ac. do TRL de 09.03.2010, proc. 1651/02.4TAOER-A.L1-5, o ac. do TRP de 28.03.2012, proc. 8660/10.8TBVNG-A.P1, o ac. do TRL de 05.07.2012, proc. 6473/11.9TBVFX-A.L1-8, o ac. do TRL de 13.12.2012, proc. 6083/07.5TBAMD.L1-7, o ac. do TRP de 30.10.2013, proc. 7759/12.0TBMTS.P1, o ac. do TRG de 12.11.2015, proc. 56/04.7TCGMR-A.G1, o ac. do TRC de 18.03.2016, proc. 65/12.2TBRSD.C1, o ac. do TRE de 11.05.2017, proc. 67/15.7T8ALR.E2, o ac. do TRL de 11.10.2017, proc. 1646/15.8T8BRR.L1.4, o ac. do TRP de 05.03.2018, proc. 4021/16.3T8AVR-A.P1, o ac. do TRG de 10.07.2018, proc. 4353/17.3T8BRG-A.G1, o ac. do TRP de 11.04.2019, proc. 463/18.8T8VFR-A.P1, bem como o ac. do TRP de 01.07.2019, proc. 2725/16.0T8VFR-A.P1.

[791] Sousa, Miguel Teixeira de, "Apreciação de alguns aspectos da "Revisão do Processo Civil – Projecto"", *in ROA*, ano 55, Lisboa, julho 1995, p. 387.

1) ocorrer um evento[792] que não seja imputável à parte, nem aos seus mandatários[793], ou seja, para a verificação desse evento, não pode concorrer a culpa, a título de dolo ou de negligência, da parte ou dos seus mandatários[794]; e
2) esse evento deve obstar à prática atempada do ato, isto é, deve impedir, em absoluto, a prática do ato dentro do prazo devido[795].

Assim, à luz desse critério mais flexível, a jurisprudência tem vindo a admitir a ocorrência de um justo impedimento, nomeadamente, nos seguintes casos:

a) o facto de o mandatário ter sido acometido de doença súbita e grave, que exigiu a realização de uma intervenção cirúrgica no mesmo dia[796];
b) a circunstância de o mandatário ter sido acometido de uma doença súbita que implicou a perda de sentidos[797];

[792] No sentido de ser essencial que esse evento ocorra durante a pendência do prazo para a prática do ato processual, *vide* o ac. do STJ de 11.11.1999, proc. 99B859. Sustentando que, para efeitos de verificação de um justo impedimento, o evento imprevisível tanto pode ter ocorrido durante o período normal do prazo, como também durante o período dos três dias úteis de multa, *vide* o ac. do TRC de 26.11.2002, proc. 1138/02.

[793] No sentido de se encontrar igualmente abrangido por este requisito o empregado de escritório do mandatário, *vide* o ac. do STJ de 10.02.1988, proc. 039369, *in BMJ*, nº 374, ano 1988, p. 399, o ac. do STJ de 07.03.1990, proc. 040394, o ac. do TRP de 06.01.1992, proc. 9140551, o ac. do TRP de 23.11.1992, proc. 9250087, bem como o ac. do TCAS de 05.05.2005, proc. 12995/01.

[794] *Vide*, a este propósito, o ac. do TRG de 28.04.2004, proc. 648/04-2, no qual se decidiu que "O novo conceito de justo impedimento faz apelo, em derradeira análise, ao «meio termo» de que falava Vaz Serra (*BMJ*, 109º, p. 267): deve exigir-se às partes que procedam com a diligência normal, mas já não é de lhes exigir que entrem em linha de conta com factos e circunstâncias excepcionais". Por sua vez, no ac. do TRG de 08.03.2021, proc. 35/19.0GCBRG.G1, sustentou-se que a apreciação do requisito da não imputabilidade do evento à parte ou aos seus mandatários "faz apelo ao conceito de culpa, perfilhado no nº 2 do artigo 487º do C. Civil, ou seja, à diligência do *bonus pater familias*, à diligência que o homem médio teria nas circunstâncias do caso concreto, sem prejuízo do especial dever de diligência que incumbe aos advogados na observância dos prazos perentórios". Cfr., ainda, o ac. do STA de 10.11.1999, proc. 036995, o ac. do TRG de 23.06.2004, proc. 1107/04-1, o ac. do TRP de 25.03.2010, proc. 17151/04.5TJPRT-A.P1, o ac. do TRP de 26.09.2011, proc. 4990/08.7TBVNG-A.P1, o ac. do TRP de 30.01.2013, proc. 856/11.1JAPRT.P1, o ac. do TRP de 20.02.2020, proc. 111/18.6T8PVZ-B.P1, o ac. do TCAS de 26.11.2020, proc. 2222/19.1BELSB, bem como o ac. do STJ de 13.07.2021, proc. 4044/18.8T8STS-C.P1.S1.

[795] *Vide*, a este propósito, o ac. do TCAS de 23.04.2015, proc. 07539/14.

[796] Ac. do TRL de 09.01.1996, proc. 0006025.

[797] Ac. do STJ de 24.10.1996, proc. 96B341. *Vide*, ainda, o ac. do TRP de 01.06.2011, proc. 841/06.5PIPRT.P1, o ac. do TRP de 15.10.2012, proc. 1804/11.4TTPRT.P1, o ac. do TRP de 17.10.2012,

c) o facto de, por mero erro de escrita ou por lapso manifesto, ter sido exarado no cabeçalho de uma peça processual, a qual deu entrada no tribunal de forma atempada, um número de processo diferente daquele ao qual a peça processual em causa se destinava, correndo os dois processos no mesmo tribunal[798];

d) a circunstância de um advogado ter sido "constituído mandatário forense num processo judicial complexo e com muitos documentos a apreciar, em substituição de um outro advogado que [renunciara] à procuração forense", tendo essa substituição ocorrido "no decurso do prazo para oferecimento das alegações de recurso de apelação interposto pelo advogado que renunciou ao mandato e quase terminando este prazo, sendo que a substituição de mandatário ocorreu no prazo para tanto concedido nos autos"[799];

e) a verificação de uma falta de rigor na citação, que induziu em erro quer o mandante, quer o seu mandatário[800];

f) o facto de o mandatário ter sido acometido de "síndroma febril grave e dispneia, [estando] proibido de sair do leito e de desenvolver o seu trabalho, sem consciência das diligências a tomar relativamente à sua profissão"[801];

g) a circunstância de o mandatário, enquanto decorria o prazo para a prática de um ato processual e após o seu termo, ter permanecido em casa, "com incapacidade funcional, dificuldade de movimentos e necessidade de repouso, por estar sujeito a uma lombociatalgia aguda", só tendo procedido à abertura da notificação que deu origem à contagem desse prazo no dia em que regressou ao escritório[802];

h) o facto de o mandatário tentar, sem sucesso, enviar uma peça processual para o tribunal através de telecópia, não sendo, contudo, possível efetuar tal ligação, dando a mesma constantes sinais de interrupção[803];

proc. 1361/10.9GAVCD.P1, no qual se decidiu que "A doença do Advogado só constitui justo impedimento se for súbita e tão grave que o impossibilite, em absoluto, de praticar o acto, de avisar o constituinte ou de substabelecer o mandato", o ac. do TRP de 13.05.2013, proc. 4733/11.8TBVFR-A.P1, bem como o ac. do TRP de 23.06.2015, proc. 61/12.0GAMIR-A.P1, no qual se decidiu que "Para a afirmação do justo impedimento do mandatário não é suficiente a verificação de uma situação de doença incapacitante do exercício da atividade profissional, sendo ainda necessário que a doença determine a impossibilidade de praticar o ato por terceiro".

[798] Ac. do TRP de 21.12.1998, proc. 9851198.

[799] Ac. do STJ de 13.07.2000 proc. 00B1885, *in BMJ*, nº 499, ano 2000, p. 260.

[800] Ac. do TRP de 05.01.2001, proc. 0011075.

[801] Ac. do STJ de 21.02.2001, proc. 00S3847.

[802] Ac. do TRP de 18.12.2001, proc. 0120114.

[803] Ac. do TRP de 20.04.2004, proc. 0421383.

i) a circunstância de, ao tentar enviar um recurso através da plataforma informática *Citius*, se ter verificado uma "incompatibilidade entre o *browser* utilizado pelo advogado e o *plug-in* para *Java* usado por aquela plataforma", dando-se igualmente como provado que o recurso já se encontrava elaborado e que o advogado tentou enviá-lo para o tribunal antes do termo do prazo, tendo o recurso dado entrada uma hora e vinte e sete minutos depois do termo do prazo[804];

j) a ocorrência de uma greve dos funcionários judiciais que, apesar de ter sido antecipadamente anunciada, tenha determinado o encerramento do tribunal, sem se acautelar a prestação de serviços mínimos[805];

k) o facto de o mandatário ter estado doente e impossibilitado de sair de casa "para recuperação total, sob vigilância médica, até lhe ser dada alta"[806];

l) a circunstância de o tribunal não ter disponibilizado atempadamente ao mandatário a ata da audiência preliminar, na qual o mandatário não esteve presente, impedindo-se, desse modo, de organizar adequadamente a respetiva prova[807];

m) o facto de um familiar do mandatário ter falecido no último dia em que terminava o prazo para a prática de um ato[808];

n) a circunstância de o mandatário se ter sentido mal durante a noite e, por esse motivo, não ter capacidade física para se deslocar ao tribunal no dia seguinte, para o qual se encontrava agendada a realização de uma audiência de julgamento, tendo esse facto sido prontamente comunicado ao tribunal[809]; ou

o) a doença de advogado que seja de tal forma súbita e grave que "o impossibilite, em absoluto, de praticar o acto, avisar o constituinte ou substabelecer o mandato".

[804] Ac. do TRL de 13.10.2016, proc. 173123/14.0YIPRT.L1-2.

[805] Ac. do TRC de 16.02.2005, proc. 3287/04.

[806] Ac. do STJ de 31.05.2005, proc. 03B3937.

[807] Ac. do TRP de 16.10.2006, proc. 0654530.

[808] Ac. do TRP de 28.10.2008, proc. 0825414.

[809] Ac. do TRE de 05.05.2016, proc. 1117/12.4TBVNO.E1. Cfr., em sentido idêntico, o ac. do TRE de 11.01.2018, proc. 1122/17.4YLPRT.E1, bem como o ac. do TRL de 07.02.2019, proc. 42037/06.5YYLSB-B.L1-2.

Vide, pelo contrário, o ac. do TRG de 23.05.2019, proc. 3669/16.0T8BRG.G1, no qual se consignou que "Não sendo invocada na comunicação de não comparência enviada ao tribunal qualquer matéria que torne verosímil e provável a imprevisibilidade da doença alegada, bem assim matéria que permita sustentar a conclusão de que a doença em causa é impeditiva da comparência em juízo e não sendo também alegada qualquer justificação para a impossibilidade de apresentar prova imediata da invocada doença, não poderá concluir-se, fundada e justificadamente, pela verificação do justo impedimento".

Por sua vez, igualmente a título meramente exemplificativo, tem vindo a entender-se não existir justo impedimento nos seguintes casos:

a) o facto de uma empregada da sociedade citanda ter recebido a carta de citação, remetendo essa carta para o arquivo, sem dar conhecimento da mesma à respetiva administração[810];

b) a circunstância de o mandatário ter faltado a uma audiência de julgamento por motivo de doença, não decorrendo do respetivo atestado médico que aquele estivesse impossibilitado de comunicar o seu impedimento ao tribunal ou de substabelecer os seus poderes forenses num outro advogado[811];

c) o facto de o mandatário ter sofrido uma perturbação mental resultante da ocorrência de um acidente do seu filho na véspera do prazo terminar, quando o mandante havia mandatado dois advogados para a mesma ação[812];

d) a circunstância de o mandatário ter colocado indevidamente num processo documentos que diziam respeito a um outro processo[813];

e) o facto de o recurso ter sido apresentado fora do prazo, por ter havido uma "troca de ficheiros informáticos por parte da mandatária"[814];

f) a circunstância de o mandatário padecer de "depressão nervosa e esgotamento", sem, contudo, alegar e/ou provar que estava impossibilitado de continuar a exercer a sua atividade profissional durante esse período de tempo e que praticou o ato processual em falta logo que o impedimento cessou[815];

g) a circunstância de o mandante apenas ter constituído mandatário quando já estava muito próximo o termo do prazo processual para a prática do ato[816];

810 Ac. do STJ de 30.10.1996, proc. 96S135.

811 Ac. do TRP de 14.01.1997, proc. 9620884. Cfr., em sentido idêntico, o ac. do STJ de 27.05.2010, proc. 07B4184, o ac. do TRG de 07.04.2011, proc. 780/07.2TVPRT-C.G1, o ac. do TRG de 17.12.2014, proc. 62/14.3TBPTL-B.G1, bem como o ac. do TRE de 06.11.2018, proc. 38/13.8S1LSB.E1.

812 Ac. do STJ de 29.09.1998, proc. 687/98, *in SASTJ*, ano 1998.

813 Cfr. o ac. do TRP de 17.02.1999, proc. 950014, bem como o ac. do TRP de 18.03.2002, proc. 0151803.

814 Ac. do STJ de 15.01.2014, proc. 1009/06.6TTLRA.C1.S1.

815 Ac. do TRP de 12.10.1999, proc. 9920994. No sentido de o tribunal dever diligenciar pela obtenção de informações complementares quando as mesmas sejam essenciais para se determinar se a doença impedia ou não a prática do ato e o atestado médico junto aos autos seja insuficiente para comprovar esse facto, *vide* o ac. do STJ de 15.03.2005, proc. 4800/04, *in SASTJ*, ano 2005.

816 Ac. do TRP de 07.02.2000, proc. 9950661.

h) o facto de ter ocorrido uma deficiência do cartão multibanco, associado à circunstância de essa deficiência ter sido constatada numa sexta-feira, "intercalar de feriado com fim-de-semana"[817];

i) a ocorrência de uma avaria, já no terceiro dia de multa, do computador do mandatário no qual se encontrava alojada a peça processual a ser remetida ao tribunal[818];

j) o facto de ter sido feita uma anotação errada na agenda de serviço do mandatário[819];

k) a circunstância de o destinatário não ter procedido à abertura atempada da correspondência que lhe fora corretamente remetida pelo tribunal[820];

l) a tentativa de envio da peça processual por telecópia, a qual foi mal sucedida pelo facto de ter sido utilizado um número errado[821];

m) o facto de a parte ter tentado efetuar, sem sucesso e no último dia do prazo, o pagamento da taxa de justiça em várias caixas de multibanco no concelho da sua residência[822];

n) o facto de uma notificação judicial, apesar de ter sido atempadamente recebida no escritório do mandatário, ter-lhe sido entregue de forma tardia[823];

o) a circunstância de a funcionária do escritório do mandatário ter faltado ao serviço no dia em que terminava o prazo para a prática de um ato, não cuidando o mandatário de contactar essa funcionária e/ou de diligenciar pela prática do ato processual em causa[824];

p) o facto de o mandatário ter praticado o ato processual depois do prazo legalmente previsto, devido a um erro, já que "anotou na sua agenda o termo do prazo para apresentar as alegações numa página posterior à correspondente à data pretendida, e isto porque sendo as folhas muito finas, por vezes ficam coladas, dando origem ao referido erro"[825];

817 Ac. do TRP de 04.05.2000, proc. 0030259.

818 Ac. do TRL de 25.10.2000, proc. 0005444. Cfr., em sentido idêntico, o ac. do TRC de 24.03.2015, proc. 9/10.6TBSJP-A.C1, bem como o ac. do TRC de 30.06.2015, proc. 39/14.9T8LMG-A.C1.

819 Ac. do TRL de 18.10.2001, proc. 0068741.

820 Ac. do TRL de 22.01.2003, proc. 0096713.

821 Ac. do STJ de 27.05.2003, proc. 1573/03, *in SASTJ*, ano 2003.

822 Ac. do TRP de 22.03.2004, proc. 0316048.

823 Ac. do TRC de 18.07.2006, proc. 1887/06.

824 Ac. do TRC de 31.10.2006, proc. 3705/06.4YRCBR.

825 Ac. do STJ de 21.11.2006, proc. 3739/06, *in SASTJ*, ano 2006.

q) a circunstância de o mandatário ter estado ausente no estrangeiro durante dois meses e meio, deixando o seu escritório pura e simplesmente fechado, sem acautelar o recebimento das notificações do tribunal[826];

r) o facto de o mandatário, no último dia do prazo para a prática do ato, ter-se deparado com dois terminais de multibanco inoperacionais no centro da cidade do Porto[827];

s) a circunstância de a citanda ter visto seu estado de saúde agravar-se, "de modo a esta ficar acamada, desorientada e em estado de coma, tratando-se de pessoa com 83 anos e vivendo sozinha, a qual nem sequer se inteirou da existência do processo e da petição inicial"[828];

t) o facto de o mandatário ter estado impedido em audiências de discussão e julgamento e em outras diligências processuais, dedicando igualmente dias ou horas à preparação dessas diligências[829];

u) o facto de ter ocorrido um deficiente manuseamento informático do *Citius*, tendo sido remetidas para o tribunal, ainda que dentro do prazo para a prática do ato, peças processuais que nada tinham que ver com o processo a que se destinavam, já que esse manuseamento deficiente é da total responsabilidade da parte[830];

v) a circunstância de o mandatário do recorrente ter estado doente, apesar de a petição de recurso já se encontrar terminada, porquanto qualquer pessoa podia ter entregue essa peça processual no tribunal ou procedido ao envio da mesma através de meios telemáticos[831];

w) a ocorrência de uma avaria no computador do mandatário da parte, que o impediu de aceder, durante várias semanas, ao seu computador e aos ficheiros em formato *word* que nele se encontravam alojados[832];

x) a circunstância de o advogado padecer de uma doença renal crónica, que o obriga a efetuar tratamentos durante algumas horas em determinados dias da semana, já que não se trata de uma doença tão súbita e grave que o impeça, em absoluto, de praticar um ato processual[833];

[826] Ac. do TRL de 13.12.2007, proc. 2502/2007-4.

[827] Ac. do TRP de 10.09.2008, proc. 0841447.

[828] Ac. do TRG de 01.10.2009, proc. 492/07.7TBMNC.G1.

[829] Ac. do TRG de 01.02.2010, proc. 21/06.0GAFLG.G1.

[830] Ac. do STJ de 17.04.2012, proc. 4592/06.2TBVFR.S1. Cfr., no mesmo sentido, o ac. do TRL de 15.01.2013, proc. 493/09.0TCFUN.L1-1.

[831] Ac. do STJ de 30.10.2013, proc. 503/10.9GBSSB.L1-A.S1.

[832] Ac. do TCAN de 28.02.2013, proc. 00756/08.2BEPNF.

[833] Ac. do TCAS de 18.06.2015, proc. 08100/14.

y) a circunstância de o funcionário do escritório de advogados ter recebido uma carta registada, sem controlar o seu destino, tendo essa carta sido misturada com outra documentação e levada inadvertidamente por clientes do escritório[834];

z) o facto de a defensora do arguido, apesar de ter invocado a ocorrência de uma doença súbita, não ter alegado, nem provado, a verificação de qualquer impedimento ou incapacidade para substabelecer os seus poderes forenses[835];

aa) o facto de o advogado alegar que se encontra doente, não resultando do "atestado médico que declara a impossibilidade de exercício da profissão por parte do advogado/mandatário" qualquer esclarecimento em relação à "gravidade da doença" e mostrando-se o mesmo "desacompanhado de outros meios de prova que demonstrem essa gravidade"[836];

bb) a circunstância de o mandatário da parte ter cometido um erro na anexação do ficheiro informático no sistema *Citius*, o que determinou que tivesse junto a um processo uma contestação que dizia respeito a outro processo[837];

cc) o facto de o mandatário ter alterado o seu domicílio profissional, sem ter tido o cuidado de informar o tribunal dessa circunstância, omitindo, desse modo, o dever de diligência a que se encontrava vinculado[838];

dd) o facto de o mandatário ter contraído matrimónio na véspera de ter recebido uma notificação de um despacho judicial[839];

[834] Ac. do TCAS de 19.05.2016, proc. 08698/15. Cfr., em sentido análogo, o ac. do TRG de 20.03.2017, proc. 868/16.9PBBRG-G1.

[835] Ac. do TRP de 08.11.2017, proc. 254/15.8PIVNG.P1.

[836] Ac. do TRC de 20.04.2018, proc. 3188/17.8T8LRA-A.C1. Cfr., em sentido idêntico, o ac. do TRC de 20.04.2018, proc. 3188/17.8T8LRA-A.C1, bem como o ac. do TRE de 14.07.2020, proc. 147/19.0GALGS.E1. *Vide*, ainda, o ac. do TRL de 22.03.2018, proc. 2603/13.4TBOER.L1-6, no qual se decidiu não existir justo impedimento se o mandatário faltou a uma audiência, alegando encontrar-se doente, mas não juntou o respetivo atestado médico comprovativo desse seu estado, apesar de esse atestado ter sido emitido 5 dias antes da data designada para a realização da audiência de julgamento.

[837] Ac. do TRL de 25.09.2018, proc. 1059/10.8TBAGH.L1-7. *Vide*, em sentido contrário, o ac. do TRL de 28.04.2009, proc. 1111/06.4TBSSB.L1-7, no qual se decidiu que "Um erro na anexação de ficheiro informático, que implicou uma troca das contestações apresentadas em tribunal, pode justificar o entendimento, em determinadas circunstâncias, que ocorreu impedimento não imputável ao mandatário da parte, que obstou à prática atempada do acto".

[838] Ac. do TRP de 30.10.2013, proc. 7759/12.0TBMTS.P1.

[839] Ac. do TRC de 11.06.2002, proc. 2023/02.

ee) a circunstância de o mandatário ter falecido antes do recebimento da notificação, não tendo, no entanto, nem o escritório, nem o mandante, comunicado esse facto ao processo, para efeitos de suspensão da instância[840];

ff) a circunstância de não ter sido paga uma multa dentro do respetivo prazo, não tendo, contudo, sido alegada e/ou provada a impossibilidade de a multa ser liquidada por outro advogado[841];

gg) o facto de o mandatário da parte ter sido acometido de uma gripe, tendo junto ao processo um atestado médico do qual resulta o impedimento de o mandatário se ausentar do seu domicílio[842];

hh) a "existência de uma doença crónica, que impede o mandatário de trabalhar da parte de tarde, por incapacidade física de exercer a sua atividade de forma contínua"[843];

ii) a "inadvertida guarda e falta de entrega de duas cartas dirigidas para citação de parte, por membro do seu agregado familiar, de idade avançada, débil grau de instrução e afectado por problemas de memória e confusão, por tais circunstâncias serem do prévio conhecimento da dita parte, que não assegurou a verificação do recebimento de correspondência que lhe fosse dirigida, quando dispunha de meios para o efeito (nomeadamente, o concurso de outros membros do seu agregado familiar)"[844];

jj) o facto de o mandatário, sendo réu na ação e mandatário de outro réu, sofrer de doença incapacitante, tendo, no entanto, substabelecido os seus poderes forenses em outro advogado[845];

kk) a circunstância de uma carta de notificação para a prática de um determinado ato, cujo aviso de receção foi devidamente assinado no escritório do mandatário, ter-lhe sido entregue tardiamente[846];

ll) o facto de o mandatário ter sofrido um acidente de viação, que o forçou a ausentar-se do escritório, apesar de existirem outros mandatá-

840 Ac. do TRC de 13.05.2008, proc. 1671/03.1TBAVR.C1.

841 Ac. do TRC de 29.10.2014, proc. 1713/12.0TALRA.C1.

842 Ac. do TRE de 11.10.2014, proc. 346/11.2 GBTVR-A.E1. Com efeito, conforme se decidiu neste acórdão, "O instituto do justo impedimento tem por finalidade, exclusiva e restrita, desbloquear situações de incumprimento forçado por circunstâncias insuperáveis, que seria infundado desabonar. Mas, apenas, isso, nada mais".

843 Ac. do TRG de 03.06.2013, proc. 473/11.6TAFFAF.G1.

844 Ac. do TRG de 18.01.2018, proc. 6018/16.4T8GMR-B.G1.

845 Ac. do TRL de 16.04.2013, proc. 7566/05.7TBALM-A.L1-7.

846 Ac. do TRL de 22.06.2016, proc. 3536/2006-6.

rios constituídos, sem que, em relação a estes, tenha sido alegada a verificação de algum tipo de impedimento[847];

mm) a ignorância da lei e consequente falta de constituição de mandatário para a prática de um ato processual[848];

nn) a invocação, pelo mandatário, da ocorrência de doença incapacitante do exercício da sua atividade profissional, sem que a mesma seja comprovada através de atestado médico ou do depoimento testemunhal do médico que acompanhou a situação clínica do mandatário[849];

oo) o facto de o mandatário não ter avisado o seu constituinte da sua "doença incapacitante para praticar o ato no prazo legal", nem ter substabelecido os seus poderes, apesar de poder fazê-lo, agindo, assim, "ao arrepio do *bonus pater família*"[850];

pp) o facto de o ato processual apenas ter sido praticado no dia em que o mandatário recebeu instruções do seu cliente nesse sentido[851];

qq) a "incapacidade ou impossibilidade de o advogado se deslocar ao tribunal para estar presente na audiência de julgamento, declarada, através de atestado médico, dias antes da data da diligência e quando já [resultava] de um prolongamento de tal estado, causador anteriormente de uma alteração à data do julgamento [...] se não está demonstrado que esse facto era impeditivo da adoção de providências necessárias à prática do ato, nomeadamente procedendo-se ao necessário substabelecimento"[852];

rr) a circunstância de ter sido declarada "várias semanas antes do termo do prazo de que a Advogada dispunha para a prática do acto", uma situação de gravidez de risco "se não está demonstrado que esse facto era impeditivo da adopção das providências necessárias à prática atempada do acto, se necessário procedendo ao substabelecimento"[853];

ss) o facto de a ré, sociedade comercial, que tinha a sua sede em concelho diverso daquele em que se achava instalado o Tribunal, ter, entretanto, mudado a sua sede para o mesmo concelho sede do Tribunal, não informando desse facto o seu mandatário, e assim fazendo o mesmo

[847] Ac. do TRP de 09.10.2018, proc. 1021/16.7T8OAZ-D.P1.
[848] Ac. do TRP de 13.06.2018, proc. 2302/17.8T8AGD-A.P1.
[849] Ac. do TRL de 26.02.2020, proc. 198/19.4T8BRR-A.L1-4.
[850] Ac. do TRE de 24.09.2020, proc. 806/17.1T8FAR.E1.
[851] Ac. do STJ de 19.10.2021, proc. 6731/12.5YYPRT-A.P2-A.S1.
[852] Ac. do TRG de 08.04.2021, proc. 2284/20.9T8GMR-A.G1.
[853] Ac. do TRE de 25.02.2021, proc. 514/20.6T8PTG.E1.

crer que gozava da dilação prevista no art. 245º, nº 1, al. *b)* do CPC, e levando-o a apresentar a contestação fora de prazo[854]; ou

tt) a ocorrência de um "erro no sistema informático de suporte à atividade dos tribunais, sucessiva e persistentemente verificado, impeditivo da assinatura e envio de peça processual via eletrónica só conseguido ultrapassar, apesar da incessante persistência, com a entrada do dia subsequente ao do *terminus* do prazo"[855].

4.3.2. Requisitos processuais

Mesmo que se encontrem verificados os requisitos substantivos, só se verifica um justo impedimento desde que se mostrem igualmente preenchidos os seguintes requisitos processuais:

a) o justo impedimento deve verificar-se antes ou durante o decurso do prazo perentório;

Com efeito, a parte não pode invocar a ocorrência de um justo impedimento se este só se verificou depois de já ter terminado o prazo perentório para a prática do ato processual em falta, devendo, ao invés, o impedimento ser anterior ou contemporâneo ao decurso do prazo para a prática do ato que foi omitido[856].

De igual modo, a parte não pode invocar a ocorrência de um justo impedimento se estiver em tempo de lançar mão do regime previsto no art. 139º, nº 5, isto é, de poder praticar o ato em falta, mediante o pagamento de uma multa, já que os regimes do justo impedimento e da prática do ato com multa são autónomos e independentes[857].

[854] Ac. do TRL de 05.05.2020, proc. 652/19.8T8AMD-A.L1-7.

[855] Ac. do TRP de 11.01.2021, proc. 6074/19.3T8VNG-B.P1.

[856] *Vide*, a este propósito, o ac. do STJ de 29.11.2018, proc. 273/18.2.PDPRT-A.S1.

[857] Cfr., nesse sentido, o ac. do TRL de 11.10.1990, proc. 0009846, o ac. do TRC de 12.02.2003, proc. 3744/02, o ac. do STJ de 27.11.2008, proc. 08B2372, o ac. do TRC de 06.03.2012, proc. 1627/04.7TBFIG-A.C1, o ac. do TRL de 31.05.2012, proc. 2923/05.1TVLSB-B.L1-2, o ac. do TRL de 19.05.2014, proc. 1200/13.9TVLSB-A.L1-1, o ac. do TRC de 01.07.2014, proc. 704/07.7TBCNT-B.C1, o ac. do TRC de 29.10.2014, proc. 1713/12.0TALRA.C1, o ac. do TRC de 25.03.2015, proc. 6/09.4GFIDN.C1, o ac. do TRP de 01.07.2015, proc. 9529/12.7TDPRT-B.P1, o ac. do TRC de 01.03.2016, proc. 527/14.7TBCNT-B.C1, o ac. do TRL de 15.06.2016, proc. 2928/14.1TTLSB.L1-4, o ac. do TRE de 22.10.2019, proc. 57/08.6TAABF.E1, bem como o ac. do TRE de 13.07.2021, proc. 239/19.5GAOLH.E1.

Em todo o caso, a jurisprudência tem vindo a admitir a possibilidade de a parte invocar, como justo impedimento, a ocorrência de um facto, que não lhe seja imputável, dentro do período dos três dias úteis de multa, previsto no art. 139º, nº 5[858].

b) a parte deve invocar a ocorrência de um justo impedimento logo que o mesmo cesse[859];

Este requisito deve ser interpretado *cum grano salis*. Com efeito, a parte deve invocar a ocorrência do impedimento logo que o mesmo termine[860]. No entanto, estando em causa a prática de um ato no processo, o justo impedimento pode ser invocado no primeiro dia útil subsequente àquele em que cessou o impedimento[861].

Por outro lado, se o impedimento cessar em férias judiciais, o justo impedimento deve ser invocado mesmo durante o período de férias judiciais, já que se trata da prática de um ato urgente[862].

c) a parte deve oferecer, de imediato, isto é, no momento em que se apresenta a praticar, de forma intempestiva, o ato processual em falta, a prova da ocorrência de um justo impedimento;

Vide, em sentido contrário, o ac. do TRP de 10.02.2011, proc. 947/10.6TBVRL.P1, o ac. do TRP de 23.10.2019, proc. 11/19.2GBSTS-A.P1, o ac. do STJ de 23.02.2021, proc. 671/19.4T8FNC.L1.S1, bem como o ac. do STJ de 13.07.2021, proc. 4044/18.8T8STS-C.P1.S1.

[858] Cfr., nesse sentido, o ac. do TRP de 10.02.2011, proc. 947/10.6TBVRL.P1, o ac. do STJ de 25.10.2012, proc. 1627/04.7TBFIG-A.C1.S1, o ac. do TRL de 28.05.2013, proc. 2294/08.4TBOER-C.L1-1, o ac. do TRL de 27.09.2017, proc. 10805/15.2T8SNT.L1-4, o ac. do TRG de 31.10.2018, proc. 49/18.7T8BRG-A.G1, bem como o ac. do TRP de 23.10.2019, proc. 11/19.2GBSTS-A.P1.

[859] *Vide*, nesse sentido, o ac. do STJ de 07.03.1986, proc. 001256, o ac. do TRP de 13.01.1998, proc. 9721217, o ac. do TRC de 02.11.2004, proc. 1875/04, o ac. do TRE de 21.05.2009, proc. 786/05.6TBABT.E1, o ac. do TRL de 17.06.2010, proc. 4336/10.4T2SNT.L1-6, o ac. do TCAN de 14.01.2016, proc. 00251/15.3BEPRT, bem como o ac. do TRG de 15.12.2016, proc. 273/14.1TBVRL.G2.

[860] Criticando a imposição deste ónus de o justo impedimento ser requerido "logo que ele cesse", por entender que seria preferível o estabelecimento de um "prazo curto para o efeito (1 ou 2 dias) ou fazer referência a um prazo razoável", *vide* FREITAS, José Lebre de, "Revisão do Processo Civil", *op. cit.*, p. 447. Por sua vez, Luso Soares defendia, à luz do art. 2º do DL nº 457/80, de 10 de outubro – o qual estabelecia que "os prazos judiciais previstos no Código de Processo Civil inferiores a 5 dias, passam a ter essa duração" – que o termo "logo" devia ser entendido no sentido de corresponder ao prazo de 5 dias (SOARES, Fernando Luso, *Processo Civil de Declaração*, *op. cit.*, p. 522).

[861] *Vide*, a este propósito, o ac. do TRC de 14.03.2017, proc. 8/14.9T8MMV-B.C1.

[862] Ac. do TRP de 06.06.1990, proc. 0124128.

Para que este requisito possa ser dado como preenchido, torna-se necessário que a parte ofereça, de imediato, a prova da verificação desse impedimento[863] – a qual será, essencialmente, prova documental e/ou testemunhal[864] –, sob pena de indeferimento liminar[865], recaindo sobre si o ónus da prova da verificação do justo impedimento[866]. Vale isto por dizer que o tribunal não está obrigado a notificar a parte para que esta ofereça a prova da verificação de um justo impedimento, na eventualidade de esta não o ter feito[867].

Acresce que, uma vez observado o contraditório prévio da parte contrária, o tribunal só deve ordenar a produção de prova se não existir motivo para indeferir liminarmente a invocação do justo impedimento, porquanto, nessas circunstâncias, a produção de prova redundaria na prática de um ato inútil[868].

Em todo o caso, se o evento imprevisível que deu origem ao justo impedimento constituir um facto notório, nos termos do art. 412º, nº 1, e se for previsível a impossibilidade de prática do ato dentro do prazo, o juiz pode conhecer oficiosamente a verificação do impedimento, atento o disposto no art. 140º, nº 3[869].

d) a parte deve praticar o ato processual em falta juntamente com a invocação do justo impedimento, ou seja, logo que o impedimento cesse.

Com efeito, para além de alegar e provar o justo impedimento, a parte deve igualmente praticar o ato processual assim que o impedimento cesse[870]. Vale

[863] *Vide*, nesse sentido, o ac. do STJ de 01.06.1994, proc. 084490, o ac. do STJ de 28.05.2002, proc. 02B1164, o ac. do TRE de 25.10.2007, proc. 1730/07-3, o ac. do TRE de 16.04.2015, proc. 1120/13.7TBABF-A.E1, o ac. do TCAS de 05.05.2016, proc. 10343/13, o ac. do TRP de 30.05.2018, proc. 403/14.3T8PRT.P1, bem como o ac. do TRE de 16.01.2020, proc. 2947/19.1T8STB-A.E1.

[864] Reis, Alberto dos, *Comentário ao Código de Processo Civil Anotado*, *op. cit.*, p. 80.

[865] Cfr., nesse sentido, o ac. do STJ de 16.04.1991, proc. 079486, o ac. do TRL de 18.03.1993, proc. 0065252, o ac. do STJ de 01.06.1994, proc. 084490, bem como o ac. do STJ de 30.10.2013, proc. 503/10.9GBSSB.L1-A.S1.

[866] *Vide*, nesse sentido, o ac. do TCAN de 25.05.2016, proc. 00222/03.

[867] Ac. do STA de 26.04.2006, proc. 0521/05.

[868] Cfr., nesse sentido, o ac. do TRP de 26.05.1992, proc. 9210088.

[869] Este regime foi introduzido pelo DL nº 125/98, de 12 de maio. Com efeito, de acordo com o preâmbulo deste diploma, o legislador, partindo de um acontecimento, consubstanciado numa greve decretada pelo Sindicato dos Funcionários Judiciais durante 5 dias, que obstara, em número elevado, à prática tempestiva de actos processuais, considerou "razoável introduzir no normativo em causa disposição que permita, verificados certos requisitos, a declaração oficiosa do justo impedimento".

[870] *Vide*, nesse sentido, o ac. do STJ de 03.05.1989, proc. 077565, o ac. do TRP de 20.10.1998, proc. 9820326, o ac. do TRP de 28.10.2021, proc. 2349/20.7T8GDM.P1, bem como o ac. do TRE de 12.05.2022, 103/21.8T8RDD.E1.

isto por dizer que não basta à parte alegar e provar a ocorrência de um justo impedimento, devendo, igualmente, praticar, de imediato, o ato processual em falta[871]. *Mutatis mutandis*, quando a parte se apresenta a praticar o ato, esta tem o ónus de invocar, de imediato, a ocorrência de um justo impedimento, razão pela qual não pode invocar o justo impedimento apenas no momento em que é "confrontada com a extemporaneidade da prática do acto"[872].

4.3.3. Efeitos

No que concerne aos seus efeitos, se o tribunal concluir pela verificação de um justo impedimento, não decorre desse facto a inutilização do prazo processual entretanto já decorrido, nem tão-pouco qualquer suspensão quanto ao início da contagem do prazo perentório, mas tão-só a suspensão do termo desse prazo, o qual é diferido para o primeiro dia subsequente ao termo do justo impedimento[873].

Seja como for, a verificação de um justo impedimento acarreta a reversão de todos os efeitos produzidos após a omissão do ato processual que devia ter sido praticado[874].

4.4. Vício imputável à secretaria judicial

Independentemente dos regimes da prorrogação do prazo, da prática do ato com multa e do justo impedimento, é igualmente admissível a prática de um ato após o termo do prazo legalmente previsto para o efeito nos casos em que se verifique um vício imputável à secretaria, por força do qual a parte tenha sido induzida em erro quanto à prática atempada do ato. Com efeito, os erros e omissões da secretaria não podem, em qualquer caso, prejudicar as partes (art. 157º, nº 6), sendo que esta regra constitui "emanação do princípio da segu-

[871] Não é assim, por exemplo, no ordenamento jurídico brasileiro, pois que, à luz do art. 223º, § 2º, do $CPC_{Br.}$, se o juiz considerar verificada a justa causa, deve permitir à parte que esta pratique o ato no prazo que lhe for designado para o efeito.

[872] Ac. do TRG de 02.12.2021, proc. 1590/20.7T8BRG-A.G1.

[873] Ac. do STJ de 25.05.1995, proc. 086646. *Vide*, no mesmo sentido, o ac. do TRE de 02.12.2009, proc. 360/08.5TBVVC-A.E1, com o seguinte sumário: "I – O efeito do justo impedimento não é nem o de impedir o início do curso de prazo peremptório, nem o de interromper tal prazo, mas tão somente o de suspender o termo de um prazo peremptório, deferindo-o para o dia imediato àquele que tenha sido o último de duração do impedimento. II – Assim a invocação do justo impedimento, para evitar o efeito extintivo do decurso do prazo, tem de ser feita logo que cesse a causa impeditiva com oferecimento imediato da respectiva prova e a prática, em simultâneo, do acto em falta".

[874] *Vide*, nesse sentido, Silva, Paula Costa e, *Acto e Processo: O Dogma da Irrelevância da Vontade na Interpretação e nos Vícios do Acto Postulativo*, Coimbra Editora, Coimbra, 2003, p. 482.

rança jurídica e da protecção da confiança e do princípio da transparência e da lealdade processuais, indissociáveis de um processo justo e equitativo"[875].

Assim, a título meramente exemplificativo:

a) se a secretaria tiver indicado ao citando um prazo para a defesa superior ao legalmente previsto, o citando deve ser admitido a praticar o ato dentro do prazo que lhe tiver sido erradamente indicado – salvo se o autor tiver, entretanto, feito citar novamente o réu em termos regulares –, já que o citando não pode ser prejudicado em virtude de um erro ou de uma omissão da secretaria (art. 191º, nº 3)[876];

b) se a secretaria indicou à parte um prazo superior ao legalmente previsto para a interposição de recurso de uma decisão judicial, a parte não pode ser prejudicada por causa desse erro, devendo, por isso, ser admitida a interpor recurso dentro do prazo que lhe tiver sido indicado[877,878];

c) se a secretaria, erradamente, transmitiu ao réu que, apesar de estar em causa um processo urgente, a contagem do prazo se suspendia durante o período de férias judiciais, deve, nesse caso, admitir-se a prática do ato durante o prazo mais alargado, resultante da suspensão da contagem durante o período de férias judiciais, assim se protegendo a segurança jurídica e as legítimas expetativas da parte no que concerne ao tempo da prática dos atos processuais; ou

d) se a secretaria, na notificação que remeteu à parte, informou-a que o prazo para interpor recurso começava a correr a partir dessa notificação quando, na verdade, o referido prazo já se encontrava em curso, o prazo para a interposição do recurso deve começar a correr somente após essa notificação[879].

[875] Ac. do TRL de 18.01.2022, proc. 832/20.3Y4LSB.L1-5.

[876] *Vide*, a este respeito, o ac. do TRE de 28.02.2019, proc. 412/18.3T8FTR-A.E1, no qual se entendeu que o erro da secretaria que aproveita à parte tanto se pode traduzir no aumento do prazo de que esta dispunha para a prática de um ato, como na suspensão, em férias judiciais, da contagem de um prazo, apesar de estar em causa um processo urgente.

[877] Cfr., nesse sentido, o ac. do TRE de 13.07.2021, proc. 54/16.8T9GDL.E1.

[878] Já assim não sucede, no entanto, se a secretaria tiver indicado à parte o prazo certo e a uma outra pessoa ou entidade um prazo incorreto, já que, nesse caso, a parte não pode aproveitar-se do erro cometido pela secretaria em relação a essa pessoa ou entidade (*vide*, nesse sentido, o ac. do STJ de 15.12.2021, proc. 330/20.5T8CVL.C1-B.S1).

[879] *Vide*, nesse sentido, o ac. do TRP de 02.07.2022, proc. 148/20.5PDPRT-A.P1.

Capítulo IV
Prazos no processo tutelar cível

I. Aplicação subsidiária

Nos casos omissos, isto é, que não se achem expressamente regulados no Regime Geral do Processo Tutelar Cível, são aplicáveis, com as devidas adaptações, as regras processuais civis que não sejam contrárias aos fins da proteção de menores, nos termos do art. 33º, nº 1, do RGPTC.

II. Modalidades do prazo

1. Prazo supletivo

Tal como sucede na lei de processo civil (art. 149º, nº 1), na falta de disposição especial, o prazo para a prática de qualquer ato processual é de 10 dias (art. 14º, nº 1, do RGPTC). Este prazo de 10 dias reveste natureza subsidiária, razão pela qual "o mesmo só deve ser aplicado nos casos em que a lei seja omissa ou quando o juiz não tenha fixado qualquer prazo para a prática do ato"[880].

2. Prazos para os atos dos magistrados

2.1. Despachos ou promoções de mero expediente ou urgentes

À luz do art. 14º, nº 2, do RGPTC, os despachos ou promoções de mero expediente, isto é, os despachos que se destinem a "prover ao andamento regular do processo, sem interferir no conflito de interesses entre as partes" (art. 152º, nº 4) ou que sejam considerados urgentes devem ser proferidos no prazo máximo de 2 dias[881].

[880] Gonçalves, Marco Carvalho, "Anotação ao artigo 14º", *Regime Geral do Processo Tutelar Cível Anotado*, Cristina Araújo Dias, João Nuno Barros, Rossana Martingo Cruz (coords.), Almedina, Coimbra, 2021, p. 163.

[881] Trata-se, com efeito, de uma regra análoga à que consta do art. 156º, nº 3.

Este prazo reveste, no entanto, uma natureza meramente ordenadora, já que, da sua eventual violação, não decorre qualquer preclusão ou nulidade processual.

Outrossim, nos termos do art. 14º, nº 3, do RGPTC, logo que se mostrem decorridos três meses após o termo do prazo fixado para a prática de ato próprio do juiz sem que o mesmo tenha sido praticado, o juiz deve consignar no processo a concreta razão pela qual não observou o prazo que se encontrava previsto para a prática desse ato.

Paralelamente, à luz do art. 14º, nº 4, do RGPTC, a secretaria deve enviar mensalmente ao presidente do tribunal informação discriminada dos casos em que se mostrem decorridos três meses sobre o termo do prazo fixado para a prática de ato próprio do juiz – mesmo que o ato tenha, entretanto, sido praticado –, incumbindo ao presidente do tribunal, no prazo de 10 dias, a contar da data de receção da informação, remeter o expediente à entidade com competência disciplinar, ou seja, ao Conselho Superior da Magistratura.

2.2. Adiamento da audiência de julgamento

Regra geral, à luz art. 31º, nº 1, do RGPTC, a audiência de julgamento encontra-se sujeita ao princípio da continuidade. Trata-se, com efeito, da mesma regra que vigora na lei de processo civil, concretamente no seu art. 606º.

Contudo, se não for possível concluir a audiência num só dia, o juiz deve proceder à sua suspensão e, mediante acordo prévio das partes, marcar a sua continuação para a data mais próxima possível. Nessa eventualidade, se a continuação da audiência de julgamento não ocorrer dentro dos 30 dias imediatos, por impedimento do tribunal ou dos mandatários em consequência de outro serviço judicial já marcado, o juiz deve consignar na ata o respetivo motivo e identificar expressamente a diligência e o processo a que respeita (art. 31º, nº 2, do RGPTC). Todavia, na contabilização desse prazo de 30 dias, não se considera o período de férias judiciais, previsto no art. 28º da LOSJ, nem o período em que, por motivo estranho ao tribunal, o processo se encontre a aguardar a realização de alguma diligência probatória, atento o disposto no art. 31º, nº 3, do RGPTC. Acresce, por outro lado, que este prazo de 30 dias reveste natureza meramente ordenadora, motivo pelo qual, se o prazo não for observado, daí não resulta qualquer nulidade processual[882], nem a perda da prova anteriormente produzida, sem prejuízo, naturalmente, da eventual responsabilidade disciplinar a que possa haver lugar.

[882] Cfr., nesse sentido, o ac. do STJ de 12.01.2010, proc. 1310/04.3TBMFR.S1.

2.3. Realização de conferências e audiências

Tendo em vista a proteção da celeridade do processo tutelar cível, a lei estabelece diversos prazos para a realização de conferências de interessados e de audiências.

Assim, a título meramente exemplificativo, importa salientar que:

a) sendo requerida, pelo Ministério Público, a regulação do exercício das responsabilidades parentais, na eventualidade de não ter sido requerida a homologação do acordo ou de este não ter sido homologado, os pais são citados para uma conferência de interessados, a ser realizada nos 15 dias seguintes (arts. 34º, nº 3, e 35º, nº 1, do RGPTC). Nesse caso, se não for possível chegar a um acordo e se o juiz suspender a conferência, remetendo as partes para mediação ou para audição técnica especializada, a conferência deve realizar-se nos 5 dias subsequentes à notificação dos interessados, logo que finde a intervenção técnica especializada ou a mediação, atento o disposto no art. 39º, nºs 1 e 3, do RGPTC;

b) ainda no âmbito do processo especial de regulação do exercício das responsabilidades parentais, se os pais não chegarem a acordo e se estes, uma vez notificados para o efeito, apresentarem alegações ou provas, a audiência de discussão e julgamento deve ter lugar no prazo máximo de 30 dias (art. 39º, nº 7, do RGPTC);

c) se for requerida, pelo Ministério Público, a regulação urgente do exercício das responsabilidades parentais, nos termos do art. 44º-A do RGPTC, pelo facto de ter sido decretada uma medida de coação ou aplicada a pena acessória de proibição de contacto entre progenitores ou se estiverem em grave risco os direitos e a segurança das vítimas de violência doméstica e de outras formas de violência em contexto familiar, como maus tratos ou abuso sexual de crianças, os progenitores são citados para uma conferência, a qual deve realizar-se nos 5 dias imediatos (art. 44º-A, nº 2, do RGPTC);

d) no processo especial de alimentos devidos a criança, uma vez requerida a fixação de alimentos ou a alteração dos alimentos anteriormente fixados, o juiz deve designar o dia para uma conferência, a ser realizada nos 15 dias imediatos (arts. 45º e 46º, nº 1, do RGPTC);

e) no processo especial de inibição, total ou parcial, do exercício das responsabilidades parentais, o juiz, logo que se mostrem realizadas as diligências que tiver determinado, nos termos do art. 21º do RGPTC, deve proceder à marcação de uma audiência de discussão e julgamento, a ser realizada no prazo máximo de 10 dias (art. 55º, nº 2, do RGPTC).

3. Prazos para os atos das partes

3.1. Interposição de recurso e resposta

Nos termos do art. 32º, nº 3, do RGPTC, o prazo para a interposição do recurso – cujo requerimento deve ser acompanhado das respetivas alegações – e para a apresentação da resposta é de 15 dias, sendo que, salvo disposição expressa em sentido contrário[883], cabe recurso das decisões que se pronunciem, de forma definitiva ou provisória, sobre a aplicação, alteração ou cessação de medidas tutelares cíveis[884]. A fixação de um prazo reduzido de 15 dias para a

[883] Conforme se decidiu no ac. do TRC de 29.01.2019, proc. 1262/12.6TBGRD-C.C1, "O segmento «salvo disposição expressa» constante do nº 1 do artigo 32º (recursos) do Regime Geral do Processo Tutelar Cível (Lei nº 141/2015, de 08 de Setembro), deve ser interpretado no sentido que que há sempre recurso das decisões que se pronunciem definitiva ou provisoriamente sobre a aplicação, alteração ou cessação de medidas tutelares cíveis, salvo disposição expressa em contrário".

[884] *Vide*, a este propósito, o ac. do TRE de 07.06.2017, proc. 181/05.7TMSTB-D.E1, com o seguinte sumário: "1. Não existem razões para que à tramitação do incidente da garantia dos alimentos a cargo do Fundo de Garantia de Alimentos devidos a Menores, embora estabelecida, em parte, em regras avulsas (artigos 3º da Lei 75/98 e 9º, nº 4, do Decreto-Lei nº 164/99), seja conferida natureza diversa da do incidente de incumprimento do devedor originário prevista no artigo 48º do Regime Geral do Processo Tutelar Cível, aprovado pela Lei nº 141/2015, de 08/09, face ao consagrado nos artigos 6º, al. *d)*, 7º, al. *e)* e 16º deste diploma. 2. Em sede de intervenção do Fundo de Garantia de Alimentos devidos a Menores, o prazo de recurso e de apresentação das alegações respectivas é de 15 dias, por força da aplicação da regra contida no nº 3 do artigo 32º do Regime Geral do Processo Tutelar Civil" e, no mesmo sentido, o ac. do TRE de 13.07.2017, proc. 181/05.7TMSTB-D.E1. Cfr., ainda, o ac. do TRE de 16.05.2019, proc. 3613/17.8T8STB-A.E1, no qual se decidiu que "O recurso de apelação interposto da sentença que desconsiderou o incumprimento da obrigação de pagamento das despesas medicamentosas e escolares relativas a menor, por parte do seu progenitor, e requeridas pela sua mãe, tem um prazo legal de interposição de 15 (quinze) e não de 30 (trinta) dias", bem como o ac. do STJ de 04.06.2019, proc. 15893/15.9T8SNT.L1-A.S1, com o seguinte sumário: "I – O prazo de quinze dias, estabelecido no art. 32º, nº 3, do RGPTC, aplica-se à interposição de recurso de revista ordinária e excecional em lugar do prazo de trinta dias, previsto no art. 638º, nº 1, do CPC. Desde logo, o art. 32º, nº 3, do RGPTC é uma norma especial em face do art. 638º, nº 1, do CPC. Depois, o CPC não estabelece prazos diferentes para a interposição do recurso de revista normal e para a interposição do recurso de revista excecional, estando ambos sujeitas ao mesmo prazo de 30 dias. O mesmo se podendo afirmar a propósito do art. 32º, nº 3, do RGPTC. *Ubi lex non distinguit nec nos distinguere debemus*. Ainda que assim não fosse, por se tratar de um processo urgente, seria aplicável a disciplina prevista na 2ª parte, do nº 1, do art. 638º, do CPC (art. 13º do RGPTC), que consagra igualmente o prazo de 15 dias para processos urgentes. II – Não se afigura relevante, para a determinação do prazo aplicável, a distinção entre interposição do recurso e apresentação das alegações (embora as alegações devam ser, atualmente, entregues ao mesmo tempo que o requerimento de interposição do recurso). III – A aplicação do prazo de quinze dias, estabelecido no art. 32º, nº 3, do RGPTC, não pode ser considerada como contrária à ideia de Direito. A segurança é uma das exigências feitas ao Direito, representando também uma missão contida na própria ideia de Direito".

interposição do recurso encontra justificação na natureza dos interesses que são objeto de proteção por via dos processos tutelares cíveis, interesses esses que reclamam uma tutela célere dos direitos correlativos.

De todo o modo, a jurisprudência tem vindo a entender que, se o recurso tiver por objeto a reapreciação da prova gravada, ao prazo de interposição do recurso e da resposta acrescem 10 dias, por aplicação subsidiária do disposto no art. 638º, nº 7[885].

3.2. Outros prazos perentórios

3.2.1. No processo especial de regulação do exercício das responsabilidades parentais e resolução de questões conexas

3.2.1.1. Homologação do acordo sobre o exercício das responsabilidades parentais

À luz do art. 34º, nº 1, do RGPTC, a homologação do acordo sobre o exercício das responsabilidades parentais em caso de divórcio, separação judicial de pessoas e bens ou declaração de nulidade ou anulação do casamento, nos termos do art. 1905º do CC[886], deve ser pedida por qualquer um dos pais, no prazo de 10 dias após o trânsito em julgado da sentença proferida na respetiva causa.

3.2.1.2. Regulação do exercício das responsabilidades parentais

Se nenhum dos pais tiver pedido a homologação do acordo ou se o acordo não tiver sido homologado, o Ministério Público deve ser notificado desse facto, após o que dispõe do prazo de 10 dias para requerer a regulação do exercício das responsabilidades parentais, atento o disposto no art. 34º, nº 3, do RGPTC.

Nesse caso, se os pais não lograrem chegar a um acordo em sede de conferência (arts. 35º a 38º do RGPTC), mesmo após a realização de uma mediação ou depois de concluída a fase de audição técnica especializada, os pais, uma vez notificados para o efeito, dispõem de um prazo perentório de 15 dias para apresentarem as respetivas alegações, arrolarem testemunhas e juntarem documentos (art. 39º, nº 4, do RGPTC).

[885] Cfr., nesse sentido, o ac. do TRP de 27.09.2018, proc. 1654/14.6TMPRT-B.P1.

[886] Observe-se que, de acordo com o art. 1905º, nº 1, do CC, "Nos casos de divórcio, separação judicial de pessoas e bens, declaração de nulidade ou anulação de casamento, os alimentos devidos ao filho e a forma de os prestar são regulados por acordo dos pais, sujeito a homologação", sendo que a homologação do acordo deve ser recusada na eventualidade de o acordo "não corresponder ao interesse do menor".

3.2.1.3. Incumprimento do regime de exercício das responsabilidades parentais

Se algum dos pais ou uma terceira pessoa a quem a criança tenha sido confiada não cumprirem o acordo homologado pelo tribunal ou a decisão judicial que tiverem regulado o exercício das responsabilidades parentais, o juiz deve convocar os pais para uma conferência ou, excecionalmente, mandar notificar o requerido para que este alegue o que tiver por conveniente[887], sendo que, nesse caso, o requerido dispõe de um prazo perentório de 5 dias para esse efeito (art. 41º, nos 2 e 3, do RGPTC)[888].

3.2.1.4. Alteração do regime de exercício das responsabilidades parentais

Se o acordo ou a decisão final não forem cumpridos por ambos os pais ou por uma terceira pessoa a quem a criança tenha sido confiada, ou se a ocorrência de circunstâncias supervenientes tornar necessário alterar o que estiver estabelecido, qualquer um daqueles ou o Ministério Público podem requerer ao tribunal que se proceda a uma nova regulação do exercício das responsabilidades parentais, atento o disposto no art. 42º, nº 1, do RGPTC. Nessa eventualidade, à luz do nº 3 do citado preceito legal, o requerido deve ser citado para, dentro do prazo perentório de 10 dias, alegar o que tiver por conveniente.

3.2.2. No processo especial de alimentos devidos a criança

Sendo requerida a fixação dos alimentos devidos a criança ou a alteração dos alimentos que tiverem sido anteriormente fixados, nos termos do art. 45º do

[887] Cfr., a este propósito, o ac. do TRG de 12.07.2016, proc. 2061/14.6T8BRG-A.G1, com o seguinte sumário: "A notificação a que se refere o nº 2 do artigo 181º OTM, e presentemente o nº 3 do artigo 41º RGPTC, quando realizada depois de ter findado o processo de regulação das responsabilidades parentais e sem que esteja em curso qualquer outro incidente que também corra por apenso a esses autos, tem que concretizar-se de modo a assegurar que o seu conteúdo chega ao conhecimento do notificando, sob pena de violação dos seus direitos constitucionais de acesso aos tribunais e a um processo equitativo. Para tal, não obstante o legislador utilizar a expressão "notificar", terá que se observar, pelo menos e com as necessárias adaptações, as regras do processo civil relativas à citação".

[888] *Vide*, a este respeito, o ac. do TRL de 22.03.2018, proc. 1318/11.2TBCSC.L1-6, no qual se consignou o seguinte: "I. O disposto no nº 3 do art. 41º da Lei nº 141/2015, de 08 de Setembro (Regime Geral do Processo Tutelar Cível – RGPTC) permite ao Órgão Jurisdicional ordenar a notificação do requerido «para, no prazo de cinco dias, alegar o que tiver por conveniente». II. É certo que se trata de opção que o legislador reputou de excepcional, mas tal qualificação apenas envolve a necessidade de fundamentação, ou seja, de indicação das razões que esteiem a conclusão pela excepcional adequação em concreto da estrutura processual, nunca a proscrição. III. Perante a ausência de indicação dos motivos excepcionais e não se conformando, cumpre à parte que se considere prejudicada pela decisão arguir a nulidade do acto judicial, no prazo legal. [...]".

RGPTC, o juiz deve proceder à marcação de uma conferência, a realizar nos 15 dias seguintes. Nesse caso, se a conferência não puder ser realizada ou se as partes nela não lograrem chegar a um acordo, o requerido é notificado, de imediato, para contestar, à luz do art. 47º, nº 1, do RGPTC. Sendo a lei omissa no que diz respeito ao prazo de que o requerido dispõe para oferecer a sua contestação, aplica-se o prazo supletivo de 10 dias, constante do art. 14º, nº 1, do RGPTC.

3.2.3. No processo especial de entrega judicial de criança

À luz do art. 49º, nº 1, do RGPTC, se a criança abandonar a casa dos pais ou aquela que estes lhe destinaram ou dela for retirada, ou se encontrar subtraída à responsabilidade da pessoa ou da instituição a quem esteja legalmente confiada, deve ser requerida ao tribunal a entrega judicial da criança.

Nesse caso, se o juiz, depois de proceder à audição da criança e, eventualmente, da pessoa que a tiver acolhido ou em poder de quem ela se encontre, entender que o processo deve seguir os seus termos, sem antes tomar uma decisão de imediato, deve ordenar a citação do Ministério Público e da pessoa que tiver acolhido a criança, ou em poder de quem ela se encontre, para, querendo, apresentarem contestação, no prazo perentório de 10 dias (art. 49º, nº 3, do RGPTC).

Por sua vez, de acordo com o art. 50º do RGPTC, o juiz, antes de decretar a entrega da criança ao requerente, deve ordenar a realização das diligências previstas no art. 21º do RGPTC, sendo que, se essas diligências revelarem a falta de idoneidade do requerente, este deve ser notificado para, dentro do prazo perentório de 10 dias, alegar o que tiver por conveniente e oferecer as suas provas.

III. Regras de contagem dos prazos

1. Natureza urgente do processo

Nos termos do art. 13º do RGPTC, estando em causa processos tutelares cíveis em que se exija a adoção de uma decisão urgente, pelo facto de a demora ser suscetível de causar prejuízo aos interesses da criança, esses processos correm durante as férias judiciais. Assim, nesses casos, cabe ao julgador declarar a urgência do processo tutelar cível[889], o que implica o reconhecimento prévio

[889] *Vide*, nesse sentido, o ac. do TRG de 23.04.2015, proc. 795/09.6TBVRL-B.G1, no qual se consignou que "A natureza urgente nos processos tutelares cíveis não é automática para todos eles, antes há de ser apreciada e declarada caso a caso, segundo critério do prejuízo para o superior interesse do menor previsto no art. 160º da OTM, apenas respeitante ao decurso do processo em férias judicias".

de que "a particularidade dos interesses a tutelar ou a proteger é incompatível com a suspensão do processo no período de férias judiciais"[890].

Consequentemente, para além de, nesses processos, poderem ser praticados atos processuais durante o período de férias judiciais, a contagem dos prazos não se suspende durante as férias judiciais, atento o preceituado nos arts. 137º, nº 1, e 138º, nº 1.

2. Notificações e convocatórias

Tendo em vista garantir a celeridade dos processos tutelares cíveis, o art. 15º do RGPTC estabelece o princípio segundo o qual as notificações e as convocatórias para comparecer no tribunal ou noutros locais designados devem, em regra, ser realizadas através do meio técnico mais expedito e adequado ao efeito pretendido.

Sendo esse o princípio geral, a secretaria só pode proceder a notificações ou a convocatórias através de registo postal nos casos em que estas não possam ser realizadas através de meios técnicos mais expeditos e adequados.

[890] Gonçalves, Marco Carvalho, "Anotação ao artigo 13º", *Regime Geral do Processo Tutelar Cível Anotado*, Cristina Araújo Dias, João Nuno Barros, Rossana Martingo Cruz (coords.), Almedina, Coimbra, 2021, p. 160.

Capítulo V
Prazos no processo do trabalho

I. Aplicação subsidiária

O art. 1º do CPT estabelece que o processo do trabalho rege-se pelo disposto nesse Código, sendo que, nos casos omissos, recorre-se, em primeiro lugar, à legislação processual comum, civil ou penal, que, diretamente, os previna [art. 1º, nº 2, al. *a)*, do CPT]. Por conseguinte, em tudo o que não se ache expressamente regulado no que diz respeito aos prazos para a prática de atos no processo do trabalho, aplica-se, de forma supletiva e em face da natureza jurídica da matéria em causa, a lei de processo, civil ou penal, que, diretamente, estipule sobre os prazos para a prática desses atos[891].

II. Modalidades do prazo

1. Prazos para os atos dos magistrados

A lei de processo do trabalho estabelece diversos prazos processuais para a prática de atos pelos magistrados.

Vejamos, de seguida, alguns desses prazos.

1.1. Realização de audiências

1.1.1. Processo comum de declaração

Se o juiz, após o recebimento da petição inicial, entender que a ação está em condições de prosseguir os seus termos, deve proceder à marcação de uma audiência de partes, a qual deve ser realizada no prazo de 15 dias (art. 54º, nº 2, do CPT).

[891] Cfr., a este respeito, ALEGRE, Carlos, *Código de Processo do Trabalho Anotado*, Almedina, Coimbra, 2001, pp. 26 e 27. *Vide*, na jurisprudência, o ac. do TRP de 08.03.2019, proc. 481/16.0T8VFR-C.P1.

Por sua vez, nos termos do art. 62º do CPT, após a conclusão das diligências de saneamento do processo, isto é, de suprimento de exceções dilatórias e/ou de convite ao aperfeiçoamento dos articulados, se a elas houver lugar, o juiz deve proceder à convocação de uma audiência prévia, a ser realizada no prazo de 20 dias[892].

1.1.2. Ação de impugnação judicial da regularidade e licitude do despedimento

Na ação de impugnação judicial da regularidade e licitude do despedimento, o juiz, sem prejuízo da possibilidade de indeferir liminarmente o requerimento inicial, do qual conste a declaração do trabalhador de oposição ao despedimento, deve marcar uma audiência de partes, a ser realizada no prazo de 15 dias, a contar da data do recebimento desse requerimento (art. 98º-F, nº 1, do CPT).

1.1.3. Ação de reconhecimento da existência de contrato de trabalho

Tratando-se de uma ação de reconhecimento da existência de contrato de trabalho, se o juiz concluir, após o termo da fase dos articulados, que a ação está em condições de prosseguir os seus termos, deve proceder à marcação da audiência final, a realizar-se no prazo de 30 dias, à luz do art. 186º-N, nº 2, do CPT.

1.1.4. Procedimento cautelar de suspensão de despedimento

No âmbito do procedimento cautelar de suspensão de despedimento, a audiência final deve ser realizada no prazo de 15 dias, a contar do recebimento, pelo juiz, do requerimento inicial, atento o disposto no art. 34º, nº 1, do CPT[893].

[892] O início da contagem deste prazo tem como referência a conclusão, sendo caso disso, das diligências de suprimento de exceções dilatórias ou de aperfeiçoamento dos articulados que tenham sido determinadas nos termos do art. 61º, nº 1, do CPT. *Vide*, em sentido contrário, ALEGRE, Carlos, *Código de Processo do Trabalho Anotado, op. cit.*, p. 183, segundo o qual o prazo de 20 dias para a realização da audiência prévia começa a contar desde a data em que foi proferido o despacho a que se refere o art. 61º do CPT.

[893] Note-se que o art. 38º do Código de Processo do Trabalho de 1981 (DL nº 272-A/81, de 30 de setembro) preceituava que, uma vez apresentado o pedido de providência cautelar de suspensão de despedimento, o juiz dispunha do prazo de quarenta e oito horas para designar um dia para a audição das partes, a qual devia realizar-se no prazo de 15 dias.

1.2. Proferimento de despacho saneador

No processo para a efetivação de direitos resultantes de acidente de trabalho, o juiz deve proferir despacho saneador no prazo de 15 dias após o termo da fase dos articulados, atento o disposto no art. 131º, nº 1, do CPT.

1.3. Proferimento de sentença

1.3.1. Processo comum de declaração

No domínio do processo comum de declaração, a sentença deve ser proferida no prazo de 30 dias após o encerramento da audiência final, sem prejuízo, no entanto, da possibilidade de ser proferida de imediato, quando a simplicidade das questões de facto e de direito a resolver assim o permita (art. 73º, nºs 1 e 2, do CPT)[894].

1.3.2. Ação de reconhecimento da existência de contrato de trabalho

Tratando-se de uma ação de reconhecimento da existência de contrato de trabalho, na qual o empregador não tenha deduzido contestação, o juiz deve proferir decisão condenatória no prazo de 10 dias, salvo se ocorrerem, de forma evidente, exceções dilatórias ou se o pedido for manifestamente improcedente (art. 186º-M do CPT).

1.3.3. Procedimento cautelar de suspensão de despedimento

Estando em causa um procedimento cautelar especificado de suspensão de despedimento, a decisão deve, em regra, ser proferida na própria audiência final, atento o disposto no art. 36º, nº 2, *in fine*, do CPT.

No entanto, se a complexidade da causa o justificar e se não tiverem decorrido mais de 30 dias desde a entrada do requerimento inicial, a decisão pode ser proferida no prazo de 8 dias (art. 36º, nº 3, do CPT).

1.4. Fixação de prazo para prestação de caução

Nos termos do art. 83º, nº 2, do CPT, o recorrente pode obter efeito suspensivo no recurso de apelação se, no requerimento de interposição do recurso, requerer a prestação de caução da importância em que tiver sido condenado. Nessa eventualidade, à luz do nº 4 do citado preceito legal, o juiz deve fixar um prazo, não superior a 10 dias, para que a caução seja prestada pelo recorrente, sendo que a falta de prestação de caução dentro do prazo fixado pelo juiz implica que a sentença possa ser imediatamente executada.

[894] No âmbito do CPT de 1981, o prazo regra para o proferimento da sentença era de 15 dias, atento o preceituado no art. 68º, nº 1, daquele diploma legal.

1.5. Vista ao Ministério Público

Em sede de julgamento dos recursos, se o Ministério Público não for patrono ou representante de qualquer uma das partes, este tem o direito de vista no processo para, no prazo de 10 dias, emitir um parecer sobre o sentido da decisão final a ser proferida.

Uma vez notificadas desse parecer, as partes dispõem de igual prazo de 10 dias para exercerem o seu direito ao contraditório (art. 87º, nº 3, do CPT).

2. Prazos para os atos das partes

2.1. Propositura de ações

2.1.1. Prazos substantivos

2.1.1.1. Ação para efetivação de créditos do empregador ou do trabalhador

De acordo com o art. 337º, nº 1, do CT, os créditos do empregador ou do trabalhador que sejam emergentes de um contrato de trabalho, da sua violação ou da sua cessação prescrevem decorrido que seja um ano a partir do dia seguinte àquele em que cessou o contrato de trabalho.

Nessa exata medida, tratando-se de um prazo de prescrição, a ação respetiva deve ser proposta com a antecedência mínima de 5 dias em relação ao termo do prazo de prescrição, já que a prescrição interrompe-se com a citação (art. 323º, nºs 1 e 2, do CC)[895].

Concomitantemente, se esse prazo de prescrição terminar em período de férias judiciais, a ação deve ser proposta em férias judiciais e, pelo menos, com 5 dias de antecedência em relação ao termo do prazo prescricional[896].

Do mesmo modo, se faltarem menos de 5 dias para a verificação do prazo de prescrição, o autor deve requerer a citação urgente do réu, nos termos do art. 561º[897].

2.1.1.2. Apreciação judicial do despedimento

No que concerne à apreciação judicial do despedimento, tratando-se de um despedimento individual, o trabalhador pode opor-se à decisão de despedimento, através de requerimento a ser deduzido em formulário próprio, o qual deve ser apresentado no prazo de 60 dias, a contar da data da receção

[895] Observe-se que, sendo este um prazo de natureza substantiva, o mesmo conta-se de acordo com as regras previstas no art. 279º do CC.

[896] *Vide*, a este respeito, o ac. do TRL de 19.01.2000, proc. 0004964, o ac. do TRL de 22.10.2003, proc. 4533/2003-4, o ac. do STJ de 22.09.2004, proc. 03S2931, o ac. do TRP de 17.07.2006, proc. 0612340, bem como o ac. do STJ de 24.01.2007, proc. 06S3757.

[897] Cfr., no mesmo sentido, MARTINS, Alcides, *Direito do Processo Laboral*, 3ª ed., Almedina, Coimbra, 2018, p. 135.

da comunicação do despedimento ou da data da cessão do contrato, se for posterior (art. 387º, nº 2, do CT)[898].

Por sua vez, estando em causa um despedimento coletivo, a ação de impugnação do despedimento deve ser intentada no prazo de seis meses a contar da data da cessação do contrato (art. 388º, nº 2, do CT).

Tratam-se, em ambos os casos, de prazos substantivos de caducidade, pelo que, se esses prazos terminarem em férias judiciais ou em dia em que os tribunais se encontrem encerrados, o termo do prazo transfere-se para o primeiro dia útil subsequente, atento o disposto no art. 279º, al. *e)*, do CC[899].

Acresce, por outro lado, que a inobservância do prazo importa a extinção do direito que o trabalhador pretende fazer valer, por caducidade[900].

2.1.1.3. Suspensão cautelar do despedimento

No âmbito da tutela cautelar, o art. 386º do CT determina que o trabalhador pode requerer a suspensão preventiva do despedimento, no prazo de 5 dias úteis a contar da receção da comunicação de despedimento[901].

Por outro lado, importa salientar que, por se tratar de um ato a praticar num processo que a lei qualifica como sendo urgente (arts. 32º, nº 1, do CPT e 363º), se o termo desse prazo terminar em período de férias judiciais, o requerimento inicial desse procedimento cautelar deve ser apresentado em férias judiciais, já que o prazo não se suspende em férias[902].

2.1.2. Prazos processuais

2.1.2.1. Ação de impugnação de deliberações e de outros atos de órgãos sociais

Se se pretender obter a declaração da invalidade[903] das deliberações e de outros atos de órgãos de instituições de previdência, associações sindicais, associa-

[898] Por conseguinte, o trabalhador só pode lançar mão deste processo desde que esteja em causa um despedimento individual, comunicado por escrito, sendo incontroversa a existência de uma relação laboral.

[899] Cfr., a este propósito, o ac. do TRL de 26.09.2012, proc. 22/12.9TTFUN.L1-4.

[900] *Vide*, a este respeito, o ac. do TRE de 27.02.2020, proc. 875/19.0T8TMR.E1.

[901] Como bem elucida Paulo Sousa Pinheiro, a data que importa, para efeitos de suspensão preventiva do despedimento, é a data da receção da comunicação do despedimento, e não a data em que a decisão do despedimento foi tomada (Pinheiro, Paulo Sousa, *Curso Breve de Direito Processual do Trabalho*, 2ª ed. rev. e atua., Coimbra Editora, Coimbra, 2014, p. 105).

[902] Cfr., a este respeito, o ac. do TRL de 16.05.2001, proc. 0019014.

[903] Sustentando que esta "declaração de invalidade" comporta quer o vício da nulidade, quer o da anulabilidade, o que se mostra desconforme com a epígrafe do art. 164º do CPT ("Ação de

ções de empregadores ou comissões de trabalhadores, com fundamento na violação da lei, quer de fundo, quer de forma, ou dos respetivos estatutos, a ação deve ser intentada no prazo de 20 dias, a contar da data em que o interessado tiver tido conhecimento da deliberação.

Todavia, essa ação só pode ser proposta desde que não tenham já decorrido mais de cinco anos sobre a data da tomada da deliberação objeto de impugnação[904].

O prazo para a propositura da ação é, no entanto, reduzido para 15 dias, no caso de a ação ter por finalidade a impugnação de deliberações relativas à eleição dos corpos gerentes, contando-se esse prazo a partir da data da sessão em que tenham sido tomadas essas deliberações (art. 164º, nº 2, do CPT).

2.1.2.2. Ação de impugnação de atos eleitorais

De acordo com o art. 164º-B do CPT[905], os atos eleitorais para os órgãos de instituições de previdência, associações sindicais, associações de empregadores ou comissões de trabalhadores podem ser impugnados, com fundamento na sua ilegalidade e por quem tenha ficado vencido na respetiva eleição, no prazo de 10 dias, a contar da data da eleição ou do conhecimento da irregularidade, se este for posterior.

2.1.2.3. Ação de impugnação judicial de decisão disciplinar

O arguido de um processo disciplinar, que pretenda impugnar a decisão tomada nesse processo, deve apresentar o seu requerimento no juízo do trabalho competente, no prazo de 15 dias, a contar da notificação da decisão objeto de impugnação (art. 170º, nº 1, do CPT).

2.1.2.4. Ação de reconhecimento da existência de contrato de trabalho

No que concerne à ação de reconhecimento da existência de contrato de trabalho, o art. 186º-K, nº 1, do CPT preceitua que o Ministério Público, uma vez

declaração de nulidade"), *vide* Correia, João / Pereira, Albertina, *Código de Processo do Trabalho: Anotado à Luz da Reforma do Processo Civil*, Almedina, Coimbra, 2015, p. 291.

904 No sentido de este prazo revestir natureza substantiva, razão pela qual a sua contagem deve ser feita de acordo com as regras previstas no Código Civil e não à luz das normas constantes do Código de Processo Civil, *vide* o ac. do TRL de 13.05.2015, proc. 2897/13.5TTLSB.L1-4. Consequentemente, conforme se decidiu neste aresto, esse prazo corre em férias judiciais, sendo que, se o mesmo terminar em férias, o termo do prazo transfere-se para o primeiro dia subsequente ao fim das férias.

905 O qual foi aditado ao Código de Processo do Trabalho pelo DL nº 295/2009, de 13 de outubro.

recebida a participação prevista no art. 15º-A, nº 3, da Lei nº 107/2009, de 14 de setembro, dispõe do prazo de 20 dias para propor essa ação[906,907].

2.1.2.5. Ação principal de que depende a providência cautelar

Tratando-se de um procedimento cautelar comum, o requerente, salvo se tiver sido declarada a inversão do contencioso, deve intentar a ação principal, da qual a providência depende, no prazo de 30 dias, a contar da data em que lhe tiver sido notificado o trânsito em julgado da decisão que tenha decretado a providência cautelar [art. 373º, nº 1, al. *a)*, do CPC, *ex vi* do art. 32º, nº 1, do CPT].

Do mesmo modo, se estiver em causa um procedimento cautelar de suspensão de despedimento individual ou coletivo (art. 33º-A do CPT), a ação principal correlativa, de impugnação do despedimento, deve, salvo se tiver sido decretada a inversão do contencioso, ser proposta pelo trabalhador no prazo de 30 dias, a contar da data em que lhe tiver sido notificado o trânsito em julgado da decisão que a haja ordenado, nos termos do art. 40º-A, nº 1, al. *a)*, do CPT[908].

Estes prazos são de caducidade, razão pela qual a ação deve ser intentada em juízo até ao termo do prazo. Acresce que, sendo estes prazos de caduci-

[906] No sentido de este prazo de 20 dias revestir natureza processual, estando, por isso, a sua contagem sujeita ao regime previsto no art. 138º da lei de processo civil, *vide* o ac. do STJ de 14.05.2015, proc. 363/14.0TTLRA.C1.S1, assim como o ac. do STJ de 26.05.2015, proc. 325/14.8TTLRA.C1.S1.

[907] *Vide*, a este respeito, o ac. do STJ de 06.05.2015, proc. 327/14.4TTLRA.C1.S1, com o seguinte sumário: "1. As normas dos artigos 26º, nº 1, alínea *i)*, e 186º-K, nº 1, ambos do Código de Processo do Trabalho, que atribuem natureza urgente à acção de reconhecimento da existência de contrato de trabalho e fixam o prazo de 20 dias para o Ministério Público a intentar, não ofendem os princípios constitucionais do Estado de direito democrático, na vertente do princípio da segurança jurídica ou da protecção da confiança, da liberdade de escolha do género de trabalho e da igualdade, tal como não infringem o princípio do respeito da dignidade da pessoa humana, o direito ao desenvolvimento da personalidade e o direito à iniciativa privada e cooperativa. 2. O prazo estipulado no nº 1 do artigo 186º-K do Código de Processo do Trabalho tem natureza processual e está sujeito ao regime dos artigos 138º e seguintes do Código de Processo Civil". Note-se que, nesse mesmo processo, o ac. do TRC de 13.11.2014, proc. 327/14.4TTLRA.C1, decidira em sentido contrário, isto é, que o prazo consignado no art. 186º-K do CPT revestia a natureza de prazo meramente ordenador. Cfr., ainda, o ac. do TRC de 26.09.2014, proc. 160/14.3TLRA.C1.

[908] Cfr., a este respeito, o ac. do TRE de 07.09.2016, proc. 82/14.8TTSTR.E2, no qual se decidiu que este prazo de caducidade de 30 dias, para a propositura da ação principal de que o procedimento cautelar depende, deve ser contado de acordo com o disposto no art. 138º, nº 1, suspendendo-se, portanto, a contagem do prazo durante o período de férias judiciais.

dade, a mesma pode ser oficiosamente conhecida pelo tribunal, ainda que o réu não a invoque expressamente em sede de defesa[909].

2.2. Contestação

2.2.1. Processo comum de declaração

No processo comum de declaração, o prazo para a apresentação de contestação é de 10 dias, começando tal prazo a correr a partir da notificação do réu, em consequência da frustração da tentativa de conciliação [art. 56º, al. *a)*, do CPT][910,911].

Diferentemente do que sucede na lei de processo civil, a este prazo perentório não pode acrescer qualquer prazo dilatório, já que o prazo para o oferecimento da contestação começa a correr a partir da notificação do réu, após a frustração da tentativa de conciliação, e não da sua citação para comparecer na audiência de partes[912].

909 *Vide*, nesse sentido, o ac. do TRP de 04.06.1984, *in CJ*, tomo III, 1984, p. 314, bem como o ac. do TRC de 29.07.1985, *in BMJ*, nº 349, p. 558.

910 Como bem refere Carlos Alegre, apesar de, aparentemente, este prazo ser demasiado exíguo quando comparado com o prazo de 30 dias, previsto na lei de processo civil, para a apresentação da contestação (art. 569º, nº 1), a verdade é que o réu já teve a oportunidade de conhecer o teor da petição inicial desde o momento em que foi citado, dispondo, por isso, na prática, de um prazo superior a 10 dias para oferecer a sua contestação (Alegre, Carlos, *Código de Processo do Trabalho Anotado, op. cit.*, p. 171).
Por sua vez, Paula Quintas e Hélder Quintas sustentam que o estabelecimento de um prazo reduzido de 10 dias – por contraposição ao prazo de 30 dias previsto na lei de processo civil – para a apresentação da contestação encontra justificação na "necessidade de preservação da paz social", bem como na "natureza e implicações sociais, económicas e humanas que a relação jurídico-laboral comporta", circunstâncias essas que exigem um "andamento especialmente célere e regular" do processo do trabalho (Quintas, Paula / Quintas, Hélder *Manual de Direito do Trabalho e de Processo do Trabalho*, 6ª ed., Almedina, Coimbra, 2017, p. 248).

911 Cfr., a este respeito, o ac. do TRL de 01.06.2011, proc. 1818/10.1TTLSB.L1-4, no qual se consignou que "No processo declarativo comum laboral, a citação do Réu para a audiência de partes e a sua notificação para contestar a acção são actos distintos e temporalmente separados", bem como o ac. do TRL de 20.11.2013, proc. 4520/12.6TTLSB.L1-4. *Vide*, na doutrina, Lopes-Cardoso, Álvaro, *Citações e Notificações em Processo Civil do Trabalho e Penal, op. cit.*, p. 37.

912 *Vide*, a este propósito, o ac. do TRC de 19.01.2005, proc. 3371/04, com o seguinte sumário: "Na economia das actuais regras processuais sobre citação e prazo para contestar uma acção de condenação emergente de contrato de trabalho, deve ser entendido que ao prazo de 10 dias para contestar, iniciado com a notificação a que alude o art. 56º, al. *a)*, do CPT, não acresce qualquer dilação. A dilação de 5 dias do art. 252º-A, do CPC só acresce nos casos em que a citação desencadeia a imediata contagem de um prazo de defesa do citando, o que não acontece no actual ordenamento processual comum laboral". No sentido de a dilação de 5 dias, prevista no art. 245º, nº 1, al. *b)*, não

No entanto, tal não afasta a possibilidade de o prazo de contestação ser prorrogado, até 10 dias, conforme resulta do art. 58º, nº 2, do CPT, quando se verifique o circunstancialismo previsto no art. 569º, nºs 4 e 5.

Por outro lado, importa referir que, se o Ministério Público patrocinar um trabalhador que seja réu na ação, deve, dentro do prazo inicial para o oferecimento da contestação, declarar no processo que assumiu esse patrocínio, caso em que o prazo para o oferecimento da contestação começa a correr a partir dessa declaração (art. 58º, nº 1, do CPT).

2.2.2. Ação de impugnação de despedimento

No âmbito do processo especial de impugnação da regularidade e licitude do despedimento individual, o prazo legal para o oferecimento da contestação pelo trabalhador é de 15 dias (art. 98º-L, nº 1, do CPT).

Do mesmo modo, no domínio das ações de impugnação de despedimento coletivo, o prazo para a apresentação de contestação é de 15 dias, atento o disposto no art. 156º, nº 1, do CPT[913].

2.2.3. Ação para a efetivação de direitos resultantes de acidente de trabalho

No que concerne à ação para a efetivação de direitos resultantes de acidente de trabalho, o prazo para a apresentação da contestação é de 15 dias, contando-se tal prazo a partir da realização da citação (art. 128º do CPT)[914].

No entanto, havendo pluralidade de réus, o prazo para a apresentação da contestação só começa a correr desde a realização da última citação, aplicando-se, por isso, o princípio do benefício do prazo para o oferecimento da contestação[915].

ser aplicável ao processo comum laboral, *vide* o ac. TRL de 18.04.2007, proc. 1253/2007-4. Cfr., na doutrina, Martins, Alcides, *Direito do Processo Laboral, op. cit.*, p. 139. Problematizando essa questão, *vide* Neto, Abílio, *Código de Processo do Trabalho Anotado, op. cit.*, p. 150.

913 Do mesmo modo, nos termos do art. 156º, nº 3, do CPT, o réu deve requerer, nesse prazo de 15 dias, o chamamento, para intervenção, dos trabalhadores que, não sendo autores, tenham sido abrangidos pelo mesmo despedimento.

914 Defendendo que, se houver lugar a uma dilação, o prazo para o oferecimento da contestação começa a correr desde o termo dessa dilação, *vide* Lopes-Cardoso, Álvaro, *Código de Processo do Trabalho Anotado*, Livraria Petrony, Lisboa, 2000, p. 218.

915 Note-se, no entanto, que, enquanto o art. 569º, nº 2, preceitua que, havendo pluralidade de réus, cujos prazos para a apresentação da contestação terminem em dias diferentes, qualquer um deles pode oferecer a sua contestação até ao termo do prazo que começou a correr em último lugar, o art. 128º do CPT estatui que, havendo pluralidade de réus, o prazo da contestação começa a contar desde a última citação (sublinhado nosso).

Ademais, importa salientar que, se o autor/sinistrado vier a falecer na pendência da causa e se o Ministério Público concluir pela existência de uma relação de causalidade, direta ou indireta, entre a morte e o sinistro, deve organizar o processo previsto no art. 100º do CPT, caso em que, frustrando-se a tentativa de conciliação ou não sendo o acordo homologado, o réu é notificado para, no prazo de 10 dias, responder ao pedido, correspondente aos direitos legais dos sinistrados, que tiver sido deduzido pelo Ministério Público (art. 142º, nºs 1 a 4, do CPT).

2.2.4. Ação de impugnação de estatutos, deliberações de assembleias gerais ou atos eleitorais

No âmbito do contencioso de impugnação de estatutos, deliberações de assembleias gerais ou atos eleitorais, o prazo para o oferecimento da contestação é de 10 dias (art. 165º, nº 2, do CPT).

2.2.5. Ação de impugnação judicial de decisão disciplinar

Na ação especial de impugnação judicial de decisão disciplinar, a entidade patronal pode oferecer a sua contestação no prazo de 10 dias, atento o disposto no art. 171º, nº 1, do CPT.

2.2.6. Ação de anulação e interpretação de cláusulas de convenções coletivas de trabalho

Nas ações respeitantes à anulação e interpretação de cláusulas de convenções coletivas de trabalho, os outorgantes dispõem de um prazo perentório de 20 dias para apresentarem as suas alegações por escrito, nos termos do art. 184º, nº 1, do CPT.

2.2.7. Ação de impugnação da confidencialidade de informações ou da recusa da sua prestação ou da realização de consultas

À luz do art. 186º-A, nº 2, do CPT, na ação de impugnação da confidencialidade de informações ou da recusa da sua prestação ou da realização de consultas, o réu deve apresentar a sua contestação no prazo de 15 dias.

2.2.8. Ação de tutela da personalidade do trabalhador

No âmbito da ação especial de tutela da personalidade do trabalhador, a contestação deve ser apresentada na própria audiência, a qual deve ser realizada no prazo de 20 dias após o recebimento liminar, pelo juiz, do requerimento inicial (art. 186º-E, nºs 1 e 2, do CPT).

Na eventualidade de ser proferida uma decisão provisória, visando prevenir a produção de uma lesão iminente e irreversível da personalidade física ou moral do trabalhador, e se o réu não tiver sido previamente ouvido, este pode contestar, no prazo de 20 dias, a contar da notificação da decisão, nos termos do art. 186º-E, nº 6, do CPT.

2.2.9. Ação de reconhecimento da existência de contrato de trabalho

Na ação de reconhecimento da existência de contrato de trabalho, o empregador dispõe do prazo de 10 dias, a contar da realização da citação, para oferecer a sua contestação, atento o disposto no art. 186º-L, nº 2, do CPT.

2.3. Resposta à contestação

2.3.1. Processo comum de declaração

Se o valor da causa for superior à alçada do tribunal e se o réu tiver deduzido um pedido reconvencional, o autor pode responder à matéria da reconvenção, no prazo perentório de 15 dias, nos termos do art. 60º, nº 1, do CPT[916].

Por outro lado, importa referir que, independentemente do valor da causa, o autor pode responder à contestação, no prazo de 10 dias, se o réu tiver lançado mão da faculdade prevista no art. 398º, nº 4, do CT, isto é, se, tendo a entidade patronal intentado uma ação de declaração da ilicitude da resolução do contrato de trabalho pelo trabalhador, invocando a violação do procedimento para a resolução do contrato, previsto no art. 395º, nº 1, do CT[917], o trabalhador tiver corrigido o vício até ao termo do prazo da contestação (art. 60º, nº 2, do CPT).

Do mesmo modo, o trabalhador pode apresentar resposta à contestação, no prazo de 10 dias, se a entidade patronal tiver deduzido oposição à sua reintegração (art. 60º-A, nº 2, do CPT).

No que diz respeito à contagem do prazo para a apresentação da resposta à contestação, este prazo começa a correr desde a notificação da contestação ao autor, atento o disposto no art. 59º, nº 1, do CPT.

Contudo, se houver lugar a várias contestações, o autor só é notificado de todas elas depois da apresentação da última contestação ou depois de ter decorrido o prazo legalmente previsto para o seu oferecimento, nos termos do art. 59º, nº 2, do CPT.

916 *Vide*, a este propósito, ALEGRE, Carlos, *Código de Processo do Trabalho Anotado*, *op. cit.*, p. 179, bem como NETO, Abílio, *Código de Processo do Trabalho Anotado*, *op. cit.*, p. 155.

917 Com efeito, de acordo com esta disposição legal, "O trabalhador deve comunicar a resolução do contrato ao empregador, por escrito, com indicação sucinta dos factos que a justificam, nos 30 dias subsequentes ao conhecimento dos factos".

2.3.2. Ação de impugnação judicial da regularidade e licitude do despedimento

Tal como sucede no processo comum de declaração, no âmbito do processo especial de impugnação judicial da regularidade e licitude do despedimento, se o trabalhador tiver deduzido uma reconvenção, o empregador pode responder à respetiva matéria, no prazo de 15 dias, nos termos do art. 98º-L, nº 4, do CPT.

2.3.3. Ação para a efetivação de direitos resultantes de acidente de trabalho

Na ação para a efetivação de direitos resultantes de acidente de trabalho, se estiver em discussão a "determinação da entidade responsável", tanto o autor, como cada um dos réus, devem ser notificados da contestação apresentada pelos vários réus, caso em que cada um deles poderá responder, no prazo de 5 dias, quanto a essa concreta matéria (art. 129º, nº 3, do CPT).

2.4. Interposição de recurso

O prazo para a interposição de recurso de apelação ou de revista é de 30 dias, nos termos do art. 80º, nº 1, do CPT[918], contando-se tal prazo a partir da notificação da decisão final ao mandatário, representante ou patrono oficioso da parte (art. 24º, nºs 1 e 4, do CPT).

Contudo, nos processos com natureza urgente, bem como nos casos previstos nos arts. 79º-A, nºs 2 e 5, do CPT[919], e 671º, nºs 2 e 4, o prazo para a inter-

[918] Analogamente, havendo lugar a recurso subordinado, este deve ser interposto no mesmo prazo da alegação do recorrido (art. 81º, nº 5, do CPT).

[919] Dispõe o art. 79º-A, nºs 2 e 5, do CPT, o seguinte:

"2 – Cabe ainda recurso de apelação das seguintes decisões do tribunal de 1ª instância:

a) Da decisão que aprecie o impedimento do juiz;

b) Da decisão que aprecie a competência absoluta do tribunal;

c) Da decisão que ordene a suspensão da instância;

d) Do despacho de admissão ou rejeição de algum articulado ou meio de prova;

e) Da decisão que condene em multa ou comine outra sanção processual;

f) Da decisão que ordene o cancelamento de qualquer registo;

g) Da decisão prevista na alínea *a)* do nº 3 do artigo 98º -J;

h) Do despacho que, nos termos do nº 2 do artigo 115º, recuse a homologação do acordo;

i) Da decisão prevista na alínea *a)* do nº 5 do artigo 156º;

j) De decisão proferida depois da decisão final;

k) Da decisão cuja impugnação com o recurso da decisão final seria absolutamente inútil;

l) Nos demais casos especialmente previstos na lei.

[...]

posição do recurso é reduzido para metade, ou seja, é de apenas 15 dias (art. 80º, nº 2, do CPT)[920].

Por outro lado, à semelhança do que se verifica na lei de processo civil, se o recurso tiver por objeto a reapreciação da prova gravada, ao prazo perentório para a interposição do recurso acrescem 10 dias, à luz do art. 80º, nº 3, do CPT[921,922]. Com efeito, a concessão deste prazo suplementar de 10 dias encontra justificação na necessidade de se assegurar à parte o tempo necessário para que esta proceda à audição da prova gravada, por forma a poder instruir o pedido de alteração ou de manutenção da decisão que recaiu sobre a matéria de facto[923], sendo certo que, nos termos do art. 68º, nº 2, do CPT, a audiência final é sempre gravada.

5 – Se não houver recurso da decisão final, as decisões interlocutórias que tenham interesse para o apelante independentemente daquela decisão podem ser impugnadas num recurso único, a interpor após o trânsito da referida decisão".

[920] *Vide*, no domínio do regime anterior à Lei nº 107/2019, de 9 de setembro – que alterou o Código de Processo do Trabalho, adequando-o ao Código de Processo Civil –, o ac. do TRG de 03.05.2018, proc. 202/11.4TTVCT.2.G1, o ac. do TRL de 11.07.2018, proc. 846/11.4TTLSB.1.L1-4, o ac. do TRL de 26.04.2018, proc. 2913/14.3TTLSB.2.L1-4, o ac. do STJ de 05.12.2018, proc. 846/11.4TTLSB.1.L1.S2, o ac. do TRP de 08.03.2019, proc. 481/16.0T8VFR-C.P1, bem como o ac. do TRG de 23.05.2019, proc. 106/09.0TTBRG.2.G1.

[921] *Vide*, a este respeito, o ac. do STJ de 11.04.2018, proc. 4053/15.9T8CSC.L1.S1, em cujo sumário se consignou o seguinte: "O incumprimento pelo Recorrente dos ónus previstos no artigo 640º nº 1 do CPC não acarreta necessariamente que o recurso seja considerado como versando apenas sobre matéria de direito, com a consequente exclusão da aplicação do nº 3 do artigo 80º do CPT, havendo, antes, que aplicar tal preceito e conceder o prazo adicional nele previsto quando resulte do recurso intentado, mormente das suas alegações, que o mesmo tinha por objeto a reapreciação da prova gravada". Cfr., ainda, o ac. do STJ de 30.03.2017, proc. 135/11.4TTCSC.L1.S1, bem como o ac. do TRG de 19.06.2019, proc. 476/18.0T8VRL.G1.

[922] Cfr., a este propósito, o ac. do TC nº 561/2014, de 27.11.2014, proc. 348/14, no qual se decidiu "Não julgar inconstitucional a norma constante do no artigo 80º, nº 3, do Código de Processo de Trabalho, na interpretação de que o alargamento do prazo de recurso encontra-se excluído do campo de aplicação do recurso de revista".

[923] Cfr., a este propósito, o ac. do STJ de 06.12.2016, proc. 424/12.0TTFUN.L1.S1. Assim, conforme se consignou neste aresto, "Para que o recorrente/apelante possa usufruir desse acréscimo de 10 dias, a impugnação da matéria de facto efetuada deve refletir efetivamente essa reapreciação". Significa isto que "Se na alegação e/ou nas conclusões não existir, concreta ou implicitamente, qualquer referência à prova gravada e nem se fizer alusão a qualquer depoimento, não beneficia o recorrente daquele acréscimo". Cfr., no mesmo sentido, o ac. do STJ de 09.02.2017, proc. 471/10.7TTCSC.L1.S1, no qual se decidiu que "Ao impor um ónus especial de alegação quando se pretenda impugnar a matéria de facto, com fundamento na reapreciação da prova gravada, o legislador pretendeu evitar que o impugnante se limite a atacar, de forma genérica e global, a decisão de facto, pedindo simplesmente a reapreciação de toda a prova produzida em primeira instância, daí que o prazo

Sendo interposto um recurso de apelação ou de revista, o recorrido dispõe de igual prazo para apresentar a sua resposta à alegação do recorrente, atento o disposto no art. 81º, nº 3, do CPT e o princípio da igualdade de armas.

2.5. Outros prazos perentórios

Para além dos prazos *supra* referidos, o Código de Processo do Trabalho consagra outros prazos perentórios, destacando-se, de seguida, alguns desses prazos.

2.5.1. Intervenção de interessados litisconsortes

Sendo o trabalho prestado por um grupo de pessoas, qualquer uma delas pode fazer valer em juízo a sua quota-parte do interesse, ainda que este tenha sido fixado coletivamente. Nessa eventualidade, o autor deve identificar os demais interessados, os quais são notificados, antes de ser ordenada a citação do réu, para, querendo, intervirem na ação, dispondo, para o efeito, de um prazo de 10 dias (art. 3º, nºs 1 e 2, do CPT)[924].

2.5.2. Apresentação do requerimento probatório

À luz do art. 63º, nº 1, do CPT, as partes devem juntar os documentos, apresentar o rol de testemunhas e requerer quaisquer outras provas nos seus articulados[925]. Trata-se, com efeito, do mesmo regime que se encontra previsto na lei de processo civil, concretamente nos seus arts. 552º e 572º.

2.5.3. Alteração ou aditamento do rol de testemunhas

Nos termos do art. 63º, nº 2, do CPT, as partes podem alterar ou aditar o rol de testemunhas até 20 dias antes da data designada para a realização da audi-

acrescido de 10 dias só seja aplicável quando o recorrente o use efetivamente para impugnar a matéria de facto", bem como o ac. do STJ de 25.03.2010, proc. 740/07.3TTALM.L1.S1. *Vide*, ainda, o ac. do STJ de 09.02.2017, proc. 471/10.7TTCSC.L1.S1, no qual se consignou o seguinte: "[...] 2. A justificação para esta extensão, ou alongamento, do prazo consiste na necessidade de o recorrente ter que instruir as suas alegações com as especificações dos meios de prova cuja reapreciação, na sua opinião, determinam a modificação da decisão da matéria de facto. 3. Ao impor um ónus especial de alegação quando se pretenda impugnar a matéria de facto, com fundamento na reapreciação da prova gravada, o legislador pretendeu evitar que o impugnante se limite a atacar, de forma genérica e global, a decisão de facto, pedindo simplesmente a reapreciação de toda a prova produzida em primeira instância, daí que o prazo acrescido de 10 dias só seja aplicável quando o recorrente o use efetivamente para impugnar a matéria de facto".

[924] *Vide*, a este propósito, Lopes-Cardoso, Álvaro, *Código de Processo do Trabalho Anotado, op. cit.*, pp. 32 e 33, bem como Almeida, L. P. Moitinho de, *Código de Processo do Trabalho Anotado, op. cit.*, p. 21.

[925] Cfr., a este respeito, o ac. do TRL de 05.12.2018, proc. 2867/16.1T8LSB-A.L1-4.

ência final. Ora, se alguma das partes exercer esse direito, a parte contrária pode fazer uso de igual faculdade, no prazo de 5 dias, a contar da respetiva notificação para o efeito[926].

2.5.4. Indicação da prova em caso de ampliação dos temas da prova

Se o tribunal, no decurso da produção da prova durante a fase da audiência final, considerar que surgiram factos essenciais que, apesar de não terem sido articulados, são relevantes para a boa decisão da causa, deve proceder à ampliação dos temas da prova que tiverem sido enunciados no respetivo despacho – ou, se não tiver havido lugar ao proferimento desse despacho, tomá-los em consideração na decisão, desde que sobre eles tenha incidido discussão – caso em que as partes podem indicar ou requerer imediatamente as respetivas provas ou, em caso de reconhecida impossibilidade, no prazo de 5 dias (art. 72º, nºs 1 e 2, do CPT).

2.5.5. Reclamação de créditos

No âmbito do processo de execução laboral, os credores que sejam titulares de créditos que, em relação aos mesmos bens, gozem de garantia real, com registo anterior ou posterior ao da penhora, podem reclamar os seus créditos no prazo de 15 dias, a contar da data da respetiva citação, sendo que, no tocante aos credores que tenham registado a garantia real depois do registo da penhora, estes podem reclamar os seus créditos, independentemente de citação, no prazo de 15 dias, a contar da junção aos autos da certidão dos direitos, ónus ou encargos inscritos relativamente aos bens penhorados (art. 98º, nº 4, do CPT)[927].

2.5.6. Apresentação do articulado de motivação do despedimento

Nos termos dos arts. 98º-G, nº 1, e 98º-H, nº 1, do CPT, estando em causa uma ação de impugnação judicial da regularidade e licitude do despedimento, se o empregador e/ou o trabalhador não comparecerem na audiência de partes ou se nela não se fizerem representar e não justificarem a sua falta no prazo

[926] *Vide*, a este propósito, o ac. do TRE de 17.05.2011, proc. 227/09.0TTEVR.E1, com o seguinte sumário: "Nos termos do estabelecido no artigo 63º, nº 2, do Código de Processo de Trabalho de 1999, o rol de testemunhas pode ser aditado até 20 dias antes da data em que se realize a audiência final. Tal significa que será a partir desta última data, ou seja, da data da audiência final, e em contagem regressiva, que devem calcular-se os 20 dias para se determinar se o aditamento respeitou a antecedência mínima prevista na lei [...]".

[927] No sentido de este prazo revestir natureza perentória, não sendo, por isso, possível praticar o ato processual depois de o prazo se extinguir, *vide* o ac. do TRE de 30.03.2012, proc. 153/10.0TTPTG.E1.

de 10 dias após a data marcada para a realização da audiência, o juiz, depois de confirmar que a citação foi efetuada de forma regular, deve ordenar a notificação do empregador para que este, no prazo de 15 dias, apresente o articulado de motivação do despedimento, junte o procedimento disciplinar ou os documentos comprovativos do cumprimento das formalidades exigidas, apresente o rol de testemunhas e requeira quaisquer outras provas.

Analogamente, se o empregador tiver comparecido à audiência de partes, mas se se tiver frustrado a tentativa de conciliação entre o trabalhador e o empregador, este dispõe do prazo de 15 dias para, do mesmo modo, apresentar o articulado de motivação do despedimento, juntar o procedimento disciplinar ou os documentos comprovativos do cumprimento das formalidades exigidas, apresentar o rol de testemunhas e requerer quaisquer outras provas [art. 98º-I, nº 4, al. *a)*, do CPT][928].

2.5.7. Apresentação do articulado para pagamento de créditos laborais

Se, na ação de impugnação da regularidade e licitude do despedimento, o empregador não apresentar o articulado de motivação do despedimento ou se não juntar o procedimento disciplinar ou os documentos comprovativos do cumprimento das formalidades exigidas, nos termos do art. 98º-I, nº 4, al. *a)*, do CPT, o juiz deve declarar a ilicitude do despedimento, caso em que o trabalhador dispõe do prazo de 15 dias, a contar da respetiva notificação, para apresentar um articulado no qual peticione quaisquer outros créditos emergentes do contrato de trabalho, da sua violação ou da sua cessação, incluindo a indemnização prevista no art. 398º, nº 1, al. *a)*, do CT [art. 98º-J, nº 3, al. *c)*, do CPT].

Nessa eventualidade, à luz do art. 98º-J, nº 5, do CPT, se o trabalhador apresentar esse articulado, o empregador deve ser notificado para, no prazo de 15 dias, apresentar a sua contestação.

2.5.8. Apresentação da petição inicial pelo Ministério Público no processo para a efetivação de direitos resultantes de acidente de trabalho

No âmbito do processo para a efetivação de direitos resultantes de acidente de trabalho, o Ministério Público, quando assuma o patrocínio do sinistrado ou dos seus beneficiários legais, deve apresentar, no prazo de 20 dias, a petição inicial ou o requerimento previsto no art. 117º, nº 1, al. *b)*, do CPT, atento o disposto no art. 119º, nº 1, do CPT.

[928] Quanto à natureza perentória desse prazo, *vide* o ac. do TRE de 03.07.2014, proc. 639/12.1TTSTR-A.E1.

2.5.9. Apresentação do rol de testemunhas no processo para a efetivação de direitos resultantes de acidente de trabalho

No processo para a efetivação de direitos resultantes de acidente de trabalho, o rol de testemunhas pode ser apresentado no prazo de 10 dias, a contar da notificação do despacho saneador (art. 133º do CPT).

2.5.10. Revisão da incapacidade ou discussão da responsabilidade do agravamento

Sendo requerida a revisão da incapacidade em sede de processo para a efetivação de direitos resultantes de acidente de trabalho, o juiz deve mandar submeter o sinistrado a uma perícia médica, sendo que, finda a perícia, se o sinistrado e/ou a entidade responsável pela reparação dos danos resultantes do acidente não se conformarem com o resultado da perícia, podem requerer, no prazo de 10 dias, a realização de uma perícia por junta médica (art. 145º, nº 5).

Por sua vez, nos termos do art. 146º, se a entidade responsável pela reparação dos danos resultantes do acidente pretender discutir a responsabilidade total ou parcial do agravamento e essa questão só puder ser decidida com a produção de outros meios de prova, deve declará-lo dentro do prazo fixado para requerer a realização da perícia por junta médica e apresentar, no prazo de 10 dias, a sua alegação e os respetivos meios de prova. Uma vez notificado, o sinistrado pode responder, com indicação dos respetivos meios de prova, no prazo de 10 dias.

2.5.11. Convocação de assembleias gerais

No âmbito do processo de contencioso, que tenha por objeto a convocação da assembleia geral ou órgão equivalente de instituição de previdência ou de associação sindical, se o juiz, uma vez analisado o requerimento inicial e a respetiva documentação apresentada, reconhecer fundamento ao pedido, deve ordenar que a entidade competente, segundo a lei e os estatutos, proceda à convocação da assembleia ou justifique, no prazo de 10 dias, a recusa da convocação (art. 163º, nº 2, do CPT).

2.5.12. Adesão à petição inicial na ação de reconhecimento da existência de contrato de trabalho

No âmbito da ação de reconhecimento da existência de contrato de trabalho, o trabalhador, uma vez notificado, em simultâneo, da data da audiência final, bem como dos duplicados da petição inicial e da contestação, pode, no prazo de 10 dias, aderir aos factos apresentados pelo Ministério Público, apresentar articulado próprio e constituir mandatário (art. 186º-L, nº 4, do CPT).

2.5.13. Execução de direitos irrenunciáveis

Nos termos do art. 90º, nº 1, do CPT, estando em causa direitos irrenunciáveis, uma vez verificado o trânsito em julgado da sentença de condenação em quantia certa, o autor tem o prazo de 30 dias – o qual pode ser prorrogado pelo juiz – para iniciar a execução do título executivo.

Se o autor, dentro desse prazo, não iniciar a execução, nem juntar ao processo o documento comprovativo da extinção da dívida, o tribunal deve ordenar, de forma oficiosa, o início da execução[929], sendo as diligências executivas realizadas por um oficial de justiça, atento o disposto no art. 90º, nº 2, do CPT.

III. Regras de contagem dos prazos

1. Regime geral

À luz do art. 1º, nº 2, al. *a)*, do CPT, aplicam-se ao processo do trabalho, salvo disposição legal em sentido contrário, as regras de contagem de prazos previstas na lei de processo civil.

Por conseguinte, atento o disposto no art. 138º, nº 1, os prazos processuais contam-se de forma contínua, mas suspendem-se durante o período de férias judiciais, salvo se estiver em causa a prática de um ato num processo que a lei qualifique como sendo urgente (art. 26º, nº 1, do CPT[930]) – ressalvado o disposto no art. 26º, nº 2, do CPT[931] – ou se o prazo tiver uma duração igual ou superior a seis meses.

[929] De acordo com o art. 90º, nº 7, do CPT, o requerimento executivo deve ser preenchido pelo Ministério Público, cabendo-lhe ainda, na falta de resposta do exequente e sem prejuízo do disposto no art. 9º do CPT, a representação deste na execução.

[930] À luz do art. 26º, nº 1, do CPT, têm natureza urgente a ação de impugnação da regularidade e licitude do despedimento, a ação em que esteja em causa o despedimento de membro de estrutura de representação coletiva dos trabalhadores, de trabalhadora grávida, puérpera ou lactante ou de trabalhador no gozo de licença parental, a ação de impugnação de despedimento coletivo, as ações emergentes de acidente de trabalho e de doença profissional, a ação de impugnação da confidencialidade de informações ou da recusa da sua prestação ou da realização de consultas, a ação de tutela da personalidade do trabalhador, as ações relativas à igualdade e não discriminação em função do sexo, e a ação de reconhecimento da existência de contrato de trabalho. *Vide*, a este propósito, o ac. do TRP de 15.03.2004, proc. 0315274, o ac. do TRL de 16.07.2009, proc. 3895/07.3TTLSB.L1-4, bem como o ac. do STJ de 30.03.2011, proc. 4611/07.5TTLSB.L1.S1.

[931] Com efeito, de acordo com este preceito legal, sem prejuízo do art. 137º, nº 2, os atos a praticar nas ações de impugnação da confidencialidade de informações ou da recusa da sua prestação ou da realização de consultas, nas ações de tutela da personalidade do trabalhador e nas ações relativas à igualdade e não discriminação em função do sexo, apenas têm lugar em férias judiciais quando, por despacho fundamentado, tal for determinado pelo juiz. Destarte, conforme elucida Alcides Martins, se não for proferido esse despacho, essas ações passam apenas a ter precedência sobre

Assim, por exemplo, não se suspendem em férias judiciais os prazos referentes à prática de atos numa ação emergente de um acidente de trabalho ou de doença profissional[932], bem como os prazos respeitantes a atos que devam ser praticados numa ação de impugnação da regularidade e licitude do despedimento[933].

2. Regimes especiais

2.1. Início da contagem de prazos nas notificações

Se o tribunal notificar simultaneamente as partes e os respetivos mandatários, representantes ou patronos oficiosos[934], os prazos para a apresentação de quaisquer requerimentos começam a correr a partir da data da notificação ao mandatário, representante ou patrono oficioso, independentemente da notificação do ato ao mandante e da data em que tal notificação tenha sido realizada (art. 24º, nºs 1 e 4, do CPT). Significa isto que, ainda que o mandante tenha sido notificado posteriormente ao seu mandatário, o prazo para a prática do ato processual subsequente à notificação começa a correr desde a data da notificação ao mandatário[935]. Na verdade, parece-nos que esta interpreta-

as ações que não sejam consideradas urgentes (Martins, Alcides, *Direito do Processo Laboral, op. cit.*, p. 100).

932 *Vide*, nesse sentido, o ac. do TRP de 08.07.2004, proc. 0410379, o ac. do STJ de 24.11.2004, proc. 04S2851, o ac. do TRP de 05.06.2006, proc. 0611332, o ac. do STJ de 09.01.2008, proc. 07S4222, bem como o ac. do TRP de 01.12.2014, proc. 221/12.3TTVRL.1.P1. Cfr., ainda, o ac. do TRP de 05.05.2008, proc. 0742127, no qual se decidiu que "Os processos de acidente de trabalho mantêm a sua natureza urgente mesmo depois de proferida a sentença em 1ª instância, pelo que o prazo para interposição do recurso corre durante as férias judiciais".

933 Cfr., a este propósito, o ac. do TRP de 16.02.2009, proc. 0845800, o ac. do TRP de 25.06.2012, proc. 727/11.1TTMAI.P1, bem como o ac. do TRL de 02.03.2016, proc. 566/14.8T8CSC-A.L1-4. Analogamente, decidiu-se no ac. do TRE de 05.06.2014, proc. 479/13.0TTPTM.E1, que a ação de impugnação da regularidade e licitude do despedimento tem natureza urgente, razão pela qual "qualquer prazo processual previsto no regime jurídico aplicável a este processo especial é contínuo e não se suspende durante as férias judiciais". Por conseguinte, se o prazo para a prática de um ato dentro dessa ação terminar em período de férias judiciais, o ato deve ser praticado no termo do prazo, isto é, em férias judiciais, inexistindo qualquer razão ou fundamento legal para que o termo do prazo se transfira para o primeiro dia útil subsequente ao fim das férias judiciais.

934 É o que sucede, por exemplo, com a notificação da decisão final, atento o disposto no art. 24º, nº 1, do CPT.

935 *Vide*, nesse sentido, o ac. do TRC de 25.01.1996, *in CJ*, tomo I, 1996, p. 64, no qual se decidiu que "A notificação da sentença final deve ser feita ao mandatário, contando-se o prazo para o recurso a partir dessa notificação. Se, posteriormente à notificação do mandatário, for notificada a parte, essa notificação não tem valor para contagem do prazo para recurso". Cfr. ainda, o ac. do TRL de 09.07.2003, *in CJ*, tomo IV, 2003, p. 150.

ção é a única que encontra sustento na letra de lei. De resto, se o legislador tivesse pretendido dizer que, sendo o mandante e o mandatário notificados em datas diversas, o prazo para a prática do ato subsequente começaria a correr desde a notificação realizada em último lugar, certamente que tê-lo-ia dito de forma expressa e inequívoca.

2.2. Suspensão dos prazos de caducidade ou de prescrição por recusa do patrocínio

Nos termos do art. 8º, nº 1, do CPT, o Ministério Público deve recusar o patrocínio de pretensões que repute infundadas ou manifestamente injustas e, para além disso, pode recusá-lo quando constate que o autor tem possibilidade de recorrer aos serviços do contencioso da associação sindical que o represente.

Ora, à luz do nº 3 do citado preceito legal, os prazos de propositura da ação – ou seja, de caducidade – e de prescrição não correm entre a notificação do Ministério Público ao interessado, de que aquele recusou o patrocínio e de que este pode reclamar, no prazo de 15 dias, para o imediato superior hierárquico, e a notificação da decisão que vier a ser proferida sobre essa reclamação.

IV. Momento da prática dos atos

1. Regra geral

Nos termos dos arts. 137º, 139º e 140º, *ex vi* do art. 1º, nº 2, al. *a)*, do CPT, aplicam-se subsidiariamente ao processo do trabalho as mesmas regras que se encontram previstas na lei de processo civil no que concerne ao tempo da prática dos atos, às modalidades dos prazos e à possibilidade de prática do ato após o temo do prazo.

No entanto, o Código de Processo do Trabalho prevê alguns regimes especiais relativamente à prorrogabilidade dos prazos.

2. Prorrogabilidade dos prazos

2.1. Prorrogação do prazo para a propositura de ações

2.1.1. Execução de direitos irrenunciáveis

Estando em causa direitos irrenunciáveis[936], o juiz pode prorrogar o prazo de 30 dias, após o trânsito em julgado da sentença de condenação em quan-

[936] É o que sucede, por exemplo, com os créditos salariais, com os créditos emergentes de acidentes de trabalho e doenças profissionais, bem como com os créditos decorrentes da tutela da personalidade e da proteção da paternidade (Martins, Alcides, *Direito do Processo Laboral, op. cit.*, pp. 170 e 171).

tia certa, para que o autor inicie a execução do título executivo, atento o disposto no art. 90º, nº 1, do CPT.

2.1.2. Processo para a efetivação de direitos resultantes de acidente de trabalho

No âmbito do processo para a efetivação de direitos resultantes de acidente de trabalho, se o Ministério Público assumir o patrocínio do sinistrado ou dos beneficiários legais, pode requerer, por igual período de tempo, a prorrogação do prazo legal de 20 dias para a apresentação da petição inicial, quando se verifique uma insuficiência nos elementos de facto que sejam necessários para a elaboração desse articulado (art. 119º, nº 2, do CPT).

2.2. Prorrogação do prazo para o oferecimento da contestação

Nos termos do art. 58º, nº 1, do CPT, se o Ministério Público patrocinar um trabalhador que seja réu na ação, deve, dentro do prazo inicial para oferecimento da contestação, declarar no processo que assumiu esse patrocínio. Nesse caso, a lei estabelece, a favor do Ministério Público, uma prorrogação do prazo para contestar, já que o prazo para o oferecimento da contestação só começa a correr a partir do momento em que o Ministério Público efetue essa declaração no processo.

Por outro lado, o regime de prorrogação legal do prazo da contestação, previsto no art. 569º, nos 4 e 5, é igualmente aplicável ao processo do trabalho, por remissão do art. 58º, nº 2, do CPT.

Assim, o Ministério Público pode requerer, de forma fundamentada, a prorrogação do prazo para a apresentação da contestação, na eventualidade de carecer de informações que não possa obter dentro do prazo legal para o oferecimento da contestação ou se se encontrar a aguardar por uma resposta a uma consulta efetuada a uma instância superior.

Do mesmo modo, o prazo da contestação pode ser prorrogado a pedido do réu, se ocorrer um motivo ponderoso que impeça ou dificulte anormalmente ao réu ou ao seu mandatário judicial a organização da defesa, sendo que, neste caso, a prorrogação do prazo é deferida sem audiência prévia da parte contrária.

Contudo, diversamente do que sucede na lei de processo civil, na qual se prevê a possibilidade de o prazo para o oferecimento da contestação ser prorrogado até ao limite máximo de 30 dias, no processo do trabalho, a prorrogação do prazo para a apresentação da contestação não pode exceder 10 dias (art. 58º, nº 2, do CPT). Tal decorre do facto de o prazo perentório para a apresentação da contestação, no âmbito do processo do trabalho, ser apenas de 10 dias, atento o disposto no art. 56º, al. *a)*, do CPT.

Para além disso, no processo para a efetivação de direitos resultantes de acidente de trabalho, se houver pluralidade de réus, o prazo para a apresentação da contestação de todos eles só começa a correr depois da citação que tiver sido realizada em último lugar, atento o disposto no art. 128º do CPT.

2.3. Prorrogação de outros prazos

No âmbito do processo de impugnação do despedimento coletivo, o juiz pode, sob proposta do assessor, prorrogar, por uma vez e pelo tempo que considerar necessário, o prazo de 30 dias para que os assessores nomeados juntem aos autos o relatório donde constem as verificações materiais realizadas, as informações recolhidas e a sua origem, bem como o parecer sobre os factos que fundamentaram o despedimento coletivo e sobre se este encontra ou não justificação (art. 158º do CPT).

Capítulo VI
Prazos no processo de insolvência

I. Aplicação subsidiária

Regra geral, os processos regulados no Código da Insolvência e da Recuperação de Empresas regem-se, com as devidas adaptações, pelo preceituado no Código de Processo Civil, salvo se existir disposição legal em sentido contrário (art. 17º, nº 1, do CIRE).

II. Data da declaração de insolvência e início do processo

De acordo com o art. 4º, nº 1, do CIRE, sempre que a precisão possa assumir relevância, as referências que sejam feitas nesse diploma à data da declaração de insolvência devem ser interpretadas como visando a hora em que a respetiva sentença foi proferida.

Por sua vez, nos termos do nº 2 do citado preceito legal, todos os prazos que, nesse diploma, tenham como termo final o início do processo de insolvência abrangem igualmente o período compreendido entre esta data e a da declaração de insolvência. Contudo, à luz do art. 4º, nº 3, do CIRE, se a insolvência tiver sido declarada em processo cuja tramitação devesse ter sido suspensa, ao abrigo do art. 8º, do nº 2, do CIRE, em virtude da pendência de um outro processo previamente instaurado contra o mesmo devedor, a data de início deste processo será a data relevante para efeitos de contagem dos prazos referidos no art. 4º, nº 2, do CIRE, aplicando-se a mesma regra na hipótese de suspensão do processo mais antigo, por força do disposto no art. 264º, nº 3, al. *b)*, do CIRE.

III. Modalidades do prazo

1. Prazos para os atos dos magistrados

1.1. Decisão sobre a impugnação da lista provisória de créditos

No âmbito do processo especial de revitalização, sendo deduzidas impugnações contra a lista provisória de créditos, o juiz dispõe do prazo de 5 dias úteis para decidir sobre as impugnações que tenham sido apresentadas, atento o disposto no art. 17º-D, nº 3, do CIRE[937].

Do mesmo modo, no processo especial para acordo de pagamento, o juiz dispõe do prazo de 5 dias úteis para decidir sobre as impugnações apresentadas contra a lista provisória de créditos (art. 222º-D, nº 3, do CIRE).

1.2. Declaração da insolvência do devedor

Se, no processo especial de revitalização, o processo negocial for encerrado, pelo facto de a empresa ou a maioria dos seus credores terem concluído antecipadamente não ser possível chegar a um acordo ou em virtude de ter sido ultrapassado o prazo de dois meses, previsto no art. 17º-D, nº 5, do CIRE, para a conclusão das negociações, o administrador judicial provisório comunica esse facto ao juiz, o qual deve, no prazo de 3 dias úteis a contar da data da receção dessa comunicação, declarar a insolvência da empresa (art. 17º-G, nºs 1 e 3, do CIRE)[938].

Por sua vez, nos termos do art. 28º do CIRE, se o devedor se apresentar voluntariamente à insolvência, o juiz deve declará-la até ao 3º dia útil seguinte ao da distribuição da petição inicial ou, se existirem vícios sanáveis, ao do respetivo suprimento.

Diferentemente, se a insolvência do devedor tiver sido requerida por algum credor e se o devedor, cuja audiência prévia não tenha sido dispensada, não deduzir oposição, dentro do prazo legal de 10 dias (art. 30º, nº 1, do CIRE)[939], o juiz, se concluir que os factos alegados preenchem alguma das hipóteses previstas no art. 20º, nº 1, do CIRE, deve declarar a insolvência do devedor no primeiro dia útil seguinte ao termo do prazo para a dedução de oposição (art. 30º, nº 5, do CIRE).

[937] Sustentando que este prazo reveste natureza meramente ordenadora, não resultando, por isso, qualquer preclusão da eventual violação desse prazo, *vide* o ac. do TRC de 19.06.2018, proc. 1920/18.1T8LRA-B.C1.

[938] Cfr., a este respeito, o ac. do TRG de 24.10.2013, proc. 1368/12.1TBEPS-A.G1.

[939] Defendendo que o regime previsto no art. 139º, nº 5 – o qual permite a prática do ato após o termo do prazo, num dos três dias úteis seguintes, mediante o pagamento de uma multa – é aplicável ao processo especial de revitalização, *vide* o ac. do STJ de 22.06.2021, proc. 3985/20.7T8VNF.G1.S1.

No âmbito do processo especial para acordo de pagamento, se o processo negocial for encerrado sem a aprovação de um acordo de pagamento e se o devedor já estiver em situação de insolvência, o juiz deve, no prazo de 3 dias úteis, proferir sentença de declaração de insolvência, atento o disposto no art. 222º-G, nº 3, do CIRE.

1.3. Homologação de plano de recuperação

Nos termos do art. 17º-F, nº 7, do CIRE, o juiz deve decidir se homologa o plano de recuperação ou se recusa a sua homologação no prazo de 10 dias após a receção dos documentos previstos no art. 17º-F, nºs 1 a 6, do CIRE[940].

1.4. Homologação de acordo extrajudicial de recuperação da empresa ou de pagamento

Se for apresentado um acordo extrajudicial de recuperação, o qual se encontre assinado pela empresa e por credores que representem, pelo menos, a maioria dos votos previstos no art. 17º-F, nº 5, do CIRE, o juiz, depois de proceder à nomeação de um administrador judicial provisório e logo que a lista de créditos se converta em definitiva, deve, no prazo de 10 dias, analisar o acordo extrajudicial e, sendo caso disso, proceder à sua homologação (art. 17º-I, nº 4, do CIRE).

Do mesmo modo, no processo especial para acordo de pagamento, o juiz, depois da conversão da lista de créditos em definitiva, deve, no prazo de 10 dias, proceder à análise do acordo extrajudicial de pagamento, homologando-o, sendo caso disso, atento o disposto no art. 222º-I, nº 4, do CIRE.

1.5. Proferimento de sentença

Nos termos do art. 35º, nº 8, do CIRE, o tribunal deve proferir sentença após a produção da prova e as alegações orais das partes, salvo se não puder fazê-lo de imediato, caso em que a sentença deve ser proferida no prazo de 5 dias.

1.6. Reclamação de créditos

Sendo declarada a insolvência do devedor, o juiz deve fixar, na respetiva sentença, um prazo, até 30 dias, para que os credores procedam à reclamação dos seus créditos, atento o disposto no art. 36º, nº 1, al. *j)*, do CIRE. Este prazo

[940] Defendendo que este prazo de 10 dias reveste natureza meramente ordenadora, razão pela qual não decorre qualquer vício processual em consequência da sua inobservância, *vide* o ac. do TRP de 16.03.2015, proc. 2603/13.4T2AVR.P1.

reveste natureza processual e não substantiva[941], aplicando-se, por isso, à sua contagem, de forma subsidiária, as regras previstas na lei de processo civil.

Por outro lado, importa referir que o citado preceito legal determina que o juiz deve fixar um prazo, até 30 dias, para a apresentação de reclamações de créditos. Vale isto por dizer que nada impede que o juiz, em face das particularidades do processo em concreto, proceda à fixação de um prazo com uma duração inferior[942].

1.7. Reunião da assembleia de credores

Na sentença em que declare a insolvência do devedor, o juiz deve proceder à marcação da reunião de assembleia de credores, a qual deve ter lugar no prazo de 45 a 60 dias após o proferimento dessa sentença, à luz art. 36º, nº 1, al. *n)*, do CIRE.

1.8. Marcação da audiência de julgamento na verificação de créditos

Em caso de impugnação da lista de créditos reconhecidos, o juiz deve proceder à marcação da audiência num dos 10 dias posteriores à produção das provas ou à expiração do prazo marcado nas cartas, nos termos do art. 138º do CIRE.

1.9. Homologação do plano de insolvência

O juiz só pode proferir sentença de homologação do plano de insolvência uma vez decorridos, pelo menos, 10 dias sobre a data da respetiva aprovação, ou, se o plano de insolvência tiver sido objeto de alterações na própria assembleia, sobre a data em que se tiver verificado a publicação da deliberação (art. 214º do CIRE). Trata-se, com efeito, de um prazo de natureza dilatória, já que a função desse prazo é a de provocar um atraso ou um "compasso de espera" no processo[943].

941 *Vide*, nesse sentido, Epifânio, Maria do Rosário, *Manual de Direito da Insolvência*, 6ª ed., Almedina, Coimbra, 2015, p. 227. Cfr., no mesmo sentido, o ac. do TRL de 07.06.2016, proc. 1567/13.9TYLSB-I.L1-7.

942 Cfr., no mesmo sentido, Martins, Alexandre de Soveral, *Um Curso de Direito da Insolvência*, 2ª ed. rev. e atua., Almedina, Coimbra, 2016, p. 127.

943 Cfr., a este respeito, o ac. do TRL de 08.05.2014, proc. 1876/12.4TBCLD-C.L1-2, no qual se decidiu que, com a fixação deste prazo, "pretendeu-se assegurar aos credores (e aos outros legitimados nessa norma) o tempo, necessariamente não inferior a esses 10 dias, para melhor ponderarem o conteúdo do plano e melhor a ele reagirem na invocação dos fundamentos para a sua pretendida não homologação".

2. Prazos para os atos da secretaria

Nos termos do art. 38º, nº 8, do CIRE, a secretaria deve realizar todas as diligências destinadas à publicidade e registo da sentença de declaração de insolvência no prazo de 5 dias.

No que concerne aos demais atos da competência da secretaria, aplica-se, subsidiariamente, o disposto no Código de Processo Civil quanto aos prazos para a prática desses atos, designadamente o regime previsto no art. 162º.

3. Prazos para os atos do administrador da insolvência ou do administrador judicial provisório

O Código da Insolvência e da Recuperação de Empresas prevê diversos prazos relativamente aos atos a serem praticados pelo administrador da insolvência ou pelo administrador judicial provisório. A título meramente indicativo, destacaremos *infra* alguns desses prazos.

3.1. Elaboração da lista provisória de créditos

Tanto no processo especial de revitalização, como no processo especial para acordo de pagamento, o administrador judicial provisório deve elaborar a lista provisória de créditos no prazo de 5 dias, atento o preceituado nos arts. 17º-D, nº 3, e 222º-D, nº 2, do CIRE.

3.2. Apresentação de contas

O administrador da insolvência deve apresentar contas no prazo de 10 dias após a cessação das suas funções – independentemente do motivo pelo qual as mesmas tenham terminado – sem prejuízo, no entanto, da possibilidade de esse ser prazo ser prorrogado por decisão judicial (art. 62º, nº 1, do CIRE).

No entanto, sem prejuízo desse regime, o administrador da insolvência deve igualmente prestar contas, em prazo, a ser fixado judicialmente, não inferior a 15 dias, sempre que o juiz, oficiosamente ou a requerimento da comissão ou da assembleia de credores, assim o determine, nos termos do art. 62º, nº 2, do CIRE.

3.3. Resolução em benefício da massa insolvente e impugnação da resolução

O administrador da insolvência pode resolver um negócio jurídico em benefício da massa insolvente, no prazo de seis meses após o conhecimento do ato[944], mas nunca depois de terem decorrido dois anos sobre a data da decla-

[944] *Vide*, a este respeito, o ac. do STJ de 27.10.2016, proc. 653/13.0TBBGC-F.G1.S1, no qual se decidiu que, existindo controvérsia quanto à questão de saber se o "conhecimento do ato" diz

ração de insolvência, atento o disposto no art. 123º do CIRE[945,946]. Conforme tem vindo a ser decidido pela jurisprudência, a contagem deste prazo de seis meses só se inicia a partir do momento em que o administrador da insolvência toma "conhecimento integral da factualidade inerente ao ato indesejado", já que só nessa altura o administrador da insolvência estará em condições para resolver o negócio jurídico em benefício da massa[947].

Nessa eventualidade, o art. 125º do CIRE preceitua que o direito de impugnar a resolução caduca no prazo de três meses, sendo que a ação de impugnação, a ser proposta contra a massa insolvente, é tramitada como dependência do processo de insolvência[948].

3.4. Verificação de créditos

Se o credor da insolvência não estiver patrocinado, este deve apresentar o requerimento de reclamação de créditos no domicílio profissional do administrador da insolvência ou remetê-lo para esse domicílio através de correio eletrónico ou por via postal registada, sendo que, nesse caso, o administra-

apenas respeito ao "ato puro e simples" ou antes ao "conhecimento dos pressupostos que podem fundamentar a resolução, deve entender-se que "«conhecimento do acto» a que alude o art. 123º, nº 1, do CIRE, não se basta com o mero conhecimento do acto ou negócio, implicando também o conhecimento dos pressupostos necessários para a existência do direito de resolução". Contudo, este aresto exclui desta interpretação os casos em que o administrador da insolvência não tenha atuado com a diligência normal que lhe era exigível, caso em que o prazo para o exercício do direito à resolução do ato em benefício da massa insolvente deve começar a correr desde o momento em que o administrador da insolvência, se tivesse atuado com a diligência normal, devia ter conhecido tais pressupostos. Cfr., ainda, o ac. do STJ de 08.01.2019, proc. 7313/12.7TBMAI-G.P1.S1, no qual se sustentou que "O «conhecimento do acto» a que alude o art. 123º, nº 1, do CIRE, não se basta com o mero conhecimento da prática do ato ou negócio, implicando também o conhecimento dos pressupostos necessários para a existência do direito de resolução".

[945] Cfr., a este propósito, o ac. do STJ de 27.10.2016, proc. 3158/11.0TJVNF-H.G1.S1. *Vide*, na doutrina, Morais, Fernando de Gravato, *Resolução em Benefício da Massa Insolvente*, Almedina, Coimbra, 2008, pp. 157 a 160.

[946] No sentido de, tanto o prazo de seis meses, como o prazo de dois anos, revestirem a natureza de prazos de caducidade, *vide* o ac. do TRC de 10.07.2018, proc. 6099/16.0T8VIS-L.C1, bem como o ac. do STJ de 04.07.2019, proc. 493/12.3TJCBR-K.P1.S2.

[947] Ac. do TRP de 07.02.2022, proc. 3992/19.2T8OAZ-K.P1.

[948] *Vide*, a este respeito, o ac. do TRP de 01.12.2014, proc. 3579/12.0TBPRD-C.P1, no qual se decidiu que "O prazo de propositura da acção previsto no citado art. 125º do CIRE reveste a natureza substantiva, na medida em que não pressupõe, necessariamente, a prévia propositura de uma acção para ser exercido, pois a resolução é efectuada por carta registada com aviso de recepção, não dependendo da existência de um processo, muito embora seja dependência do processo de insolvência, e o seu decurso tem como efeito a extinção de direito material".

dor da insolvência deve comprovar o recebimento da reclamação no próprio ato – no caso de o requerimento ser apresentado em mão –, ou no prazo de 3 dias, a contar da data da receção da reclamação que tenha sido remetida por correio eletrónico ou registado (art. 128º, nº 3, do CIRE).

3.5. Elaboração das listas de créditos reconhecidos e não reconhecidos

O administrador da insolvência deve apresentar na secretaria, no prazo de 15 dias após o termo do prazo fixado para as reclamações, uma lista de todos os credores por si reconhecidos e uma lista dos credores não reconhecidos, ambas por ordem alfabética. Nessas listas, devem ser incluídos não só os credores que tenham deduzido reclamação, como também aqueles cujos direitos constem dos elementos da contabilidade do devedor ou que, por outra forma, sejam do seu conhecimento (art. 129º, nº 1, do CIRE).

3.6. Resposta à impugnação da lista de credores reconhecidos

Nos termos do art. 131º, nºs 1 e 3, do CIRE, o administrador da insolvência pode responder à impugnação da lista de credores reconhecidos no prazo de 10 dias, contado desde o termo do prazo, previsto no art. 130º, nº 1, do CIRE, para a impugnação da lista de credores reconhecidos, o qual é, igualmente, de 10 dias.

3.7. Contestação das reclamações de restituição ou de separação de bens

Sendo apresentada uma reclamação de restituição ou de separação de bens, à luz do art. 141º, nº 1, do CIRE, o administrador da insolvência pode contestar essa reclamação no prazo de 10 dias, subsequente ao termo do prazo para a reclamação de créditos que tenha sido fixado na sentença de declaração de insolvência, nos termos do art. 141º, nº 2, al. *b)*, do CIRE.

Por sua vez, à luz do art. 144º, nº 2, do CIRE, o administrador da insolvência dispõe do prazo de 5 dias para contestar o pedido de restituição ou a separação de bens que tenham sido apreendidos tardiamente.

3.8. Publicidade da composição da massa insolvente

De acordo com o art. 152º, nº 1, do CIRE, o administrador da insolvência deve publicitar a composição da massa, logo que seja iniciada a liquidação e partilha da massa insolvente ou quando haja lugar à venda antecipada nos termos do art. 158º do CIRE, devendo, no prazo de 5 dias, comprovar esse facto no processo.

3.9. Encerramento do processo da insolvência

O juiz deve decretar, a requerimento de qualquer interessado, a destituição, com justa causa, do administrador de insolvência, se este não encerrar o processo no prazo de um ano a contar da data da assembleia de apreciação do relatório, ou no final de cada período de seis meses subsequente, salvo se existirem motivos ponderosos que justifiquem o prolongamento da pendência do processo (art. 169º do CIRE).

3.10. Qualificação da insolvência

Nos termos do art. 188º, nº 1, do CIRE, o administrador da insolvência deve, no prazo de 15 dias após a assembleia de apreciação do relatório ou, no caso de ter sido dispensada a realização dessa assembleia, após a junção aos autos do relatório previsto no art. 155º do CIRE, alegar, fundamentadamente, por escrito, em requerimento autuado por apenso, o que tiver por conveniente para efeito da qualificação da insolvência como culposa, indicando, simultaneamente, as pessoas que devem ser afetadas por tal qualificação[949].

Por sua vez, de acordo como art. 188º, nº 3, do CIRE, sendo aberto o incidente de qualificação da insolvência, o administrador da insolvência, se não tiver proposto a qualificação da insolvência como culposa, deve apresentar, no prazo de 20 dias ou no prazo mais longo que, para o efeito, lhe tiver sido fixado pelo juiz, um parecer, devidamente fundamentado e documentado, sobre os factos relevantes, que contenha a formulação de uma proposta, identificando, se for caso disso, as pessoas que devem ser afetadas pela qualificação da insolvência como culposa.

3.11. Parecer sobre o plano de insolvência

Sendo admitida a proposta sobre o plano de insolvência, o juiz deve notificar, entre outros intervenientes processuais, o administrador da insolvência,

[949] Defendendo que este prazo reveste a natureza de prazo meramente ordenador, razão pela qual, da sua inobservância, não decorre qualquer preclusão, *vide* o ac. do TRP de 23.02.2012, proc. 621/09.6TBOAZ-A.P1, o ac. do STJ de 13.07.2017, proc. 2037/14.3T8VNG-E.P1.S2, o ac. do TRG de 18.03.2018, proc. 253/16.2T8VNF-D.G1, bem como o ac. do TRP de 07.05.2019, proc. 521/18.9T8AMT-C.P1.
Sustentando, ao invés, que esse prazo – que, anteriormente, era meramente ordenador – passou a ser perentório ou preclusivo, por força das alterações legislativas introduzidas pela Lei nº 16/2012, *vide* o ac. do TRG de 30.05.2018, proc. 1193/13.2TBBGC-A.G1, bem como o ac. do TRC de 15.01.2022, proc. 632/21.3T8LRA-C.C1.
Entretanto, a Lei nº 9/2022, de 11 de janeiro, veio pôr termo a esta discussão, pois que, na redação que foi dada ao nº 1 do art. 188º do CIRE, o legislador veio, de forma expressa, especificar que esse prazo de 15 dias reveste natureza perentória.

para que este, no prazo de 10 dias, emita um parecer sobre o plano (art. 208º do CIRE).

4. Prazos para os atos das partes e de intervenientes processuais

4.1. Prazos cominatórios e perentórios

4.1.1. Apresentação à insolvência

À luz do art. 18º do CIRE, o devedor deve requerer a declaração da sua insolvência no prazo de 30 dias, a contar da data do conhecimento da situação de insolvência ou do momento em que devesse conhecê-la[950], salvo se se tratar de uma empresa que se tenha apresentado a processo especial de revitalização durante o período de suspensão das medidas de execução previsto art. 17º-E, nºs 1 e 2, ou de uma pessoa singular que não seja titular de uma empresa na data em que incorra na situação de insolvência. Para o efeito, o art. 3º, nº 1, do CIRE estabelece que se considera em situação de insolvência o devedor que se encontre impossibilitado de cumprir as suas obrigações vencidas. Todavia, no caso das pessoas coletivas e dos patrimónios autónomos por cujas dívidas nenhuma pessoa singular responda pessoal e ilimitadamente, por forma direta ou indireta, estes são igualmente considerados insolventes quando o seu passivo seja manifestamente superior ao ativo, avaliados segundo as normas contabilísticas aplicáveis (art. 3º, nº 2, do CIRE).

O prazo de 30 dias para a apresentação à insolvência, previsto no art. 18º do CIRE, reveste a natureza, não de prazo perentório ou de caducidade, mas antes de prazo cominatório ou sancionatório[951,952]. Na verdade, o incumprimento desse prazo não preclude, nem extingue, o direito de o devedor requerer, em sede judicial, a declaração da sua insolvência. Simplesmente, se o fizer depois de se mostrar esgotado esse prazo, a sua insolvência será declarada culposa, de acordo com o disposto no art. 186º, nºs 1 e 3, al. *a)*, do CIRE, com todas as consequências civis (art. 189º, nº 2, do CIRE) e penais (arts. 228º e 229º-A do CP) que daí decorrem,[953] podendo igualmente resultar da inob-

[950] Note-se que, na sua redação original, o art. 18º, nº 1, do CIRE previa um prazo de 60 dias para que o devedor requeresse a declaração da sua insolvência, tendo esse prazo sido reduzido para metade, por força da Lei nº 16/2012, de 20 de abril.

[951] Sustentando que este prazo não é de caducidade, *vide* o ac. do STJ de 14.11.2006, proc. 06A3271.

[952] No sentido de o recurso ao processo especial de revitalização não suspender o prazo para o devedor se apresentar à insolvência, *vide* o ac. do STJ de 23.10.2018, proc. 8074/16.6T8CBR-D.C1.S2.

[953] *Vide*, no mesmo sentido, MARTINS, Luís M., *Processo de Insolvência*, 3ª ed., Almedina, Coimbra, 2014, pp. 114 e 115.

servância desse prazo a perda do benefício da exoneração do passivo restante, nos termos do art. 238º, nº 1, al. *d)*, do CIRE[954].

4.1.2. Ação de verificação ulterior de créditos

No que concerne à verificação ulterior de créditos, o art. 146º, nº 2, al. *b)*, do CIRE dispõe que a ação correspondente deve ser intentada no prazo de seis meses após o trânsito em julgado da sentença de declaração da insolvência ou nos três meses seguintes à respetiva constituição, caso este prazo termine em data posterior[955,956].

[954] Cfr., a este propósito, o ac. do TRC de 26.05.2009, proc. 1526/09.6TBLRA.C1, com o seguinte sumário: "I – O incumprimento do dever de apresentação à insolvência dentro dos 60 dias seguintes à data do conhecimento da situação de insolvência não retira ao devedor legitimidade para se apresentar em data posterior, não sendo de caducidade aquele prazo. II – Por maioria de razão, o devedor pessoa singular que não seja titular de uma empresa na data em que incorra em situação de insolvência, sobre quem não recai aquele dever de apresentação, mantém legitimidade para requerer a declaração da sua insolvência a todo o tempo, sem sujeição a qualquer prazo. III – A apresentação à insolvência configura-se, pois, não propriamente como um direito cujo não exercício em determinado prazo – nomeadamente no de 60 dias previsto no nº 1 do art. 18º ou no de seis meses previsto na al. *d)* do nº 1 do art. 238º, ambos do CIRE – determine a sua caducidade, mas antes, para todos os possíveis sujeitos passivos da declaração de insolvência (art. 2º do CIRE), com excepção das pessoas singulares não titulares de empresa na data da situação de insolvência, como um dever, cujo não cumprimento atempado acarreta sanções e, para os devedores pessoas singulares não titulares de empresa na data da situação de insolvência, como um ónus cuja inobservância no prazo previsto no art. 238º, nº 1, al. *d)*, do CIRE, reunidos os demais requisitos ali exigidos, importa a perda do eventual benefício da exoneração do passivo restante".

[955] Neste particular, a jurisprudência tem vindo a dividir-se quanto à questão de saber se este prazo reveste a natureza de prazo substantivo ou, pelo contrário, de prazo processual, o que, desde logo, assume especial relevância para efeitos de aplicação das regras (substantivas ou processuais) de contagem de prazos.

Assim, sustentando que este prazo reveste natureza substantiva, *vide*, entre outros, o ac. do TRP de 21.02.2013, proc. 2981/11.0TBSTS-G.P1, bem como o ac. do TRG de 06.02.2014, proc. 1551/121.0TBBRG-C.G1.

Pelo contrário, defendendo a natureza processual deste prazo, *vide* o ac. do TRP de 10.04.2014, proc. 1218/12.9TJVNF-P.P1, o ac. do TRC de 20.06.2017, proc. 4185/14.0T8VIS-K.C1 – no qual se decidiu que, sendo este um prazo de natureza processual, não lhe é aplicável o regime previsto nos arts. 298º, nº 2, e 333º, nº 2, do CC, mas antes as regras constantes da lei de processo civil –, o ac. do TRL de 22.06.2017, proc. 728/12.2TYLSB-G1-6, o ac. do STJ de 05.12.2017, proc. 1856/07.1TBFUN-L.L1.S1, no qual se decidiu que "As limitações temporais estabelecidas no artigo 146º, nº 2, alínea *b)*, do CIRE (6 meses subsequentes ao trânsito em julgado da sentença de declaração da insolvência e 3 meses seguintes à constituição do crédito, caso termine posteriormente), à semelhança do prazo geral da reclamação de créditos, assumem natureza de prazo processual (não de caducidade), que não está na disponibilidade das partes e, enquanto prazo peremptório, o seu decurso extingue

4.1.3. Oposição

O devedor pode deduzir oposição ao pedido de declaração da sua insolvência no prazo de 10 dias, a contar da data da respetiva citação, atento o disposto no art. 30º, nº 1, do CIRE. Com efeito, a previsão de um prazo reduzido de 10 dias para a apresentação da oposição do devedor encontra justificação na natureza urgente do processo de insolvência, tal como sucede, aliás, com o prazo para a dedução de oposição no âmbito dos procedimentos cautelares, os quais são igualmente caracterizados pela sua urgência (arts. 363º, 365º, nº 3, e 293º, nº 2)[957].

Acresce que este prazo reveste natureza perentória, razão pela qual, sem prejuízo da possibilidade legal de prática do ato fora do prazo, a falta de dedução de oposição dentro desse prazo extingue o direito de praticar o ato.

À luz do art. 30º, nº 5, do CIRE, se a audiência do devedor não tiver sido dispensada, nos termos do art. 12º do CIRE, e se o devedor não deduzir opo-

o direito de praticar o acto", o ac. do TRL de 11.10.2018, proc. 850/14.0T8SNT-XB.L1-6, o ac. do TRG de 16.12.2021, proc. 227/15.0T8PRG-X.G1, bem como o ac. do TRG de 03.03.2022, proc. 2725/20.5T8VNF-D.G1. Cfr., ainda, o ac. do TRE de 23.09.2021, proc. 2654/20.2T8VNG-F.E1, no qual se entendeu que, por se tratar de um prazo processual perentório, uma vez decorrido esse prazo, não existe "possibilidade de alargamento do tempo para a propositura da acção autónoma de verificação de outros créditos, por via do recurso ao dever de gestão processual, na dimensão da adequação processual, por se estar perante um quadro de absoluta insupribilidade".

956 *Vide*, a este respeito, o ac. do STJ de 12.02.2019, proc. 5685/15.0T8GMR-G.P1.S1, com o seguinte sumário: "I. O direito do credor a ser indemnizado pelo não cumprimento do contrato-promessa (vigente antes da declaração de insolvência) tem uma formação complexa (ou bifásica), pois a sua génese radica na declaração de insolvência (o que permitirá considerá-lo como uma dívida da insolvência), mas tal direito só se efetiva ou consolida na esfera jurídica desse sujeito quando se torna certo que o contrato não será cumprido. Até esse momento existe a possibilidade (pelo menos teórica) de o contrato-promessa ser cumprido. II. Assim, só no momento em que se torna certo que o administrador da insolvência não cumprirá o contrato se inicia a contagem do prazo de 3 meses para propor a ação de verificação ulterior de crédito, nos termos da parte final da alínea *b)* do nº 2 do art. 146º".
Cfr., em sentido contrário, o ac. do TRP de 10.05.2018, proc. 5865/15.0T8GMR-G.P1, no qual se decidiu que "a ação de verificação ulterior de crédito tem de ser intentada no prazo de 6 meses subsequente ao trânsito em julgado da sentença de declaração de insolvência e não no prazo de 3 meses contado desde a data da recusa do cumprimento do contrato pelo administrador de insolvência", bem como o ac. do TRP de 22.10.2018, proc. 235/12.3TYVNG-D.P1, no qual se considerou ainda que este prazo de seis meses reveste natureza processual, aplicando-se, por isso, à sua contagem as regras próprias do Código de Processo Civil.

957 Sustentando, pelo contrário, que a fixação de um prazo reduzido de 10 dias para a apresentação à insolvência encontra justificação no facto de os fundamentos de oposição à declaração de insolvência constituírem factos pessoais do devedor, não carecendo, por conseguinte, de "complexa indagação", *vide* MARTINS, Luís M., *Processo de Insolvência*, *op. cit.*, p. 151.

sição, consideram-se confessados os factos alegados na petição inicial, sendo a insolvência declarada no primeiro dia útil subsequente ao termo do prazo para o oferecimento da oposição, quando esses factos preencham alguma das hipóteses previstas no art. 20º, nº 1, do CIRE.

4.1.4. Interposição de recurso

Por aplicação subsidiária da lei de processo civil, no processo de insolvência, o prazo para a interposição de recurso é de 15 dias, nos termos do art. 638º, nº 1, 2ª parte, já que este processo reveste natureza urgente[958].

Acresce que, à luz do art. 14º, nº 2, do CIRE, em todos os recursos interpostos no processo ou em qualquer dos seus apensos, o prazo para a apresentação de alegações é único para todos os recorrentes, correndo em seguida um outro para todos os recorridos[959].

4.1.5. Outros prazos perentórios

O Código da Insolvência e da Recuperação de Empresas prevê outros prazos perentórios referentes a atos que devem ser praticados pelas partes ou por outros intervenientes processuais, sendo que destacaremos *infra* alguns desses prazos.

4.1.5.1. Reclamação de créditos

Tanto no processo especial de revitalização, como no processo especial para acordo de pagamento, o prazo para a reclamação de créditos é de 20 dias, atento o disposto nos arts. 17º-D, nº 2, e 222º-D, nº 2, do CIRE[960,961].

[958] *Vide*, a este propósito, Martins, Alexandre de Soveral, *Um Curso de Direito da Insolvência, op. cit.*, p. 43.

[959] Para esse efeito, dispõe o art. 14º, nº 4, do CIRE que, durante o prazo para alegações, o processo deve ser mantido na secretaria judicial para exame e consulta pelos interessados.

[960] No sentido de o prazo da reclamação de créditos revestir natureza processual, *vide* o ac. do TRL de 20.02.2012, proc. 191-BE/2001.L1-2.

[961] Sustentando que este prazo começa a correr com a publicação, no portal *Citius*, do despacho de nomeação do administrador judicial provisório, não havendo lugar à dilação prevista no art. 37º do CIRE, *vide* o ac. do TRG de 14.02.2013, proc. 2812/12.3TBGMR-A.G1. *Vide*, ainda, o ac. do TRL de 29.05.2014, proc. 723/13.4TYLSB.L1-6, no qual se sustentou que "Tendo em conta a natureza e finalidade do processo especial de revitalização, a contagem do prazo de 20 dias a partir da publicação no portal *Citius* do despacho de nomeação do administrador judicial provisório, nos termos do nº 2 do art. 17º-D do CIRE, não ofende o princípio constitucional da tutela jurisdicional plasmado no nº 1 do art. 20º da Lei Fundamental".

4.1.5.2. Impugnação da lista provisória de créditos

No processo especial de revitalização e no processo especial para acordo de pagamento, a lista provisória de créditos pode ser impugnada no prazo de 5 dias úteis, começando tal prazo a correr a partir da publicação da lista no portal *Citius* (arts. 17º-D, nº 4, e 222º-D, nº 3, do CIRE)[962].

4.1.5.3. Depósito do plano de revitalização

No âmbito do processo especial de revitalização, a empresa deve depositar no tribunal a versão final do plano de revitalização até ao último dia do prazo de negociações, à luz do art. 17º-F, nº 1, do CIRE. Trata-se, com efeito, de um prazo de caducidade, razão pela qual a falta de depósito da versão final do plano de revitalização dentro do prazo de negociações implica a recusa, pelo juiz, da homologação do plano, atento o disposto no art. 215º do CIRE[963].

4.1.5.4. Apreciação do plano de revitalização

Uma vez depositada no tribunal a versão final do plano, no âmbito do processo especial de revitalização, e após a publicitação desse depósito no portal *Citius*, qualquer credor pode, no prazo de 5 dias, a contar da publicação do depósito, alegar nos autos o que tiver por conveniente quanto ao plano depositado pela empresa (art. 17º-F, nº 2, do CIRE).

Logo que esse prazo finde, deve ser publicado no portal *Citius* um anúncio, advertindo da junção ou não de uma nova versão do plano – sendo que a junção de uma nova versão do plano encontrará, naturalmente, justificação na necessidade de adequação ou de modificação da versão anterior em função das eventuais alegações apresentadas pelos credores, nos termos do art. 17º-F, nº 2, do CIRE –, passando a correr, a partir da data da publicação desse anúncio, um prazo de votação de 10 dias, no decurso do qual pode ser

[962] *Vide*, a este respeito, o ac. do TRE de 02.06.2016, proc. 923/15.2T8PTG.E1, com o seguinte sumário: "Uma vez publicada a lista provisória de créditos, inicia-se o prazo de cinco dias úteis previsto para a sua impugnação e findo esse prazo, logo começa a correr o prazo de dois meses estabelecido para a conclusão das negociações, sem depender da decisão das impugnações formuladas nem da conversão em definitiva da lista provisória de créditos". Cfr., ainda, o ac. do TRC de 29.10.2013, proc. 2329/12.6TBPBL-A.C1, no qual se consignou o seguinte: "A natureza urgente do PER consagrada no artigo 17º-A, nº 3, do CIRE, e sua expedita tramitação, não se compadecem com articulados supervenientes, devendo a impugnação de qualquer crédito, independentemente do respectivo fundamento, ser efectuada no prazo peremptório de 5 dias previsto no artigo 17º-D, nºs 3 e 4 do CIRE", bem como o ac. do TRL de 17.03.2016, proc. 2214/15.1T8BRR.L1-2.

[963] Cfr., nesse sentido, o ac. do STJ de 08.09.2015, proc. 570/13.3TBSRT.C1.S1, bem como o ac. do TRP de 02.06.2016, proc. 631/15.4T8VNG.P1.

solicitada, por qualquer interessado, a não homologação do plano (art. 17º-F, nº 3, do CIRE)[964,965].

4.1.5.5. Aperfeiçoamento da petição inicial

Se a petição inicial apresentar vícios sanáveis, nomeadamente pelo facto de carecer de requisitos legais ou de não se achar acompanhada dos documentos que a hajam de instruir, nos casos em que tal falta não seja devidamente justificada, o juiz deve convidar o requerente para que este, no prazo de 5 dias, proceda à correção desses vícios, sob pena de indeferimento liminar da petição inicial, atento o disposto no art. 27º, nº 1, al. *b)*, do CIRE.

4.1.5.6. Complemento da sentença de insolvência

Nos termos do art. 39º, nº 2, al. *a)*, do CIRE, se o juiz concluir pela insuficiência da massa insolvente, qualquer interessado pode requerer, no prazo de 5 dias, o complemento da sentença com as restantes menções previstas no art. 36º, nº 1, do CIRE.

4.1.5.7. Contestação à impugnação da sentença por embargos

Se a sentença de declaração de declaração de insolvência for impugnada através de embargos, nos termos do art. 40º do CIRE, e se não houver motivo para o indeferimento liminar da petição de embargos, o administrador da insolvência e a parte contrária devem ser notificados para, querendo, deduzirem contestação, no prazo de 5 dias, à luz do art. 41º, nº 2, do CIRE.

4.1.5.8. Impugnação da lista de credores e resposta à impugnação

De acordo como art. 130º, nº 1, do CIRE, qualquer interessado pode, no prazo de 10 dias, a contar do termo do prazo previsto no art. 129º, nº 1, do CIRE – isto é, do termo do prazo de 15 dias para que o administrador da insolvência apresente na secretaria uma lista dos credores por si reconhecidos e uma lista dos credores não reconhecidos –, impugnar a lista de credores reconhecidos, mediante requerimento dirigido ao juiz, com fundamento na indevida inclusão ou exclusão de créditos, ou na incorreção do montante ou da qualificação dos créditos reconhecidos.

964 Cfr., a este respeito, o ac. do TRL de 05.07.2018, proc. 2915/17.8T8FNC.L1-1.

965 Criticando a previsão legal deste prazo de 10 dias para que os credores requeiram a não homologação do plano, quando, nesse momento, se desconhece em absoluto se o plano vai ou não ser aprovado, *vide* MARTINS, Alexandre de Soveral, *Estudos de Direito da Insolvência*, Almedina, Coimbra, 2018, p. 10.

Por sua vez, nos termos do art. 131º, nºs 1 e 3, do CIRE, sendo impugnada a lista de credores reconhecidos, tanto o administrador da insolvência, como qualquer interessado que assuma a posição contrária, incluindo o devedor, podem responder à impugnação, no prazo de 10 dias, contado desde o termo do prazo previsto no art. 130º, nº 1, do CIRE, ou da notificação ao titular do crédito objeto de impugnação.

Ademais, de acordo com o art. 135º do CIRE, nos 10 dias subsequentes ao termo do prazo das respostas às impugnações, a comissão de trabalhadores deve juntar aos autos o seu parecer sobre as impugnações que tenham sido apresentadas.

4.1.5.9. Dispensa de liquidação

De acordo com o art. 171º do CIRE, se o devedor for uma pessoa singular e se a massa insolvente não compreender uma empresa, o juiz pode dispensar a liquidação da massa, no todo ou em parte, desde que o devedor entregue ao administrador da insolvência, no prazo de 8 dias, uma importância em dinheiro não inferior à que resultaria dessa liquidação.

4.1.5.10. Oposição à qualificação da insolvência como culposa

Sendo requerida a qualificação da insolvência como culposa, tanto o devedor, como as demais pessoas que possam ser afetadas por essa qualificação, podem deduzir oposição, no prazo de 15 dias, a contar da respetiva citação[966].

Nesse caso, sendo deduzida oposição, o administrador da insolvência, o Ministério Público ou qualquer interessado podem responder a essa oposição no prazo de 10 dias, a contar do termo do prazo de 15 dias para o oferecimento da oposição (art. 188º, nºs 9 e 10, do CIRE).

4.1.5.11. Pronúncia sobre a proposta de plano de insolvência

Sendo admitida a proposta de plano de insolvência, a comissão de trabalhadores – ou, na sua falta, os representantes designados pelos trabalhadores –, a comissão de credores, se existir, o devedor e o administrador da insolvência podem pronunciar-se sobre essa proposta, no prazo de 10 dias, a contar da respetiva notificação, nos termos do art. 208º do CIRE.

966 *Vido*, a este respeito, o ac. do TRP de 25.09.2018, proc. 1211/17.1T8AMT-J.P1, no qual se decidiu que "É aplicável ao incidente de qualificação de insolvência a prorrogação excepcional, mas legal, do prazo para a defesa/oposição, prevista no nº 2 do art. 569º do CPC, por não se revelar inconciliável com a natureza e carácter que o legislador expressamente concedeu a tal incidente".

4.1.5.12. Conclusão das negociações

No processo especial de revitalização, o art. 17º-D, nº 7, do CIRE preceitua que, uma vez terminado o prazo para a impugnação da lista provisória de créditos, os declarantes dispõem do prazo de dois meses para concluir as negociações encetadas[967,968]. De todo o modo, este prazo pode ser prorrogado, por uma só vez e por um mês, mediante acordo prévio e escrito entre o administrador judicial provisório nomeado e a empresa, devendo tal acordo ser junto aos autos e publicado no portal *Citius*.

Analogamente, no processo especial para acordo de pagamento, as negociações encetadas devem ser concluídas no prazo de dois meses, sem prejuízo da possibilidade de prorrogação desse prazo por uma só vez e por um mês (art. 222º-D, nº 5, do CIRE). Sendo as negociações concluídas com a aprovação do acordo de pagamento, mas sem a unanimidade dos credores, o devedor deve remeter o acordo ao tribunal, sendo publicado um anúncio no portal *Citius*, advertindo da junção do acordo de pagamento, após o que começa a correr um prazo de votação de 10 dias, durante o qual qualquer interessado pode pedir a não homologação do plano[969].

4.1.5.13. Administração da massa insolvente pelo devedor

Nos termos do art. 224º, nº 2, al. *b)*, do CIRE, o juiz pode autorizar que a administração da massa insolvente seja assegurada pelo próprio devedor desde que este já tenha apresentado, ou se comprometa a fazê-lo, no prazo de 30 dias após a sentença de declaração de insolvência, um plano de insolvência que preveja a continuidade da exploração da empresa por si próprio.

4.1.5.14. Enceramento do processo a pedido do devedor

Se o devedor requerer o encerramento do processo, com fundamento na cessação da situação de insolvência, os credores devem ser notificados para, querendo, deduzirem posição, no prazo de 8 dias (art. 231º, nº 1, do CIRE).

[967] Quanto à natureza perentória deste prazo, *vide* o ac. do STJ de 17.11.2015, proc. 1557/14.4TBMTJ.L1.S1, o ac. do STJ de 21.06.2016, proc. 3245/14.2T8GMR.G1.S1, o ac. do TRL de 23.03.2017, proc. 2340/16.8T8BRR.L1-2, bem como o ac. do STJ de 06.11.2018, proc. 5106/16.1T8GMR.G2.S2.

[968] Cfr., a este respeito, o ac. do TRC de 21.10.2014, proc. 2081/13.8TBPBL-A.C1, no qual se consignou que "O prazo para a conclusão das negociações apenas depende da publicação da lista provisória de créditos no portal *Citius*, iniciando-se nesse momento o prazo para a respectiva impugnação e findo o prazo para estas serem deduzidas logo se inicia o prazo para a conclusão das negociações". *Vide*, no mesmo sentido, o ac. do TRC de 26.02.2013, proc. 1175/12.1T2AVR.C1.

[969] *Vide*, a este propósito, o ac. do TRG de 20.09.2018, proc. 6662/17.2T8VNF.G1.

4.1.5.15. Exoneração do pedido restante

De acordo com o art. 236º, nº 1, do CIRE, o pedido de exoneração do passivo restante deve ser deduzido pelo devedor no requerimento de apresentação à insolvência ou no prazo de 10 dias após a citação do devedor, sendo que esse pedido deve ser rejeitado se apenas for deduzido depois da assembleia de apreciação do relatório, ou, se a realização dessa assembleia tiver sido dispensada, nos 60 dias subsequentes à sentença que tenha declarado a insolvência[970].

4.1.5.16. Mudança de domicílio ou de condições de emprego

Se tiver sido proferido um despacho inicial de exoneração do passivo restante, o devedor, durante o período da cessão do rendimento disponível, deve, no prazo de 10 dias após a verificação da respetiva ocorrência, informar o tribunal e o fiduciário de qualquer mudança de domicílio ou de condições de emprego [art. 239º, nº 4, al. *d)*, do CIRE]. De igual modo, o devedor deve, no prazo de 10 dias, a contar da respetiva solicitação, informar o tribunal e o fiduciário sobre as diligências por ele realizadas para a obtenção de emprego.

4.2. Prazos dilatórios

O Código da Insolvência e da Recuperação de Empresas prevê diversos prazos dilatórios relativamente aos atos que devam ser praticados pelas partes ou por outros intervenientes processuais.

Assim, a título meramente exemplificativo, nos termos o art. 37º, nº 7, do CIRE, os demais credores do devedor e outros interessados que sejam citados por via edital, afixado na sede ou na residência do devedor, nos seus estabelecimentos e no próprio tribunal e por anúncio publicado no portal *Citius*, na sequência do proferimento de uma sentença de insolvência, beneficiam de um prazo dilatório de 5 dias, sendo que, à luz do art. 37º, nº 8, do CIRE, o prazo para o recurso, os embargos e a reclamação dos créditos só começa a correr depois de finda a dilação, contando-se a mesma a partir do dia da publicação do anúncio[971].

Do mesmo modo, de acordo com o art. 146º, nº 1, do CIRE, uma vez terminado o prazo fixado para a reclamação de créditos, é ainda possível reconhecer outros créditos, bem como o direito à separação ou à restituição de bens, de modo a serem atendidos no processo de insolvência, por meio de ação proposta contra a massa insolvente, os credores e o devedor. Neste caso, sendo a citação dos credores efetuada através de edital eletrónico, publicado

[970] Cfr., a este propósito, o ac. do STJ de 16.10.2018, proc. 1948/11.2YXLSB.L1.S1.

[971] Cfr., a este respeito, o ac. do TRE de 11.04.2019, proc. 248/14.0TBCTX-D.E1.

no portal *Citius*, aqueles consideram-se citados decorridos 5 dias após a data da publicação do edital[972].

Ainda a título meramente exemplificativo, o art. 214º estabelece que a sentença de homologação do plano de insolvência só pode ser proferida depois de terem decorrido, pelo menos, 10 dias após a data da respetiva aprovação ou, se o plano tiver sido objeto de alterações na própria assembleia, sobre a data da publicação da deliberação. Neste caso, o referido prazo de 10 dias reveste uma natureza dilatória, na medida em que difere para um momento posterior a possibilidade de ser praticado um ato processual, *in casu*, o proferimento da sentença de homologação do plano de insolvência.

IV. Regras de contagem dos prazos

1. Regra geral

Por força da aplicação subsidiária da lei de processo civil ao Código da Insolvência e da Recuperação de Empresas, a contagem de prazos obedece às regras previstas no Código de Processo Civil, destacando-se, entre outros, o regime consignado no art. 138º, nº 1, segundo o qual os prazos contam-se de forma contínua, mas suspendem-se durante as férias judiciais, salvo se estiver em causa um processo urgente ou se o prazo tiver uma duração igual ou superior a seis meses.

Ora, nos termos do art. 9º, nº 1, do CIRE, o processo de insolvência, incluindo todos os seus incidentes, apensos e recursos, reveste carácter urgente e goza de precedência sobre o serviço ordinário do tribunal, o que encontra justificação no desejo de se garantir a celeridade deste processo[973,974].

Por conseguinte, no âmbito do processo de insolvência, os atos processuais podem ser praticados em férias judiciais (art. 137º, nº 1), a contagem dos prazos não se suspende durante esse período de tempo (art. 138º, nº 1)[975,976]

[972] *Vide*, a este propósito, o ac. do TRP de 23.04.2018, proc. 202/14.2TBBAO-P.

[973] *Vide*, a este propósito, o ac. do TRE de 23.03.2017, proc. 750/11.6TBVRS-F.E1.

[974] No sentido de as ações apensadas ao processo de insolvência passarem a ter, a partir da apensação, caráter urgente, *vide* o ac. do STJ de 09.07.2014, proc. 2577/05.5TBPMS-P.C3.S1, o ac. do TRC de 09.01.2017, proc. 141/12.1TBVZL-D.C1, bem como o ac. do STJ de 28.03.2017, proc. 616/13.5TJVNF-L.G1.S1.

[975] Cfr., nesse sentido, o ac. do TRG de 02.06.2004, proc. 788/04-2, o ac. do TRE de 21.02.2013, proc. 5100/12.1TBSTB-A.E1, bem como o ac. do STJ de 05.05.2020, proc. 1855/13.4TBVRL-B.G1-B.S1.

[976] Assim, conforme se decidiu no ac. do TRP de 04.02.1999, proc. 9930033, o prazo para o devedor deduzir oposição ao pedido de declaração da sua insolvência não se suspende durante o período de férias judiciais.

e o prazo para a interposição do recurso é reduzido para 15 dias (art. 638º, nº 1)[977].

Ademais, pese embora o processo de insolvência tenha natureza urgente, tal não se afigura incompatível com a aplicabilidade a este processo dos regimes previstos na lei processual civil para a prática do ato após o termo do prazo, concretamente dos regimes da prática do ato com multa (art. 139º, nº 5) e do justo impedimento (art. 140º)[978].

Observe-se, em todo o caso, que a aplicação subsidiária das regras da lei de processo civil só tem lugar nos casos omissos, sendo que o Código da Insolvência e da Recuperação de Empresas contém algumas regras especiais no que concerne à contagem de prazos.

2. Regras especiais

2.1. Impugnação da sentença de declaração da insolvência

Os embargos à sentença de declaração da insolvência podem ser deduzidos no prazo de 5 dias, começando esse prazo a correr após a notificação da sentença ao embargante ou, havendo lugar a uma dilação, logo que se mostre terminado o prazo dilatório correspondente (art. 40º, nº 2, do CIRE)[979]. É o que sucede, por exemplo, com a citação do devedor, na eventualidade de a sua audição prévia ter sido dispensada, à luz do art. 12º do CIRE, bem como com a citação dos credores do devedor, nos termos do art. 37º do CIRE[980].

2.2. Impugnação da lista de credores reconhecidos

De acordo com o art. 130º, nº 2, do CIRE, referente à impugnação da lista de credores reconhecidos, com fundamento na indevida inclusão ou exclusão de

[977] *Vide*, a este propósito, o ac. do TRG de 23.04.2013, proc. 1198/12.0TBGMR-E.G1.

[978] Problematizando a aplicação deste regime da prática dos atos fora do prazo ao processo de insolvência, *vide* EPIFÂNIO, Maria do Rosário, *Manual de Direito da Insolvência, op. cit.*, p. 45.

[979] Como bem se decidiu no ac. do TRE de 30.11.2016, proc. 1545/12.5TBCTX-G.E1, "O prazo de cinco dias para a dedução dos embargos só pode encontrar a sua explicação na natureza urgente do processo de insolvência e em razões de celeridade, condicionantes da sua eficácia, o que justifica a atribuição de natureza prioritária e a estipulação de prazos curtos e contínuos, que não se suspendem durante as férias judiciais".

[980] Note-se que, nos termos do art. 37º, nºs 7 e 8, do CIRE, os credores desconhecidos e os interessados são citados por via edital, com prazo de dilação de 5 dias, afixado na sede ou na residência do devedor, nos seus estabelecimentos e no próprio tribunal e por anúncio publicado no portal *Citius*, sendo que o prazo para o recurso, para a dedução de embargos ou para a apresentação de reclamação de créditos só começa a correr depois de finda a dilação, a qual começa a contar desde a publicação do anúncio no portal *Citius*.

créditos, ou na incorreção do montante ou da qualificação dos créditos reconhecidos, se os credores tiverem sido avisados através de carta registada, o prazo de 10 dias para a apresentação da impugnação começa a correr a partir do terceiro dia útil posterior à data da expedição dessa carta. Vale isto por dizer que o legislador presume que, tendo o credor sido avisado através de carta registada, o serviço postal demora, no máximo, 3 dias úteis a proceder à entrega dessa carta ao destinatário.

2.3. Processo especial de revitalização

Tal como sucede com o processo de insolvência, o processo especial de revitalização tem natureza urgente (art. 17º-A, nº 3, do CIRE). Ora, conforme tem vindo a ser entendido pela jurisprudência, o processo especial de revitalização "reveste especiais características, sendo dotado de particular celeridade e sujeito a regras próprias", razão pela qual não se aplica ao processo especial de revitalização, concretamente no que diz respeito aos prazos para a apresentação de reclamação ou de impugnação, o regime previsto no art. 139º, nº 5, concernente à prática do ato processual para além do prazo perentório, mediante o pagamento de uma multa[981].

V. Prorrogação do prazo

O Código da Insolvência e da Recuperação de Empresas prevê diversos casos em que o prazo pode ser prorrogado.

Assim, a título meramente exemplificativo, a lei consagra a possibilidade de prorrogação do prazo para a conclusão das negociações. Com efeito, de acordo com os arts. 17º-D, nº 7, e 222º-D, nº 5, do CIRE, aplicáveis, respetivamente, ao processo especial de revitalização e ao processo especial para acordo de pagamento, uma vez terminado o prazo para as impugnações, os declarantes têm o prazo de dois meses para concluírem as negociações encetadas.

Contudo, esse prazo pode ser prorrogado, por uma só vez e por um mês, mediante acordo prévio e escrito entre o administrador judicial provisório nomeado e o devedor ou a empresa, devendo tal acordo ser junto aos autos

[981] Ac. do TRG de 22.06.2017, proc. 4389/15.9T8VNF.G1.
Cfr., em sentido contrário, o ac. do TRG de 19.01.2017, proc. 5089/16.8T8VNF-A.G1, no qual se decidiu que "O curto prazo de 5 dias úteis para impugnar a lista provisória de créditos, estabelecido no nº 3 do art. 17º-D, não pode obstar [a que] o acto de impugnação possa ser praticado num dos 3 dias úteis seguintes mediante o imediato pagamento de multa, nos termos do artigo 139º, nº 5, do Código de Processo Civil".

antes do termo do prazo de negociações e publicado no portal *Citius*[982]. Vale isto por dizer que o pedido de prorrogação do prazo deve ser apresentado antes do seu termo[983]. Acresce que, sendo a prorrogação desse prazo regulada pela própria lei, encontra-se vedada ao juiz a possibilidade de prorrogar o prazo para além dos limites legalmente definidos[984].

Ademais, importa salientar que este prazo reveste natureza perentória. Por conseguinte, não deve ser homologado o plano de revitalização que seja apresentado após o decurso desse prazo, sem que o mesmo tenha sido prorrogado[985]. Com efeito, dispõe o art. 17º-G, nº 1, do CIRE que "Caso a empresa ou alguma das maiorias dos credores previstas nas alíneas a) a c) do nº 5 do artigo anterior concluam antecipadamente não ser possível alcançar acordo, ou caso seja ultrapassado o prazo previsto no nº 7 do artigo 17º-D, o processo negocial é encerrado, devendo o administrador judicial provisório comunicar tal facto ao processo, se possível por meios eletrónicos, e publicá-lo no portal *Citius*".

Ainda a título meramente exemplificativo, apesar de o administrador da insolvência, nos termos do art. 62º, nº 1, do CIRE, se encontrar obrigado a apresentar contas no prazo de 10 dias após a notificação da conta de custas pelo tribunal ou a cessação das suas funções, qualquer que seja a razão que a tenha determinado, esse prazo pode, no entanto, ser prorrogado por despacho judicial.

De todo o modo, existem casos em que o Código da Insolvência e da Recuperação de Empresas exclui expressamente a possibilidade de um prazo ser prorrogado. É o que ocorre, nomeadamente, com o prazo de 5 dias de suspensão da instância, em virtude do falecimento do devedor, não podendo tal prazo ser objeto de qualquer prorrogação, atento o disposto no art. 10º, nº 1, al. *b)*, do CIRE.

982 *Vide*, a este propósito, o ac. do TRL de 05.02.2015, proc. 85/14.2TJLSB.L1-8, bem como o ac. do TRC de 10.05.2016, proc. 1535/16.9T8CBR-B.C1.

983 Casanova, Nuno Salazar / Dinis, David Sequeira, *O Processo Especial de Revitalização*, Coimbra Editora, Coimbra, 2014, p. 81.

984 *Vide*, nesse sentido, o ac. do TRE de 08.09.2016, proc. 1839/15.8T8STR.E1.

985 Cfr., nesse sentido, o ac. do TRL de 13.03.2014, proc. 1904/12.3TYLSB.L1-2, o ac. do TRL de 03.12.2015, proc. 1887/15.8T8FNC-B.L1-2, o ac. do TRP de 29.02.2016, proc. 2463/14.8T8VNG.P1, o ac. do TRL de 15.03.2016, proc. 467/16.3T8VFX-B.L1-7, o ac. do TRP de 24.10.2016, proc. 5699/15.0T8OAZ-A.P1, o ac. do STJ de 06.06.2017, proc. 12966/16.4T8LSB.L1.S1, e o ac. do TRL de 20.07.2017, proc. 2412/14.3TVFUN-B.L1-2.

Vide, em sentido contrário, o ac. do TRG de 04.03.2013, proc. 3695/12.9TBBRG-G1, bem como o ac. do TRG de 09.04.2015, proc. 958/14.2TBGMR.G1, nos quais se concluiu pela natureza meramente ordenadora deste prazo.

Capítulo VII
Prazos no processo penal

I. Modalidades do prazo

1. Prazo supletivo

O prazo supletivo para a prática de qualquer ato processual é, salvo disposição legal em sentido contrário, de 10 dias, atento o disposto no art. 105º, nº 1, do CPP[986,987]. Vale isto por dizer que, se a lei ou a autoridade judiciária não fixarem qualquer prazo para a prática de um determinado ato processual, o mesmo deve ser praticado no prazo de 10 dias[988].

Diferentemente, se a lei estabelecer um prazo, maior ou menor que 10 dias, para a prática de um determinado ato processual, é esse o prazo que deve ser observado e não o prazo supletivo de 10 dias[989].

2. Prazos para os atos dos magistrados, dos órgãos de polícia criminal e da secretaria

2.1. Despachos ou promoções de mero expediente ou de natureza urgente

Nos termos do art. 105º, nº 2, do CPP, os despachos ou promoções de mero expediente ou que revistam natureza urgente devem, salvo disposição legal em sentido contrário, ser proferidos no prazo máximo de 2 dias.

[986] Na sua redação original, o art. 105º, nº 1, do CPP consagrava um prazo supletivo de 5 dias para a prática de qualquer ato processual, sendo que esse prazo viria a ser ampliado para 10 dias, por força da alteração legislativa introduzida pela Lei nº 59/98, de 25 de agosto.

[987] Sustentando que este prazo de 10 dias não beneficia do regime previsto no art. 139º, nº 5, referente à prática do ato nos três dias de multa, *vide* o ac. do STJ de 30.10.2019, proc. 324/14.0TELSB-N.L1-D.S1.

[988] Cfr., a este propósito, o ac. do TRG de 25.03.2019, proc. 594/16.9GAVNF.G1.

[989] *Vide*, nesse sentido, Magistrados do Ministério Público do Distrito Judicial do Porto, *Código de Processo Penal: Comentários e Notas Práticas*, Coimbra Editora, Coimbra, 2009, p. 273.

Tal prazo reveste, no entanto, natureza meramente ordenadora, razão pela qual, da sua inobservância, não resulta qualquer preclusão ou nulidade processual[990].

Em todo o caso, logo que se mostrem decorridos três meses sobre o termo do prazo fixado para a prática de ato próprio do juiz ou do Ministério Público sem que o mesmo tenha sido praticado, o juiz ou o magistrado do Ministério Público devem consignar no processo a concreta razão da inobservância do prazo (art. 105º, nº 3, do CPP).

Para além disso, nos termos do art. 105º, nº 4, do CPP, a secretaria deve remeter mensalmente ao presidente do tribunal de comarca ou ao magistrado do Ministério Público coordenador de comarca, consoante os casos, informação discriminada das situações em que se mostrem decorridos três meses sobre o termo do prazo fixado para a prática de ato próprio do juiz ou do Ministério Público, devendo essa informação ser acompanhada da exposição das razões que determinaram os atrasos, ainda que o ato tenha, entretanto, sido praticado. Uma vez recebida essa informação, incumbe ao presidente do tribunal de comarca ou ao magistrado do Ministério Público coordenador de comarca remeter o expediente à entidade com competência disciplinar, no prazo de 10 dias, a contar da receção dessa informação[991].

2.2. Dedução de acusação pelo Ministério Público

Sendo recolhidos, durante o inquérito, indícios suficientes de se ter verificado a prática de um crime, bem como da identidade do seu agente, o Ministério Público deve deduzir acusação contra aquele, no prazo de 10 dias, à luz do art. 283º, nº 1, do CPP[992].

Tratando-se, no entanto, de um processo abreviado, o prazo para ser deduzida acusação é de 90 dias (art. 391º-B, nº 2, do CPP). Este prazo, no caso dos crimes públicos, conta-se a partir da aquisição da notícia do crime,

[990] *Vide*, no mesmo sentido, Santos, M. Simas / Leal-Henriques, M., *Código de Processo Penal: Anotado*, vol. I, 2ª ed. reimp. atual., Rei dos Livros, Lisboa, 2003, p. 541.

[991] Defendendo que a responsabilidade pela elaboração do rol de processos cujos prazos se mostrem ultrapassados recai sobre o presidente do tribunal e sobre o magistrado do Ministério Público que seja responsável pela direção da secção do Ministério Público, *vide* Albuquerque, Paulo Pinto de, *Comentário do Código de Processo Penal: à luz da Constituição da República e da Convenção Europeia dos Direitos do Homem*, 3ª ed., Universidade Católica Editora, Lisboa, 2009, p. 276.

[992] Note-se que, na sua redação inicial, dada pelo DL nº 78/87, de 17 de fevereiro, o Código de Processo Penal não fixava, no seu art. 283º, qualquer prazo para a dedução de acusação pelo Ministério Público. De facto, esse prazo viria a ser posteriormente estabelecido pela Lei nº 59/98, de 25 de agosto.

nos termos do art. 241º do CPP, e, nos demais crimes, após a apresentação de queixa.

Observe-se, em todo o caso, que a contagem do prazo para a dedução de acusação suspende-se na eventualidade de o processo ser remetido para mediação penal, atento o disposto no art. 7º da Lei nº 21/2007, de 12 de junho.

De todo o modo, importa salientar que o prazo para a dedução de acusação não reveste natureza perentória, tratando-se, ao invés, de um prazo meramente ordenador, motivo pelo qual, da sua inobservância, não resulta qualquer preclusão ou nulidade processual[993], nomeadamente no que diz respeito ao direito de exercício da ação penal[994].

2.3. Termos e mandados

Os funcionários de justiça devem, em regra, lavrar os termos do processo, bem como passar os mandados[995], no prazo de 2 dias, atento o disposto no art. 106º do CPP.

Contudo, este regime não se aplica:

a) quando se estabeleça no Código de Processo Penal um prazo diferente; ou

b) quando houver arguidos detidos ou presos e esse prazo de 2 dias seja suscetível de afetar o tempo de privação da liberdade.

Assim, nestes dois casos excecionais, os termos devem ser lavrados e os mandados devem ser passados imediatamente, gozando de prioridade em relação ao restante serviço[996].

Por outro lado, impõe-se referir que o prazo de 2 dias, previsto no art. 106º, nº 1, do CPP, para a elaboração dos termos do processo e para a passagem de

[993] *Vide*, no mesmo sentido, MAGISTRADOS DO MINISTÉRIO PÚBLICO DO DISTRITO JUDICIAL DO PORTO, *Código de Processo Penal: Comentários e Notas Práticas*, *op. cit.*, p. 714, bem como SILVA, Germano Marques da, *Direito Processual Penal Português: Do Procedimento (Marcha do Processo)*, vol. 3, Universidade Católica Editora, Lisboa, 2014, p. 91.

[994] Cfr., a este propósito, o ac. do TRP de 25.11.1992, *in CJ*, ano XVII, tomo V, 1992, p. 258, o ac. do TRL de 18.07.2006, proc. 3411/2006-5, bem como o ac. do TRP de 05.05.2010, proc. 912/08.3PBVLG.P1.

[995] À luz do art. 111º, nº 3, al. *a)*, do CPP, a comunicação entre serviços de justiça e entre as autoridades judiciárias e os órgãos de polícia criminal efetua-se através de mandado "quando se determinar a prática de acto processual a entidade com um âmbito de funções situado dentro dos limites da competência territorial da entidade que proferir a ordem".

[996] GONÇALVES, Manuel Lopes Maia, *Código de Processo Penal: Anotado*, 17ª ed. rev. e atua., Almedina, Coimbra, 2009, p. 297.

mandados, reveste natureza meramente ordenadora, razão pela qual a violação desse prazo não acarreta qualquer nulidade ou preclusão, gerando, antes, eventual responsabilidade disciplinar do funcionário que o tiver violado[997].

2.4. Outros prazos

Para além dos prazos *supra* referidos, o Código de Processo Penal prevê outros prazos para a prática de atos dos magistrados ou dos funcionários judiciais, pelo que destacaremos *infra*, a título meramente indicativo, alguns desses prazos.

2.4.1. Declaração de impedimento

Se o Ministério Público, o arguido, o assistente ou as partes civis requererem a declaração de impedimento do juiz, em virtude da verificação de alguma das hipóteses previstas no art. 40º, o juiz visado deve proferir o despacho no prazo máximo de 5 dias, atento o disposto no art. 41º, nº 2, do CPP[998].

2.4.2. Comunicação da constituição de arguido e respetiva validação

À luz do art. 58º, nº 4, do CPP, se a constituição de arguido tiver sido realizada por um órgão de polícia criminal, este deve comunicar esse facto à autoridade judiciária no prazo de 10 dias.

Por sua vez, a autoridade judiciária, uma vez recebida essa comunicação, dispõe de igual prazo de 10 dias para proceder à apreciação e validação do ato de constituição de arguido.

Neste particular, importa referir que estes prazos revestem natureza meramente ordenadora, não resultando, por isso, da sua inobservância qualquer nulidade ou irregularidade processual[999].

[997] Santos, M. Simas / Leal-Henriques, M., *Código de Processo Penal: Anotado, op. cit.*, p. 543. *Vide*, no mesmo sentido, Lobo, Fernando Gama, *Código de Processo Penal Anotado*, 2ª ed., Almedina, Coimbra, 2017, p. 172, bem como Gaspar, António da Silva Henriques, *et al.*, *Código de Processo Penal Comentado, op. cit.*, p. 317.

[998] Conforme se elucida em Magistrados do Ministério Público do Distrito Judicial do Porto, *Código de Processo Penal: Comentários e Notas Práticas, op. cit.*, p. 99, o estabelecimento de um prazo reduzido de 5 dias, por contraposição ao prazo supletivo de 10 dias, visa imprimir uma especial celeridade ao processo, "de modo a evitar a prática do menor número de actos pelo juiz impedido". De resto, nos termos do art. 41º, nº 3, do CPP, os atos praticados pelo juiz impedido são nulos, a não ser que não possam ser repetidos utilmente e se se concluir que deles não resulta qualquer prejuízo para a justiça da decisão do processo.

[999] Cfr., no mesmo sentido, Magistrados do Ministério Público do Distrito Judicial do Porto, *Código de Processo Penal: Comentários e Notas Práticas, op. cit.*, p. 137.

2.4.3. Validação do segredo de justiça

Se o Ministério Público entender aplicar ao processo, durante a fase do inquérito, o segredo de justiça, tendo em vista a proteção dos interesses da investigação ou dos direitos dos diferentes sujeitos processuais, essa decisão deve ser validada pelo juiz de instrução no prazo máximo de setenta e duas horas, atento o disposto no art. 86º, nº 3, do CPP.

2.4.4. Entrega de cópia de registo áudio ou audiovisual

Nos termos do art. 101º, nº 4, do CPP, sendo utilizado registo áudio ou audiovisual na tomada de declarações e de decisões verbalmente proferidas, o funcionário judicial deve entregar, a qualquer sujeito processual que a requeira, uma cópia do registo áudio ou audiovisual, no máximo de quarenta e oito horas[1000].

2.4.5. Primeiro interrogatório judicial de arguido detido

Se o arguido, uma vez detido, não tiver de ser julgado de imediato, este deve ser interrogado pelo juiz de instrução, no prazo máximo de quarenta e oito horas após a detenção, nos termos do art. 141º, nº 1, do CPP. Com efeito, este regime processual constitui manifestação do disposto no art. 28º, nº 1, da CRP, segundo o qual a detenção deve ser submetida, no prazo máximo de quarenta e oito horas, "a apreciação judicial, para restituição à liberdade ou imposição de medida de coacção adequada".

A este respeito, importa referir que a lei apenas impõe que a apresentação do arguido ao juiz de instrução tenha lugar no prazo máximo de quarenta e oito horas após a detenção, não ficando, por isso, o juiz de instrução vinculado a proferir uma decisão dentro desse prazo, tanto mais que esse prazo pode ser incompatível com a complexidade das diligências que se devam seguir à apresentação do arguido ao juiz de instrução. Outrossim, o juiz de instrução deve proferir uma decisão logo que possível, ainda que tal ocorra depois de terem passado mais de quarenta e oito horas após a detenção[1001].

[1000] Note-se que, na redação anterior à que lhe foi dada pela Lei nº 20/2013, de 21 de fevereiro, o art. 101º, nº 3, do CPP, fazia depender a contagem do prazo de quarenta e oito horas, para a entrega de uma cópia da gravação a qualquer sujeito processual, do fornecimento ao tribunal do suporte técnico necessário.

[1001] *Vide*, a este respeito, o ac. do STJ de 14.01.2009, *in CJSTJ*, tomo I, 2009, p. 197, com o seguinte sumário: "I. O art. 141º, nº 1, do CPP, na sequência do art. 28º, nº 1, da CRP impõe a apresentação do detido ao juiz pelas autoridades administrativas no prazo de 48 horas, devendo este proferir decisão sobre o destino do detido no mais curto espaço de tempo possível. II. Não há excesso de prazo se o início do interrogatório ocorreu antes de decorridas as 48 horas sobre o momento da detenção, mesmo que apenas se tenha efectuado a identificação e a confirmação dos motivos da

2.4.6. Validação das apreensões

A autoridade judiciária deve proceder à validação das apreensões efetuadas por um órgão de polícia criminal no prazo máximo de setenta e duas horas (art. 178º, nº 6, do CPP).

Este prazo de setenta e duas horas constitui o prazo dentro do qual o órgão de polícia criminal deve apresentar as apreensões à autoridade judiciária para efeito da sua validação e não o prazo dentro do qual a autoridade judiciária deve proceder a essa validação[1002].

detenção, os factos concretos imputados e os elementos do processo que indiciem esses factos, tendo continuado o interrogatório com a tomada de declarações e proferição da decisão no dia seguinte". Cfr., ainda, o ac. do TC nº 363/2003, proc. 485/2003, *in DR, 2ª série*, nº 29, de 04.02.2004, no qual se consignou que "à luz das normas e princípios constitucionais, não pode ser a circunstância de os arguidos terem anteriormente sido detidos durante o inquérito, para serem apresentados ao juiz, mas terem sido libertados por se ter esgotado o prazo de quarenta e oito horas para tal, que, só por si, impede que venham a ser novamente detidos, e sujeitos às medidas de coacção que venham a ser decretadas. Como afirma o Ministério Público neste Tribunal, tal anterior detenção e libertação dos arguidos – por se ter esgotado o prazo de quarenta e oito horas de detenção sem apresentação ao juiz – não lhes tem de conferir, logo no plano constitucional, um irrestrito direito a impedir a alteração da sua situação, em termos de medidas de coacção (por, como dizem os recorrentes, lhes ter sido criada a «expectativa, aliás fundada, que a sua situação processual estaria definida a menos que violassem alguns dos deveres decorrentes da lei»). Não resulta, aliás, do invocado parâmetro constitucional – o artigo 28º, nº 1, da Constituição da República qualquer impedimento a nova detenção e aplicação de medidas de coação, mas apenas a obrigação de submeter a detenção do arguido «no prazo máximo de quarenta e oito horas, a apreciação judicial»". *Vide*, igualmente, o ac. do TRL de 06.06.2018, proc. 4/16.1ZCLSB-3, com o seguinte sumário: "A detenção deverá ser, no mesmo prazo de 48 horas, sujeita a apreciação judicial, para restituição à liberdade ou imposição de medida de coacção adequada, ainda que esta apreciação se estenda ou prolongue para além das ditas 48 horas. Limita-se com isto a possibilidade de privar alguém do direito à liberdade por via administrativa/policial, limitando a detenção policial a 48 horas sendo apenas isso que o legislador pretende e não que o JIC tenha de proferir despacho dentro das tais 48 horas. Se assim não fosse o JIC ficaria limitado no seu avaliar da situação para aplicação de medida de coação pela actuação mais ou menos, célere das polícias, implicando que teria de restituir muitas vezes à liberdade em vez de aplicar a prisão preventiva", bem como o ac. do TRE de 26.04.2018, proc. 26/17.5JASTB -A.E1, no qual se decidiu que "Não é de considerar excedido o prazo de 48 horas de apresentação judicial do detido quando este é apresentado ao juiz dentro daquele prazo, contado da detenção e entrega dos mandados; iniciando-se nesse momento a privação de liberdade, não releva o período de tempo despendido numa busca anterior à sua residência e a que o arguido assistiu, mas ainda não na situação de detido".

[1002] *Vide*, nesse sentido, entre outros, o ac. do TRP de 17.01.2007, proc. 0644955, o ac. do TC nº 278/2007, de 02.05.2007, proc. 397/07, o ac. do TRP de 07.11.2007, proc. 0745888, o ac. TRC de 08.10.2008, *in CJ*, tomo IV, 2008, p. 51, bem como o ac. do TRC de 09.01.2008, proc. 2/05.0GAAND. C1, este último com o seguinte sumário: "[...] 2. O prazo máximo de 72 horas reporta-se à sujeição das apreensões efectuadas por órgão de polícia criminal posterior à validação pela autoridade

Por outro lado, importa referir que este prazo de setenta e duas horas reveste a natureza de prazo meramente ordenador, razão pela qual a inobservância desse prazo não acarreta qualquer consequência quanto à validade das apreensões efetuadas, nem tão-pouco qualquer irregularidade[1003].

2.4.7. Comunicação da interceção e gravação de conversações ou comunicações telefónicas

Nos termos do art. 188º, nº 4, do CPP, o Ministério Público deve levar ao conhecimento do juiz os suportes técnicos, bem como os respetivos autos e relatórios, respeitantes à interceção e à gravação de conversações ou comunicações telefónicas, no prazo de quarenta e oito horas[1004,1005].

2.4.8. Aplicação de medidas de coação ou de garantia patrimonial

Durante o inquérito, o juiz, salvo impossibilidade devidamente fundamentada, deve decidir a aplicação de medidas de coação ou de garantia patrimonial a arguido não detido, no prazo de 5 dias, a contar do recebimento da promoção do Ministério Público (art. 194º, nº 5, do CPP)[1006].

judiciária, ou seja, refere-se à apresentação ao Ministério Público das apreensões realizadas e não ao prazo máximo em que esta autoridade judiciária terá de proferir o despacho de validação. 3. Esta é a interpretação mais conforme ao próprio texto legal (as 72 horas referem-se à sujeição a validação e não à própria validação), bem como a que é imposta pela sua *ratio*: o que se pretende é que as apreensões efectuadas por iniciativa dos órgãos de polícia criminal sejam submetidas, em prazo curto, à apreciação da autoridade judiciária, saindo da mera órbita do conhecimento policial, de forma a que a autoridade judiciária, sendo caso disso, as valide. [...]").

Existe, no entanto, jurisprudência que entende que o prazo de setenta e duas horas é o prazo dentro do qual a autoridade judiciária deve proceder à validação das apreensões (cfr., entre outros, o ac. do TRL de 06.11.2007, proc. 4233/2007-5).

1003 Ac. do TRP de 06.02.2013, proc. 6/07.9GABCL.P1.

1004 Cfr., a este respeito, o AUJ do STJ nº 1/2018, *in DR, 1ª série*, nº 30, de 12.02.2018, no qual se fixou a seguinte jurisprudência: "A simples falta de observância do prazo de 48 horas, imposto no nº 4 do art. 188º do CPP, para o Mº Pº levar ao juiz os suportes técnicos, autos e relatórios referentes a escutas telefónicas, constitui nulidade dependente de arguição, nos termos dos arts. 190º e 120º, ambos do Código de Processo Penal".

1005 *Vide* o ac. do TRE de 05.02.2019, proc. 35/15.9PESTB.E1, no qual se decidiu que "Aos prazos previstos nos 3 e 4 do art. 188º do CPP para, respetivamente, o OPC levar ao conhecimento do MP os suportes técnicos, autos e relatórios referidos no seu nº 1, e para o MP levar ao conhecimento do juiz aqueles mesmos elementos, é aplicável o disposto no art. 106º, nº 1, que prevê o prazo de dois dias para que os funcionários de justiça lavrem os termos no processo".

1006 Disposição introduzida pela Lei nº 26/2010, de 30 de agosto.

2.4.9. Reexame dos pressupostos da prisão preventiva ou da obrigação de permanência na habitação

Nos termos do art. 213º, nº 1, al. *a)*, do CPP, o juiz deve proceder ao reexame dos pressupostos da prisão preventiva ou da obrigação de permanência na habitação, decidindo a manutenção, substituição ou revogação dessas medidas de coação, no prazo de três meses a contar da data da sua aplicação ou do último reexame.

Neste particular, urge salientar que a inobservância desse prazo de três meses para que se proceda ao reexame dos pressupostos da prisão preventiva ou da obrigação de permanência na habitação constitui uma mera irregularidade processual, não acarretando, por conseguinte, a ilegalidade dessas medidas de coação[1007,1008].

Acresce, por outro lado, que o facto de a lei fixar um prazo de três meses para que se proceda ao reexame dos pressupostos da prisão preventiva ou da obrigação de permanência na habitação não impede que o juiz realize esse reexame a todo o tempo, na eventualidade de se verificar uma "alteração das circunstâncias que fundamentaram a aplicação da medida de prisão preventiva"[1009].

2.4.10. Julgamento do recurso da decisão de aplicação, substituição ou manutenção de medidas de coação

O recurso da decisão que aplicar, substituir ou mantiver medidas de coação, interposto pelo arguido ou pelo Ministério Público, deve ser julgado no prazo máximo de 30 dias, a contar do momento em que os autos forem recebidos, atento o disposto no art. 219º, nº 1, do CPP. Este prazo reveste, no entanto, natureza meramente ordenadora, já que a lei não prevê qualquer sanção para o seu incumprimento, designadamente a extinção da medida de coação objeto de recurso[1010].

1007 *Vide*, a este propósito, o ac. do STJ de 25.11.1993, proc. 51/93, o ac. do STJ de 10.07.1996, proc. 873/96, o ac. do STJ de 23.06.2003, proc. 2543/03-5, o ac. do STJ de 24.09.2003, proc. 3302/03-3, o ac. do STJ de 25.10.2001, proc. 3544/01-5, o ac. do STJ de 17.09.2003, proc. 2923/03-5, o ac. do STJ de 23.06.2003, proc. 2543/03-5, o ac. do STJ de 05.01.2005, proc. 04P4831, bem como o ac. do STJ de 17.05.2007, *in CJSTJ*, tomo II, p. 190.

1008 Cfr., a este respeito, o AUJ do STJ nº 3/1996, de 24.01.1996, *in DR, 1ª série-A*, nº 63, de 24.01.1996, no qual se fixou a seguinte jurisprudência: "A prisão preventiva deve ser revogada ou substituída por outra medida de coacção logo que se verifiquem circunstâncias que tal justifiquem, nos termos do artigo 212º do Código de Processo Penal, independentemente do reexame trimestral dos seus pressupostos, imposto pelo artigo 213º do mesmo Código".

1009 Santos, M. Simas / Leal-Henriques, M., *Código de Processo Penal: Anotado, op. cit.*, p. 1023.

1010 *Vide*, a este propósito, o ac. do STJ de 16.03.2011, proc. 155/10.6JBLSB-C.S1, com o seguinte sumário: "[...] IV – O prazo previsto no art. 219º, nº 1, do CPP não faz parte do elenco dos prazos

2.4.11. Comunicação do auto de notícia ou da notícia do crime

Nos termos do art. 243º, nºs 1 e 3, do CPP, sempre que uma autoridade judiciária, um órgão de polícia criminal ou outra entidade policial presenciarem qualquer crime, que seja de denúncia obrigatória, devem levantar ou mandar levantar um auto de notícia, o qual deve ser obrigatoriamente remetido ao Ministério Público no mais curto prazo, o qual não pode exceder 10 dias.

máximos de prisão preventiva configurados na lei, todos vertidos no art. 215º, o qual, aliás, tem mesmo a epígrafe "Prazos de duração máxima da prisão preventiva". E, por essa razão, são os prazos do art. 215º que se devem ter em conta para o efeito do disposto na al. *c)* do nº 2 do art. 222º, quando no *habeas corpus* se alega excesso de prazo de prisão preventiva. Não quaisquer outros prazos que corram durante o decurso da prisão preventiva, como os de reexame dessa medida (art. 213º) ou os da decisão dos recursos. V – Há que reconhecer, também, que o prazo previsto no art. 219º, nº 1, do CPP não tem natureza peremptória, mas meramente reguladora do andamento do processo, no sentido de que a decisão do recurso é urgente e não deve ser protelada. Pois, se este prazo fosse peremptório, seria obrigatório que alguma norma legal – aquela ou outra – indicasse a consequência directa do seu incumprimento. VI – As consequências por não haver uma decisão do recurso sobre a prisão preventiva no prazo de 30 dias são as de que o sujeito processual interessado pode solicitar a aceleração do processo (art. 108º do CPP) ou de que pode ser instaurado um procedimento disciplinar ao magistrado prevaricador. VII – A jurisprudência do Tribunal Europeu dos Direitos do Homem, de que «a demora de 23 dias na decisão sobre a legalidade da prisão preventiva violava o artigo 5º, § 4º, da CEDH» tem de ser adaptada ao nosso ordenamento jurídico, pois no CPP português o recurso do despacho que aplicou ou manteve a prisão preventiva não suspende o andamento do processo nem a contagem do prazo da prisão preventiva, pelo que a investigação prossegue e a medida coactiva pode ou não ser alterada ou revogada no processo principal, independentemente do resultado do recurso. VIII – O prazo de 30 dias previsto no art. 219º, nº 4, foge muitas vezes ao controle do juiz relator da relação, pois é frequente ter de se solicitar à 1ª instância mais elementos para além dos que constam da certidão (já que o recurso é instruído e remetido em separado do processo principal), para além de que o Mº Pº junto do tribunal superior tem o prazo de 10 dias para se pronunciar (art. 416º do CPP), o recorrente tem outros 10 dias para responder ao parecer desse Magistrado (art. 417º, nº 2) e o processo tem de ir a vistos dos outros juízes. Tudo somado, muitas vezes o acórdão não pode ser lavrado e aprovado na conferência no prazo indicado na lei processual de 30 dias, quanto mais no prazo de 23 dias aludido pelo TEDH. IX – "A demora no conhecimento do recurso" tem de reportar-se, à luz do nosso CPP, ao momento em que, depois de o processo ter sido concluso ao juiz relator da relação para decidir, isto é, depois do parecer do Mº Pº e, se for caso disso, do cumprimento do art. 417º, nº 2, do CPP, já tenham decorrido os 30 dias previstos na lei, acrescidos de um razoável prazo de tolerância (que, sendo de 23 dias, o TEDH já considerou como excessivo)". No mesmo sentido de o prazo previsto no art. 219º, nº 1, revestir natureza meramente ordenadora, *vide* o ac. do TRC de 14.05.2014, proc. 248/13.8JA-CBR-A.C1, o ac. do STJ de 02.07.2015, proc. 6635/13.4T3SNT-B.S1, o ac. do STJ de 21.08.2015, proc. 478/14.5JFLSB-E.S1, bem como o ac. do STJ de 04.02.2021, proc. 409/20.3PBOER-C.S1. Sustentando, pelo contrário, que o emprego da expressão "prazo máximo" parece indicar que este prazo não será meramente ordenador, *vide* Magistrados do Ministério Público do Distrito Judicial do Porto, *Código de Processo Penal: Comentários e Notas Práticas*, *op. cit.*, p. 573.

Por sua vez, de acordo com o art. 248º, nº 1, do CPP, os órgãos de polícia criminal que tiverem notícia de um crime, seja mediante conhecimento próprio, seja através de uma denúncia, devem transmiti-la ao Ministério Público no mais curto prazo, o qual não pode, igualmente, exceder 10 dias[1011].

2.4.12. Adiamento da audiência de julgamento

Regra geral, a audiência de julgamento é contínua, devendo decorrer sem qualquer interrupção ou adiamento até ao seu encerramento (art. 328º, nº 1, do CPP).

De todo o modo, o art. 328º, nº 3, do CPP prevê, excecionalmente, a possibilidade de adiamento da audiência, sendo que, nesse caso, o adiamento não pode, em princípio, exceder o prazo máximo de 30 dias, sem prejuízo da verificação de impedimento, devidamente justificado, do tribunal ou dos defensores constituídos em consequência de outro serviço judicial já marcado de natureza urgente e com prioridade sobre a audiência em curso (art. 328º, nº 6, do CPP)[1012,1013].

[1011] No sentido de este prazo revestir natureza meramente ordenadora, não resultando, por isso, da sua violação qualquer invalidade do ato praticado, *vide* o ac. do TRE de 15.10.2013, proc. 275/12.2GCSLV.E1.

[1012] Note-se que, nos termos do 328º, nº 7, do CPP, "Para efeitos da contagem do prazo referido no número anterior, não é considerado o período das férias judiciais, nem o período em que, por motivo estranho ao tribunal, os autos aguardem a realização de diligências de prova, a prolação de sentença ou que, em via de recurso, o julgamento seja anulado parcialmente, nomeadamente para repetição da prova ou produção de prova suplementar". Este regime foi introduzido na lei de processo penal pela Lei nº 27/2015, de 14 de abril, sendo certo que, até então, a jurisprudência vinha considerando que este prazo, por não ter natureza processual – não estando, por isso, sujeito ao regime de contagem dos prazos previsto no art. 104º do CPP – corria em férias judiciais (cfr., entre outros, o ac. do TRE de 12.09.2006, proc. 984/06-1).
Vide, a este respeito, o ac. do STJ de 28.10.2009, proc. 121/07.9PBPTM.E1.S1, no qual se decidiu que, se o prazo de 30 dias terminar em dia em que os tribunais se encontrem encerrados, o termo do prazo transfere-se para o primeiro dia útil seguinte.

[1013] Cfr., a este respeito, o ac. do STJ de 15.10.1997, proc. 97P1316, no qual se decidiu que "[...] IV – A violação do disposto no nº 6 do artigo 328º do CPP constitui nulidade que, arguida nas alegações, envolve a invalidade do julgamento. V – Se a sentença for lida, decorridos mais de 30 dias sobre o encerramento da audiência, perde eficácia a produção da prova oral e, portanto, esta não poderá ser levada em conta na decisão da matéria de facto [...]", o ac. do STJ de 14.03.2001, *in CJSTJ*, tomo I, p. 245, no qual se decidiu que "A produção de prova não perde eficácia se a audiência se desenrolar ao longo de várias sessões, separadas entre si por períodos temporais não superiores a 30 dias, ainda que entre a primeira e a última dessas sessões tenha decorrido um período de tempo mais dilatado", bem como o ac. do TRP de 04.07.2012, proc. 251/06.4JAPRT.P1, no qual se consignou que "O limite temporal de 30 dias previsto no nº 6 do art. 328º do CPP para os adiamentos da audiência

2.4.13. Transcrição de atos

Nos termos do art. 364º, nºs 4 e 5, do CPP, a secretaria deve proceder à transcrição de requerimentos e respetivas respostas, despachos e decisões que o juiz, oficiosamente ou a requerimento, determine, por despacho irrecorrível, no prazo de 5 dias, a contar do respetivo ato. Nesse caso, o prazo para arguir qualquer desconformidade da transcrição é, igualmente, de 5 dias, contando-se tal prazo a partir da notificação da incorporação da transcrição nos autos[1014].

2.4.14. Arquivamento ou suspensão do processo

No âmbito do processo sumário, se o Ministério Público propuser, oficiosamente ou a requerimento, a suspensão provisória do processo, o juiz de instrução deve pronunciar-se sobre essa proposta no prazo máximo de quarenta e oito horas (art. 384º, nº 2, do CPP).

2.4.15. Audiência de julgamento no processo sumário

À luz do art. 387º, nº 1, do CPP, no processo sumário, o início da audiência de julgamento deve ter lugar, em regra, no prazo máximo de quarenta e oito horas após a detenção[1015].

Contudo, nos termos do nº 2 do citado preceito legal, o início da audiência de julgamento pode ter lugar em momento posterior, nas seguintes hipóteses:

a) até ao limite do 5º dia posterior à detenção, quando se interponham um ou mais dias não úteis no prazo de quarenta e oito horas após a detenção e se verifique alguma das hipóteses de libertação do arguido, previstas no art. 385º, nº 1, do CPP;

b) até ao limite do 15º dia posterior à detenção, se se verificar algum dos casos previstos no art. 384º, nº 3, do CPP; ou

sem perda de eficácia da prova anteriormente realizada reporta-se apenas à audiência em sentido estrito, compreendendo os atos de produção de prova e discussão da causa e já não o momento da decisão e de elaboração e leitura da sentença ou acórdão". *Vide*, ainda, o AUJ do STJ nº 11/2008, proc. 4822/07-3, *in DR*, *1ª série*, nº 239, de 11.12.2008, no qual se fixou a seguinte jurisprudência: "Nos termos do artigo 328º, nº 6, do Código de Processo Penal, o adiamento da audiência de julgamento por prazo superior a 30 dias implica a perda de eficácia da prova produzida com sujeição ao princípio da imediação. Tal perda de eficácia ocorre independentemente da existência de documentação a que alude o artigo 363º do mesmo diploma".

1014 Este regime foi introduzido no Código de Processo Penal pela Lei nº 27/2015, de 14 de abril.

1015 Sustentando que a inobservância deste prazo gera uma mera irregularidade processual, a ser arguida pelo próprio interessado, sob pena de sanação, *vide* o ac. do TRG de 22.11.2010, proc. 114/09.GFPRT.G1.

c) até ao limite do 20º dia posterior à detenção, se o arguido tiver requerido prazo para preparar a sua defesa ou se o Ministério Público julgar necessária a realização de diligências essenciais à descoberta da verdade[1016].

2.4.16. Elaboração do projeto de acórdão

Se o recurso carecer de ser julgado em conferência, o relator deve elaborar um projeto de acórdão, no prazo de 15 dias, a contar da data em que o processo lhe seja concluso (art. 417º, nº 9, do CPP).

2.4.17. Comunicação de pena privativa da liberdade

Sendo aplicada uma pena privativa da liberdade, o Ministério Público deve enviar ao Tribunal de Execução das Penas e aos serviços prisionais e de reinserção social cópia da respetiva sentença, no prazo de 5 dias após o trânsito em julgado (art. 477º, nº 1, do CPP).

3. Prazos para os atos das partes

3.1. Dedução de acusação

3.1.1. Acusação pelo assistente

Sendo deduzida acusação pelo Ministério Público, o assistente pode, no prazo de 10 dias, a contar da respetiva notificação, deduzir igualmente acusação pelos factos acusados pelo Ministério Público, por parte deles ou por outros que não acarretem uma alteração substancial dos factos (art. 284º, nº 1, do CPP)[1017].

Não o fazendo, o esgotamento desse prazo extingue o direito de o assistente deduzir acusação, já que se trata de um prazo perentório[1018].

[1016] *Vide*, a este respeito, o ac. do TRP de 16.12.2020, proc. 55/20.1GAARC.P1.

[1017] Note-se que, na sua redação originária, o art. 284º, nº 1, do CPP previa um prazo de 5 dias para a dedução de acusação pelo assistente. Contudo, a Lei nº 59/98, de 25 de agosto, viria a ampliar esse prazo para 10 dias. Com efeito, conforme elucida Maia Gonçalves, o estabelecimento desse prazo de 10 dias encontrou justificação quer na necessidade de se adequar os prazos previstos na lei de processo penal ao estabelecimento do princípio da continuidade dos prazos, quer no propósito de se harmonizar o prazo para a dedução de acusação pelo assistente com o prazo previsto para a dedução de acusação pelo Ministério Público (Gonçalves, Manuel Lopes Maia, *Código de Processo Penal: Anotado*, *op. cit.*, p. 685).

[1018] Magistrados do Ministério Público do Distrito Judicial do Porto, *Código de Processo Penal: Comentários e Notas Práticas*, *op. cit.*, p. 725.

3.1.2. Acusação particular

Findo o inquérito, se o procedimento criminal depender de acusação particular, o Ministério Público deve, sob pena de nulidade insanável [art. 119º, nº 1, al. *b)*, do CPP], notificar o assistente para que este, no prazo de 10 dias, deduza, querendo, acusação particular, atento o disposto no art. 285º, nº 1, do CPP[1019,1020].

Se o assistente não deduzir acusação particular dentro do prazo legal de 10 dias, o Ministério Público deve arquivar o inquérito, por falta de legitimidade para prosseguir com o processo[1021].

Outrossim, se o assistente deduzir acusação particular antes de ter sido notificado para o efeito e, consequentemente, antes de se ter iniciado o respetivo prazo legal, tal gera uma irregularidade processual, a ser declarada pelo Ministério Público[1022].

Por sua vez, nos termos do art. 285º, nº 4, do CPP, o Ministério Público pode, nos 5 dias posteriores à apresentação da acusação particular, acusar o arguido pelos mesmos factos, por parte deles ou por outros que não importem uma alteração substancial daqueles.

3.2. Pedido de indemnização civil

Se o pedido de indemnização civil for apresentado pelo Ministério Público ou pelo assistente, deve ser deduzido na acusação ou em requerimento autónomo, a ser apresentado no mesmo prazo em que a acusação deve ser formulada (art. 77º, nº 1, do CPP)[1023].

Por sua vez, se o lesado tiver, nos termos do art. 75º, nº 2, do CPP, manifestado o propósito de deduzir pedido de indemnização civil, este deve ser notificado do despacho de acusação ou, não o havendo, do despacho de pronúncia,

[1019] Cfr., a este respeito, o ac. do TRP de 23.04.2014, proc. 792/10.9GDVFR.P1.

[1020] No sentido de o prazo para a dedução de acusação particular pelo assistente não se interromper pelo facto de este, uma vez notificado para deduzir acusação, requerer a realização de novas diligências probatórias, *vide* o ac. do TRE de 03.12.2015, proc. 857/13.5GBTMR.E1.

[1021] *Vide*, no mesmo sentido, Albuquerque, Paulo Pinto de, *Comentário do Código de Processo Penal: à luz da Constituição da República e da Convenção Europeia dos Direitos do Homem*, *op. cit.*, p. 747.

[1022] Magistrados do Ministério Público do Distrito Judicial do Porto, *Código de Processo Penal: Comentários e Notas Práticas*, *op. cit.*, p. 726.

[1023] *Vide*, a este propósito, o ac. do TRG de 02.07.2018, proc. 130/16.GEBRG-A.G1, no qual se decidiu que "Tendo ocorrido nulidade da acusação deduzida, só com a notificação da nova acusação começa a correr o prazo estipulado no art. 77º do CPP, para a dedução do pedido cível". Cfr., ainda, o ac. do STJ de 22.03.2018, proc. 119/11.2TACTTX.E.S1.

podendo, nesse caso, deduzir o pedido de indemnização civil no prazo de 20 dias, a contar dessa notificação, nos termos do art. 77º, nº 2, do CPP[1024,1025].

Diferentemente, se o lesado não tiver manifestado o propósito de deduzir pedido de indemnização civil ou se não tiver sido notificado do despacho de acusação ou de pronúncia, este pode deduzir o pedido até 20 dias depois da notificação ao arguido do despacho de acusação ou, se o não houver, do despacho de pronúncia (art. 77º, nº 3, do CPP)[1026,1027].

Já no âmbito do processo sumário, o pedido de indemnização civil pode ser deduzido no início da audiência, atento o disposto nos arts. 388º e 389º, nº 4.

Por último, urge salientar que o prazo para a dedução de um pedido de indemnização civil no processo penal reveste natureza perentória, razão pela qual o esgotamento desse prazo, sem que o pedido tenha sido deduzido, importa a extinção, por caducidade, do direito de praticar esse ato[1028,1029].

3.3. Abertura de instrução

Nos termos do art. 287º, nº 1, do CPP, a abertura de instrução pode ser requerida, pelo arguido ou pelo assistente, no prazo de 20 dias, a contar, respetivamente, da data da notificação da acusação ou do arquivamento do inquérito[1030].

[1024] Cfr., a este respeito, o ac. do TRP de 07.07.1993, proc. 9330361, no qual se decidiu que "No caso de serem vários os arguidos e de terem sido notificados em datas diferentes do despacho de pronúncia ou do despacho que designar dia para julgamento, o prazo para a dedução do pedido cível conta-se a partir da última daquelas notificações". Cfr., ainda, o ac. do STJ de 10.08.2018, proc. 176/17.8PBEVR.S1.

[1025] Conforme se decidiu no ac. do TRP de 13.11.2019, proc. 287/10.0GBAMT.P1, "Havendo acusação, o prazo para a dedução do pedido de indemnização civil conta-se da notificação da dedução da acusação e não da pronúncia".

[1026] Em todo o caso, como bem se elucida em Magistrados do Ministério Público do Distrito Judicial do Porto, *Código de Processo Penal: Comentários e Notas Práticas, op. cit.*, p. 203, "A lei apenas refere o momento até ao qual o pedido de indemnização cível pode ser formulado, pelo que o lesado pode fazê-lo em qualquer momento do processo, no decurso do inquérito, e mesmo aquando da apresentação de queixa".

[1027] *Vide*, a este respeito, o ac. do TRL de 28.06.2018, proc. 957/16.0PCCSC.L1-9, no qual se decidiu que "Pese embora a ofendida já ter sido notificada da acusação, o prazo para deduzir pedido de indemnização civil apenas corre depois da notificação da mesma acusação ao respectivo patrono oficioso".

[1028] *Vide*, a este propósito, o ac. do STJ de 25.06.1998, proc. 98P263, bem como Gonçalves, Manuel Lopes Maia, *Código de Processo Penal: Anotado, op. cit.*, p. 235.

[1029] Conforme se decidiu no ac. do TRG de 02.07.2018, proc. 130/16.GEBRG-A.G1, "Tendo ocorrido nulidade da acusação deduzida, só com a notificação da nova acusação começa a correr o prazo estipulado no art. 77º do CPP, para a dedução do pedido cível".

[1030] Cfr., a este respeito, o AUJ do STJ nº 3/2015, de 08.01.2015, proc. 336/11.5PDCSC.L1-A.S1, no qual se fixou a seguinte jurisprudência: "O prazo de 20 dias para o assistente requerer a abertura

Havendo pluralidade de arguidos e se estes tiverem sido notificados da dedução da acusação em dias diferentes, o prazo para ser requerida a abertura de instrução começa a contar a partir da notificação que tiver sido realizada em último lugar, atento o disposto nos arts. 113º, nº 14, e 287º, nº 6, do CPP[1031].

Diversamente, se, em caso de pluralidade de arguidos, não for possível notificar a acusação a algum deles, os arguidos já notificados da acusação podem requerer a abertura da instrução no prazo de 20 dias, a contar da notificação do despacho de acusação, independentemente do proferimento, pelo Ministério Público, do despacho a ordenar o prosseguimento dos autos, nos termos do art. 283º, nº 5, do CPP[1032].

de instrução, nos termos do artigo 287º, nº 1, alínea *b)*, do Código de Processo Penal, conta-se sempre e só a partir da notificação do despacho de arquivamento proferido pelo magistrado do Ministério Público titular do inquérito ou por quem o substitua, ao abrigo do artigo 277º do mesmo código, não relevando para esse efeito a notificação do despacho do imediato superior hierárquico que, intervindo a coberto do artigo 278º, mantenha aquele arquivamento". *Vide*, no mesmo sentido, o ac. do TRC de 05.03.2000, proc. 902/2000, o ac. do TRL de 24.01.2002, proc. 00122139, o ac. do TRG de 16.10.2006, proc. 1353/06-1, o ac. do TRP de 17.05.2006, proc. 0412423, o ac. do TRL de 14.01.2009, *in CJ*, tomo I, 2009, p. 152, bem como o ac. do TRP de 14.06.2010, proc. 3459/04.3TDLSB.P1.

1031 *Vide*, a este respeito, o ac. do TRL de 22.01.2020, proc. 1476/13.1IDLSB-A.L1-3.

1032 Cfr., a este propósito, o AUJ do STJ nº 3/2011, de 17.11.2010, proc. 61/10.4YFLSB-3ª, no qual se fixou a seguinte jurisprudência: "I – O despacho do Ministério Público a ordenar o prosseguimento do processo nos termos do artigo 283º, nº 5, do CPP, é um despacho de mero expediente e, por isso, não carece de ser notificado aos sujeitos processuais, nomeadamente aos arguidos já notificados da acusação, podendo estes requerer a abertura da instrução no prazo de 20 dias, a contar dessa notificação, nos termos do artigo 287º, nº 1, do CPP. II – Havendo vários prazos para esse efeito, a correr em simultâneo, ainda que não integralmente coincidentes, a abertura de instrução pode ser requerida por todos ou por cada um deles, até ao fim do prazo que terminar em último lugar, nos termos dos artigos 287º, nº 6, e 113º, nº 12, ambos do mesmo diploma". *Vide*, no mesmo sentido, o ac. do TRL de 12.01.2010, proc. 40/06.JBLSB-F.L1-5, com o seguinte sumário: "I – O início do prazo para requerer instrução, na hipótese de, havendo vários arguidos, uns já notificados da acusação e outros não, o MP determinar o prosseguimento do processo, nos termos do art. 283º/5 do CPP, por considerar que os procedimentos de notificação dos não notificados se revelaram ineficazes, não está (mas devia estar) regulado nas normas que decorrem dos nºs 1 e 6 do art. 287º e 12 do art. 113º, também do CPP. II – Esta lacuna legal, deve ser integrada, por ser possível, com recurso à aplicação analógica de disposições do CPP, ou seja, no caso, com a aplicação da regra, que resulta daqueles normativos legais, de que o prazo se inicia com a ocorrência de um facto (notificação do último arguido) e não com a notificação desse facto. III – Assim sendo, o prazo – para os arguidos, que já estavam notificados da acusação, requererem a abertura da instrução – inicia-se do despacho do MP a determinar o prosseguimento do processo sem esperar pela notificação dos outros arguidos, e não da notificação desse despacho, até porque esta notificação não deve ser feita (por falta de base legal para o efeito). IV – Também é de afastar a tese que conta o início do prazo a partir da última

O prazo para ser requerida a abertura de instrução reveste natureza perentória, razão pela qual o decurso do mesmo, sem que a abertura de instrução tenha sido requerida, implica a extinção do direito de praticar esse ato[1033].

3.4. Contestação à acusação

O arguido deve apresentar, querendo, a contestação, acompanhada do rol de testemunhas, no prazo de 20 dias, a contar da notificação do despacho para apresentação da contestação, previsto no art. 311º-A do CPP, atento o disposto no art. 311º-B do CPP[1034,1035].

3.5. Prazo para a interposição de recurso

3.5.1. Recurso ordinário

3.5.1.1. Prazo

Nos termos do art. 411º, nº 1, do CPP, o prazo para a interposição de recurso é de 30 dias[1036]. Trata-se, com efeito, de um prazo de natureza perentória,

notificação efectiva, pois que, quando o MP determinar o prosseguimento dos autos, já podem ter decorrido mais de 20 dias desde a última notificação, e por isso tal tese conduz à extinção do direito de requerer a abertura da instrução contra as legítimas expectativas dos arguidos que estavam à espera da notificação dos outros".
Vide, em sentido contrário, o ac. do TRE de 15.12.2009, proc. 346/02.3JASTB-A.E1, no qual se decidiu que "Em caso de pluralidade de arguidos, não sendo possível notificar algum deles da dedução da acusação, ao arguido já notificado da acusação deve ser dado conhecimento, por notificação, de que o processo irá prosseguir, nos termos do art. 283º, nº 5, do Cód. Proc. Penal, contando-se a partir daí o prazo para requerer a abertura de instrução".

1033 *Vide*, nesse sentido, o AUJ do STJ nº 2/96, de 06.12.1995, proc. nº 46249, *in DR, 1ª série-A*, nº 8, de 10.01.1996, no qual se fixou a seguinte jurisprudência: "«A disciplina autónoma do processo penal em matéria de prazos prescinde da figura da dilação, pelo que a abertura da instrução tem de ser requerida no prazo, peremptório, de cinco dias, previsto no nº 1 do artigo 287º do Código de Processo Penal". Cfr., na doutrina, Ribeiro, Vinício, *Código de Processo Penal: Notas e Comentários*, 2ª ed., Coimbra Editora, Coimbra, 2011, p. 788.

1034 *Vide*, a este propósito, o ac. do TRP de 23.11.2011, proc. 12/10.6GASBR.P1, no qual se decidiu que "Em processo penal, a apresentação de contestação posteriormente ao início da audiência de julgamento é extemporânea".
Cfr., em sentido contrário, o ac. do TRE de 22.09.2015, proc. 959/13.8TAFAR.E1, no qual se consignou que "É atempada a apresentação de contestação e rol de testemunhas em audiência de julgamento se o respectivo prazo de apresentação estiver a decorrer".

1035 No sentido de este prazo não voltar a correr "se o tribunal designar dia para audiência de julgamento duas ou mais vezes", *vide* Albuquerque, Paulo Pinto de, *Comentário do Código de Processo Penal: à luz da Constituição da República e da Convenção Europeia dos Direitos do Homem*, *op. cit.*, p. 805.

1036 Note-se que, na sua redação originária, o art. 411º, nº 1, do CPP estabelecia um prazo de 10 dias para a interposição de recurso, sendo que esse prazo viria, posteriormente, a ser ampliado para 15 dias, pela Lei nº 59/98, de 25 de agosto, e para 20 dias, pela Lei nº 48/2007, de 29 de agosto.

porquanto o decurso do prazo, sem que o recurso seja interposto, acarreta a extinção do direito de praticar esse ato[1037].

De igual modo, à luz do art. 404º do CPP, sendo interposto recurso por uma das partes civis, a parte contrária pode interpor recurso subordinado no prazo de 30 dias[1038], contando-se esse prazo desde a data da notificação prevista no art. 411º, nos 6 e 7, do CPP.

3.5.1.2. Início da contagem do prazo

No que concerne à sua contagem, o prazo para a interposição de recurso começa a correr:

a) tratando-se de uma decisão, a partir da sua notificação;

A notificação da decisão[1039] deve ser efetuada nos termos previstos no art. 113º do CPP[1040]. Deste modo, o prazo para a interposição do recurso começa a correr no dia seguinte àquele em que a notificação se considera realizada, já que, na contagem do prazo, não se conta o dia em que ocorre o evento que marca o início do prazo[1041,1042].

1037 Quanto à natureza perentória deste prazo, *vide* o ac. do STJ de 04.12.2003, proc. 03P3253, bem como o ac. do STJ de 27.04.2005, proc. 1121/05.3. Cfr., na doutrina, Ribeiro, Vinício, *Código de Processo Penal: Notas e Comentários*, *op. cit.*, p. 1256.

1038 Na sua redação originária, o art. 404º, nº 2, do CPP previa um prazo de 10 dias para a interposição do recurso subordinado, prazo esse que viria a ser elevado para 15 dias, pela Lei nº 59/98, de 25 de agosto, para 20 dias, pela Lei nº 48/2007, de 29 de agosto, e, para 30 dias, pela Lei nº 20/2013, de 21 de fevereiro.

1039 De acordo com o art. 97º, nº 1, al. *b)*, do CPP, os atos decisórios dos juízes tomam a forma de despachos quando conhecerem de qualquer questão interlocutória ou quando puserem termo ao processo sem conhecerem, a final, do seu objeto. Do mesmo modo, à luz do art. 97º, nº 3, do CPP, os atos decisórios do Ministério Público tomam a forma de despachos.

1040 Assim, conforme se decidiu no ac. do TRL de 02.01.2008, proc. 10929/08-3, "Sob pena de realizar uma interpretação inconstitucional, por violação do artigo 32º, nº 1, da Constituição da República Portuguesa, das normas constantes dos artigos 113º, nº 9, 411º, nº 1, e 335º, nº 5, do Código de Processo Penal, conjugadas com o artigo 56º, nº 1, alínea *b)*, do Código Penal, deve ter-se como inoperante, para efeito de contagem do prazo de interposição do recurso, a notificação efectuada por via postal simples".

1041 *Vide*, a este respeito, o ac. do TRP de 19.11.2003, proc. 0344551, no qual se decidiu que "Não pode ser admitido, por prematuro, o recurso interposto pelo arguido do despacho que decretou a sua prisão, enquanto dele não for notificado".

1042 De todo o modo, conforme se decidiu no ac. do TRE de 09.06.2011, proc. 41/08.0GACVD-A.E1, se tiver sido apresentada reclamação, tendo por objeto a arguição de vícios ou a aclaração, retificação ou reforma da sentença, o prazo para a interposição do recurso só começa a correr após

b) tratando-se de uma sentença, a partir do respetivo depósito na secretaria;

Com efeito, se o recurso tiver por objeto uma sentença[1043], o prazo para a interposição do recurso começa a correr a partir do depósito da sentença na secretaria e não da sua leitura, salvo o disposto no art. 411º, nº 1, al. *c)*, do CPP[1044].

Na verdade, o art. 372º, nº 5, do CPP estabelece que, logo após a leitura da sentença, o presidente procede ao seu depósito na secretaria, devendo o secretário apor a data, subscrever a declaração de depósito e entregar uma cópia aos sujeitos processuais que o solicitem[1045].

Nessa exata medida, para efeitos de contagem do prazo para a interposição do recurso, só revela a data do depósito da sentença na secretaria[1046], ainda que, posteriormente, a sentença seja notificada ao arguido, ao assistente e/ou aos seus mandatários através de via postal registada[1047,1048].

a notificação da "decisão consolidada, ou seja, da decisão que recaiu sobre o pedido de correção", porquanto o regime constante do art. 615º, nº 4, da lei de processo civil não é aplicável ao processo penal. Sustentando, igualmente, a não aplicação do regime previsto no art. 615º, nº 4, ao processo penal, *vide* o ac. do TRG de 26.03.2007, proc. 481/07-1.

1043 À luz do art. 97º, nº 1, al. *a)*, e nº 2, do CPP, os atos decisórios dos juízes tomam a forma de sentenças quando conhecerem, a final, do objeto do processo, tomando a forma de acórdãos se forem proferidos por um tribunal colegial.

1044 Cfr., a este respeito, SANTOS, M. Simas / LEAL-HENRIQUES, M., *Recursos em Processo Penal*, 7ª ed. atua. e aum., Rei dos Livros, Lisboa, 2008, p. 66.

1045 Quanto à problemática atinente à contagem do prazo para a interposição de recurso quando a data da leitura da sentença não coincida com a data do seu depósito na secretaria, *vide* RIBEIRO, Vinício, *Código de Processo Penal: Notas e Comentários*, *op. cit.*, pp. 1258 e 1259. *Vide*, ainda, o ac. do TRP de 25.03.2015, proc. 5866/10.3TDPRT.P1, com o seguinte sumário: "[...] II – O depósito do acórdão constitui o início da contagem do prazo para a interposição do recurso e deve ter lugar logo após a sua leitura. III – Se o depósito não vem a ser efectuado de imediato e vem a ocorrer apenas 3 meses depois da sua leitura, aquele acto deve ser notificado a todos os sujeitos processuais, sob pena de violação do direito ao recurso (art. 32º/5 CRP)".

1046 *Vide*, a este propósito, o ac. do TC nº 75/99, de 03.02.1999, proc. 510/94, *in DR, 2ª série*, nº 80, de 06.04.1999, bem como o ac. do TC nº 109/99, de 10.02.1999, proc. 747/98, *in www.tribunalconstitucional.pt*, nos quais se decidiu não julgar inconstitucional o art. 411º, nº 1, do CPP, pelo facto de o regime de contagem do prazo nele previsto não importar um "encurtamento inadmissível das possibilidades de defesa". Cfr., ainda, o ac. do TRP de 03.05.2000, proc. 0010223, o ac. do TRP de 28.11.2007, proc. 0715390, bem como o ac. do TRP de 01.02.2012, proc. 238/09.5GAVLG.P1.

1047 RIBEIRO, Vinício, *Código de Processo Penal: Notas e Comentários*, *op. cit.*, p. 1260. Cfr., na jurisprudência, o ac. do TRL de 03.04.2001, proc. 0000365. Cfr., ainda, o ac. do TC nº 483/2010, de 09.12.2010, proc. 452/10, no qual se decidiu não julgar inconstitucional a norma do art. 411º,

Pode, no entanto, suceder que o arguido não tenha estado presente na leitura da sentença. Nessa eventualidade, importa distinguir duas situações:

- se o arguido esteve presente no julgamento, mas, de forma justificada ou injustificada, não esteve presente na audiência de leitura da sentença, aplica-se o regime previsto no art. 373º, nº 3, do CPP, caso em que o arguido se considera notificado da sentença depois de esta ter sido lida perante o defensor que, para esse efeito, lhe tiver sido constituído ou nomeado[1049,1050]. Nessa eventualidade, o prazo para a inter-

nº 1, al. *b)*, quando interpretada no sentido de o prazo para a interposição do recurso começar a contar com o depósito da sentença na secretaria, independentemente da notificação da mesma ao arguido, bem como o ac. do TRL de 06.06.2006, proc. 575/2006-5, com o seguinte sumário: "O art. 411º, nº 1, 1ª parte do CPP, dispõe que o prazo para interposição de recurso é de 15 dias, e conta-se a partir da notificação da decisão, ou tratando-se de sentença, do respectivo depósito na secretaria. O emprego da disjuntiva "ou", no texto daquela norma, só pode ter o sentido de afastar o momento da notificação como termo inicial do referido prazo, quando o recurso se destine a impugnar uma sentença e fixar o termo inicial com referência ao momento do depósito na secretaria. Trata-se de norma especial, relativa à contagem do prazo, para a interposição do recurso, que prevalece sobre a norma geral consignada no nº 9 do art. 113º do CPP, segundo a qual, a notificação da sentença é sempre feita ao arguido e seu advogado, contando-se o prazo para a prática do acto processual subsequente a partir da data de notificação efectuada em último lugar – norma esta, aplicável a outros actos subsequentes, mas não ao recurso da sentença".
Vide, em todo o caso, o ac. do TRL de 24.03.2004, proc. 1397/2004-3, no qual se decidiu que "Tendo o advogado informado o Tribunal que não podia estar presente na audiência designada para a leitura da sentença e sido então informado pelo Tribunal que a mesma lhe seria então depois notificada, pese embora o disposto no art. 411º do CPP, o denominado princípio da lealdade entre os sujeitos processuais – o "fair process" – justifica que o prazo do recurso se inicie com a notificação em falta".

1048 Contudo, conforme se decidiu no ac. do TRE de 18.01.2013, proc. 124/10.6JBLSB-F.E1, se o arguido possuir nacionalidade estrangeira e desconhecer a língua portuguesa, o prazo de interposição do recurso só começa a correr com a notificação ao arguido da sentença, devidamente traduzida para a sua língua materna, desde que, na leitura da sentença, o arguido tenha declarado não prescindir da tradução.

1049 *Vide*, a este propósito, o ac. do TRE de 04.03.2010, proc. 149/08.1TAILH.E1, o ac. do TRE de 11.07.2005, proc. 1819/05-1, o ac. do TRE de 25.09.2012, proc. 5/10.3TAFTR.E1, o ac. do TRG de 11.07.2013, proc. 985/11.1TAGMR.G1, bem como o ac. do STJ de 22.06.2022, proc. 32/17.0PAOLH-M.S1. Cfr., ainda, o ac. do TRE de 13.01.2011, proc. 434/09.5PBEVR.E1, no qual se decidiu que "Se o arguido e seu mandatário sabiam que a audiência para leitura da sentença estava marcada para determinado dia, devem considerar-se notificados da sentença, não obstante terem faltado, depois de esta ter sido lida no dia indicado perante o defensor nomeado para esse acto".
Vide, em sentido contrário, o ac. do TRG de 22.06.2009, proc. 219/07.3TACBT-A.G1, com o seguinte sumário: "I – A intervenção do defensor oficioso nomeado para o acto da leitura da sentença cessa findo esse acto. II – Não se considera notificada ao arguido a sentença lida na ausência deste, ainda que a seu pedido, e na ausência do seu defensor primitivo ou do seu mandatário. III – A sentença lida

posição do recuso começa a correr a partir do depósito da sentença na secretaria[1051,1052];

- diferentemente, se o arguido esteve ausente desde o início do julgamento, isto é, se a audiência de julgamento foi realizada na ausência do arguido, aplica-se, nesta hipótese, o regime previsto no art. 333º, nº 5, do CPP[1053], situação em que a sentença deve ser notificada ao arguido logo que este seja detido ou se apresente voluntariamente. Nessa eventualidade, o prazo para a interposição de recurso pelo arguido começa a correr a partir da notificação da sentença[1054], a qual deve ser realizada através de contacto pessoal[1055,1056].

nessas circunstâncias deve ser notificada ao arguido e ao seu defensor ou mandatário, iniciando-se o prazo para a interposição do recurso após a notificação efectuada em último lugar".

1050 No sentido de este regime abranger "quer os casos em que o arguido está presente em alguma ou em todas as sessões do julgamento, mas falta à leitura da sentença, quer outros em que a audiência decorre na ausência do arguido, por sua iniciativa ou com o seu consentimento, não estando também presente no acto da leitura da decisão final", *vide* o ac. do TRC de 22.10.2014, proc. 944/08.1TAFIG-A.C1.

1051 *Vide*, a este respeito, o ac. do TRE de 20.12.2012, proc. 389/06.8GBCCH.E1, com o seguinte sumário: "Se o arguido, devidamente notificado, falta à leitura da sentença, ainda que por motivo justificado, considera-se o mesmo notificado nesse acto, depois de tal peça ter sido lida perante o respectivo defensor. Neste caso, o prazo de interposição de recurso começa a correr com o depósito da decisão final, sendo irrelevante para o efeito eventual notificação pessoal do arguido, solicitada pela secção de processos". Cfr., no mesmo sentido, o ac. do STJ de 14.06.1989, proc. 040017, o ac. do TRP de 18.11.1992, proc. 9210563, o ac. do STJ de 08.05.1997, proc. 97P278, o ac. do TRP de 01.07.1998, proc. 9810564, o ac. do TRE de 22.02.2006, proc. 506/06-1, o ac. do TRL de 09.05.2006, proc. 3388/2006-5, o ac. do TRE de 21.05.2009, proc. 1869/04.5PAPTM-A.E1, o ac. do TRE de 24.06.2010, proc. 360/09.8TBGLG.E1, o ac. do TRL de 03.11.2010, proc. 211/01.1TASCR.L1-3, o ac. do TRE de 27.01.2011, proc. 359/97.5TBLLE.E1, o ac. do TRP de 24.10.2012, proc. 970/10.0PBMTS.P1, o ac. do TRC de 11.09.2013, proc. 368/12.6JACBR.C1, o ac. do TRC de 10.12.2013, proc. 247/06.6PTAFND.C1, bem como o ac. do TRE de 10.02.2014, proc. 172/13.4PTSTB-A.E1.

1052 Sustentando que, neste caso, o prazo de interposição do recurso começa a correr após a notificação da sentença ao defensor do arguido, *vide* o ac. do TRP de 24.10.2012, proc. 970/10.0PBMTS.P1. De todo o modo, como bem se decidiu no ac. do TRP de 13.03.2002, proc. 0141223, se o tribunal, ainda que indevidamente, ordenar a notificação pessoal da sentença condenatória ao arguido, o prazo para a interposição de recurso só começa a correr após a realização dessa notificação.

1053 Observe-se que, em regra, é obrigatória a presença do arguido na audiência de julgamento, atento o disposto nos arts. 61º, nº 1, al. *a)* e 332º, nº 1, do CPP. Contudo, o art. 333º do mesmo diploma legal permite, em circunstâncias excecionais, que a audiência de julgamento seja realizada na ausência do arguido.

1054 *Vide*, a este propósito, o ac. do TRL de 11.12.2008, proc. 8876/2008-9, o ac. do TRP de 07.07.2010, proc. 1349/06.4TBLSD.P1, o ac. do TRL de 19.03.2012, proc. 940/08.9TDLSB.L2-9, o ac. do TRG de 28.05.2012, proc. 163/08.7TAVVD.G1, o ac. do TRG de 22.10.2012, proc. 585/09.6GBVVD.G1, o ac. do TRP de 19.04.2016, proc. 0416140, o ac. do TRE de 06.06.2017, proc. 720/11.4 TAPTM.

c) tratando-se de decisão oral reproduzida em ata, a partir da data em que a decisão tiver sido proferida, se o interessado estiver ou dever considerar-se presente nesse ato.

É o que sucede, nomeadamente, com a sentença proferida oralmente no âmbito do processo sumário (art. 389º-A, nº 1, do CPP) ou do processo abreviado (art. 391º-F do CPP)[1057], bem como com as demais decisões, suscetíveis de recurso, que sejam proferidas oralmente e reproduzidas em ata.

No entanto, a lei prevê, nestes casos, regras especiais para a interposição do recurso.

Na verdade, à luz do art. 391º, nº 2, do CPP, aplicável ao processo sumário e, por força do art. 391º-G do CPP, ao processo abreviado, o prazo para a interposição do recurso conta-se a partir da entrega da cópia da gravação da sentença, exceto no caso previsto no art. 389º-A, nº 4, do CPP, segundo o qual é sempre entregue cópia da gravação da sentença ao arguido, ao assistente e ao Ministério Público no prazo de quarenta e oito horas, salvo se aqueles expressamente declararem prescindir da entrega[1058].

Ademais, nos termos do art. 389º-A, nº 5, do CPP, se, no âmbito do processo sumário ou do processo abreviado (art. 391º-F do CPP), for aplicada uma pena privativa da liberdade ou, excecionalmente, se as circunstâncias do caso o tornarem necessário, o juiz, logo após a discussão, deve elaborar a sentença

E1, o ac. do TRE de 08.05.2018, proc. 86/17.9GBODM.E1, bem como o ac. do TRL de 18.05.2021, proc. 69/08.0TELSB-A.L1-5.

1055 Cfr., nesse sentido, os acs. do TRP de 24.02.2016, proc. 1975/13.5T3AVR-A.P1, e de 23.11.2016, proc. 285/14.5PTAVR-A.P1.

1056 Importa, no entanto, salientar que, neste caso, conforme se decidiu no ac. do TRL de 01.09.2016, proc. 4443/07.0TDLSB.L1-5, "a data de notificação da sentença ao arguido que foi julgado na ausência só é relevante para a contagem do prazo para o mesmo recorrer, sendo irrelevante para o recurso a interpor pelos demais intervenientes processuais, os quais ficam sujeitos à regra geral do art. 411º, nº 1, do CPP, conforme resulta claramente do disposto no nº 7 deste mesmo dispositivo legal". *Vide*, no mesmo sentido, o ac. do TRE de 25.10.2005, proc. 2256/05-1.

1057 *Vide*, a este propósito, Ribeiro, Vinício, *Código de Processo Penal: Notas e Comentários*, *op. cit.*, p. 1257, o qual esclarece que, no caso das decisões orais reproduzidas em ata, "não há propriamente depósito [...] dado que a decisão é ditada para a acta (parte integrante dos autos) onde fica reproduzida e incorporada. E como os autos estão na secretaria não tem que se verificar o depósito da sentença".

1058 Conforme se decidiu no ac. do TRC de 08.07.2015, proc. 308/14.8GAVZL.C1, "A cópia da gravação a que alude o nº 4 do art. 389º-A do CPP não é cópia da gravação do julgamento, mas apenas e só, cópia da gravação da sentença proferida oralmente, visando a lei assegurar por esta via, a sua rápida disponibilização aos intervenientes processuais".

por escrito e proceder à sua leitura[1059], razão pela qual, nessa eventualidade, o prazo para a interposição do recurso contar-se-á a partir do depósito da sentença na secretaria, por aplicação analógica do regime previsto no art. 411º, nº 1, al. *b)*, do CPP.

Por outro lado, importa salientar que a lei determina que o prazo para a interposição do recurso começa a correr a partir da data em que tiver sido proferida a decisão oral reproduzida em ata, "se o interessado estiver ou dever considerar-se presente". Com efeito, de acordo com o art. 372º, nº 4, do CPP, a leitura da sentença equivale à sua notificação aos sujeitos processuais que deverem considerar-se presentes na audiência[1060]. Deste modo, se o sujeito processual e o seu advogado foram notificados para a leitura da sentença e se faltaram a essa diligência, a sentença considera-se-lhes notificada com a sua leitura, apesar de não terem estado presentes nessa diligência[1061].

3.5.1.3. Apresentação da motivação

De acordo com o art. 411º, nº 3, do CPP, o requerimento de interposição do recurso é sempre motivado, sob pena de não admissão do recurso. Por conseguinte, em regra, as alegações e as conclusões devem ser apresentadas conjuntamente com o requerimento de interposição do recurso.

No entanto, se o recurso for interposto por declaração na ata, a respetiva motivação pode ser apresentada no prazo de 30 dias, a contar da data da interposição do recurso[1062].

[1059] *Vide*, a este propósito, o ac. do TRG de 08.04.2013, proc. 367/12.8GAPTL.G1, com o seguinte sumário: "No julgamento efetuado em processo sumário, só é obrigatória a elaboração da sentença por escrito (art. 389º-A, nº 5, do CPP), no caso de ser aplicada pena de prisão efetiva. Sendo aplicada uma pena de substituição da prisão, como a suspensão da execução, a sentença pode ser proferida oralmente".

[1060] Cfr., a este propósito, o ac. do TRP de 25.11.1998, proc. 9840601, no qual se decidiu que "Ao dizer-se – no nº 4 do artigo 372º do Código de Processo Penal – que «a leitura da sentença equivale à sua notificação aos sujeitos processuais que deverem considerar-se presentes na audiência», claramente que a lei se refere àqueles sujeitos processuais que, devendo estar presentes, não estão, mas cuja presença não é indispensável, como é o caso da seguradora, interessada no desfecho da decisão, contando-se a partir da leitura da sentença o prazo para a interposição do recurso".

[1061] Ac. do TRP de 15.10.1997, proc. 9430686. *Vide*, no mesmo sentido, o ac. do TRP de 05.05.1999, proc. 9940267.

[1062] Cfr., a este respeito, o ac. do TRE de 28.11.2005, proc. 2608/05-1, no qual se consignou que "O segundo segmento do nº 3 do art. 411º do CPP – que determina que o prazo para apresentação da motivação do recurso interposto por declaração na acta se conta da data da sua interposição e não da data do depósito da sentença recorrida, na secretaria – não viola os princípios da igualdade e das garantias de defesa, consagrados nos arts. 13º e 32º da CRP, respectivamente".

3.5.1.4. Reapreciação da decisão sobre a matéria de facto

Diversamente do que se prevê na lei de processo civil, ainda que o recurso tenha por objeto a reapreciação da decisão sobre a matéria de facto, o recorrente não beneficia do prazo suplementar de 10 dias, previsto no art. 638º, nº 7[1063,1064].

3.5.1.5. Aclaração, retificação ou correção da sentença e sua influência no prazo

Mesmo que tenha sido requerida a aclaração, a retificação ou a correção da sentença, nos termos do art. 380º do CPP, tal não determina a suspensão do prazo para a interposição do recurso[1065].

[1063] *Vide*, no mesmo sentido, o ac. do TRP de 09.10.2002, proc. 0210043, o ac. do TRP de 18.12.2002, proc. 0210922, o ac. do TRE de 31.01.2005, proc. 168/05-1, o ac. do TRE de 28.11.2005, proc. 2608/05-1, bem como o ac. do TRE de 19.10.2006, proc. 2365/06-1. Do mesmo modo, no seu AUJ nº 9/2005, proc. 3172/2004, o Supremo Tribunal de Justiça fixou a seguinte jurisprudência: "Quando o recorrente impugne a decisão em matéria de facto e as provas tenham sido gravadas, o recurso deve ser interposto no prazo de 15 dias, fixado no artigo 411º, nº 1, do Código de Processo Penal, não sendo subsidiariamente aplicável em processo penal o disposto no artigo 698º, nº 6, do Código de Processo Civil". Aliás, nos seus acórdãos nºs 239/2002, proc. 62/02, e 542/2004, proc. 609/04, o Tribunal Constitucional decidiu não julgar inconstitucional a norma constante o art. 411º, nº 1, do CPP, quando interpretada no sentido de ao prazo nela previsto para a interposição de recurso não acrescer o prazo de 10 dias consignado na lei de processo civil quando o recurso tenha por objeto a reapreciação da prova gravada.

[1064] Não era assim na versão do Código de Processo Penal anterior à redação que lhe foi dada pela Lei nº 20/1013, de 21 de fevereiro, onde o art. 411º, nºs 1 e 3, do CPP previa um prazo de 20 dias para a interposição do recurso, prazo esse que, nos termos do art. 411º, nº 4, do CPP, era elevado para 30 dias quando o recurso tivesse por objeto a reapreciação da prova gravada. Com a Lei nº 20/2013, de 21 de fevereiro, o prazo para a interposição do recurso, previsto no art. 411º, nºs 1 e 3, passou a ser de 30 dias, sendo, simultaneamente, revogado o regime previsto no nº 4 do art. 411º do CPP, que previa o prazo adicional de 10 dias quando o recurso tivesse por objeto a reapreciação da prova gravada.

[1065] Cfr., nesse sentido, o ac. do TRE de 11.03.2014, proc. 955/02.0JFLSB-D.E1, no seguimento do ac. do TC nº 403/2013, de 15.07.2013, proc. 869/12, no qual se decidiu "não julgar inconstitucional a norma resultante da interpretação dos arts. 380º e 411º, nº 1, do CPP com o sentido de que o prazo para a interposição do recurso começa e continua a correr a partir do termo inicial previsto no referido artigo 411º nº 1, mesmo quando o arguido, ao abrigo do disposto no art. 380º, nº 1, al. *b)*, tenha requerido a correção da sentença", bem como o ac. do TRE de 09.09.2014, proc. 5/02.7TBPSR-B.E1, no qual se decidiu que "A interpretação dos arts. 380º e 411º, nº 1, do Cód. Proc. Penal, com o sentido de que o prazo para interposição do recurso começa e continua a correr a partir do termo inicial previsto no referido artigo 411º, nº 1, mesmo quando o arguido, ao abrigo do disposto no artigo 380º, nº 1, *b)*, tenha requerido a correcção da sentença, não é inconstitucional, nomeadamente por violação do direito ao recurso (conforme se decidiu no Acórdão do Tribunal Constitucional nº 403/2013 de 15.07)".

3.5.1.6. Resposta ao recurso

Sendo interposto recurso ordinário, os sujeitos processuais que sejam afetados em virtude da interposição do recurso podem apresentar resposta no prazo de 30 dias, contando-se esse prazo a partir da notificação prevista no art. 411º, nº 6, do CPP.

3.5.2. Recurso extraordinário

3.5.2.1. Recurso para fixação de jurisprudência

O recurso extraordinário para fixação de jurisprudência[1066] pode ser interposto no prazo de 30 dias, a contar do trânsito em julgado do acórdão proferido em último lugar (arts. 437º, nº 4, e 438º, nº 1, do CPP)[1067,1068].

Sendo interposto um recurso para fixação de jurisprudência, os sujeitos processuais interessados podem apresentar resposta no prazo de 10 dias, atento o disposto no art. 439º do CPP.

Para além disso, se o recuso prosseguir os seus termos, os sujeitos processuais interessados devem ser notificados para, no prazo de 15 dias, apresentarem, por escrito, as suas alegações, nos termos do art. 442º, nº 1, do CPP[1069].

Vide, em sentido contrário, o ac. do TRE de 14.02.2006, proc. 379/06-1, bem como o ac. do TRE de 10.10.2012, proc. 96/09.0TAFAL-A.E1. Cfr., na doutrina, ALBUQUERQUE, Paulo Pinto de, *Comentário do Código de Processo Penal: à luz da Constituição da República e da Convenção Europeia dos Direitos do Homem, op. cit.*, p. 1114.

[1066] Nos termos do art. 437º do CPP, pode ser interposto recurso para fixação de jurisprudência quando, no domínio da mesma legislação, o Supremo Tribunal de Justiça proferir dois acórdãos que, relativamente à mesma questão de direito, assentem em soluções opostas, ou quando um tribunal da relação proferir um acórdão que esteja em oposição com outro, da mesma ou de diferente relação, ou do Supremo Tribunal de Justiça, e dele não for admissível recurso ordinário, salvo se a orientação perfilhada naquele acórdão estiver de acordo com a jurisprudência já anteriormente fixada pelo Supremo Tribunal de Justiça.

[1067] Cfr., a este respeito, o ac. do STJ de 14.09.2016, proc. 142/02.8IELSB.L1-A.S1, o ac. do STJ de 22.09.2016, proc. 43/10.6ZRPRT.P1-D.S1, o ac. do STJ de 22.03.2017, proc. 295/11. 4TAMGR-A.C1-B, o ac. do STJ de 30.09.2021, proc. 235/17.7T9CLD.C1-A.S1, o ac. do STJ de 27.10.2021, proc. 303/12.1JACBR.P1-C.P1.S1, o ac. do STJ de 09.12.2021, proc. 3974/15.3T8LSB-B.L1-B.S1, bem como o ac. do STJ de 06.04.2022, proc. 266/07.5TATNV-E.S1.

[1068] Defendendo a intempestividade desse recurso no caso de o mesmo ser interposto antes do trânsito em julgado do acórdão recorrido, *vide* o ac. do STJ de 09.10.2003, proc. 03P2711. Cfr., ainda, o ac. do STJ de 18.02.2010, proc. 13/05.6PEBRR-B.S1, no qual se decidiu que "De acordo com o disposto no nº 1 do art. 438º do CPP, para se aferir da tempestividade do recurso extraordinário para fixação de jurisprudência, impõe-se fixar o momento em que transitou em julgado a decisão da qual se mostra interposto", bem como o ac. do STJ de 09.12.2010, proc. 362/08.1JAAVR-N.P1-B.S1.

[1069] Na sua redação originária, o art. 442º, nº 1, do CPP estabelecia um prazo de 10 dias, tendo esse prazo sido elevado para 15 dias pela Lei nº 59/98, de 25 de agosto.

3.5.2.2. Recurso de decisão contra jurisprudência fixada

Sendo proferida uma decisão contra jurisprudência fixada pelo Supremo Tribunal de Justiça, pode ser interposto recurso direto para este tribunal, no prazo de 30 dias, a contar do trânsito em julgado da decisão recorrida (art. 446º, nº 1, do CPP)[1070].

3.6. Outros prazos perentórios

3.6.1. Intervenção do tribunal de júri

A intervenção do tribunal de júri pode ser requerida pelo Ministério Público ou pelo assistente no prazo para dedução da acusação, ou pelo arguido, no prazo do requerimento para abertura de instrução.

No entanto, se houver lugar a instrução, o requerimento do arguido e o do assistente, que não tenha deduzido acusação, devem ter lugar no prazo de 8 dias, a contar da notificação da pronúncia (art. 13º, nº 3, do CPP).

3.6.2. Conflito de competência

Verificando-se um conflito, positivo ou negativo, de competência, o órgão competente para dirimir o conflito deve enviar os autos com vista ao Ministério Público e notificar os sujeitos processuais que não tiverem suscitado o conflito para, em todos os casos, apresentarem alegações no prazo de 5 dias (art. 36º, nº 1, do CPP). Trata-se, com efeito, de um prazo reduzido, atenta a necessidade de resolução urgente desse conflito[1071].

3.6.3. Constituição como assistente

A lei de processo penal estabelece diversos prazos para a constituição como assistente, em função da natureza do procedimento criminal, da fase do processo e/ou do tipo de ato a ser praticado[1072].

Assim, se estiver em causa um procedimento criminal dependente de acusação particular, o denunciante deve requerer a sua constituição como assistente no prazo de 10 dias, a contar da advertência prevista no art. 246º,

[1070] *Vide*, a este propósito, o ac. do STJ de 19.01.2011, proc. 1/08.0GAPRT.S1, no qual se decidiu que "O prazo peremptório de 30 dias após o trânsito em julgado da decisão recorrida, prevenido no art. 446º do CPP, significa que só é legalmente possível interpor recurso de decisão proferida contra jurisprudência fixada, depois de a decisão proferida não ser passível de recurso ordinário". Cfr., no mesmo sentido, o ac. do STJ de 13.04.2011, proc. 1373/07.0PFLRS.S1. *Vide*, ainda, o ac. do STJ de 28.11.2018, proc. 1130/17.5T9VIS-A.S2.

[1071] *Vide*, nesse sentido, Magistrados do Ministério Público do Distrito Judicial do Porto, *Código de Processo Penal: Comentários e Notas Práticas*, *op. cit.*, p. 89.

[1072] Ac. do TRG de 05.11.2018, proc. 749/16.GBGMR.G1.

nº 4, do CPP[1073,1074], atento o disposto no art. 68º, nº 2, do CPP[1075,1076]. Trata-se, com efeito, de um prazo perentório ou preclusivo, razão pela qual a falta de constituição do ofendido como assistente durante esse prazo impede-o de o fazer em momento posterior[1077].

1073 De acordo com este preceito legal, estando em causa um crime cujo procedimento dependa de acusação particular, a declaração, pelo denunciante, de que deseja constituir-se assistente, é obrigatória, devendo, neste caso, a autoridade judiciária ou o órgão de polícia criminal a quem a denúncia for feita verbalmente advertir o denunciante da obrigatoriedade de constituição de assistente e dos procedimentos que o mesmo deve observar. *Vide*, a este respeito, o ac. do TRP de 09.11.2021, proc. 367/20.4GAPVZ-A.P1, com o seguinte sumário: "I – A advertência que consta do nº 4 do artigo 246º do CPP é presencial e o significado dessa expressão implica "avisar alguém em relação a alguma coisa"; "chamar a atenção", tratando-se de um forma especial de notificação, que vai além da mera comunicação de conteúdos e supõe a comunicação verbal, pois só assim se chama a atenção, ainda que acompanhada da nota de notificação assinada pela denunciante. II – A notificação escrita com a menção condicional "quando o procedimento criminal depender de acusação particular"; ou "tratando-se de procedimento dependente de acusação particular", sem indicar que é esse o caso dos autos, não constitui a legal advertência, pois não cabe ao queixoso fazer essa interpretação. III – O regime legal determina que seja a autoridade policial a interpretar a natureza dos ilícitos referenciados na queixa e pessoalmente advirta o queixoso de que a denúncia implica crimes cujo procedimento depende de acusação particular e que, por isso, é obrigatória a constituição como assistente".

1074 No sentido de esse prazo não começar a correr enquanto essa advertência não for feita, *vide*, por todos, o ac. do TRC de 16.05.2012, proc. 52/11.8TAVZL-A.C1, o ac. do TRP de 19.09.2012, proc. 1036/12.4TDPRT-A.P1, o ac. do TRP de 09.10.2019, proc. 3613/19.3T9PRT-A.P1, bem como o ac. do TRE de 20.10.2020, proc. 644/19.7GCFAR-A.E1. Sustentando que, tratando-se de um processo urgente, essa advertência deve igualmente incluir o modo de contagem do prazo, designadamente a menção de que o prazo não se suspende em férias judiciais, *vide* o ac. do TRL de 24.02.2015, proc. 527/1 1.9PLSNT-A.L1-5.

1075 *Vide*, a este propósito, o ac. do TRG de 16.04.2007, proc. 219/07-1, o ac. do TRC de 20.01.2016, proc. 329/13.8GEACB-A.C1, o ac. do TRC de 14.09.2016, proc. 120/15.7GHCVL-A.C1, o ac. do TRE de 24.05.2018, proc. 311/17.6PBBJA.E1, o ac. do TRP de 30.01.2019, proc. 307/17.8GBBAO-A.P1, bem como o ac. do TRL de 02.05.2019, proc. 505/18.7GDSNT.L1-9.

1076 No sentido de, a este prazo, serem aplicáveis as regras previstas nos arts. 107º e 107º-A do CPP, bem como no art. 139º, quanto à possibilidade excecional de prática do ato após o termo do prazo, *vide* o ac. do TRE de 29.03.2016, proc. 27/13.2GBRDD.E1, o ac. do TRG de 05.12.2016, proc. 25/16.4GBMDR.G1, bem como o ac. do TRE de 12.09.2017, proc. 374/16.1 GCSTB-A.E1. Defendendo, analogamente, que este prazo se conta de forma contínua, suspendendo-se, no entanto, nas férias judiciais, sendo que, se o termo do prazo terminar em dia não útil, transfere-se para o primeiro dia útil seguinte, *vide* Magistrados do Ministério Público do Distrito Judicial do Porto, *Código de Processo Penal: Comentários e Notas Práticas, op. cit.*, p. 181, bem como Carvalho, Paula Marques, *Manual Prático de Processo Penal*, 7ª ed., Almedina, Coimbra, 2013, pp. 98 e 99.

1077 *Vide*, nesse sentido, o ac. do TRP de 08.07.2009, proc. 506/08.3PAVFR-A.P1, o ac. do TRP de 05.05.2010, proc. 1863/07.4TAVCD.P1, o ac. do STJ de 16.12.2010, proc. 966/08.2GBMFR.

Diferentemente, não se tratando de um procedimento criminal dependente de acusação particular, o assistente pode intervir em qualquer altura do processo, desde que o requeria ao juiz nos seguintes prazos (art. 68º, nº 3, do CPP):

a) até 5 dias antes do início do debate instrutório ou da audiência de julgamento[1078,1079];

L1-A.S1, o ac. do TRC de 05.12.2018, proc. 542/17.9PBCLD-A.C1, o ac. do TRP de 25.09.2019, proc. 2106/19.3T9PRT-A.P1, bem como o ac. do TRP de 24.03.2021, proc. 164/20.7GAFLG-A.P1. Cfr., ainda, o AUJ do STJ nº 1/2011, *in DR, 1ª série*, nº 18, de 26.01.2011, no qual se fixou a seguinte jurisprudência: "em procedimento dependente de acusação particular, o direito à constituição como assistente fica precludido se não for apresentado requerimento para esse efeito no prazo fixado no nº 2 do artigo 68º do Código de Processo Penal", o ac. do TRP de 05.05.2010, proc. 1863/07.4TAVCD.P1, no qual se decidiu que o decurso deste prazo, sem que o ofendido se tenha constituído assistente, importa a preclusão do direito de, mais tarde, se constituir no mesmo processo desencadeado pela queixa apresentada pelo ofendido, bem como o ac. do TRP de 16.10.2018, proc. 631/16.7PBAMD.L1-5, com o seguinte sumário: "Uma repetição de notificação determinada pelo Ministério Público, ainda que se mostre desprovida de qualquer cabimento legal, não pode, em qualquer caso, prejudicar as partes, pelo que, tendo o recorrente apresentado o seu pedido de constituição de assistente no prazo constante da notificação que, para o efeito, lhe foi efectuada, tem o mesmo de considerar-se atempado e, consequentemente, de ser admitido. Os princípios da previsibilidade e da confiança, alicerces do Estado de direito democrático consagrado no artigo 2º da Constituição da República Portuguesa, implicam que haja um mínimo de certeza nos direitos das pessoas e nas expectativas jurídicas que lhe são criadas, não admitindo as afectações arbitrárias ou desproporcionalmente gravosas com as quais, o cidadão comum, minimamente avisado, não pode razoavelmente contar".
Defendendo, em sentido contrário, que este prazo reveste a natureza de prazo meramente ordenador, razão pela qual a inobservância desse prazo não preclude o direito de constituição de assistente, *vide* o ac. do TRP de 08.11.2006, proc. 0643505, o ac. do TRP de 09.05.2007, proc. 0711149, o ac. do TRP de 27.05.2009, proc. 32/08.0GDMDL, bem como o ac. do TRP de 13.10.2010, proc. 751/09.4PBVLG-A.P1.

1078 Defendendo que este prazo reveste natureza perentória, razão pela qual "não pode o ofendido constituir-se assistente após a publicação da sentença, ainda que com o objectivo declarado de dela interpor recurso", *vide* o ac. do TRG de 29.06.2009, proc. 390/07.4PABCL.G1. Cfr., ainda, o ac. do TRL de 30.05.2018, proc. 176/16.5PDCSC-A.L1, no qual se decidiu que o ofendido não pode "intervir como assistente na audiência de julgamento se não requerer a sua admissão nessa qualidade com a antecedência fixada de cinco antes do seu início", bem como o ac. do TRP de 15.11.2018, proc. 113/17.0GBOVR.P1.

1079 No sentido de ser aplicável à contagem deste prazo o regime previsto no art. 139º, nº 5, quanto à possibilidade de prática do ato dentro dos primeiros 3 dias úteis subsequentes ao termo do prazo, *vide* o ac. do TRE de 27.04.2010, *in CJ*, tomo II, 2010, p. 256.
Cfr., em sentido contrário, o ac. do TRL de 27.05.2010, proc. 455/08.5GDALM.L1-9, no qual se consignou o seguinte: "I – O que se estabelece no art. 68º, nº 3, do CPP (3 – Os assistentes podem

b) nas hipóteses previstas nos arts. 284º e 287º, nº 1, al. *b)*, do CPP – ou seja, em caso de acusação do assistente pelos mesmos factos acusados pelo Ministério Público ou por outros que não importem uma alteração substancial dos factos, ou em caso de requerimento de abertura de instrução pelo assistente, se o procedimento não depender de acusação particular, relativamente a factos pelos quais o Ministério Público não tiver deduzido acusação – no prazo estabelecido para a prática dos respectivos actos, isto é, respetivamente, até 10 dias após a notificação da acusação pelo Ministério Público (art. 284º, nº 1, do CPP] ou no prazo de 20 dias, a contar da notificação da acusação ou do arquivamento (art. 287º, nº 1, do CPP)[1080,1081]; ou

intervir em qualquer altura do processo, aceitando-o no estado em que se encontrar, desde que o requeiram ao juiz: a) Até cinco dias antes do início do debate instrutório ou da audiência de julgamento; ...), não é um verdadeiro prazo, mas uma data limite para o exercício de um direito. II – Trata-se de um limite peremptório (cominatório), nos termos do disposto no art. 145º, nºs 1 e 3, do CPC, conjugado com o disposto no art. 68º, nº 3, do CPP. III – A este limite se não pode aplicar o disposto nos arts. 279º, al. *e)*, do CC, 144º, nº 2, e 145º, nº 5, do CPC, porque o prazo de 5 dias antes do julgamento não pode ser encurtado, sob pena de se frustrar completamente a intenção do legislador".

1080 Cfr., a este respeito, o ac. do TRG de 17.12.2015, proc. 250/12.7TAPRG-A.G1, bem como o ac. do TRG de 05.11.2018, proc. 749/16.GBGMR.G1.

1081 *Vide*, a este propósito, o ac. do TRE de 15.11.2016, proc. 143/13.0 TAVRS.E1, com o seguinte sumário: "I – Resulta claro do art. 68º do CPP que são diversos os prazos legalmente previstos para a constituição como assistente, os quais variam consoante a fase em que o processo se encontra e com o acto que o ofendido pretende praticar, sendo que, na situação prevista na alínea *b)* do nº 1 do artigo 287º do CPP (requerimento de abertura de instrução), o pedido de constituição como assistente, se ainda inexistente nos autos, deverá ser formulado no prazo estabelecido para a prática do próprio acto, isto é, no prazo de 20 dias legalmente fixado para apresentação do pedido de abertura de instrução, contado da notificação do despacho de arquivamento. II – Em nenhuma das situações previstas no nº 3 do art. 68º do CPP se impõe que se aguarde pelo deferimento do pedido de constituição como assistente, para só então se iniciar a contagem do prazo para a apresentação do pedido de abertura da instrução, aludindo sempre a lei ao prazo para formulação do pedido de constituição como assistente e não para decisão do mesmo". Cfr., ainda, o ac. do TRL de 25.01.2011, proc. 1151/09.1TDLSB.L1-5, com o seguinte sumário: "I – Na hipótese prevista na al. *b)* do nº 1 do art. 287º do CPP, o ofendido pode requerer a constituição como assistente, até ao termo do prazo para requerer a abertura de instrução. II – Sendo idêntico o prazo para constituição como assistente e abertura de instrução, podem as duas pretensões ser apresentadas em simultâneo, em qualquer dia que caiba dentro do mesmo prazo, ainda que seja o último dia. III – Não tem qualquer apoio na letra ou no espírito da lei, o entendimento que, nestes casos, o requerimento de abertura de instrução só pode ser apresentado depois de despacho a admitir a intervenção do requerente como assistente nos autos".

c) no prazo para a interposição de recurso da sentença, isto é, no prazo de 30 dias, atento o disposto no art. 411º, nº 1, do CPP[1082].

3.6.4. Comunicação da impossibilidade de comparência

Verificando-se uma impossibilidade de comparência a um ato processual para o qual alguém tenha sido convocado ou notificado, esta, sendo previsível, deve ser comunicada com 5 dias de antecedência.

Pelo contrário, se for imprevisível, deve ser comunicada no dia e hora designados para a prática do ato em causa (art. 117º, nº 2, do CPP)[1083].

3.6.5. Pedido de indemnização por privação ilegal ou injustificada da liberdade

O pedido de indemnização por privação ilegal ou injustificada da liberdade[1084] deve ser deduzido no prazo máximo de um ano, contado desde o momento em que o detido ou preso foi libertado ou em que o processo penal respetivo tenha sido decidido em definitivo (art. 226º, nº 1, do CPP)[1085,1086].

1082 Cfr., nesse sentido, o ac. do TRL de 22.01.2015, proc. 294/08.3TALNH.L1-9, no qual se decidiu que "Se não tiver requerida a constituição de assistente em crimes públicos ou semi-públicos anteriormente, o titular do direito, mesmo sem ter intervenção da instrução ou no julgamento, poderá requerer a constituição de assistente posteriormente para intervir na fase de recurso".

1083 *Vide*, a este respeito, o ac. do TRL de 19.10.1994, proc. 0334553, no qual se decidiu que "À justificação das faltas de testemunhas, e arguidos, mesmo em processo por abuso de liberdade de imprensa, aplica-se o prazo geral, de cinco (5) dias". Cfr., ainda, o ac. do TRP de 12.02.2014, proc. 3683/11.2TDPRT-B.P1.

1084 Com efeito, nos termos do art. 225º, nº 1, do CPP, se alguém tiver sofrido detenção, prisão preventiva ou obrigação de permanência na habitação pode requerer, perante o tribunal competente, o pagamento de uma indemnização pelos danos sofridos quando:
a) a privação da liberdade tenha sido ilegal, nos termos do art. 220º, nº 1, ou do art. 222º, nº 2, do CPP;
b) a privação da liberdade tenha ficado a dever-se a erro grosseiro na apreciação dos pressupostos de facto de que dependia; ou
c) se comprovar que o arguido não foi agente do crime ou que atuou justificadamente.

1085 Cfr., a este propósito, o ac. do STJ de 11.02.2010, proc. 2623/07.8TBPNF.S1, onde se decidiu que "Considera-se «definitivamente decidido o processo penal respectivo», para o efeito de contagem do prazo para instaurar a acção de indemnização por prisão preventiva «injustificada por erro grosseiro na apreciação dos pressupostos de facto», no momento do trânsito em julgado da decisão de absolvição do arguido em causa, e não do trânsito em julgado da decisão final do processo em relação a todos os arguidos", bem como o ac. do TRL de 05.11.2015, proc. 1617-10.0TBSXL.L1-6, no qual se decidiu que "O prazo de um ano, previsto no art. 226º, nº 1, do Código de Processo Penal, conta-se a partir da decisão definitiva do processo penal de quem formula o pedido de indemnização e não a partir da decisão definitiva quanto a todos os arguidos envolvidos no mesmo processo penal".

1086 No sentido de a consagração deste prazo de caducidade para a dedução de um pedido de indemnização civil por detenção ilegal não padecer de qualquer inconstitucionalidade, *vide* o ac. do TC nº 247/2002, de 04.06.2002, proc. 20/01, *in www.tribunalconstitucional.pt.*

3.6.6. Arguição da nulidade da decisão instrutória

A nulidade da decisão instrutória, na parte em que pronuncie o arguido por factos que constituam alteração substancial dos descritos na acusação do Ministério Público ou do assistente no requerimento para abertura da instrução, deve ser arguida no prazo de 8 dias, a contar da notificação da decisão (art. 309º, nº 2, do CPP)[1087].

3.6.7. Alteração substancial dos factos

Verificando-se uma alteração substancial dos factos descritos na acusação ou na pronúncia e se o Ministério Público, o arguido e o assistente estiverem de acordo com a continuação do julgamento pelos novos factos – desde que estes não determinem a incompetência do tribunal – o arguido pode requerer ao presidente do tribunal a concessão de um prazo máximo de 10 dias para poder preparar a sua defesa, procedendo-se, nesse caso, ao adiamento da audiência, se tal se revelar necessário (art. 359º, nº 4, do CPP).

3.6.8. Defesa no processo sumário

No âmbito do processo sumário (arts. 381º a 391º do CPP), o arguido tem direito a um prazo máximo de 15 dias para apresentar a sua defesa, atento o disposto no art. 383º, nº 2, do CPP.

3.6.9. Reclamação do despacho de não admissão ou de retenção do recurso

Se o recurso não for admitido ou se for retido pelo tribunal *a quo*, o recorrente pode reclamar desse despacho para o presidente do tribunal ao qual o recurso se dirigia (*ad quem*), devendo essa reclamação ser apresentada no prazo de 10 dias, a contar da notificação do despacho de não admissão do recurso ou da data em que o recorrente tiver tido conhecimento da retenção, atento o disposto no art. 405º, nº 2, do CPP.

3.6.10. Resposta ao visto do Ministério Público

Nos termos do art. 417º, nº 2, do CPP, se, em sede de recurso, o Ministério Público não se limitar a apor o seu visto, emitindo, antes, pronúncia quanto ao mérito do recurso, o arguido e os demais sujeitos processuais afetados pela interposição do recurso podem apresentar resposta no prazo de 10 dias, a contar da notificação dessa pronúncia do Ministério Público.

[1087] Na redação original do Código de Processo Penal, este prazo era de 5 dias, tendo sido elevado para 8 dias, por força da Lei nº 59/98, de 25 de agosto.

3.6.11. Apresentação ou aperfeiçoamento das conclusões do recurso

À luz dos arts. 414º, nº 2, e 417º, nº 3, do CPP, se o recurso não tiver sido acompanhado das respetivas conclusões ou se estas forem incompletas ou apresentarem imprecisões ou obscuridades, o recorrente deve ser convidado para, no prazo de 10 dias, apresentar as conclusões em falta ou para completar ou esclarecer as conclusões formuladas.

3.6.12. Alteração não substancial dos factos em sede de recurso

Verificando-se, no julgamento do recurso, uma alteração não substancial dos factos descritos na decisão recorrida ou da respetiva qualificação jurídica não conhecida do arguido, este, uma vez notificado desse facto, dispõe do prazo de 10 dias para, querendo, se pronunciar (art. 424º, nº 3, do CPP).

3.6.13. Pagamento integral ou faseado da pena de multa

Sendo aplicada uma pena de multa, esta deve ser liquidada no prazo de 15 dias, a contar da respetiva notificação para o efeito, atento o disposto no art. 489º, nº 2, do CPP.

Do mesmo modo, o pedido de pagamento da pena de multa em prestações deve ser deduzido no prazo de 15 dias, ou seja, dentro do prazo legalmente previsto para o pagamento voluntário da multa[1088].

Revestindo este prazo natureza perentória, o decurso do prazo implica a perda do direito de praticar o ato em momento posterior[1089].

3.6.14. Substituição da pena de multa por dias de trabalho

O pedido de substituição da pena de multa por dias de trabalho deve ser deduzido no prazo de 15 dias, a contar da notificação ao condenado para que este proceda ao pagamento da multa, atento o disposto nos arts. 489º, nº 2, e 490º, nº 1, do CPP. Trata-se, com efeito, de um prazo perentório, razão pela qual a

[1088] *Vide*, a este propósito, o ac. do TRC de 08.05.2018, proc. 154/12.3GBALD.C1. Cfr., ainda, o ac. do TRC de 17.10.2018, proc. 33/11.GBALD-A.C1.

[1089] Cfr., nesse sentido, o ac. do TRG de 26.09.2016, proc. 863/06.6PBGMR-A.G1, o ac. do TRC de 30.01.2019, proc. 239/17.0GCACB-A.C1, o ac. do TRC de 26.06.2019, proc. 233/17.0GEACB-A.C1, o ac. do TRE de 08.09.2020, proc. 230/12.2PACTX-A.E1, o ac. do TRE de 17.12.2020, proc. 102/18.7GBVRS.E1, o ac. do TRC de 06.01.2021, proc. 21/16.1GAVZL-A.C1, bem como o ac. do TRP de 10.11.2021, proc. 328/18.3PFPRT.P1.
Vide, em sentido contrário, o ac. do TRP de 27.06.2018, proc. 476/16.4PHMTS-A.P1.

inobservância desse prazo faz precludir o direito de o condenado requerer a substituição da pena de multa por dias de trabalho[1090].

Sendo indeferido o pedido de substituição da pena de multa por dias de trabalho, a multa deve ser paga no prazo de 15 dias, a contar da notificação da decisão de indeferimento desse pedido, nos termos do art. 490º, nº 4, do CPP[1091].

3.6.15. Entrega da licença de condução

Sendo aplicada ao arguido a pena acessória de proibição de condução de veículos motorizados, este deve entregar a respetiva licença de condução no prazo de 10 dias, a contar do trânsito em julgado da sentença correspondente (art. 500º, nº 2, do CPP).

3.7. Prazos dilatórios

O Código de Processo Penal não regula, de forma expressa, se são ou não aplicáveis ao processo penal os prazos dilatórios que se encontram previstos na lei processual civil, concretamente no seu art. 245º[1092].

Ora, a falta dessa previsão legal levou a que, no passado, a jurisprudência se dividisse quanto à aplicabilidade dos prazos dilatórios civis ao processo penal, nomeadamente nos casos em que estivesse em causa a prática de um ato processual por alguém que residisse fora da área da comarca onde corresse a ação.

[1090] Cfr., nesse sentido, o ac. do TRG de 19.05.2014, proc. 1385/09.9PBGMR.G2, o ac. do TRG de 30.09.2019, proc. 64/16.5PBGMR.G1, o ac. do TRL de 24.06.2020, proc. 9298/12.0TDLSB-3, bem como o ac. do TRC de 14.07.2020, proc. 591/16.4PBVIS-B.C1.
Vide, em sentido contrário, isto é, que este prazo não reveste natureza perentória, o ac. do TRE de 24.05.2018, proc. 119/14.0JASTB.E1, o ac. do TRE de 05.06.2018, proc. 74/15.0PBSTR.E1, no qual se consignou que "O pedido de cumprimento da multa através da prestação de trabalho favor da comunidade não está vinculado a prazo processual peremptório, designadamente, o previsto no nº 2 do art. 489º do CPP", o ac. do TRP de 27.06.2018, proc. 476/16.4PHMTS-A.P1, no qual se entendeu que "Se o condenado pode pagar a multa a todo o tempo para evitar o cumprimento da prisão subsidiária, nos termos do artigo 49º, nº 2, do Código Penal, não sendo o prazo referido no artigo 489º, nº 2, do CPP de natureza peremptória, não seria coerente com tal regime considerar como peremptório o prazo para requerer a substituição da multa por prestação de trabalho a favor da comunidade, nos termos do artigo 490º, nº 1, do CPP, que, por sua vez, remete para o dito artigo 489º, nº 2, do CPP", bem como o ac. do TRE de 20.10.2020, proc. 38/12.5ZRSTB.E2.

[1091] Ac. do TRP de 21.03.2012, proc. 141/10.6PDVNG-A.P1.

[1092] Note-se que, no âmbito do Código de Processo Penal de 1929, o seu art. 83º dispunha que "O chamamento a juízo será feito por meio de notificação judicial, podendo sê-lo também por aviso expedido pelo correio". Por sua vez, o § 7º deste preceito legal estipulava que "As notificações devem efectuar-se como as citações em processo civil, podendo porém realizar-se, desde logo, no lugar em que for encontrada a pessoa a notificar".

Deste modo, para uma primeira tese, os prazos dilatórios que se encontravam consagrados na lei processual civil eram igualmente aplicáveis ao processo penal[1093]. Para se justificar essa orientação, adiantavam-se, entre outros, os seguintes argumentos:

a) o art. 104º, nº 1, do CPP determinava que as disposições da lei de processo civil aplicavam-se à contagem dos prazos para a prática de atos no processo penal, razão pela qual os prazos dilatórios regulados no processo civil eram igualmente aplicáveis ao processo penal[1094];

b) assim como, no processo civil, os prazos dilatórios visavam colocar em igualdade de circunstâncias os diferentes sujeitos processuais quanto à organização da sua defesa – seja porque a citação fora realizada em pessoa diferente, seja porque o demandado residia em comarca diversa daquela onde corria a ação ou fora citado por via edital – também no processo penal se justificava essa proteção adicional, tendo em conta, aliás, a superioridade dos bens, dos interesses e dos valores jurídicos nele tutelados, particularmente a liberdade e a dignidade da pessoa humana, razão pela qual a celeridade processual tinha de ceder perante os princípios da defesa do arguido e da igualdade dos sujeitos processuais[1095]; e

[1093] Cfr., nesse sentido, o ac. do TRL de 27.09.1990, proc. 0020366, o ac. do TRL de 11.10.1990, proc. 0262123, o ac. do TRL de 21.05.1991, proc. 0015795, o ac. do TRL de 04.06.1991, proc. 0013425, o ac. do TRP de 23.10.1991, proc. 9140489, o ac. do TRL de 30.10.1991, proc. 0269763, o ac. do TRP de 08.01.1992, proc. 9150715, o ac. do TRP de 12.02.1992, proc. 9150892, o ac. do TRP de 30.09.1992, proc. 9240492, o ac. do TRL de 21.10.1992, proc. 0278953, o ac. do TRL de 03.11.1992, proc. 0037925, o ac. do TRL de 11.05.1993, proc. 0052405, o ac. do TRP de 16.06.1993, proc. 9330364, o ac. do TRP de 24.11.1993, proc. 9330837, o ac. do TRL de 02.12.1993, proc. 0315593, o ac. do TRP de 05.01.1994, proc. 9350841, o ac. do TRP de 12.01.1994, proc. 9350349, o ac. do TRL de 20.04.1994, proc. 0301033, o ac. do TRL de 10.05.1994, proc. 0073725, o ac. do TRP de 29.06.1994, proc. 9310507, o ac. do TRL de 15.07.1994, proc. 9411004, o ac. do TRP de 23.11.1994, proc. 9450594, o ac. do TRP de 21.12.1994, proc. 9430534, o ac. do TRL de 18.01.1995, proc. 0337693, o ac. do TRP de 22.02.1995, proc. 9410171, o ac. do TRP de 22.02.1995, proc. 9410158, o ac. do TRL de 28.03.1995, proc. 0080185, o ac. do TRP de 26.04.1995, proc. 9441108, o ac. do TRL de 03.05.1995, proc. 0339043, o ac. do TRP de 17.05.1995, proc. 9540026 (com um voto de vencido), o ac. do TRP de 21.06.1995, proc. 9420115, o ac. do TRP de 21.06.1995, proc. 9510327, o ac. do TRP de 28.06.1995, proc. 9510346, bem como o ac. do TRP de 12.07.1995, proc. 9540442 (com um voto de vencido).

[1094] Cfr., nesse sentido, o ac. do TRP de 04.12.1991, proc. 9110720, e o ac. do TRP de 04.05.1994, proc. 9341352.

[1095] *Vide*, nesse sentido, o ac. do TRP de 22.01.1992, proc. 9110662, o ac. do TRL de 16.12.1992, proc. 0296123, o ac. do TRP de 04.05.1994, proc. 9341352, o ac. do TRP de 02.11.1994, proc. 9450499, e o ac. do TRP de 21.06.1995, proc. 9410233.

c) a consagração da figura do justo impedimento não dava resposta satisfatória e adequada às dificuldades que pudessem ser encontradas para a prática de um ato processual por quem residisse fora da área da comarca onde corresse a ação, razão pela qual a lacuna legislativa, consistente na falta de consagração expressa de um regime de prazos dilatórios no processo penal, devia ser suprida através da aplicação subsidiária da lei processual civil, permitida pelo art. 4º do CPP[1096].

Por sua vez, para uma segunda tese, os prazos dilatórios previstos no Código de Processo Civil não eram aplicáveis ao processo penal, sustentando-se, para o efeito, os seguintes argumentos[1097]:

a) o art. 104º, nº 1, do CPP não fazia qualquer referência quanto à aplicação ao processo penal dos prazos dilatórios previstos no Código de Processo Civil. Na verdade, o legislador apenas mandava aplicar "à contagem dos prazos para a prática de actos processuais as disposições da lei do processo civil", razão pela qual fora propósito expresso do legislador afastar do domínio do processo penal a figura da dilação[1098];

b) a lei processual penal reforçava a natureza perentória dos prazos processuais nela previstos, já que, só em casos muito excecionais, regulados nos arts. 107º e 107º-A do CPP, é que se admitia a prática de atos processuais para além do prazo perentório determinado pela lei ou fixado pelo juiz[1099];

c) a figura da dilação era própria do processo civil, já que se encontrava intimamente ligada ao prazo para a apresentação da defesa do réu na sequência da sua citação, o que não era compatível com a matriz própria do processo penal; e

d) a não aplicação do regime da dilação ao processo penal era compensada com a possibilidade de o ato processual ser praticado após o termo do prazo perentório, na eventualidade de se verificar um justo impedimento.

[1096] Cfr., nesse sentido, o ac. do TRP de 02.11.1994, proc. 9450499.

[1097] *Vide*, nesse sentido, o ac. do TRL de 24.08.1990, proc. 0263173, o ac. do TRP de 29.09.1993, proc. 9220641, o ac. do TRP de 25.05.1994, proc. 9450152, o ac. do STJ de 22.02.1995, proc. 046330, o ac. do TRP de 22.03.1995, proc. 9331125, bem como o ac. do TRP de 21.06.1995, proc. 9540373.

[1098] Cfr., nesse sentido, o ac. do TRP de 25.05.1994, proc. 9450152.

[1099] *Vide*, nesse sentido, o ac. do TRL de 07.02.1995, proc. 0081745.

Ora, sobre esta concreta problemática, o Supremo Tribunal de Justiça, confrontado com a questão de saber se "ao prazo previsto no artigo 287º, nº 1, para o arguido requerer a abertura da instrução acresce ou não a dilação fixada no Código de Processo Civil, caso o requerente resida em comarca diversa daquela onde o acto deva ser praticado", fixou, no seu AUJ nº 2/96[1100], o entendimento de que "A disciplina autónoma do processo penal em matéria de prazos prescinde da figura da dilação", razão pela qual "a abertura da instrução tem de ser requerida no prazo, peremptório, de cinco dias, previsto no nº 1 do artigo 287º do Código de Processo Penal"[1101]. Com efeito, neste seu aresto, o Supremo Tribunal de Justiça considerou que "no domínio do processo penal actual, não há lugar à figura da dilação", o que encontra justificação nas ideias de "modernidade", "celeridade" e "autonomia" que estão na base do Código de Processo Penal de 1987.

Assim, na sequência deste acórdão uniformizador, a jurisprudência passou a entender que os prazos dilatórios previstos na lei processual civil não têm aplicação no processo penal[1102].

Contudo, importa salientar que alguma jurisprudência tem vindo a sustentar que a doutrina fixada no AUJ do STJ nº 2/96 não tem aplicação nos casos em que a notificação seja realizada por via edital[1103].

[1100] Publicado no *DR* nº 8/1996, *série I-A*, de 10.01.1996.

[1101] Cfr., no mesmo sentido, GONÇALVES, Manuel Lopes Maia, *Código de Processo Penal: Anotado*, *op. cit.*, p. 293.

[1102] *Vide*, a este propósito, o ac. do TRL de 07.04.2016, proc. 1773/07.5PHLRS.L1-5, com o seguinte sumário: "I – Conforme decorre do acórdão de fixação de jurisprudência nº 2/96, do plenário da Secção Criminal do STJ (*DR*, 1ª *série-A*, de 10/01/96) – que consagrou o princípio de que «a disciplina autónoma do processo penal em matéria de prazos prescinde da figura da dilação ...» –, no processo penal não há que observar qualquer dilação para o início da contagem de prazos, contrariamente ao que sucede no processo civil. II – Consequentemente, não tem aplicação, em processo penal, o disposto no art. 245º, do novo CPC, nomeadamente o seu nº 3, não havendo qualquer dilação na contagem do prazo de 30 dias previsto no art. 411º, nº 1, do CPP, quando o arguido é notificado, no estrangeiro, da decisão final condenatória proferida após julgamento que decorreu na sua ausência". Cfr., ainda, o ac. do TRP de 14.02.1996, proc. 9410040, o ac. do TRP de 26.06.1996, proc. 9640441, o ac. do TRE de 25.11.1997, *in CJ*, ano XXII, tomo V, p. 283, o ac. do TRC de 12.07.2000, proc. 1945/00, o ac. do TRG de 17.01.2005, proc. 2053/04-1, bem como o ac. do TRL de 20.06.2007, proc. 4485/2007-3.

[1103] Cfr., nesse sentido, o ac. do TRL de 03.02.1998, proc. 0041805 (com um voto de vencido).

4. Prazos de duração máxima das medidas de coação

4.1. Prisão preventiva, proibição e imposição de condutas e obrigação de permanência na habitação

À luz dos arts. 215º, nº 1, e 218º, nºs 2 e 3, do CPP, o prazo de duração máxima das medidas de coação de prisão preventiva (art. 202º do CPP), proibição e imposição de condutas (art. 200º do CPP)[1104] e de obrigação de permanência na habitação (art. 201º do CPP)[1105] é de:

a) quatro meses quando, desde o seu início, não tenha sido deduzida acusação[1106];
b) oito meses quando, desde o seu início e tendo havido lugar a instrução, não tenha sido proferida decisão instrutória[1107];
c) um ano e dois meses quando, desde o seu início, não tenha havido condenação em 1ª instância[1108]; ou
d) um ano e seis meses quando, desde o seu início, não tenha havido condenação com trânsito em julgado.

Contudo, nos termos do art. 215º, nº 2, do CPP, esses prazos são elevados, respetivamente, para seis meses, dez meses, um ano e seis meses e dois anos, nos seguintes casos:

[1104] Cfr., a este respeito, o ac. do TRL de 10.10.2018, proc. 324/14.0TELSB-BY.L1-3, no qual se decidiu que "A contagem do prazo das medidas sujeitas ao regime do artigo 200º do CPP inicia-se quando se inicia o cumprimento da medida, quer tenha sido aplicada *ab initio* ou na sequência de medidas privativas de liberdade, que se extinguiram, inclusivamente, pelo decurso do prazo máximo".

[1105] *Vide*, a este propósito, o ac. do STJ de 29.06.2022, proc. 5148/20.2JAPRT-K.S1.

[1106] No sentido de este prazo dizer respeito ao momento em que é deduzida acusação e não ao da notificação da acusação ao arguido que se encontre preso preventivamente ou do seu mandatário, *vide* o ac. do TRL de 31.08.2010, proc. 694/09.1JDLSB-E.L1-9, o ac. do STJ de 17.03.2022, proc. 544/21.0GCBRG-B.S1, bem como o ac. do STJ de 01.06.2022, proc. 2610/18.0T9VFX-C.S1. Cfr., ainda, o ac. do TC nº 280/2008, de 14.05.2008, proc. 295/08, *in DR, 2ª série*, nº 141, de 23.07.2008, no qual se decidiu "Não julga[r] inconstitucional a norma constante da alínea *a)* do nº 1 do artigo 215º do Código de Processo Penal, segundo a qual o prazo máximo da prisão preventiva, na fase de inquérito, afere-se em função da data da prolação da acusação e não da data da notificação da mesma".

[1107] Cfr., a este propósito, o ac. do STJ de 28.06.1989, proc. 18/89, no qual se decidiu que "Os prazos de prisão preventiva referidos no art. 215º, nº 1, al. *b)*, do CPP contam-se até ao momento em que é proferida a decisão instrutória, e não até ao momento em que ela é notificada".

[1108] *Vide*, a este respeito, o ac. do STJ de 10.08.2012, proc. 223/10.4SMPRT-E.S1.

a) terrorismo, criminalidade violenta ou altamente organizada[1109];
b) quando se proceder por crime punível com pena de prisão de máximo superior a oito anos[1110];
c) quando estiver em causa a prática de um crime:
   - previsto nos arts. 299º, 318º, nº 1, 319º, 326º, 331º ou 333º, nº 1, do CP e nos arts. 30º, 79º e 80º do CJM;
   - de furto de veículos ou de falsificação de documentos a eles respeitantes ou de elementos identificadores de veículos;
   - de falsificação de moeda, títulos de crédito, valores selados, selos e equipamentos ou da respetiva passagem, e de contrafação de cartões ou outros dispositivos de pagamento e uso de cartões ou outros dispositivos de pagamento contrafeitos, previstos nos arts. 3º-A e 3º-B da Lei nº 109/2009, de 15 de setembro[1111];
   - de burla, insolvência dolosa, administração danosa do setor público ou cooperativo, falsificação, corrupção, peculato ou de participação económica em negócio;
   - de branqueamento de vantagens de proveniência ilícita;
   - de fraude na obtenção ou desvio de subsídio, subvenção ou crédito; ou
   - abrangido por convenção sobre segurança da navegação aérea ou marítima.

Para além disso, se o procedimento penal for por um dos crimes elencados no art. 215º, nº 2, do CPP e se revelar de excecional complexidade, devido, nomeadamente, ao número de arguidos ou de ofendidos ou ao carác-

[1109] Cfr., a este propósito, o ac. do STJ de 19.10.2016, proc. 2324/14.0JAPRT-Z.S1, o ac. do STJ de 28.03.2019, proc. 257/18.0GCMTJ-BA.S1, bem como o ac. do STJ de 09.06.2022, proc. 41/21.4PDSXL-D.S1. *Vide*, ainda o ac. do STJ de 17.01.2019, proc. 86/18.1GBRDD-A.A.S1, no qual se decidiu o seguinte: "I – O crime de violência doméstica, p. e p. no art. 152º, nºs 1 e 2, do CP integrado no capítulo atinente aos crimes contra a integridade física, integra o conceito de criminalidade violenta, tal como previsto na al. *j)* do art. 1º do CPP. II – Pelo que, o prazo para a dedução de acusação não pode reportar-se aos 4 meses a que se reporta a al. *a)* do nº 1 do art. 215º do CPP, mas antes aos 6 meses a que se refere o nº 2 do mesmo preceito, que ainda não ocorreram. Inexiste, pois, qualquer ilegalidade da prisão preventiva".

[1110] Cfr., a este respeito, o ac. do STJ de 12.11.2015, proc. 123/15.1YFLSB.S1, no qual se decidiu que "O legislador ao elevar, no nº 2 do art. 215º do CPP, os prazos referidos no nº 1, usa a expressão «crime punível» o que faz apelo à moldura do tipo penal em abstrato considerado para a infração, desconsiderando as agravantes ou atenuantes previstas na parte geral do CP, pelo que, no caso, o crime de incêndio é punível com pena de prisão superior a 8 anos".

[1111] *Vide*, a este propósito, o ac. do STJ de 25.05.2017, proc. 256/16.7PAPVZ-B.S1.

ter altamente organizado do crime, os prazos de duração máxima das referidas medidas de coação são elevados, respetivamente, para um ano, um ano e quatro meses, dois anos e seis meses e três anos e quatro meses, nos termos do art. 215º, nº 3, do CPP[1112,1113,1114]. De acordo com o art. 215º, nº 4, do CPP, a excecional complexidade do processo só pode ser declarada durante a 1ª instância, por despacho fundamentado[1115,1116], oficiosamente ou a requerimento do Ministério Público, uma vez ouvidos o arguido e o assistente[1117,1118],

1112 Quanto à constitucionalidade deste regime jurídico, *vide* o ac. do TC nº 287/2005, de 25.05.2005, proc. 217/2005, *in www.tribunalconstitucional.pt.*

1113 *Vide*, a este propósito, o ac. do TRP de 27.01.1999, proc. 9841148, no qual se decidiu que "Deve considerar-se de excepcional complexidade para efeito de prorrogação do prazo de prisão preventiva (artigos 209º, nºs 1 e 2, alínea *d)*, e 215º, nº 3, ambos do Código de Processo Penal e 54º, nºs 1 e 3, do Decreto-Lei nº 15/93, de 22 de Janeiro), o processo relativo a tráfico de droga em que além dos arguidos estarão envolvidos na prática do crime outras pessoas, até com mais responsabilidades do que eles, tendo sido realizados pelos mesmos alguns encontros, previamente combinados, por forma a não deixarem pistas até serem detidos". Cfr., ainda, os acs. do TRP de 01.02.1995, proc. 9540001, de 02.12.1998, proc. 9841028, e de 09.06.1999, proc. 99405893, o ac. do STJ de 30.03.2016, proc. 37/15.5GOBVR.S1, bem como o ac. do TRE de 11.10.2016, proc. 428.15.1JACBR-D.E1, no qual se decidiu que "A lei não define o conceito de excepcional complexidade, exemplificando apenas algumas das circunstâncias susceptíveis de o integrar, especificamente o número de arguidos ou de ofendidos ou o carácter altamente organizado do crime. Não basta, pois, a verificação de uma ou de várias dessas circunstâncias, tudo dependendo de, no caso concreto, delas resultar efectivamente evidenciado um grau de complexidade apreciavelmente superior à média".
Vide, sobre esta problemática, o AUJ do STJ nº 2/2004, de 11.02.2004, proc. 261/200, *in DR, 1ª série-A*, nº 79, de 02.04.2004, no qual se fixou a seguinte jurisprudência: "Quando o procedimento se reporte a um dos crimes referidos no nº 1 do artigo 54º do Decreto-Lei nº 15/93, de 22 de Janeiro, a elevação dos prazos de duração máxima da prisão preventiva nos termos do nº 3 do artigo 215º do Código de Processo Penal, decorre directamente do disposto no nº 3 daquele artigo 54º, sem necessidade de verificação e declaração judicial da excepcional complexidade do procedimento".

1114 No sentido de a prorrogação do prazo da prisão preventiva carecer de ser requerida antes da extinção do prazo que se encontre em curso, *vide* o ac. do TRL de 23.06.1994, proc. 0077605.

1115 Cfr., nesse sentido, os acs. do TRP de 04.11.1998, proc. 9840891, de 07.12.1999, proc. 9941152, e de 09.01.2002, proc. 0141386.

1116 Sustentando não existir qualquer prazo para esse despacho fundamentado, razão pela qual o mesmo pode ser proferido "a qualquer momento do processo e produzir os efeitos adequados a partir desse momento, nomeadamente na validação da prisão preventiva", *vide* o ac. do STJ de 11.04.1991, *in CJ*, tomo II, p. 20.
Defendendo, pelo contrário, que o proferimento deste despacho encontra-se sujeito, na falta de disposição especial, ao prazo supletivo de 10 dias, previsto no art. 105º, nº 1, do CPP, *vide* o ac. do STJ de 09.09.2015, proc. 98/11.6GACDV-B.S1.

1117 Cfr., a este respeito, o ac. do TC nº 555/2008, de 19.11.2008, proc. nº 697/08, *in DR, 2ª série*, nº 250, de 29.12.2008, no qual se decidiu "a) Não julgar inconstitucional a norma do artigo 215º, nº 4, do Código de Processo Penal, na versão dada pela Lei nº 48/2007, de 29 de Agosto, quando

sendo que o prazo para essa audição é de 10 dias, à luz do art. 105º, nº 1, do CPP[1119].

Nos termos do art. 215º, nº 5, do CPP, os prazos referidos no art. 215º, nºs 1, als. *c)* e *d)*, 2 e 3 do CPP são acrescentados de seis meses se tiver havido recurso para o Tribunal Constitucional ou se o processo penal tiver ficado suspenso em virtude do julgamento, em outro tribunal, de questão prejudicial[1120].

interpretada no sentido de permitir que, durante o inquérito, a excepcional complexidade, a que alude o nº 3 do mesmo artigo, possa ser declarada oficiosamente, sem requerimento do Ministério Público; b) Julgar inconstitucional a mesma norma, quando interpretada no sentido de permitir que, em caso de declaração oficiosa da excepcional complexidade, esta não tem que ser precedida da audição do arguido, por violação do disposto no artigo 32º, nº 1, da Constituição". *Vide*, ainda, o ac. do TRL de 29.09.2015, proc. 142/14.5JELSB-E.L1-5, no qual se decidiu que "A não notificação ao arguido do teor integral da promoção do Ministério Público em que se impetra a declaração de especial complexidade do processo não integra nulidade".

1118 No sentido de a excecional complexidade, para efeitos de alargamento do prazo da prisão preventiva, poder ser declarada mesmo depois de terminado o prazo de duração da prisão preventiva que se pretende alargar, *vide* o ac. do STJ de 03.01.1992, proc. 000043.
Cfr., em sentido contrário, o ac. do TRL de 14.01.1997, proc. 0000645, no qual se decidiu que "O despacho judicial a considerar o processo de excepcional complexidade, para o efeito de prorrogação do prazo da prisão preventiva, deve ser proferido antes de excedido o prazo normal".

1119 Cfr., no mesmo sentido, o ac. do STJ de 14.11.2007, proc. 07P4289, o ac. do TRL de 08.01.2008, proc. 10110/2007-5, no qual se sustentou que "Não dizendo o nº 4 do artigo 215º, do Código de Processo Penal qual o prazo de que goza o arguido para exercer este direito, vale o prazo supletivo de 10 dias previsto pelo nº 1 do artigo 105º, do Código de Processo Penal", bem como o ac. do TRP de 04.11.2009, proc. 792/08.9JAPRT-B.P1, no qual se decidiu que "Inexistindo no CPP norma ou princípio que atribuam ao juiz o poder de reduzir unilateralmente o prazo para o arguido se pronunciar relativamente à declaração da especial complexidade do processo, esse prazo só pode ser o prazo supletivo de dez dias".
Vide, no entanto, o ac. do TRE de 28.01.2010, proc. 98/08.3PESTB-C.E1, com o seguinte sumário: "Não foi postergado o princípio do contraditório, nem cometida qualquer irregularidade que o inquine, ao fixar-se o prazo de 24 horas para o recorrente se pronunciar sobre a promoção do Ministério Público de ser declarada a excepcional complexidade do processo, se tal prazo não inviabilizou o exercício daquele por parte do arguido, que, efectivamente, o exerceu". Cfr., igualmente, o ac. do TRE de 04.04.2017, proc. 12/13.4SVLSB J.E1, no qual se decidiu o seguinte: "Não enferma de irregularidade o despacho judicial que, em fase de julgamento e quando estava prestes a esgotar-se o prazo da prisão preventiva, concedeu aos arguidos o prazo de 2 dias para se pronunciarem acerca da possibilidade de os autos virem a ser classificados como de excepcional complexidade, em vez do prazo supletivo de 10 dias".

1120 *Vide*, a este respeito, o ac. do TC nº 2/2008, de 04.01.2008, proc. 1087/07, *in DR*, *2ª série*, nº 32, de 14.02.2008, no qual se sustentou o seguinte: "Reconhecendo-se ao legislador, como se deixou vincado, uma certa margem de conformação quanto à fixação dos prazos de prisão preventiva, por efeito do disposto no artigo 28º, nº 4, da Constituição, não parece que o acréscimo de seis meses ao limite máximo da prisão preventiva por via da interposição de recurso para o

Na eventualidade de o arguido ter sido condenado a pena de prisão em 1ª instância e de a respetiva sentença condenatória ter sido confirmada em sede de recurso ordinário, o prazo máximo da medida de coação de prisão preventiva eleva-se para metade da pena que tiver sido fixada (art. 215º, nº 6, do CPP)[1121,1122].

Tribunal Constitucional, tal como prevê o nº 5 do artigo 215º do CPP, represente uma restrição desproporcionada ou excessiva em relação aos fins que se pretendem obter. Isso porque – como se anotou –, essa prorrogação do prazo é aplicável por uma única vez, ainda que o interessado – como é o caso – tenha interposto mais do que um recurso de constitucionalidade. E também porque se traduz num acréscimo temporal que se mostra ser ajustado às possíveis incidências processuais que poderão resultar da interposição de um recurso desse tipo". Cfr., ainda, o ac. do STJ de 29.11.2018, proc. 87/18.0YFLSB, no qual se decidiu o seguinte: "I – O alargamento de seis meses a que se refere o nº 5 do art. 215º do CPP tem como referência expressa «os prazos previstos nas alíneas *c)* e *d)* do nº 1 bem como os correspondentemente referidos nos nºˢ 2 e 3» pelo que, quer a letra quer o espírito da lei afastam essa interpretação. II – Se o legislador pretendesse o alargamento do prazo sempre que houvesse recurso para o TC não aludiria às referidas normas e diria simplesmente que o prazo acresceria em seis meses no caso de interposição desse recurso, ao invés de indicar um âmbito de incidência específica da norma em causa [...]".

1121 Cfr., a este propósito, o ac. do STJ de 30.01.2013, proc. 10/13.8YFLSB, com o seguinte sumário: "I – O art. 215º, nº 6, do C. P. Penal, ao dispor que o prazo da prisão preventiva se eleva "para metade da pena que tiver sido fixada", está a reportar-se à pena que o arguido irá, plausivelmente, cumprir no futuro, caso transite em julgado a condenação. II – Com efeito, a razão de ser da lei, ao alargar desmesuradamente (nalguns casos) o prazo máximo da prisão preventiva, encontra-se na relativa estabilização da situação prisional que a dupla conforme condenatória faz presumir, mesmo antes do trânsito em julgado da sentença, pois, ou já não há lugar a mais recursos ordinários, ou, havendo-o, só se podem suscitar questões de direito e os factos consideram-se, por regra, definitivamente fixados. III – Essa presumível estabilização da condenação autoriza o prolongamento da prisão preventiva até à altura em que poderia haver o benefício da liberdade condicional, caso o condenado estivesse no cumprimento da pena. Ora, o cumprimento da pena, quando se executar, far-se-á pela pena única fixada e não por uma das penas parcelares aplicadas ao concurso de infrações. IV – Por isso, quando se proceda por «concurso de crimes», é necessário, para que se prolongue o prazo da prisão preventiva, que o mesmo envolva um dos crimes que autorizam essa medida coativa – o que é uma condição imprescindível para que se mantenha, nos termos do art. 202º do CPP – mas, logo que haja confirmação da condenação, em recurso, o prazo máximo da prisão preventiva eleva-se para metade da pena única que tiver sido fixada e não da pena parcelar aplicada ao crime que justificou a aplicação dessa medida de coação". *Vide*, igualmente, o ac. do STJ de 10.08.2018, proc. 56/18.0YFLSB, no qual se consignou que "O art. 215º, nº 6, do CPP assenta numa concepção «gradualista» do princípio da presunção da inocência, segundo o qual ele não tem a mesma intensidade ao longo do processo, concepção essa que poderá justificar-se desta forma: com a condenação em 1ª instância, decretada após uma audiência formal em que o arguido pôde apresentar sem restrições a sua defesa, e a posterior confirmação dessa condenação pelo tribunal superior, existe um fundamento sólido de imputação da responsabilidade criminal, que provoca uma natural «erosão» ou «fragilização» do princípio da presunção de inocência; por isso,

Por último, importa salientar que a existência de vários processos contra o arguido, por crimes praticados antes de lhe ter sido aplicada a medida de coação, não permite exceder os prazos previstos no art. 215º do CPP.

4.2. Outras medidas de coação

No que concerne às medidas de coação de obrigação de apresentação periódica (art. 198º do CPP) e de suspensão do exercício de profissão, de função, de atividade e de direitos (art. 199º do CPP), as mesmas, de acordo com o art. 218º do CPP, extinguem-se quando, desde o início da sua execução, tenham decorrido os seguintes prazos[1123]:

a) oito meses quando, desde o seu início, não tenha sido deduzida acusação;
b) um ano e quatro meses quando, desde o seu início e tendo havido lugar a instrução, não tenha sido proferida decisão instrutória;
c) dois anos e quatro meses quando, desde o seu início, não tenha havido condenação em 1ª instância; ou
d) três anos quando, desde o seu início, não tenha havido condenação com trânsito em julgado.

Por sua vez, no que concerne às medidas de coação de termo de identidade e residência (art. 196º do CPP) e de prestação de caução (art. 197º do CPP), estas medidas não estão sujeitas a qualquer prazo de duração máxima, razão pela qual as mesmas extinguem-se com a verificação de alguma das hipóteses previstas no art. 214º do CPP, isto é, com o arquivamento do inquérito, com a prolação do despacho de não pronúncia, com a prolação do despacho que rejeitar a acusação [art. 311º, nº 2, al. *a)*, do CPP], com a sentença absolutória,

o estabelecimento de novos prazos de prisão preventiva a partir da confirmação da condenação em 1ª instância". Acresce que este aresto considerou, para efeitos de aplicação do regime previsto no art. 215º, nº 6, do CPP, o requisito da "confirmação da sentença condenatória em sede de recurso" verifica-se igualmente nos casos em que o tribunal superior tenha aplicado ao arguido uma pena inferior àquela que lhe havia sido aplicada pelo tribunal recorrido. Cfr., no mesmo sentido, o ac. do STJ de 09.05.2012, proc. 418/08.0PAMAI.S1.

1122 *Vide*, a este respeito, o ac. do STJ de 31.07.2015, proc. 150/10.5JBLSB.L1.S1, no qual se decidiu que "Nos casos de cúmulo jurídico, a expressão "pena que tiver sido fixada", constante do art. 215º, nº 6, do CPP, refere-se à pena única aplicada, ou seja, à pena a cumprir após trânsito da condenação".

1123 *Vide*, a este propósito, o AUJ do STJ nº 4/2015, de 25.02.2015, proc. 533/12.6T3AMD-G.L1-A.S1, *in DR, 1ª série*, nº 58, de 24.03.2015, no qual se decidiu fixar a seguinte jurisprudência: "Não são aplicáveis às medidas de coação referidas no art. 218º, nº 1, do CPP as elevações de prazo previstas no art. 215º, nºs 2, 3 e 5 do mesmo diploma".

mesmo que dela tenha sido interposto recurso, ou com o trânsito em julgado da sentença condenatória, salvo se, neste caso, estiver em causa a medida de coação de termo de identidade e residência, já que esta só se extingue com a extinção da pena[1124].

4.3. Contagem dos prazos de duração máxima das medidas de coação

O art. 104º, nº 1, do CPP preceitua que as disposições da lei de processo civil são aplicáveis à contagem dos prazos para a prática de atos processuais.

Ora, no que em particular se refere aos prazos de duração máxima das medidas de coação, estes prazos não dizem respeito à prática de atos processuais. Com efeito, estes prazos não são processuais, revestindo, antes, natureza substantiva[1125], razão pela qual a sua contagem deve ser efetuada à luz das regras supletivas previstas no Código Civil, em particular no seu art. 279º[1126].

Em todo o caso, a lei de processo penal prevê algumas regras especiais quanto à contagem desses prazos.

Assim, à luz do art. 215º, nº 8, do CPP, na contagem dos prazos de duração máxima da medida de coação de prisão preventiva, são incluídos os períodos em que o arguido tiver estado sujeito à obrigação de permanência na habitação. Ademais, a jurisprudência tem vindo a entender que, nesse cômputo, deve igualmente considerar-se o período de tempo decorrido desde a detenção até à validação judicial da mesma[1127] ou ainda o tempo de permanência em

[1124] *Vide*, a este respeito, o ac. do STJ de 12.01.2022, proc. 1571/17.8PLSNT-A.S1.

[1125] Sustentando, ao invés, que as normas que regulam a duração máxima das medidas de coação revestem uma natureza mista, já que "elas são normas processuais penais formais porque regem sobre as condições em que se desenvolve a marcha do processo, mas também de cunho substantivo, material, normas processuais materiais, na distinção traçada por A. Taipa de Carvalho, *in Sucessão de Leis Penais*, pág. 218, na esteira de Henriques da Silva e Caeiro da Mata (*Lições de Processo Penal*, 1912, pág.31), por implicarem com o direito fundamental da liberdade individual, que pré-conformam e modelam", *vide* o ac. do STJ de 27.10.2010, proc. 108/06.9SHLSB-AH.S1. Cfr., no mesmo sentido, o ac. do STJ de 21.07.2010, proc. 227/07.4JAPRT-D.S1.

[1126] *Vide*, no mesmo sentido, Silva, Germano Marques da, *Curso de Processo Penal, op. cit.*, p. 60, bem como Albuquerque, Paulo Pinto de, *Comentário do Código de Processo Penal: à luz da Constituição da República e da Convenção Europeia dos Direitos do Homem, op. cit.*, p. 216.
Sustentando, em sentido contrário, que as normas relativas aos prazos de prisão preventiva revestem natureza processual, razão pela qual o cômputo desses prazos deve ser realizado à luz das regras previstas para a contagem de prazos processuais, *vide* o ac. do TRL de 28.04.1999, proc. 0023593.

[1127] Ac. do TRL de 14.01.1997, proc. 0000645.
Cfr., em sentido contrário, o ac. do TRL de 11.02.2004, proc. 10869/2003-3, no qual se decidiu que "O dia a que se deve atender para contagem do prazo máximo de prisão preventiva aplicada em função do art. 215º do CPP é o do seu início e não o da data da detenção cautelar prévia.

"centro de instalação"[1128], mas já não a detenção que o arguido tenha sofrido no estrangeiro para efeitos de posterior extradição para Portugal[1129].

Por sua vez, nos termos do art. 216º do CPP, o decurso dos prazos de duração máxima da medida de coação de prisão preventiva, previstos no art. 215º, suspende-se em caso de doença do arguido que imponha internamento hospitalar, quando a sua presença for indispensável à continuação das investigações[1130,1131].

[1128] Ac. do TRG de 21.08.2008, proc. 1845/07-1.

[1129] *Vide*, nesse sentido, o ac. do TRL de 09.01.2007, proc. 10266/2006-5, onde se consignou que "A "detenção" que o arguido sofra no estrangeiro, no âmbito do processo da sua extradição (*in casu*, da República Federativa do Brasil) para Portugal, não deve ser tida em consideração no cômputo do tempo da prisão preventiva, com as correspondentes consequências".

[1130] Cfr., a este respeito, o ac. do STJ de 18.12.2003, proc. 03A2658, com o seguinte sumário: "I – O decurso dos prazos de prisão preventiva suspende-se, nos termos do art. 216º, nº 1, al. *a)*, do CPP, quando tiver sido ordenada perícia cujo resultado possa ser determinante para a decisão, desde o momento da ordem da efectivação da perícia até ao da apresentação da acusação. II – Questão controvertida na jurisprudência é a de saber se aquela suspensão que, em caso algum pode ser superior a três meses, deve ser declarada por despacho do juiz ou se é de verificação automática, suspendendo-se o prazo da prisão preventiva pelo simples facto de ter sido ordenada a perícia médico-legal [...]". *Vide*, ainda, o ac. do TRP de 13.06.2001, proc. 0110675, o ac. do STJ de 22.12.2003, proc. 03P4499, no qual se decidiu que "Embora nos autos não tenha sido proferido despacho a decretar expressamente a suspensão do prazo da prisão preventiva por ter sido judicialmente ordenado exame às faculdades mentais de um co-arguido do peticionante, deve entender-se suspenso o referido prazo, uma vez que o teor do despacho, julgando absolutamente indispensável a realização de tal exame e, por essa razão, adiando a audiência de julgamento, tem a virtualidade de exprimir a indispensabilidade da perícia para a decisão final e a paralisação do processo na fase de julgamento", bem como o ac. do STJ de 28.10.2004, proc. 04P3856, com o seguinte sumário: "1 – A suspensão prevista no art. 216º, nº 1, al. *a)*, do CPP, inicia-se no momento aí indicado (quando é ordenada a perícia), independentemente de despacho prévio, embora tenha de haver um despacho, mesmo que posterior, a declarar que o resultado da perícia é determinante para a acusação ou para o despacho de pronúncia ou final. 2 – O despacho do juiz de instrução a declarar a suspensão do prazo da prisão preventiva é obrigatório, mas é meramente declarativo e visa tão só proteger os direitos do arguido. Por isso, embora possa ser posterior ao momento em que é ordenada a perícia, desejavelmente deve ser anterior ao termo do prazo da prisão preventiva delineado no art. 215º do CPP. 3 – Mas, se esse despacho for posterior a este último momento (termo do prazo de prisão preventiva sem a ocorrência da suspensão) a prisão não se torna ilegal, pois a perícia existiu ou existe, demorou ou está a demorar o tempo necessário e será, do ponto de vista do juiz do processo, determinante para se poder passar à fase seguinte. 4 – Tal despacho, a declarar a suspensão do prazo de prisão preventiva, quando lavrado para além do prazo da prisão preventiva previsto no art. 215º do CPP, não posterga os direitos de defesa, pois estes ainda podem ser exercidos. 5 – Esse atraso configura uma irregularidade processual, sanável oficiosamente ou a requerimento. Contudo, pode vir a constituir em responsabilidade disciplinar ou mesmo penal o juiz, caso um tribunal superior

5. Prazos de duração máxima das fases processuais

5.1. Duração máxima do inquérito

O Ministério Público deve encerrar o inquérito, arquivando-o ou deduzindo acusação, nos prazos máximos de seis meses, se houver arguidos presos ou sob obrigação de permanência na habitação, ou de oito meses, se os não houver (art. 276º, nº 1, do CPP).

No entanto, esse prazo de seis meses é elevado:

a) para oito meses, quando o inquérito tiver por objeto um dos crimes referidos no art. 215º, nº 2, do CPP;
b) para dez meses, quando, independentemente do tipo de crime, o procedimento se revelar de excecional complexidade, nos termos do art. 215º, nº 3, parte final, do CPP; ou
c) para doze meses, nos casos referidos no art. 215º, nº 3, do CPP.

Para além disso, o prazo de oito meses, referido no art. 276º, nº 1, do CPP, é elevado:

a) para catorze meses, quando o inquérito tiver por objeto um dos crimes referidos no art. 215º, nº 2, do CPP;
b) para dezasseis meses, quando, independentemente do tipo de crime, o procedimento se revelar de excecional complexidade, nos termos do art. 215º, nº 3, parte final, do CPP; ou
c) para dezoito meses, nos casos referidos no art. 215º, nº 3, do CPP.

De acordo com o art. 276º, nº 4, do CPP, o prazo de duração máxima do inquérito conta-se a partir do momento em que o inquérito tiver passado a correr contra uma pessoa determinada ou em que se tiver verificado a constituição de arguido (art. 58º do CPP). Vale isto por dizer que esse prazo começa a correr quando o inquérito é aberto na sequência de uma notícia do crime em que seja identificada, como seu autor, uma determinada pessoa ou, tendo o inquérito sido aberto sem que, na oportunidade, se conhecesse o autor do crime (art. 262º, nº 2, do CPP), a partir do momento em que, no inquérito, uma pessoa é identificada como sendo suspeita da prática de um crime, ou

venha a revogar o seu despacho, por falta manifesta de fundamento, e se verifique que o arguido esteve preso preventivamente para além do prazo definido legalmente".

[1131] *Vide*, a propósito da suspensão do prazo das medidas cautelares penais no ordenamento jurídico italiano, Garofoli, Vincenzo, *Diritto Processuale Penale, op. cit.*, pp. 268 e 269.

ainda nos casos em que uma pessoa seja constituída como arguida (art. 58º do CPP)[1132].

Para além disso, nos termos do art. 276º, nº 5, do CPP, em caso de expedição de carta rogatória, o decurso dos prazos previstos nos nºs 1 a 3 do citado preceito legal suspende-se até à respetiva devolução, não podendo o período total de suspensão, em cada processo, ser superior a metade do prazo máximo que corresponder ao inquérito.

Havendo pluralidade de pessoas investigadas, o prazo máximo de duração do inquérito conta-se a partir do conhecimento da identidade – ou da constituição como arguido – da última pessoa investigada[1133].

Por outro lado, à luz do art. 7º da Lei nº 21/2007, de 12 de junho, a remessa do processo para mediação penal determina a suspensão dos prazos de duração máxima do inquérito, previstos no art. 276º do CPP. Ademais, os prazos de duração máxima do inquérito suspendem-se na eventualidade de ser determinada a suspensão provisória do processo, nos termos dos arts. 281º e 282º do CPP.

Em todo o caso, importa salientar que os prazos legalmente previstos para a duração do inquérito não são perentórios, revestindo, ao invés, natureza meramente ordenadora – o que decorre, desde logo, do disposto no art. 276º, nº 6, do CPP, bem como do facto de a lei permitir a aceleração processual quando tais prazos se mostrem ultrapassados – razão pela qual a inobservância desses prazos não acarreta qualquer consequência preclusiva, nomeadamente a extinção e consequente arquivamento do processo[1134]. Significa isto que, não obstante o esgotamento desses prazos ser suscetível de produzir efeitos pro-

[1132] ALBUQUERQUE, Paulo Pinto de, *Comentário do Código de Processo Penal: à luz da Constituição da República e da Convenção Europeia dos Direitos do Homem*, *op. cit.*, pp. 710 e 711.

[1133] Ac. do TRL de 08.11.2011, proc. 56/10.8SLLSB-D.L1-5.

[1134] Cfr., nesse sentido, o ac. do TRL de 12.12.2000, proc. 0066785, o ac. do TRC de 26.10.2016, proc. 5/13.1IDCTB-B.C1, o ac. do STJ de 21.08.2018, proc. 85/15.5GEBRG-N.S1, o ac. do TRP de 16.02.2022, proc. 2909/18.6JAPRT.P1, bem como o ac. do TRL de 09.03.2022, proc. 685/10.0GDTVD.L2-3. *Vide*, na doutrina, ANTUNES, Maria João, *Direito Processual Penal*, *op. cit.*, pp. 83 e 84, a qual sustenta que, apesar de estes prazos revestirem natureza meramente ordenadora, tal "não pode significar, porém, que não haja limites impostos pela finalidade processual penal de restabelecimento da paz jurídica do arguido", limites esses que são impostos pelo art. 32º, nº 2, da CRP, à luz do qual o arguido deve "ser julgado no mais curto prazo compatível com as garantias de defesa", SILVA, Germano Marques da, *Direito Processual Penal Português: Do Procedimento (Marcha do Processo)*, *op. cit.*, pp. 89 e 90, ALBUQUERQUE, Paulo Pinto de, *Comentário do Código de Processo Penal: à luz da Constituição da República e da Convenção Europeia dos Direitos do Homem*, *op. cit.*, p. 711, MENDES, Paulo de Sousa, *Lições de Direito Processual Penal*, 4ª reimp., Almedina, Coimbra, 2017, pp. 68 e 69, bem como NEVES, Alfredo Castanheira, "A publicidade e o segredo de justiça no

cessuais, como sejam a cessação do segredo de justiça[1135] e consequente disponibilização, para consulta de todos os elementos do processo[1136] – salvo se o juiz de instrução determinar, a requerimento do Ministério Público, que o acesso aos autos seja adiado por um período máximo de três meses, o qual pode ser prorrogado, por uma só vez, quando estiver em causa a criminalidade a que se refere o art. 1º, als. *i)* a *m)*, e por um prazo objetivamente indispensável à conclusão da investigação (art. 89º, nº 6, do CPP)[1137],[1138] – a possibilidade de ser requerida a aceleração de processo atrasado (arts. 108º a 110º do CPP) ou ainda a eventual responsabilidade disciplinar do titular do inquérito, a verdade é que os atos processuais praticados no inquérito, mesmo depois de terminado o prazo legalmente previsto para a sua duração, conservam toda a sua eficácia e validade[1139].

Processo Penal Português após as revisões de 2007 e 2010", *in As Alterações de 2010 ao Código Penal e ao Código de Processo Penal*, Coimbra Editora/Centro de Estudos Judiciários, Coimbra, 2011, p. 112. Cfr., em sentido diverso, RIBEIRO, Vinício, *Código de Processo Penal: Notas e Comentários, op. cit.*, pp. 733 e 734, o qual sustenta que, à luz da lei em vigor, "já não se poderá defender que os prazos do presente artigo são sempre, e para todos os efeitos, meramente ordenadores", pois que, apesar de a inobservância desses prazos não acarretar "a inexistência, nulidade ou ineficácia dos actos praticados", a verdade é que a mesma "tem, no entanto, um importante efeito, que consiste no fim do segredo de justiça, na sua vertente interna".

1135 *Vide*, a este propósito, o ac. do TRL de 17.03.2010, proc. 121/08.1TELSB-B.L1-3, no qual se decidiu que "O decurso do prazo normal de inquérito previsto no artigo 276º do CPP, sem que o Ministério Público requeira, antes dele findar, a declaração de excepcional complexidade do processo ou o adiamento do acesso aos autos nos termos do artigo 89º, nº 6 do CPP, implica a cessação do segredo de justiça na sua dimensão interna, não havendo necessidade de uma decisão que expressamente o declare".

1136 *Vide*, nesse sentido, o ac. do TRP de 25.09.2013, proc. 134/12.9GBVNG-B.P1.

1137 Cfr., a este respeito, o AUJ do STJ nº 5/2010, *in DR, 1ª série*, nº 94, de 14.05.2010, no qual se fixou a seguinte jurisprudência: "O prazo de prorrogação do adiamento do acesso aos autos a que se refere a segunda parte do artigo 89º, nº 6, do Código de Processo Penal, é fixado pelo juiz de instrução pelo período de tempo que se mostrar objectivamente indispensável à conclusão da investigação, sem estar limitado pelo prazo máximo de três meses, referido na mesma norma". No sentido de a possibilidade de prorrogação do prazo se encontrar circunscrita à criminalidade expressamente prevista no art. 89º, nº 6, do CPP, *vide* o ac. do TRL de 09.10.2018, proc. 48/17.6MCLSB-A.L1-5.

1138 No sentido de a intervenção do juiz se encontrar limitada "à estrita questão de saber se deve ou não ser decretada, ou então se se deve ou não manter a reserva (para efeito de consulta ou exame) sobre "conhecimentos formais/documentais do processo", *vide* CUNHA, José M. Damião da, "Prazos de encerramento do inquérito, segredo de justiça e publicidade do processo", *in As Alterações de 2010 ao Código Penal e ao Código de Processo Penal*, Coimbra Editora / Centro de Estudos Judiciários, Coimbra, 2011, p. 131.

1139 SILVA, Germano Marques da, *Curso de Processo Penal, op. cit.*, p. 60.

5.2. Duração máxima da instrução

À luz do art. 306º, nº 1, do CPP, o juiz de instrução deve encerrar a instrução nos prazos máximos de dois meses, se houver arguidos presos ou sob obrigação de permanência na habitação, ou de quatro meses, se os não houver.

Contudo, o prazo de dois meses, referido no art. 306º, nº 1, do CPP, é elevado para três meses quando a instrução tiver por objeto um dos crimes referidos no art. 215º, nº 2, do CPP.

Estes prazos de duração máxima da instrução contam-se a partir da data do recebimento do requerimento para abertura da instrução, atento o disposto no art. 306º, nº 3, do CPP.

De todo o modo, tal como se referiu em relação à fase do inquérito, os prazos de duração máxima da instrução revestem natureza meramente ordenadora, não decorrendo, por isso, do seu esgotamento qualquer preclusão, invalidade ou ineficácia dos atos processuais praticados nessa fase[1140].

5.3. Aceleração de processo atrasado

Se tiverem sido excedidos os prazos legalmente previstos para a duração de cada fase do processo – sendo que esses prazos, como se referiu *supra*, são meramente ordenadores –, o Ministério Público, o arguido, o assistente[1141] ou as partes civis podem requerer a aceleração processual, nos termos do art. 108º, nº 1, do CPP[1142]. Com efeito, este regime visa garantir a defesa dos direitos e interesses dos sujeitos processuais quanto à celeridade do processo penal, à luz do disposto nos arts. 20º da CRP e 6º da CEDH[1143].

O pedido de aceleração de processo atrasado deve ser decidido:

a) pelo Procurador-Geral da República, se o processo estiver sob a direção do Ministério Público; ou

b) pelo Conselho Superior da Magistratura, se o processo decorrer perante o tribunal ou o juiz.

[1140] *Vide*, no mesmo sentido, o ac. do TRC de 07.09.1994, *in CJ*, ano XIX, tomo IV, p. 51. Cfr., na doutrina, Albuquerque, Paulo Pinto de, *Comentário do Código de Processo Penal: à luz da Constituição da República e da Convenção Europeia dos Direitos do Homem*, *op. cit.*, p. 774.

[1141] Defendendo a possibilidade de o pedido de aceleração processual ser apresentado pelo ofendido que, apesar de ainda não ter a qualidade de assistente, peça em simultâneo ou já tenha requerido a sua constituição como assistente, *vide* o ac. do TRL de 24.09.1996, proc. 0004335.

[1142] Sustentando que o pedido de aceleração processual deve ser liminarmente indeferido na eventualidade de ser apresentado por quem não tenha legitimidade para a sua apresentação, *vide* o ac. do TRE de 23.03.2004, proc. 2892/03-1.

[1143] Neves, Alfredo Castanheira, "A publicidade e o segredo de justiça no Processo Penal Português após as revisões de 2007 e 2010", *op. cit.*, p. 113.

Em todo o caso, encontram-se impedidos de intervir na deliberação os juízes que, por qualquer forma, tiverem tido participação no processo (art. 108º, nº 3, do CPP).

Nos termos do art. 109º, nº 1, do CPP, o pedido de aceleração processual deve ser dirigido ao presidente do Conselho Superior da Magistratura ou ao Procurador-Geral da República, conforme os casos, e entregue no tribunal ou na entidade a que o processo estiver afeto.

Uma vez apresentado esse pedido, o juiz ou o Ministério Público devem instrui-lo com os elementos disponíveis e relevantes para a decisão e remeter o processo assim organizado, em 3 dias, ao Conselho Superior da Magistratura ou à Procuradoria-Geral da República.

Sendo competente para decidir o Procurador-Geral da República, este deve proferir uma decisão sobre o pedido de aceleração do processo no prazo de 5 dias.

Por sua vez, se a decisão competir ao Conselho Superior da Magistratura, o processo, logo que seja distribuído, deve ser apreciado na primeira sessão ordinária subsequente ou numa sessão extraordinária, se nisso houver conveniência, devendo o relator, nessa sessão, fazer uma breve exposição, em que conclui com uma proposta de deliberação. Nesse caso, se tal se revelar necessário, a deliberação pode ser adiada, até 2 dias, para análise do processo.

Nos termos do art. 109º, nº 5, do CPP, a decisão deve ser tomada, sem outras formalidades especiais, no sentido de:

a) indeferir o pedido, por falta de fundamento bastante ou pelo facto de os atrasos verificados se encontrarem devidamente justificados;
b) requisitar informações complementares, as quais devem ser fornecidas no prazo máximo de 5 dias;
c) mandar proceder a inquérito, em prazo que não pode exceder 15 dias, sobre os atrasos e as condições em que os mesmos se verificaram, suspendendo a decisão até à realização do inquérito; ou
d) propor ou determinar as medidas disciplinares, de gestão, de organização ou de racionalização de métodos que a situação, no caso em concreto, justificar.

A decisão sobre o pedido de aceleração de processo atrasado deve ser notificada ao requerente e imediatamente comunicada ao tribunal ou à entidade que tiver o processo a seu cargo, bem como às entidades com jurisdição disciplinar sobre os responsáveis por atrasos que se tenham verificado no processo.

Trata-se, no entanto, de uma decisão de natureza administrativa, com um pendor essencialmente disciplinar, sem prejuízo da adoção de medidas de gestão, de organização ou de racionalização dos métodos, não resultando, por isso, dessa decisão qualquer efeito jurídico-processual em relação aos atos já praticados no processo, bem como no tocante aos atos processuais que, entretanto, nele venham a ser praticados[1144].

Se o pedido de aceleração processual apresentado pelo arguido, pelo assistente ou pelas partes civis for julgado manifestamente infundado, o tribunal, ou o juiz de instrução, no caso do art. 108º, nº 2, al. *a)*, do CPP, deve condenar o peticionante no pagamento de uma soma entre 6 e 20 UC, atento o disposto no art. 110º do CPP[1145]. Na fixação da soma devida a título de sanção, o tribunal deve tomar em consideração diversos fatores de ponderação, nomeadamente "a perturbação criada no processo, o grau da temeridade ou da falta de seriedade revelados e a situação económica do condenado"[1146].

II. Regras de contagem de prazos

1. Aplicação subsidiária

De acordo com o art. 104º, nº 1, do CPP, à contagem dos prazos para a prática de atos processuais aplicam-se as disposições previstas na lei de processo civil, designadamente o disposto no art. 138º[1147].

2. Início da contagem do prazo

2.1. Regras gerais

Por aplicação subsidiária do Código de Processo Civil e do Código Civil, o prazo começa a correr independentemente de qualquer despacho ou formalidade nesse sentido. O mesmo é dizer que o início da contagem do prazo é automático, não sendo necessário o proferimento de qualquer despacho para que se inicie a sua contagem.

Ademais, nos termos do art 279º, al. *b)*, do CC, no cômputo de um prazo, não se conta o dia ou a hora (se o prazo for de horas) em que ocorre o evento que dá início à contagem do prazo.

[1144] SILVA, Germano Marques da, *Curso de Processo Penal, op. cit.*, p. 66. Cfr., no mesmo sentido, ALBUQUERQUE, Paulo Pinto de, *Comentário do Código de Processo Penal: à luz da Constituição da República e da Convenção Europeia dos Direitos do Homem, op. cit.*, p. 281.

[1145] Sustentando que não deve haver lugar ao pagamento de qualquer sanção se o Ministério Público entender que o inquérito, cuja aceleração processual fora requerida, "se encontrava, entretanto encerrado", *vide* o ac. do TRL de 02.10.2002, proc. 0051653.

[1146] Ac. do TRP de 23.09.2009, proc. 2025/03.5PAESP-B.P1

[1147] Cfr., a este respeito, os acs. do STJ de 03.10.2007, proc. 07P2818, e de 25.06.2009, proc. 107/09.9YFLSB.

Assim, se, por exemplo, o prazo for de dias e a notificação ocorrer no dia de hoje, o prazo só começará a correr no dia seguinte.

Do mesmo modo, se o prazo for de vinte e quatro horas, não se conta a hora em que ocorre a notificação que dá origem a esse prazo, razão pela qual o prazo começa a correr na hora imediatamente seguinte.

2.2. Início da contagem dos prazos nas notificações

2.2.1. Regime geral

Nos termos do art. 113º do CPP, as notificações podem ser realizadas através das seguintes formas:

a) contacto pessoal com o notificando e no lugar em que este for encontrado;

Neste caso, a pessoa considera-se notificada aquando da realização do contacto pessoal[1148].

À luz do art. 113º, nº 8, do CPP, vale como notificação pessoal, salvo nos casos em que a lei exigir uma formalidade distinta, a comunicação efetuada por autoridade judiciária ou de polícia criminal aos interessados presentes em ato processual por ela presidido, desde que essa comunicação fique documentada no auto.

b) via postal registada, por meio de carta ou aviso registados;

Sendo a notificação realizada através de via postal registada, esta presume-se efetuada no terceiro dia posterior ao do envio – quando esse terceiro dia seja útil –, ou no primeiro dia útil seguinte a esse, quando o não seja, devendo a cominação aplicável constar expressamente do ato da notificação (art. 113º, nº 2, do CPP)[1149,1150]. Vale isto por dizer que, à luz da atual redação do art. 113º,

[1148] Cfr., a este respeito, o ac. do TRE de 07.05.2019, proc. 543/17.7GARMR.E1.

[1149] Note-se que a Lei nº 1/2018, de 29 de janeiro, alterou a redação do art. 113º, nº 2, do CPP, o qual, na sua versão anterior, dispunha o seguinte: "Quando efectuadas por via postal registada, as notificações presumem-se feitas no 3º dia útil posterior ao do envio, devendo a cominação aplicável constar do acto de notificação". Assim, à luz da anterior redação, a jurisprudência dividia-se quanto ao problema de saber os 3 dias da presunção da notificação tinham de ser todos úteis, e não apenas o último dia (*vide*, nesse sentido, entre outros, o ac. do TRP de 12.07.2000, proc. 0010505, o ac. do TRE de 01.04.2004, proc. 401/04-1, ac. do TRL de 14.05.2010, proc. 9/09.GCTVD-A.L1-3, o ac. do TRP de 14.11.2012, proc. 430/06.4PWPRT.P1, o ac. do TRC de 29.04.2015, proc. 143/14.3GDLRA.C1, bem como o ac. do TRE de 07.11.2017, proc. 117/16.0PAABT.E1) ou se, pelo contrário, os 3 dias da

nº 2, do CPP, a notificação por via postal registada no âmbito do processo penal segue, quanto à presunção da realização da notificação, o mesmo regime previsto no Código de Processo Civil, contando-se, por isso, de forma seguida, os três dias da presunção, independentemente de os mesmos serem úteis ou não.

Em todo o caso, essa presunção pode ser ilidida pelo notificando, isto é, este pode demonstrar que a notificação foi por ele recebida em dia posterior ao legalmente presumido[1151].

Já se o notificando tiver recebido a notificação em dia anterior ao legalmente presumido, tal é absolutamente indiferente para efeitos de contagem do prazo da presunção da notificação, na medida em que essa presunção não pode ser ilidida em desfavor ou em prejuízo do notificando, demonstrando-se que o mesmo recebeu a notificação em data anterior à que resulta da presunção legal[1152]. O mesmo é dizer que, sendo a notificação realizada através de carta registada, a notificação presume-se sempre efetuada no terceiro dia posterior ao registo e não no dia da assinatura do registo, quando este seja anterior àquele[1153].

Por outro lado, sendo a notificação realizada através de via postal registada, pode suceder que o destinatário se recuse a assinar o registo ou a receber a carta, ou ainda que não seja encontrado. Nesses casos, observam-se as seguintes regras:

1) se o destinatário se recusar a assinar, o agente dos serviços postais deve entregar a carta ou o aviso e lavrar nota do incidente, valendo o ato como notificação;

presunção da notificação não tinham de ser úteis, apenas bastando que o último o fosse, razão pela qual, se o terceiro dia da presunção não fosse útil, a notificação presumia-se realizada no primeiro dia útil seguinte (*vide*, nesse sentido, entre outros, o ac. do STJ de 21.05.2003, proc. 02P4403). Cfr., ainda, quanto a esta problemática, o ac. do STJ de 17.04.2008, proc. 07P2030.

1150 De todo o modo, no ac. do TRG de 29.12.2004, proc. 1756/04-2, admitiu-se igualmente a possibilidade de a notificação ser realizada através de carta registada com aviso de receção, sendo que, nesse caso, a notificação considera-se realizada na data da assinatura do aviso de receção e não no terceiro dia posterior ao registo da carta.

1151 No sentido de esta presunção não ser aplicável na eventualidade de a notificação ser realizada através de carta registada com aviso de receção, *vide* o ac. do TRP de 01.07.1992, proc. 9250406, o ac. do TRP de 05.07.1995, proc. 9540439, bem como o ac. do TRP de 21.06.2000, proc. 0040330, nos quais se decidiu que, nesse caso, a notificação considera-se realizada no dia em que se mostre efetivamente assinado o aviso de receção.

1152 *Vide*, nesse sentido, o ac. do TRG de 07.01.2013, proc. 54/05.3TACBC-A.G1, bem como o ac. do TRE de 09.01.2018, proc. 282/17.9T9ORM.E1.

1153 Ac. do TRL de 23.10.2012, proc. 408/09.6TFLSB.L1-5.

2) se o destinatário se recusar a receber a carta ou o aviso, o agente dos serviços postais deve lavrar nota do incidente, valendo o ato como notificação;

3) se o destinatário não for encontrado, a carta ou o aviso devem ser entregues a pessoa que com ele habite ou a pessoa indicada pelo destinatário que com ele trabalhe, fazendo os serviços postais menção do facto com identificação da pessoa que recebeu a carta ou o aviso;

4) se não for possível, pela ausência de pessoa ou por outro qualquer motivo, proceder nos termos das hipóteses anteriores, os serviços postais devem cumprir as respetivas regras regulamentares, mas, sempre que deixarem um aviso, devem indicar expressamente a natureza da correspondência e a identificação do tribunal ou do serviço remetente.

c) via postal simples;

Sendo a notificação efetuada através de via postal simples[1154,1155], por meio de carta ou de aviso, nos casos expressamente previstos e nos termos do art.

[1154] Neste particular, dispõe o art. 113º, nº 2, do CPP, que "Para o efeito de ser notificado mediante via postal simples, nos termos da alínea *c)* do nº 1 do artigo 113º, o arguido indica a sua residência, o local de trabalho ou outro domicílio à sua escolha". *Vide*, a este propósito, o ac. do TRE de 19.11.2015, proc. 15/06.5PBBJA.E2, no qual se decidiu que "Tendo o arguido indicado duas moradas, no termo de identidade e residência, uma no estrangeiro e outra em Portugal, a opção de proceder à sua notificação por via postal simples na morada de Portugal foi a acertada". Cfr., ainda, o ac. do TRL de 07.07.2009, proc. 215/07.0PBRGR.L1-5, bem como o ac. do TRC de 05.07.2017, proc. 706/12.1TAACB-A.C1, este último com o seguinte sumário: "Com o DL nº 320-C/2000, de 15 de Dezembro, a modalidade de notificação por via postal simples adquire clara relevância, em detrimento da notificação por contacto pessoal e por carta registada, como medida de simplificação e combate à morosidade processual. A introdução da via postal simples, como modalidade de notificação ao arguido, foi considerada como justificada pelo legislador, atento o dever de o arguido prestar termo de identidade e residência com respeito pela verdade e de desta prestação decorrer a obrigação de não mudar de residência, nem dela se ausentar por mais de cinco dias, sem comunicar a nova residência ou o lugar onde possa ser encontrado. Se o arguido viola o seu estatuto processual, mudando de residência indicada no TIR ou dando uma morada incorreta ou sem recetáculo, tornando impossível proceder ao depósito da carta, a notificação por via postal simples não deixa de se verificar. [...]".

[1155] No sentido de ser inexistente a notificação realizada através de via postal simples a arguido que nunca prestou termo de identidade e residência, *vide* o ac. do TRP de 21.06.2006, proc. 0642778. Defendendo que "A notificação do arguido por meio de carta simples, para todos os actos posteriores à prestação de termo de identidade e residência, não viola o seu direito de defesa (artigo 32º da Constituição)", *vide* o ac. do TRP de 11.02.2004, proc. 0312890.

145º, nº 5, do CPP[1156] – tal como sucede, por exemplo, com a notificação do despacho de arquivamento do inquérito ao denunciante com a faculdade de se constituir assistente e a quem tenha manifestado o propósito de deduzir pedido de indemnização civil [art. 277º, nº 4, al. *c)*, do CPP] –, o funcionário judicial deve lavrar uma cota no processo, com a indicação da data da expedição da carta e do domicílio para a qual a mesma foi enviada. De seguida, o distribuidor do serviço postal deve depositar a carta na caixa de correio do notificando, lavrar uma declaração, indicando a data e confirmando o local exato onde efetuou o depósito da carta, e enviar, de imediato, essa declaração ao serviço ou ao tribunal remetente[1157].

Sendo observadas estas formalidades[1158], a notificação considera-se efetuada no 5º dia posterior à data indicada na declaração lavrada pelo distribuidor do serviço postal, cominação esta que deverá constar do ato de notificação (art. 113º, nº 3, do CPP). Significa isto que os 5 dias posteriores à data indicada na declaração lavrada pelo distribuidor do serviço postal contam-se de forma contínua, ou seja, contam-se todos os dias, independentemente de os mesmos serem úteis ou não[1159]. Assim, se o prazo de 5 dias terminar em férias judiciais, o notificando presume-se notificado em férias, sendo que o prazo

[1156] Em concreto, dispõe este preceito legal que "Para os efeitos de serem notificados por via postal simples, nos termos da alínea *c)* do nº 1 do artigo 113º, o denunciante com a faculdade de se constituir assistente, o assistente e as partes civis indicam a sua residência, o local de trabalho ou outro domicílio à sua escolha". Na verdade, conforme resulta do preâmbulo do DL nº 320-C/2000, de 15 de dezembro, o legislador, visando eliminar algumas causas da morosidade do direito processual penal, entendeu introduzir "uma nova modalidade de notificação do arguido, do assistente e das partes civis, permitindo-se que estes sejam notificados mediante via postal simples sempre que indicarem, à autoridade policial ou judiciária que elaborar o auto de notícia ou que os ouvir no inquérito ou na instrução, a sua residência, local de trabalho ou outro domicílio à sua escolha e não tenham comunicado a mudança da morada indicada através da entrega de requerimento ou da sua remessa por via postal registada à secretaria onde os autos se encontram a correr nesse momento".

[1157] Cfr., a este propósito, o ac. do TRC de 24.05.2006, proc. 239/06.

[1158] *Vide*, a este respeito, o ac. do TRP de 23.11.2016, proc. 490/14.4PPPRT-A.P1, no qual se decidiu que "O arguido apenas se considera regularmente notificado do despacho que designou dia para julgamento, por notificação postal simples enviada para a sua morada se o TIR se mostra validamente prestado com indicação de morada para ser notificado por via postal e ocorre o efectivo depósito da carta de notificação nessa morada". *Vide*, ainda, o ac. do TRE de 05.06.2018, proc. 60/16.2PALGS-A.E1, o ac. do TRP de 12.09.2018, proc. 390/13.5GBOAZ-A.P1, o ac. do TRP de 31.10.2018, proc. 665/14.6GBOAZ-A.P1, bem como o ac. do TRE de 04.12.2018, proc. 24/14.0ZRFAR.E1.

[1159] Cfr., no mesmo sentido, o ac. do TRL de 13.03.2003, proc. 00104729, bem como o ac. do TRE de 21.11.2017, proc. 129/13.5TASTR.E1. Aliás, decidiu-se no primeiro dos citados arestos que, se o quinto dia terminar em dia não útil, o termo do prazo não se transfere para o primeiro dia útil seguinte, diversamente do que se verifica no regime previsto no art. 113º, nº 2, do CPP.

para praticar o ato judicial subsequente à notificação começa a correr no primeiro dia útil subsequente ao termo das férias judiciais[1160].

Caso o notificando pretenda colocar em causa a realização da notificação, alegando, para o efeito, que não a recebeu, deve alegar factos concretos e objetivos que permitam demonstrar que não foi notificado, não bastando, por isso, a mera alegação, genérica e abstrata, de que não recebeu a notificação[1161].

Não sendo possível proceder ao depósito da carta na caixa de correio, o distribuidor do serviço postal deve lavrar uma nota do incidente, apor nessa nota a data desse facto e enviá-la, de imediato, ao serviço ou ao tribunal remetente (art. 113º, nº 4, do CPP)[1162].

Tratando-se da notificação do arquivamento do inquérito que corra contra pessoa indeterminada [art. 277º, nº 4, al. *d)*, do CPP], esta deve ser realizada através de via postal simples, sem prova de depósito, devendo o funcionário lavrar uma cota no processo com a indicação da data de expedição, considerando-se a notificação efetuada no 5º dia útil posterior à data de expedição. Devem, por isso, contar-se 5 dias úteis após a data da expedição da notificação, atento o disposto no art. 113º, nº 5, do CPP.

[1160] Cfr., nesse sentido, o ac. do TRC de 23.05.2012, proc. 700/10.7TASTR.C1, com o seguinte sumário: "A presunção imperativa de a notificação se considerar realizada decorridos 5 (cinco) dias do depósito da carta na caixa de correio do arguido consagra um prazo que corre autonomamente e que, porque se não relaciona com a prática de actos processuais pelos interessados (embora, evidentemente, tal estipulação marque o início de um prazo judicial), não pode o seu decurso considerar-se interrompido nas férias judiciais. A significar que, acontecendo o seu termo no período das férias judiciais, o prazo para a prática do acto judicial, inicia-se no primeiro dia útil, após férias judiciais. De modo que aquele prazo presuntivo dos 5 (cinco) dias do art. 113º, nº 3, do C. Proc. Penal, não pode ser cumulado com os demais prazos estipulados na lei, estes sim, mas não aquele, sujeitos a suspensão durante as férias judiciais, pois que as razões que justificam esta suspensão não têm razão de ser para aquele referido prazo de 5 (cinco) dias".

[1161] Ac. do TRP de 18.05.2011, proc. 711/09.5PHMTS.P1.

[1162] Conforme decorre do preâmbulo do DL nº 320-C/2000, de 15 de dezembro, nesse caso, "não se justifica a notificação do arguido mediante contacto pessoal ou via postal registada, já que, por um lado, todo aquele que for constituído arguido é sujeito a termo de identidade e residência (artigo 196º, nº 1), devendo indicar a sua residência, local de trabalho ou outro domicílio à sua escolha. Assim sendo, como a constituição de arguido implica a sujeição a esta medida de coacção, justifica-se que as posteriores notificações sejam feitas de forma menos solene, já que qualquer mudança relativa a essa informação deve ser comunicada aos autos, através de requerimento entregue ou remetido por via postal registada à secretaria onde os autos se encontrarem a correr nesse momento. Deste modo, assegura-se a veracidade das informações prestadas à autoridade judiciária ou policial pelo arguido, regime que deve ser aplicável ao assistente e às partes civis, porque estes têm todo o interesse em desburocratizar as suas próprias notificações".

d) via telefónica

De acordo com o art. 113º, nº 8, al. *b)*, do CPP, em caso de urgência, as comunicações e convocações podem ser realizadas através de via telefónica[1163], desde que, no telefonema, o notificando seja expressamente avisado de que essa comunicação vale como notificação, devendo seguir-se a esse telefonema uma confirmação telegráfica, por telex ou por telecópia.

e) via eletrónica ou telecópia;

Nos termos do art. 113º, nº 11, do CPP, as notificações ao advogado ou ao defensor nomeado devem ser realizadas, quando outra forma não resultar da lei, através de via eletrónica, ou, quando tal não for possível, mediante contacto pessoal, via postal registada, via postal simples ou telecópia.

Sendo a notificação realizada através de via eletrónica, aplica-se a mesma regra prevista para a notificação por via postal registada, ou seja, o advogado ou o defensor nomeado presumem-se notificados no terceiro dia posterior ao do envio da notificação, quando esse terceiro dia seja útil, ou, não o sendo, no primeiro dia útil subsequente (art. 113º, nº 12, do CPP).

Por sua vez, se a notificação for realizada através de telecópia, o advogado ou o defensor nomeado consideram-se notificados no próprio dia da expedição e receção da telecópia[1164].

f) editais e anúncios, nos casos legalmente permitidos;

A notificação por via edital só pode ser realizada nos casos em que a lei expressamente admita essa forma de notificação.

É o que sucede, por exemplo, com a notificação da decisão de arquivamento do inquérito ao arguido que não tiver defensor nomeado ou advogado constituído no processo e quando, simultaneamente, não seja possível a sua notificação mediante contacto pessoal, via postal registada ou via postal sim-

[1163] À luz do art. 112º, nº 2, do CPP, sendo utilizada a via telefónica para a realização de uma comunicação, a entidade que efetuar essa chamada deve identificar-se e dar conta do cargo que desempenha, bem como dos elementos que permitam ao chamado inteirar-se do ato e efetuar, caso queira, a contraprova de que se trata de telefonema oficial e verdadeiro.

[1164] *Vide*, em sentido contrário, o ac. do TRL de 07.06.2016, proc. 122/13.8TELSB AC.L1-3, no qual se decidiu que, sendo a notificação realizada através de telecópia, é igualmente aplicável a essa notificação o regime da presunção da notificação no terceiro dia posterior ao do envio da notificação.

ples [art. 277º, nº 4, al. *b)*, do CPP], bem como com a notificação do arguido para apresentar contestação ou apresentar-se em juízo, num prazo até 30 dias, sob pena de ser declarado contumaz, nos termos previstos no art. 335º, nº 1, do CPP[1165].

A notificação edital é realizada mediante a afixação de um edital na porta da última residência do notificando e outro nos lugares para o efeito destinados pela respetiva junta de freguesia, seguida da publicação de anúncio na área de serviços digitais dos tribunais, o qual pode ser acedido no endereço eletrónico *https://tribunais.org.pt* (art. 113º, nº 13, do CPP).

2.2.2. Regimes especiais

2.2.2.1. Notificação de pessoa presa

A notificação de pessoa que se encontre presa deve ser requisitada ao diretor do estabelecimento prisional respetivo e efetuada na pessoa do notificando por funcionário que, para o efeito, seja designado (art. 114º, nº 1, do CPP)[1166].

[1165] *Vide*, a este propósito, o ac. do TRG de 03.12.2018, proc. 153/09.2GEGMR-C.G1.

[1166] Cfr., a este respeito, o ac. do TRG de 16.12.2021, proc. 119/21.4GAVNF.G1, com o seguinte sumário: "I – Apurando-se, aquando das diligências tendentes à notificação da sentença ao arguido, que o mesmo já se encontrava preso na data em que foi expedida a carta destinada a dar-lhe conhecimento do despacho que recebeu a acusação e designou data e hora para a realização da audiência de julgamento, carta essa depositada na morada por ele indicada aquando da prestação do TIR, não pode considerar-se o arguido regularmente notificado da data designada para julgamento, concluindo-se, sem mais, que teve conhecimento do teor da notificação. II – Em matéria de notificações, o legislador teve em consideração a situação especial daquele que se encontra preso, determinando o artigo 114º, nº 1, do CPP que «a notificação de pessoa que se encontrar presa é requisitada ao diretor do estabelecimento prisional respetivo e efetuada na pessoa do notificando por funcionário para o efeito designado». III – Estando em causa uma norma especial que afasta necessariamente a aplicação da norma geral constante do artigo 113º, não tendo o arguido sido notificado nos referidos termos e comparecido na audiência de julgamento, não pode deixar de concluir-se que, ao ter sido julgado na ausência, se verifica a nulidade insanável, prevista no citado artigo 119º, nº 1, al. *c)* do CPP. IV – A obrigação de não mudar de residência, nem dela se ausentar por mais de cinco dias, sem comunicar a nova residência ou o lugar onde possa ser encontrado, prevista na alínea *b)* do nº 3 do artigo 196º do CPP, tem como pressuposto que a alteração de residência resulte de um ato voluntário do arguido. V – O que não sucede com o arguido preso em que a sua ausência da morada constante do TIR decorre da situação de reclusão imposta pelo Estado. VI – Neste circunstancialismo, afigura-se excessivo fazer impender sobre o arguido a obrigação de comunicar aos processos que tiver pendentes a sua atual situação prisional, atentas as limitações em que se encontra decorrentes da sua situação de reclusão".

2.2.2.2. Notificação de funcionário ou de agente administrativo

A notificação de funcionário ou de agente administrativo pode ser realizada através de requisição ao respetivo serviço, mas a comparência do notificado não carece de autorização do superior hierárquico.

No entanto, se a notificação for realizada através de outro modo, o notificado deve informar imediatamente o seu superior hierárquico dessa notificação e apresentar-lhe um documento comprovativo da comparência (art. 114º, nº 2, do CPP).

2.2.2.3. Notificação simultânea à parte e ao defensor ou advogado

Regra geral, as notificações do arguido, do assistente e das partes civis podem ser feitas na pessoa do respetivo defensor ou advogado, atento o disposto no art. 113º, nº 10, do CPP.

Contudo, por respeito ao direito fundamental a um processo justo e equitativo, a notificação deve ser realizada quer na pessoa do advogado ou do defensor oficioso, quer na pessoa do arguido, do assistente e das partes civis[1167] – tratando- se, por isso, de uma notificação pessoal –, nas situações em que esteja em causa a notificação respeitante à dedução do pedido de indemnização civil (arts. 77º e 78º, nº 1, do CPP), à aplicação de medidas de coação e de garantia patrimonial (art. 194º do CPP), à acusação (arts. 283º a 285º do CPP)[1168], à decisão instrutória (art. 307º do CPP)[1169], à contestação (art. 311º-B do CPP), à designação de dia para julgamento (arts. 312º e 313º do CPP)[1170]

[1167] *Vide*, a este respeito, o ac. do TRL de 27.06.2019, proc. 1625/17.0T9PDL-A.L1-9.

[1168] Cfr., quanto a esta questão, o ac. do TRE de 05.04.2022, proc. 304/20.6JAFAR-I.E2, no qual se defendeu que "A acusação deve ser notificada ao arguido e ao seu mandatário (113º, § 10º CPP). Não basta a mera notificação ao seu defensor, uma vez que o conhecimento da acusação constitui um direito pessoal do arguido, sendo essa uma exigência de um processo justo [6º, § 1º, al. *c)* e 3º CEDH; 48º, § 2º CDFUE]", bem como o ac. do TRG de 28.10.2019, proc. 60/14.7GBVVD.G1. Cfr., ainda, o ac. do TRP de 22.04.1992, proc. 9240269, onde se consignou que "Se não for possível proceder, por contacto pessoal ou por via postal, à notificação da acusação ao arguido, por se desconhecer o seu paradeiro, tem-se discutido se haverá ou não que recorrer à notificação edital, mostrando-se a jurisprudência dividida a esse respeito. Se, porém, tiver sido ordenada a notificação edital por não ter sido localizado o arguido, cumprirá ao juiz proferir o despacho a que se refere o artigo 311º do Código de Processo Penal, não se justificando que os autos sejam devolvidos ao Ministério Público para aí aguardarem a notificação pessoal ou por via postal do arguido".

[1169] Tal como bem se decidiu no ac. do TRL de 03.03.2020, proc. 2758/19.4T9LSB.L1-5, a notificação da decisão instrutória não se confunde com a notificação da data da realização do debate instrutório, razão pela qual esta última carece apenas de ser realizada na pessoa do mandatário.

[1170] *Vide*, a este propósito, o ac. do TRE de 08.10.2009, proc. 97/02.9TAORQ.E1, no qual se decidiu que "A notificação da designação do dia para julgamento que a lei impõe seja feita não só ao

e à sentença (arts. 372º a 377º do CPP)[1171]. Nestas hipóteses, bem como nas demais situações em que, ainda que não fosse obrigatória, a notificação tenha sido realizada simultaneamente na pessoa do advogado ou do defensor oficioso, bem como na pessoa do arguido, do assistente e/ou das partes civis[1172], o prazo para a prática de ato processual subsequente conta-se a partir da data da notificação que tiver sido realizada em último lugar[1173,1174].

Já assim não sucede, no entanto, no que concerne à notificação do acórdão proferido, quanto ao mérito do recurso, pelo tribunal superior, pois que, nos termos do art. 425º, nº 6, do CPP, o acórdão apenas carece de ser notificado aos recorrentes, aos recorridos e ao Ministério Público[1175].

assistente como ao respectivo advogado é tão somente aquela a que alude o art. 313º, nºs 1 e 2, do CPP e não todas aquelas outras relativas a sessões subsequentes do julgamento decorrentes de interrupções da audiência. Essas podem e devem ser feitas apenas ao advogado que o representa, a menos que ao assistente hajam de ser tomadas declarações". Cfr., ainda, o ac. do TRP de 24.01.1996, proc. 9440840.

1171 Assim, tal como se decidiu no ac. do TRE de 08.06.2021, proc. 847/19.4PBSTR.E1, "A notificação para o pagamento da pena de multa, a que se reporta o artigo 489º, nº 2, do CPP, deve ser feita quer ao defensor do arguido/condenado, quer a este último, nos termos do disposto no artigo 113º, nº 10, do CPP". Cfr., ainda, o ac. do TRL de 07.12.2021, proc. 18/20.7JELSB.L1-5, no qual se defendeu que "A norma constante do nº 10 do art. 113º do Código de Processo Penal, interpretada no sentido de que a notificação do acórdão da Relação que confirmou *in mellius* a decisão da 1ª instância – mantendo os factos, motivação e enquadramento jurídico-penal constantes do acórdão da 1ª instância, apenas reduzindo as penas – é efectuada unicamente aos mandatários constituídos dos arguidos, não tendo de lhes ser (aos arguidos) notificada pessoalmente, não viola as garantias de defesa dos arguidos asseguradas pelo nº 1 do art. 32º da Constituição da República Portuguesa e as exigências do artigo 6º, nº 3, da CEDH".

1172 Cfr., nesse sentido, o ac. do TRP de 28.10.2021, proc. 69/19.4PBMAI-A.P1.

1173 *Vide*, a este propósito, o ac. do TRP de 11.07.2001, proc. 0110878.

1174 Assim, conforme se decidiu, na senda do ac. do TC nº 461/2016, de 14.07.2016, no ac. do TRE de 12.09.2017, proc. 374/16.1 GCSTB-A.E1, "Do conjunto das normas relativas à concessão de apoio judiciário extrai-se que o prazo interrompido com a apresentação do pedido de apoio judiciário com nomeação de patrono só se reiniciará com a notificação de tal nomeação, ao requerente ou ao advogado nomeado, que ocorrer em último lugar, consagrando-se assim também aqui e compreensivelmente a regra vertida no art. 113º, nº 10, do C. P. Penal quando impõe, relativamente a actos com maior repercussão na defesa dos direitos fundamentais dos diversos intervenientes processuais, que a notificação seja feita ao próprio e ao seu mandatário ou defensor, iniciando-se a contagem do prazo que estiver em causa a partir da última daquelas notificações".

1175 *Vide*, a este propósito, o ac. do TRL de 16.05.2018, proc. 682/10.5GAALQ-B.L1-3, com o seguinte sumário: " I – Os acórdãos proferidos em recurso pelos tribunais superiores não têm de ser notificados pessoalmente ao arguido para o início do prazo de recurso ou de reclamação, mas apenas ao respectivo defensor. II – O Tribunal Constitucional já se pronunciou diversas vezes no sentido de que «as garantias constitucionais de defesa do arguido não exigem que uma sentença

2.2.2.4. Notificação do despacho para apresentação da contestação

Nos termos do art 311º-A, nº 1, do CPP, a notificação ao arguido do despacho para apresentação da contestação deve ser realizada através de contacto pessoal com o notificando ou mediante via postal registada, por meio de carta ou aviso registados [art. 113º, nº 1, als. *a)* e *b)*, do CPP][1176], exceto se o arguido tiver indicado a sua residência ou domicílio profissional à autoridade policial ou judiciária que tiver elaborado o auto de notícia ou que o tiver ouvido no inquérito ou na instrução e nunca tiver comunicado a alteração da mesma através de carta registada, caso em que a notificação é feita mediante via postal simples, de acordo com o art. 113º, nº 1, al. *c)*, do CPP[1177].

2.2.2.5. Notificação do despacho que designa dia para a audiência

À luz do art. 313º, nº 1, do CPP, o despacho que designa dia para a audiência deve ser notificado ao Ministério Público, ao arguido e seu defensor, ao assistente, partes civis, seus advogados e representantes, pelo menos 20 dias antes da data fixada para a audiência[1178].

ou acórdão sejam sempre e necessariamente a ele pessoalmente notificadas, podendo sê-lo ao seu defensor» e concluiu pela não inconstitucionalidade do artigo 113º, nº 10, do CPP quando interpretado no sentido de que a notificação da decisão tomada pelos tribunais superiores em via de recurso pode ser feita ao defensor do arguido, não tendo, assim, de lhe ser notificada pessoalmente". Cfr., no mesmo sentido, o ac. do STJ de 09.02.2022, proc. 1251/19.0PBSNT.L1.S1.

[1176] Cfr., a este respeito, o ac. do TRP de 24.01.1996, proc. 9440840, no qual se consignou que "A notificação ao arguido do despacho a designar dia para julgamento deverá ser feita obrigatoriamente na própria pessoa do notificando, podendo utilizar-se para o efeito a via postal através de carta com aviso de recepção, que só pode ser assinado pelo destinatário".

[1177] *Vide*, a este respeito, o ac. do TC nº 17/2010, de 12.01.2010, proc. nº 498/09, *in DR*, *2ª série*, nº 36, de 22.02.2010, no qual se decidiu "Não julgar inconstitucional as normas constantes dos artigos 113º, nº 9, e 313º, nº 3, do Código de Processo Penal, na interpretação segundo a qual o arguido não tem de ser notificado por contacto pessoal do despacho que designa data para a audiência de julgamento, podendo essa notificação ser efectuada por via postal simples para a morada indicada pelo arguido no termo de identidade e residência".

[1178] De todo o modo, conforme se decidiu no ac. do TRE de 05.03.2013, proc. 1264/11.0PCSTB.E1, "O prazo previsto no artigo 313º, nº 2 do Código de Processo Penal é um prazo instrumental de direitos e não basta a verificação de não cumprimento deste prazo para que, de forma automática e mecanicista, surja um direito à anulação de actos posteriores, designadamente da audiência de julgamento e subsequente decisão judicial. É necessário que se alegue – como adveniente do não cumprimento de tal prazo – a impossibilidade ou maior dificuldade para o exercício de um direito".

3. Princípio da continuidade do prazo

No processo penal, aplica-se, a título subsidiário, o princípio da continuidade do prazo previsto na lei de processo civil, ou seja, os prazos processuais contam-se de forma contínua (art. 138º, nº 1, *ex vi* do art. 104º, nº 1, do CPP)[1179].

4. Suspensão do prazo

4.1. Suspensão do prazo durante as férias judiciais

Apesar de o prazo processual se contar de forma contínua, a contagem do prazo suspende-se, no entanto, durante as férias judiciais, por força da aplicação subsidiária do regime previsto no art. 138º, nº 1[1180].

Contudo, nos termos do art. 104º, nº 2, do CPP, não se suspendem durante as férias judiciais os prazos relativos aos atos processuais elencados no art. 103º, nº 2, als. *a)* a *e)*, do CPP[1181,1182], a saber:

a) os atos processuais – independentemente da sua natureza – relativos a arguidos detidos ou presos, ou que sejam indispensáveis à garantia da liberdade das pessoas[1183,1184]. Com efeito, para que o prazo corra em

[1179] *Vide*, a este propósito, o ac. do TRL de 17.04.2002, proc. 0017873, o ac. do TRE de 31.01.2012, proc. 549/10.7TASTB-A.E3, assim como o ac. do TRE de 29.11.2016, proc. 497/13.9TAABF-A.E1.

[1180] Cfr., no mesmo sentido, Lobo, Fernando Gama, *Código de Processo Penal Anotado*, *op. cit.* p. 171. *Vide*, na jurisprudência, o ac. do TRE de 08.09.2021, proc. 102/16.1GBSTC-B.E1.

[1181] Assim, conforme se decidiu no ac. do TRP de 20.10.1999, proc. 9910840, corre em férias judiciais o prazo para a interposição do recurso por parte do arguido, bem como para a apresentação das respetivas alegações, quando esteja em causa um processo relativo a um arguido que se encontre detido ou preso.

[1182] O art. 104º, nº 2, do CPP apenas remete para os casos previstos no art. 103º, nº 2, als. *a)* a *e)*, do CPP, excluindo, por isso, aparentemente, do seu âmbito de aplicação, a contagem, em férias judiciais, dos prazos relativos a processos que sejam considerados urgentes por força de lei especial [art. 103º, nº 2, al. *g)*, do CPP]. É o que sucede, por exemplo, com o processo por crime de violência doméstica, previsto na Lei nº 112/2009, de 16 de setembro. Em todo o caso, a jurisprudência tem vindo a entender que, por uma questão de lógica e de coerência de regime aplicável, o art. 104º, nº 2, do CPP, deve igualmente remeter para a exceção constante da al. *g)* do nº 2 do art. 103º. *Vide*, a este propósito, o ac. do TRC de 18.01.2017, proc. 921/12.8S7LSB.C1.

[1183] Cfr., a este respeito, o ac. do STJ de 11.07.1990, proc. 041128, o ac. do STJ de 15.03.1991, proc. 042075, o ac. do STJ de 16.10.1991, proc. 042137, o ac. do STJ de 04.12.1991, proc. 042386, o ac. do STJ de 26.02.1992, proc. 042684, o ac. do STJ de 20.05.1992, proc. 042834, o ac. do STJ de 03.06.1993, proc. 044384, o ac. do STJ de 11.01.1995, proc. 046758, o ac. do TRL de 28.05.1997, proc. 0038013, o ac. do TRP de 20.10.1999, proc. 9910840, o ac. do TRP de 27.07.1999, proc. 9910840, bem como o ac. do TRC de 24.01.2018, proc. 52/17.4PCCBR-D.C1. Cfr., ainda, o ac. do TRL de 16.11.1993, proc. 0065455, com o seguinte sumário: "Actos processuais relativos a arguidos detidos ou presos – artigo 103º, nº 2, *a)*, do CPP – são todos e quaisquer actos referentes a processos

férias judiciais, basta que, no processo, algum dos arguidos se encontre detido ou preso, ainda que, nesse processo, existam outros coarguidos que não se encontrem em igual situação[1185,1186]. No entanto, este regime já não se aplica se, no processo, não existir nenhum arguido preso, ainda que o mesmo esteja preso à ordem de outro processo[1187];

b) os atos relativos a processos em que intervenham arguidos menores, ainda que não haja arguidos presos;

c) os atos de inquérito e de instrução, bem como os debates instrutórios e audiências relativamente às quais for reconhecida, por despacho de quem a elas presidir, vantagem em que o seu início, prosseguimento ou conclusão ocorra sem as limitações, quanto à prática dos atos processuais, previstas no art. 103º, nº 1, do CPP;

d) os atos relativos a processos sumários e abreviados, até à sentença em primeira instância[1188]; e

com arguidos naquela situação, quer respeitem à acção penal (matéria criminal, medidas de coacção, etc.), quer respeitem à acção cível que pode ser enxertada".

1184 Sustentando que este regime é igualmente aplicável aos "prazos para a prática de actos processuais relativos a processos com arguidos sujeitos à medida de obrigação de permanência na habitação", *vide* o ac. do STJ de 07.04.2021, proc. 586/15.5TDLSB.S1.

1185 *Vide*, a este respeito, os acs. do TC nº 213/93, de 16.03.1993, proc. 404/91, e nº 384/93, de 08.06.1993, proc. 513/92, *in www.tribunalconstitucional.pt*, nos quais se decidiu não julgar inconstitucional a norma do art. 104º, nº 2, do CPP, quando interpretada no sentido de que correm em férias os prazos relativos a processos em que haja arguidos detidos ou presos, mesmo quanto aos coarguidos que aí não se encontrem nessa situação. Cfr., ainda, o ac. do TC nº 47/95, de 02.02.1995, proc. 125/94, *in www.tribunalconstitucional.pt*, no qual se decidiu, com dois votos de vencido, não julgar inconstitucionais as normas dos arts. 103º, nº 2, al. *a)*, e 104º, nº 2, do CPP, quando interpretadas no sentido de que correm em férias judiciais todos os prazos relativos a arguidos presos.

1186 Cfr., neste sentido, o ac. do STJ de 19.04.1989, proc. 039975, o ac. do STJ de 24.05.1989, proc. 039988, o ac. do STJ de 26.04.1990, proc. 040914, o ac. do STJ de 17.04.1991, proc. 041751, o ac. do STJ de 16.05.1993, proc. 044383, o ac. do STJ de 22.09.1993, proc. 045404, o ac. do STJ de 16.12.1993, proc. 045394, o ac. do STJ de 23.03.1994, proc. 046596, o ac. do TRP de 24.01.2007, proc. 0616832, o ac. do TRC de 24.01.2018, proc. 52/17.4PCCBR-D.C1, bem como o ac. do STJ de 10.08.2018, proc. 176/17.8PBEVR.S1.

1187 *Vide*, nesse sentido, o AUJ do STJ nº 5/95, de 27.09.1995, proc. 047599, no qual se fixou a seguinte jurisprudência: "O disposto nos artigos 103º, nº 2, alínea *a)*, e 104º, nº 2, do Código de Processo Penal não é aplicável ao recurso interposto em processo à ordem do qual inexistem arguidos presos, ainda que o recorrente esteja preso à ordem de outro processo".

1188 Cfr., a este respeito, o ac. do TC nº 409/2010, de 09.11.2010, proc. 411/2009, *in www.tribunalconstitucional.pt*, no qual se decidiu "Não julgar inconstitucional a norma constante da alínea *c)* do nº 2 do artigo 103º conjugado com o artigo 411º, nº 1, do CPP, quando interpretada no

e) os atos processuais referentes aos conflitos de competência, requerimentos de recusa e pedidos de escusa.

Para além disso, por aplicação do art. 138º, nº 1, *ex vi* do art. 104º, nº 1, do CPP, não se suspendem durante as férias judiciais os prazos de duração igual ou superior a seis meses, bem como os prazos referentes a atos que devam ser praticados em processos que a lei considere urgentes[1189]. É o que sucede, por exemplo, com os processos por crime de violência doméstica, ainda que neles não haja arguidos presos (art. 28º da Lei nº 112/2009, de 16 de setembro)[1190,1191], bem como com os processos de extradição (art. 73º, nº 2, da LCJIMP)[1192].

sentido de que o prazo para a interposição de recurso em processo sumário não se suspende em férias judiciais, apesar de não existirem arguidos presos e não julgados logo após o flagrante delito".

[1189] No sentido de o tribunal se encontrar obrigado a informar o denunciante, que se pretenda constituir assistente, da circunstância de o processo ter sido classificado como sendo urgente, *vide* o ac. do TRL de 24.02.2015, proc. 527/11.9PLSNT-A.L1-5.

[1190] Cfr., nesse sentido, o ac. do TRP de 19.01.2011, proc. 779/09.4PIVNG.P1, o ac. do TRP de 16.03.2011, proc. 607/09.0PPPRT.P1, o ac. do TRC de 01.06.2011, proc. 278/08.1GBLSA.C1, o ac. do TRE de 28.06.2011, proc. 1890/09.7PBFAR-A.E1, o ac. do TRC de 18.04.2012, proc. 5/10.3GCCVL.C1, o ac. do TRC de 26.09.2012, proc. 144/11.3GBPBL.C1, o ac. do TRP de 10.03.2014, proc. 823/12.8GAVCD-A.P1, o ac. do TRC de 24.09.2014, proc. 627/09.5PBCTB.C1, o ac. do TRE de 20.01.2015, proc. 243/11.1TAGLG.E1, o ac. do TRC de 11.02.2015, proc. 3/12.2PBCTB.C1, o ac. do TRC de 27.01.2016, proc. 234/14.0GBFND.C1, o ac. do TRG de 04.04.2016, proc. 784/13.6GAEPS.G1, o ac. do STJ de 07.07.2016, proc. 603/12.0GAVVD.G1, bem como o ac. do TRG de 19.06.2019, proc. 306/18.2PABCL-A.G1.

No sentido de o processo conservar a natureza urgente quando o arguido, para além de ser acusado da prática de um crime de violência doméstica, se encontre igualmente acusado, em concurso, pela prática de um outro crime, *vide* o ac. do TRP de 07.06.2010, proc. 75/08.4GHVNG-A.P1.

Sustentando que a natureza urgente deste processo só cessa com o trânsito em julgado da sentença que nele vier a ser proferida, *vide* o ac. do TRE de 24.08.2017, proc. 346/15.3GBGDL-A.E1.

[1191] *Vide*, a este propósito, o ac. do TC nº 158/2012, de 28.03.2012, proc. 846/11, *in DR, 2ª série*, nº 92, de 11.05.2012, no qual se decidiu não julgar inconstitucionais as normas do artigo 28º, nºs 1 e 2, da Lei nº 112/2009, de 16 de setembro, quando interpretadas no sentido de que os processos por crime de violência doméstica têm natureza urgente, ainda que não haja arguidos presos, não se suspendendo no período de férias judiciais o prazo para interposição de recurso de decisões neles proferidas. Cfr., no mesmo sentido, o ac. do STJ de 07.07.2016, proc. 603/12.0GAVVD.G1, no qual se decidiu que "Não é inconstitucional a norma do art. 28º, da Lei 112/09, por alegada limitação e diminuição dos direitos de defesa do arguido, na medida em que a atribuição de natureza urgente aos processos por crime de violência doméstica não tem em vista a tutela do arguido, antes da vítima, cujo interesse é o de que o processo seja tramitado o mais rápida e eficazmente possível, evidentemente, sem embargo do rigoroso respeito pelos prazos processualmente fixados, prazos que garantem plenamente o exercício pelos sujeitos processuais, designadamente pelo arguido, dos direitos procedimentais adjectivamente previstos, *maxime* do direito de defesa, incluindo o direito ao recurso".

4.2. Suspensão do prazo para se assegurar o exercício efetivo de direitos processuais

A contagem do prazo pode igualmente suspender-se quando tal seja imprescindível para se garantir o exercício efetivo de direitos processuais.

Com efeito, nos termos do art. 89º, nº 1, do CPP, durante o inquérito, o arguido, o assistente, o ofendido, o lesado e o responsável civil podem consultar, mediante requerimento, o processo ou elementos dele constantes, bem como obter os correspondentes extratos, cópias ou certidões e aceder ou obter cópia das gravações áudio ou audiovisual de todas as declarações prestadas, exceto se, tratando-se de processo que se encontre em segredo de justiça, o Ministério Público a isso se opuser por considerar, fundamentadamente, que a consulta do processo ou a disponibilização dos elementos pode prejudicar a investigação ou os direitos dos participantes processuais ou das vítimas. Ora, se a obtenção desses elementos for essencial para o exercício efetivo de direitos processuais (por exemplo, para se requerer a abertura de instrução), o prazo para o exercício desse direito deve ficar suspenso até que sejam disponibilizados os elementos solicitados ou a consulta do processo[1193].

5. Interrupção do prazo

Como vimos *supra*, sendo requerida, na pendência de um processo judicial, a concessão de proteção jurídica, na modalidade de nomeação de patrono, o prazo que estiver em curso interrompe-se com a junção aos autos do documento comprovativo da apresentação do requerimento com que é promovido o correspondente procedimento administrativo (art. 24º, nº 4, da Lei nº 34/2004, de 29 de julho).

Contudo, o art. 39º do citado diploma legal contém regras especiais aplicáveis à nomeação de defensor ao arguido, à dispensa de patrocínio e à sua substituição.

Assim, de acordo com o art. 39º, nº 3, da Lei nº 34/2004, de 29 de julho, se o arguido não constituir advogado, deve proceder, no momento em que presta termo de identidade e residência, à emissão de uma declaração relativa ao rendimento, património e despesa permanente do seu agregado familiar. Nesse caso, a secretaria do tribunal deve apreciar a insuficiência económica

[1192] Cfr., a este propósito, o ac. do STJ de 17.09.2015, proc. 601/15.2YRLSB.S1.

[1193] *Vide*, nesse sentido, o ac. do TRG de 04.11.2013, proc. 8/12.3PEBRG-A.G1, com o seguinte sumário: "Tendo o arguido, após a notificação da acusação, peticionado ao Ministério Público elementos de prova que não conhecia, existentes no inquérito, para elaborar a sua defesa, suspende-se o prazo para requerer a instrução até à data em que lhe forem facultados os elementos solicitados".

do arguido em função da declaração emitida e dos critérios estabelecidos na Lei nº 34/2004, de 29 de julho, sendo que, se concluir pela insuficiência económica do arguido, deve nomear-lhe um defensor – nomeação essa que tem caráter provisório e depende da concessão de apoio judiciário pelos serviços da Segurança Social – ou, no caso contrário, adverti-lo de que deve constituir advogado[1194].

Por outro lado, à luz do art. 39º, nº 10, da Lei nº 34/2004, de 29 de julho, o requerimento para a concessão de apoio judiciário, que seja apresentado pelo arguido, não afeta a marcha do processo.

Por conseguinte, a apresentação de um pedido de proteção jurídica pelo arguido, na modalidade de nomeação de patrono, não interrompe os prazos processuais que se encontrem em curso, atento o disposto no art. 39º, nº 10, da Lei nº 34/2004, de 29 de julho[1195].

Note-se, no entanto, que este regime especial só se aplica à proteção jurídica que seja requerida pelo arguido, na modalidade de constituição de patrono. Daí que, se, a título meramente exemplificativo, o denunciante, na sequência de um despacho de arquivamento do inquérito, pretender requerer a abertura de instrução e pedir proteção jurídica, na modalidade de nomeação de patrono, a apresentação desse pedido e a junção do mesmo aos autos interrompe o prazo que se encontre em curso[1196]. Do mesmo modo, a apresentação de pedido de nomeação de patrono ao ofendido que pretenda constituir-se como assistente interrompe o prazo, previsto no art. 68º do CPP, que se encontre a correr[1197].

[1194] Observe-se que, nos termos do art. 64º, nº 3, do CPP, "se o arguido não tiver advogado constituído nem defensor nomeado, é obrigatória a nomeação de defensor quando contra ele for deduzida a acusação, devendo a identificação do defensor constar do despacho de encerramento do inquérito". Por sua vez, de acordo com o art. 64º, nº 4, do CPP, "No caso previsto no número anterior, o arguido é informado, no despacho de acusação, de que fica obrigado, caso seja condenado, a pagar os honorários do defensor oficioso, salvo se lhe for concedido apoio judiciário, e que pode proceder à substituição desse defensor mediante a constituição de advogado".

[1195] Cfr., nesse sentido, o ac. do TRL de 21.06.2011, proc. 4615/06.5TDLSB.L1-5, bem como o ac. do TRC de 07.12.2016, proc. 8785/13.8TDPRT-A.C1.

[1196] Cfr., a este propósito, o ac. do TRC de 19.12.2012, proc. 252/11.0GBVNO.C1. *Vide*, no mesmo sentido, Magistrados do Ministério Público do Distrito Judicial do Porto, *Código de Processo Penal: Comentários e Notas Práticas*, *op. cit.*, p. 181.

[1197] *Vide*, nesse sentido, o ac. do TRC de 06.11.2013, proc. 40/13.0GBAGD-A.C1, bem como Carvalho, Paula Marques, *Manual Prático de Processo Penal*, *op. cit.*, p. 99.

6. Renúncia ao decurso do prazo

Regra geral, não é admissível a renúncia ao decurso dos prazos estabelecidos na lei de processo penal, atento o interesse público que lhe está subjacente[1198].

Todavia, se o prazo for disponível, a pessoa em benefício da qual tiver sido estabelecido esse prazo pode renunciar ao seu decurso, nos termos do art. 107º, nº 1, do CPP. É o que sucede, por exemplo, com a renúncia do prazo para a apresentação de reclamação ou de recurso.

Para o efeito, deve elaborar um requerimento de renúncia do prazo[1199], o qual deve ser apresentado junto da autoridade judiciária que estiver a dirigir a fase processual a que o ato diga respeito, dispondo esta autoridade do prazo de vinte e quatro horas para se pronunciar sobre o pedido de renúncia do prazo. Vale isto por dizer que o pedido de renúncia do prazo não está sujeito a contraditório, quer porque a renúncia não afeta os direitos processuais da parte contrária, quer porque o exercício de tal direito seria incompatível com o prazo reduzido de vinte e quatro horas que a lei concede à autoridade judiciária para que esta se pronuncie quanto a esse pedido.

III. Tempo da prática dos atos processuais

1. Regra geral

Os atos processuais devem ser praticados nos dias úteis – isto é, durante os dias em que os tribunais não se encontrem encerrados, na aceção do art. 137º, nº 1 –, às horas de expediente dos serviços de justiça – aqui se incluindo as secretarias judiciais, bem como as esquadras ou os postos de polícia[1200] – e fora do período de férias judiciais (art. 103º, nº 1, do CPP)[1201,1202].

[1198] Cfr., nesse sentido, PINTO, António Augusto Tolda, *A Tramitação Processual Penal*, 2ª ed., Coimbra Editora, Coimbra, 2001, p. 217, bem como GONÇALVES, Manuel Lopes Maia, *Código de Processo Penal: Anotado, op. cit.*, p. 298.

[1199] No sentido de este requerimento não carecer de ser motivado, *vide* SILVA, Germano Marques da, *Curso de Processo Penal, op. cit.*, p. 61.

[1200] GASPAR, António da Silva Henriques, *et al.*, *Código de Processo Penal Comentado, op. cit.*, p. 307.

[1201] Por conseguinte, tal como se decidiu no ac. do TRP de 03.06.2015, proc. 2823/12.9TAGDM-A.P1, "É ilegal e viola o disposto no art. 103º, nº 1, do CPP a notificação efectuada, a advogado/mandatário, para os fins dos arts. 284º e 287º CPP (deduzir acusação particular ou requerer a abertura da instrução), no período de férias judiciais".

[1202] Cfr., a este respeito, o ac. do TRC de 17.12.2014, proc. 287/12.6JACBR-B.C1, no qual se decidiu que "Se a diligência processual é designada por despacho proferido fora do período das férias judiciais e agendada para o mesmo período, entendemos não haver dúvidas que é respeitada a regra do nº 1 do art. 103º do CPP. Dito de outro modo, o despacho proferido fora do período das férias judiciais só é regular, nos termos do art. 103º, nº 1, do CPP, se designar a diligência fora do período das férias judiciais". *Vide*, ainda, o ac. do TRL de 18.11.2008, proc. 5793/2008-5.

2. Exceções

A título excecional, podem ser praticados em dias não úteis[1203] ou durante o período de férias judiciais os seguintes atos (art. 103º, nº 2, do CPP):

a) os atos processuais relativos a arguidos detidos ou presos[1204];
b) os atos que sejam indispensáveis à garantia da liberdade das pessoas;
c) os atos relativos a processos em que intervenham arguidos menores, ainda que, neles, não existam arguidos presos;
d) os atos de inquérito e de instrução, bem como os debates instrutórios e as audiências relativamente aos quais for reconhecida, por despacho de quem a elas presidir, vantagem em que o seu início, prosseguimento ou conclusão ocorra sem aquelas limitações;
e) os atos relativos a processos sumários e abreviados, até à sentença em primeira instância;
f) os atos processuais relativos aos conflitos de competência, requerimentos de recusa e pedidos de escusa;
g) os atos relativos à concessão da liberdade condicional, quando se encontrar cumprida a parte da pena necessária à sua aplicação;
h) os atos de mero expediente, sempre que necessário;
i) as decisões das autoridades judiciárias, sempre que necessário[1205]; e

[1203] Para o efeito, de acordo com os arts. 53º a 55º do ROFTJ, devem ser organizados turnos que garantam a prática de atos processuais nos sábados e em dias feriados que que recaiam em domingo.

[1204] *Vide*, a este propósito, o ac. do TRP de 04.03.1992, proc. 9250107, no qual se decidiu que "Todos os actos processuais respeitantes a processo com arguido preso são urgentes, sendo tal urgência um comando geral a que, portanto, têm de submeter-se todos os que intervêm no processo, sem exclusão do próprio arguido detido ou preso". Cfr., no mesmo sentido, o ac. do TRC de 09.04.2008, proc. 18/06.0PELRA, onde se consignou que "Nos processos onde haja arguidos presos a urgência imposta à tramitação do processo torna-se genérica, contagiando não apenas os actos praticados ou a praticar pelos arguidos presos ou os actos que a eles respeitem, mas de igual modo os restantes actos a praticar no processo pelos arguidos não presos como também os actos a praticar pelos restantes sujeitos processuais [MP, assistentes, defensor, juiz] e os próprios actos da secretaria", bem como o ac. do TRP de 29.05.1991, proc. 9140366, no qual se decidiu que "Corre durante as férias judiciais o prazo para interposição de recurso do despacho que ordenou que o arguido aguardasse em prisão preventiva os ulteriores termos do processo".

[1205] *Vide*, a este respeito, o ac. do TRC de 17.12.2014, proc. 287/12.6JACBR-B.C1, no qual se decidiu que "Tem a natureza de urgente e a diligência pode ser agendada para férias judiciais dada a necessidade, premente, de reapreciação e eventual substituição das medidas coactivas a que os arguidos estavam sujeitos, uma vez que haviam sido confirmadas em 2ª instância as pesadas penas que lhe haviam sido aplicadas por crimes de homicídio qualificado e de profanação de cadáver, e a esta situação acresciam eventualmente os invocados sérios perigos de fuga, de continuação da actividade perigosa, de alarme social e de perturbação da ordem pública".

j) os atos considerados urgentes em legislação especial. É o que sucede, por exemplo, com a prática de atos processuais no âmbito dos processos por crime de violência doméstica, atento o disposto no art. 28º, nº 2, da Lei nº 112/2009, de 16 de setembro[1206,1207].

No que concerne ao interrogatório do arguido, este não pode ser realizado, sob pena de nulidade, entre as zero e as sete horas – salvo em ato seguido à detenção, nos casos previstos no art. 174º, nº 5, al. *a)*, do CPP[1208] – ou quando o próprio arguido o solicite.

Para além disso, o interrogatório do arguido tem a duração máxima de quatro horas, podendo ser retomado, em cada dia, por uma só vez e idêntico prazo máximo, após um intervalo mínimo de sessenta minutos (art. 103º, nº 4, do CPP).

A violação dessas regras importa a nulidade das declarações prestadas[1209], a qual, não estando expressamente prevista no art. 119º do CPP, deve ser arguida enquanto o ato processual em causa não terminar[1210].

3. Prática do ato após o termo do prazo

3.1. Prorrogação do prazo legal

3.1.1. Prorrogação por previsão legal

Nos casos expressamente previstos na lei, quando existam vários arguidos ou assistentes e o prazo para a prática de um ato termine em dias diferentes[1211], o

1206 *Vide*, a este propósito, o ac. do TRC de 24.09.2014, proc. 627/09.5PBCTB.C1.

1207 No sentido de a natureza urgente do processo por crime de violência doméstica cessar com o trânsito em julgado da decisão final proferida nesse processo, não revestindo, por isso, natureza urgente o recurso extraordinário para uniformização de jurisprudência que venha a ser interposto na sequência da decisão proferida nesse processo, *vide* o ac. do STJ de 03.03.2016, proc. 768/10.6SMPRT.P1-A.S1.

1208 Com efeito, como bem refere Germano Marques da Silva, a inexistência dessa limitação horária quando o interrogatório tenha lugar após a detenção é estabelecida em benefício do próprio arguido, na medida em que este pode ser restituído à liberdade, ainda que com a sujeição a medidas de coação, o mais rapidamente possível (Silva, Germano Marques da, *Curso de Processo Penal, op. cit.*, p. 58).

1209 Cfr., a este respeito, Eiras, Henriques, *Processo Penal Elementar*, 8ª ed. atua., Quid Iuris, Lisboa, 2010, p. 120.

1210 Pinto, António Augusto Tolda, *A Tramitação Processual Penal, op. cit.*, p. 216.

1211 *Vide*, a este propósito, o ac. do TRP de 24.10.2001, proc. 0141028, no qual se decidiu que este regime só deve ser aplicado nos casos em que todos os arguidos tenham sido real e efetivamente notificados, ficando, por isso, excluídas da sua aplicação as situações em que a notificação se revele impossível, por desconhecimento do paradeiro de algum dos arguidos.

ato pode ser praticado por todos ou por cada um deles até ao termo do prazo que começou a correr em último lugar (art. 113º, nº 14)[1212,1213]. É o que sucede, por exemplo, com a apresentação do requerimento de abertura de instrução (art. 287º, nº 6, do CPP)[1214] e com o oferecimento da contestação à acusação, acompanhada do rol de testemunhas (art. 311º-B, nº 1, do CPP)[1215].

[1212] Cfr., a este respeito, o ac. do TRP de 05.12.2018, proc. 21/15.9PASJM-A.P1, no qual se decidiu que "Nos termos dos artigos 287º e 115º, nº 4, do Código de Processo Penal, a cada grupo de sujeitos processuais aproveita o prazo para requerer a abertura de instrução que termine em último lugar para o respetivo grupo, pelo que um arguido só pode beneficiar do prazo que termine mais tarde para outro arguido, assim como um assistente só pode beneficiar do prazo que termine mais tarde para outro assistente". *Vide*, ainda, o ac. do TRP de 26.01.2005, proc. 0445526.

[1213] Defendendo que o princípio do benefício do prazo, consagrado no art. 569º, nº 2, não tem aplicação no processo penal, *vide* o ac. do TRP de 01.06.1994, proc. 9311041, bem como o ac. do TRE de 08.04.2004, proc. 973/04-1, no qual se decidiu que "No silêncio da lei, os vários arguidos ou assistentes têm de praticar o acto dentro do prazo subsequente à notificação feita a cada um deles, mesmo que o prazo para algum deles comece a correr posteriormente".

[1214] Cfr., a este propósito, o ac. do TRP de 09.02.2000, proc. 0040031, o ac. do TRE de 06.02.2007, proc. 2969/06-1, bem como o ac. do TRL de 22.01.2020, proc. 1476/13.1IDLSB-A.L1-3. *Vide*, ainda, o ac. do TRP de 23.10.2002, proc. 0210714, no qual se decidiu que "Para que os co-arguidos já notificados da acusação possam saber em que data exacta, para os efeitos do artigo 113º, nº 12, do Código Penal, ocorre o termo do prazo que começou a correr em último lugar (quando há co-arguidos não notificados ainda daquela), deve proceder-se à notificação dos primeiros de que o processo irá prosseguir (se for esta a atitude do Ministério Público) nos termos do artigo 283º, nº 5, daquele diploma, contando-se a partir daí o prazo para requerer a abertura da instrução", o ac. do TRE de 16.04.2013, proc. 890/04.8TAFAR-A.E1, com o seguinte sumário: "I – O que releva para o efeito da aplicação do disposto no nº 12 do art. 113º do CPP ao prazo para requerer instrução é o termo do prazo e não o respectivo início. II – A tempestividade do prazo pressupõe, por isso, que se mostrem a correr simultaneamente, à data do requerimento, outros prazos aplicáveis, não podendo disso beneficiar o requerente pela circunstância de, volvidos vários meses desde o termo do prazo que para si correu, um outro arguido ter sido notificado da acusação", bem como o ac. do TRP de 30.04.2014, proc. 51/09.0TACPV-A.P1, no qual se decidiu que "Desde o momento em que cada arguido é notificado da acusação, o prazo de 20 dias que lhe é concedido começa a correr, sem prejuízo de poder beneficiar, por força do nº 12 do art. 113º do Cód. Proc. Penal, do termo do prazo do coarguido que ocorrer em último lugar, se o prazo daquele se encontrar ainda a correr".

[1215] No sentido de este regime não se aplicar, por falta de disposição especial, à contagem do prazo para a interposição de recurso, *vide* o ac. do STJ de 03.10.2007, proc. 07P2818. Com efeito, tal como se decidiu neste aresto, a norma do art. 411º do CPP "não pode ser aplicada quando está em causa o direito ao recurso, que é um acto próprio, pessoal, individual, que deve ser exercido por cada interessado dentro do prazo que lhe compete, e que tem regras próprias, específicas, em que impera o princípio da celeridade processual".

Por outro lado, importa referir que a prorrogação do prazo só pode ter lugar nos casos expressamente previstos na lei[1216]. Vale isto por dizer que não é aplicável ao processo penal o regime da prorrogação legal do prazo constante do art. 569º[1217].

Acresce, igualmente, que, nos termos do art. 138º, nº 2, *ex vi* do art. 104º, nº 1, do CPP, se o prazo para a prática de um ato processual terminar num dia em que os tribunais se encontrem encerrados, o termo do prazo transfere-se para o primeiro dia útil seguinte[1218].

3.1.2. Prorrogação dependente de decisão judicial

Muito embora, em regra, os prazos processuais sejam improrrogáveis, o art. 107º, nº 6, do CPP, determina que, se o procedimento se revelar de excecional complexidade – o que não se confunde com a declaração da excecional complexidade do processo[1219] –, devido, nomeadamente, ao número de arguidos ou de ofendidos ou ao carácter altamente organizado do crime (art. 215º, nº 3, *in fine*, do CPP), os prazos para o oferecimento da contestação ao pedido de indemnização civil (art. 78º, nº 1, do CPP), para a dedução de acusação pelo assistente (art. 284º do CPP), para a apresentação do requerimento de abertura de instrução (art. 287º do CPP), para o oferecimento da contestação à acusação (art. 311º-B do CPP)[1220], para a interposição do recurso e apresentação da respetiva motivação (art. 411º, nºs 1 a 3)[1221], bem como para o oferecimento da resposta ao recurso (art. 413º, nº 1) são aumentados em 30 dias[1222], podendo, no entanto, o juiz, a requerimento do Ministério Público, do assistente, do arguido ou das partes civis, fixar um prazo superior.

[1216] Cfr., em sede de direito comparado, o art. 173º do $CPP_{It.}$, o qual preceitua que os prazos de natureza perentória que se encontrem legalmente tipificados como tal não podem, em princípio, ser prorrogados, salvo se a lei dispuser em sentido contrário.

[1217] *Vide*, nesse sentido, o ac. do TRP de 01.06.1994, proc. 9311041.

[1218] Cfr., a este respeito, o ac. do TRL de 08.02.2018, proc. 76/17.1PAVFX-A.L1-9.

[1219] Cfr., nesse sentido, o ac. do TRP de 28.11.2012, proc. 1721/09.8JAPRT.P1.

[1220] *Vide*, a este respeito, o ac. do TRE de 01.10.2013, proc. 32/07.8JFLSB-A.E2.

[1221] Cfr., a este propósito, o ac. do TRE de 25.10.2016, proc. 57/13.4PEFAR-C.E1. *Vide*, ainda, o ac. do TRP de 29.06.2005, proc. 0412252, bem como o ac. do TRE de 20.04.2010, *in CJ*, tomo II, 2010, p. 253, no qual se decidiu que "Não há lugar à prorrogação do prazo do recurso com reapreciação de prova gravada, mesmo em processo de especial complexidade".

[1222] Trata-se, com efeito, de uma solução introduzida pela Lei nº 59/98, de 25 de agosto, a qual previa, inicialmente, a possibilidade de prorrogação do prazo, nos casos previstos nos arts. 78º, 287º e 315º do CPP, até ao limite máximo de 20 dias. Com a Lei nº 28/2007, de 29 de agosto, a possibilidade de prorrogação do prazo viria a ser estendida aos prazos previstos no art. 411º, nºs 1 e 3, do CPP, ampliando-se, simultaneamente, o prazo máximo da prorrogação, o qual passou a ser de 30 dias.

O pedido de prorrogação do prazo deve ser devidamente fundamentado, ou seja, o requerente deve demonstrar por que razão, atendendo às particularidades do caso em concreto, se justifica que o prazo que se encontre em curso deve ser prorrogado tendo em vista a prática do ato processual em causa[1223].

Para além disso, a prorrogação do prazo está, neste caso, "dependente da livre resolução do tribunal", já que resulta de uma "faculdade discricionária", não se encontrando, por isso, o juiz vinculado a deferir o requerimento de prorrogação do prazo[1224].

Acresce que a apresentação do pedido de prorrogação do prazo – ou o indeferimento desse pedido – não tem a virtualidade de suspender o prazo que já se encontre em curso[1225], razão pela qual o pedido de prorrogação do prazo deve ser formulado antes que termine o prazo em causa[1226].

Por outro lado, importa salientar que a lei alude à possibilidade de o juiz "fixar prazo superior". Consequentemente, o juiz deve, através de despacho devidamente fundamentado, fixar o período da prorrogação do prazo que considere adequado atentas as particularidades do caso em concreto[1227].

Se, apesar de ter requerido a prorrogação judicial do prazo, a parte tiver, entretanto, praticado o ato processual em causa, a apreciação desse pedido perde qualquer utilidade, verificando-se, por isso, uma inutilidade superveniente[1228].

Sendo deferido o pedido de prorrogação do prazo, nos termos do art. 107º, nº 6, do CPP, essa prorrogação aproveita aos demais sujeitos processuais, ao abrigo do princípio da igualdade de armas[1229].

[1223] Cfr., nesse sentido, o ac. do TRP de 28.11.2012, proc. 1721/09.8JAPRT.P1.

[1224] Ac. do TRL de 10.10.2007, proc. 5967/2007-3. *Vide*, em sentido idêntico, o ac. do TRP de 29.11.1995, proc. 9540454.

[1225] Cfr., nesse sentido, o ac. do TRP de 30.04.2003, proc. 0342185, bem como o ac. do TRC de 19.01.2011, proc. 51/06.1GAMGL.C1.

[1226] *Vide*, no mesmo sentido, PINTO, António Augusto Tolda, *A Tramitação Processual Penal, op. cit.*, p. 218.

[1227] Cfr., a este propósito, o ac. do TRC de 14.07.2010, proc. 439/05.5TACBR-A.C1.

[1228] *Vide*, nesse sentido, o ac. do TRL de 13.11.1991, proc. 0271573.

[1229] Cfr., nesse sentido, o ac. do TRG de 20.03.2018, proc. 50/14.0SLLSB-AT.G1, com o seguinte sumário: "I – O deferimento do pedido do Mº Pº de alargamento do prazo para recorrer é extensível aos demais sujeitos processuais como o arguido, à luz do disposto no art. 107º, nº 6, do CPP, nomeadamente quando é invocada para tal deferimento circunstância comum, como seja a extensão da decisão judicial. II – Este normativo, muito embora prescreva que a prorrogação do prazo aí prevista dependa de requerimento do Ministério Público, do assistente, do arguido ou das partes civis, não faz qualquer distinção quanto aos beneficiários da sua atribuição, ou seja, que aproveita só ao requerente, não consentindo uma interpretação restritiva como seja a de que

3.2. Prática do ato com multa

O art. 107º, nº 5, do CPP[1230] preceitua que, independentemente do justo impedimento, o ato pode ser praticado no prazo, nos termos e com as mesmas consequências que em processo civil, com as necessárias adaptações[1231]. Consequentemente, por aplicação subsidiária do disposto no art. 139º, nº 5, a parte pode praticar o ato dentro dos três primeiros dias úteis subsequentes ao termo do prazo, ficando, no entanto, a sua validade dependente do pagamento imediato de uma multa[1232], salvo se o ato processual em causa tiver sido praticado pelo Ministério Público[1233].

é aplicável essa prorrogação apenas a quem a pede. III – O argumento para o deferimento desse prazo alargado de "não coarctar ao Mº Pº a possibilidade do exercício pleno do direito ao recurso" também é extensível ao arguido recorrente, enquanto sujeito processual, e com o fim de lhe ser assegurada a tutela efectiva do seu direito ao recurso, constitucionalmente consagrado, e último reduto de impugnação judicial ordinária. IV – Não estão aqui em causa os requisitos legais inerentes ao deferimento ou não desse pedido de prorrogação do prazo (como seja, além da complexidade excepcional do processo, a motivação invocada para esse pedido), mas sim o facto de se estender aos demais sujeitos processuais o prazo alargado a pedido de um deles para o exercício efectivo do direito ao recurso. V – Exigências de um processo equitativo e justo (*due process of law*), por um lado, e de uma concreta igualdade de armas, por outro, como garantia de defesa do arguido, sobrelevam a necessidade de não se cercear ao reclamante/arguido a faculdade de recorrer, aproveitando a prorrogação do prazo a requerimento do Mº Pº".

1230 O nº 5 foi aditado ao art. 107º do CPP pelo DL nº 317/95, de 28 de novembro.

1231 Até ao aditamento desta regra, a jurisprudência dividia-se quanto à questão de saber se era ou não aplicável ao processo penal o regime da possibilidade de prática do ato com multa, previsto no atual art. 139º, nº 5 (cfr., quanto à inaplicabilidade desse regime, entre outros, o ac. do STJ de 05.04.1989, proc. 039898, o ac. do STJ de 03.05.1989, proc. 039860, o ac. do STJ de 24.05.1989, proc. 039983, o ac. do STJ de 21.06.1989, proc. 040100, o ac. do STJ de 28.06.1989, proc. 040160, o ac. do TRP de 07.11.1990, proc. 0124167, o ac. do TRL de 21.05.1991, proc. 0015795, o ac. TRP de 18.09.1991, proc. 9150399, o ac. do TRP de 04.12.1991, proc. 9110500, o ac. TRL de 17.05.1995, proc. 0002253, o ac. do TRP de 05.07.1995, proc. 9540439, bem como o ac. do TRP de 06.03.1996, proc. 9610008; pelo contrário, quanto à sua aplicabilidade, *vide*, entre outros, o ac. do TRP de 28.02.1990, proc. 0123869, bem como o ac. do STJ de 02.10.2003, proc. 03P2849, este último com um voto de vencido).

1232 *Vide*, a este respeito, o ac. do TRP de 06.03.1996, proc. 9610008, bem como o ac. do TRL de 22.01.2020, proc. 1476/13.1IDLSB-A.L1-3. Cfr., igualmente, o ac. do TRG de 17.12.2018, proc. 4123/16.6JAPRT.B.G1, com o seguinte sumário: "I) O artigo 107º-A do Código de Processo Penal prevê a possibilidade da prática do ato dentro dos três primeiros dias úteis subsequentes ao termo do prazo, ficando a sua validade dependente do pagamento imediato de uma multa sancionatória, com intuito de evitar que a omissão de uma simples formalidade processual possa conduzir à perda definitiva de um direito material. II) A *ratio* do artigo 107º-A do Código de Processo Penal e a sua conjugação com o instituto do justo impedimento impedem a hipótese de cumulação destas duas prerrogativas para a prática do ato fora do prazo normal legalmente previsto".

Contudo, o valor da multa no âmbito do processo penal é diverso daquele que se encontra previsto no processo civil. Na verdade, à luz do art. 107º-A do CPP, aplica-se à prática extemporânea de atos processuais penais o disposto no art. 139º, nºs 5 a 7, mas com as seguintes alterações[1234,1235]:

a) se o ato for praticado no 1º dia, a multa é equivalente a 0,5 UC;
b) se o ato for praticado no 2º dia, a multa é equivalente a 1 UC;
c) se o ato for praticado no 3º dia, a multa é equivalente a 2 UC.

Sendo praticado o ato num dos três primeiros dias úteis subsequentes ao termo do prazo, sem que tenha sido imediatamente liquidada a multa devida, a secretaria deve, logo que verifique essa falta e independentemente de despacho, notificar o interessado para pagar a multa, acrescida de uma penalização de 25% do valor da multa, desde que se trate de ato praticado por mandatário[1236].

Contudo, se o ato for praticado diretamente pela parte, no caso de o patrocínio judiciário não ser obrigatório, o pagamento da multa só é devido após a notificação efetuada pela secretaria nesse sentido, devendo a parte liquidar a multa devida no prazo de 10 dias, a contar dessa notificação (art. 139º, nº 7, *ex vi* do art. 107º-A do CPP).

1233 Com efeito, o AUJ do STJ nº 5/2012, de 18.04.2012, proc. 667/08.1GAPTL.G1-A.S1, *in DR, 1ª série*, nº 98, de 01.05.2012, fixou a seguinte jurisprudência: "O Ministério Público, em processo penal, pode praticar acto processual nos três dias úteis seguintes ao termo do respectivo prazo, ao abrigo do disposto no artigo 145º, nº 5, do Código de Processo Civil, sem pagar multa ou emitir declaração a manifestar a intenção de praticar o acto naquele prazo". Já antes, o ac. do STJ de 10.07.1996, *in CJSTJ*, ano IV, tomo II, p. 228, o ac. do STJ de 04.12.1996, *in CJSTJ*, ano IV, tomo III, p. 200, bem como o ac. do TRE de 27.03.2012, proc. 273/05.2 TABJA.E1, haviam decidido que o Ministério Público estava isento do pagamento de multa pela prática de um ato processual fora do respetivo prazo. Sustentando que o Ministério Público estava isento do pagamento da multa, mas que, para o efeito, devia emitir a correspondente declaração nesse sentido, *vide* o ac. do TRG de 08.11.2004, proc. 1322/04-2.

1234 O art. 107º-A foi aditado ao Código de Processo Penal pelo DL nº 34/2008, de 26 de fevereiro.

1235 Cfr., a este respeito, o ac. do TRC de 19.11.2014, proc. 212/12.4TATND.C1, com o seguinte sumário: "Visando o pagamento da sanção pecuniária a que se reporta o art. 107º-A do CPP garantir o direito à prática de acto processual fora de prazo – mas dentro do prazo de complacência previsto no art. 145º (antiga redacção; actualmente, art. 139º) do CPC –, e não o direito à apreciação desse acto, a desistência do direito exercido através do acto praticado não determina a restituição da multa".

1236 *Vide*, a este propósito, o ac. do TRL de 19.05.1998, proc. 0025585, bem como o ac. do TRE de 03.12.2002, proc. 1772/02-1.

Por outro lado, a formulação do art. 107º-A do CPP daria a entender que o legislador pretendeu excluir expressamente da lei de processo penal a aplicação do regime previsto no art. 139º, nº 8, já que aquele preceito legal remete apenas para os n°s 1 a 7 do art. 139º, excluindo, portanto, dessa remissão o regime previsto no nº 8. Concomitantemente, ao invés do que sucede no processo civil, o juiz não poderia, a título excecional, determinar a redução ou a dispensa da multa nos casos de manifesta carência económica ou quando o respetivo montante se revelasse manifestamente desproporcionado, designadamente nas ações que não importassem a constituição de mandatário e o ato tivesse sido praticado diretamente pela parte. De resto, atentando nos valores das multas previstos no art. 107º-A do CPP, constata-se que estes são manifestamente inferiores aos valores das multas consignados no art. 139º, nº 5, sendo essa a razão pela qual não se justificaria aplicar ao processo penal o regime da redução ou dispensa da multa constante do art. 139º, nº 8[1237].

Contudo, sobre esta concreta questão e face à divergência jurisprudencial que se instalou junto dos tribunais inferiores[1238], o Supremo Tribunal de Justiça, com um voto de vencido, fixou jurisprudência[1239] no sentido de que de "O nº 8 do art. 139º do Código de Processo Civil, no qual se estabelece a possibilidade excepcional da redução ou dispensa da multa pela prática de acto processual fora do prazo, é aplicável em processo penal". Com efeito, de acordo com o tribunal superior, "o facto de o art. 107º-A mandar aplicar o disposto nos n°s 5 a 7 do art. (hoje) 139º do CPC não significa que exclua o nº 8 desse preceito do seu campo de aplicação próprio. Ao contrário, não haveria que fazer-lhe referência expressa porque aqueles e este número têm alcance diferente. Visam aqueles a validade dos actos, os procedimentos de notificação e prazo de pagamento das multas e, o nº 8, a redução ou dispensa da multa pela prática do acto com atraso". Acresce que, de acordo com o entendimento

[1237] Esta posição foi por nós sustentada nas anteriores edições da presente obra.

[1238] Defendendo a inaplicabilidade do art. 139º, nº 8, ao processo penal, *vide* o ac. do TRP de 31.05.2017, proc. 2613/16.0T8MAI A.P1.
Em sentido contrário, isto é, sustentando que o art. 139º, nº 8, era aplicável ao processo penal, por força da remissão do art. 107º-A do CPP para "o disposto nos n°s 5 a 7 do artigo 145º do Código de Processo Civil", *vide* o ac. do TRC de 23.03.2011, proc. 1691/07.7PBAVR-B.C1, o ac. do STJ de 21.12.2011, *in CJSTJ*, tomo III, 2011, p. 235, o ac. do TRL de 23.10.2012, proc. 4837/11.7TDLSB.L1-5, o ac. do TRP de 23.10.2013, proc. 401/07.3GBBAO-B.P1, o ac. do TRL de 16.01.2014, proc. 415/12.1SILSB-A.L1-9, o ac. do TRL de 07.01.2017, proc. 5688/15.5TAMD-A.L1-9, bem como o ac. do TRE de 20.03.2018, proc. 1336/16.4T9BJA-A.E1.

[1239] AUJ nº 4/2020, de 13.02.2020, proc. 2613/16.0T8MAI -A.P1-A.S1, *in DR*, *1ª série*, nº 96, de 18.05.2020.

vertido no referido aresto, "esse preceito estabeleceu para os actos praticados em processo penal quantitativos de multa inferiores aos praticados em processo civil. Se assim é, se é menos onerosa a prática de actos em processo penal que em processo civil, num critério interpretativo lógico-racional há-de concluir-se que seria falho de sentido um regime de redução ou dispensa de multa mais favorável em processo civil, que em processo penal", concluindo que "aquele preceito começou por ressalvar o disposto no artigo anterior ("sem prejuízo do artigo anterior...")), ou seja, o art. 107º, em cujo nº 5 claramente se dispõe que "independentemente do justo impedimento, pode o acto ser praticado no prazo, nos termos e com as consequências que em processo civil...", o que vale por dizer que, em processo penal, praticado o acto fora do prazo normal, o mesmo está subordinado a iguais termos e consequências que o acto praticado fora do prazo em processo civil, desde logo, por força do nº 8 do art. 139º, à possibilidade excepcional de redução ou dispensa da multa nos casos de manifesta carência económica ou desproporcionalidade do seu montante". Conclui, em suma, que esse o entendimento é o que "melhor se articula com a arquitectura constitucional portuguesa quando, no seu art. 13º, a Constituição da República proclama, como princípio estruturante do Estado de direito democrático e princípio geral dos direitos e deveres fundamentais, o princípio da igualdade".

3.3. Justo impedimento

Nos termos do art. 107º, nºs 2 a 4, do CPP, o ato processual pode ser praticado fora do prazo em caso de justo impedimento, isto é, quando se tenha verificado um evento, de natureza excecional e imprevisível, que tenha impedido, em absoluto, a parte de praticar o ato processual dentro do respetivo prazo.

Com efeito, se se verificar um justo impedimento à prática de um ato dentro do respetivo prazo, a parte interessada deve, no prazo de 3 dias, a contar do termo do prazo legalmente fixado ou da cessação do impedimento[1240], apresentar um requerimento, endereçado à autoridade judiciária que dirigir a fase do processo a que o ato respeitar, alegando factos e apresentando provas que demonstrem a verificação de um justo impedimento[1241] e requerendo que o ato possa ser praticado fora do prazo estabelecido por lei[1242].

[1240] Diferentemente, como se referiu *supra*, a lei de processo civil impõe que o justo impedimento seja invocado logo que o impedimento cesse (art. 140º). *Vide*, quanto a esta diferença de regimes, o ac. do TRP de 04.11.1992, proc. 9240406.

[1241] *Vide*, a este respeito, o ac. do TRE de 05.12.2006, proc. 2768/06-3.

[1242] Cfr., a este propósito, o ac. do TRG de 05.11.2012, proc. 478/11.0GAFLG.

À luz da jurisprudência, para que se verifique um justo impedimento, é imprescindível que se encontrem preenchidos dois requisitos cumulativos:

a) deve estar em causa a verificação de um "evento não imputável ao agente a título de culpa ou negligência, no sentido de não se poder fazer incidir sobre o agente qualquer espécie de censura ético-jurídica por o evento ter ocorrido ou não ter sido evitado"; e

b) é necessário que esse evento tenha "gerado um obstáculo à prática do acto dentro do prazo legal e, nas concretas circunstâncias do caso, não fosse adequado e razoável exigir ao agente que ainda assim praticasse o acto no respectivo prazo"[1243,1244].

Acresce que, tal como sucede no processo civil, também no processo penal, a jurisprudência tem vindo a interpretar de forma muito restritiva o conceito de "justo impedimento". Assim, a título meramente exemplificativo, a jurisprudência tem vindo a entender que não se verifica um "justo impedimento" nos seguintes casos:

- o facto de o arguido "se encontrar doente e acamado" no dia que se encontrava designado para a realização da audiência de julgamento, não tendo comunicado ao tribunal a sua impossibilidade de comparência, já que esse circunstancialismo "não constitui obstáculo razoável e objectivo para a realização da comunicação ao tribunal"[1245]; ou
- o facto de a patrona da assistente ter estado em convalescença na sequência de uma intervenção cirúrgica[1246].

Se a autoridade judiciária, uma vez observado o contraditório prévio dos demais sujeitos processuais a quem o caso disser respeito, considerar verifi-

1243 Ac. do TRG de 04.04.2016, proc. 784/13.6GAEPS.G1.

1244 *Vide*, a este respeito, o ac. do TC nº 363/2000, de 05.07.2000, proc. nº 838/98, *in www.tribunalconstitucional.pt*, no qual se decidiu "julgar inconstitucional, por violação do artigo 32º, nº 1 da Constituição, os artigos 107º, nº 2 do Código de Processo Penal e 146º, nº 1, do Código de Processo Civil (quando aplicado subsidiariamente em processo penal) quando interpretados no sentido de que a impossibilidade de consulta das actas do julgamento (quando tenha sido requerida a documentação em acta das declarações orais prestadas em audiência, nos termos do art. 364º, nº 1, do Código de Processo Penal), por as mesmas não estarem ainda disponíveis, não constitui justo impedimento para a interposição do recurso da decisão final condenatória em processo penal".

1245 Ac. do TRG de 05.11.2012, proc. 478/11.0GAFLG.

1246 Ac. do TRG de 04.04.2016, proc. 784/13.6GAEPS.G1.

cada e provada a ocorrência de um justo impedimento, esta deve admitir o interessado a praticar o ato processual fora do prazo[1247].

Paralelamente, a autoridade judiciária deve proceder, na medida do possível, à renovação dos atos processuais aos quais o interessado teria o direito de assistir (art. 107º, nº 4, do CPP).

Em todo o caso, esta renovação dos atos processuais deve ser interpretada *cum grano salis*, já que, à luz do princípio da economia processual, não devem ser renovados os atos processuais cuja "manutenção não acarrete qualquer prejuízo ao interessado"[1248].

[1247] Sugestivamente, no ordenamento jurídico italiano, o *justo impedimento* encontra o seu equivalente no regime da "*restituzione nel termine*", o qual é igualmente entendido como se tratando de um "remédio de carácter excecional, destinado a conceder às partes a possibilidade de exercitarem um poder que se encontrava extinto em virtude do decurso de um prazo processual previsto sob pena de decadência" (Tonini, Paolo, *Lineamenti di Diritto Processuale Penale*, Giuffrè Editore, Milão, 2012, p. 101).

[1248] Silva, Germano Marques da, *Curso de Processo Penal*, *op. cit.*, p. 62.

Capítulo VIII
Prazos no processo contraordenacional geral

I. Aplicação subsidiária

Nos termos do art. 41º, nº 1, do RGCO, sempre que a lei seja omissa, aplicam-se ao processo contraordenacional, com as devidas adaptações, as normas reguladoras do processo penal. Por conseguinte, nos casos em que a lei nada diga, são aplicáveis ao processo contraordenacional, com as devidas adaptações, as normas previstas na lei processual penal quanto ao prazo para a prática de atos pelos magistrados, pelas partes ou pela secretaria, bem como as normas disciplinadoras da contagem de prazos,

II. Modalidades do prazo

1. Recurso de impugnação

1.1. Impugnação da decisão da autoridade administrativa de aplicação de coima

O art. 59º do RGCO estabelece o princípio geral segundo o qual a decisão da autoridade administrativa que tenha aplicado uma coima é suscetível de ser impugnada judicialmente[1249].

O recurso de impugnação judicial pode ser apresentado pelo arguido ou pelo seu defensor e deve ser interposto no prazo de 20 dias[1250], começando

[1249] No sentido de este regime ser igualmente aplicável aos casos em que esteja em causa uma decisão da autoridade administrativa que tenha aplicado a sanção de admoestação, *vide* Pereira, António Beça, *Regime Geral das Contra-Ordenações e Coimas*, 9ª ed., Almedina, Coimbra, 2013, p. 167. Cfr., em sentido idêntico, na jurisprudência, o ac. do TRE de 11.11.2010, proc. 1955/09.5TASTB.E1.

[1250] *Vide*, a este propósito, Dias, Augusto Silva, *Direito das Contra-Ordenações*, Almedina, Coimbra, 2018, p. 239, o qual salienta que a sucessiva ampliação do prazo originalmente previsto para a apresentação do recurso de impugnação judicial – fixando-se atualmente esse prazo em 20 dias – constitui um "indicador da crescente complexidade do Direito das Contra-Ordenações e da progressiva aproximação ao processo penal".

tal prazo a correr com o conhecimento, pelo arguido, da decisão da autoridade administrativa que lhe tenha aplicado uma coima (art. 59º, nº 3, do RGCO)[1251]. Trata-se, com efeito, de um prazo substantivo[1252] – já que não se destina a regular a prática de um ato dentro de um processo judicial – e de caducidade, sendo que, à luz do art. 63º, nº 1, do RGCO, constitui motivo de rejeição do recurso de impugnação judicial a interposição extemporânea do mesmo, isto é, fora do prazo legal de 20 dias.

Acresce, por outro lado, que o recurso deve ser feito por escrito, tem de conter alegações e conclusões e é apresentado junto da própria autoridade administrativa que tiver aplicado a coima ao arguido.

1.2. Impugnação da decisão da autoridade administrativa relativa a custas

Se o arguido pretender, nos termos gerais, impugnar judicialmente apenas a decisão da autoridade administrativa relativa às custas, o prazo para a apresentação dessa impugnação é de 10 dias, começando tal prazo a correr após o conhecimento da decisão objeto de impugnação (art. 95º, nº 1, do RGCO).

2. Retirada do recurso

Nos termos do art. 71º, nº 1, do RGCO, o arguido pode retirar o seu recurso de impugnação judicial até ao proferimento da sentença em primeira instância ou até que o juiz profira a decisão, por mero despacho judicial, sem realização da audiência de julgamento, à luz do art. 64º, nº 2, do RGCO.

Contudo, se o arguido pretender retirar o recurso depois de já se ter iniciado a audiência de julgamento, o recurso só pode ser retirado mediante aceitação do Ministério Público, atento o disposto no art. 71º, nº 2, do RGCO.

3. Recurso da decisão judicial

O art. 73º, nº 1, do RGCO admite a possibilidade de interposição de recurso, para o tribunal da Relação, da decisão que, em primeira instância, se pronuncie quanto ao mérito da impugnação judicial, nos seguintes casos:

[1251] Não obstante a letra da lei, isto é, apesar de a lei prever que o prazo de 20 dias para a apresentação do recurso de impugnação judicial da decisão condenatória da autoridade administrativa começa a correr "após o seu conhecimento pelo arguido", a verdade é que, rigorosamente, esse prazo começa a correr após a notificação dessa decisão ao arguido. *Vide*, no mesmo sentido, ALBUQUERQUE, Paulo Pinto de, *Comentário do Regime Geral das Contra-Ordenações à luz da Constituição da República e da Convenção Europeia dos Direitos do Homem*, Universidade Católica Editora, Lisboa, 2011, p. 246, bem como MENDES, António de Oliveira / CABRAL, José dos Santos, *Notas ao Regime Geral das Contra-Ordenações e Coimas*, 3ª ed., Almedina, Coimbra, 2009, p. 211.

[1252] Defendendo a natureza substantiva desse prazo, *vide*, entre outros, o ac. do TRP de 26.10.2016, proc. 10407/16.6T8PRT.P1, bem como o ac. do TRE de 24.10.2017, proc. 247/17.0T8LLE.E1.

a) quando tenha sido aplicada ao arguido uma coima superior a € 249,40;
b) se a condenação do arguido abranger sanções acessórias;
c) se o arguido tiver sido absolvido ou se o processo tiver sido arquivado em casos em que a autoridade administrativa tenha aplicado uma coima superior a € 249,40 ou em que tal coima tenha sido reclamada pelo Ministério Público;
d) se a impugnação judicial for rejeitada; ou
e) se o tribunal tiver decidido através de mero despacho, não obstante o recorrente ter manifestado a sua oposição quanto à essa modalidade.

Para além disso, o art. 73º, nº 2, do RGCO, prevê a possibilidade de, excecionalmente, isto é, mesmo que não se encontre preenchida qualquer uma das hipóteses constantes do art. 73º, nº 1, do RGCO, ser interposto recurso para o tribunal da Relação, mediante requerimento do arguido ou do Ministério Público, quando tal seja manifestamente necessário à melhoria da aplicação do Direito ou à promoção da uniformização da jurisprudência[1253].

Por sua vez, o art. 74º, nº 1, do RGCO preceitua que o recurso deve ser interposto no prazo de 10 dias[1254], sendo que, ao abrigo do princípio da igualdade de armas, o prazo para a apresentação da resposta ao recurso é, igualmente, de 10 dias[1255].

[1253] Nesta hipótese, à luz do art. 74º, nºs 2 e 3, do RGCO, o requerimento de admissão do recurso deve ser junto ao próprio recurso, antecedendo-o, sendo que o tribunal da Relação deve, a título de questão prévia, decidir sobre o mérito do requerimento de admissão excecional do recurso.

[1254] *Vide*, a este propósito, o ac. do TRE de 24.03.2009, proc. 2969/08-1, o ac. do TRE de 19.01.2012, proc. 809/10.7EASTR-A.E1, o ac. do TRC de 03.09.2012, proc. 1318/11.2 T2AVR.C1, bem como o ac. do TRG de 08.05.2013, proc. 4387/11.1TBGMR-A.G1.

[1255] Cfr., a este respeito, o AUJ do STJ nº 1/2009, *in DR, 1ª série*, nº 11, de 16.01.2009, no qual se fixou a seguinte jurisprudência: "Em processo de contra-ordenação, é de 10 dias quer o prazo de interposição de recurso para a Relação quer o de apresentação da respectiva resposta, nos termos dos artigos 74º, nºs 1 e 4, e 41º do Regime Geral de Contra-Ordenações (RGCO)". Cfr., no mesmo sentido, o ac. do TRC de 30.05.2007, proc. 2946/06.3TBAVR.C1, o ac. do TRC de 21.11.2007, proc. 2716/06.9TBGRD.C1, o ac. do TRC de 19.12.2007, proc. 116/07.1TBOFR.C1, o ac. do TRP de 21.05.2008, proc. 0841679, o ac. do TRE de 28.10.2008, proc. 2424/08-1, o ac. do TRP de 09.11.2011, proc. 272/11.5TBSJM-A.P1, bem como o ac. do TRE de 21.06.2016, proc. 44/15.8T8RMZ.E1.
Vide, ainda, o ac. do TC nº 27/2006, proc. 883/2005, no qual se decidiu declarar a inconstitucionalidade, com força obrigatória geral, "da norma constante do nº 1 do artigo 74º do Decreto-Lei nº 433/82, de 27 de Outubro, na redacção que lhe foi dada pelo Decreto-Lei nº 244/95, de 14 de Setembro, conjugada com o artigo 411º do Código de Processo Penal, quando dela decorre que, em processo contra-ordenacional, o prazo para o recorrente motivar o recurso é mais curto do que o prazo da correspondente resposta, por violação do princípio da igualdade de armas, inerente ao princípio do processo equitativo, consagrado no nº 4 do artigo 20º da Constituição".

Por outro lado, importa salientar que, nos termos do art. 66º do RGCO, na audiência de julgamento em primeira instância, não há lugar à gravação da prova[1256]. Acresce que o art. 75º, nº 1, do RGCO estabelece o princípio segundo o qual, salvo disposição legal em sentido contrário, a segunda instância apenas conhece da matéria de direito. Significa isto que, não podendo o recurso ter por objeto a reapreciação da prova gravada, ao prazo para a interposição do recurso não acresce, por aplicação subsidiária do regime previsto no art. 638º, nº 7, o prazo suplementar de 10 dias.

4. Revisão da decisão

Nos termos do art. 80º, nº 1, do RGCO, a revisão de decisões definitivas ou transitadas em julgado em matéria contraordenacional segue, de forma supletiva e com as devidas adaptações, o regime previsto nos arts. 449º e ss. do CPP. Com efeito, este regime encontra fundamento no princípio, previsto no art. 29º, nº 6, da CRP, segundo o qual "Os cidadãos injustamente condenados têm direito, nas condições que a lei prescrever, à revisão da sentença e à indemnização pelos danos sofridos".

Contudo, o pedido de revisão do processo a favor do arguido, com fundamento na apresentação de novos factos ou de novos meios de prova, só pode ser deduzido se não tiverem já decorrido mais de cinco anos após o trânsito em julgado ou o caráter definitivo da decisão a ser revista [art. 80º, nº 2, al. *b)*, do RGCO]. Na verdade, a consagração desse prazo máximo de cinco anos, contado desde o trânsito em julgado da decisão[1257], visa proteger a segurança do sistema jurídico, bem como a estabilidade das decisões judiciais.

5. Pagamento da coima

5.1. Prazo de pagamento voluntário

O pagamento da coima em que o arguido tenha sido condenado deve ser efetuado no prazo de 10 dias, o qual começa a correr a partir da data em que a decisão se tenha tornado definitiva ou transitado em julgado.

[1256] No sentido de a falta de documentação da prova produzida em sede de audiência de julgamento não ofender os princípios constitucionais do processo equitativo e do direito de defesa do arguido, *vide* o ac. do TRP de 05.04.2017, proc. 3957/16.6T8MTS.P1, bem como o ac. do TRC de 21.06.2017, proc. 744/12.4EACTB.C1.

[1257] Tratando-se de um prazo de caducidade, o mesmo é contado em conformidade com as regras previstas no art. 279º do CC, razão pela qual o prazo conta-se de forma contínua – isto é, incluindo sábados, domingos e dias feriados – e não se suspende durante o período de férias judiciais, sendo que, se o prazo terminar num sábado, domingo, dia feriado ou durante um período de férias judiciais, o termo do prazo transfere-se para o primeiro dia útil subsequente.

Este prazo reveste natureza judicial e perentória[1258], sendo que não é suscetível de ser acrescido de quaisquer prazos adicionais, atento o disposto no art. 88º, nº 1, do RGCO.

5.2. Diferimento do prazo de pagamento

Por razões de natureza económica e social, o art. 88º, nº 4, do RGCO prevê a possibilidade de, mediante decisão da autoridade administrativa ou do tribunal, ser autorizada a liquidação da coima, para além do prazo de pagamento voluntário de 10 dias, dentro do prazo máximo de um ano[1259], sempre que a situação económica do arguido o justifique.

5.3. Pagamento em prestações

Ainda a título excecional, o art. 88º, nº 5, do RGCO, consagra a possibilidade de a autoridade administrativa ou o tribunal autorizarem o pagamento da coima em prestações – não podendo a última delas ir além dos dois anos subsequentes ao carácter definitivo ou ao trânsito em julgado da decisão[1260] – sendo que, nesse caso, a falta de pagamento de uma prestação implica o vencimento de todas as outras.

[1258] Nessa exata medida, a contagem deste prazo obedece às regras previstas no art. 104º, nº 1, do CPP.

[1259] No sentido de o termo inicial deste prazo corresponder ao "momento em que a decisão administrativa se tornou definitiva ou o despacho judicial ou a sentença transitaram em julgado", *vide* Albuquerque, Paulo Pinto de, *Comentário do Regime Geral das Contra-Ordenações à luz da Constituição da República e da Convenção Europeia dos Direitos do Homem*, *op. cit.*, p. 333.

[1260] *Vide*, a este propósito, o ac. do TRC de 01.06.2016, proc. 505/13.3TBVIS.C2, com o seguinte sumário: "I – A determinação da razoabilidade do prazo requer o exame da situação concreta, designadamente a questão de facto e de direito. II – A existência de um prazo máximo de 2 anos sobre a data do trânsito em julgado da condenação, visa impedir que o pagamento da coima (art. 88º, nº 5 do RGCO), ou da multa (art. 47º, nº 3, do Código Penal), se prolongue de tal modo no tempo que o efeito preventivo da sanção se perca. III – O prazo de 2 anos é perentório, um limite máximo até ao qual todas as prestações têm de estar pagas, independentemente da data da decisão que defere o pagamento em prestações, pelo que, em face da letra e do espírito da lei, o condenado não pode ter qualquer expetativa jurídica de que tal prazo se conta a partir da data do deferimento. IV – A interpretação do art. 88º, nº 5 do RGCO realizada no douto despacho recorrido, no sentido de que, no pagamento da coima em prestações, a última delas não pode ir além dos dois anos subsequentes ao carácter definitivo ou ao trânsito em julgado da decisão, respeita a letra e o espírito da norma e não viola os artigos 20º, nº 4, da Constituição da República Portuguesa e 6º, nº 1, da Convenção Europeia dos Direitos do Homem".

5.4. Prazo para a apresentação do pedido de diferimento ou de pagamento da coima em prestações

Ainda que a lei seja omissa, afigura-se que, quer o pedido de pagamento diferido da coima dentro do prazo de um ano, quer o pedido de pagamento da coima em prestações, devem ser deduzidos dentro do prazo de 10 dias, legalmente previsto para que o arguido proceda ao pagamento voluntário da coima (art. 88º, nº 1, do RGCO).

6. Alteração dos prazos ou dos planos de pagamento

Nos termos do art. 88º, nº 6, do RGCO, mesmo que tenha sido deferido o pedido de pagamento da coima dentro do prazo de um ano ou em prestações, quer os prazos, quer os planos de pagamento inicialmente estabelecidos, podem ser alterados, sempre que ocorram circunstâncias supervenientes que justifiquem essa alteração.

III. Regras de contagem de prazos

1. Início da contagem dos prazos nas notificações

1.1. Notificação de decisões, despachos e medidas tomadas pelas autoridades administrativas

1.1.1. Notificação ao arguido

À luz do art. 47º, nº 1, do RGCO, a notificação deve ser dirigida ao arguido, sendo que, se este tiver um representante legal, a notificação feita ao arguido deve ser-lhe comunicada. No que concerne às formalidades dessa notificação, aplica-se o regime previsto no art. 113º do CPP, razão pela qual a data em que a notificação se considera realizada depende do modo como a própria notificação foi efetuada.

Por sua vez, o art. 59º, nº 3, do RGCO determina, quanto à contagem do prazo de 20 dias para a interposição de recurso de impugnação judicial, que esse prazo só começa a correr após o conhecimento, pelo arguido, da decisão que aplicou a coima.

Consequentemente, por aplicação subsidiária do regime das notificações, constante do art. 113º do CPP *ex vi* do art. 41º do RGCO, se o arguido for notificado da decisão de condenação em coima, através de carta registada, este presume-se notificado no terceiro dia posterior ao do envio da carta ou, se esse terceiro dia não for útil, no primeiro dia útil seguinte [art. 113º, nº 1, al. *b)*, e nº 2, do CPP][1261].

[1261] Cfr., nesse sentido, o ac. do TRE de 10.05.2011, proc. 2419/10.0TASTB.E1, com o seguinte sumário: "1. Em processo de contra-ordenação, a decisão da autoridade administrativa que aplica

Outrossim, se o arguido for notificado através de carta registada com aviso de receção, este considera-se notificado na data da assinatura do aviso de receção, não se aplicando, nesse caso, a presunção do terceiro dia posterior ao do envio, prevista no art. 113º, nº 1, al. *b)*, e nº 2, do CPP[1262].

1.1.2. Notificação ao arguido que se encontre assistido por defensor

Se o patrocínio se encontrar assegurado por um defensor escolhido pelo arguido, cuja procuração conste do respetivo processo, ou por um defensor que lhe tenha sido nomeado[1263], a notificação é dirigida ao defensor (art. 47º, nº 2, do RGCO), sendo que, nesse caso, o arguido é apenas infor-

uma coima deve ser notificada ao arguido de acordo com as regras do processo penal, aplicáveis subsidiariamente (art. 41º, nº 1, do RGCO). 2. Assim, tendo sido utilizada carta registada, o arguido presume-se notificado no 3º dia útil posterior ao do envio do registo postal (art. 113º, nº 2, do CPP), só então se iniciando a contagem do prazo de 20 dias para interpor recurso de impugnação judicial, independentemente de o arguido ter assinado em data anterior o aviso de recepção com que se fez acompanhar tal meio de notificação. 3. Tal presunção "iuris tantum" só pode ser ilidida em benefício do arguido, e nunca em seu desfavor, de acordo com a regra do art. 254º, nº 6, do CPC, aplicável em processo de contraordenações *ex vi* do citado art. 41º do RGCO, na medida em que constitui preceito regulador do processo penal, *ex vi* do art. 4º do CPP, uma vez que nem o RGCO, nem o CPP dispõem de norma que regule o regime da presunção estabelecida no nº 2 do art. 113º do CPP". Cfr., em sentido idêntico, o ac. do TRE de 08.05.2007, proc. 606/07-3, o ac. do TRE de 10.05.2011, proc. 2419/10.0TASTB.E1, o ac. do TRP de 11.07.2012, proc. 1525/12.0TAVNG.P1, bem como o ac. do TRL de 03.03.2016, proc. 3003/15.7T9SNT.L1-9.
Vide, em sentido contrário, o ac. do TRL de 30.05.2011, proc. 301/09.2TFLSB.L1-5, com o seguinte sumário: "No processo de contra-ordenação, o recurso de impugnação da decisão da autoridade administrativa ainda faz parte da fase administrativa do processo, iniciando-se a fase judicial, apenas, com a apresentação pelo Ministério Público dos autos ao juiz. O acórdão de uniformização de jurisprudência nº 2/94, de 10 Março 94 (*DR Iª Série* de 7 Maio 94), mantém-se em vigor quando dispõe que o prazo previsto no nº 3 do art. 59º do RGCO não é um prazo judicial, não sendo aplicável ao mesmo as regras do processo civil nem do processo penal, não se presumindo a notificação ao mandatário efectuada no terceiro dia posterior ao registo (regra prevista no nº 3 do art. 254º do Código de Processo Civil), mas sim no próprio dia da recepção da carta".

[1262] *Vide*, nesse sentido, o ac. do TRE de 20.05.2014, proc. 3198/13.4TASTB.E1, bem como o ac. do TRG de 29.12.2004, proc. 1756/04-2, no qual se consignou o seguinte: "I – Apesar do disposto no art. 113º, nº 1, al. *b)*, do CPP, é possível fazer-se a notificação por carta registada com aviso de recepção. II – Efectuada notificação de decisão através de carta registada com A/R, deve prevalecer a contagem do início do prazo com a assinatura do aviso e não a partir do 3º dia da presumida recepção – art. 113º, nº 2, do CPP".

[1263] Observe-se que, nos termos do art. 53º do RGCO, o arguido da prática de uma contraordenação tem o direito de se fazer acompanhar por um advogado, por ele escolhido em qualquer fase do processo, sendo que, se o arguido não constituir defensor, a autoridade administrativa deve nomear-lhe um defensor, oficiosamente ou a requerimento do próprio arguido, nos termos previstos na

mado, mediante o envio de uma cópia da decisão ou do despacho (art. 47º, nº 3, do RGCO). Significa isto que, nesse caso, o arguido considera-se notificado na pessoa do seu defensor, razão pela qual o prazo para a apresentação de recurso de impugnação judicial da decisão tomada pela autoridade administrativa começa a correr no primeiro dia útil subsequente ou da realização da notificação junto do defensor do arguido[1264].

1.1.3. Notificação a várias pessoas

À luz do art. 47º, nº 4, do RGCO, se a notificação tiver de ser realizada a várias pessoas, o prazo da impugnação só começa a correr depois da notificação da última dessas pessoas. Neste particular, importa salientar que o art. 46º, nº 1, do RGCO estabelece o princípio geral segundo o qual todas as decisões, despachos e demais medidas tomadas pelas autoridades administrativas devem ser comunicadas às pessoas a quem se dirigem. Contudo, se estiver em causa uma medida que admita impugnação sujeita a prazo, essa comunicação deve revestir a forma de notificação, a qual deverá conter os esclarecimentos necessários sobre admissibilidade, prazo e forma de impugnação, atento o disposto no art. 46º, nº 2, do RGCO.

1.2. Notificação da decisão do recurso de impugnação judicial

Nos termos do art. 74º, nº 1, do RGCO, o prazo de 10 dias para a interposição de recurso da sentença ou do despacho judicial que tenha decidido o mérito da impugnação judicial conta-se a partir do proferimento verbal da sentença ou do despacho judicial perante o arguido, ou, se este não tiver estado presente, a contar da notificação da decisão ao arguido.

Significa isto que, se o arguido esteve presente na audiência de leitura da sentença ou se esta foi lida perante o seu defensor, a sentença considera-se notificada ao arguido nesse momento, razão pela qual o prazo para a interposição do recurso começa a correr no dia imediatamente seguinte[1265].

legislação sobre apoio judiciário, sempre que as circunstâncias do caso revelarem a necessidade ou a conveniência de o arguido ser assistido.

1264 *Vide*, no mesmo sentido, o ac. do TRC de 19.12.2012, proc. 314/12.7TBMLD.C1, com o seguinte sumário: "Tendo o arguido/recorrente constituído mandatário no decurso do processo administrativo e antes de ter sido proferida a decisão da autoridade administrativa, a comunicação desta decisão ao arguido foi concretizada através da notificação do respectivo mandatário, sem prejuízo de ao próprio arguido ter sido remetida uma cópia da decisão. No entanto, o facto determinante é a notificação na pessoa do mandatário. Assim sendo, o início do prazo para contagem do recurso de impugnação em causa terá que se reportar à data em que foi notificado o mandatário do arguido (cfr. arts. 46º, 47º e 59º, do DL nº 433/82, de 27/10)".

1265 *Vide*, a este propósito, o ac. do TRL de 20.09.2011, proc. 2486/10.6TBOER.L1-5, no qual se decidiu o seguinte: "I – Em processo de contra-ordenação, diversamente do que ocorre em processo

Diferentemente, se o arguido não esteve presente na leitura da sentença e se este não se encontrar assistido por um defensor, o prazo para a interposição do recurso só começa a correr depois de a sentença ser notificada ao arguido.

Por outro lado, importa salientar que, conforme se referiu *supra*, se existirem vários arguidos, o prazo para a interposição do recurso só começa a correr com a notificação do último dos arguidos, por força do disposto no art. 47º, nº 4, do CPP[1266].

2. Regras de contagem dos prazos

2.1. Contagem do prazo da impugnação judicial

Como se referiu *supra*, o art. 59º, nº 3, do RGCO fixa um prazo de 20 dias para a interposição do recurso de impugnação judicial contra a decisão da autoridade administrativa que tenha aplicado uma coima ao arguido.

Ora, no que concerne ao modo de contagem desse prazo, o art. 60º do RGCO estabelece as seguintes regras:

a) a contagem desse prazo suspende-se aos sábados, domingos e feriados[1267], ou seja, na contabilização desse prazo, são apenas considerados os dias úteis[1268].

penal, o arguido pode litigar por si, desacompanhado de advogado ou defensor, e se o juiz não considerar como necessária a sua presença na audiência de julgamento, pode não comparecer, nem se fazer representar na mesma por advogado. II – O art. 74º, nº 1, do RGCO, não se refere à presença física, mas antes à presença processual, considerando-se o arguido notificado da sentença, depois de esta ter sido lida perante o defensor nomeado ou constituído, contando-se o prazo de recurso a partir dessa data, mesmo que o arguido não tenha comparecido a esse acto". Cfr., ainda, o ac. do TRG de 06.10.2009, proc. 130/09.3TBGMR-A.G1, o ac. do TRP de 23.09.2015, proc. 1269/13.6TBFLG.P1, o ac. do TRL de 22.10.2015, proc. 491/15.5T9PDL.L1-9, bem como o ac. do TRG de 23.10.2017, proc. 28/14.3TBEPS.G3.
No sentido de o prazo para a interposição do recurso só começar a correr após o depósito da sentença na secretaria, por aplicação subsidiária da lei de processo penal, na eventualidade de nem o arguido, nem o seu mandatário terem estado presentes na audiência de leitura da sentença, *vide* o ac. do TRE de 24.06.2010, proc. 360/09.8TBGLG.E1, bem como o ac. do TRP de 24.09.2014, proc. 53/12.9TATMC.P1.

1266 Cfr., nesse sentido, SANTOS, M. Simas / SOUSA, Jorge Lopes de, *Contra-Ordenações: Anotações ao Regime Geral*, 6ª ed., Áreas Editora, Lisboa, 2011, p. 558.

1267 No sentido de a contagem do prazo se suspender em dias feriados, quer os mesmos sejam nacionais, quer sejam municipais do local onde se situe a entidade competente para receber o recurso, *vide* ALBUQUERQUE, Paulo Pinto de, *Comentário do Regime Geral das Contra-Ordenações à luz da Constituição da República e da Convenção Europeia dos Direitos do Homem*, *op. cit.*, p. 247.

1268 Cfr., nesse sentido, o ac. do TRL de 15.05.2002, proc. 0035044, com o seguinte sumário: "É de 20 dias o prazo para recorrer da decisão da autoridade administrativa que aplicou a coima,

Acresce que, na contabilização deste prazo, são igualmente consideradas as férias judiciais, isto é, a contagem do prazo não se suspende em férias judiciais[1269], já que, tratando-se de um prazo de natureza substantiva, o mesmo não está sujeito às regras processuais de contagem de prazos previstas nos arts. 104º, nº 1, do CPP e 138º, nº 1[1270].

Consequentemente, se o termo do prazo coincidir com um período de férias judiciais, o recurso de impugnação judicial deve ser apresentado até ao termo desse prazo, mesmo que em período de férias judiciais, já que, não estando em causa um ato que deva ser "praticado em juízo"[1271], não é aplicável o disposto no art. 279º, al. *e)*, do CC, ou seja, o termo do prazo não se transfere para o primeiro dia útil subsequente ao fim das férias judiciais[1272,1273];

suspendendo-se tal prazo aos sábados, domingos e feriados. Se o termo do prazo cair em dia durante o qual não possa ser possível, durante o período normal, a apresentação do recurso, transfere-se para o primeiro dia útil".

1269 *Vide*, no mesmo sentido, o ac. do TRC de 30.05.2012, proc. 44/12.0T2ILH.C1, o ac. do TRE de 24.10.2017, proc. 247/17.0T8LLE.E1, o ac. do TRE de 24.10.2017, proc. 2769/16.1T8LLE.E1, bem como o ac. do TRP de 15.11.2017, proc. 723/17.5Y2VNG.P1. Cfr., ainda, o ac. do TC nº 395/02, proc. 321/02, *in www.tribunalconstitucional.pt*, no qual se decidiu "Não julgar inconstitucional, designadamente por violação do disposto nos artigos 20º, nºs 1 e 4, e 32º, nºs 1 e 10, da Constituição, os artigos 59º, nº 3, e 60º, nºs 1 e 2, do Decreto-Lei nº 433/82, de 27 de Outubro, na redacção que lhes foi dada pelo Decreto-Lei nº 244/95, de 14 de Setembro, na interpretação de que o prazo para a interposição do recurso neles previsto não se suspende durante as férias judiciais".

1270 Cfr., nesse sentido, o ac. do TRL de 28.10.2004, proc. 4294/2004-9, o ac. do TRE de 26.06.2007, proc. 919/07-1, o ac. do TRP de 27.01.2010, proc. 242/09.3TBCPV.P1, bem como o ac. do TRC de 18.10.2017, proc. 2219/17.6T8CBR.C1. *Vide*, na doutrina, Passos, Sérgio, *Contra-Ordenações: Anotações ao Regime Geral*, 3ª ed., Almedina, Coimbra, 2009, p. 419.

1271 Observe-se que, nos termos do art. 62º do RGCO, o recurso de impugnação judicial é apresentado junto da própria entidade administrativa que aplicou a coima – e não "em juízo", junto de um tribunal – cabendo à autoridade administrativa, no prazo de 5 dias, proceder ao envio do processo ao Ministério Público ou revogar a decisão. No sentido de esse prazo de 5 dias revestir a natureza de prazo meramente ordenador, *vide* o ac. do TRC de 30.10.2013, proc. 208/13.9TBGRD.C1.

1272 Cfr., no mesmo sentido, o ac. do TRG de 04.06.2018, proc. 2185/14.0EAPRT.G1, no qual se consignou o seguinte: "[...] IV – Mantém plena actualidade e validade a jurisprudência firmada pelo AUJ 2/94 de que «Não tem natureza judicial o prazo mencionado no nº 3 do artigo 59º do Decreto-Lei nº 433/82 ...», pelo que tal prazo não se suspende nas férias judiciais nem se transfere para o primeiro dia útil a estas subsequente, interpretação que não viola os princípios do acesso ao direito e tutela jurisdicional efectiva e o da proporcionalidade e da proibição do excesso, consagrados nos artigos 20º e 18º, nº 2 da CRP, como tem sido reconhecido pelo Tribunal Constitucional, com a atribuição específica de se pronunciar sobre tal matéria. V – Por conseguinte, não tem cabimento a invocação, para o aludido recurso, de regras aplicáveis aos prazos de natureza judicial, nomeadamente a estipulada pelo art. 297º do CC, relativamente a um acto que não é «praticado em juízo», mas, sim, ainda antes de qualquer procedimento judicial, perante a entidade que emitiu a

decisão administrativa que tal acto se destina a impugnar e em cuja actuação não existem férias", bem como o ac. do TRL de 18.12.2018, proc. 1970/18.8T9PDL.L1-5, com o seguinte sumário: "1 – O legislador alterou os arts. 59º e 60º do Dec. Lei 433/82, de 27 de Outubro, que eram totalmente omissos nesta matéria, sobre a qual havia alguma controvérsia e com a nova redacção do art. 60º, nº 1, o legislador foi claro ao ordenar que, na contagem do prazo de interposição do recurso, se descontassem apenas os sábados, domingos e feriados – isto é, sem que tal prazo se suspendesse durante as férias judiciais. 2 – Ciente da controvérsia, o legislador optou por regular o regime do prazo e da forma de interposição do recurso, pelo que a falta de equiparação das férias judiciais aos sábados, domingos e feriados, quer para a suspensão do prazo, quer para a transferência do termo, deve ser vista como uma intenção de não equiparação e não como uma lacuna. 3 – Dada a diferente natureza dos interesses em causa e do próprio acto a praticar (que, recorde-se, se destina a impugnar uma decisão administrativa e, portanto, ainda antes de qualquer processo judicial), não existe qualquer fundamento que justifique a equiparação que o artigo 279º, alínea *e)*, do Código Civil faz das férias judiciais aos sábados, domingos e feriados, baseado na premissa de que o acto sujeito a prazo tem de ser "praticado em juízo". 4 – A disciplina consagrada no artigo 60º do RGCO e bem assim no artigo 181º, nº 2, alínea *a)*, do Código da Estrada (por maioria de razão e por força do disposto no artigo 132º do mesmo diploma), não consente a equiparação das férias judiciais aos sábados, domingos e feriados, quer para a suspensão do prazo, quer para a transferência do termo". *Vide*, em igual sentido, o ac. do TRE de 10.01.2006, proc. 2563/05-1, o ac. do TRL de 20.06.2007, proc. 4485/2007-3, o ac. do TRE de 13.11.2007, proc. 1984/07-1, o ac. do TRL de 19.10.2011, proc. 6197/06.9TFLSB.L1-3, o ac. do TRP de 06.11.2013, proc. 826/13.5TBMAI.P1, o ac. do TRG de 30.11.2015, proc. 3/14.8T8CBT.G1, o ac. do TRE de 03.12.2015, proc. 2436/14.0TBPTM.E1, o ac. do TRP de 08.03.2017, proc. 3534/16.1T8STS.P1, bem como o ac. do TRC de 24.05.2017, proc. 255/16.9 T8SCD.C1.
Cfr., em sentido contrário, o ac. do TRE de 19.05.2005, proc. 7/14.0T8ORQ.E1, com o seguinte sumário: "1 – Ao recurso de impugnação judicial em processo contra-ordenacional é aplicável o artigo 279º, al. *e)*, do Código Civil que determina que «o prazo que termine em domingo ou dia feriado transfere-se para o primeiro dia útil; aos domingos e dias feriados são equiparadas as férias judiciais, se o acto sujeito a prazo tiver de ser praticado em juízo». 2 – Assim, o termo do prazo de recurso de impugnação judicial que caia em período de férias judiciais transfere-se – ao menos – para o primeiro dia útil seguinte ao fim das férias judicias. 3 – Mostra-se caduco o acórdão de fixação de jurisprudência nº 2/94. 4 – Existe "recurso de impugnação judicial" desde a entrada do recurso na entidade administrativa e, para este efeito, são irrelevantes as "fases" do processo contra-ordenacional 5 – O artigo 103º, nº 1, do CPP, direito subsidiário que é aplicável ao recurso de impugnação judicial, afirma que os actos processuais se praticam nos «dias úteis, às horas de expediente dos serviços de justiça e fora do período de férias judiciais». Só se exceptuam deste regime os actos previstos nas alíneas do nº 2 do preceito, os ditos actos urgentes. Não se prevê, portanto, que a mera interposição de um recurso de impugnação judicial seja um acto urgente nem há legislação especial que o considere. 6 – Assim é irrelevante a circunstância de as entidades administrativas não gozarem de «férias judiciais»". *Vide*, ainda, no mesmo sentido, o ac. do TRE de 03.11.2015, proc. 62/15.6T8EVR.E1.

[1273] *Vide*, a este propósito, o ac. do TC nº 473/2001, proc. 371/01, *in www.tribunalconstitucional.pt*, no qual se decidiu "não considerar inconstitucional, designadamente por violação do nº 1 do

b) se o termo do prazo se verificar num dia durante o qual não seja possível, durante o período normal, a apresentação do recurso de impugnação judicial, o termo do prazo transfere-se para o primeiro dia útil seguinte. Assim, se, no termo do prazo, não for possível apresentar o recurso de impugnação judicial junto da entidade administrativa que aplicou a coima, atento o horário de expediente dos serviços dessa entidade, o termo do prazo transfere-se para o primeiro dia útil seguinte.

Por outro lado, importa salientar que, atenta a natureza substantiva do prazo de 20 dias, previsto no art. 59º, nº 3, do RGCO, se o arguido pretender impugnar judicialmente a decisão administrativa que lhe aplicou uma coima, não pode beneficiar do regime constante dos arts. 107º-A do CPP e 139º, nº 5, quanto à possibilidade de prática do ato fora do prazo, num dos três dias úteis imediatamente subsequentes ao termo do prazo, mediante o pagamento de uma multa[1274,1275].

2.2. Contagem do prazo do recurso ordinário contra a decisão da impugnação judicial

Conforme se referiu *supra*, o art. 74º, nº 1, do RGCO, estabelece que, da sentença ou do despacho judicial que tenha decidido o mérito da impugnação judicial, cabe recurso ordinário, a ser interposto no prazo de 10 dias.

Ora, revestindo este prazo natureza judicial, o mesmo conta-se de acordo com as regras previstas nos arts. 104º, nº 1, do CPP, e 138º e 139º da lei processual civil, *ex vi* do art. 32º do RGCO.

artigo 20º da Constituição, o disposto nos artigos 59º, nº 3, e 60º, nºs 1 e 2, do Decreto-Lei nº 433/82, de 27 de Outubro, na interpretação de que, terminando em férias judiciais o prazo para a interposição do recurso neles previsto, o mesmo não se transfere para o primeiro dia útil após o termo destas".

1274 *Vide*, no mesmo sentido, o ac. do TRE de 13.06.2006, proc. 802/06-1, o ac. do TRL de 10.10.2007, proc. 6535/2007-3, o ac. do TRP de 27.06.2007, proc. 0742042, o ac. do TRP de 27.06.2007, proc. 0712787, o ac. do TRP de 09.01.2008, proc. 0715838, o ac. do TRP de 21.05.2008, proc. 0811890, o ac. do TRE de 06.01.2015, proc. 10/14.0T8LAG.E1, bem como o ac. do TRC de 24.05.2017, proc. 255/16.9 T8SCD.C1.
Cfr., em sentido contrário, o ac. do TRG de 05.03.2012, proc. 3211/11.0TBVCT.G1.

1275 *Vide*, a este propósito, o ac. do TC nº 293/06, proc. 1051/05, *in www.tribunalconstitucional.pt*, no qual se decidiu que "a norma que se extrai da conjugação dos artigos 41º, nº 1, do Regime Geral das Contra-Ordenações e Coimas, 107º, nº 5, do Código de Processo Penal e 145º, nºs 5 e 6 do Código de Processo Civil, segundo a qual não se considera aplicável o disposto o art. 145º, nºs 5 e 6 do CPC ao prazo para interposição do recurso de impugnação de contra-ordenação, não viola normas ou princípios constitucionais, nomeadamente o da igualdade ou o da tutela jurisdicional efectiva".

Capítulo IX
Prazos no processo contraordenacional laboral e de segurança social

I. Aplicação subsidiária

À luz do art. 60º do RPACLSS, sempre que o contrário não se encontre expressamente regulado, são aplicáveis ao processo de contraordenação laboral e de segurança social as disposições legais previstas no Regime Geral das Contraordenações, o qual, por sua vez, nos casos omissos, remete para os preceitos reguladores do processo criminal (art. 41º, nº 1, do RGCO).

II. Modalidades do prazo

1. Impugnação judicial

De acordo com o art. 32º do RPACLSS, a decisão da autoridade administrativa de aplicação de uma coima é suscetível de ser impugnada judicialmente.

No que concerne ao prazo da impugnação judicial, o art. 33º, nº 2, do RPACLSS preceitua que esta deve ser apresentada na autoridade administrativa que tenha proferido a decisão de aplicação da coima, no prazo de 20 dias, a contar da sua notificação[1276].

[1276] *Vide*, a este propósito, o ac. do TRC de 10.07.2013, proc. 38/13.8TTFIG.C1, no qual se decidiu o seguinte: "I – O art. 33º/2 da Lei 107/09, de 14/09, tem por objecto apenas o prazo de dedução da impugnação judicial das decisões condenatórias proferidas pelas autoridades administrativas no âmbito do procedimento das contra-ordenações, e o prazo de 20 dias aí previsto está sujeito à regra da continuidade decorrente do estatuído no art. 144º/1 do CPC. II – O prazo de impugnação judicial da decisão da ACT e do ISS que condene uma pessoa individual ou colectiva pela prática de uma contra-ordenação laboral ou contra a segurança social não se suspende aos sábados, domingos e feriados (arts. 6º, nº 1, da Lei 107/09; 104º, nº 1, do CPC; e 144º, nº 1, do CPC), do mesmo modo que não se suspende durante as férias judiciais".

2. Retirada da impugnação judicial

À luz do art. 46º, nº 1, do RPACLSS, o arguido pode retirar a impugnação judicial até à sentença em primeira instância ou até que o juiz profira a decisão, por mero despacho judicial, sem realização da audiência de julgamento, nos termos do art. 39º, nº 2, do RPACLSS.

Se o arguido pretender retirar a impugnação judicial depois de já se ter iniciado a audiência de julgamento, a impugnação só pode ser retirada com o acordo do Ministério Público, atento o disposto no art. 46º, nº 2, do RPACLSS.

3. Recurso da decisão judicial

Nos termos do art. 49º, nº 1, do RPACLSS, é admissível a interposição de recurso, para o tribunal da Relação, da sentença ou do despacho judicial proferido ao abrigo do art. 39º do RPACLSS quando:

a) tenha sido aplicada ao arguido uma coima superior a 25 UC ou valor equivalente;
b) a condenação do arguido abranger sanções acessórias;
c) o arguido tenha sido absolvido ou o processo tenha sido arquivado em casos em que a autoridade administrativa tenha aplicado uma coima superior a 25 UC ou valor equivalente, ou em que tal coima tenha sido reclamada pelo Ministério Público;
f) a impugnação judicial tenha sido rejeitada; ou
g) o tribunal tenha decidido através de mero despacho, não obstante o recorrente se ter oposto, nos termos do art. 39º, nº 2, do RPACLSS.

Acresce que o art. 49º, nº 2 do RPACLSS, prevê ainda a possibilidade de, excecionalmente, ser interposto recurso para o tribunal da Relação, a requerimento do arguido ou do Ministério Público, quando tal se afigure manifestamente necessário à melhoria da aplicação do Direito ou à promoção da uniformidade da jurisprudência[1277].

Relativamente ao prazo, o art. 50º, nº 1, do RPACLSS dispõe que o recurso deve ser interposto no prazo de 20 dias a partir da sentença ou do despacho,

[1277] Cfr., a este respeito, o ac. do TRG de 17.11.2016, proc. 6020/15.3T8BRG.G1, com o seguinte sumário: "Não é admissível a rejeição formal de recurso que resulte de uma interpretação excessivamente formalista que implique ou dificulte excessivamente ou desproporcionadamente o direito ao recurso. Se o requerimento a solicitar a admissão excecional do recurso nos termos do nº 2 do artigo 49º do RPACLSS for efetuado no mesmo requerimento em que é interposto o recurso, mas antecedendo-o e de forma suficientemente destacada e percetível, deve considerar-se cumprido o comando do nº 2 do artigo 50º do mesmo diploma".

ou da sua notificação ao arguido, caso a decisão tenha sido proferida sem a presença deste. Paralelamente, à luz do princípio da igualdade de armas, o prazo de resposta ao recurso é, também, de 20 dias[1278].

III. Regras de contagem de prazos na fase administrativa

1. Início da contagem dos prazos nas notificações

1.1. Notificação por carta registada com aviso de receção

Nos termos do art. 8º, nº 1, do RPACLSS, as notificações nos processos de contraordenação devem ser realizadas através de carta registada, com aviso de receção, sempre que esteja em causa a comunicação ao arguido do auto de notícia, da participação ou da decisão da autoridade administrativa que lhe aplique uma coima, uma sanção acessória ou uma admoestação[1279].

Nesse caso, à luz do nº 3 do citado preceito legal, a notificação por carta registada considera-se efetuada na data em que o notificando assine o aviso de receção.

Contudo, se o aviso de receção for assinado por uma pessoa diversa do notificando, a notificação considera-se realizada no terceiro dia útil posterior à data da assinatura do aviso de receção, ou seja, a lei presume que, segundo um juízo de razoabilidade, o notificando tomará conhecimento efetivo da notificação dentro dos três dias úteis subsequentes ao recebimento da carta.

Já se o notificando recusar receber ou assinar a notificação que lhe seja dirigida, o distribuidor do serviço postal deve certificar essa recusa, caso em que a notificação se considera concretizada nesse ato (art. 8º, nº 2, do RPACLSS).

[1278] Cfr., a este respeito, o ac. do TRP de 24.10.2016, proc. 2797/15.4T8PNF.P1, com o seguinte sumário: "I – Nos termos do art. 50º, nºs 1 e 4, da Lei nº 107/2009, que aprovou o regime processual aplicável às contraordenações laborais e de segurança social (RCOLSS) o prazo para interposição do recurso é de 20 dias, prazo esse que, então, estava em consonância com os prazos para interposição do recurso e para a resposta ao mesmo, constantes dos arts. 411º, nº 1, e 413º do CPP, na redação anterior à introduzida pela Lei 20/2013, de 21.02. II – Pese embora a Lei nº 20/2013 haja alterado o CPP, fixando, para o processo penal, em 30 dias o prazo para recorrer e para responder ao recurso, por via da aplicação da jurisprudência fixada pelo STJ, no seu Acórdão nº 1/2009, publicado no *DR*, *1ª série*, de 16.01.2009, proferido em situação similar que então se colocou, o prazo para interposição do recurso é o de 20 dias previsto no citado art. 50º, nº 1 (e não o de 30 dias previsto no CPP), sendo aquele, também, o prazo para a resposta ao recurso".

[1279] Observe-se que, à luz do art. 7º do RPACLSS, as notificações devem ser dirigidas para a sede ou para o domicílio dos destinatários, sendo que os interessados que intervenham em quaisquer procedimentos levados a cabo pela autoridade administrativa competente devem comunicar, no prazo de 10 dias, qualquer alteração da sua sede ou domicílio.

1.2. Notificação por carta simples

No que concerne às demais notificações que devam ser efetuadas na pendência do processo de contraordenação, estas são realizadas através do envio de carta simples, devendo, nesse caso, ficar expressamente registada no processo a data da respetiva expedição e a morada para a qual a carta foi enviada. Nessa eventualidade, a notificação considera-se realizada no quinto dia subsequente à data da expedição da carta, devendo essa cominação constar expressamente da notificação (art. 9º, nºs 1 e 2, do RPACLSS).

1.3. Notificação por telefax ou por correio eletrónico

À luz do art. 9º, nº 3, do RPACLSS, se o arguido tiver prestado consentimento de forma expressa e informada[1280] ou se estiver representado por defensor constituído, as notificações que devam ser efetuadas em processos pendentes, nos termos do art. 9º, nº 1, do RPACLSS, podem ser realizadas através de telefax ou por correio eletrónico.

Nesse caso, a notificação presume-se realizada na data do envio do telefax ou do correio eletrónico, servindo de prova da notificação, respetivamente, a cópia do aviso onde conste a menção de que a mensagem foi enviada com sucesso, bem como a data, hora e número de telefax do recetor ou o extrato da mensagem efetuada, o qual deve ser junto ao processo (art. 9º, nº 5, do RPACLSS).

1.4. Notificação a arguido que se encontre representado por defensor

Estando o arguido legalmente representado por um defensor, as notificações devem ser realizadas na pessoa do defensor, atento o disposto no art. 9º, nº 6, do RPACLSS, exceto quando se verifique alguma das hipóteses previstas no art. 8º, nº 1, do RPACLSS, situação em que o arguido deve igualmente ser notificado[1281].

[1280] De acordo com o art. 9º, nº 4, do RPACLSS, "considera-se consentimento expresso e informado a utilização de telefax ou correio electrónico pelo arguido como meio de contactar a autoridade administrativa competente".

[1281] *Vide*, nesse sentido, o ac. do TRL de 29.02.2012, proc. 446/11.9TTFUN.L1-4, com o seguinte sumário: "I – Ainda que se entenda que a notificação da decisão condenatória deva ser feita (também) ao advogado, quando o arguido se encontre representado, essa notificação não dispensa de forma alguma a que tem de ser feita ao arguido, imposta pelo art. 8º, nº 1, por só assim se assegurar devidamente as garantias de audiência e de defesa que resultam da norma constitucional ínsita no art. 32º, nº 10. II – Não tendo a decisão da autoridade administrativa sido notificada, nem comunicada à arguida, mas apenas ao respectivo mandatário, o prazo de impugnação não começou sequer a correr".

2. Contagem de prazos

O regime processual aplicável às contraordenações laborais e de segurança social estabelece regras próprias no que concerne à contagem de prazos na fase administrativa do processo de contraordenação.

Assim, nos termos do art. 6º, nº 1, do RPACLSS, são aplicáveis à contagem de prazos para a prática de atos processuais previstos nesse diploma legal[1282] as regras de contagem de prazos que se encontram disciplinadas na lei processual penal (cfr., entre outros, o art. 104º do CPP).

Significa isto que os prazos para a prática de atos processuais contam-se de forma contínua, não se suspendendo, portanto, aos sábados, domingos ou dias feriados, atento o disposto no art. 138º, nº 1, *ex vi* do art. 104º, nº 1, do CPP[1283].

Contudo, diversamente do que se encontra previsto na lei de processo penal (art. 138º, nº 1, *ex vi* do art. 104º, nº 1, do CPP), a contagem do prazo para a prática de atos processuais não se suspende durante as férias judiciais (art. 28º da LOSJ), atento o disposto no art. 6º, nº 2, do RPACLSS[1284].

[1282] Observe-se que, apesar de a letra da lei parecer estender a aplicação deste regime de contagem de prazos a todos os prazos para a prática de atos processuais que se encontram previstos nesse diploma legal, independentemente de os mesmos se reportarem à fase administrativa (arts. 13º a 31º do RPACLSS) ou à fase judicial (arts. 32º a 51º do RPACLSS), o certo é que o art. 6º encontra-se sistematizado no capítulo II; o qual tem por epígrafe "Actos processuais na fase administrativa". Consequentemente, este regime de contagem de prazos é apenas aplicável aos atos processuais respeitantes à fase administrativa do processo, ainda que, na nossa opinião, se inclua igualmente nessa fase administrativa a impugnação judicial da decisão, nos termos dos arts. 32º e 33º do RPACLSS, não obstante a sistematização desses preceitos legais na Secção II do Capítulo IV, tendo aquela seção por epígrafe "Fase judicial". *Vide*, aliás, a este propósito, o ac. do TRP de 13.02.2017, proc. 2416/15.9T8VFR.P1, no qual se consignou o seguinte: "dedução da impugnação judicial da decisão da autoridade administrativa, a que alude o artigo 33º da Lei nº 107/09, de 14 de Setembro, que aprovou o regime processual aplicável às contra-ordenações laborais e de Segurança Social, apesar de inserido em secção denominada "fase judicial", ainda se insere na fase administrativa".

[1283] Cfr., a este propósito, o ac. do TRE de 03.05.2011, proc. 165/10.3TTFAR.E1, assim como o ac. do TRP de 05.12.2011, proc. 228/11.8TTBGC.P1. *Vide*, ainda, o ac. do TRP de 30.04.2012, proc. 894/11.4TTVCT.P1, no qual se decidiu que "O disposto no art. 6º, nº 1, da Lei nº 107/2009, de 14.09, é aplicável à impugnação judicial da decisão administrativa, pelo que, por via do tal preceito e dos arts 104º, nº 1, do CPP e 144º, nº 1, do CPC, o prazo para impugnação judicial da decisão administrativa não se suspende aos sábados, domingos e feriados", bem como o ac. do TRP de 16.01.2012, proc. 229/11.6TTBGC.P1, no qual se consignou que "Mantendo embora em 20 dias o prazo de interposição do recurso [cfr. arts. 59º, nº 3 do RGCO e 33º, nº 2 do RJPCOLSS], o RJPCOLSS inovou quando mandou aplicar à contagem dos prazos para a prática de atos processuais as regras previstas no processo penal, embora estabeleça que não há suspensão da contagem dos prazos durante as férias judiciais, como dispõe o seu art. 6º".

[1284] *Vide*, a este propósito, o ac. do TRE de 18.10.2011, proc. 118/11.4TTEVR.E1, com o seguinte sumário: "(i) O disposto no artigo 6º da Lei nº 107/2009, de 14 de Setembro, *maxime* quanto à não

Por outro lado, por força da aplicação subsidiária da lei de processo penal, é admissível a prática de atos processuais após o termo do respetivo prazo, mediante o pagamento de multa, nos termos dos arts. 107º, nº 5, e 107º-A do CPP[1285].

suspensão dos prazos durante as férias judiciais, apenas se aplica aos actos processuais praticados nos processos de contra-ordenação na fase administrativa; (ii) Como tal, tendo a recorrente que praticar um acto na fase judicial, a contagem do respectivo prazo deve suspender-se nas férias judiciais em observância ao que determina o artigo 144º do Código de Processo Civil".

[1285] *Vide*, a este respeito, o ac. do TRP de 07.12.2018, proc. 3223/18.2T8MTS.P1, no qual se consignou o seguinte: "Prevendo-se no Código de Processo Penal a possibilidade do acto ser praticado no prazo, nos termos e com as consequências previstas no Código de Processo Civil, tal significa que o recurso de impugnação judicial da decisão da autoridade administrativa pode ser interposto num dos três dias úteis após o termo do prazo mediante o pagamento da multa a que alude o nº 5 do artigo 139º do Código de Processo Civil, com referência ao disposto no artigo 107º-A alínea *b)* do Código de Processo Penal". Cfr., no mesmo sentido, o ac. do TRE de 19.01.2017, proc. 989/16.8T8TMR.E1.

Capítulo X
Prazos no processo administrativo

I. Aplicação subsidiária

Nos termos do art. 1º do CPTA, o processo nos tribunais administrativos rege-se pela lei de processo administrativo e pelo Estatuto dos Tribunais Administrativos e Fiscais, aplicando-se, a título subsidiário e com as necessárias adaptações, o Código de Processo Civil. Significa isto que, nos casos omissos, seja no que concerne à fixação do prazo para a prática do ato, seja no que respeita à disciplina da forma da contagem do prazo, aplicam-se, a título supletivo, as regras previstas na lei processual civil.

II. Modalidades do prazo

1. Prazos para os atos dos magistrados

1.1. Prazo supletivo

Nos termos do art. 29º, nº 3, do CPTA, sem prejuízo do que se ache especialmente regulado na lei de processo administrativo, são aplicáveis aos processos nos tribunais administrativos, em primeira instância ou em via de recurso, os prazos estabelecidos na lei processual civil para os juízes e os magistrados do Ministério Público. Consequentemente, na falta de disposição especial, isto é, sempre que a lei de processo nos tribunais administrativos seja omissa, aplicam-se aos atos dos magistrados os prazos previstos no art. 156º.

1.2. Despachos judiciais

1.2.1. Prazo geral

À luz do art. 29º, nº 4, do CPTA, na falta de disposição especial, quer na lei de processo nos tribunais administrativos[1286], quer no Código de Processo Civil, o prazo para o proferimento dos despachos judiciais é de 10 dias.

[1286] É o que sucede, por exemplo, com o art. 94º, nº 1, do CPTA, o qual determina que, uma vez concluso o processo ao juiz após o encerramento da audiência final, a apresentação de alegações

1.2.2. Despachos de mero expediente ou de natureza urgente

Estando em causa um despacho de mero expediente ou de natureza urgente, este deve ser proferido no prazo máximo de 2 dias, atento o disposto no art. 29º, nº 6, do CPTA[1287,1288].

1.2.3. Controlo do cumprimento dos prazos

Tendo em vista a celeridade do processo judicial e o cumprimento dos prazos fixados para a prática dos atos dos magistrados, o art. 29º, nº 7, do CPTA preceitua que, se se mostrar decorrido o prazo de três meses sobre o termo do prazo fixado para a prática de um ato próprio do juiz, sem que esse ato tenha sido praticado, o juiz deve consignar no processo o concreto motivo pelo qual não observou o prazo a que se encontrava vinculado (art. 29º, nº 7, do CPTA). Paralelamente, a secretaria deve remeter, mensalmente, ao presidente do tribunal informação discriminada dos casos em que se mostrem decorridos três

escritas ou o decurso do prazo previsto para a sua apresentação, deve ser proferida sentença no prazo de 30 dias; com o art. 98º, nº 4, al. *a)*, do CPTA, o qual preceitua que, no âmbito do contencioso eleitoral, o juiz deve proferir decisão no prazo de 5 dias; com o art. 123º, nº 5, do CPTA, o qual preceitua que o juiz deve decidir o pedido de caducidade da providência cautelar no prazo de 5 dias; ou com os arts. 165º, nº 5, 171º, nº 4, e 177º, nº 5, do CPTA, dos quais resulta que a oposição à execução deve ser decidida no prazo máximo de 20 dias.

[1287] Veja-se, a este propósito, o art. 110º, nº 1, do CPTA, o qual estatui que, estando em causa um processo de intimação para proteção de direitos, liberdades e garantias, o juiz, logo que o processo lhe seja concluso, deve proferir um despacho liminar no prazo máximo de quarenta e oito horas; o art. 115º, nº 4, do CPTA, à luz do qual, não havendo fundamento para rejeitar liminarmente um requerimento cautelar e se a autoridade requerida não tiver entregue certidão ao requerente com a identificação dos contrainteressados, o juiz, no prazo de dois dias, deve intimar a autoridade requerida para que esta, no prazo de dois dias, entregue essa certidão; o art. 116º, nº 1, do CPTA, segundo o qual o procedimento cautelar, uma vez distribuído, deve ser remetido ao juiz com a maior urgência para que este profira despacho liminar no prazo máximo de quarenta e oito horas; ou ainda o art. 131º, nº 1, do CPTA, o qual determina que o juiz pode, no prazo de quarenta e oito horas, decretar provisoriamente a providência cautelar que tenha sido requerida ou aquela que julgar mais conveniente.

[1288] Pode, no entanto, suceder que, mesmo estando em causa um processo urgente, a lei estabeleça um prazo superior para o proferimento de um despacho judicial. Assim, nos termos do art. 111º, nº 1, do CPTA, estando em causa um processo de intimação para proteção de direitos, liberdades e garantias, o juiz deve decidir o processo no prazo necessário para assegurar o efeito útil da decisão, o qual não pode ser superior a 5 dias após a realização das diligências que se mostrem necessárias à tomada da decisão. Do mesmo modo, tratando-se de um procedimento cautelar, o prazo para o proferimento de uma decisão é de 5 dias, contado da data da apresentação da última oposição ou do decurso do respetivo prazo, ou da produção de prova, quando esta tenha tido lugar (art. 119º, nº 1, do CPTA).

meses sobre o termo do prazo fixado para a prática de ato próprio do juiz, ainda que o ato tenha, entretanto, sido praticado, incumbindo ao presidente do tribunal, no prazo de 10 dias, a contar da data da receção dessa informação, remeter o expediente à entidade com competência disciplinar, para os devidos efeitos legais (art 29º, nº 8, do CPTA).

1.3. Promoções do Ministério Público

1.3.1. Prazo geral

As promoções do Ministério Público devem, salvo disposição legal em sentido contrário, ser deduzidas no prazo de 10 dias (art. 29º, nº 5, do CPTA).

1.3.2. Promoções de mero expediente ou de natureza urgente

Tratando-se de uma promoção de mero expediente ou de natureza urgente, esta deve ser deduzida no prazo máximo de 2 dias, atento o disposto no art. 29º, nº 6, do CPTA.

2. Prazos para os atos da secretaria

2.1. Regra geral

À luz do art. 29º, nº 3, do CPTA, na falta de disposição especial, os prazos para os atos da secretaria são os que se encontram previstos na lei de processo civil, concretamente no seu art. 162º.

2.2. Processos urgentes

Nos termos do art. 36º, nº 2, do CPTA, estando em causa um processo urgente, os atos da secretaria que digam respeito a esse processo e aos respetivos incidentes devem ser praticados no próprio dia, gozando de precedência em relação aos demais atos processuais que devam ser praticados em outros processos.

Acresce, por outro lado, que, à luz dos arts. 111º, nº 3, e 122º, nº 1, do CPTA, no processo especial de intimação para proteção de direitos, liberdades e garantias, bem como nos procedimentos cautelares, a sentença deve ser notificada, de imediato, pela secretaria, atenta a natureza urgente desses processos.

3. Prazos para os atos das partes

3.1. Prazo supletivo

Tal como sucede na lei de processo civil (art. 149º, nº 1), o prazo geral supletivo para a prática de atos processuais das partes é de 10 dias, nos termos do art. 29º, nº 1, do CPTA. Tratando-se de um prazo supletivo, tal significa que o mesmo apenas será aplicável nos casos em que nem a lei estabeleça um prazo para a prática do ato, nem o juiz tenha fixado qualquer prazo para esse efeito[1289].

3.2. Propositura de ações

3.2.1. Impugnação de atos administrativos

3.2.1.1. Prazo

Nos termos do art. 58º, nº 1, do CPTA, salvo disposição legal em sentido contrário, a impugnação de atos administrativos nulos não está sujeita a prazo, ou seja, estes atos podem ser impugnados a todo o tempo[1290].

Já no que concerne à impugnação de atos administrativos anuláveis, esta, salvo disposição legal em sentido contrário[1291], deve ter lugar nos seguintes prazos:

a) no prazo de um ano, se a impugnação for promovida pelo Ministério Público[1292]; ou

b) no prazo de três meses, nos restantes casos, ou seja, se a impugnação for promovida por um particular ou por um órgão de uma pessoa coletiva de direito público ou privado[1293].

Todavia, nos termos do art. 58º, nº 3, do CPTA, para além desse prazo de três meses, previsto no art. 58º, nº 1, al. *b)*, do CPTA, a impugnação é ainda admissível:

a) nas situações em que ocorra justo impedimento, nos termos previstos na lei processual civil (art. 140º);

[1289] Cfr., a este propósito, Almeida, Mário Aroso de / Cadilha, Carlos Alberto Fernandes, *Comentário ao Código de Processo nos Tribunais Administrativos*, 4ª ed., Almedina, Coimbra, 2018, p. 210.

[1290] Cfr., a este respeito, o ac. do TCAS de 18.01.2007, proc. 02024/06.

[1291] É o que sucede, por exemplo, com os arts. 22º, nº 1, 25º, nº 1, e 30º, nº 1, da Lei nº 27/2008, de 30 de junho, que estabelece as condições e procedimentos de concessão de asilo ou proteção subsidiária e os estatutos de requerente de asilo, de refugiado e de proteção subsidiária, os quais fixam, respetivamente, prazos de 8 dias, 4 dias e 15 dias para a impugnação jurisdicional perante os tribunais administrativos.

[1292] No sentido de este regime ser aplicável aos casos de "impugnação contenciosa no exercício da ação pública" do Ministério Público, por força da legitimidade que lhe é conferida pelo art. 55º, nº 1, al. *b)*, do CPTA, *vide* Almeida, Mário Aroso de / Cadilha, Carlos Alberto Fernandes, *Comentário ao Código de Processo nos Tribunais Administrativos*, *op. cit.*, p. 396.

[1293] Brito, Wladimir, *Lições de Direito Processual Administrativo*, 2ª ed., Coimbra Editora, Coimbra, 2008, p. 251. *Vide*, na jurisprudência, o ac. do TCAN de 29.04.2010, proc. 02450/07.2BEPRT, o ac. do STA de 08.11.2007, proc. 0703/07, bem como o ac. do TCAN de 03.02.2011, proc. 00597/08.7BEPRT.

b) no prazo de três meses, contado da data da cessação do erro, quando se demonstre, uma vez observado o contraditório, que, no caso em concreto, não era exigível a um cidadão normalmente diligente a apresentação tempestiva da petição, em virtude de a conduta da Administração ter induzido o interessado em erro[1294]; ou

c) quando, não tendo ainda decorrido um ano sobre a data da prática do ato ou da sua publicação, se obrigatória, o atraso deva ser considerado desculpável, atendendo à ambiguidade do quadro normativo aplicável ou às dificuldades que, no caso em concreto, se colocavam quanto à identificação do ato impugnável, ou à sua qualificação como ato administrativo ou como norma.

À luz do art. 58º, nº 2, do CPTA[1295], estes prazos de impugnação, por revestirem natureza substantiva, contam-se nos termos do art. 279º do CC[1296,1297], sem prejuízo do disposto no art. 59º, nº 4, do CPTA[1298].

[1294] Conforme bem elucidam Mário Aroso de Almeida e Carlos Cadilha, este regime é aplicável, não às situações em que se tenha verificado uma "deficiência ao nível das formalidades que publicitam o ato administrativo", mas antes aos casos em que se verifique a "adoção pela autoridade administrativa de uma conduta, por meios formais ou informais, que tenha gerado no interessado a falsa expectativa da desnecessidade ou inconveniência da impugnação do ato, e, assim, o tenha induzido a prescindir da apresentação em tempo oportuno da petição" (ALMEIDA, Mário Aroso de / CADILHA, Carlos Alberto Fernandes, *Comentário ao Código de Processo nos Tribunais Administrativos*, *op. cit.*, p. 401).

[1295] Na redação dada pela Lei nº 118/2019, de 17 de setembro.

[1296] Note-se que, na sua redação originária – anterior, portanto, à que lhe foi dada pelo DL nº 214-G/2015, de 2 de outubro –, o art. 58º, nº 3, do CPTA dispunha que a contagem dos prazos referidos no nº 2 desse preceito legal obedecia ao regime aplicável aos prazos para a propositura de ações que se encontravam previstos no Código de Processo Civil. Contudo, o citado DL nº 214-G/2015, de 2 de outubro, reverteu esse regime – passando, por conseguinte, a determinar que a contagem do prazo de impugnação é efetuada de acordo com as regras previstas no Código Civil –, sendo que, conforme resulta do respetivo preâmbulo, essa opção legislativa encontrou justificação na necessidade de se garantir uma "maior segurança e certeza num domínio tão importante como é o da contagem dos prazo de impugnação dos actos administrativos, eliminando uma solução que não tinha racionalidade que a justificasse".

[1297] Defendendo a natureza substantiva do prazo de impugnação judicial do ato administrativo, *vide* o ac. do TRE de 12.07.2012, proc. 179/10.3TBORQ.E1.

[1298] Com efeito, de acordo com este preceito legal, "A utilização de meios de impugnação administrativa suspende o prazo de impugnação contenciosa do ato administrativo, que só retoma o seu curso com a notificação da decisão proferida sobre a impugnação administrativa ou com o decurso do respetivo prazo legal, consoante o que ocorra em primeiro lugar".

Por conseguinte, o prazo conta-se de forma contínua, não se suspendendo aos sábados, domingos, dias feriados ou em férias judiciais[1299], sendo que, se o prazo de impugnação terminar durante o período de férias judiciais ou num dia em que os tribunais se encontrem encerrados, isto é, num sábado, domingo, dia feriado ou dia em que tenha sido concedida tolerância de ponto, o termo do prazo transfere-se para o primeiro dia útil subsequente, nos termos do art. 279º, al. *e)*, do CC, já que está em causa um ato que deve ser praticado em juízo[1300].

Do mesmo modo, tratando-se de um prazo substantivo, não se aplica a este prazo o regime previsto no art. 139º, nº 5, quanto à possibilidade de prática do ato num dos três primeiros dias úteis subsequentes ao termo do prazo[1301].

3.2.1.2. Início da contagem do prazo

1) Âmbito

Nos termos do art. 59º, nº 1, do CPTA, sem prejuízo da faculdade de impugnação em momento anterior, dentro dos condicionalismos impostos pelo art. 54º do CPTA – isto é, a partir do momento em que os atos administrativos produzam efeitos –, os prazos de impugnação só começam a correr na data da verificação dos factos previstos no art. 59º, nºs 2 a 8, do CPTA, se, nesse momento, o ato a impugnar já for eficaz, ou, na hipótese contrária, desde o início da produção de efeitos do ato.

2) Impugnação pelos destinatários do ato

O prazo para a impugnação pelos destinatários a quem o ato administrativo deva ser notificado só começa a correr a partir da data da notificação ao interessado ou ao seu mandatário – quando este tenha sido constituído no procedimento –, ou da data da notificação efetuada em último lugar, na eventualidade de terem sido ambos notificados, ainda que o ato tenha sido objeto de publicação, mesmo que obrigatória (art. 59º, nº 2, do CPTA).

[1299] Cfr., a este propósito, o ac. do TCAS de 01.06.2017, proc. 1642/16.8BELSB. *Vide*, na doutrina, ALMEIDA, Mário Aroso de, *Manual de Processo Administrativo*, 6ª ed., Almedina, Coimbra, 2022, p. 326, bem como ANDRADE, José Carlos Vieira de, *A Justiça Administrativa: Lições*, 19ª ed., Almedina, Coimbra, 2022, pp. 203 e 204.

[1300] Cfr., nesse sentido, o ac. do STA de 31.01.1997, proc. 038647, o ac. do STA de 11.05.2011, proc. 055/11, bem como o ac. do TCAS de 05.04.2018, proc. 1114/16.0BELSB.

[1301] *Vide*, nesse sentido, o ac. do TCAS de 21.06.2012, proc. 08727/12, bem como ALMEIDA, Mário Aroso de / CADILHA, Carlos Alberto Fernandes, *Comentário ao Código de Processo nos Tribunais Administrativos*, *op. cit.*, p. 398.

3) Impugnação por outros interessados

De acordo com o art. 59º, nº 3, do CPTA, o prazo para a impugnação por quaisquer outros interessados[1302] começa a correr a partir da verificação de um dos seguintes factos:

a) quando os atos tenham de ser publicados, da data em que o ato publicado deva produzir efeitos[1303]; ou

b) quando os atos não tenham de ser publicados, da data da notificação, da publicação ou do conhecimento do ato ou da sua execução, consoante o que ocorrer em primeiro lugar.

4) Impugnação pelo Ministério Público

Nos termos do art. 59º, nº 6, do CPTA, o prazo para a impugnação pelo Ministério Público, nos casos em que este atue ao abrigo do disposto nos arts. 9º, nº 2, e 55º, nº 1, als. *b)* e *f)*, do CPTA, conta-se a partir da data da prática do ato ou da sua publicação, se a mesma for obrigatória.

De todo o modo, atento o preceituado no art. 59º, nº 7, do CPTA, o Ministério Público pode impugnar o ato em momento anterior ao da publicação obrigatória, na eventualidade de, entretanto, ter sido desencadeada a sua execução.

Por último, nos termos do art. 59º, nº 8, do CPTA, a retificação do ato administrativo ou da sua notificação ou publicação não determina o início de um novo prazo, salvo quando diga respeito à indicação do autor, do sentido ou dos fundamentos da decisão.

5) Suspensão do prazo de impugnação contenciosa

A utilização de meios de impugnação administrativa, nos termos dos arts. 184º e ss. do CPA, suspende o prazo de impugnação contenciosa do ato administrativo, sendo que, nessa eventualidade, este só retoma a sua contagem com a notificação da decisão proferida sobre a impugnação administrativa ou com o

[1302] Na esteira da Mário Aroso de Almeida e de Carlos Cadilha, enquadram-se neste âmbito "quaisquer particulares, associações cívicas ou sindicais e entidades públicas que possam ser afetados pelo ato administrativo, mas que não devam ser qualificados como seus destinatários" (Almeida, Mário Aroso de / Cadilha, Carlos Alberto Fernandes, *Comentário ao Código de Processo nos Tribunais Administrativos*, *op. cit.*, p. 410).

[1303] Com efeito, como bem observa Mário Aroso de Almeida, se o ato não for publicado, sendo a publicação obrigatória, "o acto é ineficaz, pelo que, não só não existe o ónus da sua impugnação, como o acto nem sequer pode ser impugnado, a menos que seja objecto de execução ilegal" (Almeida, Mário Aroso de, *Manual de Processo Administrativo*, *op. cit.*, p. 328).

decurso do respetivo prazo legal, consoante o que ocorra em primeiro lugar (art. 59º, nº 4, do CPTA)[1304,1305].

No entanto, nos termos do art. 59º, nº 5, do CPTA, esta suspensão não impede o interessado de proceder à impugnação contenciosa do ato na pendência da impugnação administrativa, bem como de requerer a adoção de providências cautelares.

3.2.1.3. Interrupção do início do prazo

Se a notificação ou a publicação do ato administrativo não contiver a identificação do autor, da data ou dos fundamentos da decisão, o interessado pode requerer à entidade que proferiu o ato que seja notificado das indicações em falta ou que lhe seja passada certidão contendo essas indicações, bem como, se necessário, pedir a correspondente intimação judicial (art. 60º, nº 2, do CPTA). Assim, se o interessado, no prazo de 30 dias, apresentar um requerimento nesse sentido, dirigido ao autor do ato, a apresentação desse requerimento interrompe o prazo da impugnação judicial, mantendo-se essa interrupção na eventualidade de ser requerida a intimação judicial, atento o disposto no art. 60º, nº 3, do CPTA[1306,1307].

1304 Cfr., a este respeito, o ac. do TCAS de 06.06.2013, proc. 09935/13, o ac. do TCAS de 30.01.2014, proc. 05953/12, o ac. do TCAN de 11.05.2017, proc. 00949/14.3BEBRG, e o ac. do TCAN de 17.01.2020, proc. 00624/17.7BECBR. Cfr., ainda, o ac. do TCAS de 04.02.2016, proc. 08726/15, com o seguinte sumário: "A formulação do art. 59º, nº 4, CPTA significa que o prazo da impugnação contenciosa retoma o seu curso com o primeiro dos eventos que ocorra; donde, se o decurso do prazo legal de decisão da impugnação graciosa se esgotar antes de a entidade administrativa competente proferir decisão, é aquele evento que determina o efeito preclusivo da suspensão da contagem do prazo de impugnação contenciosa e não a notificação da decisão administrativa. Tendo havido impugnação administrativa e não tendo sido notificada ao requerente a remessa do processo ao órgão competente para dela conhecer (artigo 172º, nº 1, do CPA), o efeito suspensivo do prazo de caducidade da acção, associado à interposição da impugnação administrativa, previsto no artigo 59º, nº 4, do CPTA, apenas se esgota com a notificação ao requerente da decisão proferida na mencionada impugnação administrativa, ainda que o respectivo prazo legal de decisão tenha sido consumido em momento anterior".

1305 De acordo com o art. 192º, nº 2, do CPA, "O prazo para o órgão competente apreciar e decidir a reclamação é de 30 dias, podendo confirmar, revogar, anular, modificar ou substituir o ato reclamado, ou praticar o ato ilegalmente omitido". Por sua vez, nos termos do art. 198º, nº 1, do CPA, "Quando a lei não fixe prazo diferente, o recurso hierárquico deve ser decidido no prazo de 30 dias, a contar da data da remessa do processo ao órgão competente para dele conhecer", podendo, no entanto, esse prazo ser elevado até ao máximo de 90 dias, se houver lugar à realização de nova instrução ou de diligências complementares (art. 198º, nº 2, do CPA).

1306 *Vide*, a este propósito, o ac. do TCAN de 05.12.2014, proc. 01794/09.3BEPRT, no qual se decidiu que o art. 60º, nº 2, do CPTA, apesar de prever situações menos graves quanto à deficiência da

3.2.2. Condenação à prática de ato devido

Nos termos do art. 67º, nº 1, do CPTA, a ação para a condenação à prática de ato devido pode ser intentada quando, tendo sido apresentado requerimento que constitua o órgão competente no dever de decidir:

a) não tenha sido proferida decisão dentro do prazo legalmente estabelecido;
b) tenha sido praticado um ato administrativo de indeferimento ou de recusa de apreciação do requerimento; ou
c) tenha sido praticado um ato administrativo de conteúdo positivo que, no entanto, não satisfaça integralmente a pretensão do interessado.

Para além disso, de acordo com o art. 67º, nº 4, do CPTA, a condenação à prática de ato administrativo pode também ser pedida, mesmo sem ter sido apresentado esse requerimento, quando:

a) não tenha sido cumprido o dever de emitir um ato administrativo que resultava diretamente da lei; ou
b) se pretenda obter a substituição de um ato administrativo de conteúdo positivo.

No que concerne ao prazo para a propositura dessa ação, o art. 69º, nº 1, do CPTA estabelece que, em situações de inércia da Administração [art. 67º,

notificação, comparativamente com o que se encontra regulado no art. 60º, nº 1, do CPTA, prevê, ainda assim, deficiências da notificação que são suficientemente graves para interromperem o prazo de impugnação. Com efeito, "quando não é dado a conhecer o autor, a data ou os fundamentos da decisão", o visado, nessa hipótese, "já tem uma noção se vai reagir ou não, pois conhece o sentido, favorável ou desfavorável, da decisão, mas não tem elementos para aquilatar quanto tempo tem para o fazer, quais os fundamentos em concreto que pode invocar e contra quem a vai dirigir; não está por isso ainda em condições de deduzir uma impugnação em concreto e daí a interrupção do prazo para impugnar".

1307 Como bem salientam Mário Aroso de Almeida e Carlos Cadilha, "se a Administração não responder ao pedido de notificação ou de passagem de certidão, dentro do prazo legalmente cominado (prazo de 10 dias úteis, por aplicação do disposto no artigo 87º, nº 3, do CPA), o interessado apenas continuará a beneficiar da interrupção do prazo de impugnação se deduzir a intimação dentro do prazo subsequente de 20 dias (artigo 105º). Ao contrário, quando prescinda do uso deste meio processual, começa a contar-se um novo prazo de impugnação a partir desse limite temporal de 20 dias. Isto é, o efeito interruptivo, nesta última hipótese, prolonga-se até ao momento em que se verifique que o interessado não pretende usar o meio processual da intimação" (Almeida, Mário Aroso de / Cadilha, Carlos Alberto Fernandes, *Comentário ao Código de Processo nos Tribunais Administrativos*, *op. cit.*, p. 419).

nº 1, al. *a)*, do CPTA], o direito de ação caduca no prazo de um ano contado desde o termo do prazo legal estabelecido para a emissão do ato ilegalmente omitido. Significa isto que, neste caso, o prazo de um ano para a propositura da ação começa a correr "a partir do dia seguinte ao do termo do prazo estabelecido no Código de Procedimento Administrativo [...] para a Administração se pronunciar, decidindo, a pretensão requerida"[1308].

Por sua vez, nos casos de indeferimento, de recusa de apreciação do requerimento ou de pretensão dirigida à substituição de um ato de conteúdo positivo [art. 67º, nº 1, als. *b)* e *c)*, do CPTA], é aplicável o disposto nos arts. 58º, 59º e 60º do CPTA, devendo, consequentemente, a ação de impugnação judicial ser proposta no prazo de um ano, se for promovida pelo Ministério Pública, ou de três meses[1309].

3.2.3. Impugnação de normas

A impugnação de normas no contencioso administrativo tem por objeto a declaração da ilegalidade de normas emanadas ao abrigo de disposições de direito administrativo, por vícios próprios ou derivados da invalidade de atos praticados no âmbito do respetivo procedimento de aprovação (art. 72º, nº 1, do CPTA).

Nos termos do art. 74º, nº 1, do CPTA, a declaração de ilegalidade de normas pode, em regra, ser pedida a todo o tempo.

Contudo, se o pedido de declaração de ilegalidade de normas tiver por fundamento a ilegalidade formal ou procedimental, da qual não resulte qualquer inconstitucionalidade, a impugnação só pode ser deduzida no prazo de seis meses a contar da data da publicação, salvo se se verificar uma situação de carência absoluta de forma legal ou de preterição de consulta pública exigida por lei (art. 74º, nº 2, do CPTA).

3.2.4. Validade e execução de contratos

À luz do art. 77º-B, nº 1, do CPTA, a invalidade dos contratos com objeto passível de ato administrativo pode ser arguida dentro dos prazos previstos para o ato com o mesmo objeto e idêntica regulamentação da situação concreta, ou seja, dentro dos prazos disciplinados no art. 58º, nº 1, do CPTA.

Em particular, no que concerne à anulabilidade, total ou parcial, dos demais contratos, esta pode ser arguida no prazo de seis meses, contando-se esse prazo:

[1308] Brito, Wladimir, *Lições de Direito Processual Administrativo*, *op. cit.*, p. 253.

[1309] Cfr., a este respeito, o ac. do TCAN de 09.10.2015, proc. 02006/11.5BEPRT, bem como o ac. do TCAS de 22.06.2017, proc. 849/14.7BESNT.

a) a partir da data da celebração do contrato, se a anulabilidade for arguida pelas partes; ou
b) a partir do respetivo conhecimento, se a anulabilidade for invocada por terceiros ou pelo Ministério Público.

A anulação de quaisquer contratos, por falta e vícios da vontade, pode ser pedida no prazo de seis meses, contando-se tal prazo a partir da data da cessação do vício (art. 77º-B, nº 3, do CPTA).

3.2.5. Contencioso eleitoral

Os processos do contencioso eleitoral podem ser intentados por quem, na eleição em causa, seja eleitor ou elegível ou, se o processo tiver por objeto a omissão nos cadernos ou listas eleitorais, pelas pessoas cuja inscrição tenha sido omitida.

Não havendo previsão legal em sentido contrário, a ação deve ser proposta no prazo de 7 dias, a contar da data em que seja possível o conhecimento do ato ou da omissão (art. 98º do CPTA), sendo certo que a duração reduzida deste prazo encontra justificação na natureza urgente dos processos do contencioso eleitoral [art. 36º, nº 1, al. *a)*, do CPTA].

3.2.6. Contencioso dos procedimentos de massa

Nos termos do art. 99º, nº 1, do CPTA, sem prejuízo de outros casos previstos em lei especial, o contencioso dos atos administrativos praticados no âmbito de procedimentos de massa compreende as ações respeitantes à prática ou à omissão de atos administrativos no âmbito de procedimentos com mais de 50 participantes, nos seguintes domínios:

a) concursos de pessoal;
b) procedimentos de realização de provas; ou
c) procedimentos de recrutamento.

Salvo disposição legal em sentido contrário, o prazo para a propositura da ação respeitante à prática ou à omissão de atos administrativos no âmbito de procedimentos com mais de 50 participantes é de um mês (art. 99º, nº 2, do CPTA)[1310].

[1310] Tal como elucidam Mário Aroso de Almeida e Carlos Cadilha, este prazo de um mês afasta as regras previstas no art. 58º, nº 1, do CPTA, independentemente de estar em causa a impugnação de atos nulos ou anuláveis ou a impugnação promovida pelo Ministério Público ou por quaisquer

3.2.7. Contencioso pré-contratual

O contencioso pré-contratual compreende as ações de impugnação ou de condenação à prática de atos administrativos relativos à formação de contratos de empreitada de obras públicas, de concessão de obras públicas, de concessão de serviços públicos, de aquisição ou locação de bens móveis e de aquisição de serviços (art. 100º, nº 1, do CPTA).

Nos termos do art. 101º do CPTA, a ação deve ser intentada no prazo de um mês, por qualquer pessoa ou entidade com legitimidade nos termos gerais – isto é, independentemente de a impugnação ser requerida pelo Ministério Público ou por outros interessados, bem como do respetivo fundamento da impugnação –, sendo aplicável à contagem desse prazo o disposto nos arts. 58º, nº 3, 59º e 60º do CPTA[1311],[1312].

Contudo, à luz do art. 103º do CPTA, se o processo se destinar à declaração de ilegalidade de disposições contidas no programa do concurso, no caderno de encargos ou em qualquer outro documento conformador do procedimento de formação do contrato, designadamente com fundamento na ile-

outros interessados (Almeida, Mário Aroso de / Cadilha, Carlos Alberto Fernandes, *Comentário ao Código de Processo nos Tribunais Administrativos*, *op. cit.*, p. 790).

1311 *Vide*, a este propósito, o ac. do TC nº 675/2021, de 12.08.2021, proc. 1046/20, o qual decidiu não julgar inconstitucional "a interpretação extraída dos artigos 58º, nº 2, 59º, nºs 1 e 2, e 101º, todos do Código de Processo nos Tribunais Administrativos, conjugados com o artigo 279º do Código Civil, segundo a qual, na contagem do prazo de propositura da ação de impugnação do ato de adjudicação em sede de contencioso pré-contratual, não se atende à norma da alínea *b)* do artigo 279º, mas apenas à norma da alínea *c)* do mesmo preceito". Em particular, conforme se decidiu no ac. do TCAS de 18.02.2021, proc. 286/20.4BECTB, "Terminando, o prazo para intentar processo do contencioso pré-contratual a que se referem os arts. 100º e segs. do CPTA, no período de férias judiciais, o seu termo transfere-se para o primeiro dia útil seguinte, nos termos dos arts. 101º, 97º, nº 1, al. *c)* e 58º, nº 2 do CPTA".

1312 Cfr., a este respeito, o ac. do TCAS de 19.04.2020, proc. 885/19.7BEALM, no qual se defendeu que "Prevendo o artigo 101º do CPTA que os processos de contencioso pré-contratual devem ser intentados no prazo de um mês, sendo aplicáveis à contagem do prazo o disposto nos artigos 58º, nº 3, 59º e 60º, do CPTA, está em causa um prazo de caducidade e não um prazo processual, pelo que não há a possibilidade de praticar o ato nos três dias úteis subsequentes ao termo do prazo de instauração da ação, mediante o pagamento de multa, nos termos do regime previsto nos nºs 5 e 6 do artigo 139º do CPC". Já no que concerne à contagem do prazo de um mês, previsto nesse artigo, entendeu o referido aresto que "O prazo de um mês previsto no artigo 101º do CPTA, por via da aplicação do artigos 58º, nº 2, e 59º, nº 3, do CPTA, conta-se nos termos do artigo 279º, al. *c)*, do CC, nos termos do qual o prazo termina às 24 horas do dia que corresponda a essa data, dentro do respetivo mês, não havendo que preceder esta regra da antecedente, prevista na alínea *b)* do artigo 279º do CC, de modo a que, sendo de um mês o prazo para a instauração da ação e sendo a parte notificada no dia 07 de certo mês, o prazo termina no dia 07 do mês seguinte".

galidade das especificações técnicas, económicas ou financeiras que constem desses documentos, o pedido de declaração de ilegalidade pode ser deduzido durante a pendência do procedimento a que os documentos em causa digam respeito, não se aplicando, por isso, neste caso, o prazo de um mês previsto no art. 101º do CPTA.

3.3. Contestação

3.3.1. Prazo geral

No âmbito do processo comum, o prazo perentório para o oferecimento da contestação pelos demandados é de 30 dias, nos termos do art. 82º, nº 1, do CPTA[1313].

Este prazo começa a correr desde a citação, salvo se, no caso em concreto, se verificar algum prazo dilatório, situação em que o prazo perentório de 30 dias para a apresentação da contestação só começa a correr após o termo do prazo dilatório. Com efeito, à luz do art. 23º do CPTA, é subsidiariamente aplicável ao processo administrativo o disposto na lei processual civil em matéria de realização de citações, razão pela qual, em função do modo da realização da citação, pode haver lugar à aplicação dos prazos dilatórios previstos no art. 245º.

3.3.2. Prazo suplementar

Se, por erro cometido na petição inicial, quanto à identificação das partes [art. 78º, nos 2, al. *b)*, e 3, do CPTA], for citado um órgão diverso daquele que praticou ou devia ter emitido a norma ou o ato administrativo objeto de impugnação, o órgão erradamente citado deve dar imediato conhecimento da citação ao órgão que devia ter sido efetivamente citado. Nessa eventualidade, a entidade demandada beneficia de um prazo suplementar de 15 dias para apresentar a sua contestação e, caso exista, proceder ao envio do processo administrativo (art. 82º, nº 2, do CPTA).

Por sua vez, à luz do art. 82º, nº 3, do CPTA, se não tiver sido facultada a um contrainteressado, em tempo útil, a consulta do processo administrativo, este pode dar conhecimento desse facto ao juiz do processo, situação em que poderá apresentar a sua contestação no prazo de 15 dias, a contar da notificação da junção aos autos do processo administrativo.

[1313] No sentido de este prazo de 30 dias ser aplicável quer à entidade que tiver sido concretamente demandada, quer aos eventuais contrainteressados, *vide* ALMEIDA, Mário Aroso de / CADILHA, Carlos Alberto Fernandes, *Comentário ao Código de Processo nos Tribunais Administrativos*, *op. cit.*, p. 601.

3.3.3. Prorrogação do prazo

À semelhança do que sucede na lei de processo civil, o Ministério Público pode, de forma fundamentada, requerer ao juiz do processo a prorrogação do prazo da contestação, por um período não superior a 30 dias, se, para efeitos de apresentação da contestação, carecer da prestação de informações que não possam ser obtidas dentro do prazo legal da contestação ou se tiver de aguardar por uma resposta a uma consulta efetuada a uma instância superior (art. 82º, nº 4, do CPTA).

3.3.4. Processos urgentes

A lei de processo administrativo estabelece prazos de contestação mais reduzidos no domínio dos processos urgentes (art. 36º do CPTA). É o que sucede, nomeadamente, com o prazo de 5 dias para a apresentação de contestação no processo de contencioso eleitoral [art. 98º, nº 4, al. *a)*, do CPTA], de 7 dias para a apresentação de resposta no processo de intimação para a proteção de direitos, liberdades e garantias (art. 110º, nº 1, do CPTA)[1314], de 10 dias para a apresentação de resposta no processo de intimação para a prestação de informações, consulta de processos ou passagem de certidões (art. 107º, nº 1, do CPTA) e de 20 dias para a apresentação de contestação nos procedimentos de massa [art. 99º, nº 5, al. *a)*, do CPTA] e no contencioso pré-contratual [art. 102º, nº 5, al. *a)*, do CPTA][1315].

3.4. Réplica

De acordo com o art. 85º-A do CPTA, o autor pode apresentar um articulado de réplica nos seguintes casos:

a) quando pretenda responder às exceções deduzidas pelo réu na contestação ou às exceções perentórias invocadas pelo Ministério Público no exercício dos poderes de intervenção no processo que lhe são conferidos pelo art. 85º do CPTA;

b) quando pretenda apresentar toda a sua defesa em relação à matéria da reconvenção que, nos termos do art. 83º-A do CPTA, tenha sido deduzida contra ele[1316]; ou

[1314] Isto, sem prejuízo de o juiz poder, em situações de especial urgência, ou seja, quando reconheça a possibilidade de lesão iminente e irreversível de um direito, liberdade ou garantia, reduzir o prazo para a apresentação de resposta pelo requerido [art. 110º, nº 3, al. *a)*, do CPTA].

[1315] *Vide*, a este propósito, o ac. do TCAS de 12.02.2015, proc. 11810/15.

[1316] Nesse caso, nos termos do art. 85º-A, nº 4, do CPTA, o autor deve, na réplica, expor as razões de facto e de direito pelas quais se opõe à reconvenção, bem como os factos essenciais em que se

c) quando, estando em causa uma ação de simples apreciação negativa, pretenda impugnar os factos constitutivos que o demandado tenha deduzido contra ele ou alegar factos impeditivos ou extintivos do direito invocado pelo demandado.

Ora, tomando em consideração as diferentes finalidades possíveis da réplica, a lei de processo administrativo prevê prazos distintos para a apresentação desse articulado.

Assim, se o autor pretender responder às exceções deduzidas pelo demandado em sede de contestação ou às exceções deduzidas pelo Ministério Público ao abrigo do disposto no art. 85º do CPTA, o autor deve oferecer a réplica no prazo de 20 dias, a contar da data em que seja ou se considere notificado da apresentação da contestação (art. 85º-A, nº 3, do CPTA).

Diferentemente, se o autor pretender responder à reconvenção ou se se tratar de uma ação de simples apreciação negativa, o articulado de réplica pode ser oferecido no prazo de 30 dias, a contar da data em que o autor seja ou se considere notificado da apresentação da contestação (art. 85º-A, nº 3, do CPTA). Com efeito, dado que a reconvenção materializa uma verdadeira ação, intentada pelo réu contra o autor, a lei concede ao autor/reconvindo, ao abrigo do princípio da igualdade de armas, o mesmo prazo de 30 dias, previsto para a contestação (art. 82º, nº 1, do CPTA), para o autor poder apresentar a sua defesa contra a reconvenção. Analogamente, tratando-se de uma ação de simples apreciação negativa, a réplica visa permitir ao autor a impugnação dos factos constitutivos alegados pelo réu ou a alegação de factos impeditivos ou extintivos do direito invocado pelo réu, justificando-se, por isso, que o autor beneficie do prazo de 30 dias previsto para o oferecimento da contestação.

3.5. Tréplica

O demandado pode, nos termos do art. 85º-A, nº 6, do CPTA, responder, através de um articulado de tréplica, às exceções que, na réplica, tenham sido deduzidas pelo autor relativamente à matéria da reconvenção. Nesse caso, o articulado de tréplica deve ser oferecido no prazo de 20 dias, o qual começa a correr a partir da notificação ao réu/reconvinte da réplica.

baseiam as exceções deduzidas, especificando-as separadamente.

3.6. Recursos

3.6.1. Recursos ordinários

3.6.1.1. Interposição do recurso e resposta

O prazo geral para a interposição de recurso ordinário e apresentação das respetivas alegações é de 30 dias, começando esse prazo a correr a partir da notificação da decisão que se pretenda impugnar (art. 144º, nº 1, do CPTA)[1317,1318].

No entanto, se o processo revestir natureza urgente, por força do art. 36º do CPTA ou de disposição especial, o recurso deve ser interposto no prazo de 15 dias, à luz do art. 147º do CPTA. Trata-se, com efeito, de um regime análogo ao que se encontra previsto na lei de processo civil (art. 638º, nº 1)[1319].

Por outro lado, se o recurso tiver por objeto a reapreciação da prova gravada, ao prazo perentório para a interposição do recurso, de 30 ou de 15 dias, a que se aludiu *supra*, acresce um prazo suplementar de 10 dias, atento o disposto no art. 144º, nº 4, do CPTA[1320].

Sendo interposto recurso ordinário, a secretaria deve notificar o recorrido da interposição do recurso, podendo este apresentar as suas alegações de resposta no prazo de 30 dias, a contar dessa notificação, sendo, no entanto, esse prazo de 40 dias se o recurso tiver por objeto a reapreciação da prova gravada (art. 144º, nºs 3 e 4, do CPTA).

Por outro lado, importa salientar que, no âmbito dos processos com andamento prioritário, a decisão emitida no processo ou nos processos selecionados é notificada às partes dos processos suspensos para, no prazo de 30 dias, o autor nestes processos desistir do pedido ou qualquer das partes recorrer da sentença proferida no processo ou nos processos selecionados (art. 48º, nº 9, do CPTA)[1321].

1317 Cfr., a este respeito, o ac. do STA de 21.09.2017, proc. 0552/17, no qual se decidiu que “O início do decurso de um prazo perentório para a interposição do recurso de decisão só poderá ocorrer a partir do momento em que seja exigível às partes o seu conhecimento, figurando como condição básica desse conhecimento o de que a cópia ou fotocópia da decisão judicial facultada às partes seja legível [cfr. arts. 20º, nº 4, da CRP, 253º do CPC/2013, 23º, 24º, 36º, 140º, 144º e 147º todos do CPTA]”.

1318 Sustentando ser igualmente de 30 dias o prazo para a interposição de recurso dos despachos interlocutórios que, nos termos do art. 142º, nº 5, *in fine*, do CPTA, sejam passíveis de apelação autónoma, *vide* ALMEIDA, Mário Aroso de / CADILHA, Carlos Alberto Fernandes, *Comentário ao Código de Processo nos Tribunais Administrativos*, *op. cit.*, pp. 1104 e 1105.

1319 Cfr., no mesmo sentido, o ac. do STA de 06.05.2020, proc. 0157/19.7BESNT.

1320 No sentido de este regime se aplicar quer aos processos normais, quer aos processos urgentes, *vide* o ac. do STA de 26.02.2015, proc. 01413/14.

1321 Redação dada pela Lei nº 118/2019, de 17 de setembro.

3.6.1.2. Aperfeiçoamento das conclusões do recurso

Nos termos do art. 146º, nºs 4 e 5, do CPTA, se o relator verificar que o recorrente não apresentou conclusões ou que das conclusões apresentadas não é possível deduzir quais os concretos aspetos de facto que considera incorretamente julgados ou as normas jurídicas que entende terem sido violadas pelo tribunal recorrido, deve convidar o recorrente a, no prazo de 10 dias, apresentar, completar ou esclarecer as conclusões formuladas, sob pena de, não o fazendo, não se conhecer do recurso na parte afetada. Nessa eventualidade, se o recorrente, respondendo a esse convite, apresentar, completar ou esclarecer as conclusões do seu recurso, a parte contrária deve ser notificada para, querendo, responder em igual prazo de 10 dias.

3.6.1.3. Intervenção do Ministério Público e resposta das partes

Se o Ministério Público, não se encontrando na posição de recorrente ou de recorrido, se pronunciar, no prazo de 10 dias, sobre o mérito do recurso, em defesa dos direitos fundamentais dos cidadãos, de interesses públicos especialmente relevantes ou de algum dos valores ou bens referidos no art. 9º, nº 2, do CPTA, as partes podem responder a essa pronúncia no prazo de 10 dias, atento o preceituado no art. 146º do CPTA.

3.6.1.4. Recurso da decisão de suspensão de tramitação ou de apensação de processos

As partes podem interpor recurso, no prazo de 15 dias, das decisões de suspensão de tramitação ou de apensação de processos, à luz do art. 48º, nº 5, do CPTA.

3.6.2. Recursos extraordinários

3.6.2.1. Recurso para uniformização de jurisprudência

As partes e o Ministério Público podem, nos termos do art. 152º, nº 1, do CPTA, requerer ao Supremo Tribunal Administrativo a admissão de recurso para uniformização de jurisprudência, no prazo de 30 dias, a contar do trânsito em julgado do acórdão impugnado, quando, sobre a mesma questão fundamental de direito, exista contradição entre um acórdão do Tribunal Central Administrativo e outro acórdão anteriormente proferido pelo mesmo ou outro Tribunal Central Administrativo ou pelo Supremo Tribunal Administrativo, ou entre dois acórdãos do Supremo Tribunal Administrativo[1322].

[1322] Cfr., a este respeito, o ac. do STA de 16.12.2015, proc. 0110/15, com o seguinte sumário: "I – A interposição de um recurso para uniformização de jurisprudência só pode ter lugar nos 30

3.6.2.2. Recurso de revisão

À luz do art. 154º do CPTA, o recurso extraordinário de revisão de sentença transitada em julgado pode ser interposto, com as devidas adaptações, face ao preceituado nos arts. 155º e 156º do CPTA, nos mesmos prazos previstos na lei de processo civil, concretamente no seu art. 697º, nº 2.

3.7. Outros prazos perentórios

Para além dos prazos *supra* referidos, o Código de Processo nos Tribunais Administrativos prevê outros prazos perentórios para a prática de atos processuais pelas partes, destacando-se, *infra*, alguns desses prazos.

3.7.1. Indicação do pedido em caso de coligação ilegal

Verificando-se uma coligação ilegal, pelo facto de não se verificar entre os pedidos a conexão exigida pelo art. 12º, nº 1, do CPTA, o juiz deve notificar o autor ou os autores, conforme o caso, para, no prazo de 10 dias, indicarem o pedido que pretendem que seja apreciado no processo, sob pena de, não o fazendo, o réu ser absolvido da instância em relação a todos os pedidos, nos termos do art. 12º, nº 3, do CPTA.

3.7.2. Remessa do processo ao tribunal competente

Se a petição inicial tiver sido dirigida a um tribunal incompetente em razão da matéria, pertencendo a competência a um tribunal que não integre a jurisdição administrativa e fiscal, o interessado pode requerer, no prazo de 30 dias, a contar do trânsito em julgado da decisão que declare a incompetência, a remessa do processo ao tribunal competente, atento o disposto no art. 14º, nº 2, do CPTA.

3.7.3. Propositura da ação para o conhecimento de questão prejudicial

Nos termos do art. 15º, nº 2, do CPTA, se a apreciação do mérito da causa depender, total ou parcialmente, do julgamento de uma questão prejudicial, cujo conhecimento seja da competência de um tribunal pertencente a outra jurisdição, tendo a instância ficado suspensa a aguardar pela pronúncia desse tribunal, a parte interessada deve propor a ação respetiva no prazo

dias imediatos ao trânsito da decisão recorrida. Sendo que uma decisão se considera transitada quando a mesma não é susceptível de recurso ordinário ou reclamação. II – Todavia, atenta a sua especificidade, os mesmos não transitam no prazo dos restantes recursos (30 dias – arts. 144º, nº 1, do CPTA e 638º, nº 1, do CPC) mas no prazo de 10 dias (art. 29º, nº 1, do CPTA) contados da notificação da decisão recorrida [...]".

de dois meses, sob pena, de não o fazendo, a suspensão da instância ficar sem efeito.

3.7.4. Indemnização por modificação do objeto do processo

Concluindo-se que a pretensão do autor é fundada, mas que os seus interesses não podem ser total ou parcialmente satisfeitos, devido à verificação de uma situação de impossibilidade absoluta, ou se a entidade demandada demonstrar que o cumprimento dos deveres a que seria condenada originaria um excecional prejuízo para o interesse público, o tribunal deve reconhecer o direito do autor a ser indemnizado por esse facto e convidar as partes a, no prazo de 30 dias, o qual pode ser prorrogado até 60 dias, acordarem no montante da indemnização devida [art. 45º, nº 1, al. *d)*, do CPTA].

Não logrando as partes chegar a um acordo quanto ao montante da indemnização, o autor pode requerer a fixação da indemnização devida no prazo de um mês, devendo o tribunal, nesse caso, ouvir a parte contrária pelo prazo de 10 dias (art. 45º, nº 2, do CPTA).

3.7.5. Ampliação do objeto do processo

Se o autor requerer a ampliação do objeto do processo, nos termos previstos no art. 63º, nºs 1 e 2, do CPTA, a entidade demandada e os contrainteressados podem pronunciar-se sobre o pedido de ampliação, no prazo de 10 dias, a contar da respetiva notificação, à luz do nº 4 do citado preceito legal.

3.7.6. Constituição como contrainteressado

Nos processos em que o número de contrainteressados seja superior a dez, o juiz pode promover a respetiva citação, sem prejuízo de outros meios de publicitação, mediante a publicação de um anúncio, dispondo, nesse caso, os interessados do prazo de 15 dias para se constituírem como contrainteressados no processo, à luz do art. 81º, nº 5, do CPTA.

Por sua vez, no âmbito dos procedimentos cautelares, o art. 117º, nº 6, do CPTA preceitua que qualquer interessado que não tenha recebido a citação só pode intervir no processo até à conclusão ao juiz ou relator para decisão. Todavia nos termos do art. 117º, nº 7, do CPTA, em processos em que haja contrainteressados em número superior a 10, é ainda aplicável o disposto no art. 81º, nºs 5 a 7, sendo o prazo para sua constituição no processo cautelar de 7 dias[1323].

[1323] Redação dada pela Lei nº 118/2019, de 17 de setembro.

3.7.7. Apresentação de articulado superveniente

Se a parte pretender apresentar um articulado superveniente, com fundamento na junção ao processo de elementos até aí desconhecidos ou em relação aos quais não tinha sido possível o acesso, deve oferecer esse articulado no prazo de 10 dias, a contar da notificação da junção desses elementos.

Nesse caso, uma vez junto aos autos o articulado superveniente, as outras partes devem ser notificadas pela secretaria, dispondo de um prazo de 10 dias, contado desde essa notificação, para responderem ao articulado, atento o preceituado no art. 86º, nºs 3 e 4, do CPTA.

3.7.8. Apresentação de nova petição por absolvição do réu da instância

Se o réu tiver sido absolvido da instância sem que, previamente, tenha sido proferido despacho pré-saneador, apesar de poder haver lugar ao suprimento de exceções dilatórias ou de irregularidades, o autor pode, no prazo de 15 dias, a contar da notificação dessa decisão, apresentar nova petição inicial corrigida, na qual deverá observar as prescrições em falta, considerando-se, nesse caso, a petição inicial apresentada na data do oferecimento da primeira (art. 87º, nº 8, do CPTA).

3.7.9. Aditamento ou alteração do rol de testemunhas

Tal como sucede na lei de processo civil, as partes podem, nos termos do art. 89º-A, nº 5, do CPTA, aditar ou alterar o rol de testemunhas até 20 dias antes da data que se encontre aprazada para a realização da audiência final.

Nesse caso, a parte contrária deve ser notificada para querendo, usar de igual faculdade, no prazo de 5 dias, a contar dessa notificação[1324].

3.7.10. Apresentação de alegações escritas

Se a complexidade da matéria o justificar ou se alguma das partes não prescindir da sua apresentação, o juiz, no termo da audiência final, deve determinar que as alegações, de facto e de direito, sejam apresentadas por escrito,

[1324] *Vide*, a este respeito, o ac. do TCAS de 24.01.2013, proc. 09529/12, no qual se decidiu que "no tocante aos 20 dias a *ratio legis* assenta no termo *ad quem* e não no termo *a quo*, ou seja, o que importa é não inviabilizar nem os direitos da parte contrária nem a efectivação da audiência de julgamento para cuja sessão designada pelo tribunal se pretende a alteração ou aditamento do rol de testemunhas". Assim, de acordo com o referido aresto, nada obsta a que o requerimento de aditamento ou de alteração de testemunhas seja apresentado dentro do período de férias judiciais, desde que se respeite a antecedência de 20 dias em relação à data designada para a realização da audiência final.

sendo que, nesse caso, as partes dispõem do prazo simultâneo de 20 dias para apresentarem as suas alegações (art. 91º, nº 5, do CPTA).

Do mesmo modo, nos termos do art. 91º-A do CPTA, se tiverem sido realizadas diligências de prova, sem que tenha havido lugar à realização de audiência final, as partes, finda a instrução, devem ser notificadas para apresentarem as suas alegações, por escrito, pelo prazo simultâneo de 20 dias.

3.7.11. Pronúncia sobre causas de invalidade diversas das alegadas

Nos termos do art. 95º, nº 3, do CPTA, se o juiz, no âmbito de um processo impugnatório, identificar a existência de causas de invalidade diversas das que tenham sido alegadas, deve, antes de decidir a causa, proceder à audição prévia das partes, as quais, uma vez notificadas para o efeito, podem apresentar alegações complementares pelo prazo comum de 10 dias.

3.7.12. Pronúncia sobre o montante da indemnização devida

Se tiver sido formulado um pedido de indemnização por danos, não resultando, no entanto, do processo os elementos necessários para se proceder à quantificação do montante da indemnização devida, as partes, em sede de fase complementar de audição prévia, dispõem, cada uma delas, do prazo de 10 dias para se pronunciarem quanto à quantificação do montante da indemnização (art. 95º, nº 7, do CPTA).

3.7.13. Suprimento de vícios da petição inicial de procedimento cautelar

No âmbito do procedimento cautelar, se o requerimento inicial apresentar algum vício ou insuficiência, pelo facto de dele não constar algum dos elementos previstos no art. 114º, nº 3 do CPTA, o interessado deve ser notificado para suprir a falta, dispondo, nesse caso, nos termos do art. 114º, nº 5, do CPTA, de um prazo de 5 dias.

3.7.14. Apresentação de oposição no procedimento cautelar

A entidade requerida e os contrainteressados, se os houver, podem deduzir oposição, no procedimento cautelar, no prazo de 10 dias, a contar da sua citação, atento o disposto no art. 117º, nº 1, do CPTA.

3.7.15. Pronúncia quanto à antecipação do mérito da causa

Nos termos do art. 121º, nº 1, do CPTA, se o juiz pretender antecipar, no âmbito de um procedimento cautelar, o juízo sobre a causa principal, pelo facto de, existindo um processo principal já intentado, constatar que foram trazidos ao procedimento cautelar todos os elementos necessários para o efeito e a simplicidade do caso ou a urgência na sua resolução definitiva o justifica, as partes devem ser notificadas para se pronunciarem sobre essa intenção do juiz, dispondo, para o efeito, de um prazo de 10 dias.

3.7.16. Propositura da ação principal da qual dependa o procedimento cautelar

Se a tutela dos interesses a que a providência cautelar se destina for assegurada por via contenciosa não sujeita a prazo, o requerente deve propor a ação principal, da qual o procedimento cautelar depende, no prazo de 90 dias, a contar do trânsito em julgado da decisão que tenha decretado a providência cautelar (art. 123º, nº 2, do CPTA).

3.7.17. Resposta ao pedido de caducidade da providência cautelar

Invocando o requerido, nos termos do art. 123º, nº 3, do CPTA, a extinção do procedimento cautelar ou a caducidade da providência que tiver sido decretada, o requerente pode responder a esse pedido no prazo de 7 dias, a contar da notificação que, para esse efeito, tiver sido determinada pelo juiz.

3.7.18. Indemnização por revogação ou por caducidade da providência cautelar

À luz dos arts. 125º, nº 1, e 126º, nº 2, do CPTA, se a providência cautelar cessar por causa diversa da execução de decisão do processo principal favorável ao requerente, a Administração ou os terceiros lesados pela sua adoção podem requerer o pagamento de uma indemnização, no prazo de um ano a contar da revogação ou da caducidade da providência cautelar.

3.7.19. Declaração de ineficácia dos atos de execução indevida

Se, no âmbito de um procedimento cautelar, tiver sido pedida a suspensão da eficácia de um ato administrativo, tendo, no entanto, a entidade administrativa iniciado ou prosseguido com a execução desse ato, o interessado pode requerer ao tribunal onde penda o processo de suspensão da eficácia, até ao trânsito em julgado da sua decisão, a declaração de ineficácia dos atos de execução indevida. Nesse caso, o juiz ou o relator, antes de decidir, deve ouvir a entidade administrativa e os contrainteressados no prazo de 5 dias, tomando de imediato a decisão (art. 128º do CPTA[1325]).

[1325] Na redação dada pela Lei nº 118/2019, de 17 de setembro.

3.7.20. Tutela cautelar relativa a procedimentos de formação de contratos

No âmbito da tutela cautelar relativa a procedimentos de formação de contratos não abrangidos pelo regime previsto nos arts. 100º a 103º-B do CPTA, destinados, nomeadamente, a obter a suspensão da eficácia de atos praticados no âmbito do procedimento, a suspensão do próprio procedimento e a proibição da celebração ou da execução do contrato, a autoridade requerida e os contrainteressados podem, nos termos do art. 132º, nº 3, do CPTA, responder ao pedido de decretamento da providência cautelar no prazo de 7 dias.

3.7.21. Produção antecipada de prova

Sendo deduzido um incidente de produção antecipada de prova, pelo facto de existir um justo receio de vir a tornar-se impossível ou muito difícil o depoimento de certas pessoas ou a verificação de certos factos através de prova pericial ou por inspeção, a pessoa ou o órgão em relação aos quais se pretenda fazer uso dessa prova devem ser notificados para intervir nos atos de preparação e produção de prova ou para deduzir oposição no prazo de 3 dias.

No entanto, se a notificação não puder ser feita a tempo de, com grande probabilidade, se realizar a diligência de produção antecipada de prova que tenha sido requerida, a pessoa ou o órgão só são notificados após a realização da diligência, podendo, nesse caso, requerer, no prazo de 7 dias, a sua repetição, se esta for possível (art. 134º, nºs 3 e 4, do CPTA).

3.7.22. Resolução de conflito de competência jurisdicional ou de atribuições

Nos termos do art. 136º do CPTA, se se verificar um conflito entre tribunais da jurisdição administrativa e fiscal ou entre órgãos administrativos, qualquer interessado ou o Ministério Público podem requerer a resolução desse conflito no prazo de um ano, a contar da data em que a última das decisões se torne inimpugnável[1326].

3.7.23. Oposição à execução e resposta

No processo de execução, o executado pode apresentar oposição à execução no prazo de 20 dias (arts. 165º, nº 1, 171º, nº 1, e 177º, nº 1, do CPTA), sendo que, se a oposição à execução for recebida, o exequente pode responder no prazo de 10 dias (arts. 165º, nº 2, 171º, nº 2, e 177º, nº 2, do CPTA).

[1326] *Vide*, a este respeito, o ac. do STA de 06.03.2008, proc. 0978/07, no qual se decidiu que "Segundo o art. 136º do CPTA, deve ser indeferido, por extemporaneidade, o pedido de resolução de um conflito de competência formulado mais de um ano após o trânsito da última das decisões".

3.7.24. Indemnização por causa legítima de inexecução

Se, no processo executivo, for julgada procedente a oposição fundada na existência de uma causa legítima de inexecução, o tribunal deve ordenar a notificação da Administração e do exequente para que estes, no prazo de 20 dias, acordem no montante da indemnização devida (arts. 166º, nº 1, e 178º, nº 1, do CPTA).

III. Regras de contagem dos prazos

As regras de contagem de prazos que se encontram previstas no Código de Processo Civil, nomeadamente nos seus arts. 138º a 140º[1327], são subsidiariamente aplicáveis ao processo administrativo, por força do art. 1º do CPTA.

Por conseguinte, nos termos do art. 138º, nº 1, os prazos processuais contam-se de forma contínua, mas suspendem-se em férias judiciais, salvo quando estejam em causa processos urgentes ou prazos superiores a seis meses. Neste particular, importa salientar que, à luz do art. 36º, nº 1, do CPTA, revestem natureza urgente, sem prejuízo dos demais casos legalmente previstos, os processos relativos ao contencioso eleitoral [arts. 97º, nº 1, al. *a)*, e 98º do CPTA], aos procedimentos de massa [arts. 97º, nº 1, al. *b)*, e 99º do CPTA], ao contencioso pré-contratual [arts. 97º, nº 1, al. *c)*, e 100º a 103º-B do CPTA], à intimação para prestação de informações, consulta de documentos ou processos ou passagem de certidões (arts. 104º a 108º do CPTA), à intimação para proteção de direitos, liberdades e garantias (arts. 109º a 111º do CPTA)[1328] e às providências cautelares (arts. 112º a 134º do CPTA). Ora, tratando-se de processos urgentes, o art. 36º, nº 2, do CPTA preceitua que os prazos referentes a atos processuais a serem praticados nesses processos não se suspendem em férias judiciais[1329].

[1327] Cfr., nesse sentido, o ac. do STA de 14.09.2017, proc. 01081/16.

[1328] *Vide*, a este propósito, o ac. do TCAS de 31.01.2008, proc. 03290/07, no qual se decidiu que "A intimação para protecção de direitos, liberdades e garantias, regulada nos artigos 109º a 111º do CPTA, é um meio processual principal de carácter urgente, que constitui a concretização, no plano processual, do disposto no artigo 20º, nº 5, da CRP". Cfr., ainda, o ac. do TCAN de 08.07.2011, proc. 00290/10.0BECBR, no qual se consignou que "O processo principal urgente previsto nos artigos 109º a 111º do CPTA, configura meio de tutela qualificado, porque reservado a proteger os direitos, liberdades e garantias, e meio de tutela subsidiário, porque só deverá ser utilizado quando não se mostre possível ou suficiente o decretamento provisório de providência cautelar nos termos do artigo 131º do CPTA".

[1329] Para além disso, na falta de especificação própria, estes processos urgentes seguem a tramitação prevista para a ação administrativa, sendo os respetivos prazos reduzidos a metade (art. 36º, nº 4, do CPTA).

Assim, nos termos do art. 147º, nº 1, do CPTA, o prazo para a interposição do recurso é de 15 dias, o qual corresponde a metade do prazo geral para a interposição de recurso, que é de 30 dias, à luz do art. 144º, nº 1, do CPTA. Do mesmo modo, o art. 147º, nº 2, do CPTA estabelece que os prazos a observar durante o recurso são reduzidos a metade e o julgamento pelo tribunal superior tem lugar, com prioridade sobre os demais processos, na sessão imediata à conclusão do processo para decisão. Cfr., a este propósito, o ac. do STA de 13.05.2009, proc. 047/09, no qual se decidiu que "Não se encontrando definidas no CPPT as consequências processuais da atribuição do carácter de urgência, em matéria de recursos jurisdicionais, designadamente no que toca aos prazos processuais a observar, impõe-se a aplicação da regra da redução a metade desses prazos, como decorre do disposto no artigo 147º do CPTA, por força do disposto no artigo 2º, alínea *c)*, do CPPT".

Capítulo XI
Prazos no processo tributário

I. Modalidades do prazo
1. Prazos para os atos dos magistrados e do representante da Fazenda Pública
1.1. Despachos e sentenças
Nos termos do art. 21º do CPPT, os prazos para o proferimento de despachos e de sentenças são, em regra, os seguintes:

a) 5 dias para o proferimento de despachos de mero expediente[1330];
b) 10 dias para o proferimento dos demais despachos;
c) 20 dias para o proferimento de sentenças.

Pode, no entanto, suceder que a lei de processo tributário preveja prazos diferentes para o proferimento de despachos e de sentenças. É o que ocorre, por exemplo, com o art. 146º-D, nº 2, do CPPT[1331], o qual determina que, no processo especial de derrogação do dever de sigilo bancário, a decisão judicial deve ser proferida no prazo de três meses a contar da apresentação da petição inicial.

Em todo o caso, importa referir que estes prazos são meramente ordenadores, razão pela qual a inobservância desses prazos não acarreta qualquer preclusão ou nulidade processual[1332].

[1330] Nos termos do art. 152º, nº 4, os despachos de mero expediente são aqueles que se destinam a "prover ao andamento regular do processo, sem interferir no conflito de interesses entre as partes".

[1331] Na redação dada pela Lei nº 118/2019, de 17 de setembro.

[1332] *Vide*, no mesmo sentido, Sousa, Jorge Lopes de, *Código de Procedimento e de Processo Tributário Anotado*, Vislis, Lisboa, 2000, p. 199.

1.2. Promoções do Ministério Público e do representante da Fazenda Pública

À luz do art. 22º, nº 1, do CPPT, no processo judicial tributário, os prazos para a prática de atos pelo Ministério Público e pelo representante da Fazenda Pública têm a natureza de prazos perentórios[1333].

Por sua vez, de acordo com o nº 2 da citada disposição legal[1334], os atos do Ministério Público e do representante da Fazenda Pública devem, na falta de disposição especial, ser praticados, nos tribunais de primeira instância, no prazo de 20 dias, e, nos tribunais superiores, no prazo de 30 dias.

2. Prazos para o expediente da secretaria

2.1. Passagem de certidões

As certidões de atos e termos do procedimento tributário e do processo judicial, bem como os comprovativos de cadastros ou outros elementos em arquivo na administração tributária que se encontrem informatizados, devem ser passados no prazo máximo de 3 dias.

Diferentemente, nos procedimentos e nos processos não informatizados, as certidões e os termos devem ser passados no prazo máximo de 5 dias, mediante a apresentação de pedido escrito ou oral (art. 24º, nºs 1 e 2, do CPPT).

Em todo o caso, nos termos do art. 24º, nº 3, do CPPT, se o contribuinte invocar, de forma fundamentada, algum tipo de urgência na sua obtenção e se a administração tributária dispuser dos elementos necessários para o efeito, as certidões podem ser passadas no prazo de quarenta e oito horas.

2.2. Cumprimento de cartas precatórias

De acordo com o art. 24º, nº 8, do CPPT, as cartas precatórias devem ser cumpridas no prazo de 60 dias após a sua entrada nos serviços deprecados[1335].

[1333] Na sua versão original, o art. 22º do CPPT apenas dispunha que as promoções do Ministério Público e do representante da Fazenda Pública deviam ser dadas no prazo de 10 dias, se outro não estivesse fixado na lei, razão pela qual a doutrina vinha entendendo que, nos casos em que o Ministério Público não atuasse no processo como parte, esse prazo revestia uma natureza meramente ordenadora, não resultando, por isso, qualquer preclusão em virtude da não observância do prazo (*vide*, a este respeito, Sousa, Jorge Lopes de, *Código de Procedimento e de Processo Tributário Anotado*, *op. cit.*, p. 201).

[1334] Na redação dada pela Lei nº 118/2019, de 17 de setembro.

[1335] Nos termos do art. 172º, nº 1, a carta precatória utiliza-se quando um tribunal solicita a outro tribunal ou a um cônsul português a prática de um ato processual que exija a intervenção dos serviços judiciários.

3. Cumprimento dos prazos

Por forma a se assegurar o cumprimento dos prazos processuais legalmente previstos, os serviços competentes dos tribunais tributários devem elaborar relações trimestrais dos processos em que os prazos, de forma injustificada, não tenham sido observados e remeter essas relações às entidades com competência inspetiva e disciplinar sobre os responsáveis do incumprimento (art. 25º do CPPT)[1336].

4. Prazos para os atos das partes

4.1. Prazos fixados

À luz do art. 23º, nº 1, do CPPT, quando, de acordo com a lei, o prazo do ato deva ser fixado pela administração tributária ou pelo juiz, este não pode ser inferior a 10 nem superior a 30 dias. É o que sucede, a título meramente exemplificativo, com o prazo, a ser determinado pelo juiz, para a apresentação de alegações escritas pelas partes no âmbito do processo de impugnação judicial, o qual, nos termos do art. 120º, nº 1, do CPPT[1337], deve ser fixado entre 10 a 30 dias, sem prejuízo da possibilidade de as partes prescindirem do prazo para alegações (art. 120º, nº 2, do CPPT).

Não sendo o prazo fixado pela administração tributária ou pelo juiz, aplica-se, supletivamente, o prazo de 10 dias, atento o disposto no art. 23º, nº 2, do CPPT.

4.2. Impugnação judicial e contestação

Nos termos do art. 102º, nº 1, do CPPT, a impugnação judicial deve, em regra[1338], ser apresentada no prazo de três meses a contar[1339]:

[1336] Criticando esta norma, pela dificuldade de execução do regime nela previsto, não obstante ser louvável o desiderato do legislador no sentido de assegurar a celeridade e a eficiência do processo tributário, *vide* SOUSA, Jorge Lopes de, *Código de Procedimento e de Processo Tributário Anotado, op. cit.*, p. 207.

[1337] Na redação dada pela Lei nº 118/2019, de 17 de setembro.

[1338] Na verdade, o Código de Procedimento e de Processo Tributário prevê regimes especiais de impugnação, tal como sucede com a impugnação dos atos de autoliquidação, substituição tributária e pagamentos por conta, prevista nos arts. 131º a 134º do CPPT. *Vide*, a este propósito, SOUSA, Domingos Pereira de, *Direito Fiscal e Processo Tributário*, Coimbra Editora, Coimbra, 2013, pp. 368 a 370.

[1339] Trata-se, com efeito, de um prazo substantivo, cuja contagem obedece ao regime previsto no art. 279º do CC. Aliás, o art. 20º, nº 1, do CPPT determina expressamente que a contagem dos prazos de impugnação judicial deve ser efetuada à luz das regras consignadas no art. 279º do CC.

a) do termo do prazo para pagamento voluntário das prestações tributárias que tenham sido legalmente notificadas ao contribuinte[1340];
b) da notificação dos restantes atos tributários, mesmo que esses atos não originem qualquer liquidação;
c) da citação dos responsáveis subsidiários em processo de execução fiscal;
d) da formação da presunção de indeferimento tácito;
e) da notificação dos restantes atos que possam ser objeto de impugnação autónoma nos termos do CPPT; ou
f) do conhecimento dos atos lesivos dos interesses legalmente protegidos não previstos nas hipóteses anteriores.

No entanto, em caso de comunicação ou de notificação insuficientes, isto é, se da comunicação da decisão em matéria tributária não constar a fundamentação legalmente exigida, a indicação dos meios de reação contra o ato notificado ou outros requisitos legais, o interessado pode, no prazo de 30 dias ou, se inferior, no prazo legalmente previsto para a apresentação de reclamação, recurso, impugnação ou outro meio judicial que seja passível de ser utilizado, requerer a notificação dos requisitos que tenham sido omitidos ou a passagem de certidão que os contenha. Nessa situação, o prazo para a apresentação da impugnação só começa a correr a partir da notificação ou da entrega dessa certidão, de acordo com o art. 37º, nºs 1 e 2, do CPPT.

Para além disso, se a impugnação judicial tiver por fundamento a nulidade, esta pode ser apresentada a todo o tempo, atento o disposto no art. 102º, nº 3, do CPPT[1341].

Sendo deduzida uma impugnação judicial, o representante da Fazenda Pública pode, nos termos do art. 110º, nº 1, do CPPT, apresentar contestação, bem como solicitar a produção de prova adicional, no prazo de três meses, sem prejuízo do disposto na parte final do art. 112º, nº 5, do CPPT, isto é, da possibilidade de o ato impugnado ser revogado parcialmente, caso em que o prazo para o oferecimento da contestação será de 30 dias, a contar da notificação, ao representante da Fazenda Pública, dessa revogação[1342].

[1340] Cfr., a este respeito, o ac. do STA de 23.05.2001, proc. 025778, bem como o ac. do TCAN de 15.11.2013, proc. 00644/06.7BEPRT.

[1341] Cfr., a este propósito, Machado, Jónatas E. M. / Costa, Paulo Nogueira da, *Curso de Direito* Tributário, 2ª ed., Coimbra Editora, Coimbra, 2012, p. 504. *Vide*, ainda, Sousa, Domingos Pereira de, *Manual de Procedimento e Processo Tributário*, Almedina, Coimbra, 2012, p. 296, o qual critica o facto de, neste caso, a impugnação judicial poder ser deduzida a todo o tempo, já que tal prejudica a segurança e a certeza jurídicas.

[1342] *Vide*, a este respeito, o ac. do TCAS de 03.12.2020, proc. 2151/18.6BELRS.

4.3. Oposição à execução fiscal e contestação

Nos termos do art. 203º, nº 1, do CPPT, o prazo perentório para a dedução de oposição à execução fiscal é de 30 dias[1343,1344]. Esse prazo começa a correr a partir da verificação de algum dos seguintes factos:

a) da citação pessoal do executado[1345] ou, quando não tenha havido lugar a essa citação prévia, após a realização da primeira penhora; ou

b) da data em que tiver ocorrido o facto superveniente ou da data em que se tiver verificado o seu conhecimento pelo executado, consoante esteja em causa, respetivamente, uma superveniência objetiva ou subjetiva[1346].

Contudo, à luz do art. 203º, nº 4, do CPPT, a oposição à execução fiscal só pode ser deduzida até à venda executiva dos bens, sem prejuízo da possibilidade de a anulação da venda caber nos fundamentos da oposição à execução (art. 257º, nº 3, do CPPT).

Tal como sucede no processo civil executivo (art. 728º, nº 3), também no processo de execução fiscal não se aplica o princípio do benefício do prazo, previsto no art. 569º, nº 2. Por conseguinte, se existirem vários executados e se o prazo para a dedução de oposição à execução fiscal terminar em dias diferentes, cada um deles deve, nos termos do art. 203º, nº 2, do CPPT, apresentar a sua oposição à execução dentro do respetivo prazo.

Em todo o caso, à luz do art. 203º, nº 5, do CPPT[1347], se tiverem sido realizadas duas ou mais citações, referentes a diferentes execuções que pendam

[1343] Observe-se que, nos termos do art. 17º, nº 3, do CPPT, no processo de execução fiscal, a incompetência territorial do órgão de execução só pode ser arguida ou conhecida oficiosamente até findar o prazo para a oposição, implicando a remessa oficiosa do processo para o serviço considerado competente, no prazo de quarenta e oito horas, notificando-se o executado.

[1344] No sentido de este prazo revestir natureza judicial, razão pela qual ao prazo de oposição à execução podem acrescer as eventuais dilações que resultem do disposto no art. 245º, *vide* o ac. do TCAS de 09.06.2022, proc. 2352/10.5BELRS.

[1345] *Vide*, a este propósito, o ac. do TCAS de 30.01.2001, proc. 3924/00, o ac. do TCAS de 16.03.2005, proc. 00427/05, o ac. do TCAS de 12.04.2005, proc. 00536/05, o ac. do STA de 08.06.2005, proc. 0371/05, bem como o ac. do TCAS de 27.11.2014, proc. 08076/14.

[1346] Cfr., a este respeito, o ac. do STA de 07.03.2007, proc. 0912/06, bem como o ac. do TCAS de 22.10.2020, proc. 1452/13.4BESNT. *Vide*, na doutrina, Sousa, Domingos Pereira de, *Direito Fiscal e Processo Tributário, op. cit.*, p. 264. No sentido de recair sobre o executado o ónus de "apresentar prova da superveniência do facto ou do seu conhecimento, relativamente ao momento da citação pessoal", *vide* o ac. TCAS de 27.05.2021, proc. 102/20.7BEFUN.

[1347] Na redação dada pela Lei nº 118/2019, de 17 de setembro.

contra o mesmo executado e no mesmo órgão de execução fiscal, o executado pode deduzir uma única oposição, até ao termo do prazo que começou a correr em último lugar, mesmo que essas execuções não se encontrem apensadas.

De acordo com o art. 206º do CPPT, na petição da oposição à execução fiscal, o executado deve oferecer todos os documentos, arrolar testemunhas e requerer as demais provas.

Ao abrigo do princípio da igualdade de armas, se for deduzida oposição à execução fiscal e se esta for recebida, o representante da Fazenda Pública dispõe de igual prazo de 30 dias para contestar a oposição, atento o disposto no art. 210º do CPPT.

4.4. Remessa do processo ao tribunal pelo órgão de execução fiscal

Nos termos do art. 208º, nº 1, do CPPT, uma vez autuada a petição da oposição à execução, o órgão da execução fiscal deve, no prazo de 20 dias, remeter o processo, por via eletrónica, ao tribunal de primeira instância competente para o conhecimento da oposição à execução, com as informações que reputar convenientes, incluindo as respeitantes à apensação de execuções.

4.5. Anulação da venda executiva

De acordo com o art. 257º, nº 1, do CPPT, a anulação da venda executiva pode ser requerida nos seguintes prazos:

- *a)* no prazo de 90 dias, se a anulação tiver por fundamento a existência de algum ónus real que não tenha sido tomado em consideração e que não haja caducado ou em erro sobre o objeto transmitido ou sobre as qualidades por falta de conformidade com o que foi anunciado;
- *b)* no prazo de 30 dias, se for invocado um fundamento de oposição à execução que o executado não tenha podido apresentar no prazo da oposição à execução previsto no art. 203º, nº 1, al. *a)*, do CPPT, ou seja, no prazo de 30 dias, a contar da citação pessoal do executado ou da realização da primeira penhora; ou
- *c)* no prazo de 15 dias, nos restantes casos previstos no Código de Processo Civil.

4.6. Interposição de recurso e apresentação das alegações

4.6.1. Recurso ordinário

O prazo para a interposição de recurso é de 30 dias, a contar da notificação da decisão objeto de impugnação, devendo o recorrente apresentar a respetiva alegação e formular as conclusões (art. 282º, nºs 1 e 2, do CPPT)[1348].

Na eventualidade de o recurso ter por objeto a reapreciação da prova gravada, ao prazo da interposição do recurso acrescem 10 dias, nos termos do art. 282º, nº 4, do CPPT.

À luz do princípio da igualdade de armas, o recorrido e o Ministério Público, uma vez notificados da interposição do recurso, dispõem de igual prazo de 30 dias – eventualmente acrescido de 10 dias, se tiver por objeto a reapreciação da prova gravada –, para, querendo, oferecerem as suas alegações (art. 282º, nº 4, do CPPT).

No entanto, se se tratar de um processo urgente, o recurso, acompanhado das respetivas alegações e conclusões, deve ser interposto no prazo de 15 dias, nos termos do art. 283º do CPPT[1349].

4.6.2. Recursos extraordinários

4.6.2.1. Recurso para uniformização de jurisprudência

À luz do art. 284º, nº 1, do CPPT, tanto as partes, como o Ministério Público, podem, no prazo de 30 dias, a contar do trânsito em julgado do acórdão objeto de impugnação, dirigir ao Supremo Tribunal Administrativo um pedido de admissão de recurso extraordinário para uniformização de jurisprudência, quando, sobre a mesma questão fundamental de direito, exista contradição:

a) entre um acórdão do Tribunal Central Administrativo e outro acórdão anteriormente proferido pelo mesmo ou por outro Tribunal Central Administrativo ou pelo Supremo Tribunal Administrativo; ou

b) entre dois acórdãos do Supremo Tribunal Administrativo.

4.6.2.2. Revisão da sentença

Nos termos do art. 293º, nº 1, do CPPT, a decisão que tenha transitado em julgado pode ser objeto de revisão, no prazo de quatro anos, com qualquer um dos fundamentos previstos no Código de Processo Civil.

[1348] Na redação dada pela Lei nº 118/2019, de 17 de setembro. Note-se que, no regime precedente, o prazo para a interposição de recurso das decisões dos tribunais tributários de 1ª instância era de 10 dias, sendo que, se o recurso fosse admitido, o recorrente era notificado para, no prazo de 15 dias, apresentar as respetivas alegações e conclusões.

[1349] Na redação dada pela Lei nº 118/2019, de 17 de setembro.

O pedido de revisão da sentença deve ser apresentado, em regra, no prazo de 30 dias, a contar da verificação do facto que serve de fundamento a esse pedido.

Contudo, o prazo será de três meses, quando o pedido seja apresentado pelo Ministério Público (art. 293º, nºs 3 e 4, do CPPT)[1350].

4.7. Outros prazos perentórios

Para além dos prazos *supra* referidos, o Código de Procedimento e de Processo Tributário prevê outros prazos perentórios referentes à prática de atos pelas partes, destacando-se, *infra*, alguns desses prazos.

4.7.1. Remessa do processo ao tribunal competente

Verificando-se a incompetência do tribunal, sem que o tribunal competente pertença à jurisdição administrativa e fiscal, o interessado pode requerer a remessa do processo para o tribunal competente, indicando o mesmo, no prazo de 15 dias, a contar do trânsito em julgado da decisão que declare a incompetência.

Nos demais casos de incompetência, em que seja competente um tribunal administrativo ou tributário diverso daquele para onde foi dirigida a petição inicial, o processo é remetido oficiosamente ao tribunal competente, no prazo de quarenta e oito horas (art. 18º, nºs 1 e 2, do CPPT).

4.7.2. Impugnação de documentos

Nos termos do art. 115º, nº 4, do CPPT, a parte pode impugnar a genuinidade de qualquer documento ou requerer o confronto com o original da certidão ou da cópia com a certidão de que foi extraída no prazo de 10 dias após a sua apresentação ou junção ao processo.

4.7.3. Prova pericial no processo de impugnação judicial

Pese embora, em regra, a realização da perícia no âmbito do processo de impugnação judicial deva ser requerida na petição inicial ou na contestação, atento o disposto no art. 116º, nº 2, do CPPT, a verdade é que, à luz do nº 3 deste preceito legal, a perícia pode igualmente ser requerida no prazo de 20 dias, a contar da notificação das informações oficiais, se a elas houver lugar.

[1350] Na redação dada pela Lei nº 118/2019, de 17 de setembro.

4.7.4. Resposta nos incidentes de assistência, habilitação e apoio judiciário

Sendo deduzido no processo de impugnação judicial um incidente de assistência, habilitação ou apoio judiciário, o prazo de resposta a esse incidente é de 15 dias, à luz do art. 127º, nº 2, do CPPT.

4.7.5. Impugnação judicial da apreensão de bens e das providências cautelares

Verificando-se a apreensão de bens pela administração tributária, esse ato pode ser impugnado judicialmente no prazo de 15 dias, a contar da data do levantamento do auto, revestindo essa impugnação natureza urgente (art. 143º, nºs 1 e 2, do CPPT).

Do mesmo modo, nos termos do art. 144º, nº 1, do CPPT, as providências cautelares que sejam adotadas pela administração tributária podem ser impugnadas judicialmente no prazo de 15 dias, a contar da data da sua realização ou da data do seu conhecimento efetivo pelo interessado, quando tal ocorra em momento posterior.

4.7.6. Ação para o reconhecimento de um direito ou interesse legítimo em matéria tributária

A ação para obter o reconhecimento de um direito ou de um interesse legítimo em matéria tributária pode ser intentada por quem invoque a titularidade do direito ou do interesse a reconhecer, no prazo de quatro anos após a constituição do direito ou o conhecimento da lesão do interessado (art. 145º, nº 2, do CPPT).

4.7.7. Processo especial de derrogação do dever de sigilo bancário

Nos termos dos arts. 146º-A e 146º-B do CPPT, se o contribuinte pretender recorrer da decisão da administração tributária que tenha determinado o acesso direto à informação bancária que lhe diga respeito, deve apresentar a petição correspondente, junto do tribunal tributário de primeira instância da área do seu domicílio fiscal, no prazo de 10 dias[1351], a contar da data da notificação da decisão.

Nessa eventualidade, nos termos do art. 146º-B, nº 4, do CPPT, o diretor-geral dos Impostos ou o diretor-geral das Alfândegas e dos Impostos Especiais

[1351] No sentido de este prazo revestir a natureza de prazo substantivo, razão pela qual a sua contagem obedece ao disposto no art. 279º do CC, *vide* o ac. do TCAN de 14.06.2012, proc. 02032/11.4BEBRG, e o ac. do TCAN de 23.11.2017, proc. 00267/17.5BEVIS.

sobre o Consumo, conforme o caso, devem ser notificados para, querendo, deduzirem oposição no prazo de 10 dias.

4.7.8. Dispensa de prestação de garantia

No âmbito do processo de execução fiscal, se a lei permitir a dispensa da prestação de garantia, o executado deve requerer essa dispensa ao órgão de execução fiscal, no prazo de 15 dias, a contar da apresentação do respetivo meio de reação, previsto no art. 169º do CPPT, ou, se o fundamento da dispensa de prestação de garantia for superveniente, no prazo de 30 dias após a ocorrência desse fundamento (art. 170º, nºs 1 e 2, do CPPT).

4.7.9. Pagamento em prestações e dação em pagamento

Se, no âmbito do processo de execução fiscal, ocorrer a suspensão da instância devido à pendência de reclamação graciosa, impugnação, recurso judicial ou oposição sobre o objeto da dívida exequenda, o executado pode, no prazo de 15 dias após a notificação da decisão neles proferida, requerer o pagamento em prestações da dívida exequenda ou solicitar a dação em pagamento (art. 189º, nº 8, do CPPT).

Do mesmo modo, nos termos do art. 199, nº 7, do CPPT, se o executado requerer o pagamento em prestações da dívida exequenda, deve oferecer garantia idónea, que poderá consistir em garantia bancária, caução, seguro-caução ou qualquer meio suscetível de assegurar os créditos do exequente, a qual deve ser apresentada no prazo de 15 dias, a contar da notificação que autorizar as prestações. Contudo, se se tratar de uma garantia que, pela sua natureza, justifique a ampliação do prazo, a garantia pode ser oferecida no prazo de 30 dias, sendo que esse prazo, verificando-se alguma circunstância excecional, pode ser prorrogado por mais 30 dias.

Por último, à luz do art. 200º, nº 1, do CPPT, verificando-se a falta de pagamento de três prestações seguidas ou de seis prestações interpoladas, tal importará o vencimento imediato das prestações seguintes se, no prazo de 30 dias, a contar da notificação para o efeito, o executado não proceder ao pagamento das prestações incumpridas.

4.7.10. Separação de bens por penhora de bens comuns do casal

Se, no âmbito de uma ação executiva para cobrança de coima fiscal ou com fundamento em responsabilidade tributária exclusiva de um dos cônjuges, forem penhorados imediatamente bens comuns do casal, o cônjuge do executado deve ser citado para requerer a separação judicial de bens, dispondo, para o efeito, de um prazo de 30 dias, atento o disposto no art. 220º do CPPT.

4.7.11. Depósito do crédito penhorado

Sendo penhorado um crédito no âmbito de um processo de execução fiscal, o devedor do executado, se reconhecer a obrigação imediata de pagar ou se não houver prazo para o pagamento, deve depositar o crédito em operações de tesouraria, à ordem do órgão da execução fiscal, no prazo de 30 dias, a contar da penhora, sob pena de, não o fazendo, ser executado, no próprio processo, pela importância respetiva [art. 224º, nº 1, al. *b)*, do CPPT].

4.7.12. Embargos de terceiro

Se o arresto, a penhora ou qualquer outro ato judicialmente ordenado de apreensão ou entrega de bens ofender a posse ou qualquer outro direito incompatível com a realização ou o âmbito da diligência, de que seja titular um terceiro, este pode fazer valer a sua posse ou o seu direito através de embargos de terceiro, devendo a respetiva petição ser apresentada no prazo de 30 dias, a contar da data da prática do ato ofensivo da posse ou direito ou, se posterior, da data em que o embargante tenha tido conhecimento da ofensa, mas nunca depois de os respetivos bens terem sido vendidos (art. 237º do CPPT)[1352].

4.7.13. Reclamação de créditos

Recaindo a penhora sobre bens onerados em garantia, os credores que gozem de garantia real sobre os bens penhorados devem ser citados para reclamarem os seus créditos, dispondo, para esse efeito, de um prazo de 15 dias após a citação, nos termos do art. 240º, nº 1, do CPPT.

4.7.14. Depósito do preço pelo adquirente

O adquirente de bem em sede de venda executiva deve proceder ao depósito do preço, à ordem do órgão da execução fiscal, no prazo de 15 dias, a contar da decisão de adjudicação, atento o disposto no art. 256º, nº 1, al. *e)*, do CPPT.

4.7.15. Reclamação judicial de decisão do órgão de execução fiscal

As decisões proferidas pelo órgão da execução fiscal ou por outras autoridades da administração tributária que, no âmbito do processo executivo, afetem direitos ou interesses legítimos do executado ou de terceiro podem ser objeto de reclamação para o tribunal tributário de 1ª instância, no prazo de 10 dias após a notificação da decisão (arts. 276º e 277º, nº 1, do CPPT)[1353].

1352 Cfr., a este propósito, o ac. do TCAS de 13.03.2012, proc. 05125/11, bem como o ac. do TCAS de 06.02.2020, proc. 847/11.2BEALM.

1353 No sentido de a contagem do prazo para a apresentação de uma reclamação judicial contra um ato praticado ou uma decisão proferida por um órgão de execução fiscal obedecer às regras

Subindo a reclamação ao tribunal competente, o representante da Fazenda Pública, uma vez notificado para o efeito, poderá responder à reclamação no prazo de 8 dias, à luz do art. 278º, nº 2, do CPPT.

4.8. Prazos dilatórios

Por aplicação subsidiária da lei processual civil [art. 2º, al. *e)*, do CPPT], são aplicáveis ao processo tributário, em caso de citação (art. 35º, nº 2, do CPPT)[1354], os prazos dilatórios previstos no art. 245º, ou seja:

a) 5 dias, quando a citação tenha sido realizada em pessoa diversa [art. 228º, nº 2, *ex vi* dos arts. 2º, al. *e)*, e 192º, nº 1, do CPPT][1355,1356];

b) 5 dias, quanto o demandado tenha sido citado fora da área da comarca sede do tribunal onde corre a ação[1357] ou fora da área da comarca onde se situa o serviço da administração tributária onde corre o processo executivo[1358];

c) 15 dias, quando o demandado haja sido citado para a causa no território das Regiões Autónomas, correndo a ação no continente ou em outra ilha, ou vice-versa; ou

processuais gerais, suspendendo-se, por isso, a sua contagem durante o período de férias judiciais, *vide* o ac. do TCAN de 19.01.2006, proc. 00882/05.0BEVIS, o ac. do TCAN de 01.03.2007, proc. 01291/06, o ac. do STA de 22.10.2008, proc. 0762/08, o ac. do STA de 19.01.2011, proc. 0991/10, o ac. do STA de 06.04.2011, proc. 0258/11, o ac. do TCAN de 12.01.2012, proc. 01459/10.3BEBRG, e o ac. do STA de 15.03.2017, proc. 0218/17.

1354 Defendendo que o prazo dilatório só tem lugar em caso de citação, não sendo, por isso, aplicável nas situações em que alguém tenha sido notificado, *vide* o ac. do TCAN de 17.09.2015, proc. 00416/15.8BEPRT.

1355 Cfr., nesse sentido, o ac. do TCAS de 27.01.2004, proc. 01053/03, o ac. do TCAS de 29.11.2005, proc. 00686/05, o ac. do TCAS de 27.11.2012, proc. 06011/12, bem como o ac. do STA de 19.04.2017, proc. 0214/17.

1356 No sentido de esta dilação não ser aplicável em caso de impugnação judicial da liquidação de IRS, já que "as razões que levaram o legislador a conceder tal dilação no caso de citação não se verificam relativamente à notificação do acto tributário de liquidação, que ocorre, ou na sequência da declaração do contribuinte, ou no termo de procedimento em que este já teve oportunidade de participar", *vide* o ac. do STA de 24.10.2012, proc. 0501/12.

1357 *Vide*, a este respeito, o ac. do STA de 08.02.2012, proc. 01016/11, no qual se decidiu que "É aplicável ao prazo para dedução de oposição à execução fiscal a dilação prevista no art. 252º-A, nº 1, alínea *b)*, do Código de Processo Civil, nos termos em que aí está prevista, isto é, sempre que o oponente seja citado fora da área da comarca sede do tribunal, mesmo que tal área se inclua na área de jurisdição do tribunal tributário".

1358 Cfr., nesse sentido, o ac. do STA de 28.03.2012, proc. 0261/12, o ac. do TCAN de 28.01.2016, proc. 01993/15.9BEPNF, bem como o ac. do STA de 19.04.2017, proc. 0214/17.

d) 30 dias, quando o demandado tenha sido citado por via edital, nos termos do art. 192º, nº 4, do CPPT, ou no estrangeiro.

Para além disso, tal como sucede no processo civil, também no processo tributário, a dilação de 5 dias, decorrente do facto de o demandado ter sido citado em pessoa diversa, é cumulável com qualquer uma das demais dilações a que, no caso em concreto, haja lugar[1359].

II. Regras de contagem dos prazos

1. Aplicação subsidiária

1.1. Prazos substantivos

Conforme se referiu *supra*, os prazos substantivos disciplinam as relações jurídicas de natureza substantiva, isto é, fora do contexto de um processo judicial.

Ora, no âmbito tribuário, os prazos que regulam a prática de atos no procedimento tributário revestem a natureza de prazos substantivos[1360].

Por conseguinte, à luz do art. 20º, nº 1, do CPPT[1361], os prazos do procedimento tributário, bem como os prazos para a apresentação de uma impugnação judicial – os quais são prazos substantivos de caducidade[1362] –, contam-se nos termos previstos no art. 279º do CC[1363], transferindo-se o seu termo, quando os prazos terminarem em dia em que os serviços ou os tribunais estiverem encerrados, para o primeiro dia útil seguinte. Assim, os prazos substantivos contam-se de forma contínua[1364], sendo que, se o termo do prazo coincidir com um domingo, dia feriado ou período de férias judiciais, transfere-se para o primeiro dia útil seguinte, atento o disposto no art. 279º, al. *e)*, do CC[1365,1366].

[1359] *Vide*, nesse sentido, o ac. do TCAN de 28.01.2016, proc. 01993/15.9BEPNF, bem como o ac. do STA de 19.04.2017, proc. 0214/17.

[1360] Cfr., a este propósito, ROCHA, Joaquim Freitas da, *Lições de Procedimento e Processo Tributário*, 6ª ed., Almedina, Coimbra, 2018, p. 492.

[1361] Na redação dada pela Lei nº 118/2019, de 17 de setembro.

[1362] Cfr., a este propósito, o ac. do TCAN de 23.09.2010, proc. 01811/09.7BEBRG. Quanto à natureza substantiva do prazo de impugnação judicial, *vide* o ac. do STA de 14.01.2004, proc. 01208/03

[1363] *Vide*, a este respeito, o ac. do STA de 20.01.1993, proc. 014557, o ac. do STA de 21.04.1993, proc. 015068, e o ac. do STA de 14.01.2015, proc. 0458/14.

[1364] De igual modo, o art. 57º, nº 3, da LGT preceitua que, no procedimento tributário, os prazos são contínuos, obedecendo a sua contagem às regras previstas no Código Civil.

[1365] *Vide*, nesse sentido, o ac. do STA de 29.11.1995, proc. 019676, o ac. do TCAS de 20.10.1998, proc. 65205, o ac. do STA de 21.04.1999, proc. 023468, o ac. do TCAS de 26.10.1999, proc. 2503/99, o ac. do STA de 03.05.2000, proc. 024562, o ac. do TCAS de 09.04.2002, proc. 6428/02, o ac. do STA de 03.07.2002, proc. 0498702, o ac. do STA de 06.07.2005, proc. 0585/05, o ac. do STA de 13.07.2005, proc. 0324/05, o ac. do TCAS de 12.05.2009, proc. 03008/09, o ac. do TCAS

Acresce que, não sendo aplicáveis à contagem dos prazos substantivos as regras previstas na lei de processo civil, não é possível a prática do ato nos três primeiros dias úteis subsequentes ao termo do prazo substantivo respetivo, já que o regime previsto no art. 139º, nº 5, é privativo dos prazos processuais[1367].

1.2. Prazos adjetivos ou processuais

De acordo com o art. 20º, nº 2, do CPPT, conjugado com o art. 2º, al. *e)*, do CPPT, os prazos para a prática de atos no processo judicial[1368] – tal como sucede, a título meramente exemplificativo, com o prazo de oposição à execução fiscal (art. 203º, nº 1, do CPPT)[1369], com o prazo para a reclamação de créditos (art. 240º, nº 1, do CPPT)[1370], com o prazo para se requerer a anulação da venda executiva (art. 257º, nº 1, do CPPT)[1371], com o prazo para reclamar de um ato praticado pelo órgão de execução fiscal (arts. 103º, nº 2, da

de 29.06.2010, proc. 03901/10, o ac. do STA de 07.09.2011, proc. 0677/10, o ac. do STA de 06.06.2012, proc. 01064/11, o ac. do TCAS de 23.04.2013, proc. 06125/12, o ac. do TCAS de 03.10.2013, proc. 06767/13, o ac. do TCAS de 28.11.2013, proc. 02887/09, o ac. do STA de 15.01.2014, proc. 01534/13, o ac. do TCAS de 16.01.2014, proc. 07170/13, o ac. do TCAS de 16.01.2014, proc. 07780/14, o ac. do TCAS de 27.03.2014, proc. 07360/14, o ac. do TCAS de 16.03.2015, proc. 08397/15, bem como o ac. do TCAN de 05.03.2020, proc. 02551/18.1BEPRT.
Discordando do entendimento segundo o qual o termo do prazo de impugnação judicial que coincida com um período de férias judiciais deve transferir-se para o primeiro dia útil seguinte, *vide* Sousa, Jorge Lopes de, *Código de Procedimento e de Processo Tributário Anotado, op. cit.*, p. 458.

[1366] Cfr., a este propósito, o ac. do STA de 20.02.2002, proc. 026600, no qual se decidiu que "Para efeitos do disposto no art. 279º, al. *e)* do Código Civil, a repartição de finanças onde se entrega a impugnação judicial é um «juízo», pois funciona como extensão do tribunal tributário de 1ª instância".

[1367] *Vide*, a este respeito, o ac. do TCAS de 11.11.2003, proc. 00221/03, bem como o ac. do STA de 14.01.2004, proc. 01208/03.

[1368] Note-se que, nos termos do art. 103º, nº 1, da LGT, o processo de execução fiscal tem natureza judicial, sem prejuízo da participação dos órgãos da administração tributária nos atos que não tenham natureza jurisdicional.

[1369] Cfr., nesse sentido, o ac. do STA de 02.06.1993, proc. 015786, o ac. do TCAS de 15.10.2002, proc. 2124/02, o ac. do TCAS de 13.07.2004, proc. 00007/4, o ac. do TCAS de 21.09.2004, proc. 00008/04, o ac. do TCAS de 20.09.2005, proc. 00684/05, o ac. do TCAS de 29.11.2005, proc. 00782/05, o ac. do TCAS de 31.01.2006, proc. 00942/05, o ac. do STA de 07.03.2007, proc. 0912/06, o ac. do TCAS de 20.11.2012, proc. 05991/12, o ac. do TCAS de 27.11.2012, proc. 06011/12, o ac. do TCAN de 21.03.2013, proc. 00459/12.3BEPNF, o ac. do TCAS de 13.10.2013, proc. 06841/13, o ac. do TCAS de 27.11.2014, proc. 08076/14, o ac. do TCAN de 31.03.2016, proc. 02335/04, bem como o ac. do STA de 10.03.2021, proc. 0570/15.9BEMDL.

[1370] Ac. do STA de 28.03.2012, proc. 0261/12.

[1371] *Vide*, nesse sentido, o ac. do TCAS de 14.11.2013, proc. 07029/13, e o ac. do TCAS de 26.06.2014, proc. 07628/14.

LGT e 276º e 277º do CPPT)[1372] ou com o prazo para a dedução de embargos de terceiro [arts. 166º, nº 1, al. *a*), e 237º, nº 3, do CPPT][1373] – contam-se nos termos do Código de Processo Civil, aplicando-se, por isso, à sua contagem as regras previstas, entre outros, nos arts. 138º, 139º, 140º e 142º[1374], designadamente:

a) o prazo processual conta-se de forma contínua, mas suspende-se em férias judiciais[1375], salvo se a duração do prazo for igual ou superior a seis meses ou se estiver em causa a prática de um ato num processo que a lei qualifique como sendo urgente (art. 138º, nº 1)[1376];
b) se o prazo para a prática do ato processual terminar em dia em que o tribunal se encontre encerrado, o termo do prazo transfere-se para o primeiro dia útil seguinte (art. 138º, nº 2)[1377];
c) após o termo do prazo e sem prejuízo do justo impedimento (art. 140º), o ato pode ainda ser praticado dentro dos três primeiros dias úteis sub-

[1372] Cfr., nesse sentido, o ac. do STA de 25.09.2013, proc. 0511/13, o ac. do TCAS de 10.09.2015, proc. 08931/15, assim como o ac. do TCAN de 17.09.2015, proc. 00416/15.8BEPRT.

[1373] *Vide*, nesse sentido, o ac. do TCAS de 13.03.2012, proc. 05125/11.

[1374] Assim, conforme se decidiu no ac. do STA de 14.01.2015, proc. 01510/14, "Não decorre do disposto nos arts. 20º, nº 2, do CPPT e 137º do actual Código de Processo Civil qualquer impedimento legal que obste a que a Administração Tributária pratique actos no processo de execução fiscal durante as férias judiciais, nomeadamente que a impeça de emitir título de adjudicação de bem vendido por proposta em carta fechada".

[1375] *Vide*, a este propósito, o ac. do STA de 22.10.2008, proc. 0762/08.

[1376] São processos urgentes, à luz da lei de procedimento e de processo tributário, a impugnação judicial dos atos de apreensão de bens praticados pela administração tributária (art. 143º, nº 2, do CPPT), a impugnação das providências cautelares adotadas pela administração tributária (art. 144º, nº 3, do CPPT), o recurso da decisão da administração tributária que determine o acesso direto à informação bancária do contribuinte que lhe diga respeito (arts. 146º-B e 146º-D do CPPT) e as reclamações das decisões proferidas pelo órgão de execução fiscal e outras autoridades da administração tributária que, no processo, afetem os direitos e interesses legítimos do executado ou de terceiro (art. 278º, nº 6, do CPPT).
De todo o modo, conforme se decidiu no ac. do TCAS de 22.01.2015, proc. 08324/15, "A reclamação de acto do órgão da execução fiscal não é de qualificar como processo urgente antes da sua instauração, pelo que o prazo para a sua apresentação, de 10 dias, conta-se da data em que o interessado foi notificado da decisão, suspendendo-se esse prazo durante as férias judiciais, por força do disposto no 138º, nº 1, do CPC". *Vide*, no mesmo sentido, o ac. do STA de 06.04.2011, proc. 0258/11, e o ac. do STA de 20.04.2016, proc. 0419/16, nos quais se decidiu que a reclamação judicial de um ato praticado pelo órgão de execução fiscal só adquire natureza urgente depois da introdução desse ato em juízo.

[1377] Cfr., a este respeito, o ac. do TCAS de 19.05.2016, proc. 09192/15.

sequentes, ficando, no entanto, a sua validade dependente do pagamento imediato da multa correspondente (art. 139º, nº 5)[1378]; e

d) se a um prazo perentório se seguir um prazo dilatório, os dois prazos somam-se entre si e contam-se como um só (art. 142º)[1379].

2. Início da contagem dos prazos nas citações e nas notificações

2.1. Citações

Nos termos do art. 35º, nº 2, do CPPT, a citação é o ato pelo qual se dá conhecimento ao executado de que foi proposta contra ele uma ação executiva ou se chama a essa ação, pela primeira vez, uma pessoa interessada. Concomitantemente, dispõe o art. 189º, nº 1, do CPPT que, na citação, devem ser comunicados ao devedor os prazos para deduzir oposição à execução e para requerer a dação em pagamento, bem como que o pedido de pagamento em prestações pode ser requerido até à marcação da venda.

No que concerne à forma de realização da citação, dispõe o nº 3 do art. 35º que a citação pessoal pode ser realizada por contacto pessoal, no local em que o citando seja encontrado, por via postal simples[1380], por carta registada[1381], por carta registada com aviso de receção ou por transmissão eletrónica de dados, através do serviço público de notificações eletrónicas associado à morada única digital, da caixa postal eletrónica ou na área reservada do Portal das Finanças[1382,1383].

[1378] *Vide*, a este propósito, o ac. do TCAS de 15.10.2002, proc. 7124/02, o ac. do TCAS de 13.07.2004, proc. 00007/04, o ac. do TCAS de 21.09.2004, proc. 00008/04, o ac. do STA de 01.06.2005, proc. 0450/05, o ac. do STA de 08.06.2005, proc. 0371/05, o ac. do TCAS de 31.01.2006, proc. 00942/05, o ac. do TCAN de 21.03.2013, proc. 00459/12.3BEPNF, e o ac. do STA de 16.12.2015, proc. 0304/15.

[1379] Cfr., nesse sentido, o ac. do TCAS de 27.01.2004, proc. 01053/03, o ac. do TCAS de 29.11.2005, proc. 00686/05, bem como o ac. do TCAN de 31.03.2016, proc. 02335/04.

[1380] Nos termos do art. 191º, nº 1, do CPPT, a citação efetua-se mediante via postal simples nos processos de execução fiscal cuja quantia exequenda não exceda 500 unidades de conta.

[1381] À luz do art. 191º, nº 2, do CPPT, a citação efetua-se mediante via postal registada nos processos de execução fiscal em que a dívida exequenda seja superior a 50 vezes a unidade de conta.

[1382] De acordo com o art. 35º, nº 6, CPPT, a adesão à morada única digital, nos termos previstos no serviço público de notificações eletrónicas associado à morada única digital, determina que as citações podem ser feitas através daquele. Por sua vez, à luz do art. 191º, nº 4, do CPPT, valem como citação pessoal as citações que sejam efetuadas para o domicílio fiscal eletrónico ou na respetiva área reservada do Portal das Finanças.

[1383] Cfr., a este respeito, o ac. do STA de 03.11.2016, proc. 01049/16, no qual se consignou que "A citação por transmissão electrónica de dados sendo uma modalidade de citação pessoal, porque contém todos os elementos necessários à compreensão do acto que comunica e indica também os meios e o prazo para o citado poder contra ele reagir não viola os princípios constitucionais de

À luz do art. 38º-A, nº 1, do CPPT, a citação é efetuada por transmissão eletrónica de dados, na respetiva área reservada no Portal das Finanças, relativamente aos sujeitos passivos[1384]:

a) que, sendo obrigados a possuir caixa postal eletrónica, nos termos do art. 19º, nº 12, da LGT, não a tenham comunicado à administração tributária no prazo legal para o efeito;
b) que sejam residentes em Estado fora da União Europeia ou do Espaço Económico Europeu e não tenham designado representante com residência em território nacional;
c) que, não sendo obrigados a possuir e a comunicar a caixa postal eletrónica, optem pelas notificações e citações eletrónicas no Portal das Finanças[1385];
d) que, embora possuam caixa postal eletrónica e a tenham comunicado à administração tributária, optem pelas notificações e citações eletrónicas no Portal das Finanças; ou
e) não residentes de, ou residentes que se ausentem para, Estado-Membro da União Europeia ou do Espaço Económico Europeu, cuja designação de representante seja meramente facultativa, optem pelas notificações e citações eletrónicas no Portal das Finanças.

Sendo a citação realizada através de contacto pessoal com o citando, no local onde este seja encontrado, a citação considera-se efetuada no dia em que o contacto tenha lugar.

Por sua vez, se a citação for realizada através de carta registada com aviso de receção, a mesma considera-se efetuada no dia em que se mostre assinado o aviso. Caso a carta seja devolvida ou o aviso não se mostre assinado pelo facto de o destinatário ter recusado a sua assinatura ou não ter procedido, no prazo legal, ao levantamento da carta no estabelecimento postal e não se comprovar

igualdade, proporcionalidade e do processo devido já que este acto de comunicação não contende com as garantias de defesa do citado que a CRP assegura, sendo antes o meio adequado de as assegurar". *Vide*, no mesmo sentido, o ac. do STA de 08.11.2017, proc. 01117/17.

1384 Observe-se que, de acordo com o nº 6 deste preceito legal, a citação eletrónica que seja efetuada através de transmissão eletrónica na respetiva área reservada do Portal das Finanças equivale à remessa por via postal, via postal registada ou via postal registada com aviso de receção, consoante os casos.

1385 À luz do art. 38º-A, nº 3, do CPPT, a adesão à citação através do Portal das Finanças "pode ser exercida a qualquer momento, produzindo efeitos no 1º dia do mês seguinte, desde que entre a data da opção e a data da respetiva produção de efeitos decorra um período mínimo de 10 dias, caso contrário, a adesão só produz efeitos no 1º dia do 2º mês seguinte".

que o contribuinte comunicou, nos termos do art. 43º do CPPT, a alteração do seu domicílio ou sede fiscal, é repetida a citação, enviando-se nova carta registada com aviso de recepção ao citando, sendo o mesmo advertido de que a citação considerar-se-á efectuada na data certificada pelo distribuidor do serviço postal ou, no caso de ter sido deixado aviso, no 8º dia posterior a essa data[1386], presumindo-se que o citando teve conhecimento dos elementos que lhe foram deixados, sem prejuízo de fazer prova da impossibilidade de comunicação da alteração do seu domicílio ou sede (art. 192º, nº 3, do CPPT)[1387].

Já se citação for realizada através de transmissão eletrónica, seja para o domicílio fiscal eletrónico, seja na área reservada do Portal das Finanças, a mesma considera-se efetuada no quinto dia posterior ao registo de disponibilização no sistema de suporte ao serviço público de notificações eletrónicas associado à morada única digital, na caixa postal eletrónica ou na respetiva área reservada do Portal das Finanças (arts. 38º-A, nº 4, e 191º, nº 6, do CPPT). Para esse efeito, o sistema informático de suporte à realização de citações no Portal das Finanças deve garantir quer a autenticidade da notificação, quer o registo e a comprovação da data e da hora da disponibilização efetiva das notificações eletrónicas na respetiva área reservada, atento o disposto no art. 38º-A, nº 5, do CPPT[1388].

À luz do art. 191º, nº 7, do CPPT, a presunção da realização da citação só pode ser ilidida pelo citado quando, por facto que não lhe seja imputável, a citação ocorrer em data posterior à presumida e nos casos em que se comprove que o contribuinte comunicou a alteração do seu domicílio fiscal eletrónico, nos termos do art. 43º.

Tratando-se da citação de pessoas coletivas, dispõe o art. 41º que estas são citadas na sua caixa postal eletrónica ou na sua área reservada do Portal das Finanças, nos termos previstos no art. 38º-A do CPPT, ou na pessoa de um dos seus administradores ou gerentes, na sua sede, na residência destes ou em

[1386] *Vide*, a este respeito, o ac. do TCAS de 03.12.2020, proc. 539/16.6BEALM.

[1387] Nos termos do art. 192º, nº 4, do CPPT, se for desconhecida a residência do citando, prestada a informação de que este reside em parte incerta ou devolvida a carta ou postal com a nota de não encontrado, será solicitada, caso o órgão da execução fiscal assim o entenda, confirmação das autoridades policiais ou municipais e efectuada a citação por via edital. Esta é materializada por via da afixação de um edital na porta da casa da última residência ou sede que o citando teve no País, seguida da publicação de anúncio no Portal das Finanças em acesso público.

[1388] Neste particular, conforme se decidiu no ac. do STA de 03.11.2016, proc. 01049/16, “tendo o executado sido citado por transmissão electrónica de dados a que acedeu na sua caixa postal não ocorre falta de citação pois tal só sucederia se o executado alegasse e demonstrasse que por causa que lhe não fosse imputável não tomara conhecimento de tal acto”.

qualquer lugar onde se encontrem. Caso não seja possível efetuar-se a citação na pessoa do representante legal, pelo facto de este não ser encontrado pelo funcionário, a citação realiza-se na pessoa de qualquer trabalhador, capaz de transmitir os termos do ato, que se encontre no local onde normalmente funcione a administração da pessoa coletiva ou da sociedade.

2.2. Notificações às partes que não tenham constituído mandatário

2.2.1. Notificação por carta registada com aviso de receção

À luz do art. 35º, nº 1, do CPPT, a notificação é o ato por via do qual "se leva um facto ao conhecimento de uma pessoa ou se chama alguém a juízo"[1389].

Ora, regra geral, as notificações podem realizar-se pessoalmente, no local em que o notificando for encontrado, por via postal simples, por carta registada ou por carta registada com aviso de receção, ou por transmissão eletrónica de dados, através do serviço público de notificações eletrónicas associado à morada única digital, da caixa postal eletrónica ou na área reservada do Portal das Finanças (art. 35º, nºs 3 e 6, CPPT).

Contudo, nos termos do art. 38º, nº 1, do CPPT, as notificações devem ser realizadas obrigatoriamente através de carta registada com aviso de receção, sempre que tenham por objeto a convocação dos contribuintes para estes assistirem ou participarem em atos ou diligências[1390].

Nesse caso, de acordo com o art. 39º, nº 3, do CPPT, a notificação considera-se realizada na data da assinatura do aviso de receção e tem-se por efetuada na própria pessoa do notificando, mesmo quando o aviso de receção haja sido assinado por um terceiro presente no domicílio do contribuinte, presumindo-se, neste caso, que a carta foi oportunamente entregue ao destinatário.

À luz do art. 39º, nºs 5 e 6, do CPPT, se o aviso de receção for devolvido ou se não for assinado pelo facto de o destinatário se ter recusado a recebê-lo ou não o ter levantado no prazo previsto no regulamento dos serviços postais e não se comprovar que, entretanto, o contribuinte comunicou a alteração do

[1389] Observe-se que, nos termos do art. 36º CPPT, os atos em matéria tributária "que afetem os direitos e interesses legítimos dos contribuintes só produzem efeitos em relação a estes quando lhes sejam validamente notificados". Consequentemente, as notificações devem conter obrigatoriamente "a decisão, os seus fundamentos e meios de defesa e prazo para reagir contra o acto notificado, bem como a indicação da entidade que o praticou e se o fez no uso de delegação ou subdelegação de competências".

[1390] Nesta hipótese, o nº 2 do art. 38º do CPPT estatui que "a comunicação dos serviços postais para levantamento de carta registada remetida pela administração fiscal deve sempre conter de forma clara a identificação do remetente".

seu domicílio fiscal[1391], a notificação deve ser realizada nos 15 dias seguintes à devolução, através do envio de nova carta registada com aviso de recepção. Nesse caso, a notificação presume-se realizada no terceiro dia posterior ao do registo ou no primeiro dia útil seguinte, quando esse dia não seja útil, se a carta não tiver sido recebida ou levantada, sem prejuízo da possibilidade de o notificando provar justo impedimento ou a impossibilidade de comunicação da mudança de residência no prazo legal.

2.2.2. Notificação por carta registada

O art. 38º, nº 3, do CPPT prevê a possibilidade de a notificação ser realizada através de carta registada, sem prejuízo da notificação por telefax (art. 38º, nº 8, do CPPT). Com efeito, a notificação pode ser realizada por via postal registada quando a mesma não se encontre abrangida por nenhuma das hipóteses previstas no art. 38º, nº 1, do CPPT ou ainda quando diga respeito à liquidação de tributos que resultem de declarações dos contribuintes ou de correções à matéria tributável que tenha sido objeto de notificação para efeitos do direito de audição[1392].

Nessa eventualidade, à luz dos arts. 39º, nº 1, do CPPT, e 45º, nº 6, da LGT, a notificação presume-se realizada no terceiro dia posterior ao do registo ou no primeiro dia útil seguinte, quando esse terceiro dia não seja útil[1393], salvo se a carta tiver sido devolvida[1394].

De todo o modo, se a notificação não chegar ao conhecimento do destinatário ou se tal só tiver ocorrido após o terceiro dia subsequente ao registo, o art. 39º, nº 2, do CPPT, consagra a possibilidade de a presunção da notificação ser ilidida pelo notificado, desde que não lhe seja imputável o facto de a notificação ter ocorrido em data posterior à presumida[1395]. Nesse caso, a admi-

[1391] Com efeito, à luz do art. 43º do CPPT, os interessados que intervenham ou possam intervir em quaisquer procedimentos ou processos nos serviços da administração tributária ou nos tribunais tributários têm o dever de comunicar, no prazo de 15 dias, qualquer alteração do seu domicílio, sede ou caixa postal electrónica, sendo que o incumprimento dessa obrigação não é oponível à administração tributária.

[1392] Excecionalmente, o nº 8 do art. 38º do CPPT permite que a notificação possa ser realizada por telecópia (fax), quando a administração tributária tenha conhecimento do número de fax do notificando e possa posteriormente confirmar o conteúdo da mensagem e o momento em que foi enviada.

[1393] No sentido de a notificação se considerar realizada mesmo que esse primeiro dia útil coincida com o período de férias judiciais, *vide* o ac. do STA de 16.05.2001, proc. 025871.

[1394] *Vide*, nesse sentido, o ac. do TCAN de 31.05.2012, proc. 00373/07.4BEVIS.

[1395] Cfr., a este respeito, o ac. do TCAS de 27.04.2004, proc. 07534/02, bem como o ac. do TCAN de 26.03.2015, proc. 00640/11.2BEAVR.

nistração tributária ou o tribunal, com base em requerimento do interessado, deve requerer aos serviços postais informação sobre a data efetiva da receção.

2.2.3. Notificação por via postal simples

Realizam-se, em regra, por via postal simples as notificações que digam respeito à liquidação de impostos periódicos, desde que a mesma seja realizada dentro dos prazos legalmente previstos (art. 38º, nº 4, do CPPT).

Contudo, o nº 8 do art. 38º do CPPT permite que a notificação possa ser realizada por telecópia, quando a administração tributária tenha conhecimento do número de fax do notificando e possa, posteriormente, confirmar o conteúdo da mensagem e o momento em que foi enviada. Nessa hipótese, a notificação presume-se efetuada "na data de emissão, servindo de prova, respectivamente, a cópia do aviso de onde conste a menção de que a mensagem foi enviada com sucesso, bem como a data, hora e número de telefax do receptor ou o extracto da mensagem efectuado pelo funcionário, o qual será incluído no processo" (art. 39º, nº 7, do CPPT), podendo, no entanto, essa presunção ser ilidida por informação do operador sobre o conteúdo e data da emissão (art. 39º, nº 8, do CPPT).

2.2.4. Notificação por transmissão eletrónica de dados

Nos termos do art. 38º, nº 9, do CPPT, a notificação pode, igualmente, ser realizada por transmissão eletrónica de dados, através do serviço público de notificações eletrónicas associado à morada única digital ou da caixa postal eletrónica, equivalendo ambas à remessa por via postal registada ou por via postal registada com aviso de receção[1396].

À luz do art. 38º-A do CPPT, as notificações são realizadas por transmissão eletrónica de dados[1397], na respetiva área reservada no Portal das Finanças, relativamente aos sujeitos passivos:

a) que, sendo obrigados a possuir caixa postal eletrónica, nos termos do art. 19º, nº 12, da LGT, não a tenham comunicado à administração tributária no prazo legalmente previsto para o efeito;

1396 Com efeito, de acordo com o art. 19º, nº 2, da LGT, "O domicílio fiscal integra ainda o domicílio fiscal eletrónico, que inclui o serviço público de notificações eletrónicas associado à morada única digital, bem como a caixa postal eletrónica, nos termos previstos no serviço público de notificações eletrónicas associado à morada única digital e no serviço público de caixa postal eletrónica".

1397 De acordo com o art. 38º-A, nº 6, do CPPT, a notificação efetuada através de transmissão eletrónica na respetiva área reservada do Portal das Finanças equivale à remessa por via postal, via postal registada ou via postal registada com aviso de receção, consoante os casos.

b) que sejam residentes em Estado fora da União Europeia ou do Espaço Económico Europeu e não tenham designado representante com residência em território nacional;

c) que, não sendo obrigados a possuir e a comunicar a caixa postal eletrónica, optem pelas notificações e citações eletrónicas no Portal das Finanças;

d) que, ainda que possuam caixa postal eletrónica e a tenham comunicado à administração tributária, optem pelas notificações e citações eletrónicas no Portal das Finanças; ou

e) que não sejam residentes de, ou sejam residentes que se ausentem para, Estado-Membro da União Europeia ou do Espaço Económico Europeu, cuja designação de representante seja meramente facultativa, e optem pelas notificações e citações eletrónicas no Portal das Finanças.

Nesse caso, se a notificação for realizada por transmissão eletrónica de dados, na respetiva área reservada no Portal das Finanças, a mesma considera-se efetuada no quinto dia posterior ao registo de disponibilização na respetiva área reservada do Portal das Finanças, atento o disposto no art. 38º-A, nº 4, do CPPT[1398].

Por seu turno, se a notificação for efetuada para o domicílio fiscal eletrónico, a mesma considera-se realizada no décimo quinto dia posterior ao registo de disponibilização da notificação – "sendo que a contagem só se inicia no primeiro dia útil seguinte"[1399] –, no sistema de suporte ao serviço público de notificações eletrónicas associado à morada única digital ou na caixa postal eletrónica da pessoa a notificar (art. 39º, nº 10, do CPPT)[1400]. De acordo com

[1398] Saliente-se que, nos termos do art. 38º-A, nº 5, do CPPT, o sistema informático de suporte às notificações e citações eletrónicas no Portal das Finanças deve garantir quer a autenticidade da notificação eletrónica, quer o registo e a comprovação da data e da hora da disponibilização efetiva da notificação na respetiva área reservada.

[1399] Observe-se, a este propósito, que, pese embora a redação infeliz, porque confusa, do art. 39º, nº 10, do CPPT, aquilo que o legislador terá pretendido efetivamente dizer é que o prazo de 15 dias de presunção da notificação só começa a contar no primeiro dia útil seguinte ao envio da notificação. Na verdade, a redação do art. 39º, nº 10, do CPPT, que constava da Proposta de Lei nº 180/XIII/4ª, era a seguinte: "As notificações efetuadas para o domicílio fiscal eletrónico consideram-se efetuadas no décimo quinto dia posterior ao registo de disponibilização daquelas, sendo que a contagem só se inicia no primeiro dia útil seguinte ao envio, no sistema de suporte ao serviço público de notificações eletrónicas associado à morada única digital ou na caixa postal eletrónica da pessoa a notificar".

[1400] Redação dada ao art. 39º, nº 10, do CPPT, pelo art. 14º da Lei nº 119/2019, de 18 de setembro.

o nº 11 do citado preceito legal, essa presunção "só pode ser ilidida pelo notificado quando, por facto que não lhe seja imputável, a notificação ocorrer em data posterior à presumida e nos casos em que se comprove que o contribuinte comunicou a alteração daquela nos termos do artigo 43º".

2.3. Notificações às partes que tenham constituído mandatário

No âmbito dos processos judiciais tributários, as notificações às partes que tenham constituído mandatário são realizadas nos termos previstos na lei de processo nos tribunais administrativos, atento o disposto no art. 40º, nº 1, al. *b)*, do CPPT. Assim, se o mandatário for notificado através de carta registada, este presume-se notificado no terceiro dia posterior ao do registo ou no primeiro dia útil seguinte a esse, quando não o seja[1401].

Em todo o caso, nos termos do art. 36º, nº 1, do CPPT, os atos em matéria tributária que afetem os direitos e interesses legítimos dos contribuintes só produzem efeitos em relação a estes quando lhes sejam validamente notificados[1402].

Para além disso, se a notificação se destinar a chamar o interessado para a prática de um ato pessoal, além de ser notificado o mandatário, deve igualmente ser enviado pelo correio um aviso registado ao próprio interessado, indicando-lhe a data, o local e o fim da comparência (art. 40º, nº 2, do CPPT).

Por outro lado, importa salientar que essas notificações podem, igualmente, ser realizadas através de contacto pessoal do funcionário competente, se o notificando se encontrar no edifício ou no serviço do tribunal (art. 40º, nº 3, do CPPT). Nessa eventualidade, se as notificações ao mandatário e à parte forem realizadas em datas distintas, o prazo para a prática do ato começa a correr após o termo da notificação que se considere realizada em último lugar[1403].

[1401] Cfr., a este propósito, o ac. do TCAN de 08.11.2012, proc. 01919/10.6BEBRG, e o ac. do TCAN de 28.01.2016, proc. 01171/11.6BEPRT.

[1402] Cfr., a este respeito, o ac. do TCAN de 26.05.2011, proc. 00098/07.0BEMDL, e o ac. do TCAN de 29.09.2016, proc. 01032/13.4BEBRG.

[1403] *Vide*, a este respeito, o ac. do TCAN de 21.06.2007, proc. 02517/06.4BEPRT.

Capítulo XII
Prazos no regulamento das custas processuais

I. Modalidades do prazo
1. Pagamento da taxa de justiça
1.1. Processos em geral

Regra geral, a prestação única da taxa de justiça deve ser paga até ao momento da prática do ato processual que a ela se encontre sujeito (art. 14º, nº 1, do RCP).

Contudo, se estiver em causa o pagamento da taxa de justiça em duas prestações, atento o disposto no art. 13º, nº 2, do RCP, o pagamento da primeira prestação deve ser efetuado até ao momento da prática do ato processual correlativo. Já no que concerne à segunda prestação, esta deva ser liquidada no prazo de 10 dias a contar da notificação para a audiência final[1404], sendo que o interessado deve comprovar no processo, dentro desse prazo, a realização do pagamento (art.14º, nº 2, do RCP). Caso o documento comprovativo do pagamento da segunda prestação da taxa de justiça ou da concessão do benefício de apoio judiciário não seja junto ao processo, ou se não tiver sido comprovada a realização do pagamento da segunda prestação da taxa de justiça, a secretaria deve notificar o interessado para que este, no prazo adicional de 10 dias, a contar dessa notificação, proceda ao pagamento da taxa de justiça em falta, acrescido de multa de igual montante, mas não inferior a 1 UC nem superior a 10 UC.

À luz do art. 14º, nº 4, do RCP, se, no dia da audiência final ou da realização de qualquer outra diligência probatória, não tiver sido junto ao processo

[1404] No sentido de este prazo ser contado de acordo com as regras previstas no art. 138º da lei de processo civil, *vide* Costa, Salvador da, *Regulamento das Custas Processuais*, 5ª ed., Almedina, Coimbra, 2013, p. 260.

o documento comprovativo do pagamento da segunda prestação da taxa de justiça e da multa ou da concessão de benefício do apoio judiciário, ou não tiver sido comprovada a realização do pagamento da segunda prestação da taxa de justiça, o tribunal deve determinar a impossibilidade de realização das diligências de prova que tenham sido ou venham a ser requeridas pela parte em falta.

Como forma de salvaguardar a parte que não se encontre patrocinada por mandatário, pelo facto de o patrocínio judiciário não ser obrigatório, o pagamento da taxa de justiça só é devido após a notificação à parte para que esta proceda ao pagamento no prazo de 10 dias, sendo que, dessa notificação, deve constar obrigatoriamente a indicação desse prazo, bem como das cominações a que a parte fica sujeita caso não o efetue (art. 14º, nº 6, do RCP).

Já no que diz respeito às entidades que, nos termos do art. 15º, nº 1, do RCP, se encontram legalmente dispensadas do pagamento prévio da taxa de justiça, estas, independentemente da condenação proferida a final, devem ser notificadas, juntamente com a decisão da causa principal – mesmo que esta ainda seja suscetível de recurso –, para procederem ao pagamento da taxa de justiça no prazo de 10 dias.

Por outro lado, importa salientar que, na eventualidade de o sujeito passivo da taxa de justiça ser uma sociedade comercial que tenha dado entrada num tribunal, secretaria judicial ou balcão, até ao dia 31 de dezembro do ano anterior, a 200 ou mais providências cautelares, ações, procedimentos ou execuções, a taxa de justiça é fixada, para qualquer providência cautelar, ação, procedimento ou execução intentada pela sociedade de acordo com a tabela I-C, salvo os casos expressamente referidos na tabela II, em que a taxa de justiça é fixada de acordo com a tabela II-B. O mesmo é dizer que, nestas situações, verifica-se um agravamento da taxa de justiça a ser paga pela sociedade (art. 13º, nºs 3 e 4, do RCP). Neste caso, a sociedade deve ser notificada para, no prazo de 10 dias, proceder ao pagamento do remanescente da taxa de justiça, sob pena de, não o fazendo, a taxa de justiça não se considerar paga (art. 13º, nº 6, do RCP).

1.2. Procedimento de injunção

Estando em causa um procedimento de injunção, se o requerido deduzir oposição ou se se frustrar a notificação do requerido e o requerente tiver, nesse caso, indicado pretender que o processo seja apresentado a distribuição [cfr. os arts. 10º, nº 2, al. *j)*, e 16º do anexo ao DL nº 269/98, de 1 de setembro], o processo deve ser remetido à distribuição, seguindo, consoante o valor do procedimento exceda ou não o montante de € 15.000,00, os termos do processo comum de declaração ou da ação declarativa especial para cumprimento de obrigações pecuniárias emergentes de contratos, atento o disposto no art. 10º, nº 4, do DL nº 62/2013, de 10 de maio.

Ora, neste caso, o autor e o réu devem, no prazo de 10 dias a contar da data da distribuição, proceder ao pagamento de taxa de justiça, a qual é determinada com base na tabela II do Regulamento das Custas Processuais. Em todo o caso, no apuramento do valor da taxa de justiça a pagar, o autor deve descontar o valor da taxa já paga aquando da apresentação do requerimento de injunção, liquidando, por conseguinte, apenas o remanescente.

1.3. Processo penal e procedimento contraordenacional

No processo penal, o documento comprovativo do pagamento da taxa de justiça devida pela constituição como assistente ou pela abertura de instrução requerida pelo assistente deve ser junto ao processo juntamente com a apresentação do requerimento na secretaria ou no prazo de 10 dias a contar da sua formulação no processo, devendo, nesse caso, o interessado ser notificado, no ato, para o efeito (art. 8º, nº 3, do RCP).

Caso o interessado não comprove no processo, dentro do prazo *supra* referido, o pagamento da taxa de justiça, a secretaria deve notificá-lo para proceder à apresentação desse documento, com acréscimo de taxa de justiça de igual montante, no prazo de 10 dias. Findo esse prazo sem que seja comprovado no processo o pagamento da taxa de justiça e do acrescido, considera-se sem efeito a apresentação do requerimento de constituição de assistente ou de abertura de instrução (art. 8º, nºs 4 e 5, do RCP).

Por sua vez, no âmbito do procedimento contraordenacional, caso o arguido pretenda impugnar judicialmente, nos termos do art. 59º do RGCO, a decisão da autoridade administrativa que tiver determinado a aplicação de uma coima, este carece de pagar taxa de justiça na eventualidade de a coima ainda não ter sido liquidada. Nesta situação, a taxa de justiça deve ser paga no prazo de 10 dias após a notificação ao arguido da data de marcação da audiência de julgamento ou do despacho que a considere desnecessária, sendo que, dessa notificação, deve constar, de forma expressa, a indicação do prazo e dos modos de pagamento da taxa de justiça (art. 8º, nºs 7 e 8, do RCP).

1.4. Atos avulsos

Nos termos do art. 9º, nº 6, do RCP, se o requerente de um determinado ato avulso estiver presente, o custo desse ato deve ser apurado e pago de forma imediata. Caso, pelo contrário, o requerente não esteja presente, o custo do ato avulso que tiver sido apurado deve ser pago no prazo de 10 dias a contar da data em que o interessado tiver sido notificado para esse efeito.

2. Pagamento de encargos

Os encargos[1405] devem ser pagos pela parte requerente ou interessada, de forma imediata ou no prazo de 10 dias a contar da notificação do despacho que ordene a diligência, determine a expedição ou o cumprimento de carta rogatória ou marque a data da audiência de julgamento (art. 20º, nº 1, do RCP).

Não sendo paga a quantia referente ao encargo, tal implica, em regra, a não realização da diligência que tenha sido requerida, atento o disposto no art. 23º, nº 1, do RCP.

Em todo o caso, importa salientar que o nº 2 do citado preceito legal prevê, a título excecional, a possibilidade de a parte, que não tenha efetuado o pagamento pontual dos encargos, poder fazê-lo nos 5 dias subsequentes ao termo do prazo previsto no art. 20º, nº 1, do RCP, mediante o pagamento de uma sanção, de valor igual ao do montante em falta, com o limite máximo de 3 UC. Caso essa parte não tenha feito uso dessa faculdade, a lei permite à parte contrária, que, naturalmente, tenha interesse na diligência ou no ato processual a que o encargo diga respeito, proceder ao pagamento do encargo, devendo, para o efeito, solicitar a emissão de guias para o depósito imediato, nos 5 dias subsequentes ao termo do prazo previsto no art. 20º, nº 2, do RCP.

[1405] Nos termos do art. 16º do RCP, os encargos compreendem:
"*a)* os reembolsos ao Instituto de Gestão Financeira e das Infra-Estruturas da Justiça, I. P.:
i) de todas as despesas por este pagas adiantadamente;
ii) dos custos com a concessão de apoio judiciário, incluindo o pagamento de honorários;
b) os reembolsos por despesas adiantadas pela Direcção-Geral dos Impostos;
c) as diligências efetuadas pelas forças de segurança, oficiosamente ou a requerimento das partes, nos termos a definir por portaria conjunta dos membros do Governo responsáveis pelas áreas da administração interna e da justiça;
d) os pagamentos devidos ou pagos a quaisquer entidades pela produção ou entrega de documentos, prestação de serviços ou atos análogos, requisitados pelo juiz a requerimento ou oficiosamente, salvo quando se trate de certidões extraídas oficiosamente pelo tribunal;
e) as compensações devidas a testemunhas;
f) os pagamentos devidos a quaisquer entidades pela passagem de certidões exigidas pela lei processual, quando a parte responsável beneficie de apoio judiciário;
g) as despesas resultantes da utilização de depósitos públicos;
h) as retribuições devidas a quem interveio acidentalmente no processo;
i) as despesas de transporte e ajudas de custo para diligências afectas ao processo em causa".

3. Pagamento de custas de parte

À luz do art. 25º, nº 1, do RCP, no prazo de 10 dias após o trânsito em julgado da sentença ou depois da notificação de que foi obtida a totalidade do pagamento ou do produto da penhora, as partes que tenham direito a receber custas de parte devem remeter para o tribunal, para a parte vencida[1406] e, quando aplicável, para o agente de execução, a respetiva nota discriminativa e justificativa[1407,1408].

Da nota discriminativa e justificativa de custas de parte devem constar os seguintes elementos:

a) a identificação da parte, do processo e do mandatário ou agente de execução;
b) a indicação, em rubrica autónoma, das quantias efetivamente pagas pela parte a título de taxa de justiça[1409];
c) a indicação, em rubrica autónoma, das quantias efetivamente pagas pela parte a título de encargos ou despesas previamente suportadas pelo agente de execução;

[1406] Defendendo que a notificação carece de ser realizada junto da própria parte, não sendo, portanto, suficiente a notificação do seu mandatário, *vide* o ac. do TRP de 09.01.2017, proc. 1388/09.3TBPVZ-A.P1, o ac. do TRP de 18.04.2017, proc. 13884/14.6T8PRT-A.P1, o ac. do TRE de 12.04.2018, proc. 716/17.2T8SLV-A.E1, o ac. do TRL de 10.10.2019, proc. 1242/12.1TVLSB-C.L1.L1-6, o ac. do TRL de 26.03.2019, proc. 14650/14.4T8LSB-F.L1-1, o ac. do TRE de 21.09.2021, proc. 45/15.6JAFAR-D.E1.E1, bem como o ac. do TRC de 15.02.2022, proc. 2312/20.8T8SRE-A.C1. Em sentido contrário, sustentando que basta a notificação ao mandatário, *vide* o ac. do TRC de 20.04.2016, proc. 2417/07.0TBCBR-C.C1, o ac. do TRC de 15.02.2022, proc. 2312/20.8T8SRE-A.C1, assim como o ac. do TRC de 08.03.2022, proc. 2083/14.0T8CBR.C3.

[1407] Tal, no entanto, não prejudica a possibilidade de a nota discriminativa e justificativa de custas de parte poder vir a ser retificada no prazo de 10 dias a contar da respetiva notificação.

[1408] No sentido de a inobservância deste prazo – ainda que não se trate de um prazo de caducidade – implicar a preclusão do direito à apresentação da nota discriminativa e justificativa de custas de parte, *vide* os acs. do STA de 04.12.2019, proc. 0552/16.3BELRA, e de 06.05.2020, proc. 0549/16.3BELRA.
Em sentido contrário, *vide* o ac. do TRC de 28.06.2022, proc. 1148/16.5T8GRD-B.C1, com o seguinte sumário: "I – O prazo previsto no art. 25º do RCP não é um prazo de caducidade, mas um prazo de disciplina processual; transcorrido, a parte vencedora continua a poder fazer valer o seu crédito de custas de parte em sede executiva, só não podendo operar a liquidação nos termos ali regulamentados. II – O título executivo é composto pela sentença condenatória nas custas e pela nota discriminativa e justificativa das custas de parte, a elaborar nos termos previstos no RCP, independentemente de estar esgotado o prazo do nº 1 do art. 25º". Cfr., na doutrina, COSTA, Salvador da, *Regulamento das Custas Processuais*, *op. cit.*, p. 313.

[1409] A este respeito, à luz do art. 26º, nº 3, al. *a)*, a parte vencida é responsável pelo pagamento dos valores de taxa de justiça pagos pela parte vencedora, na proporção do respetivo vencimento.

d) a indicação, em rubrica autónoma, das quantias pagas a título de honorários de mandatário ou de agente de execução, salvo, quanto às referentes aos honorários de mandatário, quando as quantias em causa sejam superiores ao valor indicado no art. 26º, nº 3, al. *c)*, do RCP[1410]; e

e) a indicação do valor total a receber.

Após a notificação da nota discriminativa e justificativa de custas de parte, a contraparte pode apresentar uma reclamação no prazo de 10 dias a contar da notificação[1411]. A reclamação deve ser apresentada junto do tribunal onde tenha corrido termos o processo respetivo, sendo que o juiz deve decidir a reclamação no prazo de 10 dias, após o que a decisão é notificada às partes (art. 26º-A, nº 1, do RCP).

[1410] De acordo com este preceito legal, a parte vencida é responsável pelo pagamento de 50% do somatório das taxas de justiça pagas pela parte vencida e pela parte vencedora – com exceção do valor de multas, de penalidades ou de taxa sancionatória e do valor do agravamento pago pela sociedade comercial nos termos do art. 530º, nº 6 –, para compensação da parte vencedora face às despesas com honorários do mandatário judicial.

[1411] Nos termos do art. 26º-A, nº 2, do RCP, a reclamação da nota justificativa de custas de parte está sujeita ao depósito da totalidade do valor da nota. Neste particular, o Tribunal Constitucional, no seu ac. nº 153/2022, de 17.02.2022, proc. 259/2021, decidiu "Julgar inconstitucional, por violação do direito de acesso aos tribunais e à justiça, consagrado no nº 1 do artigo 20º da Constituição, conjugado com o princípio da proporcionalidade, decorrente do nº 2 do artigo 18º da Constituição, a norma contida no nº 2 do artigo 26º-A do Regulamento das Custas Processuais (RCP), aditada pela Lei nº 27/2019, de 28 de março na interpretação segundo a qual o tribunal não pode dispensar o depósito do valor integral do valor das notas justificativas quando o considere excessivamente oneroso ou arbitrário".
Por sua vez, no seu ac. nº 56/2021, de 22.01.2021, proc. 435/20, o Tribunal Constitucional decidiu "Não julgar inconstitucional a norma do nº 2 do artigo 26º-A do Regulamento das Custas Processuais, aprovado pelo Decreto-Lei nº 34/2008, de 26 de fevereiro, com as alterações da Lei nº 27/2019, de 28 de março, nos termos da qual a reclamação da nota discriminativa e justificativa das custas de parte está sujeita ao depósito da totalidade do valor da nota", sendo que este entendimento já havia sido anteriormente sufragado no ac. nº 370/2020, de 10.07.2020, proc. 1120/19, bem como no ac. nº 726/2020, de 10.12.2020, proc. 279/2020. No entanto, no seu ac. nº 280/2017, de 06.06.2017, proc. 108/17, o Tribunal Constitucional decidiu "declarar inconstitucional, com força obrigatória geral, a norma que determina que a «reclamação da nota justificativa está sujeita ao depósito da totalidade do valor da nota», constante do nº 2, do artigo 33º da Portaria nº 419-A/2009, de 17 de abril, na redação dada pela Portaria nº 82/2012, de 29 de março, por violação da reserva de competência legislativa da Assembleia da República, constante do artigo 165º, nº 1, alínea *b)*, em conjugação com o nº 1 do artigo 20º, ambos da Constituição da República Portuguesa".

4. Pagamento de multas

Nos termos do art. 28º, nº 1, do RCP, as multas devem ser pagas, salvo disposição em contrário, no prazo de 10 dias a contar do trânsito em julgado da decisão que as tenha fixado[1412]. Contudo, se a multa for devida por uma parte que não tenha constituído mandatário judicial ou por um mero interveniente no processo, o pagamento da multa só é devido após notificação, por escrito, da qual constem o prazo de pagamento e as cominações devidas na eventualidade de o pagamento não ser realizado.

Não sendo efetuado o pagamento da multa dentro do prazo legalmente previsto para esse efeito, a mesma passa a ser incluída na conta de custas, com um acréscimo de 50%, e deve ser paga no final do processo, atento o disposto no art. 28º, nº 3, do RCP.

5. Conta de custas

5.1. Elaboração

A conta de custas deve ser elaborada pela secretaria do tribunal que tiver funcionado em 1ª instância no prazo de 10 dias a contar de algum dos seguintes factos:

a) após o trânsito em julgado da decisão final;
b) após a comunicação, pelo agente de execução, da verificação de facto que determine a liquidação da responsabilidade do executado;
c) após o encerramento da liquidação no processo de insolvência; ou
d) quando o juiz o determine.

No entanto, nos termos do art. 29º, nº 2, do RCP, não há lugar à elaboração da conta de custas nos seguintes casos:

a) não existam quaisquer quantias em dívida;
b) nos processos de insolvência não exista qualquer verba na massa insolvente para processamento do pagamento das custas;
c) nos processos de execução cujo agente de execução não seja oficial de justiça e nada exista para levar à conta; ou
d) o responsável pelas custas beneficie de apoio judiciário na modalidade de dispensa do pagamento de taxa de justiça e demais encargos com o processo.

[1412] Observe-se que, à luz do art. 27º, nº 6, do RCP, cabe sempre recurso da decisão de condenação em multa, penalidade ou taxa sancionatória excepcional fora dos casos legalmente admissíveis, o qual deve ser interposto no prazo de 15 dias após a notificação do despacho que tiver condenado a parte em multa, penalidade ou taxa.

5.2. Reclamação e reforma

Uma vez elaborada a conta de custas, esta deve ser notificada, consoante os casos, ao Ministério Público, aos mandatários, ao agente de execução, ao administrador de insolvência, às próprias partes quando não haja mandatário, e à parte responsável pelo pagamento. Uma vez realizada essa notificação, o notificando dispõe do prazo de 10 dias para requerer a reforma da conta, apresentar reclamação ou proceder ao respetivo pagamento.

No que em particular se refere à reclamação da conta, o art. 31º, nº 3, do RCP concretiza que esta pode ser apresentada:

a) pelo responsável pelas custas, no prazo de pagamento voluntário, enquanto o mesmo não for realizado;
b) por qualquer interveniente processual, no prazo de 10 dias após o recebimento de quaisquer quantias; ou
c) pelo Ministério Público, no prazo de 10 dias a contar da notificação da conta de custas.

Sendo apresentada uma reclamação da conta de custas, a lei determina que o funcionário judicial que tiver procedido à elaboração da conta deve analisar a reclamação e pronunciar-se no prazo de 5 dias, seguindo depois o processo com vista ao Ministério Público, após o que o juiz deve decidir.

5.3. Pagamento

Sem prejuízo da possibilidade de reforma ou de reclamação, a conta de custas deve ser paga no prazo de 10 dias após a respetiva notificação (arts. 31º, nº 1, e 32º do RCP), salvo se, da mesma, decorrer um prazo diverso para esse efeito.

No entanto, se o valor da conta de custas for igual ou superior a 3 UC, o responsável pelo seu pagamento pode requerer, de forma fundamentada e dentro do prazo do pagamento voluntário, o pagamento das custas em prestações, atento o disposto no art. 33º, nºs 1 e 2, do RCP. Nessa hipótese, o pagamento da conta de custas em prestações está sujeito às seguintes regras:

a) se o valor das custas a pagar não for superior a 12 UC, quando se trate de pessoa singular, ou a 20 UC, tratando-se de pessoa coletiva, o pagamento das custas pode ser feito até seis prestações mensais sucessivas, cujo montante não pode ser inferior a 0,5 UC;
b) se o valor das custas for superior a 12 UC, o pagamento pode ser realizado em até 12 prestações mensais sucessivas, cujo montante não pode ser inferior a 1 UC.

Sendo deferido o pedido de pagamento em prestações da conta de custas, a primeira prestação deve ser paga no prazo de 10 dias a contar da notificação do despacho de deferimento e as restantes devem ser pagas mensalmente, no dia correspondente ao do pagamento da primeira (art. 33º, nº 3, do RCP).

II. Regras de contagem dos prazos

1. Aplicação subsidiária

Regra geral, à contagem dos prazos previstos no Regulamento das Custas Processuais aplicam-se, subsidiariamente, as regras de contagem de prazos constantes do Código de Processo Civil e do Código Civil.

2. Disposições especiais

O art. 40º do RCP estabelece um regime especial no que concerne à contagem de prazos que se encontrem expressamente previstos no Regulamento das Custas Processuais.

Com efeito, de acordo com esse preceito legal, salvo disposição legal em sentido contrário, na contagem de prazos previstos no Regulamento das Custas Processuais não se aplica o disposto no art. 139º, nº 5, ou seja, independentemente de justo impedimento, não é possível a prática do ato dentro dos três primeiros dias úteis subsequentes ao termo do prazo, mediante o pagamento de uma multa.

BIBLIOGRAFIA

A. Benabentos, Omar, "Tiempo y Proceso", *in Derecho Procesal Civil y Comercial*, Editorial Juris, Rosário, 1996, pp. 11-21;

Abal Oliú, Alejandro, *Derecho Procesal*, tomo III, 2ª ed. rev. e atua., Fundación de Cultura Universitaria, Montevideu, 2004;

Albuquerque, Paulo Pinto de, *Comentário do Código de Processo Penal: à luz da Constituição da República e da Convenção Europeia dos Direitos do Homem*, 3ª ed., Universidade Católica Editora, Lisboa, 2009;

Albuquerque, Paulo Pinto de, *Comentário do Regime Geral das Contra-Ordenações à luz da Constituição da República e da Convenção Europeia dos Direitos do Homem*, Universidade Católica Editora, Lisboa, 2011;

Alcalá-Zamora y Castillo, Niceto, *Cuestiones de Terminología Procesal*, Universidad Nacional Autónoma de México, México, 1972;

Alcalá-Zamora y Castillo, Niceto, *Estudios de Teoría General e Historia del Proceso (1945-1972)*, Universidad Nacional Autónoma de México, México, 1992;

Alegre, Carlos, *Código de Processo do Trabalho Anotado*, Almedina, Coimbra, 2001;

Alessandri, Fernando, *Curso de Derecho Procesal: Reglas Comunes a todo Procedimiento y del Juicio Ordinario*, Santiago do Chile, 1934:

Almeida, Francisco Manuel Lucas Ferreira de, *Direito Processual Civil*, vol. I, 2ª ed., Almedina, Coimbra, 2017;

Almeida, L. P. Moitinho de, *Código de Processo do Trabalho Anotado*, 5ª ed., Coimbra Editora, Coimbra, 2001;

Almeida, Mário Aroso de, *Manual de Processo Administrativo*, 6ª ed., Almedina, Coimbra, 2022;

Almeida, Mário Aroso de / Cadilha, Carlos Alberto Fernandes, *Comentário ao Código de Processo nos Tribunais Administrativos*, 4ª ed., Almedina, Coimbra, 2018;

Alsina, Hugo, *Tratado Teórico Practico de Derecho Procesal Civil y Comercial, I – Parte General*, 2ª ed., Ediar, Buenos Aires, 1956;

Alvarado Velloso, Adolfo, *El Juez: Sus Deberes y Facultades*, Ediciones De Palma, Buenos Aires, 1982;

Alvarado Velloso, Adolfo, *Introducción al Estudio del Derecho Procesal*, I, Rubinzal-Culzoni Editores, Buenos Aires, 1998;

Alvarado Velloso, Adolfo, *Introducción al Estudio del Derecho Procesal*, II, Rubinzal-Culzoni Editores, Buenos Aires, 1998;

Amaral, Jorge Augusto Pais de, *Direito Processual Civil*, 13ª ed., Almedina, Coimbra, 2017;

AMORIM, José Roberto Neves / MARTINS, Sandro Gilbert, *Direito Processual Civil*, Elsevier, Rio de Janeiro, 2009;

ANDRADE, José Carlos Vieira de, *A Justiça Administrativa: Lições*, 19ª ed., Almedina, Coimbra, 2022;

ANDRADE, Manuel A. Domingues de, *Noções Elementares de Processo Civil*, I, Coimbra Editora, Coimbra, 1956;

ANDRADE, Manuel A. Domingues de, *Teoria Geral da Relação Jurídica*, vol. I, Almedina, Coimbra, 1960;

ANTUNES, Maria João, *Direito Processual Penal*, Almedina, Coimbra, 2016;

ASCENSÃO, José de Oliveira, *Direito Civil: Teoria Geral*, vol. III, Coimbra Editora, Coimbra, 2002;

ASCENSÃO, José de Oliveira, *Direito Civil: Teoria Geral*, vol. II, 2ª ed., Coimbra Editora, Coimbra, 2003;

ASENCIO MELLADO, José Mª, *Introducción al Derecho Procesal*, 5ª ed., Tirant lo Blanch, Valencia, 2008;

ATTARDI, Aldo, "Preclusione", *in Enciclopedia del Diritto*, vol. XXXIV, Giuffrè Editore, Milão, 1985, pp. 893-910;

BAPTISTA, José João, *Processo Civil I: Parte Geral e Processo Declarativo*, 8ª ed., Coimbra Editora, Coimbra, 2006;

BASTOS, Jacinto Rodrigues, *Notas ao Código de Processo Civil*, 2ª ed. rev. e atua., vol. I, Lisboa, 1970;

BASTOS, Jacinto Rodrigues, *Notas ao Código de Processo Civil*, 3ª ed. rev. e atua., vol. I, Lisboa, 1999;

BERRIAT-SAINT-PRIX, Jacques, *Cours de Procédure Civile*, 4ª ed., tomo I, Nève, Paris, 1821;

BLOMEYER, Arwed, *Zivilprozessrecht: Erkenntnisverfahren*, Springer-Verlag, Berlim, 1963;

BOOR, Hans Otto de / ERKEL, Günther, *Zivilprozessrecht*, 2ª ed., Springer, Berlim, 1961;

BORCK, Hans-Günther, *Zivilprozessordnung und Nebengesetze*, tomo II: §§ 128-252, Bernhard Wiezcorek (ed.) *et al.*, 3ª ed., De Gruyter Recht, Berlim, 2006;

BRAUN, Johann, *Lehrbuch des Zivilprozeßrechts*, Mohr Siebeck, Tübingen, 2014;

BRISEÑO SIERRA, Humberto, *Derecho Procesal*, vol. III, 1ª ed., Cardenas, México, 1969;

BRISEÑO SIERRA, Humberto, *Compendio de Derecho Procesal*, Humanitas, México, 1989;

BRITO, Miguel Nogueira de, *Introdução ao Estudo do Direito*, AAFDL Editora, Lisboa, 2017;

BRITO, Wladimir, *Lições de Direito Processual Administrativo*, 2ª ed., Coimbra Editora, Coimbra, 2008;

BRITO, Wladimir, *Teoria Geral do Processo*, Almedina, Coimbra, 2019;

BUENO, Cassio Scarpinella, *Curso Sistematizado de Direito Processual Civil*, 5ª ed. rev., atua. e ampl., Editora Saraiva, São Paulo, 2011;

BÜLOW, Oskar, *Gemeines deutsches Zivilprozeßrecht*, Mohr Siebeck, Tübingen, 2003;

CAIANIELLO, Vincenzo, "Termini (Diritto Processuale Amministrativo)", *in Enciclopedia Giuridica*, vol. XXXI, Instituto della Enciclopedia Italiana, Milão, 1994;

CARLOS, Adelino da Palma, *Linhas Gerais do Processo Civil Português*, Edições Cosmos, Lisboa, 1991;

CARNELUTTI, Francesco, *Sistema del Diritto Processuale Civile*, vol. II, Cedam, Pádua, 1938;

CARNELUTTI, Francesco, *Instituciones del Proceso Civil*, vol. I, Ediciones Jurídicas Europa-América, Buenos Aires, 1959;

CARRÉ, Guillaume Louis Julien, *Traité et Questions de Procédure Civile*, tomo II, Duchesne, Rennes, 1819;

CARVALHO, Paula Marques, *Manual Prático de Processo Penal*, 7ª ed., Almedina, Coimbra, 2013;

CASANOVA, Nuno Salazar / DINIS, David Sequeira, *O Processo Especial de Revitalização*, Coimbra Editora, Coimbra, 2014;

CASTRO, Aníbal de, *A Caducidade*, 3ª ed. rev. e mel., Petrony, Lisboa, 1984;

CASTRO, Artur Anselmo de, *Direito Processual Civil Declaratório*, vol. III, Almedina, Coimbra, 1982;

CASTRO, Francisco Augusto das Neves e, *Manual do Processo Civil Ordinário*, 2ª ed., Imprensa Académica, Coimbra, 1901;

CASTRO, Manuel d'Oliveira Chaves e, *Estudos sobre a Reforma do Processo Civil Ordinario Portuguez: Desde a Proposição da Acção até á Sentença de Primeira Instancia*, Imprensa da Universidade, Coimbra, 1866;

CHIARI, Sergio Matteini / MARZIO, Mauro Di, *Notificazioni e Termini nel Processo Civile*, Giuffrè Editore, Milão, 2011;

CHIOVENDA, Jose, *Principios de Derecho Procesal Civil*, tomo I, Instituto Editorial Reus, Madrid, 1922;

CHIOVENDA, Jose, *Principios de Derecho Procesal Civil*, tomo II, Instituto Editorial Reus, Madrid, 1978;

CINTRA, Antonio Carlos de Araújo, *et al.*, *Teoria Geral do Processo*, 27ª ed., Malheiro Editores, São Paulo, 2011;

COLOMBO CAMPBELL, Juan, *Los Actos Procesales*, tomo I, Editorial Jurídica de Chile, Santiago do Chile, 1997;

CORDEIRO, António Menezes, *Tratado de Direito Civil Português*, I, tomo IV, Almedina, Coimbra, 2007;

CORREIA, João / PEREIRA, Albertina, *Código de Processo do Trabalho: Anotado à Luz da Reforma do Processo Civil*, Almedina, Coimbra, 2015;

COSTA, Salvador da, *A Injunção e as Conexas Acção e Execução*, 6ª ed., Almedina, Coimbra, 2008;

COSTA, Salvador da, *Regulamento das Custas Processuais*, 5ª ed., Almedina, Coimbra, 2013;

COSTA, Salvador da, *Os Incidentes da Instância*, 9ª ed., Almedina, Coimbra, 2017;

COSTAGLIOLA, Anna, *Compendio di Diritto Processuale Civile*, Maggioli Editore, Santarcangelo di Romagna, 2016;

COUTURE, Eduardo J., *Fundamentos del Derecho Procesal Civil*, 2ª ed. amp. e atua., Editorial Depalma, Buenos Aires, 1951;

CUNHA, José M. Damião da, "Prazos de encerramento do inquérito, segredo de justiça e publicidade do processo", *in As Alterações de 2010 ao Código Penal e ao Código de Processo Penal*, Coimbra Editora / Centro de Estudos Judiciários, Coimbra, 2011, pp. 119-152;

DEMARCHI, Paolo Giovanni, *Notificazioni e Termini*, Giuffrè Editore, Milão, 2009;

DEVIS ECHANDIA, Hernando, *Nociones Generales de Derecho Procesal Civil*, Aguilar, Madrid, 1966;

DIANA, Antonio Gerardo, *I Mezzi di Impugnazione dopo la Riforma del Processo Civile*, Giuffrè Editore, Milão, 2010;

DIANA, Antonio Gerardo, *Termini Processuali*, Editore Key, Vicalvi, 2017;

DIAS, Augusto Silva, *Direito das Contra-Ordenações*, Almedina, Coimbra, 2018;

DIDIER JUNIOR, Fredie, *Curso de Direito Processual Civil*, 21ª ed., vol. I, Editora Jus Podium, Salvador, 2019;

EIRAS, Henriques, *Processo Penal Elementar*, 8ª ed. atua., Quid Iuris, Lisboa, 2010;

EPIFÂNIO, Maria do Rosário, *Manual de Direito da Insolvência*, 6ª ed., Almedina, Coimbra, 2015;

FAIREN GUILLEN, Victor, *Doctrina General del Derecho Procesal: Hacia una Teoría y Ley Procesal Generales*, Librería Bosch, Barcelona, 1990;

FARIA, Paulo Ramos de / LOUREIRO, Ana Luísa, *Primeiras Notas ao Novo Código de Processo Civil*, vol. I, 2ª ed., Almedina, Coimbra, 2014;

FERNANDES, Luís A. Carvalho, *Teoria Geral do Direito Civil*, vol. II, 5ª ed. rev. e atua., Universidade Católica Editora, Lisboa, 2014;

FERREIRA, J. O. Cardona, *Guia de Recursos em Processo Civil*, 6ª ed., Coimbra Editora, Coimbra, 2014;

FERREIRA, Manuel Cavaleiro de, *Curso de Processo Penal*, vol. 1, Lisboa, 1955;

FREITAS, José Lebre de, "Inconstitucionalidades do Código de Processo Civil", *in ROA*, ano 52, Lisboa, abril 1992, pp. 29-44;

FREITAS, José Lebre de, "Revisão do Processo Civil", *in ROA*, ano 55, Lisboa, julho 1995, pp. 417-518;

FREITAS, José Lebre de, "Em torno da revisão do direito processual civil", *in ROA*, ano 55, vol. I, Lisboa, janeiro 1995, pp. 5-18;

FREITAS, José Lebre de, *Estudos sobre Direito Civil e Processo Civil*, vol. I, 2ª ed., Coimbra Editora, Coimbra, 2009;

FREITAS, José Lebre de, *Introdução ao Processo Civil: Conceito e Princípios Gerais*, 4ª ed., Gestlegal, Coimbra, 2017;

FREITAS, José Lebre de, *A Ação Declarativa Comum: À Luz do Código de Processo Civil de 2013*, 4ª ed., Gestlegal, Coimbra, 2017;

FREITAS, José Lebre de / ALEXANDRE, Isabel, *Código de Processo Civil Anotado*, vol. I, 3ª ed., Coimbra Editora, Coimbra, 2014;

FREITAS, José Lebre de, "Da Nulidade da Declaração de Deserção da Instância sem Precedência de Advertência à Parte", *in ROA*, ano 78, vols. I/II, Lisboa, janeiro/junho 2018, pp. 191-199;

FREITAS, José Lebre de / ALEXANDRE, Isabel, *Código de Processo Civil Anotado*, vol. II, 3ª ed. reimp., Almedina, Coimbra, 2018;

FURTADO, J. Pinto, *Recursos em Processo Civil*, Quid Iuris, Lisboa, 2013;

GAIO JÚNIOR, Antônio Pereira, *Direito Processual Civil: Teoria Geral do Processo, Processo de Conhecimento e Recursos*, vol. I, 2ª ed., Del Rey Editora, Belo Horizonte, 2008;

GALATRO, Vincenzo, *La Procedura Civile*, Maggioli Editore, Santarcangelo di Romagna, 2000;

GALLEGO GARCÍA, Rodrigo, "Plazos y Términos", *in Comentarios a la Ley de Enjuiciamiento Civil*, Lex Nova, Valladolid, 2002, pp. 256-258;

GAROFOLI, Vincenzo, *Diritto Processuale Penale*, 2ª ed., Giuffrè Editore, Milão, 2012;

GASPAR, António da Silva Henriques, *et al.*, *Código de Processo Penal Comentado*, 2ª ed. rev., Almedina, Coimbra, 2016;

GERALDES, António Santos Abrantes, *Recursos no Novo Código de Processo Civil*, 5ª ed., Almedina, Coimbra, 2018;

GERALDES, António Santos Abrantes, *Recursos em Processo Civil*, 6ª ed. atual., Almedina, Coimbra, 2020;

GIARDA, Angelo, "Termine (Diritto Processuale Penale)", *in Enciclopedia del Diritto*, vol. XLIV, Giuffrè Editore, Milão, 1992, pp. 252-263;

GLEUSSNER, Irmgard, *Zivilprozessrecht*, 4ª ed., C.F. Müller, Heidelberg, 2018;

GOLDSCHMIDT, James, *Derecho Procesal Civil*, trad. da 2ª ed., Editorial Labor, Barcelona, 1936;

GONÇALVES, Luís Couto, "A aplicação da lei no tempo", *in Instituições de Direito*, vol. I, Almedina, Coimbra, 1998, pp. 395-405;

GONÇALVES, Luiz da Cunha, *Tratado de Direito Civil*, vol. III, tomo II, 2ª ed. atua. e aum., Max Limonad, São Paulo, 1930;

GONÇALVES, Manuel Lopes Maia, *Código de Processo Penal: Anotado*, 17ª ed. rev. e atua., Almedina, Coimbra, 2009;

GONÇALVES, Marco Carvalho, "Anotação ao artigo 13º", *Regime Geral do Processso Tutelar Cível Anotado*, Cristina Araújo

Dias, João Nuno Barros, Rossana Martingo Cruz (coords.), Almedina, Coimbra, 2021;

GONÇALVES, Marco Carvalho, "Anotação ao artigo 14º", *Regime Geral do Processso Tutelar Cível Anotado*, Cristina Araújo Dias, João Nuno Barros, Rossana Martingo Cruz (coords.), Almedina, Coimbra, 2021;

GONÇALVES, Marcus Vinicius Rios, *Novo Curso de Direito Processual Civil*, vol. I, 7ª ed., Editora Saraiva, São Paulo, 2010;

GONZÁLEZ, José Alberto, *Código Civil Anotado*, vol. I, Quid Iuris, Lisboa, 2011;

GRAMAGLIA, Dario, *Manuale Breve – Diritto Processuale Civile*, 4ª ed., Giuffrè Editore, Milão, 2012;

GRINOVER, Ada Pellegrini, *Novas Tendências do Direito Processual: De acordo com a Constituição de 1988*, Forense Universitária, Rio de Janeiro, 1990;

GROSSI, Dante, "Termine (Diritto Processuale Civile)", *in Enciclopedia del Diritto*, vol. XLIV, Giuffrè Editore, Milão, 1992, pp. 234-252;

GUASP, Jaime / ARAGONESES, Pedro, *Derecho Procesal Civil*, tomo I, 7ª ed. rev. e atua., Thomson Civitas, Navarra, 2005;

HÖRSTER, Heinrich Ewald, *A Parte Geral do Código Civil Português*, Almedina, Coimbra, 1992;

J. PUPPIO, Vicente, *Teoría General del Proceso*, 8ª ed., Universidad Católica Andrés Bello, Caracas, 2008;

JAUERNIG, Othmar, *Direito Processual Civil*, 25ª ed., Almedina, Coimbra, 2002;

JOAQUÍN SALGADO, Ali, *Derecho Procesal Civil*, 1ª reimp., Astrea, Buenos Aires, 1993;

JOSEF DE GÉRICA, Félix, *Repaso Judicial*, Madrid, 1807;

LARENZ, Karl, *Derecho Civil – Parte General*, Editorial Revista de Derecho Privado, Madrid, 1978;

LASTRES, Francisco, *Procedimientos Civiles y Criminales*, 3ª ed., Madrid, 1873;

LESSONA, Carlo, *Manuale di Procedura Civile*, 3ª ed., Milano Società Editrice Libraria, Milão, 1906;

LIEBMAN, Enrico Tullio, *Manuale di Diritto Processuale Civile: Principi*, 7ª ed., Giuffrè Editore, Milão, 2007;

LIMA, Felice, "Termini (Diritto Processuale Penale)", *in Enciclopedia Giuridica*, vol. XXXI, Instituto della Enciclopedia Italiana, Milão, 1994;

LIMA, Pires de / VARELA, Antunes, *Código Civil Anotado*, vol. I, 4ª ed. rev. e atua., Almedina, Coimbra, 2014;

LOBO, Fernando Gama, *Código de Processo Penal Anotado*, 2ª ed., Almedina, Coimbra, 2017;

LOPES-CARDOSO, Álvaro, *Código de Processo do Trabalho Anotado*, Livraria Petrony, Lisboa, 2000;

LOPES-CARDOSO, Álvaro, *Citações e Notificações em Processo Civil do Trabalho e Penal*, 3ª ed., Almedina, Coimbra, 2001;

LUGO, Andrea, *Manuale di Diritto Processuale Civile*, 18ª ed., Giuffrè Editore, Milão, 2012;

MACHADO, António Montalvão / PIMENTA, Paulo, *O Novo Processo Civil*, 12ª ed. reimp., Almedina, Coimbra, 2011;

MACHADO, J. Baptista, *Introdução ao Direito e ao Discurso Legitimador*, Almedina, Coimbra, 1990;

MACHADO, Jónatas E. M. / COSTA, Paulo Nogueira da, *Curso de Direito* Tributário, 2ª ed., Coimbra Editora, Coimbra, 2012;

MAGALHÃES, Barbosa de, *Prazos de Caducidade, de Prescrição e de Propositura de Acções*, *Jornal do Fôro*, Lisboa, 1950;

MAGISTRADOS DO MINISTÉRIO PÚBLICO DO DISTRITO JUDICIAL DO PORTO, *Código de Processo Penal: Comentários e Notas Práticas*, Coimbra Editora, Coimbra, 2009;

MARINONI, Luiz Guilherme, *et al.*, *Novo Curso de Processo Civil*, vol. II, Editora Revista dos Tribunais, São Paulo, 2015;

MARQUES, J. Dias, *Noções Elementares de Direito Civil*, 7ª ed., Lisboa, 1992;

MARQUES, J. P. Remédio, *Acção Declarativa à Luz do Código Revisto*, 3ª ed., Coimbra Editora, Coimbra, 2011;

MARQUES, José Dias, *Prescrição Extintiva*, Coimbra Editora, Coimbra, 1953;

MARTINS, Alcides, *Direito do Processo Laboral*, 3ª ed., Almedina, Coimbra, 2018;

MARTINS, Alexandre de Soveral, *Um Curso de Direito da Insolvência*, 2ª ed. rev. e atua., Almedina, Coimbra, 2016;

MARTINS, Alexandre de Soveral, *Estudos de Direito da Insolvência*, Almedina, Coimbra, 2018;

MATTIROLO, Luigi, *Elementi di Diritto Giudiziario Civile Italiano*, vol. III, Fratelli Bocca, Turim, 1877;

MARTINS, Luís M., *Processo de Insolvência*, 3ª ed., Almedina, Coimbra, 2014;

MENDES, António de Oliveira / CABRAL, José dos Santos, *Notas ao Regime Geral das Contra-Ordenações e Coimas*, 3ª ed., Almedina, Coimbra, 2009;

MENDES, João de Castro, *Manual de Processo Civil*, Coimbra Editora, Coimbra, 1963;

MENDES, João de Castro, *Direito Processual Civil*, vol. III, Associação Académica da Faculdade de Direito de Lisboa, Lisboa, 1979;

MENDES, João de Castro, *Direito Civil: Teoria Geral*, vol. III, Associação Académica da Faculdade de Direito de Lisboa, Lisboa, 1979;

MENDES, Paulo de Sousa, *Lições de Direito Processual Penal*, 4ª reimp., Almedina, Coimbra, 2017;

MIRANDA, Jorge / MEDEIROS, Rui, *Constituição Portuguesa Anotada*, vol. I, 2ª ed. rev., Universidade Católica Editora, Lisboa, 2010;

MOLFESE, Giuseppe, *Prescrizione e Decadenza*, 2ª ed., Giuffrè Editore, Milão, 2009;

MONCADA, L. Cabral de, *Lições de Direito Civil: Parte Geral*, 3ª ed. rev. e atua., Atlântida Editora, Coimbra, 1959;

MONTERO AROCA, Juan, *et al.*, *Derecho Jurisdiccional*, vol. II, 10ª ed., Tirant lo Blanch, Valencia, 2001;

MORAIS, Fernando de Gravato, *Resolução em Benefício da Massa Insolvente*, Almedina, Coimbra, 2008;

MORENO CATENA, Víctor / CORTÉS DOMÍNGUEZ, Valentín, *Introducción al Derecho Procesal*, 4ª ed., Tirant lo Blanch, Valencia, 2010;

MORENO, T., *et al.*, *Lições de Processo Civil (De harmonia com as preleções do Prof. Doutor Manuel A. D. de Andrade feitas ao curso do 3º ano jurídico)*, Casa do Castelo Editora, Coimbra, 1945;

MORTARA, Lodovico, *Principii di Procedura Civile*, G. Barberà Editore, Florença, 1890;

MORTARA, Lodovico, *Manuale della Procedura Civile*, vol. I, Torino Unione Tipografico-Editrice, Milão, 1906;

MORTARA, Lodovico, *Istituzioni di Procedura Civile*, G. Barbèra Editore, Florença, 1922;

NAZARETH, Francisco José Duarte, *Elementos do Processo Civil*, Primeira Parte, 3ª ed. rev. e aum., vol. I, Coimbra, 1863;

NETO, Abílio, *Código de Processo do Trabalho Anotado*, 5ª ed. atua. e ampl., Ediforum, Lisboa, 2000;

NEVES, Alfredo Castanheira, "A publicidade e o segredo de justiça no Processo Penal Português após as revisões de 2007 e 2010", *in As Alterações de 2010 ao Código Penal e ao Código de Processo Penal*, Coimbra Editora/Centro de Estudos Judiciários, Coimbra, 2011, pp. 87-118;

ORMAZABAL SÁNCHEZ, Guillermo, *Introducción al Derecho Procesal*, Marcial Pons, Barcelona, 2002;

PAOLA, Nunzio Santi di, *Notificazioni e Termini: Questioni Processuali*, Giuffrè Editore, Milão, 2009;

PASSANANTE, Luca, "Art. 152 – Termini legali e termini giudiziari", *in Commentario del Codice di Procedura Civile, a cura di Luigi Paolo Comoglio et al.*, vol. II, UTET Giuridica, Turim, 2012, pp. 1005-1024;

PASSOS, Sérgio, *Contra-Ordenações: Anotações ao Regime Geral*, 3ª ed., Almedina, Coimbra, 2009;

PECCHI CROCE, Carlos, "Algunas consideraciones sobre la preclusión", *in Revista de Derecho Procesal*, nº 7, Editorial Jurídica de Chile, Santiago do Chile, março 1974, pp. 12-18;

PEREIRA, António Beça, *Regime Geral das Contra-Ordenações e Coimas*, 9ª ed., Almedina, Coimbra, 2013;

PEREIRA, António Pinto, *Princípios Gerais de Direito*, Coimbra Editora, Coimbra, 2013;

PICARDI, Nicola, *Manuale del Proceso Civile*, 2ª ed., Giuffrè Editore, Milão, 2010;

PICARDI, Nicola / MARTINO, Roberto, "Termini (Diritto Processuale Civile)", *in Enciclopedia Giuridica*, vol. XXXI, Instituto della Enciclopedia Italiana, Milão, 1994;

PIMENTA, Paulo, *Processo Civil Declarativo*, 2ª ed., Almedina, Coimbra, 2017;

PINHEIRO, Paulo Sousa, *Curso Breve de Direito Processual do Trabalho*, 2ª ed. rev. e atua., Coimbra Editora, Coimbra, 2014;

PINTO, António Augusto Tolda, *A Tramitação Processual Penal*, 2ª ed., Coimbra Editora, Coimbra, 2001;

PINTO, Carlos Alberto da Mota, *Teoria Geral do Direito Civil*, 4ª ed., 2ª reimp., Coimbra Editora, Coimbra, 2015;

PINTO, Rui, *Notas ao Código de Processo Civil*, vol. I, 2ª ed., Coimbra Editora, Coimbra, 2015;

PINTO, Rui, *Código de Processo Civil Anotado*, vol. II, Almedina, Coimbra, 2018;

POLI, Giorgio Giuseppe, "La riduzione dei termini processuali", *in La Nuova Giustizia del Lavoro, a cura di Domenico Dalfino*, Cacucci Editore, Bari, 2011, pp. 159-178;

PUIG BRUTAU, José, *Caducidad y Prescripción Extintiva*, Barcelona, 1986;

QUINTAS, Paula / QUINTAS, Hélder *Manual de Direito do Trabalho e de Processo do Trabalho*, 6ª ed., Almedina, Coimbra, 2017;

RAMOS MÉNDEZ, Francisco, *Sistema Procesal Español*, J. M. Bosch Editor, Barcelona, 1997;

RAMOS PAZOS, René, *De las Obligaciones*, Santiago do Chile, Editorial Jurídica de Chile, 1999;

REDENTI, Enrico / VELLANI, Mario, *Diritto Processuale Civile*, vol. III, Giuffrè Editore, Milão, 2011;

REINDL, Dagmar, *Effektivität des vergaberechtlichen Rechtsschutzes in Ungarn*, disserta Verlag, Hamburgo, 2010;

REIS, Alberto dos, *Comentário ao Código de Processo Civil Anotado*, vol. II, Coimbra Editora, Coimbra, 1945;

REIS, Alberto dos, *Código de Processo Civil Anotado*, vol. I, 3ª ed. reimp., Coimbra Editora, Coimbra, 2012;

RIBEIRO, Vinício, *Código de Processo Penal: Notas e Comentários*, 2ª ed., Coimbra Editora, Coimbra, 2011;

ROCHA, Joaquim Freitas da, *Lições de Procedimento e Processo Tributário*, 6ª ed., Almedina, Coimbra, 2018;

RODRIGUES, Fernando Pereira, *O Novo Processo Civil. Os Princípios Estruturantes*, Almedina, Coimbra, 2013;

RODRIGUES, Fernando Pereira, *Noções Fundamentais de Processo Civil*, Almedina, Coimbra, 2015;

ROXIN, Claus, *Derecho Procesal Penal*, trad. da 25ª ed. alemã, Editores del Puerto, Buenos Aires, 2000;

RUSSO, Ennio, "Termini (dir. civ.)", *in Enciclopedia Giuridica*, vol. XXXI, Instituto della Enciclopedia Italiana, Milão, 1994;

SÁ, Eduardo Alves de, *Commentario ao Codigo do Processo Civil Portuguez*, vol. II, Lisboa, 1878;

SALVADOR, Manuel J. G., *Notas Críticas – V*, Lisboa, 1977;

SANTOS, M. Simas / LEAL-HENRIQUES, M., *Código de Processo Penal: Anotado*, vol. I, 2ª ed. reimp. atual., Rei dos Livros, Lisboa, 2003;

SANTOS, M. Simas / LEAL-HENRIQUES, M., *Recursos em Processo Penal*, 7ª ed. atua. e aum., Rei dos Livros, Lisboa, 2008;

SANTOS, M. Simas / SOUSA, Jorge Lopes de, *Contra-Ordenações: Anotações ao Regime Geral*, 6ª ed., Áreas Editora, Lisboa, 2011;

SANTOS, Manuel Simas, *et al.*, *Noções de Processo Penal*, 2ª ed., Rei dos Livros, Lisboa, 2011;

SAREDO, Giuseppe, *Istituzioni di Procedura Civile*, Giusepe Pellas Editore, Florença, 1873;

SASSANI, Bruno, *Lezioni di Diritto Processuale Civile*, Università "G. D'Annunzio", Nápoles, 2006;

SASSANI, Bruno, *Lineamenti del Processo Civile Italiano*, 3ª ed., Giuffrè Editore, Milão, 2012;

SATTA, Salvatore / PUNZI, Carmine, *Diritto Processuale Civile*, 13ª ed., Cedam, Milão, 2010;

SCHELLHAMMER, Kurt, *Zivilprozess*, C. F. Müller, Heidelberg, 2012;

SERRA, Adriano Vaz, "Prescrição Extintiva e Caducidade", *Separata do Boletim do Ministério da Justiça*, Lisboa, 1961;

SERRA, Adriano Vaz, "Anotação ao Acórdão de 25 de Julho de 1975", *in RLJ*, ano 109º, nº 3578, 1977, pp. 265-268;

SILVA, Germano Marques da, *Curso de Processo Penal*, vol. II, 4ª ed. rev. e atua., Verbo, Lisboa, 2008;

SILVA, Germano Marques da, *Direito Processual Penal Português: Do Procedimento (Marcha do Processo)*, vol. 3, Universidade Católica Editora, Lisboa, 2014;

SILVA, Germano Marques da, *Introdução ao Estudo do Direito*, 5ª ed., Universidade Católica Editora, Lisboa, 2015;

SILVA, Lucinda Dias da, *Processo Cautelar Comum*, Coimbra Editora, Coimbra, 2009;

SILVA, Paula Costa e, *Acto e Processo: O Dogma da Irrelevância da Vontade na Interpretação e nos Vícios do Acto Postulativo*, Coimbra Editora, Coimbra, 2003;

SOARES, Fernando Luso, *Processo Civil de Declaração*, Almedina, Coimbra, 1985;

SOUSA, Domingos Pereira de, *Manual de Procedimento e Processo Tributário*, Almedina, Coimbra, 2012;

SOUSA, Domingos Pereira de, *Direito Fiscal e Processo Tributário*, Coimbra Editora, Coimbra, 2013;

SOUSA, Jorge Lopes de, *Código de Procedimento e de Processo Tributário Anotado*, Vislis, Lisboa, 2000;

SOUSA, Miguel Teixeira de, *Introdução ao Processo Civil*, Lex, Lisboa, 1993;

SOUSA, Miguel Teixeira de, "Apreciação de alguns aspectos da "Revisão do Processo Civil – Projecto"", *in ROA*, ano 55, Lisboa, julho 1995, pp. 353-416;

SOUSA, Miguel Teixeira de, *Estudos sobre o Novo Processo Civil*, Lex, Lisboa, 1997;

SOUSA, Miguel Teixeira de, "Arguição de nulidades processuais e diligência das partes: Anotação ao Acórdão nº 678/98 do Tribunal Constitucional", *in ROA*, ano 61, vol. III, Lisboa, dezembro 2001, pp. 1455-1478;

SOUSA, Miguel Teixeira de, "Aplicação da lei no tempo", *in CDP*, nº 18, abril/junho 2007, pp. 3-15;

SOUSA, Miguel Teixeira de, *Introdução ao Estudo do Direito*, 4ª reimp., Almedina, Coimbra, 2017;

SOUZA, Joaquim José Caetano Pereira e, *Primeiras Linhas sobre o Processo Civil*, tomo I, Imprensa Literária, Coimbra, 1872;

TAHRI, Cédric, *Procédure Civile*, Editions Bréal, Paris, 2007;

TELLES, J. H. Corrêa, *Manual do Processo Civil*, 2ª ed., Imprensa da Universidade, Coimbra, 1844;

THEODORO JÚNIOR, Humberto, *Curso de Direito Processual Civil: Teoria Geral do Direito Processual Civil e Processo de Conhecimento*, 50ª ed., Editora Forense, Rio de Janeiro, 2009;

TONINI, Paolo, *Lineamenti di Diritto Processuale Penale*, Giuffrè Editore, Milão, 2012;

TORIBIOS FUENTES, Fernando / VELLOSO MATTA, María José, *Manual Práctico del Proceso Civil*, Lex Nova, Valladolid, 2010;

TRABUCCHI, Alberto, *Istituzioni di Diritto Civile*, 23ª ed., Cedam, Pádua, 1978;

VARELA, Antunes, "Do anteprojecto ao projecto do Código de Processo Civil", *in RLJ*, ano 122º, nº 3584, 1989, pp. 193-196;

VARELA, Antunes, "Anotação ao Acórdão do S.T.J. de 11 de Julho de 1989 (Termo do prazo de caducidade que caia em férias judiciais)", *in RLJ*, ano 128º, nº 3855, 1995, pp. 166-180;

VARELA, Antunes, *et al.*, *Manual de Processo Civil*, 2ª ed. reimp., Coimbra Editora, Coimbra, 2004;

VASCONCELOS, Pedro Pais de, *Teoria Geral do Direito Civil*, 8ª ed., Almedina, Lisboa, 2015;

VITALE, Antonio, "Termini (Diritto Canonico)", *in Enciclopedia Giuridica*, vol. XXXI, Instituto della Enciclopedia Italiana, Milão, 1994;

WAGNER JÚNIOR, Luiz Guilherme da Costa, *Processo Civil*, 2ª ed. rev., atua. e ampl., Del Rey Editora, Belo Horizonte, 2008;

WIECZOREK, Bernhard, *Zivilprozessordnung und Gerichtsverfassungsgesetz*, Walter de Gruyter, Berlim, 1960;

WIECZOREK, Bernhard, *et al.*, *Zivilprozessordnung und Nebengesetze*, De Gruyter Recht, Berlim, 2006;

ZEISS, Walter / SCHREIBER, Klaus *Zivilprozessrecht*, 10ª ed., Mohr Siebeck, Tübingen, 2003.

ÍNDICE